I, too, hear America singing
But from where I stand
I can only hear Little Richard
and Fats Domino
But sometimes,
I hear Ray Charles
Drowning in his own tears
or Bird
Relaxin' at Camarillo
or Horace Silver, Doodling
Then I don't mind standing a little longer.

Yo también escucho el canto de América.
Aunque, desde donde yo estoy
sólo pueda oír a Little Richard
y a Fats Domino.
Pero, a veces,
escucho a Ray Charles
ahogándose en sus propias lágrimas
o a Bird
relajándose en Camarillo
o a Horace Silver garabateando.
Entonces no me importa quedarme un poco más.

Julian Bond

Historia del rock

El sonido de la ciudad

Grupo ROBIN BOOK

Barcelona - México
Buenos Aires

Historia del rock

El sonido de la ciudad

CHARLIE GILLETT

Prólogo de Mingus B. Formentor

Traducción de Joan Sardà

(coordinador de Jubilee Jazz Club de Barcelona)

MA NON TROPPO

MA
NON
TROPPO

Un sello de Ediciones Robinbook
información bibliográfica
Industria 11 (Pol. Ind. Buvisa)
08329 - Teià (Barcelona)
e-mail: info@robinbook.com
www.robinbook.com

Título original: *The Sound of the City*

Diseño de cubierta e interior: La Cifra (www.cifra.cc)
Fotografía de cubierta: Elvis Presley, junio 1968
© Michael Ochs Archives/Getty Images

ISBN: 978-84-96924-39-0
Depósito legal: B-19.476-2008
Impreso por GRUP BALMES - AM 06, A. I. E.
Av. Barcelona, 260 - 08750 Molins de Rei (Barcelona)

Impreso en España - *Printed in Spain*

Índice

Prólogo a la edición en español: Gillett, el gran zahorí sónico

Tiene en sus manos un libro verdaderamente excepcional, un excelente ensayo sobre música popular, algo así como la obra de referencia imprescindible en su campo temático. Vaya, pues, por delante la certificación de que *Historia del rock. El sonido de la ciudad* (*The Sound of the City* en su título original) arracima bien diversas y muy encomiables virtudes. He aquí unas pocas de ellas: está estructurado con el rigor y altura de un ensayo de corte universitario (de hecho, ése es su origen); está escrito con brío, ritmo, desparpajo y picardía (algunos de los atributos que se le otorgan al tema que trata); y atesora el vigor de lo que bien, muy bien, envejece, es decir, el divino tesoro de verse cada día que pasa más y mejor asentado en ese envidiable limbo de la atemporalidad.

Retrocedamos hasta mediados de los sesenta. Por aquel entonces, Charlie Gillett se hallaba en la Universidad de Columbia (Nueva York) cincelando su tesis de licenciatura en artes. Según recuerda haberlo vivido en ese momento, andaba enfrascado en racionalizar para sus adentros que haber pasado horas y más horas escuchando discos de rock and roll y otras músicas aledañas y derivadas a lo largo de su primerísima juventud no había sido una flagrante pérdida de tiempo. Ésa era la verdadera *vis motiva* subyacente a la génesis de este libro. Se trataba, por lo demás, de un desafío bastante inédito, a saber, dar una solidez metodológica de corte universitario a un estudio sobre la música popular por parte de alguien que la llevaba impresa en el tuétano de sus huesos.

Una vez obtenido su master en artes en la citada universidad norteamericana, Gillett regresa a Inglaterra en 1966 y pasa unos cuatro años enseñando sociología y cinematografía en el Kingsway College. Por las noches, después de cenar (ya casado y con dos hijos), se afana en pulimentar, reestructurar, ampliar y perfilar su enjundioso documento académico, al tiempo que se acerca a diversos foros de prensa y radio con el ánimo de hacerles partícipes de su entusiasmo por dar a la luz un libro sobre la música popular del momento, propuesta que en principio no parece levantar demasiado entusiasmo entre ninguno de sus interlocutores.

Pero, cierto día, Gillett recibe desde Estados Unidos una inesperada misiva. La firma el jefe de una gentil compañera de trabajo en sus días americanos que le había ayudado con eficacia y pulcritud a mecanografiar su tesis manuscrita, y le comunica que en esos momentos forma parte del equipo directivo de una editorial y que está interesado en saber si Gillett jamás contempló la idea de convertir su antigua tesis en libro. Como es lógico, Charlie se siente tocado en sus mismísimos centros, pero aún pasará casi un par de años antes de que, en 1970, *Historia del rock. El sonido de la ciudad* acabe siendo publicado en Estados Unidos, y al año siguiente en Gran Bretaña. Larga perspectiva tenemos, pues, para juzgar el peso y valor de la obra cuando ve la luz en lengua castellana (anda por la tercera edición en inglés, a las que cabe añadir varias reimpresiones, unas y otras siempre revisadas y ampliadas), para aquilatar sobre seguro. El veredicto parece muy difícilmente discutible: *Historia del rock. El sonido de la ciudad* es un libro esencial para comprender la historia de la música popular dominante en la segunda mitad del siglo XX.

Mantengo una muy especial deuda emocional e intelectual con Charlie Gillett, con su manera de entender y gozar la música. *Historia del rock. El sonido de la ciudad* llegó a mis manos veinte años atrás, en la primera edición revisada de Souvenir Press. Y lo hizo casi al mismo tiempo que descubría al Gillett radiofonista abierto a propalar desde sus programas el pop no occidental. Y esa bendita «esquizofrenia», el haber topado a un mismo tiempo con un estudio estimulante y enriquecedor de los primeros quince años del rock (aunque de facto el libro no sólo cubre ese periodo arrasador, sino que extiende su mirada a lo largo de tres décadas) y con un faro y guía para mi cada vez más extenso e intenso interés por lo mucho que puede gozar toda buena oreja global, me hizo quedar prendado del hombre y de sus obras.

En Charlie Gillett tenía la constatación de que con la mayor de las naturalidades, y a un nivel de excelencia, se podía circular por la «profesión» con un «corazón loco» y órficamente polígamo. Yo apenas comenzaba a reconvertir mi vicio predominante en actividad *cuasi-vivendi* y, la verdad, «el ideario Gillett» fue toda una inspiración cuya llama se mantiene desde entonces permanentemente prendida. Pocos años más tarde, acabé de sellar en mi espíritu una inquebrantable comunión de sintonía con su modo de acercarse a la jungla sonora en que vivimos inmersos al verle declarar, en la encuesta que le pidiera Paul Gambaccini para pergeñar su *Top 100 albums* (Pavilion, 1987), que «la mayor parte de mis albumes favoritos son compilaciones».

Viene al hilo de este excurso de carácter personal, un extremo que siempre me ha parecido muy remarcable de este libro de Charlie Gillett: que sea un libro excepcional salido de manos de un hombre cuyo justo prestigio internacional le venga en buena medida de su actividad radiofónica. Porque ese aspecto, el de ser un enorme prospector y propulsor de música a través de la radio, es el esencial del trabajo llevado a cabo por Gillett a lo largo de mas de tres décadas cuando se mira como un todo. Para cualquier buen aficionado a la «cultura rock», decir Gillett y *Historia del rock. El sonido de la ciudad* es todo uno, cierto, pero para todo aficionado a la música popular sin fronteras decir Charlie Gillett es mucho más. A Gillett se le reconoce *urbi et orbi* como el auténtico pionero y más apreciado gurú entre los que están prendados del amplisimo universo que andamos etiquetando como «world music», su voz radiofónica más experimentada y respetada, figura esencial en esa gozosa ampliación del campo de música popular que resulta agradable consumir una vez se han apaciguado los hervores juveniles de estar en la onda y se capta cuán agradable puede llegar a ser el incesante cultivo de la curiosidad.

Entre marzo de 1972 y finales de 1978, Gillet presentó en *BBC Radio London* el influyente y prestigioso «Honky Tonk». Sonaron en ese programa docenas de maquetas de artistas posteriormente muy aclamados, entre los que no son caza menor precisamente Graham Parker, Dire Straits o Ian Dury (de cuyo *Kilburn & The High Roads* fue asimismo productor y mánager). Luego, tras un año de silencio radiofónico, se incorpora a *Capital Radio*, y sigue en una línea similar con «Undercurrents». Vendrá mas tarde «The Alchemists», donde inicia su costumbre de acoger a invitados que acudan al locutorio con un puñado de discos de su gusto personal. Y ahí, gracias a visitas de gente como Joe Jackson con unos pocos discos de salsa y juju, se produciría el clic que le decantaría hacia el pop global con programas como «A Foreign Affair», «City Beats» o «A World of Difference». Cierto es que ya en los primeros programas de Gillett habían sonado Manu Dibango o Tabou Combo, que ya había editado una compilación seminal sobre música cajun, *Another Saturday Night*, pero el viraje dado entonces por Charlie ha terminado mostrándose esencial para rediseñar el mapa de lo que es el pop sin fronteras, para los melómanos occidentales primero, para el planeta todo ahora mismo. Gillett lo propuso y logró enraizarlo entre la audiencia antes de que se hubiese pensado siquiera en crear la etiqueta, «world music». Y ahí sigue, en primera línea, con su «Radio Ping Pong», en *BBC Radio London*, sus programas para la *BBC World Service* y en internet.

Pero volvamos al rock, al libro *Historia del rock. El sonido de la ciudad* (mayormente en el mundo occidental, claro), a su crónica historiada y analítica, a la obra editorial puntera de Charlie Gillett. Gillett dejó de mantener en el centro de sus intereses el pop de corte occidental porque a partir de un determinado momento le resultaba demasiado difícil seguir disfrutándolo, porque le parecían mucho más estimulantes los nuevos aportes sonoros; en definitiva, porque el pop de hoy en día de corte anglosajón bien poco puede estimular más allá de la pubertad mental, porque andar pendiente de otra nueva dosis de Stones o de Springsteen es andar uncido a mera noria mercadotécnica, al más y más de lo mismo. Pero Gillett es tan rockero de ley en su espíritu como, por ejemplo, para abominar de la expresión «world music» por mera falta de ritmo, y a fe que en ese sentido se trata de un auténtico buñuelo al lado de términos como rock and roll, jazz o reggae.

La posibilidad de leer en edición castellana *The Sound of the City* converge gozosamente en el tiempo con la de oírlo, aunque sea parcialmente. Apenas seis meses atrás aparecían editados por EMI Records cinco CD dobles con más de 200 temas a manera de impagable complemento aural al clásico estudio gillettiano. A ese torrente de buena música se le da caudal bajo cinco epígrafes —«New Orleans», «New York», «San Francisco», «Memphis» y «Chicago»—, y muestra una vez más el gran arte compilatorio de Gillett, puesto ampliamente de manifiesto dentro de la «world music» en trabajos como *The World's All Yours* (1995), *World 2000* o *World 2002*. En esas compilaciones se encierra la prueba del nueve de por qué estamos ante un libro imprescindible y perdurable. Gillett se centra siempre en lo esencial, tanto en la selección de músicas y músicos como en la descripción y análisis de los mecanismos industriales y de difusión que han rodeado el producto artístico. Son, por lo demás, cinco bellas piezas en su diseño artístico (con unas espléndidas ilustraciones pictóricas firmadas por Ivan 8) y contienen extensos y jugosos libretos escritos por el propio Charlie (en total, casi cien páginas de texto que añadir al presente libro) así como un gran número de referencias cinematográficas, bibliográficas, discográficas e informáticas del mayor interés.

Es éste, en fin, un libro que me hubiese gustado traducir, pero sobre todo que quería ver editado en nuestra lengua desde tiempo atrás. De hecho, en los últimos diez años intenté sin éxito incorporarlo al fondo de varias editoriales del país. Pero al fin le llegó la hora. Joan Sardà puso su benemérito empeño y su saber en el asunto de la traducción y Ediciones Robinbook, en su sello «Ma non troppo», acabó aceptando el desafío. Me alegro enormemente. Y el resultado está en sus manos. No andamos precisamente sobrados en castellano de ensayos esenciales sobre música popular. En la todavía balbuciente bibliografía de que disponemos sobre este tema, *Historia del rock. El sonido de la ciudad* va a ocupar sitial de honor. Bienvenida sea, pues, una de las varias «biblias» que teníamos pendientes. Uno quisiera creer que estamos ante un signo de que, aunque tarde, por acá los tiempos están cambiando.

MINGUS B. FORMENTOR,
invierno de 2003

Prólogo a la tercera edición original

Cuando se publicó la primera edición de *The Sound of the City*, en 1970, parecía que la música de rock 'n' roll de mediados de los cincuenta fuera a convertirse en otro recuerdo lejano de una época pasada. Considerado en su propia época como la «música adolescente» de su generación, en los diez años siguientes, el rock 'n' roll había sido sepultado bajo varias oleadas de música dirigida a las sucesivas generaciones de adolescentes, cada una defendida como la mejor de todas y de todo lo que hubiera pasado antes.

No eran sólo los agentes de mercadotecnia los que querían adelantarse y dar por muerto al rock 'n' roll. La mayoría de los intérpretes a los que se calificó colectivamente como «rock 'n' rollers» se quedó consternada por una descripción que sospechaban que no sólo los rebajaba, sino que también contenía su propia obsolescencia: el ídolo adolescente de una generación estaba destinado seguramente a convertirse en el siguiente juguete roto. Muchos no podían moverse con suficiente rapidez para reivindicar algún otro territorio, hacia la música country, los clubes nocturnos, Hollywood o Las Vegas. Hubo momentos a finales de los años sesenta en que la determinación de este escritor para identificar, articular y celebrar las «cualidades duraderas» de la mejor música de mediados de los cincuenta parecía tan vana como si intentara parar una apisonadora sólo con las manos.

Sin embargo, recién salido el libro, empezó a suceder algo extraño: discos de los cincuenta, que durante diez años habían sido casi imposibles de encontrar, empezaron a emitirse de nuevo en todas las emisoras de radio. Durante los siguientes veinticinco años, las canciones de Buddy Holly, Chuck Berry y los demás sonaron literalmente millones de veces por la radio, tanto en su formato original como en las innumerables versiones.

Mientras tanto, la música de los sesenta despreció la mayoría de las normas hasta casi hacerlas desaparecer por completo en los años siguientes. Así como la música pop había encabezado la carrera, sin parar y jadeante, desde el pop suave de los primeros cincuenta hasta las estrafalarias explosiones underground de finales de los sesenta, en los años setenta disminuyó de manera notable su velocidad: la música del pasado recuperó el aliento, gustó —e incluso se puso por delante del material nuevo— y continuó sonando al menos tan fresca, aventurera y experimental como gran parte de lo que vino después.

Esta retroacción no se limitó a la aparición de emisoras de radio «de oro» en las nuevas longitudes de onda de las FM. Los productores de anuncios de televisión, que solían usar música compuesta a medida para sus «jingles» pegadizos, en los años setenta y ochenta prefirieron poner éxitos pop recientes tras sus mensajes de publicidad agresiva. En Gran Bretaña, un puñado de agencias se labraron una reputación gracias a la elección de discos enrollados en sus campañas para tejanos, coches y cerveza, no sólo al tomar antiguos éxitos de los cantantes de soul Marvin Gaye, Ben E. King y Percy Sledge, sino al llevar el blues eléctrico de Muddy Waters, Howlin' Wolf y John Lee Hooker desde el «terruño» al «gran mercado».

Paralelamente, la industria cinematográfica empezó a elegir como blanco a una nueva generación en el mercado de la nostalgia. Todavía en 1972, Peter Bogdanovich utilizó la música country and pop anterior al rock de Hank Williams y Tony Bennett para representar la inocencia ingenua de un pequeño pueblo tejano en *The Last Picture Show*. Un año después, dos directores se colocaron en primera línea al animar sus películas con rock 'n' roll.

En la Costa Oeste, el guionista y director George Lucas introdujo casi cuarenta éxitos bien conocidos del rock 'n' roll en *American Graffiti*, y fue más lejos que cualquier utilización anterior de «hallazgos» para que el público conectara con su guión de sueño adolescente. Con un ingenioso uso de un disc jockey de radio interpretado por el auténtico DJ Wolfman Jack, la película fue un éxito enorme y marcó el inicio de las carreras de los actores Richard Dreyfuss y Ron Howard; además, el álbum doble con la banda sonora fue número uno en las listas, con la incorporación de temas que habían figurado repetidas veces en álbumes de *oldies but goodies* que jamás fueron promocionados más allá del mercado de coleccionistas.

En contraste con el mundo de palomitas de maíz, paseos en coche y bailes de instituto de *American Graffiti* de Lucas, Martin Scorsese utilizó discos más desconocidos de grupos vocales junto a arias de ópera para pintar un cuadro oscuro y agreste, repleto de amenazas y de comportamientos casi sicóticos, al retratar el Little Italy de Nueva York en *Mean Streets* (*Malas calles*). A pesar de las irresistibles interpretaciones de unos principiantes Harvey Keitel y Robert de Niro, *Mean Streets* no fue un éxito de taquilla, y no se publicó un álbum de la banda sonora; pero la astuta yuxtaposición que realizó Scorsese de los discos con la narración de la película influyó mucho en otros directores (como Jonathan Demme, David Lynch y Quentin Tarantino), lo que reforzó el impacto del éxito comercial de *American Graffiti* e incitó a los productores de Hollywood a perseguir el potencial de las bandas sonoras de rock y pop.

Desde entonces, las industrias musical y cinematográfica se acercaron más que nunca, lo que culminó en una sucesión de películas cuyos títulos estaban sacados de éxitos de los cincuenta y los sesenta: *Pretty Woman*, *La Bamba*, *Stand By Me*, *Sea of Love*. Así que ahora mismo la música de mediados y finales de los años cincuenta no parece estar tan lejana como lo parecía en 1970 y, en muchos sentidos, parece más cercana. Canciones que antaño fueron secretos recordados con cariño, compartidos entre las personas que habían sido adolescentes en aquella época, ahora son también familiares para sus hijos que nacieron mucho después.

Por encima de todo esto, la industria discográfica ha reciclado su catálogo en el nuevo formato digital del compact disc. Ahora, prácticamente todos los intérpretes tienen una colección de *Grandes éxitos* bien promocionada (con la excepción de las muchas maravillas de sólo uno o dos éxitos); las retrospectivas especializadas en «box set» presentan las carreras íntegras de los intérpretes, e incluso hacen una crónica de géneros completos y sellos discográficos, y abarcan todos aquellos discos difíciles de encontrar con detalladas notas de contraportada que hubieran hecho mucho más fácil la investigación para este libro si hubieran estado disponibles en la época.

Entre las reacciones más amables a la primera edición de *El sonido de la ciudad*, varios críticos comentaron que hacia el final el libro iba apagándose como si el autor o bien no hubiera oído o no le gustara mucho lo que pasó en la segunda mitad de los años sesenta. Ni una cosa ni otra: simplemente yo estaba demasiado cerca para ver y comprender todos los modelos y las conexiones. En la época en que me puse a trabajar en la segunda edición, publicada en 1983, era más fácil reconocer la aportación de la generación de músicos nacidos en la década de los cuarenta, cuya juventud había coincidido con el impacto del rock 'n' roll, y cuya creatividad propia culminó a mediados y finales de los sesenta. Con la ventaja de una perspectiva más amplia, reescribí casi toda la segunda parte del libro, mientras trataba de mantener el empeño en los argumentos que había planteado en la primera edición.

En los años posteriores a la publicación de la segunda edición, he descubierto y explorado la música de otras partes del mundo, en especial de África, el Caribe y América Latina. Realicé viajes para oír la música «en su contexto», vi tocar en directo a los músicos de gira y los entrevisté en mis programas semanales de radio en Londres. Comencé a apreciar cómo la influencia de la música pop occidental se había propagado en esas zonas, junto con la música cubana y el jazz, y que mutaron en muchos estilos locales característicos. Ahora hay una breve referencia en este libro a los directores de orquesta de estilo cubano Pérez Prado y Tito Puente, cuya música tuvo un enorme impacto en todo el mundo;

pero no hay espacio para reconocer a muchos músicos influyentes de Brasil, Cuba, Ghana, Haití, Nigeria, Sudáfrica, Trinidad y Zaire cuyas carreras prosperaron en el periodo contemplado en el libro.

Para la tercera edición, he corregido unos pocos errores del texto, enmendado un par de juicios precipitados y reconocido la importancia de algunas figuras y discos pasados por alto. Por primera vez, el libro está ilustrado con fotografías, y estoy agradecido por la generosidad de los propietarios de varias imágenes poco comunes que las han puesto a mi disposición. Doy las gracias por ello a Bo Sandell de Suecia, Bill Millar de Londres, y John Beecher, conservador del Malcolm Jones Archive de Gloucestershire.

Al releer el libro después de todos estos años, había veces en que deseaba haberme demorado a la hora de conseguir ciertos discos, para incluirlos y animar a escucharlos. Cuando escribía la primera edición, parecía que había mucho terreno inexplorado para cubrir, y confío en que indiqué la importancia de algunos intérpretes o de discos por el mero hecho de mencionarlos. El propósito del libro era dar fe de su existencia o mostrar su contexto —la manera en que se relacionaban con otros intérpretes o discos— antes que realizar una crítica hecha y derecha. Pero el resultado a veces puede quedar en una referencia frustrantemente breve: ¿cómo pude pasar tan rápido por Little Willie John o Jimmy Reed, sin demorarme un poco más para comentar el mágico atractivo, aparentemente eterno, de sus discos, la eficacia de sus letras asombrosamente «visuales» o el irresistible efecto de sus voces?

Ésta es sólo una guía introductoria, no pretendo pronunciar la palabra final sobre el tema. La bibliografía revisada incluye varios libros muy recomendables que se añaden a algunos de los temas. Y la mayoría de los discos recopiliatorios recomendados tal vez permanezca en catálogo durante un año o dos como mínimo. Espero que podáis encontrarlos y escucharlos. El placer es eterno mientras lo estamos descubriendo.

CHARLIE GILLETT

Introducción: bailando en la calle

Calling out, around the world,	*Hay una llamada en el mundo entero:*
Are you ready for a brand new beat?	*¿Estás listo para un flamante ritmo nuevo?*

Martha and the Vandellas

Los sonidos de la ciudad son brutales y opresivos y se imponen a cualquiera que esté en sus calles. Muchos de sus habitantes, obligados por sus empleos a vivir en la ciudad, miden la libertad por la frecuencia y la facilidad para escapar de ella.

Pero durante la mitad de los años cincuenta, prácticamente en todas las sociedades urbanas del mundo, los adolescentes apuntalaron su libertad en las ciudades, inspirados y alentados por el ritmo del rock and roll. El rock and roll quizás fue la primera forma de cultura popular que celebró sin reservas los rasgos más criticados de la vida urbana. En el rock and roll, los estridentes y repetitivos sonidos de la vida urbana eran, efectivamente, reproducidos en forma de ritmo y melodía.

Este libro intenta describir las circunstancias que produjeron el rock and roll y examinar qué representa para quienes lo escucharon. Muchos de los supuestos que se exponen aquí no siempre son concesiones a la cultura popular, que se basa en el hecho de que el público o los creadores pueden determinar su contenido cuando es transmitida a través de los medios de comunicación. Los empresarios que median entre el público y el creador pueden verse forzados por cualquiera de los dos a aceptar un nuevo estilo. El desarrollo del rock 'n' roll así lo prueba.

Con el rock 'n' roll, la estrategia de las grandes corporaciones, a pesar de su ventaja financiera, fue superada por la de las compañías y los sellos discográficos independientes que llevaron al gran público a una nueva generación de artistas, cantantes y músicos que escribían o escogían su propio repertorio, cuyos estilos emocionales y rítmicos provenían en gran parte del gospel negro y del blues. Las corporaciones tardaron más de diez años en recuperar sus posiciones gracias a artistas con unos estilos y una autonomía parecidos.

La estructura del libro es sencilla. Empieza examinando la aparición del rock 'n' roll y la razón de su éxito, luego trata de la música que inspiró el rock 'n' roll y termina con un estudio de la música que se desarrolló a partir de él. Históricamente, el libro cubre aproximadamente treinta años de música popular estadounidense y sus recientes influencias transatlánticas. Para hacer la historia manejable, la he contado principalmente a partir de los discos de éxito según *Billboard*, una de las revistas seguida por gente de la industria de la música popular que quiere estar al día de los acontecimientos y las tendencias contemporáneos. (Las demás revistas son *Variety*, orientada principalmente al mundo del cine, pero con secciones de radio, televisión y música y *Cash Box* y *Record World*, de formatos parecidos al de *Billboard.)*

Billboard se concentra en la música y tiene numerosas secciones que tratan la producción y las ventas discográficas, la edición, la distribución para jukebox (conocida en el negocio como «operación máquina tragaperras») y la radio. Como guía para los vendedores, los disc jockeys, los agentes de jukebox y otros con intereses parecidos, *Billboard* publicó durante los años cincuenta tres listas generales que documentaban el estado de la industria de la música popular nacional: la primera incluía los veinte discos más vendidos de la semana anterior (popularmente conocida como el «hit parade» o «los veinte principales»), la segunda relacionaba los discos más emitidos por los disc jockeys y la tercera, los discos más solicitados en los jukebox. En el periodo que nos ocupa, estas listas se veían complementadas por otras listas que incluían los discos más vendidos en las grandes ciudades del país y por otras que daban información parecida (en cuanto a ventas, radiodifusión y exposición en jukebox) de dos mercados especializados de la industria, el de rhythm and blues y el de country and western. A partir de una comparación entre las listas es posible trazar el desarrollo del rock 'n' roll al margen de las formas musicales y ver la táctica defensiva de las grandes editoriales musicales, compañías discográficas y cadenas de radio con la que pretendían resistir.

Uno de los fascinantes resultados de la popularidad del rock 'n' roll fue que aumentó la presencia y, a la vez, el número de cantantes negros de éxito. Así como en los años cuarenta y primeros cincuenta raramente coincidían más de tres cantantes negros en las listas de música popular, desde 1956 al menos una cuarta parte de los discos más vendidos eran de cantantes negros. Antes del rock 'n' roll los cantantes negros tendían a cantar variaciones del estilo de los crooners blancos; después cantaron habitualmente en sus géneros propios.

¿Indicó este cambio alguna diferencia en la manera en que los adolescentes en especial pensaban sobre los negros, en comparación con las ideas de muchos americanos blancos de mayor edad? Este libro no da una respuesta a la pregunta idealista que inspiró en parte el deseo de examinar el rock 'n' roll. Sin embargo, aunque la tensión interracial aumentó durante el periodo en que esta historia se estaba escribiendo, también parecía incrementarse el número de jóvenes blancos que rechazaban las tradicionales actitudes de superioridad hacia la comunidad negra, algunos de los cuales incluso actuaban en su favor o adoptaban ciertos rasgos culturales propios.

¿La preponderancia de los cantantes negros afectó o se reflejó en un cambio social más amplio en cuanto a la aceptación de la cultura negra? Fats Domino mostraba más la cultura negra al público blanco que Nat «King» Cole y Ray Charles la representó aún más que cualquiera de los dos (al menos, por un tiempo). Y a medida que primero el rhythm and blues, luego el pop-gospel y, finalmente, el soul se convirtieron en estilos reconocidos en Estados Unidos, el movimiento por los derechos civiles pasó de los boicots a las manifestaciones y luego a las revueltas. Este libro tampoco puede dar respuesta a tal pregunta, pero vale la pena observar que la reciente historia de la música popular sigue parcialmente aquello que el sociólogo Talcott Parsons describe como el proceso por el cual un grupo minoritario consigue la aceptación social.

La primera etapa es la *exclusión*, cuando el grupo minoritario en su totalidad se ve privado de los privilegios disfrutados por el resto de la sociedad. La segunda etapa es la *asimilación*, cuando esos privilegios los disfrutan miembros favorecidos del grupo minoritario pero continúan siendo negados para el resto. Se tolera a unos cuantos favorecidos con la condición de que rompan muchos de los contactos con su propio grupo y adopten las convenciones de la sociedad establecida. La etapa final es la *inclusión*, cuando al grupo minoritario entero se le concede la aceptación plena en la sociedad, sin tener que abandonar sus características distintivas. (Este modelo difiere de la idea convencional de integración, en el cual los miembros del grupo minoritario reducen su interacción entre unos y otros y aumentan la frecuencia de sus contactos con el resto de la sociedad.)

Desde que se empezó a grabar música popular, no ha habido jamás una exclusión completa de la música negra, pero sí dos clases de asimilación. Una consistió en aceptar a cantantes negros que adoptaban estilos que habían sido desarrollados especialmente para el público blanco (y que tenían poca relación con los estilos populares del público negro). La otra consistió en tomar una canción o un estilo de la cultura negra para que los reprodujese un cantante blanco.

Según Parsons, la inclusión sólo se puede lograr cuando la sociedad establecida modifica su relación con el grupo minoritario y ajusta sus actitudes y moviliza a sus instituciones para integrarlo. A finales de los años cuarenta y principios de los cincuenta, un número cada vez mayor de adolescentes blancos se interesó por la música rhythm and blues negra. En 1956 ese grupo había crecido tanto que sus preferencias se reflejaban en las listas de éxito. El cambio de actitud (como sugiere el modelo de Parsons) forzó un cambio en las instituciones. Las grandes emisoras de radio, que al principio se habían resistido a la difusión de discos de cantantes negros con la excusa de que las letras de las canciones corrompían a la juventud estadounidense, se vieron obligadas a emitir los discos so pena de ceder su audiencia a las emisoras pequeñas que sí los difundían. Las grandes compañías discográficas, que habían grabado a cantantes negros con estilos blancos, o a cantantes blancos con canciones negras, se rindieron a las compañías independientes que grababan a cantantes negros con sus propias canciones y estilos.

Quizás el cambio de la música popular estadounidense tiene sólo una importancia marginal en las relaciones sociales entre los negros y los blancos. El cantante inglés de rock Eric Burdon comentó que había conocido a una chica blanca sureña que consideraba que el mejor cantante del mundo era Otis Redding y al mismo tiempo despreciaba al pueblo negro en general. Pero esta paradoja tal vez no sea lo que parece: es posible que mientras la chica se hacía eco de los sentimientos de sus padres acerca del pueblo negro en general, pudiera tener afinidades con algunas personas negras cercanas. En cualquier caso, estos asuntos deben quedar más allá del alcance de un estudio de la música y el significado del rock 'n' roll.

La función de la música popular no ha suscitado demasiado interés entre los sociólogos que han dedicado más tiempo a valorar el impacto de la televisión, a pesar de que mucha gente de diez a veinticinco años prefería mucho más la radio y los discos. A muchos de los que tenían esa edad, la música popular les dio una sensación de cambio constante, gracias al relevo de discos y estilos en las listas de éxitos. En cualquier momento de esta historia, cada oyente tenía unos cuantos discos que enriquecían sus sentimientos, ampliaban su sentido del amor o de la desesperación, alimentaban sus fantasías o encendían relaciones auténticas. Sintonizaba la radio y escuchaba su música, o compraba los discos y creaba su propio ambiente.

Frente al hecho de que dos personas no compartían la misma serie de preferencias y antipatías, las emisoras de radio tenían que programar sus discos de manera que nadie tuviera que esperar demasiado antes de oír aquello que le gustaba ni que tuviese que soportar demasiados discos que no le gustasen. El resultado es un mosaico de sonidos y ambientes en el cual caben pocos discos demasiado exigentes o molestos y en cambio deben destacarse los que estimulan la gama de emociones previsibles del público —la alegría, el decaimiento, la relajación o la tensión—. Algunos oyentes usan la radio para reafirmarse en su manera de ser, otros esperan que la radio cree alguna disposición de ánimo más allá de su apatía y hay incluso quienes desean que alguna canción cambie su manera de ser.

Tradicionalmente, la música popular ha usado tres modos de expresión: el sentimental, el melodramático y el banal de consumo. A pesar de que la mayoría de las canciones populares trata del amor, raramente han llegado a confrontar la realidad ni física ni emocional de las relaciones amorosas: *amar, adorar, cuidar, necesitar, querer* se usaron como sustitutos de la expresión de sentimientos, con una exageración dramática o una simplificación narcisista. *Encantos* fue el término descriptivo universal, que simultáneamente invocó la atracción física del ser amado y su personalidad. Los cantantes no se preocupaban de las relaciones auténticas y sus canciones no parecían localizarse en ningún contexto físico real.

El público de mediados los años cuarenta forzó a la industria musical a dar algo más: el rock 'n' roll. Procedente en mayor o menor grado de la música de los cantantes country sureños y de los cantantes de las ciudades del norte, el rock 'n' roll fue una mezcla cultural improbable que tuvo efectos mágicos en aquellos que la oyeron ya fuera en la forma en que Chuck Berry decía «Maybellene, why can't you be true» [«Maybellene ¿por qué no eres sincera?»] o como Gene Vincent lamentándose con torturado placer: «Well, Be-Bop-A-Lula, she's my baby» [«Bien, Be-Bop-A-Lula es mi chica»]. Coches, calles, zapatos de ante, callejones, hoteles, moteles, autopistas, jukebox, estaciones, fiestas y padres proporcionaron el contexto en el que los cantantes empezaron a considerar el amor de manera de que no sólo tenía aspectos físicos sino que tampoco era inevitablemente eterno. Al asimilar esta música sin necesidad de pensar demasiado sobre ella, el público de la música popular desde 1956 se ha formado unas sensibilidades bastante diferentes de las generaciones precedentes que fueron educadas en el sentimentalismo y el melodrama. Muchas de estas personas estaban al mando en la mayoría de las compañías discográficas e intentaron con denuedo reinstaurar la música que preferían. Luego, más de diez años después, esos hombres dieron paso a gente más joven que creció con el rock 'n' roll y cuya influencia, muy probablemente, es responsable de la rápida aceptación de nuevos estilos por las compañías que antaño, que de forma inflexible se resistían a la novedad del rock 'n' roll.

Tuvieron lo que querían: rock 'n' roll, 1954-1961

1. Nace el sonido

A la hora de trazar la historia del rock and roll hay que distinguir, por una parte, el rock 'n' roll —la música a la que se aplicó primero el término— y, por otra, el rock and roll —la música que fue denominada así desde que el rock 'n' roll se extinguió allá por 1958— y aun el rock, que describe las derivaciones del rock 'n' roll posteriores a 1964.

Es sorprendentemente difícil establecer cuando «empezó» el rock 'n' roll. El término se había usado en blues cantados para describir el acto sexual mucho antes de que designase un ritmo bailable. En 1948 se había utilizado en algunas canciones para sugerir tanto el hacer el amor como el baile —en «Good Rockin' Tonight» (grabada por Roy Brown) y en «Rock All Night Long» (por los Ravens y muchos otros)—. En 1951 Gunter Lee Carr grabó una canción netamente bailable, «We're Gonna Rock», que omitía la implicación sexual y un año después Alan Freed, el disc jockey que se hizo famoso con el rock 'n' roll, tituló su programa de radio «Moondog's Rock and Roll Party». Pero como estilo musical, el rock 'n' roll no hizo su impacto en el mercado de la música popular estadounidense hasta 1953, cuando «Crazy Man Crazy», un disco de Bill Haley and His Comets, se convirtió en la primera canción de rock 'n' roll en llegar a la lista de los más vendidos de ámbito nacional de *Billboard*.

En los primeros cincuenta, las grandes editoras musicales, las compañías discográficas y las emisoras de radio, que juntas constituían la fuente eficaz de poder en la industria de la música popular, se vieron amenazadas por los cantantes y compositores del rock 'n' roll y por los hombres de negocios que los ayudaban a encontrar su público.

I

Las editoras habían dominado la industria de la música popular antes de que la música se grabara. Las ventas de partituras a los músicos aficionados o profesionales eran la mayor fuente de ingresos de la industria. La introducción del disco no cambió inmediatamente esa situación: los inventores pioneros de la grabación del sonido se interesaban más por la palabra hablada que por la música y más por la música clásica o seria que por la música popular. Así ya en pleno siglo XX, las interpretaciones de canciones en directo eran más importantes para los editores que no las compañías que las grababan.

A principios de siglo, la fuente más importante de nuevas canciones en directo eran el vaudeville y los music halls, y muchos editores tenían sus oficinas cerca de los teatros de vaudeville de la calle 27 de Manhattan, una zona que acabó conociéndose como «Tin Pan Alley». Cuando las comedias musicales empezaron a reemplazar al vaudeville como suministrador de nuevas canciones, los editores se mudaron hacia el norte de la ciudad. Al final de los años treinta «Tin Pan Alley» estaba situada en la zona de las calles de los números cuarenta y primeros cincuenta, cercana a Broadway.

Las compañías discográficas siguieron el ejemplo de las editoras y a finales de los años treinta la gran mayoría de la música grabada era canciones de espectáculo o sonaba como ellas. Iban de los comentarios ingeniosos de Cole Porter sobre el amor y la sociedad, pasando por las baladas elegantes de Hoagy Carmichael y Lorenz Hart, hasta las absurdas canciones de consumo de numerosos compositores hoy olvidados. De vez en cuando surgía alguien como George Gershwin con la aspiración de hacer música popular tan complicada como la música clásica.

A finales de los años treinta, Tin Pan Alley y sus canciones de espectáculo fueron desafiadas durante un tiempo por la repentina tendencia hacia las formaciones orquestales de renombre, cuya música swing era una derivación del estilo de jazz de Kansas City desarrollado por varias orquestas negras en los últimos años veinte y primeros treinta. Por lo que hace a las ventas de discos, el espíritu de estas orquestas trajo un cambio bien recibido respecto al temperamento de las alegres canciones de espectáculo. La industria discográfica se rehizo de una depresión que había visto cómo las ventas bajaban de 106 millones de dólares en 1921, a poco más de un cinco por ciento de la cantidad anterior, 6 millones de dólares, en 1933. En 1939, con las big bands, las cifras volvieron a subir hasta 44 millones de dólares.

Los discos de las orquestas dominaron las listas de los más vendidos de 1937 a 1941. Durante este periodo, de los cuarenta y tres discos que habían vendido más de un millón de copias, veintinueve pertenecían a orquestas.[1] Las editoras se vieron afectadas porque los repertorios de las orquestas de swing consistían principalmente en material original compuesto por sus músicos, o composiciones de los directores de las orquestas negras (Count Basie, Jay McShann y otros) cuyo estilo musical a menudo era imitado, o bien eran canciones conocidas con arreglos nuevos y a las editoras les costaba introducir canciones nuevas.

Pero de 1942 a 1945 se volvieron a solicitar de nuevo cuando los vocalistas de las orquestas comenzaron a tener más importancia. El relevo del director de orquesta al cantante lo hicieron los propios directores, que competían entre sí presentando a sus cada vez más famosos cantantes. Pronto la estrategia se volvió contra ellos. Aunque la reputación de Glenn Miller superó siempre a la de su cantante, Tex Beneke, Frank Sinatra empezó a descollar más que la de los directores de orquesta con los que cantaba (entre los que estaban Tommy Dorsey y Harry James). El repertorio de los cantantes, en cualquier caso, dependían de las editoras.

Desde 1912 los compositores y editores protegieron sus intereses a través de la ASCAP —la American Society of Composers, Authors and Publishers— que concedía derechos de interpretación para los canales de difusión, principalmente la radio. En 1941 una asociación de emisoras de radio puso en marcha una organización rival, la BMI —Broadcast Music Incorporated— que representaba a muchos compositores y editores hasta entonces ignorados (de hillbilly, negros, folklóricos y extranjeros) y que, en 1941, incrementaron rápidamente sus ingresos durante un boicot de la ASCAP a las emisiones radiofónicas.

Al haber restablecido la necesidad de canciones nuevas, se suministró a los vocalistas de las orquestas canciones comerciales y baladas pegadizas. Quizás el atractivo de este material residía en su habilidad para aliviar la tensión en tiempo de guerra pero, incluso después de que ésta acabase, esas canciones siguieron proliferando, junto con una cantidad creciente de baladas de tipo sentimental o melodramático que diez años después todavía estarían en boga.

Los cantantes de esta clase de material estaban influidos en alguna medida por el creador del estilo de la balada moderna, Bing Crosby, cuya voz de barítono, con su flexibilidad, humor amable y fácil encanto, se ajustaba idealmente a las necesidades del material de Tin Pan Alley. Crosby había iniciado su carrera en el vaudeville, donde desarrolló la técnica de cantar de forma rápida e ingeniosa. Luego, como vocalista con Paul Whiteman, aprendió la técnica de cantar con un megáfono (necesario antes de la época de la amplificación eléctrica si el cantante quería hacerse oír por encima de la orquesta). El megáfono producía un curioso modo interpretativo sin expresión ni emoción, que formaría la base del estilo «crooning» desarrollado después de la introducción de los micrófonos y la amplificación eléctrica.

Se desarrollaron dos tipos distintos de crooning: el estilo meloso, «suave» y emocionalmente relajado de Perry Como y el más «duro», con aristas e implicado, de Frank Sinatra. El estilo suave era más apropiado para canciones comerciales pegadizas y baladas sentimentales, mientras el estilo duro era mejor para canciones más melodramáticas. No obstante, las casas discográficas contaban con que los cantantes de cualquiera de los dos estilos pudieran abordar todo tipo de canciones.

Casi ningún vocalista componía sus propias canciones y su «creatividad» se medía por su habilidad en improvisar un fraseo e introducir sentido en las canciones de Tin Pan Alley. Los virtuosos más destacados eran Billie Holiday, seca y amarga, Ella Fitzgerald, dulce y cálida y Louis Armstrong y Fats Waller, ambos de voz ronca y graciosos. Con todo, muchos presuntos cantantes de jazz eran crooners cuya ambición sobrepasaba su imaginación.

El más original de los ex vocalistas de orquesta era el crooner duro Frank Sinatra, que rechazó el estilo de cantar que animaba al público a corear con él y en vez de ello se arriesgó con las melodías e improvisó su propia coordinación de las frases alargando algunas sílabas y recortando otras. El resultado era un estilo personal que daba un sentido especial incluso a canciones de amor que habían sido compuestas de la manera más convencional

El estilo de Sinatra implicó al público en su manera de cantar como no lo había hecho ningún cantante anterior y desencadenó una devoción comparable a la despertada anteriormente sólo por estrellas de cine como Rodolfo Valentino. El público asoció de buena gana la imagen de Sinatra con su vida privada, gracias al trabajo de la prensa y el equipo de relaciones públicas del cantante. Quizás en gran parte a causa de la popularidad de Sinatra, la imagen de un cantante se hizo tan importante para su estilo como la letra de una canción. El público esperaba que los cantantes se mostrasen tal como eran (o de acuerdo con lo que se conocía de ellos) y cada oyente quería sentir que el cantante cantaba para él.

La implicación del público con el cantante era tan intensa, que su aspecto comenzó a tener mucha importancia. El estereotipo convencional oscuro y hermoso del héroe romántico norteamericano favoreció a los cantantes morenos de ascendencia italiana, quienes enseguida coparon las listas de éxitos. Tony Martin, Al Martino, los Ames Brothers, los Four Aces, Dean Martin, Tony Bennett, Vic Damone, Sinatra, Como y Frankie Laine fueron algunos de los de más éxito, todos ellos ayudados en algún momento crucial de sus carreras por propietarios de clubes de origen italiano, encantados de presentarlos.

Respecto a la implicación del público, Frankie Laine, cuyo estilo se basaba en la balada del oeste, en Al Jolson y en Vaughn Monroe, suscitó un seguimiento aún más vociferante que el de Sinatra mediante relatos melodramáticos de amor y furia sin precedentes, que incluían «That's My Desire» y «Jezebel». En 1951, la implicación alcanzó una nueva cumbre cuando otro cantante, Johnnie Ray, en este caso sin ascendencia italiana, desató oleadas de entusiasmo en aeropuertos, hoteles y en las entradas para artistas de los teatros. A diferencia de sus predecesores, Ray no era meloso, carecía de precisión en el fraseo y de control vocal; en cambio, introdujo la implicación pasional en sus actuaciones, dejando que los suspiros, los sollozos y los jadeos pasaran a formar parte de los sonidos que salían de los altavoces. Las noticias de su estilo horrorizaron a los observadores del otro lado del Atlántico. Laurie Henshaw escribió en su columna de la británica *Melody Maker* del 9 de febrero de 1952:

> Johnnie Ray, un vocalista de Oregón de veinticinco años, ha pasado de la categoría de los 90 dólares por actuación a la de 2.000 imponiendo la espeluznante fórmula de deshacerse prácticamente en lágrimas mientras canta una canción.
>
> Según una crónica estadounidense, «en ocasiones sus estentóreos sollozos lo trastornan de tal manera que debe salir precipitadamente del escenario para calmarse». Estas presentaciones teatralizadas, desinhibidas y de mal gusto ante el público norteamericano han hecho que [sic] la lacrimosa versión de Johnnie de «Little White Cloud That Cried» a las ocho semanas de publicarse haya superado la cifra del millón de ventas.

> Si un artista tiene que bajar hasta ese nivel para captar a las masas, las perspectivas para la música popular son poco prometedoras.

Si el futuro parecía poco prometedor, el presente era bastante estéril. Ni el propio Johnnie Ray era tan importante como podía sugerir el entusiasmo de sus partidarios o la aversión de los detractores. Sólo si se tiene en cuenta la música popular carente de emoción de la época, se entiende por qué Johnnie Ray y Frankie Laine desataron unas reacciones tan extravagantes. Pero la controversia era en sí misma un indicio de lo que estaba por venir.

II

Seis grandes compañías discográficas dominaban el mercado de la música popular. Todas tenían un sistema de distribución propio que aseguraba que cualquiera de sus discos llegase a los puestos de venta de cualquier mercado regional. Cada una de ellas tenía su propio equipo de producción: los encargados de Artistas y Repertorio [del inglés «Artist and Repertoire» o A&R] que decidían los cantantes que emplearían y las canciones que se grabarían. Las compañías discográficas independientes, en cambio, disponían de una red endeble de distribuidores regionales independientes, a los que debían convencer cada vez para que distribuyeran sus productos. Las independientes se especializaban en su mayoría en música folklórica étnica y en rhythm and blues y antes de 1953 tenían poca importancia en el mercado de la música popular: de ciento sesenta y tres discos que vendieron más de un millón de copias entre 1946 y 1952, tan sólo cinco no fueron grabados por una de las seis grandes compañías.[2]

Dos de las grandes compañías, Columbia y Victor, habían sobrevivido desde finales del siglo XIX. Una tercera, Decca, se fundó como la sucursal norteamericana de la Decca británica en 1932, con sede en Nueva York, como sus rivales. En 1942, la primera empresa importante de la costa oeste, Capitol, se establecía en Hollywood y en 1946 la empresa cinematográfica MGM organizó un departamento de producción de discos, también en la capital del cine. En 1946 la empresa Mercury se estableció en Chicago.

Durante los años veinte, las grandes compañías discográficas fueron desafiadas por una cantidad de pequeñas independientes, que habían tenido un cierto éxito en los mercados especializados de música negra, en especial el mercado «de raza» [«race», en inglés], como se clasificaba entonces a los compradores de discos de blues. Pero el crack a finales de los años veinte minó a las compañías independientes, que cayeron en la bancarrota o fueron absorvidas por una de las grandes compañías.

A finales de los años treinta, las grandes compañías gozaban de una sólida implantación en la totalidad del mercado discográfico, pero durante la guerra cedieron los mercados especializados «race» y «new jazz» al verse obligadas a realizar recortes económicos, ya que el gobierno ordenó que los clientes debían llevar un disco viejo cada vez que compraran uno nuevo, para que el material pudiera fundirse y usarse de nuevo. Finalizada la guerra, una nueva generación de independientes había conseguido una buena cuota de mercado en el sector «race», pero las grandes sellos habían consolidado su influencia en el mercado «hillbilly», que empezaba a denominarse country and western.

El término country and western se acuñó para huir de las asociaciones despectivas de «hillbilly», aunque la nueva denominación pronto resultó tan limitativa como la que había sustituido. La música «country» [rural, del campo] nunca fue realmente interpretada sólo por gente y para gente que vivía en las zonas rurales, sino que representaba una tendencia de la música popular que mostraba comportamientos «auténticos» y situaciones de una forma «sincera» y con acompañamiento de música «tradicional». La música country compartía raíces con el gospel negro y en los años cuarenta probablemente absorbió más elementos de música negra que los aceptados hasta el momento por la corriente principal popular de la época. El «sagrado» cantante country de la Decca, Red Foley, grabó canciones gospel escritas en los años treinta por el compositor negro Thomas Dorsey; Ernest Tubb, también en la Decca, actualizó el estilo de blues blanco de Jimmie Rodgers al introducir la guitarra amplificada eléctricamente en lo que se conocería como estilo «honky tonk». Para la Columbia, tanto Roy Acuff como Bill Monroe mostraron influencias negras en sus estilos llamados «Smokey Mountain» y «Blue Grass», respectivamente, mientras los Delmore Brothers (para King, una de los pocos sellos independientes en el mercado country) y algunos otros interpretaban lo que denominaban «hillbilly boogie». Cuando surgió Hank Williams en el nuevo sello MGM a finales de los cuarenta, mezcló todos estos estilos country con influencias negras mediante un ritmo tan intenso como le permitiera su supervisor de grabación, Fred Rose.

Como jefe de Acuff-Rose Music y productor de la división country de MGM, Fred Rose fue uno de los hombres de negocios que centralizaron la industria country and western en Nashville (Tennessee), un proceso que condujo a la práctica eliminación de la mayoría de las asociaciones de ideas «del oeste» con el término country and western, en especial con las orquestas de swing del oeste como Bob Wills and his Texas Playboys. Como si desearan negar los vestigios de música negra implícitos en la mayoría de los estilos country, la batería estaba prácticamente prohibida en las sesiones de grabación de Nashville y en los programas de la emisora WSM, «Grand Ole Opry», en esa época el escaparate de más relevancia para la música country. Por lo que respecta a la música country, la radio fue un medio de difusión más importante que los discos y aunque la mayoría de los programas de radio dedicados a este estilo se difundían fuera de las horas de máxima audiencia y en emisoras locales de pequeñas ciudades, permitieron que los intérpretes desarrollaran un estilo, repertorio y reputación necesarios para que los más decididos se presentaran en uno de los cinco grandes programas que se emitían para varios Estados: «The Barn Dance», de la WLS de Chicago; el «Midwestern Hayride», de la WLW de Cincinnati; el «Big D Jamboree», de la KRLD de Dallas; el «Louisiana Hayride», de la KWKH de Shreveport y el «Opry» de la WSM. (Los nombres de estos programas aparecen recurrentemente en las biografías de todos los artistas country, entre ellas *Country Gentleman*, de Chet Atkins, un libro especialmente evocador y bien escrito.)[3]

La influencia del «Opry» se puso de manifiesto durante los primeros años cincuenta, cuando las empresas establecidas en Nashville superaron a las rivales con sede en cualquier otra parte: agencias de contratación, editoras, estudios de grabación y las mismas compañías discográficas. Decca fue la primera compañía en montar una oficina en Nashville, con Paul Cohen como jefe de producción y siguieron las demás grandes compañías con Don Law al mando de Columbia, Ken Nelson al cargo de Capitol y Steve Sholes de la RCA-Victor, quien delegó en Chet Atkins la supervisión de la oficina de Nashville.

La mayoría de las compañías veía la música country and western como un estilo minoritario sin atractivo popular, aunque durante los últimos años cuarenta y los primeros cincuenta algunos de los productores de música popular comenzaron a aprovechar la afiliación a la BMI de la mayoría de las editoras country para grabar versiones pop de esas canciones country. Mitch Miller fue un notable experto, primero en la Mercury, donde produjo la versión de gran éxito de «Tennessee Waltz», de Patti Page y después en Columbia, donde prácticamente cada artista importante del catálogo hizo al menos una versión millonaria en ventas de una canción country. Esta costumbre de las versiones beneficiaba a las editoras, entre las que destacaban Acuff-Rose, establecida en Nashville y dos compañías con sede en Nueva York, Peer-Southern y Hill and Range. Sin embargo, muchos artistas country no entraban en las listas de éxitos, como Hank Williams, cuyas canciones demostraron ser universalmente adaptables. De los pocos intérpretes country que dieron el salto hacia el pop, la mayoría grababa para el departamento de producción de Capitol en la costa oeste, cuyo equipo de promoción llevó al éxito (con discos comerciales) a Red Ingle and his Natural Seven, Tex Williams, Merle Travis, Tex Ritter, Hank Thompson y Tennessee Ernie Ford.

No obstante, para un público que vivía principalmente en ciudades y que buscaba en ellas la diversión, la música de las emisoras de radio y los jukebox era incongruente. Cada vez más gente se daba cuenta de que había una alternativa mucho mejor: el rhythm and blues. Pero las grandes compañías estaban lejos de satisfacer con éxito lo que al principio parecía ser el gusto de otro público minoritario más.

III

Según un informe sobre el rhythm and blues en una edición especial de *Billboard* (marzo de 1954), el «mercado negro» no existió como ámbito nacional hasta el fin de la II Guerra Mundial. Hasta entonces, los llamados discos «de raza», producidos principalmente por compañías independientes, solían distribuirse en zonas específicas: la Costa Este, el Medio Oeste, el Sur, el Sudoeste y la costa oeste. En los años sesenta, estas zonas todavía constituían mercados aparte en la medida en que las ventas de algunos cantantes dependían mucho de sus públicos locales. Pero entonces ya era relativamente fácil para una compañía distribuir discos a lo largo del país si había una demanda, que habitualmente la crean los disc jockeys que difunden los discos en diferentes zonas.*

En los diez años posteriores a la guerra, Los Ángeles tuvo el mayor número de compañías independientes de éxito especializadas en rhythm and blues. (De vez en cuando, algunas empresas ofrecían catálogos de hillbilly o country and western.) Specialty, Aladdin, Modern, Swingtime e Imperial eran algunas de tales compañías. Con todo, a lo largo del país se establecieron compañías discográficas del mismo tipo. Al principio se instalaban en garajes, almacenes y sótanos y sus propietarios distribuían los discos transportándolos en el maletero de su automóvil. King, en Cincinnati; Peacock, en Houston; Chess, en Chicago; Savoy, en Newark (Nueva Jersey); y Atlantic, en Nueva York, se fundaron todas entre 1940 y 1950, una década en la que dejaron el Sur tantos negros (un millón doscientos cincuenta mil) como lo habían hecho en los últimos treinta años juntos. En 1952 había más de un centenar de compañías independientes en el negocio (aparte de otras muchas que no sobrevivieron), muchas de ellas especializadas en el rhythm and blues.**

Los sonidos del rhythm and blues eran opuestos a los de la música popular. Los estilos vocales eran ásperos, las canciones explícitas, los instrumentos principales —saxo, piano, guitarra y batería— se tocaban muy fuerte y con un ritmo que invitaba a bailar y la producción de los discos era tosca. La excitación era la emoción que prevalecía.

Sólo algunos de los discos de música negra eran de este tipo, aunque se programaban con frecuencia en algunos programas de radio para animar a los oyentes a que permanecieran en la sintonía. Los demás discos difundidos eran parecidos a la música común en el mercado blanco. Pero cuando los oyentes blancos comenzaron a comprender las convenciones por las que los oyentes negros juzgaban su música, llegaron a apreciar las diferencias entre la manera pegadiza en que los cantantes blancos usaban las baladas y la forma personal en que las manejaban los grupos negros.

La primera y mayor impresión en el nuevo público blanco de esas emisoras la causó el blues bailable —con cantantes como Amos Milburn, Roy Brown,

* El responsable que permitió una mayor movilidad de distribución entre regiones fue un distribuidor de Los Ángeles, Jack Gutshall, quien estableció una red nacional en 1945.

** En un estudio de *Billboard* sobre la proliferación de compañías independientes (5 de septiembre de 1953), Bob Rolontz escribió: «hay una calle en Nueva York por la que raramente se dejan caer los distribuidores, editores, productores y otros distinguidos miembros de la comunidad musical. En ella no se pueden encontrar restaurantes lujosos ni ascensoristas uniformados, y sólo algunos Cadillac. Los vendedores ambulantes con carrito aún venden perritos calientes y refrescos y en los calurosos días veraniegos ningún hombre usa chaqueta o corbata. Todavía es, en un sentido competitivo, una de las más vitales y estimulantes avenidas del negocio musical. La calle es la Décima Avenida y en la zona comprendida al norte por la calle 56 y al sur por la 42 se vierte diariamente el trabajo duro y el optimismo sin barreras de un montón de sellos y distribuidores independientes, viajantes y distribuidores de jukebox... Durante años, las compañías independientes de la Décima Avenida han proporcionado a las grandes empresas personal, ideas y discos para versionar».

Fats Domino y Lloyd Price—, que suministraba un ritmo y una excitación que no se encontraba en la música popular blanca. Al principio el número de gente blanca interesada en esta música no era suficiente para que el efecto se notara en las ventas de música popular. Este segmento del público estaba formado, seguramente, por estudiantes universitarios y de secundaria que seguían el rythm and blues del mismo modo que en la generación pasada (e incluso entonces) se interesaban por el jazz.

Gracias a una feliz coincidencia, tenemos algunos comentarios de gran perspicacia hechos por el sociólogo David Riesman sobre los aficionados a la música popular de este periodo que aclaran el carácter del público especialista. En un artículo, «Escuchando música popular», Riesman anotó que se podían distinguir dos grupos: el público mayoritario, que aceptaba la gama de opciones que ofrecía la industria musical y seleccionaba sin considerar nada fuera de ella y el público minoritario, al cual describía con detalles muy interesantes para nuestro propósito.

> El grupo minoritario es pequeño. Comprende a los oyentes más activos, que no se interesan tanto por la melodía o la canción como por el arreglo o el virtuosismo técnico. Ha desarrollado unos elaborados, a veces hiperelaborados, hábitos de audición musical; de ahí que la audición musical se combina con discusiones muy vivas con opiniones técnicas y quizás referencias ocasionales a revistas del sector tales como *Metronome* y *Down Beat*. El grupo tiende a detestar a las orquestas de renombre, a la mayoría de vocalistas (excepto a los cantantes negros de blues) y los anuncios de la radio.
>
> La rebeldía de este grupo minoritario podría reflejarse en algunos de los comportamientos siguientes hacia la música popular: una insistencia en normas rigurosas de juicio y gusto en medio de una cultura relativista; una preferencia por las pequeñas orquestas no promocionadas antes que por las orquestas de renombre; el desarrollo de un lenguaje privado que se abandona cuando es adoptado por el grupo mayoritario (y lo mismo pasa con otros aspectos del estilo privado); y un profundo resentimiento contra la comercialización de la radio y de los músicos. Los comportamientos disidentes contra la competición y la cooperación en nuestra cultura pueden estar representados por sentimientos sobre la improvisación y los pequeños «combos». Un aprecio por la idiosincrasia de una actuación va pareja con un desdén de los intérpretes «estrella» y una insistencia en que la improvisación sea un fenómeno generado por el grupo.
>
> Todavía hay otras maneras en que la minoría puede usar la música popular para polarizarse a sí misma frente al grupo mayoritario y de ese modo frente a la cultura popular norteamericana en general: una actitud comprensiva o incluso una preferencia por los músicos negros; una actitud igualitaria hacia los papeles, en el amor y el trabajo, de los dos sexos; un punto de vista más internacional, consciente o no, como, por ejemplo el interés por el jazz americano que hay en Francia; una identificación con los grupos desfavorecidos, no sólo los negros, de los que surge el jazz, con un culto romántico por el proletariado o no; un rechazo de la seudosexualidad romántica en la música, incluso sin ninguna conciencia clara de ser explotado. Así

mismo, se da una reacción contra la imagen estilizada del cuerpo y las limitaciones de la autoexpresión física cuya música «amable» y sus letras se aprecian como adecuadas; un sentimiento de que la música es demasiado importante como para que sirva de acompañamiento al baile, la conversación, el estudio y demás; así como un difuso resentimiento contra la imagen del adolescente mostrada en los medios de comunicación.

Llevar las cosas más allá de estos rasgos de los patrones mayoritarios y minoritarios requiere un análisis de la estructura social en la que el adolescente se busca a sí mismo. Cuando escucha música, incluso si nadie más está cerca, lo hace en el contexto de unos «otros» imaginarios y su escucha a menudo es un esfuerzo por establecer contacto con ellos. En general aquello que él percibe en los medios de comunicación se enmarca en su percepción de los grupos sociales a los que pertenece. Estos grupos no sólo califican las canciones sino que seleccionan para sus miembros, de modo más sutil, lo que debe «oírse» en cada canción. Es la presión de la conformidad con el grupo la que invita y obliga a la persona a recurrir a los medios de comunicación tanto para aprender de ellos lo que el grupo espera como para identificarse con el grupo compartiendo un objetivo común mediante la atención y la conversación.[4]

La observación de Riesman sobre el hecho de que a pesar de lo que la mayoría elija, habrá una minoría que escogerá algo diferente explica cómo la música popular sigue cambiando, sin importar lo buenos —o malos— que sean los tipos de música dominante durante un periodo concreto. Y como el público minoritario se define a sí mismo por su radicalismo, es probable que su gusto favorezca, de manera consciente o inconscientemente, a la música que transmita comentarios sociales o críticos.

Durante los primeros años cincuenta, muchos jóvenes como los descritos por Riesman se pasaban a la música de rhythm and blues y a las emisoras de radio que la emitían. Si los primeros oyentes fueron aquellos con hábitos relativamente sofisticados para juzgar la música, los que vinieron después se caracterizaban por tener un gusto mucho más instintivo y preferir un ritmo bailable o el efecto emocionante de un poderoso saxo. Era gente a la que las voces ásperas de los cantantes les parecería un poco pintorescas y tan atractivas como las de moda.

Este segundo grupo de oyentes proporcionó la inspiración y la audiencia a Alan Freed, quien, con Bill Haley, desempeñó un papel crucial al popularizar el rhythm and blues con el nombre de «rock 'n' roll».

Alan Freed era el disc jockey de un programa vespertino de música de calidad de Cleveland (Ohio). En 1952, Leo Mintz, propietario de una céntrica tienda de discos, lo invitó a visitar el establecimiento. Mintz estaba intrigado por el gusto musical de algunos de los adolescentes blancos que compraban discos en su establecimiento y Freed se sorprendió de ello. Observó la reacción excitada de los jóvenes que bailaban enérgicamente al tiempo que escuchaban la música que Freed había considerado ajena a su cultura: el rhythm and blues. Lo recordaba (en la revista británica *New Musical Express* del 23 de septiembre de 1956):

> Escuché los saxos tenores de Red Prysock y de Big Al Sears. También al cantante y pianista de blues Ivory Joe Hunter. Me maravillaron. Me quedé maravillado casi una semana. Luego fui al director de la emisora y le solicité que me permitiera seguir mi programa [de buena música] con una fiesta rock 'n' roll.

Por sugerencia de Mintz, Freed introdujo un eufemismo para rhythm and blues y tituló su programa «Moondog's Rock 'n' Roll Party», que empezó en junio de 1951. En marzo de 1952 se le convenció de que tenía suficientes oyentes como para organizar un concierto que presentara algunos de los artistas cuyos discos había emitido. El «Moondog's Coronation Ball» tenía que celebrarse en el Cleveland Arena, con un aforo de 10.000 personas, aunque según las estimaciones de los bomberos acudieron más de 21.000 personas, en su mayoría negros, lo que causó un pánico tan grande que el espectáculo se tuvo que cancelar, tal como informó el *Cleveland Press*. Después de abandonar la idea de abarrotar grandes salones de baile, Freed continuó con espectáculos con entradas anticipadas y su carrera llegó a su clímax en Cleveland en agosto de 1953 con un cartel que presentaba a la Buddy Johnson Orchestra, Joe Turner, Fats Domino, los Moonglows, los Harptones, los Drifters, Ella Johnson, Dakota Staton y Red Prysock.

El éxito de Freed con música negra para públicos blancos fue ampliamente reseñado en *Billboard* y en 1954 fue contratado por una emisora de Nueva York, la WINS, que se convirtió rápidamente en la líder de la música popular. Siguió apoyando a los intérpretes negros originales de canciones que eran versionadas —es decir, grabadas por cualquier otro— para el mercado blanco por las grandes compañías y en las entrevistas acusó a los demás disc jockeys de tener prejuicios por preferir las versiones.

Una vez que el nuevo público se hizo notar, los distribuidores de los jukebox empezaron a colocar en ellos discos de rock 'n' roll, con lo que había un nuevo canal de comunicación para los compradores blancos de discos que no habían sintonizado aún emisoras de radio negras. Al mismo tiempo, en respuesta a la nueva demanda de canciones rápidas con un ritmo negro por parte del público de los salones de baile, varios grupos blancos incorporaban material al estilo del rhythm and blues a sus repertorios. Fue con una canción de este tipo, «Crazy Man Crazy», grabada por la independiente Essex, como Bill Haley and His Comets hicieron su primera aparición en las listas de éxitos en 1953 y llevaron el rock 'n' roll al gran público.

A finales de 1953, cuando el mercado negro comprendía sólo el 5,7 por ciento del total de las ventas discográficas del mercado estadounidense, un grupo de profesionales de la industria musical empezaba a darse cuenta del potencial de la música negra y de sus estilos, al menos para un segmento del mercado blanco. Decca se arriesgó y dejó bastante atrás a sus grandes compañías rivales al contratar a Haley, de la Essex. En la primera sesión con Decca, Haley grabó «Rock Around the Clock» y «Shake, Rattle and Roll», con las que iba a transformar el concepto de lo que podía ser la música popular en el mundo entero.

Los discos de Haley no eran copias directas de algún estilo o disco negro en especial. La voz del cantante era inconfundiblemente blanca y los repetitivos cantos a coro formaban parte habitual de muchas orquestas de *swing*. A ese respecto la música era parecida al estilo conocido como *western swing* (interpretado con instrumentos de viento y violines por Bob Wills and His Texas Playboys), pero la incorporación novedosa del estilo de Haley, el ritmo, procedía de la música negra, aunque dominaba a los arreglos mucho más de lo que lo hacía en los discos negros. Con Haley, los cantantes y los demás instrumentistas acentuaban mucho un tiempo de cada dos a costa de los ritmos relativamente flexibles y las armonías complejas de los discos de música de baile grabados para el público negro.

«Shake, Rattle and Roll» estuvo entre los diez primeros durante doce semanas desde septiembre de 1954 y «Rock Around the Clock» se mantuvo en las listas durante diecinueve semanas, ocho de ellas en el número uno, desde mayo de 1955. En verano de 1955, apenas dos años después del «Crazy Man Crazy» de Haley, con la mayoría de las grandes compañías sumidas en la incertidumbre, la demanda de discos con un ritmo de baile insistente era suficiente para que tres títulos independientes estuviesen en los diez primeros lugares de las listas de ventas: «Seventeen» de Boyd Bennett (King), «Ain't That a Shame» de Pat Boone (Dot) y «Maybellene» de Chuck Berry (Chess), el primer éxito de rock 'n' roll de un cantante negro.

IV

El crecimiento del rock 'n' roll no puede separarse de la aparición, desde la II Guerra Mundial, de un fenómeno nuevo: la cultura adolescente o juvenil. Tras la guerra, los adolescentes habían convertido la diversión en un espectáculo como no se había producido antes. El impacto fue enorme porque había muy pocos ámbitos que pudieran asimilar sus nuevos comportamientos, sus intereses y su creciente riqueza. Fueron las personas en vez de las industrias de comunicación de masas las que anticiparon el crecimiento de la cultura adolescente, al menos, las que le otorgaron una rápida respuesta.

La reacción inicial fue una desaprobación general, lo que reforzó cualquier sentimiento rebelde que pudieran tener los adolescentes, contribuyendo de ese modo a una identidad y a un estilo que se fomentó hasta que, en los primeros años cincuenta, éstos se consideraban una «nueva generación». Esta autosugestión fue alentada por Hollywood, cuyos productores empezaron a adaptar sus películas cuando se dieron cuenta de que una buena parte del público era adolescente.

Aparte de varias películas que trataban de la vida cotidiana de los adolescentes (las relaciones familiares, los estudios o el ocio), hubo dos en la primera mitad de los años cincuenta que se centraban específicamente en los conflictos generacionales de la época. *The Wild One* (*¡Salvaje!*, 1954) y *Rebel Without a Cause* (*Rebelde sin causa*, 1955). Protagonizadas por Marlon Brando y James Dean respectivamente, suministraban modelos con los que podían identificarse los nuevos adolescentes, personajes cuya forma de vestir, hablar, moverse, gesticular y comportarse ayudaron a dar forma y justificar los sentimientos del público. La trama de ambas películas era torpe, artificial y con moraleja, pero la frustración y la violencia en cada una de ellas bastaban para dar credibilidad a las películas. El hosco desafío de Brando y la valerosa integridad de Dean eran a la vez el reflejo y el modelo para amplios sectores del público.

El cine era en esa época la representación misma de la «cultura de masas» en la medida en que tomaba situaciones de la vida del público y las ordenaba para establecer una trama dramática y devolver luego a su origen el producto empaquetado en forma de diversión. Había poco intercambio auténtico entre los productores y los consumidores: al no disponer de otro proveedor de películas, tan sólo podían elegir entre lo que se ponía a su disposición y los productores medían el gusto del público casi exclusivamente por la forma en que se gastaba el dinero. Así que los productores tendían a invertir su dinero en fórmulas que ya se habían demostrado exitosas. Las nuevas ideas tenían muchas dificultades para introducirse en ese estado de cosas.

A pesar de estas rigideces, la industria del cine se dio cuenta y respondió a las necesidades del público con más rapidez que la industria musical. La producción cinematográfica, por ejemplo, estaba preparada para aceptar con mayor facilidad la manera de hablar de la población negra antes de que la ASCAP permitiera que dichos estilos se infiltraran en las emisiones radiofónicas. «Dig», «flip», «cat», «jive», «square» y el resto de las expresiones be bop hicieron su aparición en la gran pantalla sin que hubiese demasiada oposición, aunque por supuesto los negros no salieran demasiado. Así, mientras en la película las imágenes y el guión contaban una historia nueva con palabras nuevas, como en *¡Salvaje!* y *Rebelde sin causa*, la música de la banda sonora seguía siendo la música de big band que el público juvenil ya había rechazado. El rechazo se hizo explícito en una tercera película, *Blackboard Jungle* (*Semilla de maldad*, estrenada en 1955, el mismo año que *Rebelde sin causa*), que fue un factor decisivo en la aceleración de la popularidad del rock 'n' roll.

Semilla de maldad, adaptación de la novela de Evan Hunter, trataba de la experiencia de un profesor en un instituto de formación profesional en el Bronx. Sus alumnos, de diversa procedencia, eran cuasi delincuentes cuya agresividad daba a la trama la mayor parte de su fuerza dramática.

Una de las principales escenas de la novela, en la que los alumnos desafían y entran en conflicto con el profesor, narraba un intento por parte del profesor de establecer contacto con su clase poniendo discos de su colección. Él empieza con «I Can't Get Started» de Bunny Berigan. La reacción colectiva de la clase es: «Así que es un tipo cantando. ¿Resistiría contra Como? ¿Qué tiene qué hacer al lado de Tony Bennett? Los tipos que cantan son de baratillo... ¿No tiene canciones como las de los Hilltoppers?». El profesor lo intenta de nuevo: Harry James, Will Bradley, Ray McKinley, Ella Mae Morse. Los alumnos se inquietan más y más. «¿Qué coño es esto, una lección de historia? Vamos. Pongamos música de la buena.» La impaciencia se convierte en violencia y rompen la colección lanzando los discos por toda el aula. El profesor se deshace en lágrimas.

La escena expresa apropiadamente la dislocación entre las culturas de dos generaciones.

El libro de Hunter se editó en 1954 y entre la fecha de publicación y el estreno de la película a finales de 1955 la cultura musical de los jóvenes había dado un paso más allá de los términos de la novela. En la versión cinematográfica (dirigida por Richard Brooks), era el incesante ritmo de «Rock Around the Clock» de Bill Haley el que ponía de relieve el rechazo al sofisticado *swing* de los discos de jazz que ponía el profesor. A finales de 1955, Tony Bennett y Perry Como eran tan obsoletos como Bunny Berigan y Will Bradley, lejos de las preocupaciones de los adolescentes. La versión cinematográfica de *Semilla de maldad* fue un gran éxito y no estuvo excenta de polémica. La música de Bill Haley, en vez de la de Tony Bennett o Perry Como, ayudó a establecer en las mentes de los adolescentes y los adultos la relación entre el rock 'n' roll y la rebeldía juvenil.[5]

V

Buena parte del público y de los directivos de la industria musical miraban con incomodidad la creciente popularidad del rock 'n' roll. Había tres grandes razones para la desconfianza y la queja: las canciones de rock 'n' roll contenían demasiada sexualidad (o, en su caso, vulgaridad), los comportamientos descritos parecían desafiar a la autoridad y los cantantes o eran negros o sonaban como ellos. Esta última característica fue un asunto de debate en el Sur.

Algunas de las actitudes generales contra el rock 'n' roll quizás se reflejen en las opiniones del reconocido crítico de televisión John Crosby, quien en muchos asuntos ofrecía un punto de vista culto y dialogante. Para Crosby, Elvis Presley, que estaba a punto de empezar su asombroso ascenso, era un «inenarrable intérprete joven vulgar y sin talento». Crosby se preguntaba: «¿Adónde vais a llegar después de Elvis Presley, que no tiene ningún sentido de la obscenidad, lo que va en contra de la ley?».

Las más extremistas y estrafalarias expresiones de antagonismo hacia el rock 'n' roll tendían a ocurrir en el Sur. En abril de 1956, el *New York Times* informaba de varios intentos por parte de los grupos de iglesias del sur para que se suprimiera. La moda formaba parte, según las declaraciones de los grupos eclesiales, de un complot de la NAACP (National Association for the Advancement of Colored People) para corromper a la juventud sureña blanca.

Una muestra del rechazo sureño fue el ataque al cantante Nat «King» Cole, quien jamás interpretó rock 'n' roll. El incidente fue descrito por Nat Hentoff en la revista musical británica *New Musical Express* (13 de abril de 1956) como sigue:

> Uno de los astros de la canción con más talento y más respetados del mundo, Nat «King» Cole, fue víctima de un cruel ataque por parte de una banda de seis personas en Birmingham (Alabama), durante su actuación en el concierto del martes pasado.
>
> Cuando se interpretaba el segundo número, los asaltantes corrieron por los pasillos y treparon hasta el escenario. Derribaron a Nat con tal fuerza que éste se golpeó la cabeza y la espalda con el taburete del piano y luego lo arrastraron hacia el auditorio.
>
> La policía irrumpió de entre bastidores e impidió que el cantante recibiese una paliza. Detuvieron a seis hombres, uno de los cuales era el director del White Citizen's Council [Consejo de Ciudadanos Blancos], un grupo que se ha dedicado a boicotear «la música bop y negra» y que es partidario de la segregación de las personas blancas y negras. El público —más de 3.000 personas— era blanco en su totalidad.

En la industria musical los sentimientos de antagonismo se mezclaban y se reforzaban con consideraciones económicas.

ASCAP, la asociación de las editoras del «sistema», mantenía una actitud tan restrictiva sobre el uso del material que muchas editoras pequeñas, cuyas canciones eran grabadas por las compañías independientes, se integraron en una organización rival, la Broadcast Music Incorporated (BMI). La ASCAP hizo todo lo que pudo para impedir que las grandes cadenas de radio difundieran material de la BMI, lo que afectaba a la mayoría de las canciones de rock 'n' roll. El mayor triunfo de la asociación fue conseguir la prohibición en las ondas de «Such a Night», de Johnnie Ray, por su indecencia sexual.

Aunque la versión de Ray era para Columbia, una gran compañía, la canción fue grabada originalmente para la independiente Atlantic por Clyde McPhatter and the Drifters a principios de 1954 y se registró en la BMI. Típica canción de amor rhythm and blues de la época, «Such a Night» recordaba una reciente experiencia nocturna del cantante:

It was a night, ooh,	*Fue una noche, oh,*
Ooh, what a night it was...	*oh, qué noche fue...*
The moon was bright,	*La luna brillaba,*
Ooh how bright it was...	*oh, cómo brillaba...*
Just the thought of her kiss	*Tan sólo pensar en su beso*
Sets me afire,	*hace que me inflame.*
I reminisce,	*Lo recuerdo*
And I'm filled with desire.	*y me lleno de deseo.*
I gave my heart to her	*A ella le di mi corazón*
In sweet surrender,	*con suave rendición.*
How well I remember,	*Qué bien recuerdo,*
I'll always remember...	*siempre recuerdo...*
Came the dawn	*El alba llegó*

And my heart and my love	*y mi corazón, mi amor*
and the night were gone.	*y mi noche se habían ido.*
But I know I'll never forget	*Pero sé que nunca olvidaré*
Her kiss in the moonlight,	*su beso a la luz de la luna.*
Ooh, such a kiss,	*Oh, ¡qué beso!*
Such a night.	*¡Qué noche!*

McPhatter mostraba un recuerdo tan intenso de la experiencia que el público a menudo encontraba divertida la interpretación. El cantante exageraba ligeramente el éxtasis, al fingir que ignoraba la situación, aunque, al mismo tiempo, hacía ver de alguna manera que era consciente de su propia ridiculez.

Gracias a la intensidad del estilo de McPhatter y al éxito del disco en el mercado negro, el productor de la Columbia encargado del repertorio de Johnnie Ray pensó que la canción podría ser buena para el cantante, que llevaba tres años sin conseguir repetir el enorme éxito de «Cry». Al contrario que McPhatter, Ray no jugó con el doble sentido de «Such a Night» y grabó la canción con su estilo dramático habitual. En abril de 1954, poco tiempo después de su edición, el disco apareció en la lista de los veinte más radiados de *Billboard*. Sin embargo, durante la semana siguiente, a causa de los amplios esfuerzos por parte de la ASCAP, las cadenas de radio se pusieron de acuerdo en que la canción era una ofensa al buen gusto y el disco fue apartado de las ondas y terminó con su potencial de ventas en los Estados Unidos. Mientras tanto, en Gran Bretaña el disco se mantuvo en el segundo lugar en la lista de los más vendidos a lo largo del verano, detrás de «Secret Love», de Doris Day.

Billy Rose, un ejecutivo de la ASCAP, declaraba en *Variety*: «No sólo la mayoría de las canciones de la BMI son basura, sino que en muchos casos son basura obscena, casi a la altura de las revistas de cómics pornográficos».[6] En general, las acusaciones de obscenidad son de difícil discusión ya que la interpretación de un oyente, según sea una persona u otra, es el criterio final. Muchas de las canciones que Rose podía haber calificado de obscenas, el público negro las consideraba divertidas.

Sin embargo, para combatir las acusaciones, los compositores de canciones de rock 'n' roll se veían obligados a retocar letras escritas en un principio para el público negro. En 1954, uno de los discos más populares del mercado negro era «Work With Me, Annie» de Hank Ballard and the Midnighters (Federal). La canción, compuesta por Ballard, hacia un claro uso doble de la palabra «work» [trabajo], cuando el cantante imploraba:

Work With Me, Annie. [Four times.]	*Trabaja conmigo, Annie.* [Cuatro veces.]
Let's get it while the gitting is good.	*vamos a ello ahora que el agarre funciona.*

Los versos siguientes no ofrecían ninguna ambigüedad.

Annie, please don't cheat,	*Annie, por favor no te burles,*
Give me all my meat.	*dame toda la carne.*

Con esta forma, la canción era un blanco fácil para los críticos de las canciones de rhythm and blues de la BMI. Etta James grabó una versión corregida que seguía fielmente la melodía original y el arreglo, con el título de «Wallflower» (Modern). Escrita por la cantante y Johnny Otis, la canción daba la réplica a «Henry» (Ballard) al desafiar su habilidad para el baile (y, por extensión, su potencia sexual). La introducción cantada se cambió por:

Roll with me, Henry. [Five times.]	*Rueda conmigo, Henry.* [Cinco veces.]
You better roll it while the rollin' is on.	*ponte a rodar mientras el asunto está en marcha.*

En la última estrofa, la cantante desafiaba a Henry, mientras éste —Richard Berry en el disco— gemía su buena disposición de hacer lo que ella le solicitaba:

Well, I aint' teasin'	*—Bueno, no bromeo.*
talk to me baby	*—Dime, niña*
You better stop your freezin'	*—Deja ya tu frialdad.*
all right, mama	*—De acuerdo, mi chica.*
If you want romancin'	*—Si quieres que salgamos juntos...*
OK, sugar	*—Sí, cariño.*
You better learn some dancin'	*—Tienes que aprender a bailar.*
mm, mm	*—Uhm, uhm.*

Aunque la canción era más decente que «Work With Me, Annie», no se consideraba todavía conveniente para el público en general, es decir, para el público blanco. Cuando Mercury grabó una versión con Georgia Gibbs, se hizo con el título de «Dance With Me, Henry» y los primeros versos hablaban inequívocamente de baile:

Dance with me, Henry. [Four times.]	*Baila conmigo, Henry.* [Cuatro veces.]
Let's dance while the music rolls on.	*vamos a bailar mientras suena la música.*

Aunque la versión de Gibbs resultaba enérgica comparada con la mayoría de los discos para el mercado blanco, perdía esa sensación de diálogo y sentimiento colectivo que poseían las demás versiones.

Una destrucción del sentimiento parecida se produjo cuando Bill Haley transcribió «Shake, Rattle and Roll». La canción la grabó primero Joe Turner para Atlantic. La versión fue muy popular en el mercado del público negro en 1954. En la letra de Charles Calhoun, la canción empieza, de hecho, en la cama:

Get out that bed.	*Sal de la cama*
And wash your hands. [Twice.]	*y lávate las manos.* [Bis.]
Get into the kitchen,	*Ve a la cocina*
Make some noise with the pots and pans.	*y revuelve los cacharros.*
Well you wear low dresses,	*Bueno, usas vestidos ligeros.*
The sun comes shinin' through. [Twice.]	*El sol brilla a través de ellos.* [Bis.]
I can't believe my eyes,	*No puedo creer lo que veo:*
That all of this belongs to you.	*que todo esto sea tuyo.*

En la transcripción de Haley la canción empieza de manera más vaga y más decorosamente:

Get out in that kitchen.	*Ve a la cocina*
And rattle those pots and pans. [Twice.]	*y mete ruido con los cacharros.* [Bis.]
Roll my breakfast	*Prepárame el desayuno*
'Cause I'm a hungry' man.	*porque estoy hambriento.*
You wear those dresses.	*Qué bien vestida vas.*
Your hair done up so nice. [Twice.]	*Y ese peinado tan bonito.* [Bis.]
You look so warm.	*Tu aspecto es cálido*
But your heart is cold as ice.	*pero tu corazón es frío como el hielo.*

En la versión de Haley se echa en falta una estrofa entera del original de Calhoun y Turner:

I said over the hill,	*Te lo dije en lo alto de la colina,*
And way down underneath. [Twice.]	*y abajo ya de vuelta.* [Bis.]
You make me roll my' eyes,	*Me haces rodar los ojos*
And then you make me grit my teeth.	*y luego me haces apretar los dientes.*

Haley, a propósito de las acusaciones de obscenidad, insistía:

> ¡Nos mantenemos apartados de cualquier indecencia! Tenemos mucho cuidado con las letras porque no queremos ofender a nadie. La música es lo más importante y no cuesta nada escribir palabras aceptables.[7]

1. ALAN FREED, de Johnstown (Pensilvania).

2. BILL HALEY
& HIS COMETS,
de Filadelfia (Pensilvania).
Bill, de Highland Park
(Michigan), con caracolillo,
arriba a la derecha.

Durante un tiempo, la ASCAP mostró su eficacia a la hora de animar a las emisoras de radio para que difundieran sus canciones (invariablemente grabadas por grandes compañías) en vez de las canciones de la BMI. Pero, después de que Alan Freed se mudara de Cleveland a Nueva York, en 1954, un creciente número de disc jockeys de las emisoras dirigidas al público blanco empezaron a presentar grabaciones de canciones de la BMI. Y dado que se abría un mercado antes inaccesible para las compañías independientes y sus cantantes, algunas empezaron a dirigir sus discos al público blanco.

Aunque Alan Freed no acuñó, como declaró en ocasiones, la expresión «rock 'n' roll» ni creó una música nueva por sí solo, desempeñó un valiosísimo papel a la hora de desarrollar el concepto de una música excitante que pudiera expresar los sentimientos de los adolescentes. Cuando usó por primera vez el término «rock 'n' rol»l, lo aplicaba a una música que ya existía con otro nombre, «rhythm and blues». Pero el cambio de nombre indujo un cambio en la misma música. «Rhythm and blues» había significado música interpretada por negros para negros. Rock 'n' roll al principio tan sólo significaba que esa música se dirigía a oyentes blancos, pero luego, cuando los que producían la música tomaron conciencia de su nuevo público, cambiaron el carácter de la música, así que «rock 'n' roll» vino a describir —y a ser— algo diferente de lo designado como «rhythm and blues».

2. Cinco estilos de rock 'n' roll

¿Qué fue primero, el rock 'n' roll como música o el rock 'n' roll como nombre? Es como el huevo y la gallina. Sin embargo, una vez que el término se aceptó como la denominación de la música que tanto gustaba a los adolescentes blancos, todos se apresuraron a grabar discos que cumplieran con la nueva fórmula. Con el tiempo, la industria creó algunos géneros, pero entre 1951 y finales de 1955, el rock 'n' roll se desarrolló de manera más o menos espontánea en cinco estilos paralelos, cuatro de los cuales tenían conexiones locales o regionales.

Dos tipos de conjuntos empezaron a llamar rock 'n' roll a su música, cada uno de ellos con una formación de siete u ocho músicos: combos de rhythm and blues, como los grupos de sesión de Nueva Orleans que tocaban en discos de Fats Domino y de Little Richard, y, en el norte, bandas de directo de country-boogie, como Bill Haley and His Comets, de Pensilvania. Dos estilos más presentaban sólo un vocalista con una sección rítmica de guitarra eléctrica, bajo (inicialmente un «contrabajo» clásico de pie, después un bajo eléctrico) y batería: el country rock de Memphis, donde Elvis Presley se dio a conocer en 1954; y el equivalente negro, los Rocking Blues, de Chuck Berry y Bo Diddley de Chicago. El quinto estilo, a cargo de los grupos vocales, comenzó en el Noreste aunque pronto se propagó por la nación entera.

I

Las bandas de directo de country-boogie interpretaban un repertorio de música country and western, una categoría amplia que comprendía el swing del oeste de Bob Wills, las canciones vaqueras de Hollywood y las baladas y melodías bailables difundidas por las recién aparecidas emisoras de country del Sudeste. Como recordaba después, Bill Haley comenzó experimentando al añadir nuevos ingredientes: «el estilo que interpretábamos allá por 1947, 1948 y 1949 era una combinación de country and western, dixieland y rhythm and blues al viejo estilo».[8]

El «rhythm and blues al viejo estilo» al que Haley se refería era la música rugiente, cargada de riffs y con vocales coreados de los directores de orquesta como Lionel Hampton, Paul Williams y el local Jimmy Preston, cuyo «Rock the Joint» (Gotham) fue un éxito nacional en 1949. Estas mini orquestas realizaban sus actuaciones creando la máxima excitación posible, con músicos que tocaban solos de una o dos notas, con la espalda en el suelo o saltando sobre el piano o el bajo, o tocando sus instrumentos detrás de la cabeza a la búsqueda de emocionantes efectos visuales. El disfrute del público de este tipo de baile contrastaba con la formalidad expresada cuando tocaban las bandas de baile blancas. Haley vio la oportunidad de cambiar. «Decidimos intentar un estilo nuevo, al utilizar más que nada instrumentos de cuerda, pero tratando en cierta forma de obtener el mismo efecto de los metales y saxos.»[9]

> Alrededor de los primeros años cincuenta el mundo musical buscaba desesperadamente algo nuevo [...] los tiempos del cantante solista y las big bands habían desaparecido. De hecho, la única cosa que estaba haciendo ruido era el jazz progresivo, pero estaba por encima del nivel del oyente medio [...] Entonces noté que si podía tomar, digamos, una melodía dixieland y dejaba caer el primer y tercer tiempo y acentuaba el segundo y cuarto y le añadía un pulso rítmico para que los oyentes pudieran dar palmas al tiempo que bailaban, eso podía ser lo que estaban buscando. A partir de aquí fue fácil [...] tomar frases cotidianas como «Crazy Man Crazy», «See You Later, Alligator», «Shake, Rattle and Roll» y aplicar lo que acabo de explicar.[10]

Haley sonaba sin entusiasmo en la versión de 1951 de «Rocket 88» de Jackie Brenston, pero mucho más convincente en el revival de «Rock the Joint», de Jimmy Preston, grabado un año después. La versión de Preston se utilizaba para cerrar el programa de radio de la WPWA de Filadelfia que precedía al «Country Store» de Haley. Así como Preston había ordenado a gritos a sus oyentes que bailaran el Jitterbug y el Hucklebuck, Haley requería los pasos de los bailes country, el Sugarfoot Rag y el Western Reel. Después de situar «Crazy Man Crazy» (Essex) entre los veinte primeros en 1953, Haley se marchó a la Decca para grabar «Shake, Rattle and Roll» y «Rock Around the Clock» en la primera sesión. La última, con su bajo golpeado *(slapped)* y una repetición del solo de guitarra de «Rock the Joint», se convertiría en uno de los mayores éxitos de todos los tiempos.

II

Uno de los primeros en suceder a Haley a la hora de versionar material de rhythm and blues para público blanco fue Pat Boone, cuyo primer gran éxito «Ain't That a Shame» (Dot) se mantuvo entre los diez primeros durante catorce semanas en el verano de 1955. Mientras Haley había desarrollado su estilo de rock 'n' roll por cuenta propia, Boone se había sorprendido y más bien escandalizado cuando se le pidió que grabara el número rápido «Two Hearts, Two Kisses» para su primer disco en Dot, una compañía independiente sureña con sede en Gallatin (Tennessee). Se había acostumbrado a las baladas lentas, del tipo bien asentado en los mercados popular y country and western. Como el resto de la clase media estadounidense, Boone veía el material de rhythm and blues como algo grosero, tanto por la música como por las letras. Sin embargo, grabó «Ain't That a Shame», «Tutti Frutti» y versiones de otros éxitos de rhythm and blues.

Al contrario que Bill Haley, Boone era joven y guapo y tenía una voz más expresiva. Pero no parecía comprender el espíritu de los músicos que tenía detrás y fue importante para el rock 'n' roll sólo por aportar una cierta respetabilidad conservadora a la música. Aunque su temprano éxito postergó el conocimiento de los cantantes auténticos de rock 'n' roll o de rhythm and blues por parte del público, pudo generar también de manera indirecta el interés por ellos. Algunos disc jockeys, por ejemplo, difundieron las versiones originales de los éxitos de Boone «Tutti Frutti» y «Ain't That a Shame». Cuando los cantantes originales se hicieron más conocidos, Boone volvió a las baladas que al principio había preferido para grabar.

«Ain't That a Shame» y «Tutti Frutti» fueron grabadas por primera vez en Nueva Orleans con músicos locales de rhythm and blues, por Fats Domino y Little Richard, respectivamente. Las versiones de Boone se grabaron en Chicago, pero aunque su instrumentación estaba basada en los arreglos de Nueva Orleans, había un abismo entre los dos enfoques. Boone cantaba con la indiferencia de un crooner, acompañado por músicos que parecían atenerse a las partituras. En cambio, Richard y Domino cantaban de manera convencida, con músicos que «sentían» lo que estaban tocando.

Fats Domino, junto a Dave Bartholomew, un trompetista y director de orquesta local que supervisaba las grabaciones y era coautor y director de la orquesta de sesión, ayudó a que el blues de baile de Nueva Orleans evolucionara en una notable serie de discos que empezaron con «The Fat Man» (para la Imperial), un gran éxito en el mercado del rhythm and blues en 1949 y 1950. Por aquel entonces, Domino cantaba con una voz de tenor aguda y exuberante y tocaba el piano con un estilo característico influido por el boogie que incluía acordes tocados con ambas manos. Con el tiempo, el efervescente buen humor de sus discos de ritmo rápido fue descubierto por los aficionados a la música popular que, en 1956, después de que Domino hubiera logrado muchos éxitos en el mercado negro, aupó «I'm In Love Again» hacia los diez primeros lugares de *Billboard*. La pieza que siguió a esta canción fue una versión lenta del standard «Blueberry Hill», cantado con un control impresionante y sin esfuerzo aparente. El curioso acento «criollo» de Domino procuraba una identidad inmediata a sus discos y mantuvo una larga ristra de éxitos, que incluían tanto contagiosas canciones alegres como lastimeras súplicas.

En casi todos discos, Domino introducía un solo de saxo tenor, que aparecía a los dos tercios de la canción y que solían interpretar Lee Allen o Herb Hardesty. Estos solos eran probablemente versiones reducidas de los que interpretaban en los bailes y jugaban con el control relajado de la voz de Domino. Al igual que su manera de cantar, el tono del saxo era melódico, contenido, cálido y ligeramente áspero.

Aunque Little Richard era de Georgia y no grababa para la misma compañía que Domino, a menudo tocaba con los mismos músicos. Pero a diferencia del estilo relajado de Domino, Little Richard se involucraba intensamente en todo lo que cantaba y animaba a su público con una actuación frenética, incluso histérica que se distinguía por embestidas y alaridos que caracterizaban un estilo tosco y chillón.

Con Little Richard, el público de rock 'n' roll consiguió la extroversión agresiva que representaba sus fantasías más salvajes y sus actuaciones sentaron precedentes para quien viniera después. Vestido con trajes relucientes con chaquetas largas adornadas y pantalones anchos, el pelo largo, alisado y en punta, los dientes blancos y los anillos de oro brillantes bajo los focos, Richard estaba de pie ante el piano, e incluso encima, martilleando acordes de boogie mientras gritaba mensajes de júbilo y placer centrados en sí mismo. De «Long Tall Sally»:

Well, Long Tall Sally,
She's built for speed,
She's got everything that uncle John needs.

Bien, la larguirucha Sally,
está hecha para la velocidad,
tiene todo lo que necesita el tío John.

De «Rip It Up»:

Well, it's Saturday night
And I just got paid,
A fool about my money,
Don't try to save...
Gonna rock it up.
Gonna rip it up,
Gonna shake it up,
Gonna ball it up,
Gonna rock it up,
And ball tonight.

Bueno, es sábado por la noche
y acabo de cobrar.
No voy a perder tiempo con el dinero,
no voy a ahorrarlo...
Vamos a rockear.
Vamos a despedazar,
vamos a agitar,
vamos a bailar,
vamos a rockear
y a bailar esta noche.

Ambas canciones formaron parte del repertorio de casi todos los cantantes de rock 'n' roll, porque el espíritu de Little Richard afectó e influyó sobre la mayoría de los cantantes que vinieron después. Comparado con Domino, en términos musicales y estilísticos, Little Richard era tosco, inculto e incontrolado y, desde cualquier punto de vista, era más difícil que fuera aceptado por el sistema musical. Entre los cantantes blancos de rock 'n' roll, a Elvis Presley se le consideraba ofensivo en comparación con sus predecesores Bill Haley y Pat Boone.

III

Presley era el cantante que tuvo más éxito comercial de todos los músicos de Memphis que desarrollaron lo que ellos mismos denominaron «country rock» y que los coleccionistas de discos y gente de la industria llamaban «rockabilly». El country rock era una versión blanca sureña del boogie blues de doce compases, que antiguos cantantes de hillbilly gritaban con no demasiada sutileza por encima de un acompañamiento que incluía guitarra eléctrica, contrabajo y —desde 1956— batería, todavía tabú en Nashville. El estilo evolucionó en parte gracias a la orientación de un ingeniero de una emisora de radio de Memphis, Sam Phillips, que entró en el negocio discográfico supervisando sesiones con cantantes de blues locales cuyos másters cedía después a ciertas compañías independientes (la Chess, de Chicago, de los hermanos Chess; o Modern/RPM, de Los Ángeles, propiedad de los hermanos Bihari). El éxito de algunos de estos cantantes, en especial B. B. King y Howlin' Wolf, animó a Phillips a formar su propio sello, Sun y dos de los cantantes que grabaron para él, Little Junior Parker y Rufus Thomas, tuvieron discos de éxito en el mercado negro.

Los cantantes de blues de Memphis se acompañaban de grupos formados por piano, guitarra y saxo. No había un estilo característico preponderante que los uniera, pero muchos de sus discos daban una sensación de intimidad gracias a la técnica sencilla y barata, aunque heterodoxa, de grabación de Phillips con «eco por retraso de la cinta» *(tape delay echo)*. Los cantantes hacían que se sintiera su toque personal en los discos, de manera amenazante en el caso de Howlin' Wolf, o impacientemente, en el de Junior Parker. Estas grabaciones, junto con otras de blues más tradicional y de rhythm and blues editados por Sun, llegaron a un buen número de jóvenes blancos en todo el Sur, lo que significaba una fuente de canciones e inspiración estilística más satisfactoria desde muchos puntos de vista que la cultura ortodoxa del country and western.

Jimmie Rodgers cantó el *blues blanco* en los años veinte pero Elvis fue el primero en hacer que funcionara como música popular. Según la leyenda de su debut discográfico, su descubrimiento por parte de Sam Phillips fue casual y afortunado. Se dijo que Presley había llamado su atención al usar el estudio para grabar un disco que iba a regalar a su madre por su cumpleaños. Phillips lo animó a que hiciera un disco con un acompañamiento adecuado y los dos se vieron recompensados con un éxito local con una de las canciones, «That's All Right».

La historia del descubrimiento de Presley contiene los elementos de las historias románticas, las coincidencias y el destino que concurren en las leyendas y de hecho parece ser cierta, pero también es verdad que si Phillips y Presley no se hubieran conocido, otras dos personas cualquiera hubieran hecho pronto lo que ellos hicieron: mezclar los estilos y el material del rhythm and blues y del country and western y proponer un nuevo estilo. En los territorios limítrofes de la vieja Texas, en Arkansas, en la vieja Luisiana y en Memphis había otros cantantes cuya experiencia musical y cultural era comparable a la de Presley; de hecho, algunos de ellos le siguieron en los estudios Sun, mientras otros iban a estudios de Nashville y Clovis (Nuevo México).

Es difícil saber hasta qué punto Sam Phillips influyó sobre sus cantantes —entre otras cosas, haciéndoles oír discos de blues— y lo que de éstos ya conocían. Presley declaró en una entrevista:

Yo tocaba [la guitarra] con la radio o el tocadiscos en marcha y aprendí yo solo las posiciones de los acordes. Éramos una familia religiosa e íbamos a cantar juntos en reuniones de campamento y celebraciones y siempre que podía me llevaba la guitarra y también me gustaban los auténticos cantantes de Mississippi, sobre todo Big Bill Broonzy y Big Boy Crudup, aunque en casa me regañaban por escucharlos.

«Música pecaminosa», así es como la llamaban los habitantes de Memphis. Y creo que nunca les hice caso.

En la misma entrevista, Presley subrayaba la importancia de Phillips:

El señor Phillips me dijo que me prepararía si yo iba al estudio tantas veces como pudiera. Debía pasar un año y medio antes de que me concediera una sesión de verdad. Al final me dejó probar una canción del oeste, que sonó horrible. Pero la segunda idea que me propuso fue la que cuajó.

«¿Quieres hacer un blues?», sugirió por teléfono, sabiendo que yo siempre había sido un incondicional de ese tipo de rollo. Sacó a relucir el nombre de Big Boy Crudup y quizás también el de otros. No recuerdo.

Lo que sé es que colgué y corrí las quince travesías que habría hasta la oficina del señor Phillips antes de que él cortara la comunicación, o eso me dijo él. Hablamos sobre los discos de Crudup que yo conocía: «Cool Disposition», «Rock Me, Mama», «Hey Mama», «Everything's All Right» y demás, pero nos quedamos con «That's All Right», una de mis preferidas...[11]

Lo que consiguió Presley no era en realidad «la misma cosa» que hacían los hombres a los que copiaba. En «That's All Right» y «Mystery Train» (compuesta y grabada primero por Junior Parker para Sun), desarrolló una versión personal de su estilo, al cantar fuerte y claro, impaciente y sin respiro, modificando el énfasis rítmico con una confianza y una inventiva excepcionales para un cantante blanco. El sonido sugería a un joven blanco en plena celebración de la libertad, preparado para hacer de todo, para ir a cualquier parte, que se detenía lo suficiente para pedir perdón o incluso para lamentarse y recriminarse, pero que luego se apresuraba hacia lo nuevo. Él era mejor en las canciones rápidas, cuando su manera impaciente de cantar encajaba con el ritmo imperioso del bajo (Bill Black) y la guitarra (Scotty Moore). En cada uno de sus cinco sencillos Sun proponía una canción de blues y otra de country and western, casi todas conocidas por los públicos respectivos. Cada disco se vendió mejor que el anterior y un creciente número de personas descubrió a Presley gracias a las emisiones de radio o a sus actuaciones en directo.

Pero Presley no llegó al público mayoritario de la música popular con sus discos para Sun, cuyos compradores eran en gran parte sureños o bien aficionados al country and western de todo el país. Sólo después de que RCA-Victor adquiriera el contrato de Presley, llegaron sus discos a los diez primeros puestos de las listas nacionales y las canciones grabadas no eran de estilo country rock. En Victor, bajo la supervisión de Chet Atkins, los discos de Presley incorporaban grupos vocales, guitarras muy electrificadas y batería, ajenos a lo que esperaba el público country and western y el de la música country rock. Como consecuencia de estas intrusiones extrañas en su acompañamiento, la voz de Presley se hizo mucho más teatral y cohibida al buscar aunar la excitación y la emoción que había logrado en sus discos con Sun sin una clara premeditación.

El éxito de Presley con Sun y después con RCA-Victor, animó a Phillips a probar otros cantantes con estilos y material parecidos y atrajo a sus estudios a jóvenes sureños con intereses similares. Carl Perkins y Warren Smith de la zona de Memphis, Roy Orbison del oeste de Texas, Johnny Cash, Conway Twitty y Charlie Rich de Arkansas y Jerry Lee Lewis del norte de Luisiana llevaron sus canciones, sus maquetas y sus ambiciones a Phillips, quien pasó casi por completo de los cantantes negros a los blancos en cuanto estos últimos alcanzaron éxito comercial.

No todos los cantantes estaban tan influidos por los estilos del blues como Presley. Carl Perkins y Johnny Cash, por ejemplo, mostraban mucha más influencia del country and western. Pero, como pasó con Bill Haley, su música y en especial sus ritmos tenían el contagioso compás de baile del rhythm and blues. «Rockabilly» describía eficazmente a ese estilo, que se apartaba del rock 'n' roll de conjunto de los Comets. El rockabilly gozaba de ritmos más libres y no tenía saxofones ni ningún coro cantando. Como los cantantes de blues de baile de Nueva Orleans, los cantantes rockabilly eran mucho más personales —se confiaban, se confesaban— de lo que Haley podía ser jamás y sus actuaciones no parecían tan calculadas y preparadas. Sin embargo, al contrario de los instrumentistas líricos y cálidos de los blues de baile, los instrumentistas del rockabilly respondían de forma más violenta a las impredecibles inflexiones en la voz del cantante, al duplicar el tempo durante algunos compases para armonizarse con una repentina aceleración en el tempo del cantante. «You're a Heartbreaker» de Presley (el tercer sencillo para Sun) tipifica el estilo, como también «Blue Suede Shoes» de Carl Perkins, que fue el primer disco de estilo rockabilly que vendió un millón y trajo una nueva dimensión a la música popular con su desafiante orgullo en favor de la elección cultural individual. (Por razones legales, desgraciadamente no podemos incluir en este texto citas de la canción.)

Después, en 1956, Johnny Cash llegó a los veinte primeros puestos de *Billboard* con otro disco Sun, «I Walk the Line», mucho más cercano a la música country and western convencional tanto en estilo como en material y en 1957 el cantante y pianista de Luisiana Jerry Lee Lewis, muy influido por Little Richard, consiguió el primero de varios éxitos con su canción de influencia boogie «Whole Lotta Shakin' Goin' On» (también de Sun). El rockabilly se convirtió en una parte importante de la música popular norteamericana, tanto por inspirar a los cantantes que no provenían del sur como por los ocasionales éxitos comerciales que obtenían los intérpretes rockabilly aparte de Presley.

IV

El equivalente más cercano del rockabilly entre los estilos negros era el «Rocking Chicago blues», de Chuck Berry, quizás la figura más importante del rock 'n' roll, y Bo Diddley. Muchos de los cantantes negros que habían grabado en la zona de Memphis antes que Presley (entre ellos Howlin' Wolf, Elmore James y James Cotton) se trasladaron a Chicago durante los primeros años cincuenta, donde con Muddy Waters y otros desarrollaron el blues de bar de Chicago: fuerte, muy amplificado, gritado sobre un ritmo machacón.

Chicago se convirtió en el semillero para todo músico negro que quisiera ganarse la vida con el blues. Todos querían tocar para Muddy Waters o Howlin' Wolf y grabar para Chess o su filial Checker. El armonicista de Muddy Waters, Little Walter, dio a Checker dos de sus más grandes éxitos de rhythm and blues en los primeros años cincuenta con «My Babe» (1952) y «Juke» (1955) y los grandes éxitos de rhythm and blues de la época para el sello Chess fueron «I Don't Know» (1953) y «I'm Mad» (1954), del pianista de club de voz suave Willie Mabon. En 1955, la compañía se convirtió en una de las primeras independientes de rhythm and blues en irrumpir en el mercado pop con Chuck Berry y Bo Diddley, dos cantantes guitarristas que grababan con músicos de blues pero que dirigían sus letras y ritmos de baile hacia un público más juvenil.

«Maybellene» era una canción de «fórmula», compuesta para llegar al gusto del público del rock 'n' roll, todavía muy reciente. La canción sobrevivió a la fantasía por los coches rápidos:

As I was motorvatin' over the hill,	*Cuando conducía por la colina,*
I saw Maybellene in a Coupe-de-ville	*vi a Maybellene en un Cadillac*
Cadillac rollin' on the open road,	*Coupe-de-ville circulando por la carretera,*
Tryin' to outrun my V'8 Ford.	*tratando de adelantar mi Ford V-8.*

Berry admitió después que la primera versión de «Maybellene» se inspiraba en el éxito de Bob Wills, «Ida Red». Pero los disc jockeys Alan Freed y Russ Fratto programaron el disco con frecuencia —pues estaban acreditados como coautores— y el resultado fue rock 'n' roll instantáneo. El ritmo era más tosco que cualquier otro que Berry hubiera utilizado jamás, con un eco de Bill Haley más que de ningún otro y las melodías gritadas por el coro de acompañamiento también procedían del estilo de los Comets. La pronunciación clara de Berry probablemente permitía al disco que «pasara por blanco» en las emisoras de radio que solían rechazar material de ese tipo.

En contraste con «Maybellene», «Bo Diddley» no se difundió en muchas emisoras populares. La inocencia aparente de su letra de canción infantil se contradecía con la apenas controlada intensidad del ritmo saltarín que salía de la guitarra de Bo con gran reverberación. Número tres de las listas de radio, jukebox y ventas del mercado negro, la descarada autenticidad del disco desaconsejó cualquier versión por parte de los supuestos imitadores de la época.

Ambos cantantes ejercieron una influencia incalculable en otros músicos y estilos de rock 'n' roll. Berry en especial como compositor y guitarrista y Diddley como el intérprete de uno de los ritmos más característicos del rock 'n' roll.*

V

«El rock 'n' roll de conjunto vocal» era el menos concreto de los cinco tipos de rock 'n' roll y agrupaba a los conjuntos que cantaban canciones rápidas de moda o baladas lentas. Así como los otros cuatro estilos se desarrollaron como consecuencia de la evolución de las guitarras amplificadas eléctricamente y del contagioso ritmo de apoyo de la batería, el estilo de conjunto vocal casi era una vuelta a épocas pretéritas; casi, pero no del todo.

La mayoría de los grupos vocales negros que surgieron en ese periodo eran cantantes aficionados, jóvenes y sin experiencia cuyos ensayos se realizaban en locales improvisados sin músicos que colaboraran en los arreglos. Para compensarlo, cada uno de los cantantes de acompañamiento debían desarrollar una parte que tenía más que ver con el impacto rítmico y percusivo que con la sofisticación armónica y a menudo eran los ingeniosos coros los que atraían la atención por sus discos.

Pero aunque los ensayos se hubieran hecho *a cappella* (sin instrumentos), la mayor parte de los discos se grababa con conjuntos de acompañamiento reunidos precipitadamente, a menudo con lo indispensable: guitarra, bajo y batería y en ocasiones un saxofonista para el break del solo. Paradójicamente cuando menos interfería el productor en un arreglo propio del conjunto mejor salía la canción, aunque algunas compañías buscaban arreglistas comprensivos que enseñaban a ordenar las ideas del conjunto, sin realizarlas de forma meramente convencional. En Nueva York, Atlantic sacó provecho de los esfuerzos que Jesse Stone hizo para preparar a los Chords, cuyo «Sh-Boom» alcanzó las listas pop en 1954, mientras Al Silver de Herald Records encomendó a Leroy Kirkland que colaborara en los arreglos tanto de los Turbans («When You Dance») como de los Nutmegs («Story Untold».) El equipo más productivo de la época estaba formado por George Goldner y Richard Barrett que fueron el supervisor y el arreglista, respectivamente, de la sesión de la que salió «Why Do Fools Fall in Love» de los Teenagers con Frankie Lymon, publicada en el sello Gee de Goldner a finales de 1955.

«Why Do Fools Fall in Love» fue en muchos aspectos el disco rápido definitivo de grupo vocal comercial de la época, al combinar una inolvidable telara-

* El ritmo sincopado característico «shave-and-a-haircut, two-bits» de «Bo Diddley» estuvo en las listas pop de 1952 en varias versiones de «Hambone»; resurgió en «Willie and the Hand Jive» (1958), de Johnny Otis, y de nuevo en «Hey Little Girl» (1959), de Dee Clark (con el rumor de que Bo Diddley estaba a la guitarra, tocando su riff marca de la casa).

ña de ruidos de fondo con una clásica letra de lamento adolescente. El bajo Sherman Garnes empezaba la canción: «Ay, dum-da di-dum dah dum...» y luego entraba Frankie, al gemir agudamente con su llanto de muchacho: «Ooh-wah, oo-ooh wah-ah». Y luego, con el resto del conjunto tejiendo y destejiendo y el saxo Jimmy Wright graznando junto a ellos, llegaba la canción en sí, tan sencilla como una tonada infantil y tan efectiva, aunque cantada con una convicción tan sincera que sonaba adolescente —como el nombre del conjunto— y no a jardín de infancia.

El disco estuvo entre los diez primeros en Estados Unidos y luego empezó a tener éxito por todo el mundo, encabezando las listas de Gran Bretaña, donde ninguno de los discos de conjuntos vocales negros anteriores había tenido ningún impacto. Pero aunque los Teenagers tuvieron un par de éxitos más (lo que era mucho más que lo que consiguió la mayoría de los conjuntos vocales comerciales), pronto desaparecieron y la vida de Frankie Lymon se consumió para acabar en una muerte inevitable por sobredosis de droga en 1968.

De los otros grupos comerciales que destacaron pronto, los Crows no tuvieron ningún otro éxito después de que «Gee», alcanzara las listas en 1954, gracias al sello Rama de George Goldner. El disco no era mucho más que una repetición del título, cantado sobre un sencillo ritmo de baile y sirvió en gran parte para demostrar que el público adolescente estaba hambriento de discos con un ritmo contagioso. Los siguientes fueron Los Chords, con «Sh-Boom», que se hundieron también, seguidos por los Charms, de Cincinnati, que aguantaron lo suficiente como para apuntarse dos éxitos, «Hearts of Stone» y «Ling Ting Tong» y luego otro más en 1956, «Ivory Tower», bajo el nombre de Otis Williams and his Charms, todos ellos en DeLuxe Records. En 1955, los El-Dorados («At My Front Door», Vee Jay), los Cadillacs («Speedoo», Josie) y los Turbans tuvieron su turno en la rueda de la fortuna y en 1956 otro de los grupos de George Goldner, los Cleftones, tuvo éxito con «Little Girl of Mine». Cada disco se grabó en la mente de los oyentes y algunos dieron pie a versiones calcadas en su época y, poco después, a otras renovadas; pero muchos de los cantantes implicados tenían que volver a sus trabajos formales en el mejor de los casos y en el peor, a la mala vida callejera. El término *novelty group* «conjunto comercial» parecía ser un eufemismo de «maravilla con un solo éxito». La única excepción notable fue los Coasters, que destacaron en 1957 con las producciones de Leiber y Stoller de «Young Blood» y «Searchin» y mantuvieron una carrera de éxitos hasta 1964.

Para los grupos de baladas, el futuro de sus carreras tenía perspectivas mejores, porque podían aspirar a introducirse en el circuito de los cabarets y restaurantes-espectáculo y acabar en Las Vegas. La paradoja era: ¿puede un conjunto cumplir con los requisitos de ese circuito y, además, ser difundidos en los programas de radio de rock 'n' roll dirigidos a los jóvenes? Buck Ram, el manager de los Platters y compositor de varios de sus éxitos, demostró que se podía hacer.

Aunque había conjuntos de baladas que entraban en las listas de rhythm and blues de todas las zonas de los Estados Unidos, los tres que produjeron un mayor

3. FRANKIE LYMON AND THE TEENAGERS. De Sugarhill, en Harlem, a cabeza de cartel en Inglaterra. (Foto: Al Ferdman.)

impacto en las listas pop en la época de eclosión del rock 'n' roll tenían su sede en Los Ángeles: los Penguins, los Teen Queens y los Platters. Tanto los Penguins como los Teen Queens se convirtieron en maravillas de un sólo éxito, pero sus discos eran típicos de un naciente estilo costa oeste que previamente había aparecido en las listas de rhythm and blues con *Dream Girl* de Jesse and Marvin (Specialty, 1953) y *Cherry Pie* de Marvin and Johnny (Modern, 1954). En ambos casos, los cantantes vocalizaban mal y arrastraban sus frases hasta extremos ridículos para declarar su devoción sincera y éste fue el sonido que los Penguins introdujeron en todo el país con «Earth Angel».

Los profesionales de la industria veían en «Earth Angel» la prueba indiscutible de que la juventud había enloquecido. ¿Quién cantaba era hombre o mujer? (Hombre: Cleveland Duncan.) ¿Dónde estaba la canción? «Earth angel (*tom*, de la batería), earth angel (*tom*, pausa) will you be mine? *(tom)*». Para agravar el crimen, el disco incluía el colmo de cualquier músico profesional, los tripletes, en los que el pianista tan sólo interpretaba un acorde y lo martilleaba tres veces en cada tiempo; demasiado sencillo, ningún músico que se respetara a sí mismo podía soportarlo. Pero resultaba hipnótico para el baile y así funcionó. Dootone Records tuvo su único éxito y se enfrentó a alguno de los problemas derivados de que Buck Ram se hiciera cargo del conjunto como manager y se lo llevara a Mercury Records junto con sus otros pupilos, los Platters.

Los Platters habían sido uno de los muchos conjuntos vocales negros de Los Ángeles. Grabaron para Federal en todos los estilos de moda sin tener una identidad definida, pero después de su paso a Mercury toda la atención se concentró en la voz del tenor solista Tony Williams. La primera grabación para el nuevo sello fue una canción (compuesta por Ram) que el grupo ya había grabado para Federal sin éxito, «Only You». En esa ocasión, el disco volvió a pasar desapercibido durante tres meses antes de que empezara a ser radiado y se convirtiera en un hito.

Los cantantes de acompañamiento de los Platters no dejaron de sonar como la mayoría de los demás grupos del momento y de hecho los discos del grupo podían haber sido acreditados a Tony Williams. Tenía una voz muy buena, con claras influencias del gospel y la lanzaba con una especie de hipido al registro agudo que se convirtió en su marca de fábrica. Elevándose a alturas estratosféricas, declaró su devoción inmarcesible en «Only You» y siguió con una canción mejor (de nuevo compuesta por Buck Ram): «The Great Pretender». Hecha a medida para mostrar la voz de altos vuelos de Williams, la canción llegó al número uno de las listas estadounidenses y dispuso al grupo para una carrera larga al cumplirse el propósito de Ram de lanzar a «los nuevos Ink Spots». Los discos posteriores se despegaron del lenguaje de la balada adolescente con tripletes de los dos primeros éxitos, pero ese lenguaje se convirtió en parte del patrimonio básico del rock 'n' roll, para lo bueno o (muy a menudo) para lo malo.

Estos cinco estilos de rock 'n' roll estuvieron presentes en la mayoría de los discos que alcanzaron las listas pop desde 1954 a 1956 y establecieron en buena parte los «ingredientes» que mezclarían en combinaciones ligeramente variables músicos, productores y cantantes que se dirigían al «mercado juvenil» durante los treinta años siguientes. La rama del conjunto de rock 'n' roll al estilo de Bill Haley fue probablemente la de menor influencia, siendo como era el final, más que el inicio, de una tradición. Ridiculizado en ocasiones por su imagen pasada de moda, Haley fue de hecho un astuto director de orquesta que sobrevivió a la mayoría de sus contemporáneos al adoptar el ritmo «a contratiempo» que la nueva música de baile requería.

La orientación de «piano y saxo» del rock'n'roll de Nueva Orleans perdió favor gradualmente durante los años sesenta, cuando la mayoría de los grupos usaban guitarras tanto en plan de instrumento solista como rítmico, inspirados también por el rockabilly al estilo de Memphis y el rhythm and blues de Chicago. El ataque gospel de Little Richard tuvo una influencia incalculable, tanto de manera directa como a través de otros cantantes del mismo estilo que despertaron una mayor atención después de que Richard llegara al gran público. Y muchos de los intérpretes que sintetizaron estas influencias funcionaron como grupo e incorporaron las armonías vocales que surgieron de los Teenagers y los demás conjuntos vocales. Entre todos, estos estilos sentaron las bases para todos los intérpretes y productores importantes de los años sesenta, evidentemente para los Four Seasons, los Beach Boys y los grupos de la Motown en Estados Unidos y para los Beatles y los Rolling Stones en Gran Bretaña y no tan evidentemente pero también ciertamente, para Bob Dylan y Sly Stone. En la mayoría de los casos, la segunda generación fue capaz de sacar más provecho de sus discos de lo que lo hicieron los innovadores, por lo que respecta a dinero, fama y prestigio, al rescatar la música de los hombres de negocios que intentaban reproducir los efectos del rock 'n' roll sin arriesgar los elementos personales que habían sido fundamentales al principio.

3. Cómo hacer un disco de rock 'n' roll

La era dorada del rock 'n' roll duró de 1954 hasta 1959. No obstante, en aquel tiempo muy poca gente hubiera relacionado los términos «era dorada» y rock 'n' roll. Por cada adolescente que sintiera una afinidad con los discos de sonido espontáneo de Bill Haley o de los Dominoes, había un ejército adulto que sólo podía ver la nueva tendencia como un desastre moral, musical y económico.

A pesar de la fuerza del sentimiento en pro y en contra del rock 'n' roll, era difícil concretar con exactitud de qué se trataba. Evidentemente, la definición era en buena parte musical: para que un disco se considerase de rock 'n' roll tenía que acentuar el segundo y cuarto tiempo de cada compás y presentar un grupo musical con una de las alineaciones instrumentales identificadas en el capítulo anterior. Pero discos con muchas de estas características llevaban existiendo varios años, sin que merecieran esta etiqueta.*

Alan Freed comprendió, cuando cambió el nombre de su programa de radio de Cleveland a *Moondog's Rock 'n' Roll Party*, que el término no tan sólo describía un estilo musical, sino que también implicaba una conexión para un mundo adolescente, apartado y autosuficiente, desde el cual se veía a los adultos —sobre todo a los padres y los maestros— como unos forasteros poco comprensivos.

Desde el año 1952 a 1954, algunos discos de rhythm and blues se los consideraba rock 'n' roll. A los artistas de rhythm and blues implicados, el criterio les parecía arbitrario y desconcertante. Amos Milburn, Roy Brown y Winonie Harris habían establecido su reputación con discos que indudablemente «rockeaban» y la mayoría de los primeros discos de rhythm and blues que emergieron como rock 'n' roll pertenecían a grupos vocales negros que cantaban estúpidas melodías pegadizas: «Gee», «Sh-Boom», «Ling Ting Tong», «Hearts of Stone». Como ocurre a menudo en la música popular, la explicación de la atracción no está en la letra, sino en la manera en que se canta. Los jóvenes negros que cantaban en estos grupos no sólo proyectaron una inocente vulnerabilidad que tocó la fibra de los oyentes adolescentes, sino que la inventiva de los patrones de acompañamiento al estilo «haz-

*En *What Was The First Rock 'n' Roll Record?* Jim Dawson y Steve Propes expusieron argumentos divertidos y convincentes a propósito de los cincuenta discos con algunos o todos los ingredientes musicales apropiados, e incluían algunos de fecha tan temprana como 1945: «Guitar Boogie», de Arthur Smith, y «Be Baba-Leba», de Helen Humes.

lo tú mismo» por parte del resto del grupo desafiaban a cualquiera que intentara corear con ellos.

I

Los sellos importantes tardaron en captar el mensaje. Al principio adaptaron sus procedimientos establecidos y trataron la escena entera como un mercado de prueba, que indicara qué canciones debían versionar sus propios artistas. Mejor relacionados con los programas de radio y televisión dirigidos al público blanco, esperaban que sus versiones sobrepasaran en ventas a los originales.

Para las compañías cuyos éxitos de rhythm and blues originaban versiones pop, podía ser frustrante la pérdida de ventas por culpa de versiones de inferior calidad. Pero para los propietarios de estos sellos discográficos que también eran propietarios de los derechos de edición de las canciones que grababan, había una compensación. Estas versiones representaban ingresos en forma de derechos de difusión y royalties de reproducción mecánica, así como la obligación de emplear a activos agentes que convencieran a los productores de los grandes sellos de que grabaran sus canciones. Cuando los intérpretes también eran compositores, sus royalties también podían ser sustanciosos, siempre que no se les hubiera desposeído de sus derechos.

Cuando los ingresos potenciales de una canción aumentaron, también lo hicieron los costes de promoción de los discos. Los disc jockeys, a menudo mal pagados por las emisoras de radio, se encontraron en un dilema, cuando a medida que se hacían más discos al gusto de su público era más difícil decidirse. Los propietarios de los sellos independientes se vieron obligados a agradecer las programaciones del pasado y esperar favores futuros que no podían ser garantizados. Quienes dirigían los grandes sellos no estaban acostumbrados a jugar con estas reglas y rezaban para que la lucha por colocar sus versiones en la radio se acabase cuando desapareciese la moda del rock 'n' roll.

Mientras las importantes emisoras de radio pop ignoraron los originales negros, los disc jockeys que emitían sus discos en estaciones locales vieron que cada vez acudían más espectadores blancos a los programas en directo en las que actuaban artistas con éxitos recientes de rhythm and blues. En 1954, cuando Alan Freed se trasladó de Cleveland a Nueva York, a lo largo y ancho del país había varios disc jockeys con un creciente público adolescente blanco que no deben olvidarse: Danny «Cat Man» Stiller de la WNJR de Newark (Nueva Jersey), George «Hound Dog» Lorenz de la WKBW de Buffalo (Nueva York), Ken Malden de la WBMS de Boston, Jocko Henderson de Filadelfia, Tommy «Dr Jive» Smalls de Nueva York, Al Benson de Chicago, Ken «Jack the Cat» Elliott y Clarence «Poppa Stoppa» Harmon de Nueva Orleans y Zenas «Big Daddy» Sears de Atlanta. En la costa oeste, Hunter Hancock, Peter Potter y «Spider» Webb veían con asombro cómo los negros, los chicanos y los chicos blancos se juntaban en sus bailes.

Los disc jockeys más influyentes de la época eran probablemente tres personas con programas nocturnos en la WLAC de Nashville: Gene Nobles, Hoss

Allen y John «R» Richbourg. Durante el día, la WLAC emitía música country para un público blanco, pero de noche esos tres hombres se encargaban de programar discos de rhythm and blues, difundidos por un canal de 50.000 vatios que llegaba al golfo de México por el sur, a Buffalo (Nueva York) por el norte, hasta el Caribe y Jamaica por el este y por el oeste al pie de las Rocosas. La mayoría de los anuncios de estos programas de rhythm and blues de la WLAC se dirigían a un público negro, pero muchos chicos blancos escribían para comprar discos por correo en programas como el Randy's Record Mart. Y lo mismo pasaba con emisoras locales como la WHBQ de Memphis, en la que Dewey Phillips emitía rhythm and blues hasta la legendaria noche de 1954 en que emitió por primera vez «That's All Right» de Elvis Presley y desencadenó una serie de acontecimientos que todavía no han llegado a su desenlace.

II

En 1955, la industria musical empezó a expandirse gracias a un aumento de las ventas que se mantuvo hasta 1959, época en la que se triplicaron respecto a 1954. Durante estos cinco años, pasaron de 213.000.000 de dólares en ventas de discos hasta los 603.000.000.[12] Buena parte del aumento de ventas correspondía a las compañías independientes, que irrumpieron en el mercado suministrando diversos tipos de rock 'n' roll. Las grandes compañías tenían motivos para lamentar su comportamiento despreocupado ante la música.

No se dispone de cifras que detallen la procedencia exacta y los destinatarios de los ingresos derivados de las ventas de discos, pero se pueden hacer algunos análisis a partir de un desglose de las listas de los diez primeros de *Billboard* entre 1955 y 1959.[13]

Si el rock 'n' roll como arte y diversión fue la voz de una nueva generación, como producto comercial fue la dinamita que derribó la estructura de toda una industria. Hasta 1954, las grandes compañías tenían el mercado más o menos bajo control, o así lo parecía: incluso en 1955 las grandes compañías se aseguraban las cuatro quintas partes de los diez primeros éxitos de las listas. Pero durante los años de dura batalla entre las independientes que constituían el mercado del rhythm and blues, las compañías supervivientes habían comenzado a crecer de un modo que hasta hacía poco estaba reservado a una parte del mercado musical. Luego, cuando se dieron cuenta del potencial del rock 'n' roll, estaban preparadas para grabar a casi cualquiera que cantara lo que fuera y para poner toda su energía y dinero en promocionar los discos que parecían tener posibilidades. Las independientes doblaron el número de sus éxitos entre los diez primeros entre 1955 y 1956 y volvieron a doblarlos en 1957. Las grandes compañías, por su parte, a pesar de una mayor renovación de éxitos —conseguida gracias a una distribución más rápida a las tiendas de discos y una presencia más intensiva en la radio— ni tan sólo pudieron mantener el número absoluto de éxitos y al final de la década tan sólo tenían un tercio de los discos que alcanzaban los diez primeros de las listas.

El año destacado para el rock 'n' roll fue 1956. Aunque sólo diecinueve discos de rock 'n' roll estuvieron entre los diez primeros, incluían muchas de las mejores canciones de ese estilo. Los cantantes y los productores habían destilado las mejores calidades de los diversos estilos que les interesaban y al mezclarlos produjeron sonidos nuevos y fuertes. Aún no tenían tiempo para efectuar un estudio de mercado para descubrir lo que le gustaba al público o un análisis de contenido de otros discos de éxito para encontrar la fórmula del éxito. La mayoría de los cantantes y los músicos habían cantado y tocado de esa manera durante años y ahora, de repente, el gusto popular se había puesto al día.

Aunque la mayoría de los discos de éxito de 1956 se podía comparar al esquema de la música pop tradicional —varias versiones de «Canadian Sunset», «Moonglow/Theme from Picnic» y «True Love» estaban entre los éxitos del año—, la calidad espontánea de los éxitos de rock 'n' roll sugería que la industria tenía un concepto de la música que probablemente cambiaría en los años siguientes. En vez de ello y en muy poco tiempo, reapareció una consideración cínica y burlona de los estilos de los intérpretes y una indiferencia por el gusto del público que se propagó a muchas compañías independientes.

En el plano comercial, 1957 fue el año más prometedor por lo que respecta a las compañías independientes y el más deprimente para las grandes compañías, pero al lado de los pocos discos de rock 'n' roll que se podían comparar con los mejores del año anterior había otros que presagiaban lo que traería el futuro, discos cuyo sonido venía determinado más por la fórmula de un productor que por el ánimo de un cantante desinhibido: «Butterfly», de Charlie Gracie (Cameo), «At the Hop», de Danny and the Juniors (ABC-Paramount), «Teddy Bear» y «Jailhouse Rock», de Elvis Presley (RCA-Victor).

El descubrimiento de que el rock 'n' roll, después de todo, podía adaptarse a las técnicas de producción tradicionales de la industria animó a los productores al viejo estilo a concederle una nueva oportunidad al lenguaje. Anteriormente habían fracasado al querer asimilar la música mediante las versiones de canciones a cargo de cantantes pop conocidos; pero ahora podían establecer la credibilidad de su producto utilizando cantantes desconocidos —a los que se les describía categóricamente como «rock 'n' rollers»— para grabar canciones nuevas con letras apropiadas y un ritmo constante.

Paulatinamente, aunque de forma minuciosa, se eliminaron las características que habían distinguido el rock 'n' roll de 1956: los fuertes acentos regionales, las canciones de composición propia, los sencillos arreglos musicales de estructura abierta que comprendían un número reducido de instrumentos con un solo improvisado de saxo, guitarra o piano que surgía espontáneamente en el estudio. En su lugar había voces sin identificar, canciones compuestas por personas que no eran cantantes y arreglos escritos para grandes orquestas y coros.

Los primeros pasos para eliminar las aristas del rock 'n' roll no sólo los dieron algunas de las grandes compañías también lo hizo la mayoría de las independientes que deseaban sobrevivir. Esto afectó al rock 'n' roll, pero no a todas las independientes. La justificación estaba en las ventas, que aumentaban pese a eliminar el carácter de la música y en la desaparición de las pocas compañías, Specialty y Sun, que rechazaron «sofisticar» más su producto.

El público no quería que su música fuera tan chillona, descaradamente sexual y espontánea como lo eran los discos de rock 'n' roll puro. Pero aunque la posición se mantuvo hasta 1963, el éxito en Estados Unidos de grupos británicos con características similares sugería que el público todavía prefería ese tipo de música, si se lo ofrecían.

III

En 1956, el rock 'n' roll tuvo atractivo comercial por la novedad que representaba y la controversia en que se vio envuelto. Sin embago, con el paso del tiempo, se volvía irritantemente fuerte, «no musical» (en términos de las normas de la música pop convencional) e indecente. Las emisoras de radio empezaron a reducir el número de discos «salvajes» incluidos en sus guías de audición. Las compañías discográficas podían elegir entre aceptar el criterio establecido de manera no oficial por las emisoras o llegar al público a través de otros canales, en especial los jukebox, aunque sus éxitos gozaban de menor prestigio en la industria, a pesar de que había cerca de medio millón de aparatos por todo el país, lo cual explicaba el aumento anual del cuarenta por ciento en las ventas de discos.

En general, el rock 'n' roll fue cultivado por las independientes. Aunque dos cantantes de rock 'n' roll famosos, Bill Haley y Elvis Presley, tuvieran sus mayores éxitos con grandes compañías, ambos habían estado anteriormente con independientes. Las grandes compañías no ignoraron al rock 'n' roll por completo: la mayoría grabó por lo menos a un par de auténticos cantantes de rock 'n' roll y entre sus discos había algunos que ahora se consideran entre los mejores de todo el rock 'n' roll. Pero parece que entre los ejecutivos de las grandes compañías había la opinión generalizada de que el rock 'n' roll era poco menos que una música de pacotilla, propia de sureños maleducados con los que era difícil ser condescendientes, pues parecían demasiado duros como para darles palmaditas en la espalda y muy poco sofisticados como para tratarlos de igual a igual. Así que aunque su instinto comercial les aconsejaba contratar al menos un cantante de rock 'n' roll que pudiera manejar el estilo mejor que sus crooners, las grandes compañías en general no fueron mucho más lejos.

Con todo, no ignoraron por completo ni a los cantantes negros ni a los blancos sureños; más bien preferían a ese tipo de cantantes si ellos atraían al público que las compañías ya conocían y comprendían de antemano. Casi todos los cantantes negros contratados por las grandes compañías hasta 1958 eran baladistas cuyas voces se adaptaban a las canciones sentimentales, melodramáticas o de moda, que se suponía que prefería el público blanco. Desde el momento en que el público negro no tenía mayor interés por ese tipo de canciones, los cantantes que elegían grabar para grandes compañías antes o después debían apartarse del público negro.

Los cantantes blancos sureños que grababan para grandes compañías solían cantar música country and western, cuyo público estaba diseminado a lo largo de Estados Unidos y aunque no era amplio en comparación con el público de la música pop, era mucho más conservador y más seguro de sus gustos que el público de rhythm and blues. Una gran compañía que contrataba a un cantante popular de country and western podía tener la confianza absoluta de que el cantante sería querido por el público cinco años después. En ese mercado algunos cantantes mantenían públicos leales durante veinte años o más, pero sólo quienes comprendían bien la música y el público podían predecir con certeza qué cantantes mantendrían su popularidad. Los ejecutivos de las grandes compañías estaban en lo cierto si creían que el gusto del nuevo público del rock 'n' roll podía estar más cerca del patrón del rhythm and blues que del modelo del country and western y elegían un camino seguro al contratar tan sólo uno o dos cantantes y dejar pasar el tiempo hasta que la moda se desvaneciese.

Los ejecutivos de las independientes, por el contrario, tenían todo a favor para promocionar el rock 'n' roll: cuantos más cantantes y discos mejor. Varias de ellas tenían ya la música en sus catálogos, clasificada hasta entonces como rhythm and blues, por lo que era bastante fácil modificar los arreglos, simplificar el ritmo y promocionar el rhythm and blues como rock 'n' roll. La Imperial con Fats Domino, la King con Bill Doggett y la Aladdin con Shirley and Lee entraron en las listas pop de esta forma. Otros ejecutivos daban cabida a cantantes nuevos y tenían el conocimiento musical que les permitía reconocer a los buenos. Otros vieron todavía la oportunidad de irrumpir en el mercado pop y aunque no sentían más simpatía por el rock 'n' roll que los ejecutivos de las grandes compañías, tenían poderosas razones para asegurar el éxito de sus discos. Este último grupo, en especial, demostró cierta lealtad al rock 'n' roll cuando las emisoras de radio empezaron a programar la música con menor asiduidad y fueron los más despiadados a la hora de manipularla para conectar con las nuevas normas.

El carácter fortuito del descubrimiento de Elvis Presley por parte de Sam Phillips, de Sun Records, provocó que cualquier productor discográfico a lo largo y ancho del país fuese un poco más comprensivo con los jóvenes cantantes que solicitaban grabar un disco, sobre todo si, como Presley, procedían de Memphis. Los rasgos oscuros y duros de Presley, con el pelo negro engominado y la expresión huraña, se convirtieron en elementos de una imagen que los productores de todas partes andaban buscando o intentaban recrear.

En muchos casos, el que los cantantes que encontraban tuvieran una motivación fuerte para cantar parecía estar fuera de lugar, o cuando menos ser irrelevante. A un lado estaba Paul Anka, apenas un adolescente y, según la publicidad, ambicioso y repleto de sentimientos que compartir con el mundo; al otro, Fabiano Forte (con el nombre de Fabian), convertido en intérprete a pesar de no tener voz ni un interés evidente en cantar. Entre ellos había una variedad que incluía algunos cantantes que durante años se habían mantenido en un segundo plano y que habían encontrado en el rock 'n' roll la oportunidad de llegar a un público más amplio (Buddy Holly, Sonny James) y algunos que probablemente por capricho habían ambicionado la fama y eligieron un camino diferente al de un cantante: una estrella de cine (Tab Hunter) o un atleta (Johnny Burnette).

En 1957, el rock 'n' roll en general y Elvis Presley en particular habían mostrado que tras agotarse las canciones de moda pegadizas y los éxitos del rhythm and blues, se hicieron necesarios nuevos tipos de canciones. Éstas necesitaban un «ritmo» [«beat»], debían tener un estribillo pegadizo y relación con la vida adolescente. Los compositores que habían escrito canciones de espectáculo a veces podían adaptarse al nuevo lenguaje, pero la mayoría de las canciones de rock 'n' roll que la industria musical necesitaba las componían o bien gente joven o, en todo caso, diferente.

Parecía que se daban las condiciones para un cambio considerable en la industria entera. Pero, de nuevo, se obvió la mayoría de los desafíos serios. Aunque los adolescentes habían descubierto una forma de música que reflejaba sus sentimientos sobre la vida en las calles de la ciudad, los tugurios y las salas de baile, la música también se emitía por la radio y la televisión y se ponía en los tocadiscos caseros. Los planificadores de programas, que examinaban cuidadosamente los lotes semanales de discos nuevos, tenían que determinar qué discos satisfacían la demanda del ritmo sin que pudieran irritar a los padres. Los compositores, a su vez, debían trabajar en sus mensajes dirigidos a los adolescentes sin sostener una postura demasiado directa contra el mundo de los adultos.

En 1957 había un buen puñado de canciones adolescentes populares. El género de canciones referidas a la adolescencia comenzaba a aumentar. Anteriormente, se habían utilizado ese tipo de alusiones sin que fueran tan explícitas, en canciones como «Goodnight, Sweetheart, Goodnight» (en la que un muchacho joven pasaba un mal rato al decirle buenas noches a su cita), «Be-Bop-A-Lula» y «Blue Suede Shoes», o en los nombres de los conjuntos como las Teen Queens o los Teenagers.

Los temas de comentario y discusión en las nuevas canciones adolescentes incluían el hecho de prepararse para bailar («White Sport Coat»), el baile en sí («Short Fat Fannie», «Rock and Roll Music», «At the Hop»), la expresión de un tipo especial de pasión adolescente («Young Love», «Butterfly», «Party Doll», «Peggy Sue», «Teenagers' Romance», «April Love», «Stood Up»), la contrariedad por las burlas de los adultos hacia ella («Teenage Crush»), el miedo a la disciplina paternal («Wake Up, Little Susie»), la expresión del resentimiento contra la escuela («School Day», «Waitin' in School») y la jerga adolescente («Young Blood»). Los intérpretes cantaban menos para sí mismos que para la gente que escuchaba, se aprendía las letras y las coreaba. Una nueva generación se identificaba mediante la seriedad con que consideraba los sentimientos y las experiencias descritas en las canciones.

«Young Love», grabada por Sonny James para Capitol y Tab Hunter para Dot —quienes vendieron millones de ejemplares— fue la primera canción de 1957 y exponía amablemente los temas para el año:

Young love, first love	*Amor joven, primer amor.*
Is filled with true devotion;	*Está lleno de emoción verdadera.*
Young love, our love	*Amor joven, primer amor.*
We share with deep emotion.	*Lo compartimos con profunda emoción.*

«Young Love» permitía a los oyentes adolescentes reafirmarse en que sus emociones tenían un significado único e incluso eterno y lo hacía sin imponer el mensaje a gente que tal vez no estuviese de acuerdo.

«Teenage Crush», grabada un poco después por Tommy Sands (para la Capitol), predicaba de manera parecida a los conversos sin ofender a los disidentes:

They call it a teenage crush,	*Lo llaman una oleada adolescente,*
They don't know how I feel;	*no saben cómo me siento.*
They call it a teenage crush,	*Lo llaman una oleada adolescente,*
They can't believe this is real.	*no pueden creer que esto sea auténtico.*
They've forgotten when they were young,	*Han olvidado cuando eran jóvenes*
And the way they tried to be free:	*y la manera en que intentaban ser libres:*
All they say is, this young generation	*lo que ellos dicen es «esta joven generación*
Is just not the way that it used to be.	*no es como la de antes».*
I know, I know my own heart,	*Conozco a mi propio corazón,*
But you say I'm trying to rush;	*pero me decís que intento ir deprisa;*
Please don't try to keep us apart,	*por favor no tratéis de dejarnos a un lado,*
Don't call it a teenage crush.	*no lo llaméis una oleada adolescente.*

Aunque los últimos versos de la letra parecían ir dirigidos a la generación adulta, la llamada era retórica; la canción era para que los jóvenes se deleitasen con ella y no había ninguna intención de llamar la atención de los adultos.

Sonny James, Tab Hunter y Tommy Sands estaban entre los primeros del grupo de cantantes de «se-lo-debo-todo-a-Elvis» que en las entrevistas juraban gratitud eterna a Presley por su influencia e inspiración. Muchos de los cantantes ya eran profesionales antes de que Presley empezara con Sun; pocos de ellos tenían relaciones estilísticas directas con él. No obstante, en la mayoría de los casos, no hubieran atraído tanta atención si Presley no cantase de la forma en que lo hacía, ni si hubiera tenido otra imagen ni hubiera cantado las canciones que cantó.

Mientras algunos productores buscaban cantantes con unos antecedentes y una habilidad comparable a la de Presley, los que tenían menos paciencia se plantearon una cantidad de alternativas, comparables a las que se habían presentado ante la gente que algunos años antes había querido rhythm and blues.

La reserva infinita de aspirantes a crooners proporcionó muchos cantantes. Había intérpretes que aún no eran conocidos en su estilo preferido y que por lo tanto estaban disponibles para presentarse como «cantantes de rock 'n' roll». Dot había demostrado que se podía hacer con Pat Boone en «Tutti Frutti» y «Ain't That a Shame». Coral, con Steve Lawrence y Cadence, con Andy Williams, ofrecieron con éxito versiones de «Party Doll» y «Butterfly», respectivamente. Esto se podía comparar a una estratagema utilizada más a menudo por las grandes compañías: presentar un cantante de country and western desconocido como «rock 'n' roller», como lo hizo la Capitol con Sonny James y Tommy Sands y la Columbia con Marty Robbins («White Sport Coat»).

El cine y la televisión eran una fuente de estrellas que ya tenían gran número de admiradores. Tab Hunter, Sal Mineo (con «Start Movin'» para Epic) y Rick Nelson fueron los de más éxito de entre los intérpretes que venían de otros medios en los primeros años del rock 'n' roll; James Darren, Connie Stevens y otros hicieron una jugada parecida en los primeros años sesenta. Incluso un disc jockey, Jim Lowe, tuvo un éxito: «Green Door» (para Dot).

Al lado de estos oportunistas que subieron al tren adolescente había algunos genuinos entusiastas del rock 'n' roll que comprendieron sus intenciones e hicieron aportaciones que se podían comparar con las mejores: en Clovis (Nuevo México), Buddy Holly y su conjunto los Crickets hicieron algunos de los mejores discos de rock 'n' roll que trataban de las relaciones amorosas; Eddie Cochran en Los Ángeles y Jack Scott en Detroit propusieron variaciones más formalizadas del estilo rockabilly de Memphis.

Mientras tanto, algunos profesionales de la industria que se adaptaron al gusto adolescente sugirieron con discos muy bien trabajados la poca relevancia de las razones de los adolescentes. En Nashville, Boudleaux y Felice Bryant componían canciones para los Everly Brothers que eran expresiones sin rival de la angustia adolescente, mientras que en Nueva York los compositores Jerry Leiber y Mike Stoller producían una serie de discos para los Coasters que no serían superados como marco para ingeniosas miniaturas narrativas.

Al darse cuenta de que los gustos adolescentes permanecían, la industria empezó a reestructurarse para hacerse cargo de ellos de manera menos arbitraria. La clave residía en tener productores que comprendieran las nuevas normas. Aunque los dos capítulos siguientes tratan de las grandes compañías y de las independientes como categorías separadas, los ejecutivos buscaron, cada vez más, en el mismo fondo de recursos, servidos por productores que usaban a los mismos músicos de sesión y que grababan canciones editadas por el mismo tropel de compañías independientes, en estudios que se destacaron por la habilidad en conseguir aquel escurridizo «sonido».

Así como las orquestas y las big bands de los primeros estilos pop habían necesitado estudios grandes que captaran el sonido ambiente, ahora se imponía un criterio más pertinente: una atmósfera íntima supervisada por un ingeniero de sonido que se las arreglaría con las interpretaciones a veces excéntricas, o de aficionados, que llegaban a sus aparatos de grabación desde el otro lado del cristal. Una juiciosa utilización del eco y un montaje ingenioso del máster realizado con los mejores fragmentos de varias tomas diferentes podían hacer que brotaran maravillas de donde no había nada.

Entre los ingenieros expertos de Nueva York estaban Tom Dowd (a la larga, contratado en exclusiva por Atlantic), Bobby Fein en Finesound, Al Weintraub en Bell Sound e Irv Joel en A & R; en la costa oeste, Bunny Robin en los Hollywood Studios y Bones Howe en Gold Star eran los preferidos de los productores de rock 'n' roll, todos ellos en busca del tipo de efectos que Sam Phillips había conseguido en los estudios Sun de su propiedad, en Memphis y que Cosimo Matassa había suministrado a los muchos productores que utilizaron su J & M Studio de Nueva Orleans.

Alimentando toda esta actividad, una multitud de editores encontró un mercado hambriento de todas las canciones que pudieran encontrar con contenido adolescente. Hill and Range hizo un astuto movimiento al contribuir con los «derechos de traspaso» que llevaron a Elvis Presley de la Sun a la RCA, al adquirir los derechos de las canciones que él había grabado para la Sun y al otorgarse el papel de estrenar las canciones que grabaría para la RCA. Los compositores que ya habían firmado para una de sus compañías estaban en la primera línea de salida, lo que benefició a los equipos de Leiber y Stoller y de Pomus y Shuman. Entre los demás editores, sobresalían Robert Mellin y Don Kirshner. El primero contrató a dos particularmente brillantes jóvenes compositores, Paul Anka y Bobby Darin y publicó las primeras canciones del equipo de Neil Sedaka y Howie Greenfield antes de que firmaran con Kirshner.

Don Kirshner había sido coautor y manager de Bobby Darin antes de formar su propia compañía editora, Aldon, con su socio Al Nevins. Los contratos de larga duración con Sedaka y Greenfield, Carole King y Gerry Goffin, Barry Mann y Cynthia Weil, Jack Keller y otros más permitieron a Kirshner proporcionar un número interminable de éxitos para Bobby Vee, Connie Francis, los Drifters y cualquier otro que lo pidiera: y todos lo hicieron.

4. Las grandes compañías

Cada una de las grandes compañías tenía una política un tanto diferente respecto al rock 'n' roll. Sin embargo, hasta 1956 sólo Decca mostró un criterio musical al contratar a un cantante genuino de rock 'n' roll —Bill Haley— y animarle a grabar en su estilo favorito. Dada la creencia general de las grandes compañías de que el rock 'n' roll era una moda que desaparecería pronto, su desinterés se debía en parte del desagrado de los ejecutivos, de su desgana por la música misma y al modelo de contrato que practicaban.

El contrato tipo en las grandes compañías era de cinco años. Este periodo permitía a las compañías perder algún tiempo en establecer una reputación del cantante y percibir la recompensa cuando el cantante se hacía popular. A cambio de comprometerse con una compañía en especial, al cantante normalmente se garantizaba un cierto número de lanzamientos al año (aunque jamás podía estar seguro de que gozaran de una promoción adecuada). Estos contratos de larga duración tendían a producir pequeños cambios en los estilos musicales ya que las grandes compañías grababan cualquier tipo de canción con los intérpretes que ya tenían, lo cual reducía su carácter novedoso.

Los cantantes que justificaban los contratos de cinco años debían poseer un atractivo que garantizase su larga duración. La calidad que precisaban por encima de todas las demás para impresionar a los productores de una gran compañía era la adaptabilidad. Los cantantes de rock 'n' roll, que parecían ser unos productos comerciales fuera de serie con tan sólo un estilo, estaban destinados a quedarse sin trabajo antes de que pasaran un par de años.

Incluso antes de que el rock 'n' roll diera un nombre y una identidad a la nueva música y al mercado que surgió a mediados de los años cincuenta, las grandes compañías habían empezado a realizar cambios que en realidad anticipaban la aparición de un subsector adolescente en la música popular. La evolución de los sellos independientes en el mercado del rhythm and blues llevó a la creación de nuevas compañías de distribución en todas las zonas y estos distribuidores enlazaron con las emisoras de radio locales. Las tiendas y los programas de radio que se especializaron en el rhythm and blues no tenían contactos habituales con las grandes compañías, e incluso podía suceder que las boicotearan: Columbia y Victor estaban asociadas, respectivamente, con las compañías de radiodifusión en cadena CBS y NBC y las emisoras de radio locales podían dar preferencia a discos de otros sellos. En parte para disimular sus relaciones, algunas de las grandes compañías fundaron sellos subsidiarios que pudieran distribuirse a través de los mayoristas independientes.

Decca* era la compañía mejor situada para comprender el atractivo del rock 'n' roll como resultado del interés del fundador de la compañía, Jack Kapp, por la música negra de baile. Bajo su dirección, Decca había contratado a la mayoría de las atracciones negras como las big bands de jazz bailable de Jay McShann, Lucky Millinder y Lionel Hampton, las cantantes de gospel Marie Knight y Rosetta Tharpe, grupos vocales como los Mills Brothers y los Ink Spots y al mejor combo de boogie: Louis Jordan and his Tympany Five. Estos intérpretes no tan sólo vendieron entre los compradores negros de discos sino que también en el mercado pop, hasta que la aparición del sistema de distribución independiente hizo que el sello lo tuviera más difícil para llegar al público negro.

La prematura muerte de Jack Kapp en 1949 adelantó sus planes para adaptar a Decca a los nuevos tiempos y su hermano Dave repartió el equipo de productores ejecutivos entre Decca y sus subsidiarias Coral y Brunswick con el fin de revitalizarlas. En 1954, Milt Gabler tomó una buena decisión al contratar a Bill Haley and His Comets después de que el combo de rock 'n' roll se hubiera

* DECCA. Fundada en 1934 como la sucursal americana de la Decca británica con Jack Kapp como presidente; comprada por la Decca de Gran Bretaña a mediados de los años cuarenta, y más tarde absorbida por la MCA, que eliminó el sello Decca en favor del de MCA, en los años setenta.
Equipo de producción en los años cincuenta: Dave Kapp, Milt Gabler, Jimmy Hilliard y Bob Thiele, además de Paul Cohen y Owen Bradley (Nashville).
Directores musicales: Gordon Jenkins y Dick Jacobs.
Pop negro: Mills Brothers, Ink Spots, Al Hibbler, Ella Fitzgerald.
Rhythm and blues: Louis Jordan (hasta 1950), Buddy Johnson, Lionel Hampton, Lucky Millinder.
Gospel: Marie Knight, Sister Rosetta Tharpe.
Country and western: Red Foley, Ernest Tubb, Webb Pierce, Kitty Wells.
Rock 'n' roll: Bill Haley and His Comets.
Pop country: Bobby Helms, Brenda Lee.

Subsidiarias:

CORAL. Fundada en 1949.
Pop: McGuire Sisters, Teresa Brewer.
Rock 'n' roll: Buddy Holly.

BRUNSWICK. Relanzada en 1957.
Rock 'n' roll: The Crickets.
Rhythm and blues: Jackie Wilson.

LONDON. Fundada en 1948 como división estadounidense de la Decca británica.
Pop: Mantovani.

apuntado un éxito en el sello independiente Essex de Filadelfia. Milt estaba más orgulloso de su trabajo con Louis Jordan (y anteriormente con Billie Holiday en el sello Commodore, de su propiedad), pero consiguió su mayor reputación en la historia del pop al supervisar las sesiones de Haley de las que salieron «Shake, Rattle and Roll» y «Rock Around the Clock».

Por lo demás, los discos de Decca era en su mayoría imitativos (las McGuire Sisters y Teresa Brewer tuvieron varios éxitos con versiones para Coral), o conservadores (el crooner country Bobby Helms tuvo un par de grandes éxitos pop con «Fraulein» y «My Special Angel» en 1957). Fueron excepciones notables Buddy Holly, los Crickets y Brenda Lee, cuyos discos igualaban lo mejor que ofrecían los sellos independientes.

Los discos de Brenda Lee se grababan en Nashville con producción de Owen Bradley, aunque ella rara vez entró en las listas country. A los quince años, cuando grabó su primer éxito, «Sweet Nothin's», Brenda cantaba con un fascinante mezcla de inocencia infantil e insinuación madura, influida más por las cantantes de rhythm and blues como Ruth Brown y LaVern Baker que por cualquier cantante de country. Sus baladas eran más convencionales, aunque mantuvo un deje de animado y bravo rock en su notable carrera de diecinueve éxitos entre los veinte primeros desde 1959 hasta 1966. Por el contrario, Owen Bradley no consiguió sacar lo mejor de Buddy Holly, cuando éste llegó de Texas para grabar para Decca en 1956 y al parecer pasó por alto al Johnny Burnette Trio cuando hicieron una expedición desde su Memphis natal en busca de una audición. Sorprendentemente, la oficina de Coral de Nueva York les dio libertad para que grabaran algunas de las canciones rockeras más duras y desinhibidas de la época, que pasaron sin pena ni gloria pero que después fueron aclamadas.

En 1957, el productor Bob Thiele contrató para su publicación unos másters, producidos en Clovis (Nuevo México) por Norman Petty, de un conjunto local de rock 'n' roll, los Crickets, editando los discos del conjunto en Brunswick y los discos del cantante solista Buddy Holly en Coral. Desde 1957, este sello también lanzó discos de Jackie Wilson (que formó parte del grupo vocal, The Dominoes), que se convertiría en uno de los más consistentes creadores de éxitos de los quince años siguientes, interpretando un repertorio que abarcaba desde los melodramas seudoperísticos hasta baladas más convencionales, pasando por ardientes canciones de baile al estilo gospel.

Volviendo al contrato de Decca con Bill Haley, ninguna otra gran compañía hizo ningún gesto significativo hacia los genuinos intérpretes de rock 'n' roll hasta casi dieciocho meses después, cuando Mercury* contrató a los Penguins, un grupo

* MERCURY. Fundada en 1946, en Chicago, con Irving Green como presidente. Absorbió a Majestic Records en 1947. El equipo de producción incluía a Mitch Miller (1948-50), Art Talmadge, Arnold Maxin, Bob Shad y Clyde Otis.

4. ELVIS PRESLEY, de Tupelo (Mississippi).

5. LAVERN BAKER, de Chicago (Illinois).

vocal negro de Los Ángeles cuyo «Earth Angel» (grabado para la independiente Dootone) había suministrado material para que los Crew Cuts de la propia Mercury lo versionaran. The Penguins tenían como manager a Buck Ram, un compositor experimentado que negoció un contrato que obligaba a Mercury a contratar no sólo a los Penguins, sino también a un segundo grupo, del que Ram era manager, los Platters. Aunque los Penguins no tuvieron más éxitos, los Platters produjeron más que cualquier otro grupo de la era del rock 'n' roll.

Estilísticamente, la relación de los Platters con el rock 'n' roll era débil; el repertorio del grupo consistía siempre en baladas de música pop convencional y los coros del grupo eran en su mayoría sin ningún riesgo, pero el cantante solista, Tony Williams, tenía una voz muy aguda y un buen instinto para la improvisación.

Anteriormente, Mercury había sido la compañía más minuciosa a la hora de versionar éxitos de rhythm and blues adecuados, una política que, en efecto, demoró la entrada en el mercado de la música pop de varias independientes (en especial Atlantic, que debió esperar y ver mientras cómo Mercury llevaba versiones de canciones de Atlantic a las listas: «Sh-Boom», «Tweedle Dee», «Oh, What a Dream» y otras).

Pero a medida que las versiones por cantantes pop dejaban de ser aceptables para el público, Mercury fue en busca de tipos de rock 'n' roll más auténtico, que seguían el estilo de rock 'n' roll de bandas del norte al estilo de Bill Haley and His Comets, como Freddie Bell and the Bell Boys, cuyo «Giddy-Up-A-Ding-Dong», de 1956, fue un poco tardío para un público adecuado a ese tipo de canción comercial. Los discos grabados ese mismo año por Eddie Bond, un cantante de country rock de Memphis, con las canciones «Rockin' Daddy» y «Boppin' Bonnie», parecían más aptas para tener éxito, pero a pesar del parecido estilístico con Carl Perkins, no obtuvieron una gran atención.

En 1957 Mercury desarrolló un método más sofisticado de versionar canciones de rhythm and blues, con la versión de «Little Darlin'» por el grupo canadiense blanco los Diamonds, que reproducía fielmente el sonido por entero —con el acento, la entonación y el arreglo— de la versión original de la canción a cargo de los Gladiolas en la independiente Excello. Este disco estableció el gemido en el registro agudo y los coros chillones entre los sonidos que eran aceptables para

---

Pop: Georgia Gibbs, Ralph Marterie, Xavier Cugat, Patti Page, Rusty Draper, The Crew Cuts, The Diamonds, Johnny Preston.

Orquestas y combos de rhythm and blues: Buddy Johnson, Eddie Vinson, Sil Austin.

Baladistas de rhythm and blues: Dinah Washington, Sarah Vaughan, Brook Benton.

Grupos vocales: The Platters.

Rock 'n' roll: Freddie Bell & the Bell Boys, The Big Bopper.

Swamp pop: Phil Phillips, Jivin' Gene.

Subsidiaria:

SMASH. Fundada en 1961.

Pop: Bruce Channel, Joe Barry.

los compradores blancos de discos. Con el tiempo, los miembros de los Gladiolas, con el nuevo nombre de Maurice Williams and the Zodiacs, disfrutaron de un triunfo propio al encabezar las listas de éxitos con «Stay» (Herald) en 1960. Mientras tanto, Mercury siguió una política relativamente aventurada al investigar nuevos sonidos y estilos, sobre todo después de que Shelby Singleton se integró en el equipo a finales de los años cincuenta. Singleton se interesaba en especial por los estilos del sur y fichó a los tejanos del este Big Bopper, Johnny Preston y Bruce Channel para Mercury y su subsidiaria Smash y adquirió los derechos de edición de varios discos que se habían vendido bien en sellos independientes del sur.

En contraste con la actividad de Decca y Mercury, RCA-Victor, Columbia y Capitol esperaron a que el rock 'n' roll pasara. Victor y Columbia otorgaron al lenguaje nuevo un reconocimiento simbólico, a través de un anuncio en la prensa del sector en enero de 1955, en el que comunicaban que grabarían la canción «Ko Ko Mo». Ésta fue probablemente la canción de rock 'n' roll más grabada de la época. Gene and Eunice la registraron por primera vez para un pequeño sello independiente, Combo, en 1954. Una compañía independiente mayor, Aladdin, contrató a Gene and Eunice y les hizo regrabar la canción, que llegó a ser un éxito de rhythm and blues. Al utilizar palabras sencillas (principalmente el título, seguido de «I love you so»), cantadas sobre un ritmo alegre y acabando con una animada interpretación del saxo, la canción fue versionada por otros grupos de rhythm and blues para Checker (los Flamingos) y Modern (Marvin and Johnny), cuyos propietarios esperaban irrumpir en el mercado pop con la canción. Tales ambiciones se cumplieron primero para Mercury, que hizo que los Crew Cuts la versionaran y luego para RCA-Victor y Columbia, que realizaron las de Perry Como y Tony Bennett.

El fraseo sofisticado de Bennett no encajaba con el ritmo rígido de la canción, pero la más hábil versión de Como tuvo más éxito y llegó a ser la más popular de todas las grabaciones de «Ko Ko Mo», otorgándole a él y a Victor su primer éxito de rock 'n' roll. Sin embargo, quedó claro incluso para unos fabricantes de música popular como Hugo Winterhalter de la Victor y Mitch Miller, de la Columbia, que el rock 'n' roll tenía su particular lenguaje propio que precisaba de cualidades diferentes de las que poseían los crooners. Miller de la Columbia eligió ignorar la música todo lo que pudo, mientras la respuesta de la Victor fue en busca de alguien que hiciera rock 'n' roll.

Hacia finales de 1955, nueve meses después del «Ko Ko Mo» de Como, la Victor* pagó 35.000 dólares a la compañía independiente Sun —y regaló un

* RCA-VICTOR. La Victor Talking Machine Company la fundaron en octubre de 1901 Emile Berliner y Eldridge Johnson, los inventores pioneros de la grabación mecánica y de los equipos reproductores. Los seis discos que se estimaba que habían vendido más de un millón de copias en los Estados Unidos antes de 1920 habían sido publicados por Victor, e incluían dos de Al Jolson y uno de Caruso. En 1929 Victor fue absorbida por la Radio Corporation of America (RCA).
Equipo de producción durante los años cincuenta: Charlie Green, Manie Sachs, Steve Sholes. Director musical: Hugo Winterhalter. Jefe de la oficina de Nashville: Chet Atkins.

Cadillac a Elvis Presley— por el contrato de éste y los derechos de todo su material para la Sun. El cantante fue visto, en un congreso de disc jockeys en Miami, por Steve Sholes, el productor de RCA-Victor encargado de la música sureña. Sholes quedó impresionado por la novedad del estilo vocal de Presley, sus movimientos desinhibidos en el escenario y el efecto electrizante que ejercía en el público.

En comparación con el dinero que las compañías discográficas pagaron por cantantes de rock a finales de los sesenta (Columbia pagó 300.000 dólares en 1969 por Johnny Winter), el pago de Victor por conseguir a Presley no era sustancioso. Pero por aquel entonces era enorme y la compañía se comprometió a recuperar la inversión en el menor tiempo posible. Para promocionar el primer disco de Presley con RCA, con «I Was the One» y «Heartbreak Hotel», el cantante fue contratado durante seis semanas en el programa de televisión de Tommy Dorsey, emitido en el horario de máxima audiencia.

El disco emparejaba una canción de country and western modificada con una canción de blues también modificada. Para completar el escaso acompañamiento instrumental de bajo golpeado y guitarra rítmica típico de los discos Sun, la RCA introdujo coros de grupo vocal y un sonido orquestal más lleno, aunque se mantenía la predominancia de la guitarra. «Heartbreak Hotel», un incansable y tenebroso canto de condenación, demostró ser la canción que más afectó al público televisivo y sus ventas rápidamente se extendieron del mercado del country and western hacia, primeramente, el mercado pop y luego hacia el de rhythm and blues. RCA había establecido que el rock 'n' roll, teóricamente una fusión de country and western, pop y rhythm and blues, podía atraer simultáneamente a los públicos de los tres tipos de música. Sin embargo, como Decca, la compañía no hizo ningún intento para ampliar su éxito y contratar a otros cantantes de rock 'n' roll.

Durante ocho años, de 1956 a 1963, el éxito de Elvis Presley preocupó a la industria de la música. En los dos primeros años en la RCA, Presley tuvo el disco más vendido durante cincuenta y cinco de las ciento cuatro semanas, un dominio que exageraba la calidad de sus discos comparados con los demás, pero que demostraba la eficaz promoción a cargo de RCA y el cuidadoso manejo de su carrera por el Colonel Tom Parker, que ligó la carrera musical de Presley con otra igualmente exitosa y válida en el mundo del cine.[14] Y después, cuando ya no era inevitable que

---

Pop: Perry Como, Kay Starr, Lou Monte, Eartha Kitt, Neil Sedaka.
Country: Eddy Arnold, Hank Snow, Skeeter Davis, Don Gibson, Jim Reeves.
Rock 'n' roll: Elvis Presley, Janis Martin.
Pop negro: Jesse Belvin, Sam Cooke, The Isley Brothers.
Rhythm and blues: Piano Red, Little Richard, The Du Droppers.
Latino: Pérez Prado, Tito Puente, Tito Rodríguez, Nora Morales.
Calipso: Harry Belafonte, The Mighty Sparrow.

Subsidiaria:

GROOVE. Fundada en 1953, bajo la supervisión de Bob Rolontz.
Rhythm and blues: Mickey & Sylvia.

todos y cada uno de los discos de Presley alcanzaran el mágico «número uno», todavía tenían unas ventas aseguradas de más de un millón de copias en todo el mundo. La voz de Presley permitía que personas con experiencias, sensibilidades e intereses diversos se identificaran con él. Ansiosos por mantener agarrado a un público ya interesado y por ampliar el atractivo de Presley hacia un público incluso mayor, los productores de la RCA-Victor transformaron gradualmente el estilo del cantante en una versión del *crooning*, que había permitido a Bing Crosby y Perry Como mantener grandes ventas durante años.

El estilo vocal de Presley se hizo más profundo, más cohibido y se introdujo un tono de autocompasión. En vez de expresar la determinación impaciente de divertirse que había sido habitual de las canciones de la Sun, se decantó por una sucesión de temas que, aparentemente, se le había solicitado que interpretara, lo que hizo con una convicción encomiable y un estilo cada vez más amanerado. En sus lanzamientos de 1956, «Heartbreak Hotel» requería que el cantante se atormentara por la desesperación; con «Hound Dog» se convirtió en hosco, burlón, duro; con «Don't Be Crue» su voz se volvió suspirante y el ritmo ligero; en «Love Me Tender» se convirtió en un baladista. Los siguientes lanzamientos siguieron un modelo parecido y las emociones de Presley se presentaban con acompañamientos y énfasis que sugerían el significado épico que tenían. A veces, los discos de 1956 y 1957 no parecían demasiado sofisticados. «My Baby Left Me», grabado con tan sólo guitarra, bajo y batería, sonaba como si Presley hablara a alguien en especial, más que al mundo en general, sobre su dilema y gozaba de una urgencia y un entusiasmo reservados que los discos más recientes intentaban conseguir de una manera demasiado obvia.

Al calor del éxito del sencillo con «Hound Dog» y «Don't Be Cruel», la RCA-Victor lanzó el álbum *Elvis Presley* con varias repescas de éxitos de rhythm and blues («Tutti Frutti», «Shake, Rattle and Roll», «I Got A Woman»), una extraña grabación Sun (la espeluznante «Blue Moon») y una versión de un éxito Sun de la época. «Blue Suede Shoes» hacía un uso deliberado del potencial rebelde de la canción, que Carl Perkins, que la grabó originalmente, había subestimado. «Trying to Get to You» era lo más cerca que Presley estuvo jamás de una canción de blues, además de ofrecer una excelente interpretación de guitarra dura por detrás de la manera de cantar convenientemente modesta de Presley. «Lawdy, Miss Clawdy» (grabada originalmente como una canción de rhythm and blues por Lloyd Price) contenía una desolación auténtica que hacía más evidente la artificialidad de algunas de las interpretaciones más recientes; los arreglos trasponían la canción del rhythm and blues al rock 'n' roll sin perder su quejumbroso atractivo y le confería un buen ritmo saltarín.

Los primeros discos de Presley de 1957, «Too Much» y «All Shook Up», presentaban el estilo que empezaba a convertirse en diseñado, con Presley que arrastraba las vocales y que golpeaba uno de cada dos acentos con más dureza de la necesaria. Pero las canciones de las películas de Presley *Loving You* y *Jailhouse Rock* eran peores. Compuestas por Leiber y Stoller, permitían a Presley que diera gusto a su tendencia a exagerar la importancia de sus sentimientos e iniciara su declive hacia las canciones populares melodramáticas, una tendencia que se hizo «oficial» cuando en 1960 grabó «It's Now Or Never» con un estilo seudoperístico.

La decadencia era en cierta forma el resultado inevitable de haberse desarraigado de la cultura que produjo su estilo original y de vivir en el limbo de Hollywood, en Alemania (durante su servicio militar) y en cómodas habitaciones de hotel.

Pero Elvis nunca olvidó por completo cómo y dónde comenzó. Durante los primeros años sesenta a veces todavía sonaba completamente entregado, ya fuera reviviendo una canción que había oído de adolescente como «One Night» de Smiley Lewis, o atacando una nueva como si realmente creyera en su significado, como con «Mess of Blues», compuesta especialmente para él por Doc Pomus y Mort Shuman.

Aparte de Presley, la RCA-Victor no había tenido demasiado éxito en el nuevo mercado adolescente. Se lanzó a Janis Martin como «la respuesta femenina a Elvis», pero aunque los coleccionistas han apreciado después su interpretación enérgica de *Drugstore Rock 'n' Roll* y *Let's Elope*, sus discos grabados en Nashville impresionaron a poco público en la época: demasiado sosos para el pop, demasiado salvajes para el country.

De vuelta a 1950-1953, la RCA consiguió varios éxitos de rhythm and blues con el pianista de boogie establecido en Atlanta, Piano Red y realizó los primeros discos de otro intérprete del estado de Georgia, Little Richard, pero el cantante de dieciséis años todavía no había encontrado su estilo propio y aún sonaba demasiado parecido a Roy Brown. Victor tuvo dos éxitos de rhythm and blues con los Du Droppers (discos con buen humor en un estilo a mitad de camino de los Clovers y los Five Royales), antes de que su elenco de rhythm and blues se cambiara a un nuevo sello subsidiario, Groove.

El único disco inmortal e influyente de Groove fue *Love Is Strange* de Mickey & Sylvia (el guitarrista de sesión Mickey «Guitar» Baker y la cantante de veinte años Sylvia Vanderpool), cuyo bromista canto sobre un ritmo de sabor caribeño hizo de él un «disco de moda»; Baker interpretaba el que era probablemente el primer solo de guitarra de blues en vender más de un millón de discos y la extraña manera de Sylvia de decir la palabra *baby* («bay-ee-bee») se infiltró totalmente en el pop después de que Buddy Holly cantara con una pronunciación parecida en varias canciones (incluida su versión de la misma).

Después de orientar otros sellos subsidiarios (X y Vik) tanto hacia los mercados de rhythm and blues y música adolescente, en 1960 RCA los abandonó todos e hizo incursiones en las independientes para hacerse con algunos intérpretes de «calidad» para lanzarlos en su sello principal, Victor, como Neil Sedaka, Jesse Belvin y Sam Cooke. Mientras las fabulosas ventas de los discos de Elvis Presley seguían reduciendo cualquiera de los éxitos de los demás intérpretes del sello, los contables podían mostrar su satisfacción por el papel de la RCA como primer fabricante de sencillos para muchos de los sellos independientes (incluyendo a Dot en los años cincuenta y a Motown en los sesenta).

Si Columbia* estaba impresionada en cierta manera por los ingresos que Presley percibía de su compañía discográfica, o celosa del éxito de la RCA, no lo demostró claramente. Hubo un pequeño indicio que lo señaló: el éxito de 1956 de Johnnie Ray «Just Walkin' in the Rain»: la canción procedía de un disco Sun (de los Prisonaires). Aparte de eso, Columbia hizo todo lo posible para mantener las técnicas que se habían mostrado tan eficaces durante los primeros años cincuenta, cuando había sido la compañía de más éxito con Frankie Laine, Guy Mitchell, Rosemary Clooney, Doris Day, Johnnie Ray y Jo Stafford sucediéndose uno a otro en las listas, más o menos rotatoriamente. Estos cantantes estaban obligados a ser adaptables. Guy Mitchell explicó cómo se planeaban sus discos:

> Antes de ponerte a pensar en grabar una canción, tienes que encontrarla. Y eso te puede costar de dos días a dos meses. Cada día debes tener tiempo libre para examinar el material; quizás tengas que mirar un centenar de canciones nuevas antes de que encuentres una que te guste.
>
> Al mismo tiempo tu manager hace lo propio y también la casa discográfica.
>
> Finalmente encuentras la canción que te gustaría hacer y entonces empieza la diversión.
>
> «Es una buena canción —te dice tu manager—. Pero no es del tipo que te va.» «Perfecta —dice el director de grabaciones—. Es perfecta, pero no se venderá. No es comercial.»
>
> Así que lo dejas estar y examinas el número que tu manager ha escogido. «Es genial —le dices—. Pero es para Johnnie Ray, no para mí.»
>
> Luego miras la elección del director de grabaciones.
>
> «¿Esto es una canción?» —le preguntas.
>
> «Quizás ahora no lo parezca —responde él—. Pero espera a que oigas el arreglo que podemos hacerle. Podemos darle un sonido auténtico.»
>
> «Para mí suena como una chifladura, pero ¿quién sabe cómo llega a éxito un disco?»[15]

* COLUMBIA. Fundada alrededor de 1885. Director musical y jefe de producción durante los años cincuenta: Mitch Miller.
Baladista negro: Johnny Mathis.
Country and western: Gene Autry, Marty Robbins.
Rock 'n' roll: Sid King, Ronnie Self.
Pop: Doris Day, Guy Mitchell, Frankie Laine, Johnnie Ray, The Four Lads, Rosemary Clooney, Jo Stafford.

Sellos subsidiarios:

EPIC
Baladista negro: Roy Hamilton.

OKEH
Cantantes de rhythm and blues: The Treniers, Chuck Willis, Larry Darnell, Paul Gayten, Titus Turner, Big Maybelle, Annie Laurie, Chris Powell.
Cantante de rock 'n' roll: Screamin' Jay Hawkins.

6. THE CLOVERS, de Baltimore (Maryland). Buddy Bailey, cantante solista, segundo por la derecha.

7. SHIRLEY AND LEE, de Nueva Orleans. (Foto: James Kreigsman.)

A manera de justificación por haber fracasado en igualar el éxito de la RCA, con un cantante de rock 'n' roll equivalente, el jefe de productores de la Columbia, Mitch Miller, podía indicar su notable éxito con Johnny Mathis, un joven cantante negro con una voz «ronca» parecida a la de Nat «King» Cole que fue uno de los primeros cantantes con álbumes que vendieron más de un millón de copias. La división country and western de la Columbia grabó algún country rock a finales de 1955, incluyendo «Sag, Drag, and Fall» de Sid King and the Five Strings y en 1957 algunas canciones ásperas de Ronnie Self. Pero los discos más valerosos que se realizaban eran los hechos por la subsidiaria autónoma OKeh.

OKeh había sido uno de los primeros sellos independientes de «raza», al grabar varios tipos de blues en los años veinte. Su catálogo lo adquirió la Columbia durante la depresión y se mantuvo «viva» con la incorporación de cantantes de rhythm and blues hacia los años cincuenta. «Cry» de Johnnie Ray, que fue excepcionalmente bien en el mercado especializado, aparte de su éxito en el de pop, se editó en OKeh y podía ser incluso que se planeara originalmente para un mercado menor.

Uno de los discos más extraordinarios jamás realizados fue «I Put a Spell On You», el primer disco de rock 'n' roll grabado por OKeh en 1956 por un cantante de rhythm and blues, Jalacy Hawkins, que ahora se llamaba a sí mismo Screamin' Jay Hawkins. Según se dice, el cantante vociferaba y deliraba, entre los efluvios del alcohol, las partes de la canción que podía recordar, mientras los músicos igualmente borrachos formulaban un ritmo lo mejor que podían. La interpretación gozaba de un atmósfera apremiante, aunque los gruñidos y gemidos que en principio iniciaban el disco se borraron cuando las emisoras de radio pusieron reparos por sus implicaciones escandalosas.

Mientras la Decca fue la que más arriesgó de las grandes compañías con sede en Nueva York en los años cuarenta, la Capitol* tenía la crema de los cantantes, arreglistas, músicos y compositores residentes en la costa oeste. Uno de los primeros éxitos del sello fue «Cow Cow Boogie» de 1942 del pianista Freddie Slack, con la colaboración de la vocalista Ella Mae Morse; aunque el arreglo musical era típico de la época, la letra de Don Raye parecía mirar diez años ade-

* CAPITOL. Fundada por Glenn E. Wallichs, Buddy DeSylva y Johnny Mercer en Los Ángeles en 1942. Adquirida por EMI (GB) en 1956.
Equipo de producción: Dave Cavanaugh, Dave Dexter, Jr., Voyle Gilmore, Ken Nelson.
Directores musicales: Billy May, Nelson Riddle, Les Baxter.
Cantantes pop: Ella Mae Morse, Frank Sinatra, Dean Martin, Peggy Lee.
Cantantes negros: Nat «King» Cole, Julia Lee, Nellie Lutcher.
Country & western: Hank Thompson, Tennessee Ernie Ford, Ferlin Husky.
Grupo vocal negro: The Five Keys.
Rock 'n' roll: Gene Vincent & the Blue Caps, Esquerita, Johnny Otis.

lante, al describir a un vaquero con «un maravilloso acento del oeste con un toque de Harlem». Los ritmos boogie de Slack se destacaron más en «House of Blue Lights» (1946) y en la ingeniosa «Down The Road Apiece» (1948), durante una época en que la Capitol tenía mucho éxito tanto en el mercado negro como en el pop con tres cantantes-pianistas negros, Nat «King» Cole, Julia Lee y Nellie Lutcher y tenía éxitos pop «comerciales» con varios cantantes de country and western, entre los cuales, «Tennessee Ernie» Ford.

Así que, tras realizar el trabajo de campo en el rhythm and blues, el country and western y el pop, los productores de la Capitol, con sede en Hollywood, no demostraban demasiado interés al tratar de responder a la demanda de los adolescentes blancos por una música que combinara lo mejor de los tres estilos. En la delegación de la compañía en Nashville, Ken Nelson se aventuró al contratar a Gene Vincent and the Blue Caps, de Norfolk (Virginia). Nelson había oído una maqueta de «Be-Bop-A-Lula» y para seguir con la práctica habitual de Nashville, alquiló a músicos de sesión para que acompañaran al cantante en el disco. Pero los profesionales no podían recrear la atmósfera espeluznante de la maqueta y se permitió que los Blue Caps mostraran lo que podían hacer.

«Be-Bop-A-Lula» se colocó entre los discos de 1956 que marcaron época. Parecido melódicamente al éxito de los Drifters «Money Honey», el sonido del disco era inequívocamente «nuevo»: un arriesgado uso del eco colocaba el canto intenso de Vincent dentro de un amplio espacio propio, mientras el batería de quince años utilizaba las escobillas para propulsar el ritmo por debajo de una guitarra eléctrica en espiral. Cuando los clientes fueron con el disco a casa, se encontraron con una cara B igualmente irresistible, «Woman Love», con un canto tan apasionado y aparentemente indecente, que se prohibió su radiodifusión.

A Gene Vincent and the Blue Caps se les incluyó en el impresionante reparto de rock 'n' rollers de *The Girl Can't Help It*, que ayudó a que «Be-Bop-A-Lula» se convirtiera en un éxito internacional. Vincent poseía una voz blanca de rock 'n' roll —aflautada, urgente y vulnerable— y su grupo tenía un sonido propio, con una pareja de guitarristas eléctricos innovadores como Johnny Meeks y Cliff Gallop. Pero al igual que muchos de los rock 'n' rollers de la primera generación, no consiguieron otro disco mejor que el primero. Aunque el nombre de Vincent y de su manager figuraban como coautores de «Be-Bop-A-Lula», se la habían comprado al auténtico compositor y Vincent no pudo componer ni encontrar una canción que la igualara. En Gran Bretaña, el productor de televisión Jack Good lo engalanó con cuero negro como un figurante de *The Wild One* de Marlon Brando y creó la base para una leyenda de culto; pero la realidad era más mundana: el relato habitual de demasiada bebida y despilfarro de dinero.

Por lo que hace a la costa oeste, el departamento de producción de Capitol persistió en su elevada desaprobación y mantuvo las puertas cerradas a los rock 'n' rollers, aparte de la aberración cuando alguien dio una oportunidad a

Esquerita. En intrépido desafío a Little Richard por el título de la figura más extravagante del rock 'n' roll, Esquerita grabó algunos de los discos más frenéticos realizados jamás. Si se envió a un productor o arreglista a las sesiones, debió ser atado, amordazado y colocado en un rincón, porque no hay la menor señal de que ningún participante en los discos tuviera el más mínimo interés en sus posibilidades comerciales. La mayoría de las piezas sonaban como si el conjunto no hubiera interpretado las canciones anteriormente, mientras Esquerita atacaba el piano como si intentara recordar los acordes de un concierto caótico.

Un reflejo más representativo del comportamiento predominante hacia el rock 'n' roll en la Capitol se vio en una serie de discos paródicos lanzados por Stan Freberg. Ya muy conocido por varios programas de radio y televisión, Freberg se convirtió en el portavoz no oficial del grupo de presión anti rock 'n' roll con versiones burlescas de los primeros éxitos del rock 'n' roll «Sh-Boom», «The Great Pretender» y «Heartbreak Hotel». Mofándose de las voces apagadas, las partes de piano con tripletes y los ecos exagerados, Freberg poblaba sus discos con músicos aburridos que no sabían cómo hacerlo para tocar lo bastante mal y que rechazaban «swingar». «The Banana Boat Song» era menos amarga y más divertida, pero «The Old Payola Roll Blues» no se andaba con rodeos al presentar, en 1960, un cínico productor que paraba a un chico por la calle, lo felicitaba por tener un nombre tan comercial («Clyde Ankle») y sacaba de él una interpretación vocal satisfactoria con el uso juicioso de un palo afilado. El disco es probablemente el documento más disponible de lo mal que se sintió el sistema de la industria con la llegada del rock 'n' roll y con las personas que se hicieron ricos con él. Un hombre que podía sentirse disgustado, en la época, era Johnny Otis, uno de los primeros en darse cuenta del poder de un espectáculo ambulante de rhythm and blues que presentara a varios cantantes sobresalientes.

Otis cambió gradualmente la composición y el sonido de su banda para derivar hacia el rock 'n' roll. Se integró en la Capitol en 1957 y entró en los veinte primeros en 1958, con «Willie and the Hand Jive», una comercial canción de baile que usaba el ritmo de «Bo Diddley». Cantaba con un tono claro con un perfil quejumbroso y Otis compuso canciones ingeniosas que poseían poca originalidad musical pero más espíritu que la mayoría de los demás discos llamados de rock 'n' roll de la época: «Crazy Country Hop», «Telephone Baby», «Three Girls Named Molly Doin' the Hully Gully» y «Mumblin' Mose». Utilizó también la voz con fuerte acento blues de Mary Adams en varios discos, como «Ma, He's Makin' Eyes at Me», que incluía a un público aullando y que fue un gran éxito en Gran Bretaña y como «The Light Shines in My Window», una preciosa balada de blues que encajaba perfectamente sobre un alegre ritmo de rock 'n' roll.

Aunque la Capitol parecía desconcertada por los gustos del nuevo público adolescente, probablemente fue la compañía que estuvo más alerta de todas las grandes a la hora de reconocer y satisfacer a un público ligeramente mayor de edad, el universitario, que concedió al Kingston Trio un mercado de álbumes amplio y fiel después de que aparecieran en el mercado pop con la canción folklórica «Tom Dooley» (número uno de las listas de sencillos en 1958). Los nombres de las demás atracciones Capitol denotaban de manera más evidente su relación universitaria: los Four Freshmen perfeccionaron un estilo hábil, de coro de jazz a cuatro voces que influyó sobre muchos grupos vocales, como a dos más de los grupos universitarios de la Capitol, los Four Preps y los Lettermen.

Los Four Preps habían acompañado a Ricky Nelson antes de entrar en la Capitol, pero ni tan siquiera se acercaron a la versión suavizada del rock 'n' roll del cantante y se decidieron por un pop pegadizo bajo la supervisión de Voyle Gilmore. Pero «Big Man» era una buena canción (compuesta por los miembros del grupo Bruce Belland y Glen Larson) realzada por una majestuosa parte de piano a cargo de Lincoln Mayorga. Larson dejó el grupo para convertirse en uno de los productores cinematográficos y televisivos de Hollywood de más éxito y otro miembro, Ed Cobb, se hizo compositor y productor de varios clásicos menores como «Tainted Love», de Gloria Jones, «Dirty Water», de los Standells y «Every Little Bit Hurts», de Brenda Holloway. La Capitol, con retraso, atendió mucho mejor al público de jóvenes adolescentes en los años sesenta con los Beach Boys y los Beatles.

La MGM* entró en el mercado discográfico recién terminada la II Guerra Mundial y parecía atrincherada en una posición cómoda, no llamativa, cuando llegó el rock 'n' roll para sacudir la escena. La compañía no mostró un gran interés hasta que se incorporó un nuevo equipo de producción con Arnold Maxin a la cabeza, cuyas hábiles decisiones incluyeron contratar a Connie Francis como intérprete y a Jim Vienneau como productor.

Connie Francis venía del mismo ambiente italoamericano que la mayor parte de los ídolos adolescentes que irrumpieron en las listas a través de los programas de televisión y de las revistas de fans y con la ayuda de una serie de películas de Hollywood dirigidas al mismo mercado, Connie desarrolló una carrera con veintidós canciones entre los veinte primeros singles entre

*MGM. Fundada en Hollywood, en 1946, como una división de la compañía cinematográfica.
Equipo de producción: Frank Walker, Harry Meyerson; sustituidos alrededor de 1956 por Arnold Maxin y Morty Craft. Nashville: Jim Vienneau. Director musical: Leroy Holmes.
Country and western: Hank Williams.
Pop negro: Billy Eckstine, Ivory Joe Hunter, Tommy Edwards.
Pop: Conway Twitty, Connie Francis.

Subsidiaria:

CUB
Pop negro: Jimmy Jones, The Impalas.

1958 y 1963. Al lado de canciones a medida de Howie Greenfield (en colaboración tanto con Neil Sedaka como con Jack Keller), hizo varias canciones antiguas pasadas al nuevo género de ritmo adolescente que el arreglista Jack Hansen puso en solfa, lo que permitió que Connie llegara tanto a los padres y las madres como a los chicos. Casi sepultados bajo arreglos sensibleros había esporádicos vislumbres de breaks de guitarra al estilo rock 'n' roll y alguna de las canciones eran inteligentes puntos de vista sobre el tema de los amoríos adolescentes: «My Heart Has a Mind of its Own» y «Lipstick on Your Collar».

Jim Vienneau era un joven productor nuevo residente en Nashville cuando la MGM le contrató. Su especialidad fue concebir arreglos épicos para hinchadas baladas de tormento y angustia. Con el tiempo, Roy Orbison llegaría a ser el maestro de este tipo de disco, pero se debía quedar impresionado por los éxitos MGM de Conway Twitty y Mark Dinning. «Conway Twitty» era el seudónimo de un aspirante a rocker de Arkansas llamado Harold Jenkins, que desaprovechó una prueba en Sun e hizo un par de sencillos sin repercusión en Mercury antes de ponerse al corriente en la MGM. Elvis Presley acababa de alcanzar el número uno con «Don't», con un estilo suspirante y extravagantemente malhumorado, cuando Twitty grabó una lúgubre balada titulada «It's Only Make Believe» y su jadeante canto del «fin del mundo» era como si pusiera un final a la época de la inocencia que se había iniciado con «Young Love». Ahora el mensaje era «no podemos engañarlos más»:

People see us everywhere
They think that you really care
But myself I can't deceive
I know it's only make believe

La gente nos ve por todas partes.
Ellos piensan que tú me quieres,
pero no puedo mentirme a mí mismo.
Yo sé que sólo es pura comedia.

A causa del nombre [twit, «imbécil»], hubo una inclinación a burlarse de las actuaciones en directo de Twitty, pero al cabo de un tiempo, tras hacer discos parecidos pero con menos éxito, se pasó al country convencional; después de un periodo de oscuridad resurgió con una serie de éxitos en Decca/MCA que hicieron de él uno de los más consistentes fabricantes de éxitos de Nashville de todas las épocas.

Los demás éxitos de la MGM de los años cincuenta tendían a ser casos únicos. El sello subsidiario pop Cub tuvo un par de éxitos con Jimmy Jones («Handy Man» y «Good Timin'» con arreglos de Leroy Kirkland y Bob Mersey) y uno con los Impalas («Sorry (I Ran All the Way Home)» con arreglos de Ray Ellis), pero la compañía probablemente obtuvo la alegría más importante con el enorme éxito a escala mundial de «It's All in the Game» de Tommy Edwards, un cantante negro con un tono a lo Nat «King» Cole pasado de moda.

La ABC* fue la primera gran compañía que se fundó en mitad de la época rock 'n' roll y junto con la Mercury supuso el acercamiento más abierto de miras y flexible al mercado adolescente. La producción era compartida por los directores musicales Don Costa y Sid Feller, cuyos dos «descubrimientos» fueron, respectivamente, Paul Anka y Lloyd Price. Aparte de estos contratos directos, la compañía tomó la costumbre de comprar los derechos de los másters definitivos o incluso discos ya publicados de los productores independientes.

Paul Anka fue, junto con Bobby Darin, el más versátil de los cantantes presentados como «ídolos adolescentes». Anka, un precoz quinceañero de Canadá ya había grabado un sencillo para la Modern Records de Hollywood, que había pasado inadvertido, antes de integrarse en la ABC, donde su primer sencillo, «Diana», se convirtió en un himno adolescente que estuvo más de seis meses en las listas de ámbito nacional. Cuando parecía que el rock 'n' roll versaba sobre la «autoafirmación», Anka introdujo la autocompasión que, desde entonces, se revelaría como una característica de la música adolescente. Hubo doce éxitos más en los cuatro años siguientes, la mayoría repitiendo el mismo clima, con el efecto máximo del ritmo torero de «Lonely Boy», antes de que Anka se pasara a RCA-Victor y llegara a ser una institución en el cabaret, la televisión, las películas de Hollywood y con las canciones para otros intérpretes, que incluyen la letra inglesa del imperecedero éxito de Las Vegas, «My Way».

Para un rock 'n' roll más auténtico, la ABC echó mano de los productores independientes: «Short Shorts» de los Royal Teens, «Black Slacks» de Joe Bennett and the Sparkletones y el mejor, «At The Hop» de Danny and the Juniors. Copia descarada del planteamiento con tripletes-y-boogie woogie de Jerry Lee Lewis, «At the Hop» gozaba de una vida y una identidad propia gracias a la letra estúpida y a los ruidos de acompañamiento. Pero el quinteto de Filadelfia no fue nunca capaz de volver a capturar una combinación igual de palabras contagiosas y ritmos de baile.

Lloyd Price también llegó a la ABC gracias a un acuerdo de compra de derechos de un disco, cuando su «Just Because» de la KRC consiguió una buena radiodifusión. Conocido ya por su anterior éxito de rhythm and blues «Lawdy Miss Clawdy», Price fue contratado directamente por la ABC para futuras grabaciones y procedió a planear con el arreglista Sid Feller una versión neoyorquina del sonido de Nueva Orleans que Dave Bartholomew había proporcio-

* ABC-PARAMOUNT. Fundada en Hollywood, en 1955. Presidente: Sam Clark. Productores y directores musicales: Don Costa, Sid Feller.
Pop: Paul Anka.
Pop negro: Lloyd Price, Ray Charles.
Rock 'n' roll: Danny and the Juniors.

Subsidiaria:

APT
Grupo vocal: The Elegants.

nado con gran éxito a Fats Domino, Shirley and Lee y al propio Lloyd cinco años antes en «Lawdy Miss Clawdy».

Impresionada por el éxito de este antiguo intérprete de rhythm and blues en el mercado pop, la ABC exploró las independientes del género en busca de otro candidato a traspasar géneros y se fijó en Ray Charles. Tras diez años de carrera con éxitos de rhythm and blues, primero con Swingtime y desde 1953 con Atlantic, Ray acababa de cruzar barreras con su primer gran éxito pop, «What'd I Say?», en 1959 cuando expiraba su contrato con Atlantic. La ABC se interpuso con una oferta que Atlantic no pudo igualar, que mejoraba el royalty de Ray como intérprete y añadía el suplemento de un royalty de producción por supervisar sus propias sesiones, además de la concesión de los derechos de sus grabaciones, que seguirían siendo suyas aunque abandonase la compañía.

En su autobiografía, *Brother Ray*, Ray Charles insistía en que el paso a la ABC no cambió el enfoque de grabación del que había gozado bajo la benevolente supervisión de Ahmet Ertegun y Jerry Wexler en Atlantic: «los micrófonos no saben a qué sello perteneces». Con la maquinaria y la agresiva mercadotecnia de la ABC detrás, Ray Charles se convirtió en una institución, elevada a la categoría de «genio» que Atlantic le había concedido, con álbumes conceptuales como *Genius Hits The Road*, que afianzó la lánguida y ahora definitiva, versión de «Georgia On My Mind», o como *Genius + Soul = Jazz* y *Modern Sounds in Country & Western Music* y el mejor recibido cuyo «I Can't Stop Loving You» fue uno de los éxitos más grandes de la época.

Mientras las grandes compañías observaban la aparición de la música adolescente con una mezcla de disgusto y alarma, algunas apreciaron rápidamente las posibilidades comerciales de la música de las islas del Caribe, en especial el mambo y el calipso.

Mientras las big bands se declinaban hacia el pop y el jazz, florecieron varias grandes orquestas latinas durante los cincuenta y los sesenta, la mayoría de ellas radicadas en Nueva York, donde los sonidos que se oían en la calle, sobre todo en Harlem, solían proceder de Cuba o Puerto Rico ya fuera de aparatos de radio o interpretada con el máximo volumen en los grandes bailes, tanto los del centro (como el Palladium y el Metronome) o al norte, como los del Harlem hispano (el San José y el Teatro Hispano).

La música latina no era más que uno de las muchos mercados musicales especializados estadounidenses, alimentado a través de sellos independientes, como Seeco y Tico, este último fundado en 1948 por George Goldner. Los grandes sellos discográficos escogían a los intérpretes de más éxito cuando les convenía y durante los años treinta y cuarenta, el director de orquesta español Xavier Cugat tocaba para la clase alta en el Waldorf Astoria de Nueva York y se convirtió en uno de los preferidos de Hollywood. Tuvo varios éxitos comerciales de sabor latino con Victor y Columbia. Machito, natural de Florida aunque criado en Cuba, fundó una de las primeras orquestas permanentes «auténticamente» latinas de Nueva York y grabó para Decca y Columbia durante los años cuarenta y los primeros cincuenta antes de firmar por Tico.

En 1950, RCA-Victor inició una larga relación con el pianista y organista cubano Pérez Prado y empezó con sus composiciones propias de título enigmático como «Mambo 5» y «Mambo 8» antes de pasar a hacer versiones como «Such a Night» de los Drifters y la canción folklórica sudafricana «Skokiaan». En 1954, Victor amplió su elenco latino al incluir dos directores de orquesta que habían sido lanzados por la Tico: Tito Puente, de Brooklyn y el puertorriqueño Tito Rodríguez, director de orquesta del Palladium durante los años cincuenta.

Conocida previamente como *rumba*, la música latina pasó a llamarse con la denominación que acuñó Pérez Prado *mambo* que se usó para prácticamente todo tipo de estilo de música caribeña que no fuera calipso. Durante un tiempo, se pensó que el mambo podía convertirse en un fenómeno pop más grande que el rhythm and blues dirigido a los adolescentes. Los adultos que estaban en contra de los bailes orgiásticos y de los ritmos engañosamente sencillos del rock 'n' roll podían ver en la música latina una prolongación de la música de baile a la que estaban acostumbrados, la de bailar en pareja. En 1954, todas las grandes compañías hicieron que sus intérpretes grabaran canciones con la palabra *mambo* en el título. Incluso Bill Haley apostó por grabar «Mambo Rock» para la Decca. Las independientes también lo hicieron, sobre todo la Atlantic, que encabezó las listas de rhythm and blues con «Mambo Baby», de Ruth Brown y la Abbot, para la cual las cubanas De Castro Sisters obtuvieron el mayor éxito pop de las diversas versiones con sabor latino de «Teach Me Tonight».

A principios de 1955, la confianza de la Victor en Pérez Prado quedó recompensada cuando su revival de «Cherry Pink and Apple Blossom White» se convirtió en uno de los mayores éxitos de la época en todo el mundo: cuatro años después, también para la Victor, encabezó de nuevo las listas con «Patricia». Su estilo era un híbrido latino-pop, no tan fundamentado en la percusión como la mayoría de las orquestas latinas, con arreglos sencillos que incluían trombones afrutados. En contraste, tanto Tito Rodríguez como Tito Puente «pasaron» hacia el mercado pop y ambos se fueron a otros sellos para continuar dominando el mercado latino. La orquesta de Puente fue una academia para los mejores músicos latinos de Nueva York, especialmente los percusionistas Mongo Santamaría y Ray Barretto, quienes la abandonaron para tocar en innumerables sesiones de jazz y rhythm and blues. Ambos consiguieron éxitos pop propios que marcaron época: Barretto con «El Watusi» (Tico, 1962) y Santamaría con «Watermelon Man» (Battle, 1963).

Ni la Victor ni ningún otro sello repitió el éxito de Pérez Prado y Mitchell Torok quizá resumía la conclusión colectiva de la industria en su sencillo de 1956 para la Decca, «When Mexico Gave Up the Rhumba», en el que el pacífico idilio de una siesta vespertina se rompe cuando alguien enciende la radio: «antes de que sepáis qué pasó, estaban en pie y palmeando sobre las notas de "Blue Suede Shoes"».

Mientras tanto Harry Belafonte, de la Victor, llegó a ser el intérprete que más vendió álbumes, con una versión pop del otro gran género caribeño, el calipso. Nacido en Nueva York de padres antillanos, Belafonte hacía de actor y cantante folk: interpretó el papel protagonista de la versión cinematográfica de *Carmen Jones* (si bien sus canciones las dobló otro cantante) y grabó para RCA desde 1952. Después de varios sencillos (incluido el calipso «Man Smart, Woman Smarter» en 1953) y dos álbumes de canciones folk internacionales, su tercer álbum, *Calypso* (1956), fue más coherente. Estuvo en el número uno de las listas durante siete meses y engendró los sencillos de éxito «Jamaica Farewell» y «Banana Boat (Day-O)». Belafonte cantaba con una voz seca y ligera y pronunciaba claramente cada palabra —muy lejos de la procacidad y la estridencia de las interpretaciones del auténtico calipso— y durante un tiempo el público pop quiso ir más allá.* Su voluntad de poner su popularidad e influencia al servicio de una buena causa, lo llevó a encabezar las campañas por los derechos civiles de los negros y ayudó a lanzar las carreras de otros intérpretes negros, como Odetta y la sudafricana Miriam Makeba.

La mayor parte de las demás grandes compañías intentaron emular el éxito de la Victor al poner a sus propios intérpretes reconocidos a cantar calipsos y un par de números folk irrumpieron con éxitos aislados (sobre todo los Tarriers y los Easy Riders). Con todo, en 1960, el calipso se había convertido en un callejón sin salida para la industria pop estadounidense.

Durante el auge del rock 'n' roll de 1955 hasta 1959, casi la mitad de los éxitos que estuvieron entre los diez primeros de las listas (147 de 342) podían clasificarse como rock 'n' roll, por el ritmo de acompañamiento enfático del batería o bien un estilo vocal con influencias evidentes del rhythm and blues. De estos 147 éxitos de rock 'n' roll, cuarenta y seis (casi un tercio) se editaron en grandes compañías, contra los 101 de sellos independientes. De los diez artistas que tuvieron tres éxitos o más entre los diez primeros, tan sólo Elvis Presley (con quince) y Lloyd Price (con tres) grababan para grandes compañías.[16]

La más bien lenta e inmisericorde respuesta de las grandes compañías al rock 'n' roll permitió a las compañías independientes dictar el destino de la música. La hicieron surgir en 1953, la alimentaron a la fuerza durante cinco años y la dieron por muerta en 1958. Si pensaban que podían sobrevivir a la música que les había puesto a la altura de las grandes compañías, iban a descubrir que no era tan sencillo; en cinco años, la mayoría de las independientes habían seguido al rock 'n' roll hacia una tumba prematura. Su historia es la que sigue.

* En 1961 la RCA-Victor contrató al mejor calipsoniano «auténtico», the Mighty Sparrow. Natural de Granada, aunque residente en Trinidad durante la mayor parte de su carrera, Sparrow fue un artista completo de gran calibre, un sublime cantante, un inspirado director de orquesta y un letrista astuto e ingenioso. Algunos de sus mejores discos los hizo durante su estancia en RCA (incluyendo el álbum *Calypso King of Trinidad*) y llenó el Madison Square Garden año tras año. Sin embargo, la RCA nunca consiguió que los sencillos de Sparrow entraran en las listas estadounidenses.

5. Los sellos independientes

El rock 'n' roll expresaba la respuesta espontánea y personal de los cantantes a la vida urbana. Considerado objetivamente, no parecía que poseyera nada que impidiese que los estudios de las grandes compañías captasen sus cualidades esenciales. Con todo, muy pocos estudios lo hicieron. Muchos de ellos eran «delegaciones» de las compañías en Nashville a cuyos directores se les permitía producir discos poco sofisticados para el mercado local. La mayor parte de los discos de rock 'n' roll más importantes (musical y artísticamente) y de más éxito comercial los produjeron las compañías independientes.

A mediados de los cincuenta, los sellos independientes habían desarrollado una infraestructura que les permitía que uno de sus discos alcanzase el éxito de manera similar a cualquiera de las grandes compañías. La manera de trabajar de los sellos pioneros de rhythm and blues también era asequible para una compañía nueva y, entre 1956 y 1963, el negocio discográfico estadounidense estalló con una gran profusión de sellos. Entre las nuevas compañías de más éxito había varias fundadas por hombres de negocios que compartían el desdén por el rock 'n' roll de algunos ejecutivos de las grandes, cuyos productores no habían trabajado con la música de la cual surgió el rock 'n' roll y lo trabajaban del mismo modo que cualquiera otra forma anterior de música popular.

Se tendió a pensar que los discos de rock 'n' roll realizados por compañías especializadas en rhythm and blues eran considerablemente mejores que los realizados por compañías con poca o ninguna experiencia. La siguiente exposición de los papeles de las diferentes compañías a la hora de desarrollar el rock 'n' roll las distingue de acuerdo con esa idea y se inicia con las compañías que anteriormente habían grabado rhythm and blues.

I

En 1954 la mayoría de las compañías de rhythm and blues ampliaron los horizontes de ventas para incluir a jóvenes clientes blancos en el mercado de la música popular. Muchas de las compañías habían comenzado de manera humilde después de la II Guerra Mundial. Los garajes hacían de estudios de grabación y los maleteros de los coches de los propietarios eran la única forma de distribución. Al contrario que las grandes, cuya estructura empresarial y sus formas de administración y toma de decisiones eran convencionales, las independientes se apoyaban casi por completo en la ingenuidad de sus propietarios, que además de actuar como cazatalentos, productores y distribuidores, también tomaban las decisiones estratégicas.

Muchas de las compañías que empezaron después del final de la II Guerra Mundial cerraron antes de que se concibiera el rock 'n' roll. Incluso la National, la independiente que tuvo más más éxito entre 1945 y 1950, quebró a principios de los años cincuenta, a pesar de los éxitos de Dusty Fletcher y de los Ravens y los discos con ventas millonarias de Billy Eckstine y Eileen Barton.

De las compañías supervivientes, casi todas hicieron algunos intentos para satisfacer el gusto por el rock 'n' roll. Al contrario que las grandes, las independientes buscaban a menudo cantantes con estilos específicos que atrajeran a públicos muy concretos, a veces de ámbito local. Las independientes tenían unos gastos generales reducidos: el alquiler de la oficina, una secretaria, los pagos a los fabricantes de discos (muchas de las fábricas estaban en manos de las grandes compañías, por lo que también percibían ingresos gracias a los éxitos independientes) y quizás algunos regalos a determinados disc jockeys a cambio de la difusión de un disco. Para cubrir estos gastos, las independientes necesitaban unas ventas de algunos millares, a diferencia de las decenas de miles que debía vender una gran compañía para amortizar los elevados gastos generales propios de una gran organización. En el mercado del rhythm and blues y ahora con el rock 'n' roll en el mercado popular, había públicos locales con gustos especiales que las independientes podían satisfacer.

De los distintos estilos de rock 'n' roll, quizás el country rock tenía el público más localizado, al llamar la atención en especial de la juventud blanca sureña mientras no era apreciado en el ámbito nacional. Sun Records, de Memphis, la compañía que introdujo el estilo, seguía siendo la principal, pero otras compañías residentes en el sur (como la Meteor, también de Memphis, y la Excello, de Nashville) lo grababan: la King de Cincinnati, la Chess de Chicago y la Specialty de Los Ángeles. Todas estas compañías grabaron country rock sólo con cantantes sureños, para quienes era el estilo natural.

El rock 'n' roll de banda de Nueva Orleans tuvo su presentación con los discos de Fats Domino, Shirley and Lee y Little Richard. Cuando el batería Earl Palmer se mudó a Los Ángeles, recreó el estilo en discos de Richard, Larry Williams y demás y una banda de sesión en Nueva York lo imitó en los dos primeros éxitos de Bobby Darin. Pero el sonido siempre funcionaba mejor en Nueva Orleans, con los discos de Clarence Henry, Frankie Ford y Huey Smith and the Clowns, que se añadieron a los de Fats en las listas nacionales.

En Chicago, Chess seguía grabando el rock 'n' roll de guitarra de los inventivos Chuck Berry y Bo Diddley y mientras otras compañías de todo el país usaban el ritmo «Bo Diddley», nadie podía adaptar el estilo de Chuck Berry.

Aunque las compañías de cada zona tendían a concentrarse en estilos locales, casi todas grabaron a grupos vocales durante 1954 para irrumpir en el mercado de ámbito nacional. En Nueva York, Filadelfia, Boston, Chicago,

Detroit, Los Ángeles, Baltimore, Pittsburg y demás grandes ciudades del norte, el medio oeste y el oeste, había públicos de jóvenes compradores de discos de diferentes orígenes raciales interesados en el sonido de los grupos (cuyo desarrollo como estilo del rhythm and blues se aborda en el apartado «Hacia las ciudades»). Curiosamente, no se fundó ninguna compañía discográfica importante en Boston, en Baltimore o en Pittsburg y hasta 1956 no hubo ninguna significativa en Detroit o en Filadelfia. Pero las compañías con sede en Nueva York (Jubilee, Atlantic, Herald/Ember y Rama), Chicago (Chess/Checker, Chance y Vee Jay), Cincinnati (King/Federal/De Luxe) y Los Ángeles (Aladdin, Modern, Specialty e Imperial) proporcionaron a ese público discos de varios estilos. Muchos se vendieron bien en su región y algunos la sobrepasaron y llegaron a ser éxitos nacionales.

I. Jubilee,* fundada en 1948, fue la primera en alcanzar el mercado blanco con un grupo vocal negro, cuando «Crying in the Chapel» de los Orioles entró en los veinte primeros discos de música popular en 1953. En 1954 la compañía repitió el éxito con sencillas canciones pegadizas de los Four Tunes: «Marie» y «I Understand». La subsidiaria Josie consiguió éxitos con los rápidos coros en scat y el ataque fanfarrón de «Speedoo» de los Cadillacs (1956) y los ritmos de influencia mexicana de la eterna invitación «Do You Wanna Dance?» de Bobby Freeman (1958). El último éxito de rock 'n' roll de la Jubilee fue el disco con «Poor Boy» y «Wail!» de los Royaltones, un instrumental extraordinariamente bueno que contenía un saxo estridente que recordaba a los del rhythm and blues de casi diez años antes.

Aunque la Jubilee obtuvo otros éxitos ocasionales en varios estilos, la compañía se concentró en especial en los mercados minoritarios y de especialistas más allá de la corriente principal de la música popular, incluyendo los *party records* («discos para fiestas»). Sin mostrar una gran iniciativa ni un comercialismo indebido, la compañía grabó algunos discos excepcionales, como los de The Orioles. Su historia contrasta con la brillantez de Atlantic, fundada también en 1948.

El equipo de Atlantic (compañía aún en activo) demostró instinto a la hora de valorar los estilos de interpretación y los gustos del público sin equiparación posible en la historia de la música popular de la posguerra. Al empezar con un elenco de intérpretes reunidos al azar sin contrato, Atlantic —fundada por Ahmet Ertegun y Herb Abramson, quienes supervisaron juntos las sesiones del se-

* JUBILEE. Fundada en 1948, en Nueva York, por Jerry Blaine.
Cantante de rhythm and blues: Edna McGriff.
Grupos: The Orioles, The Four Tunes, The Cadillacs.
Rock 'n' roll: Bobby Freeman, The Royaltones.

Subsidiaria:

JOSIE

llo hasta 1953— acogió cantantes de procedencias y estilos diferentes. De los tres discos que llegaron a los diez primeros de las listas de rhythm and blues de 1950, aumentó su cuota de mercado hacia 1956, cuando tuvo diecisiete éxitos (de un total de ochenta y uno que llegaron a los diez primeros ese año).[17] Aunque algunos se consiguieron con cantantes que ya habían obtenido buenos resultados en otros sellos —Ray Charles, Big Joe Turner y Chuck Willis—, se los animó a que desarrollaran un estilo completamente nuevo en Atlantic. Los demás cantantes que realizaron discos de éxito eran o bien prácticamente desconocidos cuando la Atlantic* los contrató, o bien no habían tenido todavía un éxito importante.

Hasta 1956 la mayoría de los éxitos fue supervisada por Ahmet Ertegun y de 1954 en adelante con la colaboración de Jerry Wexler. Aunque algunos iban dirigidos al mercado pop, durante la primera mitad de los años cincuenta Atlantic no tuvo recursos para competir con los mejores sistemas de distribución de las grandes compañías que copiaban sus discos. Los discos de Atlantic de los Chords, LaVern Baker, Ruth Brown y Joe Turner tenían un modesto éxito popular en 1954, pero sus versiones se vendieron por millones. Pese a que Ertegun había descubierto fórmulas que satisfacían el gusto del creciente público del rock 'n' roll, no parecía obtener ninguna recompensa. Recursos como los títulos pegadizos de las canciones, los estribillos absurdos y los animados ritmos con los que esperaba captar la atención del público blanco hacia sus cantantes fueron adaptados fácilmente por otros productores. Atlantic se vio obligada a desarrollar estilos más personales que rehuyesen lo más convencional.

Un ejemplo de ello fue LaVern Baker, cuyo encanto infantil en «Tweedle Dee» (1954) y «Tra La La» (1956) fue adoptado por Georgia Gibbs. En «Jim Dandy» (1957) Baker desplegaba una voz más dura y profunda que evitó con éxito las imitaciones e impuso su nombre en el mercado pop. Otro ejemplo fue Chuck Willis quien con «C. C. Rider», en 1957, llegó a ser uno de los pocos cantantes con un estilo genuino de blues que se colocó entre los doce primeros en las listas de música pop como cantante de rock 'n' roll.

* ATLANTIC. Fundada en 1948, en Nueva York, por Herb Abramson y Ahmet Ertegun.
Productores: Jerry Wexler (desde 1953), Nesuhi Ertegun (jazz, desde 1954), Jerry Leiber y Mike Stoller (freelance, desde 1956).
Rhythm and blues (masculino): Joe Turner, Ray Charles, Clyde McPhatter, Chuck Willis, Ivory Joe Hunter.
Rhythm and blues (femenino): LaVern Baker, Ruth Brown.
Grupos: The Clovers, Drifters, Cardinals.
Sellos subsidiarios:

ATCO
Pop: Bobby Darin.
Rock 'n' Roll: The Coasters.
Rhythm and blues: Ben E. King.

CAT
Rhythm and blues: The Chorals.

«C. C. Rider» significó un triunfo para la producción técnica de Jerry Wexler. La banda, liderada por Jesse Stone, abría con la marimba, mientras un grupo femenino cantaba suavemente al fondo, «see... see... rider... see... see... rider...». Al fondo, casi perdido, entraba Chuck Willis con un canto sencillo, cadencioso y de agudo quejido, que llevaba a la canción de Ma Rainey hacia una nueva melodía, con una pausa para un hermoso y reservado solo de saxo tenor de Gene Barge para luego remontar al final de la canción. Éste fue uno de los mejores discos de su época, ni auténtico rock 'n' roll ni rhythm and blues, sino un inspirado ambiente que surgía de ambos estilos y también de la música popular convencional. Otros discos de Willis fueron buenos, pero sin comparación con «C. C. Rider» y su único otro éxito, «What Am I Living For?» era más suave, más fiel a las exigencias de la música popular, que consistían en una melodía sencilla y un estribillo fácil de recordar. Willis, aclamado tanto como *the king of the stroll* («el rey del paseo») como *the sheik of the shake* («el jeque del meneo»), aparentemente fue un buen intérprete con un buen instinto para la brillantez que se requería para ciertos cantantes de rock 'n' roll (de hecho, lucía un atuendo oriental, con turbante incluido). Murió en 1958, cerca de su ciudad natal, Atlanta (Georgia).

Atlantic siguió vinculando aspectos del blues tradicional y del rhythm and blues a formas convencionales de la música popular, utilizando a excelentes músicos de sesión, entre ellos los pianistas y directores de sesión Jesse Stone, Howard Biggs y Henry Van Walls, el guitarrista Mickey Baker y los saxofonistas King Curtis y Sam Taylor. Cuando en 1957 la ola del rock 'n' roll arrastró a cantantes blancos y a varias compañías discográficas dedicadas al pop hacia el mercado de rhythm and blues, algunos sellos como Atlantic fueron apartados de su propio mercado al mismo tiempo que crecían en el mercado pop. Atlantic respondió grabando rock 'n' roll formal con un cantante local de origen italiano, Bobby Darin.

Los arreglos de orquesta en los discos de rock 'n' roll de Bobby Darin estaban muy anclados en el estilo de Nueva Orleans, pero con un sentimiento no tan relajado y parecían incompatibles detrás del diseñado «empuje» de la voz de Darin. Cualesquiera que fueran sus defectos, los discos se vendieron mucho: *Splish Splash* y *Queen of the Hop* (Atco, 1958) alcanzaron los diez primeros puestos tanto en el mercado pop como en el de rhythm and blues. Pero aunque podía «pasar» como un cantante de rock 'n' roll, esa no era la fuerza principal de Bobby Darin. Él era un cantante-compositor versátil y dotado que podía pasearse prácticamente por cualquier estilo de la música popular y que en los años siguientes iría probando la mayoría de ellos, de uno en uno. En 1959 obtuvo el número dos de las listas con «Dream Lover», una canción elegante que recurría a la estructura armónica más básica que la vieja guardia de artesanos profesionales de la canción despreciaba; una orquesta enorme y un coro de voces acompañaban la súplica de Darin en busca de la compañera perfecta.

Con el mercado adolescente conquistado, Darin dirigió su atención al mundo adulto de los clubes de cabaret con una swingante (más que rockera) versión de

«Mack the Knife», la canción de éxito de *La ópera de cuatro cuartos* de Weill y Brecht y la cantó como lo podía haber hecho Frank Sinatra. Número uno de las listas durante nueve semanas hacia finales de 1959, el disco fue con mucho el más importante de la Atlantic y permitió que Darin emprendiese la carrera que desease. Siguió actualizando estándares anteriores al rock con arreglos que probablemente atraían más a los adultos que a los adolescentes y en 1961 volvió con un par de ingeniosas canciones pop grabadas en Los Ángeles, a donde se había trasladado en pos de una carrera cinematográfica. «Multiplication» contenía algunos versos divertidos y «Things» en 1962 era aún mejor, elegantemente cantada sobre un acompañamiento que imitaba al vaudeville.

Sin comprometerse nunca realmente con los adolescentes que habían comprado sus primeros discos, Darin esbozó efectivamente las posibilidades de una carrera para una nueva clase de intérprete, el cantante-compositor y junto con Paul Anka y Neil Sedaka preparó el camino para Paul Simon, Neil Diamond e incluso, Bob Dylan, quienes cantaron sus canciones en los años sesenta.

Mientras tanto, Atco disfrutaba de una serie de éxitos de los Coasters, quienes ficharon por la Atlantic en 1956, en un acuerdo que concernía no tan sólo al grupo sino también a sus compositores y productores, Jerry Leiber y Mike Stoller. Mantenían un estatus independiente (que les permitía componer y producir para otras compañías) y se los contrató para componer y producir material para los Coasters. Crearon una de las colecciones de éxitos más atractivos del rock 'n' roll. Los dos eran de los pocos compositores que sacaron partido de las restricciones del género por lo que hace a las estrofas que debían ser concretas, completas y preferiblemente sucintas. Leiber y Stoller aceptaron esta limitación y produjeron canciones en que se describía un fragmento de la vida de una persona y de la que surgía una conclusión, quizás una moraleja.

Leiber, que escribía las letras, se había criado en un suburbio de Baltimore y poseía un don extraordinario para el lenguaje y el fraseo vulgar, que usó en la mayoría de los éxitos de los Coasters. Los compositores habían trabajado con el grupo —llamado The Robins por aquel entonces— en Los Ángeles durante un par de años antes de pasar a Atlantic y obtuvieron algunos éxitos locales y nacionales de rhythm and blues. Su primer éxito en el mercado pop fue con un disco de 1957 en el que aparecían «Searchin'» y «Young Blood», dos buenas canciones que serían muy imitadas.

«Searchin'» tenía un ritmo obsesivo logrado con un piano de «callejón» —en esencia, dos notas graves, tocadas alternadamente cada dos tiempos— y el canto del barítono del grupo, Billy Guy, arropado por el resto del conjunto. Fue uno de los éxitos más importantes del rock 'n' roll. La idea básica inherente a la canción era la del rhythm and blues tradicional: tomar un ritmo sencillo y restringir la improvisación a la melodía y al fraseo. En este caso, la imaginación de Leiber funcionó: el cantante declaraba su decisión de encontrar a su chica aunque tuviese que recurrir a las técnicas detectivescas de Charlie Chan, Sam Spade o Bulldog Drummond. «And like that Northwest Mountie you know I'll bring her in some day.»* [Y como ese guardia montado del noroeste/sabes que la traeré algún día]; ésta fue una de las primeras canciones que introdujo a personajes típicos de la cultura popular estadounidense en la letra. Después de «Searchin'» apareció en otras canciones y en «Western Movies», de los Olympics (1958), o en «Alley Oop», de los Hollywood Argyles (1960), también se usó el piano de forma parecida.

«Young Blood», una visión de los grupos callejeros en la cara B de «Searchin'», introdujo en su arreglo una técnica que Leiber y Stoller usaron posteriormente en la mayor parte de las canciones de los Coasters: romper el ritmo con la música parada mientras el bajo recitaba un verso con una profunda voz de «loco». Si bien la estratagema parecía confirmar el estereotipo del hombre negro indolente y estúpido, resultaba consecuente con el papel desempeñado por muchos actores negros que actuaban para el público negro y los Coasters eran populares tanto en el mercado del rhythm and blues como en el pop.

Un buen número de éxitos del grupo presentaban el tartamudeante saxo «yakety» de King Curtis entre estrofas y la relajada charla del grupo de fondo. «Yakety Yak» utilizaba a King Curtis entre líneas y con un solo que era la versión definitiva del estilo que desarrolló: pocas notas, con variaciones por la duración de las pausas entre ellas, saltando por delante o detrás del tiempo. Por encima, el grupo cantaba la canción de rock 'n' roll más gimoteante:

Take out the papers and the trash,
Or you don't get no spending cash;
If you don't scrub that kitchen floor,
You ain't gonna rock 'n' roll no more.
Yakety yak, don't talk back.

Just finish cleaning up your room,
Let's see that dust fly with that broom,
Get all that garbage out of sight,
Or you don't go our Friday night.
Yakety yak, don't talk back.

You just put on your coat and hat,
And walk yourself go to a laundrymat,
And when you finish doing that,
Bring in the dog and put out the cat.
Yakety yak, don't talk back.

You just put on your coat and hat,
And walk yourself go to a laundrymat,

Saca los papeles y la basura,
o no tendrás dinero para gastar.
Si no friegas el suelo de la cocina,
no vas a rockanrolear más.
Venga ya, y sin replicar.

Acaba de limpiar tu habitación,
veamos cómo vuela el polvo con la escoba.
Quita todo esa basura fuera de mi vista,
o no saldrás el viernes por la noche.
Venga ya, y sin replicar.

Ponte el abrigo y el sombrero
y ve a la lavandería.
Y cuando termines,
entra al perro y saca al gato.
Venga ya, y sin replicar.

Ponte el abrigo y el sombrero,
y ve a la lavandería.

* *Copyright © 1957 by Tiger Music, Inc. Reproducido por autorización de Tiger Music, Inc. y Carlin Music Corporation, Ltd.*

And when you finish doing that,
Bring in the dog and put out the cat.
Yakety yak, don't talk back.

Y cuando termines,
entra al perro y saca al gato.
Venga ya, y sin replicar.

Don't you give me no dirty looks,
Your father's hip; he knows what cooks,
Just tell your hoodlum friend outside,
You ain't got time to take a ride.
Yakety yak, don't talk back.

No me mires de mala manera.
Tu padre es enrollado: sabe lo que pasa.
Dile a tu amigo el maleante de ahí fuera
que no puedes salir a dar una vuelta.
Venga ya, y sin replicar.

La canción expresaba brillantemente el sentimiento de saberse explotado que los cantantes debían demostrar, aunque la queja seguramente no era real: pocos de los que compraban el disco tenían que cumplir con tantas obligaciones antes de disfrutar del viernes por la noche.

Entre los otros éxitos del grupo, «Charlie Brown» (1958) y «Along Came Jones» (1959) no llegaron a alcanzar las cotas de «Searchin'» y «Yakety Yak», pero fueron mejores que muchas canciones de su tiempo. «Poison Ivy» (1959) fue el último gran éxito del grupo, una obra inteligente con una letra que iba más allá de lo que los Coasters cantaban más a menudo. «Little Egypt», grabada en 1962, aunque no fue un gran éxito, podía compararse a sus mejores discos. Con un acompañamiento de piano «de callejón» convenientemente arrastrado, el grupo murmuraba y cantaba con voz entrecortada el maravilloso recuerdo de la heroína de la canción:

She did a triple somersault
And when she hit the ground,
She winked at the audience
And then she turned around.

Ella dio un triple salto mortal
y cuando cayó al suelo
guiñó el ojo al público
y luego se dio la vuelta.

She had a picture of a cowboy
Tattoed on her spine
Saying «Phoenix, Arizona,
Nineteen-forty-nine».

Tenía el retrato de un vaquero
tatuado en la columna vertebral
y ponía «Phoenix (Arizona)
1949».

La transición del rhythm and blues al rock 'n' roll que acometió Atlantic al sustituir a los intérpretes caducos por otros nuevos y abriéndose a los estilos contemporáneos, prosiguió a la hora de presentar el soul y el blues británicos a la juventud estadounidense. Las demás independientes de Nueva York no se adaptaron con tanta facilidad, y pocas de ellas sobrevivieron al rock 'n' roll.

De las demás, la Herald/Ember* fue la que tuvo más éxito y se mantuvo gracias a sus grupos, aunque la mayoría tan sólo logró un único éxito. El propietario, Al Silver, o bien tenía un oído extraordinario para los sonidos de grupos, o bien tenía suerte ya que los Nutmegs, los Five Satins, los Turbans y los Mello Kings eran cuatro de los grupos vocales más admirados (el último estaba formado por italianos que lograron reproducir el sonido «puro» de los grupos negros). Los Silhouettes fueron revolucionarios en el arte de la disimulación a juzgar por la letra apenas inteligible de su éxito «Get a Job» (1958), que colocaron entre los diez primeros: la letra podía encajar fácilmente en el primer capítulo de la novela de Richard Wright *Native Son*. Antes de la letra, estaba el cántico de introducción: «sha-da-da-da».[18] Tras establecer el ritmo rockero, el cantante empezaba con:

Every mornin' about this time,
She gets me out of my bed
A-cryin', «Get a job».
After breakfast, every day,
She throws the want ads right my way,
And never fails to say,
«Get a job».
And when I get the paper
I read it through and through
And my girl never fails to say
If there is any work for me.
Then I go back to the house,
I hear the woman's mouth,
Preachin' and a-cryin'
Tells me that I'm lyin'
'Bout a job
That I never could find.

Cada mañana a esta hora,
ella me echa de la cama
gritando «consigue un empleo».
Cada día, después del desayuno,
me lanza los anuncios de demandas por encima,
y nunca se olvida de decir
«consigue un empleo».
Y cuando cojo el periódico
y lo leo de cabo a rabo
mi chica nunca se olvida de decir
si hay algún trabajo para mí.
Luego vuelvo a casa,
y oigo su voz de mujer,
rezando y llorando
y diciéndome que le miento
sobre un empleo
que yo jamás podría encontrar.

Fue una de las interpretaciones más extraordinarias y convincentes del rock 'n' roll, pero en el catálogo de la Herald/Ember no llamó la atención tanto como lo hubiera hecho en la mayoría de los demás sellos ya que parecía que se hubiese especializado en grupos con sonidos fuera de lo común. «Get a Job» no iba más allá de los extraños cánticos de «I'll Remember» («In the Still of the Night»), de los Five Satins (1956) ni de los raros chillidos de «Stay», de Maurice Williams and the Zodiacs (1960), dos canciones a las que nos referiremos más adelante.

---

* HERALD/EMBER. Fundada en 1952, en Nueva York, por Al Silver.
Rhythm and blues: Joe Morris Orchestra, Faye Adams.
Grupos: The Nutmegs, The Five Satins, The Turbans, The Mello Kings, The Silhouettes.
Dúo: Charlie and Ray.

Un sonido más convencional —y con una supervisión más directa— se grabó en Rama* y en otros sellos posteriores asimismo propiedad de George Goldner. Mientras Herald/Ember había tendido a grabar grupos de «fuera de la ciudad», Goldner los buscó en las calles de Nueva York. Con el arreglista Richard Barrett, Goldner era capaz de seguir mejorando las técnicas de producción sin destruir la calidad del sonido del grupo y sus éxitos en los sellos Gone y End (tales como «Could This Be Magic?» de los Dubs, «Maybe» de los Chantels y «I Only Have Eyes For You» de los Flamingos) eran evocaciones hermosas de la inocencia que sus primeros grupos habían buscado. El disco que Goldner grabó con los Crows, *Gee* (1954), ha llegado a considerarse el iniciador de la era del rock 'n' roll porque, al contrario del anterior éxito, «Crying in the Chapel», de los Orioles, *Gee* era una composición original y tenía un rápido ritmo de baile. Pero no fue un éxito hasta casi un año después —del «Crazy Man Crazy» de Bill Haley.

Innumerables compañías de Nueva York, anteriormente de rhythm and blues, se dedicaron al rock 'n' roll, siempre con discos de grupos vocales.** Ya que el estilo tuvo una producción tan extensa, hubo más discos malos de grupos vocales que de cualquier otro tipo.

De todas maneras, muchas compañías triunfaron por editar algunos buenos discos, sobre todo la Old Town con *Life Is But a Dream* de los Harptones y la Winley con *The Wind*, de los Jesters. Los sellos Apollo y Savoy, a pesar de tener un buen catálogo de rhythm and blues, eran dos de las pocas independientes im-

* RAMA. Fundada en Nueva York, en 1953, por George Goldner como una subsidiaria de Tico, una compañía especializada en música latina.
Grupos: The Crows, The Harptones, The Valentines.

Subsidiarias:

GEE. Fundada en 1956.
Grupos: Frankie Lymon and the Teenagers, The Cleftones.

ROULETTE. Fundada en 1956. Vendida a Hugo and Luigi, en 1957. (Ver nota posterior sobre Roulette.)

GONE y END. Fundadas en 1957. Productor: Alan Freed.
Grupos: The Dubs, The Chantels, The Flamingos, Little Anthony and the Imperials.

** Otras compañías discográficas neoyorquinas.

APOLLO. Fundada por Ike y Bess Berman, hacia 1942.
Gospel: Mahalia Jackson, Famous Georgia Peach, Dixie Hummingbirds.
Rhythm and blues: Wynonie Harris, The Five Royales.
Grupo: The Larks.

SAVOY. Fundada por Herman Lubinsky, en Newark (Nueva Jersey), hacia 1942.
Productores: Ralph Bass (de Black and White, de 1948 a 1952), Fred Mendohlson (desde 1953).
Gospel: The Selah Singers, James Cleveland, The Caravans, Alex Bradford.
Rhythm and blues: Big Maybelle, Nappy Brown, Varetta Dillard, Wilbert Harrison, Johnny Otis, Bonnie Davis, Little Esther, Big Jay McNeely, Paul Williams.
Grupos: The Four Buddies, The Jive Bombers.

portantes de este género que no consiguieron ni un sólo gran éxito de rock 'n' roll. Lo más cerca que estuvo la Savoy fue con un par de canciones de Nappy Brown, como «Don't Be Angry» (versionada por los Crew Cuts para la Mercury, 1955) y «It Don't Hurt No More» (1957).

II. Además de la Atlantic Records de Nueva York, la compañía que padeció más la práctica de grabar versiones entre 1954 y 1955 fue la King, de Cincinnati.* A diferencia de las compañías de Nueva York, la King tocó casi todos los estilos de rock 'n' roll, incluido el country boogie de las orquestas y el country rock de Memphis. Después de fomentar los sonidos instrumentales de los combos de baile y las big bands y de desarrollar varios estilos de blues gritado, la King (y sus subsidiarias: De Luxe, Federal y Queen) realizaron varias innovaciones importantes en los primeros años cincuenta que constituyeron grandes aportaciones al rock 'n' roll, primero al propiciar que cantantes de rhythm and blues grabasen versiones de canciones country and western (ya registradas por alguno de los cantantes country de la King) y luego por presentar varias canciones comerciales en un estilo de rock 'n' roll.

OLD TOWN. Fundada hacia 1955, por Hy Weiss.
Rhythm and blues: Ruth McFadden.
Baladista negro: Arthur Prysock.
Grupos: Fiestas, Solitaires, Valentines, Harptones.

Rock 'n' roll: Robert and Johnny, Billy Bland.

* KING. Fundada en Cincinnati (Ohio), por Sidney Nathan, en 1945.
Productores: Henry Glover (rhythm and blues), Louie Innes (country and blues).
Combos y orquestas de rhythm and blues: Tiny Bradshaw, Lucky Millinder, Todd Rhodes, Bill Doggett, Sonny Thompson, Earl Bostic.
Cantantes de rhythm and blues: Eddie «Cleanhead» Vinson, Bullmoose Jackson, Wynonie Harris, Little Willie Littlefield, Little Willie John.
Grupos vocales: Five Royales.
Country and western: Moon Mullican, Cowboy Copas, Grandpa Jones, Delmore Brothers, Wayne Raney, Hawkshaw Hawkins, Hank Penney.
Country boogie: Boyd Bennett and the Rockets (featuring Big Moe).

Sello subsidiario de King:

FEDERAL. Fundado en 1950, con Ralph Bass como productor.
Combo de rhythm and blues: Johnny Otis.
Cantantes de rhythm and blues: Little Esther, James Brown & Famous Flames.
Guitarristas de rhythm and blues: Johnny «Guitar» Watson, Freddie King.
Grupos vocales: The Dominoes, Hank Ballard & Midnighters.

Sello adquirido:

DELUXE. Fundado en 1947, en Nueva Jersey, por Henry Braun; comprado por King en 1949.
Combo de rhythm and blues: Paul Gayten.
Cantantes de rhythm and blues: Roy Brown, Larry Darnell, Annie Laurie.
Grupos vocales: Otis Williams & The Charms.

King fue la única compañía independiente que tenía buenos cantantes de rhythm and blues y de country and western y estaba situada en una buena posición geográfica para grabar con músicos del sur, del medio oeste, o que se encontraban de gira. Las versiones rhythm and blues de canciones country and western como «Why Don't You Haul Off and Love Me», de Bullmoose Jackson (original de Wayne Raney) y «Bloodshot Eyes», de Wynonie Harris (sacada de Hank Penny) evidentemente no iban dirigidas al mercado pop, algo que no preocupó a la King hasta 1954, cuando Otis Williams and the Charms grabaron una serie de canciones comerciales de moda para la subsidiaria De Luxe y recaudaron royalties de reproducción por las versiones publicadas por Lois Music: «Heart of Stone» de las Fontane Sisters, «Two Hearts, Two Kisses» de Pat Boone, «Ivory Tower» de Gale Storm (todas para la Dot) y «Gum Drop» de los Crew Cuts (para Mercury).

A diferencia de casi todos los demás grupos que grabaron canciones de moda para entrar en el mercado pop, Otis Williams and the Charms eran excepcionales. Williams tenía una tesitura flexible que le permitía llegar a las notas agudas como Tony Williams, de los Platters, sin que jamás sonara melodramático y un tono que era lastimero sin llegar a ser autocompasivo. Los arreglos eran más potentes que en la mayoría de los discos de los grupos de moda e incorporaban breaks de saxo que recordaban el sonido de los antiguos combos de baile.

El mayor éxito de rock 'n' roll de la King fue «Honky Tonk», de Bill Doggett, que permaneció entre los diez primeros puestos durante catorce semanas en 1956. El disco cabalgaba sobre un ritmo saltarín de órgano ideado por Doggett e incorporaba una serie de solos contenidos en *stacatto* a cargo del saxofonista tenor Clifford Scott que estaban unidos por rápidos acordes de guitarra de Billy Butler. El éxito del disco confirmó los gustos de, por lo menos, algunos compradores de rock 'n' roll con el público de rhythm and blues de algunos años antes e inspiró varios instrumentales similares más como «Slow Walk» de Sil Austin, (Mercury, 1956), «Raunchy» de Bill Justis (Phillips International) y «Jivin' Around» de Ernie Freeman (Cash), ambos de 1957.

En 1955, la King obtuvo un par de éxitos pop con uno de los pocos grupos que triunfaron con el estilo de Bill Haley: Boyd Bennett and the Rockets, cuyas canciones «Seventeen» y «My Boy Flat Top» tenían letras «adolescentes» cantadas por el solista Big Moe, quien había dejado atrás sus años mozos.

Hank Ballard and the Midnighters era el grupo de la King que había estado a punto de ver el triunfo. Su procaz serie de discos protagonizados por «Annie» habían excitado a los adolescentes blancos que los habían escuchado. Pero no fue hasta 1959 cuando Ballard entró en el circuito radiofónico, con una serie de éxitos de bailes de moda con letras inocuas. Mientras tanto, la King lanzó a dos nuevos cantantes de rhythm and blues impresionantes, James Brown y Little Willie John, a los que no se consideró rock 'n' rollers. Aunque Little Willie John tan solamente tenía dieciocho años cuando obtuvo su primer éxito rhythm and blues con la acelerada «All Around The World», su tono maduro y seguro no atrajo a las adolescentes blancas, pero su versión original de «Fever» inspiró la brillante y sofisticada versión pop de Peggy Lee.

Aparte de la King, la compañía discográfica de rock 'n' roll más importante del medio oeste era la Chess de Chicago.* Durante varios años la compañía se concentró casi por completo en el mercado del blues de bar de Chicago y del Delta del Mississippi, pero en 1954 grabó a los Moonglows y los Flamingos, dos grupos vocales que interpretaban canciones sentimentales en un estilo que parecía aceptable para el público blanco de todo el país.

Una vez más, las canciones fueron versionadas («Sincerely», de los Moonglows, por las McGuire Sisters para la Coral y «I'll Be Home», de los Flamingos, por Pat Boone para la Dot). Pero la Chess recibió una ayuda considerable por parte de Alan Freed, quien tras ser acreditado como coautor de «Sincerely», así como de Chuck Berry, lo que le llevó a promocionar los discos y los cantantes en los espectáculos en directo y en las películas que producía.

Si bien los discos de los Moonglows y de los Flamingos ayudaron a consolidar la presencia de Chess y Checker en las regiones del medio oeste donde sus discos no eran solicitados, la compañía hizo aportaciones mucho más importantes por lo que respecta al desarrollo del rock 'n' roll, a través de los discos de Bo Diddley y de Chuck Berry. Mientras los cantantes de casi cualquier otro sello (con la excepción de Sun y Specialty) realizaban evidentes y autodestructivos, esfuerzos por cambiar su estilo para mantener su popularidad entre el público que otorgaba el éxito —o conseguir que sus discos fueran aceptables para que se emitieran en las emisoras de radio de música pop—, Berry y Diddley siguieron trabajando dentro de sus propios estilos. Berry lo hizo sin dejar de gustar al público y a los programadores de las emisoras de radio hasta 1959. Bo Diddley puso más énfasis en el ritmo bailable para satisfacer la necesidad de los programadores en busca de «comercialidad». Sin embargo, siguió siendo bueno para los jukebox y las actuaciones en directo y continuó haciendo discos regularmente con sonidos «nuevos», como el twist, la música surf y el rhythm and blues británico, muy ligado al ritmo que él introdujo en 1955 en «Bo Diddley». En cambio, sus éxitos escasearon y sólo

* CHESS. Fundada en 1947, en Chicago, por Leonard y Phil Chess. El sello, que primero se llamó Aristrocrat, terminó llamándose Chess en 1949.
Rhythm and blues: Muddy Waters, Howlin' Wolf, John Lee Hooker, Jimmy Rogers, Willie Mabon, Gene Ammons, Eddie Boyd.
Grupos: The Moonglows.
Rock 'n' roll: Chuck Berry, Bobby Charles, Johnnie and Joe, The Monotones.

Subsidiarias:

CHECKER: Fundada en 1953.
Rhythm and blues: Little Walter, Lowell Fulson, Sonny Boy Williamson, Little Milton.
Grupos: The Flamingos, The Tune Weavers.
Rock 'n' roll: Bo Diddley, Dale Hawkins.

ARGO. Fundada en 1956.
Rock 'n' roll: Clarence «Frogman» Henry.

8. THE COASTERS, de Los Ángeles (California).

9. CHUCK BERRY, de Saint Louis (Missouri).

«You Pretty Thing» (1958) y «Say Man» (1959) estuvieron entre los veinte primeros.

Si la importancia en la música popular se pudiera medir en términos de imaginación, creatividad e ingenio, así como según la habilidad de convertir una variedad de experiencias y sentimientos en formas musicales prestigiosas y duraderas, Chuck Berry sería, sin duda, la mayor figura del rock 'n' roll. En su época de mayor popularidad, entre 1955 y 1959, hubo cantantes que obtuvieron más éxito, que eran más imitados y que cobraban más por sus actuaciones en directo. Sin embargo, Chuck Berry ejerció la impresión más duradera en su público, tal como demuestra la influencia que su música tuvo entre los Beatles, Bob Dylan, los Rolling Stones y otros músicos y cantantes que empezaron a grabar discos a mediados de los años sesenta y que habían formado parte del público que lo había escuchado al final de los años cincuenta.

El primer disco de Berry, *Maybellene*, se colocó entre los diez primeros en 1955, pero apenas se parecía a cualquier otra cosa de su producción. En muchos aspectos, el disco podía considerarse de country rock aunque la guitarra eléctrica de Berry y el batería llevaban un ritmo mucho más ruidoso que el de los instrumentos sin amplificación que se solían utilizar en aquella época por la Sun, que había originado el estilo. Aun así, el sonido y el gemido soso de Berry no hacían pensar que los músicos eran los mismos que tocaban en las sesiones de blues, o que Berry prefiriera el blues y el jazz. Pero sus cuatro sencillos siguientes, interpretados en clave de blues y cuyas canciones contenían fuertes críticas a aspectos de la vida estadounidense, mostraban sus intereses de una manera más evidente. Los jueces y los tribunales en «Thirty Days», los vendedores a crédito y los de coches en «No Money Down», la alta cultura en «Roll Over Beethoven» y todas esas cuestiones y aún más en «Too Much Monkey Business» fueron motivo de queja. Como las canciones eran interpretadas con una voz muy «blues», con la excepción de «Roll Over Beethoven» —que tenía un ritmo fluido y brillante y, a diferencia de las otras, una letra orientada a los adolescentes—, los disc jockeys no les prestaron demasiada atención. De hecho, ni siquiera «Roll Over Beethoven», a pesar de su agradable energía, figuró entre la lista nacional de los veinte discos más vendidos.

El ritmo de Berry era una alternancia de los acordes de guitarra comparable al estilo de piano «de callejón» de «Searchin'» de los Coasters, pero el efecto se complicaba con los fraseos del guitarra solista y con un piano que parecía ir aparte de la melodía que interpretaban el cantante y el resto de los músicos. Al margen de algunos grupos vocales como los Five Satins, pocos intérpretes de rock 'n' roll se atrevían a desafiar de esa manera las convenciones de la armonía y parte del sonido característico de los discos de Berry se debía al modo de interpretar el piano, del que solía encargarse Johnnie Johnson.

School Day (1957) era el primer éxito del cantante desde *Maybellene*, dos años antes. En él Berry narra los hechos desde el punto de vista próximo aunque sin estar involucrado (similar a su papel en «Roll Over Beethoven»). La canción capta efectivamente el sentimiento de la adolescencia acorralada.

Soon as 3 o' clock rolls around,
You throw your burden down,
Close your books, get out of your seat,
Out of the classroom into the street,
Up to the corner and round the bend,
Right to the juke joint you go in.

Drop the coin right into the slot,
You've got to hear something that's really hot,
With the one you love you're makin' romance,
All day long you've been wanting to dance.

Así que llegan las tres en punto,
sueltas toda la carga,
cierra los libros, levántate de tu asiento,
deja el aula y sal a la calle,
dobla la esquina y como un loco
metes directamente en el bareto.

Pon la moneda justo en la ranura,
vas a oír algo que es caliente de verdad,
haces manitas con la que amas,
y todo el día has tenido ganas de bailar.

A pesar de que fue un éxito, la canción era demasiado prolija y el ritmo poco variado, por lo que no puede contarse entre las mejores interpretaciones de Berry. «Rock and Roll Music» (1957), «Sweet Little Sixteen» y «Johnny B. Goode» (1958) eran más ingeniosas, con una ligera indicación de variación al estilo latino en los ritmos.

«Sweet Little Sixteen» describía la ansiedad de una chica enloquecida por la música y usaba una técnica de escritura tradicional en la canción popular norteamericana, al introducir varios topónimos con la esperanza de que los residentes en esas ciudades se identifiquen con el tema de la canción:

They're really rockin' in Boston,
In Pittsburg, Pa.,
Deep in the heart of Texas,
And round the Frisco bay.
All over St. Louis,
And down in New Orleans,
All the kids want to dance with
Sweet Little Sixteen.

Sweet Little Sixteen,
She's just got to have
About a half-a-million
Signed photographs;
Her wallet's filled with pictures,
She gets them one by one,
Becomes so excited,
Won't you look at her run!

Oh mommie, mommie,
Please may I go?

Rockean de verdad en Boston,
en Pittsburg, Pa...
en el corazón de Texas,
y por la bahía de Frisco.
Por todo St. Louis,
y abajo en Nueva Orleans,
todos los chicos quieren bailar con
la dulce dieciseisañera.

Dulce dieciseisañera,
acaba de tener
cerca de medio millón
de fotografías dedicadas;
su cartera está repleta de fotos,
y las saca una a una,
se excita tanto...
¡Mira cómo corre!

Oh mami, mami,
¿puedo ir yo?

It's such a sight to see,	*Es tan sólo una mirada...*
Somebody steal the show.	*Alguien robó el espectáculo.*
Oh daddy, daddy,	*Oh papá, papá,*
I beg of you,	*te lo pido,*
Whisper to mommie,	*susúrrale a mami,*
It's all right with you.	*qué bien que estás.*
Sweet Little Sixteen,	*Dulce dieciseisañera,*
She's got the grown up blues,	*ella siente la creciente tristeza,*
Tight dresses and lipstick,	*vestidos ajustados y pintalabios,*
She's sporting high heel shoes,	*calza zapatos de tacón alto.*
Oh but tomorrow morning,	*Oh pero mañana por la noche,*
She'll have to change her trend,	*tendrá que cambiar de moda,*
And be sweet sixteen	*y ser dieciseisañera*
And back in class again.	*y volver a clase otra vez.*

«Johnny B. Goode» era una de las mejores canciones que trataba otro tema tradicional de la canción (y la cultura) popular norteamericana: el chico de pueblo que va a la gran ciudad. El riff de guitarra de la introducción de este disco se ha convertido en uno de los sonidos clásicos del rock 'n' roll.

En otras canciones, Berry desarrolla temas que le eran más propios y en «Memphis, Tennessee» (1959), canta incluso en primera persona. El disco no se convirtió en un éxito popular (la cara B, «Back in the U. S. A.», fue un éxito menor), pero sí que era un ejemplo del mejor rock 'n' roll, con los músicos interpretando una versión modificada del ritmo boogie que desarrollaba en la guitarra Jimmy Reed, mientras Berry creaba una tensión extraordinaria con su canto contenido, con el que intentaba expresar los sentimientos del cantante hacia una niña de seis años, cuya relación con él permanecía oculta:

Last time I saw Marie,	*La última vez que vi a Marie*
She was waving me good-bye,	*se despedía con la mano,*
With hurry-home tear on her cheek	*con apresuradas lágrimas en la mejilla*
That trickled from her eye:	*que brotaban de sus ojos:*
Marie is only six years old	*Marie tan sólo tiene seis años*
But information, please,	*pero, operadora, por favor,*
Try to put me through to her	*intente ponerme con ella*
In Memphis, Tennessee.	*en Memphis, Tennessee.*

Aparte de Chuck Berry y Bo Diddley, la Chess y la Checker grabaron a otros cantantes de rock 'n' roll. Casi siempre daban preferencia a cantantes sureños en lugar de intérpretes de Chicago, con los que habría sido más fácil contactar. Aunque se contrató a los cantantes de Luisiana Bobby Charles y Dale Hawkins, el prometedor «See You Later, Alligator» de Charles fue versionado con éxito por Bill Haley and His Comets y el único éxito de Hawkins fue «Suzie Q», una canción bailable country rock que entró en los veinte primeros puestos de la música popular en 1957. Grabada en una emisora de radio de Shreveport (Luisiana) el patrón rítmico de la batería, tambaleante y sin igual, podría calificarse después como *funky*. Un astuto Ricky Nelson contrató inmediatamente al guitarrista James Burton, cuya abrasadora guitarra fue uno de los grandes momentos del rock 'n' roll. «Supongo que le podéis llamar rockabilly —declaraba más tarde Hawkins—, pero... era más bien blues.»

Si los estilos de Chuck Berry y Bo Diddley podían considerarse representativos de una respuesta más general de la juventud negra de Chicago a la vida en la ciudad, ninguna otra compañía fue capaz de encontrar a otros intérpretes con estilos parecidos. De hecho, parecía que Berry y Diddley fueran más o menos únicos y que, al contrario que los cantantes de country rock de Memphis o los grupos vocales de las ciudades del norte, sus reacciones ante el entorno fuesen completamente personales. En Chicago, lo más común era adoptar los estilos más cercanos a los cantantes de blues de bar, tal como veremos después.

No obstante, en comparación con muchos sellos de Nueva York que entraron en el mercado de la música popular con, al menos, un disco de rock 'n' roll, la mayoría de las numerosas compañías de Chicago permanecieron en su mayor parte en la oscuridad. Una compañía, Chance, fundada por Art Sheridan, podía haber triunfado con el rock 'n' roll gracias a sus artistas, pero cerró en 1953. Dos de los grupos del sello, los Flamingos y los Moonglows, se fueron a la Chess, mientras un tercero, los Spaniels, junto con Jimmy Reed, ficharon por la Vee Jay.*

Los mayores éxitos de rock 'n' roll de la Vee Jay fueron «Just Keep It Up» y «Hey Little Girl» (1958), de Dee Clark, un cantante que había sido contratado por la compañía por su habilidad para sonar como Little Richard y Clyde McPhatter. La canción comercial «At My Front Door» de los El-Dorados (1953), la hermosa balada lenta «Oh What a Night» de los Dells (1956) y la triste «For Your Precious Love» de Jerry Butler and the Impressions (1958) fueron otros de los éxitos del se-

* VEE JAY. Fundada en 1953, en Chicago, por Vivian Carter y James Bracken. Productores: Calvin Carter, Al Smith.
Rhythm and blues: Jimmy Reed, John Lee Hooker, Rosco Gordon, Big Jay McNeely, Gene Allison.
Grupos: The Spaniels, The El-Dorados, The Dells, The Magnificents, Jerry Butler and the Impressions.
Rhythm and blues pop: Dee Clark, Gene Chandler.

llo, cuyos propietarios negros Vivian («Vee») Carter y Jimmy («Jay») Bracken animaron a otros empresarios negros a montar un sello propio, como Berry Gordy de Detroit. La Vee Jay encabezó las listas pop en 1962 con la extraordinaria «Duke of Earl» de Gene Chandler y de nuevo con los Four Seasons y los Beatles, pero el elenco de la compañía en los años cincuenta estaba muy enraizado en los géneros negros auténticos. Además de intérpretes de blues con éxitos de ventas como Jimmy Reed y John Lee Hooker, había algunos grupos importantes de gospel como los Swan Silvertones (con su cantante lírico solista, Claude Jeter) y los Staple Singers, cuyo líder, Pop Staples, desarrolló un estilo de guitarra blues influyente y compartió el papel de vocalista con su hija Mavis, de profunda voz.

III. A diferencia de la mayoría de las compañías de Nueva York o del medio oeste, las independientes de la costa oeste no grabaron tan a menudo a cantantes cuyos estilos reflejaran acontecimientos y sensaciones locales. Hasta 1957, la mayoría de los cantantes que grababan para las independientes de la costa oeste era del sur. Algunos vivían en la costa desde la guerra; otros sobre todo en Texas y el sur, de Luisiana.

Aladdin,* un sello de rhythm and blues muy importante y una de las primeras fuentes de rock 'n' roll (gracias al «Ko Ko Mo» de Gene and Eunice), tuvo un éxito relativo en el mercado de la música popular, gracias a Shirley and Lee y Thurston Harris. El grupo con más éxito del sello, los Five Keys, fue contratado por Capitol cuando estaban a punto de triunfar y los demás grandes cantantes de rhythm and blues, Amos Milburn y Charles Brown, no tuvieron demasiada suerte como cantantes de rock 'n' roll.

El éxito de Shirley and Lee, con «Let the Good Times Roll» (que estuvo entre los veinte primeros discos del mercado popular en 1956), se debía en parte a los dramáticos arreglos (probablemente a cargo de Dave Bartholomew). Un completo riff de dos notas, interpretado por una big band, transmitía un entusiasmo que otros discos de rock 'n' roll prometían pero raramente alcanzaban. La aguda voz de niña de Shirley contrastaba con la triste voz cansina de Lee en uno de los más insólitos discos de dúo de la época.

Thurston Harris llegó a los diez primeros en 1957 con la extraña «Little Bitty Pretty One», una canción compuesta y grabada por primera vez por Bobby Day que consistía en un extraño cántico —«mm-mm-m-muh-muh-mm»— de un grupo vocal, los Sharps, mientras Harris repetía el verso «Little bitty pretty one, won't you come with me?» («Mi chiquilla pequeñita y bonita, ¿quieres venir conmigo?»). Todo ello sostenido por un errático ritmo sin-

* ALADDIN. Fundada en 1945, en Los Ángeles, por Eddie y Leo Mesner. Productores: Maxwell Davis, Dave Bartholomew.
Rhythm and blues: Amos Milburn, Charles Brown, Big Jay McNeely, Peppermint Harris, Lynn Hope, Lloyd Glenn, Floyd Dixon.
Grupo: The Five Keys.
Rock 'n' roll: Shirley and Lee, Thurston Harris.

copado, lo que no era muy común en el rock 'n' roll. Harris no fue capaz de repetir su éxito cuando empleó ritmos más convencionales.

De hecho, éste fue el último éxito que tuvo el sello, que quebró a finales de los años cincuenta tras perder el público fiel del rhythm and blues y serle imposible mantener los altos costes promocionales necesarios para triunfar en el mercado de ámbito nacional.

Modern* parecía mucho más decidida a triunfar comercialmente que Aladdin, si bien la compañía no logró consolidar su posición a pesar de algunos éxitos merecidos entre 1954 a 1956, la compañía no consolidó su posición. Modern fue uno de los pocos sellos dedicados al rhythm and blues que grabó versiones con arreglos más comerciales para entrar en el mercado popular.

«Wallflower», de Etta James, estuvo cerca de alcanzar su objetivo, pero quedó desbaratada por Georgia Gibbs y «Dance With Me, Henry». Etta James era prácticamente la única cantante de rock 'n' roll comparable a lo que LaVern Baker lograba con los tiempos rápidos. Aparte de «Wallflower», deben destacarse «Good Rockin' Daddy» y «Most of All», dos buenas canciones bailables, con un espíritu que igualaba las actuaciones de Little Richard.

Otros discos con un buen ritmo acelerado «de locura» producidos por la compañía eran «Blow, Joe, Blow», del saxo tenor Joe Houston, «Tick Tock», de Marvin and Johnny y «Mary Lou», de Young Jessie. Pero los éxitos más grandes fueron la canción lenta para grupo «Why Don't You Write Me?» (1955) de los Jacks, la canción comercial «Stranded in the Jungle» (1956) de los Cadets (formados por los mismos músicos de los Jacks), la canción levemente arreglada en un estilo amateur «Eddie My Love» (1956), de los Teen Queens (que alcanzó los veinte primeros lugares a pesar del éxito parecido de la versión de las Fontane Sisters) y la balada «Goodnight, My Love», de Jesse Belvin. Ninguno de estos cantantes fue capaz de continuar esos éxitos con otras canciones y Modern y sus sellos abandonaron prácticamente la caza del éxito y produjeron LPs de bajo precio en su sello Crown. La compañía se arruinó, pero el catálogo revivió en la Kent, bajo una dirección similar.

* MODERN. Fundada en 1945, en Los Ángeles, por Jules y Saul Bihari. Productores: Joe, Jules y Saul Bihari.
Rhythm and blues: Floyd Dixon, Johnny Moore's Three Blazers, Roy Hawkins, Smokey Hogg, Lightnin' Hopkins, Jimmy McCraklin, Jimmy Witherspoon, Pee Wee Crayton, John Lee Hooker.
Grupos: The Cadets, Marvin and Johnny.
Rock n' roll: Etta James, Jimmy Beasley, Joe Houston, Young Jessie.

Subsidiarias:

RPM. Fundada en 1950.
Rhythm and blues: B. B. King, Rosco Gordon, Johnny «Guitar» Watson, Jimmy Nelson,
Grupos: The Jacks, The Teen Queens.

FLAIR. Fundada en 1953.
Rhythm and blues: Elmore James.
Rock 'n' roll: Richard Berry and the Pharaohs, Shirley Gunter, The Flairs.

La buena voluntad de la Modern a la hora de grabar cualquier cosa que pudiera vender contrastaba con la política más selectiva y consistente de Specialty,* que fue uno de los dos sellos —el otro fue Sun— comprometidos con el rock 'n' roll. El descubrimiento de rock 'n' roll más importante de la compañía fue Little Richard, cuya producción en Specialty fue de una consistencia extraña en aquel entonces, cuando la mayoría de los productores introducía coros de chicas, cuerdas y otros instrumentos poco apropiados. Las peores cosas que Little Richard tuvo que soportar fueron canciones como «Baby Face» y «By the Light of the Silvery Moon» cuando los compositores agotaron el repertorio de expresiones adecuadas a su estilo vehemente.

Little Richard fue uno de los pocos cantantes que fueron más expresivos con sonidos sin sentido y frases e imágenes inconexas que con letras coherentes. Los demás cantantes necesitaban alguna idea sólida para poder improvisar imágenes, pero Little Richard partía casi de la nada. «Rip It Up» era la excepción ya que en ella había una letra poderosa, pero «Good Golly, Miss Molly», «Lucille» y «Hey, Hey, Hey» apenas eran más elaboradas que los títulos.

El presidente de Specialty, Art Rupe, pasó mucho tiempo a la busca de otro cantante que emulara el éxito de Little Richard, pero ni tan sólo estuvo tan cerca como la Capitol con Esquerita. Hizo lo que pudo con Larry Williams, cuyo soso tono grave concedía una atmósfera algo diferente a sus discos, comparados con la efervescencia de los de Little Richard. Una dura y a veces rígida banda acompañaba a Williams, cuyo disco más popular, «Short Fat Fannie» (1957), era prácticamente un repaso de los éxitos más recientes del rock 'n' roll, con un par de desconocidos títulos de rhythm blues por medio. Los títulos se destacan a continuación:

Tired of slippin' and a-slidin' with Long Tall Sally
Peekin' and a-hidin' duckin' back in the alley,
Don't wanna rip it up, *don't wanna* work with Annie,
I've got a brand new lover, her name is Short Fat Fannie.

One day when I was visitin' at Heartbreak Hotel,

Cansado de ir de un lado para otro con la larguirucha Sally,
mirando y agachándonos a escondidas tras el callejón,
no quiero despedazar, no quiero trabajar con Annie.
He conseguido un nuevo amor y se llama la rechoncha Fannie.

Un día que yo estaba en el Heartbreak Hotel

* SPECIALTY. Fundada en 1945, en Hollywood, por Art Rupe. Productores: Rupe, Robert «Bumps» Blackwell, J. W. Alexander, Johnny Vincent.
Rhythm and blues: Roy Milton, Frankie Lee Sims, Percy Mayfield, Joe Liggins, Jimmy Liggins, Lloyd Price, Guitar Slim.
Gospel: The Pilgrim Travellers, The Soul Stirrers, Wynona Carr, Joe May.
Rock n' roll: Little Richard, Larry Williams, Jerry Byrne, Don and Dewey.

That's were I met Fannie and she sure
looked swell;
I told her that I love her, and that I'd
never leave her,
She put her arms around me and she gave
me fever.

She's my tutti frutti *and I love the child so,*
Tho' she watches me like a hound dog
everywhere I go,
Whenever I'm around her I'm on my Ps
and Qs
She might step on my blue suede shoes.

Well at a honky tonk *party just the other*
night
Fannie got jealous and she started a fight,
Because I was dancing with Mary Lou
I had to call Jim Dandy *to the rescue.*

Un día que yo estaba en el Heartbreak
Hotel
fue cuando conocí a Fannie, que estaba
fenomenal;
le dije que la amaba, y que nunca la dejaría,
me abrazó y me dio la fiebre.

Es mi tutti frutti y la amo tanto,
aunque ella me vigila como un perro de
caza allá donde voy,
siempre que estoy con ella intento no meter
la pata,
ya que ella podría pisar mis zapatos de
gamuza azul.
La otra noche en una fiesta en un tugurio
Fannie se puso celosa y empezó a pelear,
porque yo bailaba con Mary Lou.
Tuve que llamar a Jim Dandy para que
me salvara.

Estas canciones las habían cantado Little Richard, Elvis Presley, los Midnighters, Little Willie John, Carl Perkins, Bill Doggett young Jessie y LaVern Baker. También había una referencia a «Blueberry Hill» de Fats Domino en la última estrofa, ausente de la cita.

El mundo del rock 'n' roll, como lo entendió Williams, tenía un espacio definido en la cultura popular, con personajes, relaciones y normas de comportamiento propios, algo muy valorado por el público, si bien tendía a comportarse de manera agresiva para esconder su inseguridad detrás de una dura barrera. Era un mundo que los cantantes de rock 'n' roll de Specialty reflejaban y lo devolvían al público mejor que los cantantes de cualquier otra compañía, a excepción de la Sun.

Hacia 1958, Rupe mantuvo un activo programa de grabaciones bajo la supervisión de Sonny Bono en Los Ángeles y de Harold Battiste en Nueva Orleans, que dio como resultado una o dos de las últimas joyas para los fans del rock 'n' roll. Don and Dewey grabaron varios discos apasionantes en Los Ángeles; sonaron intensos en piezas rápidas como «Big Boy Pete» y «Farmer John» (rescatadas por varios grupos durante los sesenta) y soltaron unos cantos sin pasión en la balada «Leavin' It Up to You», partía del estilo típico de los dúos de Los Ángeles pero con un ritmo más duro y más sentimiento blues que de costumbre.

En Nueva Orleans, Harold Battiste mantenía un grupo de sesión con músicos que no formaban parte del equipo de Dave Bartholomew y aunque Battiste nunca logró otros éxitos que pudieran compararse con las sesiones de Little Richard de un par de años antes, produjo un clásico innegable, «Lights Out» de Jerry Byrne. Compusieron la canción Seth David y Mac Rebennack y aunque este último deseaba ardientemente participar en la grabación, Battiste confió en el pianista Art Neville para mantener vivo el imponente ritmo marcado por el batería Charlie Williams. Jerry Byrne interpretó la parte cantada con el tono inexpresivo necesario y aunque el disco encendía cualquier local en donde se tocara, el tempo quizás era demasiado frenético para un bailarín corriente. Por la razón que fuera, nunca tuvo éxito. Art Rupe, según se dijo después, se cansó de pagar para que sus discos se difundieran en la radio y no recibió la necesaria «ayuda promocional». Posteriormente, Specialty cerró casi definitivamente, aunque siguió en el negocio reeditando su maravilloso catálogo.

Imperial,* otra compañía de Los Ángeles, fue el único sello que triunfó al trasladar a un cantante desde el rhythm and blues al rock 'n' roll y después al twist sin que su estilo cambiase drásticamente. El cantante era Fats Domino, cuyo atractivo aparentemente eterno y universal desafía al análisis musical. Sus discos eran sencillos, convincentes, memorables y bailables. Mientras un ritmo regular surgía de su piano, una banda con dirección y arreglos de su productor —Dave Bartholomew— interpretaba riffs fáciles que resaltaban el ritmo de baile y Domino cantaba unas cuantas frases con una melodía reforzada por su profundo acento de Luisiana. Después de padecer una versión de Pat Boone («Ain't That a Shame», 1955), el propio Domino, en 1956, alcanzó los diez primeros puestos, de los que pocas veces estuvo ausente hasta 1962. En los tugurios, los bailes y las fiestas se sustituía un disco de Domino por otro cuando salía al cabo de un par de meses después. Nada igualaba la voz lastimera de Domino, ni los evocadores solos de saxo de Lee Allen y Herb Hardesty. Podía haber intérpretes mejores, pero Domino podía estar confiado: los pedidos de sus discos se hacían sin haberlos oído. Y había variedad suficiente como para que el público pudiese apreciar diferencias.

A veces Domino podía sonar tan mal como sus imitadores: «Margie» (1958) se cantó de manera tan torpe como lo hubiera hecho Bobby Darin. Pero «I'm ready», grabada el mismo año, era una brillante invitación a «rockanrolear toda la noche» que se mantenía en movimiento gracias a las palmas y a un batería cuyo ritmo duro y seco saltaba y se balanceaba en cada disco.

Imperial no encontró a otro cantante negro que se adaptase tan bien como Domino. Smiley Lewis, que había sido un cantante de rhythm and blues más expresivo, no se adaptó a la disciplina que requiere un intérprete famoso. Pero la Imperial encontró un cantante blanco cuya consistencia igualaba la de Domino: Rick Nelson.

Las compañías discográficas buscaban desesperadamente un cantante que poseyese el atractivo juvenil del rock 'n' roll y no irritase a los adultos. Rick Nelson interpretaba a «un hijo adolescente» en un serial televisivo, *Ozzie and Harriet*. Verve Records, una independiente de la costa oeste, tuvo la idea de grabar a Nelson haciendo rock 'n' roll y le propuso versionar el reciente éxito de Fats Domino «I'm

* IMPERIAL. Fundada en 1947, en Los Ángeles, por Lew Chudd. Productor: Dave Bartholomew. Rhythm and blues: Jimmy McCracklin, T-Bone Walker, Smokey Hogg, Smiler Lewis, Fats Domino, The Spiders, Ernie Freeman.
Rock 'n' roll: Domino, Rick Nelson.

Walkin'». Impresionada por el éxito y el estilo de Nelson, la Imperial compró el contrato a la Verve y lo promocionó como una alternativa «suave» a Elvis Presley. Aunque Nelson tenía un tesitura vocal modesta y tendía a hablar más que a proyectar la voz, se las arregló con el ritmo del rock 'n' roll con mayor convicción que muchos de los cantantes no sureños y produjo una agradable serie de éxitos. En las canciones más rápidas, el acompañamiento incorporaba la excelente guitarra al estilo country rock de James Burton (antiguo miembro del grupo de Dale Hawkins) y la batería de Ritchie Frost. «Believe What You Say», compuesta por los hermanos Burnette, fue la mejor canción de rock 'n' roll de Nelson, aunque el cantante podía haber puesto un poco más de decisión y convicción.

Aunque la Imperial no obtuvo prácticamente éxitos aparte de estos de Domino y Nelson, estos dos intérpretes mantuvieron a la compañía en funcionamiento hasta los primeros años sesenta, cuando fue acaparada por la Liberty en 1963, después de lo cual funcionó como un sello de música pop corriente.

IV. A finales de los cincuenta, cuando en la costa oeste se fundaron innumerables sellos que ofrecían diversos tipos de rock 'n' roll y que no produjeron ni una sola gran figura, la compañía que había producido más cantantes de rock 'n' roll que cualquier otra, la Sun de Memphis (Tennessee) entró en decadencia.

La Sun* fue la única compañía importante de rock 'n' roll. El propietario, Sam Phillips, había editado cerca de treinta discos de blues, en 1954, cuando grabó a Elvis Presley por primera vez; desde entonces grabó unos doscientos discos de rock 'n' roll, un puñado de blues y algunos de country and western. El gráfico de ventas de la compañía es un reflejo de la historia del rock 'n' roll.

Phillips comprendió la naturaleza del rock 'n' roll mejor que cualquier otro productor del país. Ayudó a los cantantes a desarrollar su estilo, dándoles confianza para intentar patrones rítmicos, inflexiones vocales y un repertorio de canciones al que los adultos sureños blancos solían oponerse. Irónicamente, los discos que hacían los cantantes jóvenes, tenían que ser dirigidos todavía hacia el mercado de country and western ya que eran demasiado poco sofisticados (en 1954 o 1955) para el mercado blanco y el mercado de rhythm and blues no estaba acostumbrado a los cantantes blancos. Por consiguiente, muchos de los primeros discos «country rock» enfatizaban un acento country and western y muchos de los discos tenían interpretaciones formales de country and western en las caras B.

* SUN. Fundada en 1953, en Memphis (Tennessee), por Sam Phillips. Productores: Phillips, Jack Clement, Bill Justis (arreglista musical).
Rhythm and blues: Little Junior Parker, Little Milton, Rufus Thomas, Jr., Billy «The Kid» Emerson.
Grupo: The Prisonaires.
Rock 'n' roll: Elvis Presley, Jerry Lee Lewis, Carl Perkins, Johnny Cash, Sonny Burgess, Billy Riley, Warren Smith, Malcolm Yelvington, Charlie Feathers, Roy Orbison.

Subsidiaria:

PHILLIPS INTERNATIONAL. Fundada en 1957.
Rock 'n' roll: Bill Justis, Charlie Rich, Carl Mann, Jeb Stuart.

Los seis primeros cantantes de country rock que Phillips grabó eran excepcionales intérpretes de rock 'n' roll —Elvis Presley, Malcolm Yelvington, Carl Perkins, Johnny Cash, Charlie Feathers y Warren Smith—. Yelvington y Feathers nunca fueron demasiado conocidos y Smith tuvo un éxito relativo. De Presley ya hemos hablado.

La característica diferenciadora del country rock con «sonido Sun» era la agresión, aunque con un objetivo enigmáticamente vago. La importancia de la música, para los cantantes y para el público, era lo que producía una liberación de sentimientos violentos, sin que se atacara a ningún estamento en particular. El hecho de que el country rock tan sólo podía ser interpretado por sureños blancos sugería que este estilo era una expresión del sur blanco lo que incluía entre sus supuestos una burla hacia la población negra y una aversión desconfiada hacia la gente del norte. Cuando al final de los sesenta se revitalizó la forma original del country rock, una de las utilizaciones más convincentes que se hicieron fue el furioso «I'm from Dixie» de Jerry Reed, en el que las implicaciones del título se sugerían con risas chillonas. Pero aunque varios cantantes, incluido Jerry Lee Lewis, mantenían con orgullo los tradicionales valores sureños, e hicieron lo que pudieron para expresarlos musicalmente (disfrutando de la ironía de la gran aportación que los negros habían hecho a la música), otros cantantes de personalidad más amable y con puntos de vista liberales utilizaron la música no como una expresión de su propio carácter sino como una huida de él, patente en una seguridad en el escenario que a menudo estaba en destacado contraste con su inseguridad en privado.

El country rock era comparable al estilo de rock 'n' roll de los grupos vocales —y no a los estilos de banda— en lo que parecía ser un sonido espontáneo e informal, creado por unos cuantos amigos que no gozaban de una formación musical notable pero con un espíritu determinado «que debía divulgarse». Aunque algunas de las canciones de Sun, en especial las caras B country and western, eran sobre los habituales temas de amor devoto y del desconsuelo después de su pérdida, sus canciones de rock 'n' roll a veces presentaban temas no convencionales. Algunas de ellas eran como canciones de moda planeadas para atrapar a un público masivo: «Ubangi Stomp» de Warren Smith, «Flying Saucers Rock 'n' Roll» de Billy Riley y «Sadie's Back in Town» de Sonny Burgess. Pero otras, como «Dixie Fried» de Carl Perkins, utilizaban el sonido agresivo del rock 'n' roll para comunicar un ambiente violento de bebida y de peleas constantes con navaja.

Perkins dividió sus pocos discos Sun (tan sólo grabó siete para el sello) entre esas canciones duras y sencillas baladas country and western en las que el tono no se diferenciaba de los centenares de cantantes de Nashville. En las canciones rápidas, que utilizaban un profundo ritmo boogie cada vez más fuerte, Perkins sonaba como si intentara conseguir un tono duro y chiflado parecido al de los saxofonistas chillones, haciendo que su voz se arrastrara por diversas vocales. Pero el sonido era demasiado ronco para el mercado de la música popular y Perkins se sumió en la oscuridad. Un accidente de carretera en el que murió su hermano —que había estado en su grupo— propició la vuelta de Perkins en 1956. Durante los primeros sesenta su carrera se revitalizó un poco en la Columbia, que irónicamente mostraba un tardío interés por el rock 'n' roll pero que no fue capaz de producir nada de Perkins que se pudiera comparar a sus grabaciones con la Sun.

Después de que «Blue Suede Shoes» de Perkins entrara en los diez primeros puestos de música popular, en 1956, el siguiente cantante de la Sun que alcanzó una audiencia nacional fue Johnny Cash con «I Walk the Line» a finales del año. Cash, de Arkansas, aunque tenía una voz más profunda y reposada que los demás cantantes de country rock carecía de instinto para la rápida e ingeniosa improvisación con la melodía, la armonía y el ritmo. Con un indesmayable compromiso con la lealtad y la integridad y un sentido de predecible e inevitable rutina, Cash cantaba con un flujo más melódico de lo que su excepcionalmente limitada tesitura vocal podía presagiar, por encima del ritmo de The Tennessee Two (bajo eléctrico y batería) que era tan sencillo y repetitivo como cualquiera de la música popular. «Cry, Cry, Cry», «Folsom Prison Blues», «I Walk the Line» y «Train of Love» tenían todas una atmósfera extraordinaria, derivada principalmente de la habilidad de Cash para ser dramáticamente convincente.

«I Walk the Line» fue la única que entró en los veinte primeros de ámbito nacional y en 1958 la Sun añadió un coro de grupo vocal a los discos de Cash para conseguir un efecto más sofisticado (Phillips, al que le gustaba el sentimiento sencillo del country rock auténtico, cedió la supervisión de estas sesiones de Cash con grupo vocal a Jack Clement). Los discos producidos así fueron los éxitos más grandes de Cash, sermones seculares de gran intensidad moral y escasa perspicacia: *Ballad of the Teenage Queen*, *Guess Things Happen That Way*, *The Ways of a Woman in Love*. Como Perkins, Cash también se pasó a la Columbia, donde se convirtió en uno de los cantantes de country and western de más éxito de los sesenta.

Mientras otras compañías tendían a limitarse a uno o dos cantantes sobresalientes de rock 'n' roll, Phillips siguió a la búsqueda de más. O más bien, ellos siguieron buscándole a él, una vez que los primeros discos de Presley, Perkins y Cash se oyeron, los cantantes de todo el sur, que habían intentado en vano persuadir a los sellos orientados al country and western para que grabaran su estilo influido por el blues, ahora acudían en tropel a Memphis. El mejor fue Jerry Lee Lewis.

Aunque daba la impresión de ser tan frenético y de implicarse emocionalmente como Little Richard, Jerry Lee Lewis fue uno de los cantantes de rock 'n' roll más controlado y cohibido e introdujo una sofisticada técnica de variar el registro emocional de sus canciones rápidas, subiendo a cumbres intensas para luego amainar, dejando caer su voz hasta el susurro y el fondo rítmico hasta un amable ritmo acariciador, antes de arrancar de nuevo hacia otro clímax. Porque también tocaba el piano en un estilo martilleante y presentaba una salvaje actuación en directo, a menudo se comparaba a Lewis con Little Richard, pero el tono de su voz era completamente diferente. Little Richard y prácticamente todos los demás cantantes de rock 'n' roll, se abandonaba a sí mismo en los esfuerzos por expresar su devoción, pero en la voz de Lewis había casi siempre una punta de cínica objetividad o burla incluso, como si sugiriera lo ridícula que era la idea del amor total al exagerar los estilos de expresarlo. Esta objetividad permitía a Lewis espaciar sus discos y controlar a su público en las actuaciones en directo, con una delicadeza que pocos cantantes de rock 'n' roll demostraban. Para ser una figura importante, sólo habría necesitado el instinto de Chuck Berry para escribir canciones.

Ya que carecía de la habilidad de proveerse a sí mismo con material suficiente, Lewis dependía de la calidad de lo que podía encontrar, que inevitablemente era desigual. En su apogeo —como en «Whole Lotta Shakin' Goin' On» (1957), «Breathless», «High School Confidential» y «Lewis Boogie» (1958)— Lewis personificó la despreocupada seguridad que a algunos les gustaba del rock 'n' roll. Aunque a veces utilizó material e incluso invenciones estilísticas de Little Richard, Fats Domino, Chuck Berry y Elvis Presley, Lewis fue una figura importante por derecho propio. Su éxito sobrepasó al de todos los demás cantantes de la Sun, aunque en 1960 se le redujo a grabar versiones rock 'n' roll de éxitos de rhythm and blues-pop («What'd I Say?», «Money», «Save the Last Dance for Me») con el fin de atraer al público. Cuando en 1962 Jerry Lee abandonó la Sun por un contrato más lucrativo con Smash, la subsidiaria de Mercury, Phillips perdió el interés por su sello.

Además de los éxitos de Perkins, Cash y Lewis, Phillips también consiguió el mercado nacional con el instrumental «Raunchy» de Bill Justis, la ligera «Monna Lisa» de Carl Mann y la indiscutiblemente triste «Lonely Weekends» de Charlie Rich, todos con la subsidiaria Phillips International. Charlie Rich, un pianista compositor cantante de Arkansas, era en potencia un intérprete tan bueno como Johnny Cash, pero carecía del tipo de ambición despiadada que se precisaba para labrarse una carrera por sí mismo. Compuso varias sencillas y memorables baladas que fueron muy grabadas por otros cantantes, pero *Lonely Weekends* fue su único éxito para Phillips. El disco se echó a perder por un acompañamiento coral que Phillips incluyó en muchos discos después de 1958.

Después Rich obtuvo un anacrónico éxito de rock 'n' roll, cuando «Mohair Sam» (Smash) entró en los treinta primeros en 1965. Otros discos que realizó en esa época para Smash contenían el potencial que había mostrado anteriormente, pero en 1965 el público se interesaba por otros sonidos.

Hubo otras varias compañías sureñas que hicieron aportaciones al rock 'n' roll.

Meteor* se fundó como un «puesto avanzado» en Memphis del sello Modern de Los Ángeles, con Lester Bihari de director, uno de los tres hermanos propietarios de Modern. El intérprete más importante de Meteor fue Elmore James, el cantante y guitarrista de blues de bar. Pero en 1956 se realizaron tres

* METEOR. Fundada en 1952, en Memphis (Tennessee), por Lester Bihari.
Rhythm and blues: Elmore James, Rufus Thomas, Jr.
Rock 'n' roll: Wayne McGinnis, Junior Thompson, Charlie Feathers.

excelentes discos de country rock, por parte de Wayne McGinnis, Charlie Feathers y Junior Thompson; aunque ninguno se distribuyó fuera de Memphis.

Excello* fue uno de los primeros sellos de blues establecidos en Nashville. El sello lanzó las versiones originales de dos canciones que se convirtieron en piedras angulares del rock 'n' roll cuando otros intérpretes las copiaron. La amable «Baby, Let's Play House» del cantante de blues Arthur Gunter se transformó en una de las mejores interpretaciones de Elvis Presley y «Little Darlin'» de los Gladiolas, con su abundante falsete, proporcionó la plantilla para la versión de éxito internacional de los Diamonds.

La Excello grabó también al cantante de country rock Johnny Jano, pero lo hizo mejor con grupos vocales sin demasiada influencia del estilo sureño, el más exitoso de los cuales fue los Crescendos, cuya armónicamente sencilla balada «Oh Julie», llegó a los diez primeros en 1958 (a pesar de una versión de Sammy Salvo en la RCA). El disco de los Crescendos alcanzó el éxito con relativamente poca promoción a cargo de la compañía, pero después el propietario Ernie Young declaró que había perdido 37.000 dólares en promocionar las siguientes canciones del grupo que cosecharon pocas ventas.

Entre los demás grupos del sello, los Marigolds tuvieron un éxito menor con «Rollin' Stone». El grupo estaba formado por cuatro de los cinco miembros de los Prisonaires, un grupo que Sam Phillips había grabado en la Sun cuando todavía eran reclusos de la prisión del estado de Tennessee.

La aportación al rock 'n' roll de la Duke/Peacock,** con sede en Houston, fue «Hound Dog» (1953) de Willie Mae Thornton, cuyo humor feroz y guita-

* EXCELLO. Fundada en 1953, en Nashville, por Ernie Young como una subsidiaria del sello gospel Nashboro. Productor: Jay Miller.
Rhythm and blues: Lonnie Brooks, Lightnin' Slim, Slim Harpo, Lonesome Sundown, Arthur Gunter, Roscoe Shelton, The Gladiolas, The Marigolds.
Rock 'n' roll: Al Ferrier.

Subsidiaria:

NASCO.
Grupo: The Crescendos.

** DUKE/PEACOCK. Peacock, fundada en Houston por Don Robey, en 1949. Productores y arreglistas: Bill Harvey, Johnny Otis, Joe Scott, Johnny Board, J.W. Alexander.
Rhythm and blues: Clarence «Gatemouth» Brown, Willie Mae «Big Mama» Thornton, Jimmy McCraklin.
Gospel: The Dixie Hummingbirds, The Five Blind Boys of Mississippi, The Bells of Joy, The Sensational Nightingales, Cleophus Robinson y The Spirit of Memphis.

Subsidiarias:

DUKE. Fundada en 1952, en Memphis, por James Mattis. Adquirida por Peacock en 1953.
Rhythm and blues: Johnny Ace, Bobby Bland, Rosco Gordon, Earl Forrest, Junior Parker.

BLACK BEAT. Fundada hacia 1956.
Grupo: Norman Fox and the Rob Roys.

rra cortante (tocada por Pete «Guitar» Lewis), además de proveer el modelo para uno de los discos de más éxito de Elvis Presley para la Victor, anticipó el estilo country rock. Aunque si en el este de Texas hubo cantantes que querían grabar rock 'n' roll, al propietario Don Robey, evidentemente, no le interesó mucho, porque en vez de ello se concentró en el gospel y el blues teñido de gospel de Bobby Bland y Junior Parker.

Los únicos éxitos de la compañía en la era del rock 'n' roll fueron «Pledging My Love» de Johnny Ace y «Tell Me Why» de Norman Fox and the Rob Roys. La primera era una balada amable cuyo encanto sencillo era totalmente distinto de las canciones de moda de entonces (1954), que tendían a ser la única manera de entrar en el mercado pop para los cantantes negros que grababan para las independientes y la segunda un canción rápida, con coros, escasamente distinguida que fue bastante bien en 1957.

En contraste, Ace,* establecida en Jackson (Mississippi) por el antiguo productor de Specialty, Johnny Vincent, produjo varios discos de rock 'n' roll importantes. Los primeros lanzamientos del sello eran blues diversos, ninguno de los cuales tuvieron éxito fuera del mercado local, pero en 1956 Vincent empezó a grabar a una banda de rhythm and blues y rock 'n' roll, Huey Smith and the Clowns. Con tres cantantes además de él mismo —Bobby Marchan, Junior Gordon y Roland Stone—, Smith desarrolló un sonido y un ritmo que era completamente distinto del estilo de Nueva Orleans de Fats Domino. Mientras los discos de Domino tenían siempre un ritmo alegre basado en el boogie, el de Smith era más cercano al shuffle, con los cuatro tiempos, más o menos, acentuados de igual manera con el mismo acorde que se repetía durante varios compases, seguido de una progresión hacia otro, a veces un tercer acorde y luego de vuelta al primero. La mayor parte de la improvisación se concentraba en los breaks de piano con la mano derecha de Smith, que se salpicaban con bocinazos de los saxos de la banda. También era un sonido bailable y Smith tuvo varios éxitos, como «Rockin' Pneumonia and the Boogie Woogie Flu» (1957) y «Don't You Just Know It» (1958), ambos con Marchan de cantante.

El tipo de ritmo de Smith llegó a penetrar tanto en el sur como el de Fats Domino y estaba directamente sacado de éxitos para la Minit de Jessie Hill, Chris Kenner y demás. Mientras tanto, Frankie Ford llegó a los veinte primeros nacionales con «Sea Cruise». Ford, un cantante blanco que se crió en el distrito negro de Nueva Orleans, era excepcional con una banda, capaz de cantar a ritmos rápidos sin acentuar los tiempos de baile y aún así insinuar cuáles eran, con un tono seguro y de buen carácter.

Aunque Smith, los Clowns y los cantantes Marchan y Ford ejercieron la mayor influencia de entre los intérpretes de la Ace, Jimmy Clanton tuvo el mayor impacto inmediato. Al recoger eficazmente el agradable estilo baladístico de

* ACE. Fundada en 1955, en Jackson (Mississippi), por Johnny Vincent.
Rhythm and blues: Earl King, Frankie Lee Sims.
Rock 'n' roll: Huey Smith and the Clowns, Frankie Ford, Bobby Marchan, Joe Tex, Jimmy Clanton.

Johnny Ace, Clanton alcanzó los veinte primeros nacionales con «Just a Dream», «Letter to an Angel» y «Ship on a Stormy Sea». Pero así como Ace tenía algún encanto para reforzar el sentimentalismo de sus canciones, Clanton no parecía ser capaz de aportar nada que le distinguiera de los cantantes pop con entornos formativos más convencionales en Brooklyn o Filadelfia. Fue la primera aportación del sur para que el rock 'n' roll se suavizara.

Mientras Excello/Nashboro y Duke/Peacock prosperaban gracias a las ventas de gospel y seguían proporcionando rhythm and blues de varios tipos al mercado sureño, Ace se dedicó al mercado pop contando con la distribución de Vee Jay y cuando ésta se arruinó, Ace se hundió en el mismo barco.

Por lo que respecta a las compañías independientes, la lucha por la supervivencia nunca bajó la guardia. Atormentadas por la competencia de los ilegales que pirateaban copias de sus éxitos y peleando constantemente para que los distribuidores saldaran sus cuentas, los sellos independientes tenían que gastar para los prensajes, pagar «derechos de consultoría» a los disc jockeys además de los gastos generales mensuales de su equipo y oficinas. A veces la decisión más inteligente era ceder los derechos de un posible éxito a compañías mayores como la Mercury, la ABC o la Dot, que tenían relaciones fructíferas con los productores independientes.

II

Las grabaciones de estudio se habían efectuado hasta entonces por el equipo de la compañía discográfica, con diversos cargos que iban desde jefe de A&R (Artistas y Repertorio), director musical o productor residente. La mayoría de las grandes compañías empleaban a tales personas y la mayoría de los propietarios de sellos independientes pioneros se encargaron de ese cometido por sí mismos, pero desde mediados de los cincuenta en adelante surgió una nueva figura clave: el productor independiente o *freelance*.

A veces, el productor independiente lo hacía todo, desde escribir las canciones a encontrar los cantantes, financiar las grabaciones, supervisar las sesiones y luego alquilar las cintas a las compañías discográficas: Jerry Leiber y Mike Stoller trabajaron de esta manera dentro de la industria en ese plan de compositor-productor, sentando un precedente para Lee Hazlewood, Bob Crewe, Phil Spector y Bert Berns, que llegaron a ser figuras importantes de la industria. Una especie paralela de productor tuvo un papel más dirigente, dando apoyo a un intérprete autosuficiente en el estudio para luego presentar las cintas terminadas a la industria discográfica; Norman Petty fue el pionero de esta clase de manager-productor, aunque también actuó de ingeniero de sonido en las sesiones y aportó arreglos para las canciones de su pupilo más famoso, Buddy Holly.

Norman Petty residía en Clovis (Nuevo México) justo al lado de la frontera con el norte de Texas, en donde Buddy Knox, Jimmy Bowen, Roy Orbison y Buddy Holly se habían criado. Petty realizaba discos con tríos de música cocktail-lounge con su esposa Vi al órgano y utilizó los ingresos de un par de éxitos para financiar su propio estudio en Clovis. En 1956, los estudiantes locales Knox y Bowen fueron allí con su grupo Rhythm Orchids para grabar un disco para venderlo en los bailes del instituto; Petty no sabía todavía cómo debía arreglárselas con el volumen que podían alcanzar los baterías de rock 'n' roll y acabó por utilizar una caja de cartón en vez de una batería. Editadas originalmente en un ámbito local conjuntamente en el mismo disco, «Party Doll» de Knox y «I'm Stickin' With You» de Bowen se lanzaron por separado en un nuevo sello neoyorquino, Roulette y ambas vendieron un millón de copias.

Cuando Buddy Holly se presentó para hacer algunas maquetas que enviaría a Nueva York, Norman Petty estaba atento a las posibilidades de la nueva música; grababa la batería correctamente, contrataba los derechos de edición y él mismo llevaba los resultados a Nueva York. Varias compañías rechazaron la cinta, pero Bob Thiele del departamento de producción para Coral y Brunswick de la Decca se arriesgó y compró los derechos de «That'll Be The Day» y de «I'm Looking for Someone to Love», para lanzarlas bajo el nombre de los Crickets.

De todos los cantantes sureños que formaron parte de la música pop gracias al rock 'n' roll, Buddy Holly parecía tener la visión más amplia, el sentido más desarrollado de lo que se podía hacer con dos minutos de un cantante y guitarrista con un acompañamiento básico de guitarra, bajo y batería, adornado con voces de fondo y teclados diversos. Holly tenía la suerte de contar con un batería como Jerry Allison que pensaba de manera tan libre como él y al que le gustaba probar nuevos patrones rítmicos, como tocar sólo en los tom-toms, o cualquier otra cosa que encajara con el ritmo impuesto por la guitarra de Holly y con el clima creado con su voz.

La mayoría de los discos lanzados bajo el nombre de los Crickets contenían canciones duras, casi vengativas, que Allison impulsaba con pocos pero enérgicos golpes en la caja, inspirado en el estilo de los baterías Earl Palmer y Cornelius Coleman de los discos de Fats Domino. Holly y Allison ensayaban en casa, tan sólo guitarra y batería y todavía se conserva una cinta con su maqueta de «Blue Monday» de Fats, en la que Holly hace una introducción con una figura de guitarra que usaría luego para iniciar «That'll Be the Day». En un momento en que el rock 'n' roll ya iba perdiendo el mordiente que lo había hecho tan apasionante un año antes, «That'll Be the Day» era abrasiva y desafiante, aunque también era relajada y melódica y la letra expresaba una actitud que la mayoría de sus oyentes deseaban poder ser suficientemente valientes para proclamarla en voz alta:

Well that'll be the day	*Bueno, ése será el día*
When you say goodbye	*en que me digas adiós.*
Yes that'll be the day	*Sí, ése será el día*
When you make me cry	*en que me hagas llorar.*

You say you're gonna leave me
You know it's a lie
Cause that'll be the day-ay
When I die.

Dices que vas a dejarme.
Sabes que eso es mentira
porque ése será el día-ía
en que moriré.

Canciones posteriores de los Crickets seguían con el tema de advertir a la chica que se enmiende o que se prepare; «Oh Boy», «Maybe Baby» y «Think it Over» definían un sonido único de guitarra ruidosa contra una fuerte batería, con coros de acompañamiento que rellenaban los huecos. Pero fue en los discos más suaves que se lanzaron con el nombre del propio Buddy Holly que su personalidad y originalidad se pusieron más de manifiesto. En «Words of Love», Holly regrabó la voz solista, una técnica que, en aquella época, todavía era una novedad y en el siguiente disco, *Peggy Sue*, consiguió que la voz fuera tan vulnerable e íntima como podía captarla el micrófono. Lo que tenía de abrasivo «That'll Be the Day», *Peggy Sue* lo tenía de tierno; Holly rasgueaba la guitarra muy rápido, a ritmo de semicorcheas, siempre con golpes hacia abajo, con la guitarra cerca del micro para que captara el sonido de la púa sobre las cuerdas; Jerry Allison sólo tocaba en los tom-toms. Nada más, tan sólo Buddy jugueteando con el sonido de un nombre de chica, repetido incesantemente con un fraseo y una pronunciación ligeramente diferentes.

«Well... All Right», «Heartbeat» y «Everyday» eran muestras perfectas de nostalgia inocente: melodías atractivas enmarcadas por guitarra acústica y percusión, presentadas a la manera extraña y estilizada de Holly, con las vocales acentuadas y dobladas. Su peculiar pronunciación de «bay-beh» se convirtió en su marca de fábrica, aunque tenía tendencia a tomar cualquier palabra y juguetear con la forma en que podía sonar y con lo que podía significar. Los cantantes negros, a menudo, habían hecho de este enfoque su truco del oficio —Jimmy Reed, Clyde McPhatter, Fats Domino y «Love Is Strange» de Mickey & Sylvia eran influencias directas— pero Buddy Holly consiguió que la técnica fuese habitual también para los cantantes blancos.

El papel de Norman Petty en los discos de Buddy Holly ha llegado a ser tema de alguna polémica entre los cronistas pop, muchos de los cuales pensaban que el añadir su nombre como coautor de la mayoría de las canciones era exagerar su participación. Petty fue ingeniero de sonido de las grabaciones y aportó ideas por lo que respecta a los arreglos, lo que incluyó que introdujera a su esposa Vi en los teclados (a destacar el fuerte y conmovedor solo de piano de «Think It Over»). Los productores doblados de manager y de editor habían sido a menudo «desautorizados» por los intérpretes a los que ayudaron y en este caso no lo sabremos jamás: Buddy Holly murió en un accidente de aviación a principios de 1959, poco después de una sesión en Nueva York con la orquesta de Dick James, para una pura versión pop de «It Doesn't

Matter Anymore» de Paul Anka con cuerdas en pizzicatto y una manera de cantar extravagantemente amanerada. Si alguien podía haberse enfrentado a las actitudes de Nueva York hacia el pop y haberlas torcido a su favor, seguramente ese alguien hubiera sido Buddy Holly. Muchos de los que intentaron seguir a partir de lo que él había encabezado se vieron ahogados por los arreglos, aunque Adam Faith y su arreglista John Barry crearon en Inglaterra una variación interesante en «What Do You Want»; en Hollywood el productor de Liberty, Snuff Garrett, convirtió el planteamiento en una fórmula con Bobby Vee.

Pocos kilómetros al norte de Clovis, en Phoenix (Arizona), el disc jockey local Lee Hazlewood empezó a explorar maneras de fusionar el country y el blues y buscó a cantantes y músicos locales para que trabajaran en sus canciones. El guitarrista Al Casey se convirtió en la piedra angular del sonido de Hazlewood, tocando sencillos riffs rítmicos que aquel pasaba a través de cualquier aparato de eco que pudiera imaginar. En 1956, Hazlewood y Casey «tomaron prestado» el riff de guitarra de «Smokestack Lightnin'» para su composición «The Fool», que el cantante country local Sanford Clark entonó con una voz triste e inexpresiva; La Dot compró los derechos de la pieza y alcanzó los diez primeros puestos nacionales, pero a pesar de una serie de inventivos discos para la Dot y después para la Jamie, como «Run Boy Run» y «Son of a Gun», Clark no repitió jamás el éxito del primero. Muchas de las canciones de Hazlewood contenían argumentos interesantes y giros inteligentes, pero irónicamente su mayor éxito en los años cincuenta fue una serie de discos instrumentales con el guitarrista Duane Eddy, que colocó cinco éxitos entre los veinte primeros para la Jamie de Filadelfia, como «Rebel Rouser» (1958).

Si Duane Eddy fue una especie de virtuoso de la guitarra, en sus discos desplegó un control admirable tocando sencillas melodías infantiles con las notas más bajas de la guitarra, proporcionándole a Hazlewood un sonido para estirar, retardar y rebotar por sus grabadoras de cinta y cámaras de eco. Ésta fue la última reducción del rock 'n' roll a sus elementos básicos de un ambiente de fiesta y un marcado ritmo de baile, logrado con un saxo tenor graznante (a cargo de Steve Douglas y Jim Horn) y palmas, todo con un eco salvaje. Phil Spector se impresionó tanto que fue a ver a Hazlewood al estudio para ver cómo lo hacía.

Durante el resto de los años cincuenta y la totalidad de los sesenta, la tendencia hacia los productores independientes se aceleró y en los setenta hubo algunas compañías que continuaron con productores «de la casa». Pero aunque los ejemplos de Petty y Hazlewood mostraban que los productores independientes podían funcionar eficazmente lejos de los centros tradicionales de la industria musical, todavía se mantenía la tendencia de que los intérpretes, compositores, productores y músicos se congregaran alrededor de Los Ángeles y Nueva York. La música country había establecido su cuartel permanente en Nashville, pero la música pop adolescente parecía capaz tan sólo de instalar puestos de avanzada temporales en Filadelfia y Detroit mientras se acomodaban para residir en Los Ángeles.

III

No hubo un «Sonido de Los Ángeles» particular a finales de los años cincuenta. Lo que había era una «Actitud de Los Ángeles»: no hay normas en este juego. Todo vale: cuanto más ridículo, más cerca del éxito. Sin reglas y sin árbitro, cualquiera podía jugar y todos lo hicieron. Literalmente decenas de sellos con sede en Los Ángeles alcanzaron las listas pop nacionales durante los últimos cincuenta y primeros sesenta, dos de las cuales —la Dot y la Liberty— eran rivales considerables de las grandes compañías y como mínimo otras tres duraron lo suficiente como para parecer que iban a permanecer allí: Era/Dore, Keen/Del Fi y Challenge.

La historia de la Dot* resume la historia de la música pop de los años cincuenta. Randy Wood tenía una tienda de discos y un servicio de pedidos por correo en el pequeño pueblo de Galatin (Tennessee) en los años cuarenta y para promover los pedidos de Randy's Records contrató algunos anuncios en los programas de radio de noche presentados por Hoss Allen y Gene Nobles en la emisora WLAC de la cercana Nashville. A Wood lo inundaron con pedidos del tipo de discos que Allen y Nobles difundían —el boogie blues de Roy Milton, Amos Milburn y los demás— y el paso siguiente fue fundar un sello para grabar a intérpretes locales de este estilo. Aunque muy pronto los lanzamientos de la Dot incluían al combo local de rhythm and blues más popular, los Griffen Brothers con Margie Day y Tommy Brown, Wood desvió rápidamente su atención hacia el pop formal y cosechó un notable éxito de 1952 en adelante, con éxitos de ámbito nacional de los Hilltoppers, Johnny Maddox y las Fontane Sisters. Atento a la creciente demanda de música de rhythm and blues por parte del mercado blanco, Wood fue uno de los primeros promotores del síndrome del «disco de versión» [cover record], al asignar una canción tras otra de rhythm and blues adecuado al crooner universitario Pat Boone.

Según su propio relato, Boone no era particularmente entusiasta del planteamiento directo e incorrecto de algunas canciones de rhythm and blues, pero hizo lo que pudo y resultó ser suficiente para copiar los originales de «Ain't That a Shame» (de Fats Domino), «Tutti Frutti» (de Little Richard) y «At My Front Door» (de los El-Dorados). Posteriormente, Boone se pasó a las baladas

* DOT. Fundada en 1951, en Gallatin (Tennessee), por Randy Wood; trasladada en 1956 a Hollywood (California). Vendida en 1965 a la Gulf-Western, cuando Randy Wood fundó Ranwood. Director musical: Billy Vaughn.
Pop: The Hilltoppers, Fontane Sisters, Gale Storm, Pat Boone, Jim Lowe, Tab Hunter, Lawrence Welk, Nervous Norvus.
Rock 'n' roll: Sanford Clark, The Dell Vikings.

y como una especie de sucesor de Bing Crosby o de Perry Como tuvo una carrera con mucho éxito con varios himnos juveniles muy eficaces, sobre todo «Don't Forbid Me» y «Love Letters in the Sand».

Entre las excentricidades encontradas por la Dot estaba Nervous Norvus, el *nom de disque* de Jimmy Drake, un camionero de mediana edad que alcanzó los veinte primeros en 1956 con «Transfusion», un relato total que advertía acerca de la conducción peligrosa con rimas macabras como «pass the claret, Barrett» [«Barrett, pasa el clarete»]. «Dig», en la cara B, era un catálogo de los significados que tal palabra podía albergar en la jerga enrollada de entonces. Ambas canciones y la que siguió, la peculiar «Ape Call», no pertenecían a un género definido; por lo visto se grabaron con un micrófono cercano a la boca del cantante, pero lejos de quien quiera que tocaba la guitarra rasgueada rápidamente (¿podría tratarse de un ukelele?) y del ritmo regular del bombo.

En 1956 Randy Wood trasladó su compañía discográfica a Hollywood con Billy Vaughn, un antiguo Hilltopper, como director musical. Desde el punto de vista del rock 'n' roll, la Dot tan sólo llegó a implicarse raramente con los innovadores genuinos, al recoger másters acabados de manos de los productores independientes, pero el espacio que el sello cubrió durante veinte años en la industria del pop era una prueba impresionante de lo que podía conseguir una determinada compañía independiente.

La Liberty* también la dirigía un sureño, Al Bennett, un autotitulado «joven granjero de Mississippi» que había sido un vendedor y agente de promoción antes de que lo contrataran para llevar la Liberty, fundada por hombres de negocios de la costa oeste en 1955. La relajada y elegante «Cry Me a River» de Ju-

* LIBERTY. Fundada en 1955, en Hollywood, con Al Bennett como vicepresidente y jefe de productores; Tommy «Snuff» Garrett fue jefe de productores desde 1959.
Pop: Julie London, David Seville (and the Chipmunks), Patience and Prudence, Timi Yuro, Dick and Dee Dee.
Pop adolescente: Johnny Burnette, Bobby Vee.
Pop negro: Billy Ward and the Dominoes, Gene McDaniels, The Rivingtons.
Rock 'n' roll: Eddie Cochran.

Sellos en distribución:

DOLTON (anteriormente DOLPHIN), fundado por Bob Reisdorf en Seattle.
Pop: The Ventures, The Fleetwoods.

DEMON (fundado por Joe Green en Los Ángeles).
Rock 'n' roll: Jody Reynolds, The Olympics.

IMPERIAL (comprado por Lew Chudd en 1963).
Pop: Cher, Jackie de Shannon, Johnny Rivers.
Rhythm and blues: Irma Thomas.

lie London dio al sello un primer éxito y en 1956 la compañía contrató a Eddie Cochran. Originario de Oklahoma, a Cochran le costó un tiempo desarrollar un estilo, pero justo cuando algunos de los pioneros del rock 'n' roll empezaban a perder la orientación, él la encontró en 1958 con «Summertime Blues». El canto ronco y el ritmo guitarrístico en staccato recordaban al reciente «Jailhouse Rock» de Elvis Presley, pero Cochran contaba con una letra y una postura que captaba la actitud de desafío adolescente que James Dean había representado en *Al Este del Edén* y *Rebelde sin causa*.

En Estados Unidos, Eddie estaba según parece «fuera de onda», era una maravilla de un solo éxito. Pero una gira por Gran Bretaña con Gene Vincent en 1960 generó un gran entusiasmo, no sólo entre los fans sino también entre músicos en ciernes como el guitarrista Jim Sullivan, que aprendió de primera mano, gracias a Eddie, algunos de los trucos del oficio de un guitarrista de rock 'n' roll. Cochran se mató en un accidente de tráfico en esa gira, pero sus canciones, como «C'mon Everybody» y «Somethin' Else», se añadieron a las joyas de Chuck Berry y los Coasters a la hora de narrar la historia adolescente y su consistente y agresivo sonido de guitarra rítmica llegó a ser un ingrediente importante en el sonido de heavy rock que se desarrolló en Gran Bretaña con los Kinks y los Who.

Cochran realizó la mayoría de sus grabaciones en el estudio Gold Star de Hollywood, sacando ideas de su manager y coproductor Jerry Capehart y con una eficaz utilización del batería Earl Palmer. Los músicos negros desempeñaron un papel importante a la hora de permitir que los productores e intérpretes de Los Ángeles desarrollaran una versión creíble de rock 'n' roll y tanto Palmer (que arregló y produjo la versión de éxito de «Little Bitty Pretty One» de Thurston Harris), otros músicos-arreglistas importantes fueron el pianista Ernie Freeman, el guitarrista Rene Hall, el saxofonista tenor Plas Johnson y los polivalentes H. B. Barnum y Harold Battiste. Estos hombres formaban el núcleo del grupo de sesión de primera calidad para cualquier productor que precisara un sonido auténtico de rock 'n' roll y realizaron cruciales, aunque a menudo no acreditadas, aportaciones a la mayoría de los éxitos de la costa oeste de la época.

En 1958 la Liberty Records nombró a un adolescente tejano ex disc jockey, Tommy «Snuff» Garrett, para dirigir su departamento de producción y en un breve plazo lanzó discos millonarios en ventas de Johnny Burnette, Bobby Vee y Gene McDaniels. Muchas de las canciones las sacó de la «cadena de montaje» sita en la oficina de Don Kirshner en el Brill Building de Nueva York. Garrett contrataba a músicos de sesión pero mantenía su sonido al fondo para que pudieran oírse bien las palabras. Con casi veinte éxitos entre los veinte primeros entre 1960 y 1963, Garrett fue uno de los productores más apasionados de la época. Mientras tanto, Al Bennett proporcionó más éxitos a la Liberty al encargarse de la distribución de otros sellos independientes, como Dolton (los Fleetwoods y los Ventures) y Demon (Jody Reynolds y los Olympics).

Entre las demás compañías que aprovecharon a los experimentados arreglistas de sesión negros, Keen* tuvo uno de los mayores golpes de suerte que pudiera soñar cualquier compañía. Al otro lado de la ciudad, en Specialty, el productor residente Bumps Blackwell y el arreglista Rene Hall organizaron una sesión pop para Sam Cooke, el cantante solista de voz dorada del más famoso grupo de gospel del sello, los Soul Stirrers. Sabiendo lo quisquillosa que era la comunidad gospel con los cantantes sagrados que tenían tratos con la satánica música profana, el propietario de Specialty, Art Rope, se enfureció cuando descubrió la sesión en marcha y airadamente los conminó a que la finalizaran, que se llevaran la cinta y que no volvieran jamás. Blackwell se puso de acuerdo con Bob Keene, al que no le importaba editar un disco pop de Sam Cooke; la recompensa fue un número uno de dos caras: «You Send Me» y «Summertime».

Sam Cooke fue uno de los más expresivos, técnicamente dotados y versátiles cantantes de su época y «You Send Me» era en la práctica un vehículo para su voz: unas pocas palabras, que él hacía flotar, acentuaba y repetía con variaciones sin fin, con el fin de crear un ambiente de devoción pura y completamente sincera. Integrado en la Keen, Cooke entró en una fructífera colaboración con los compositores en ciernes Lou Adler y Herb Alpert, que le ayudaron a orientar sus canciones hacia específicas situaciones adolescentes: «Only Sixteen» y «Wonderful World». Los tres separaron sus caminos en 1960 cuando Cooke firmó un lucrativo contrato con Hugo and Luigi en la RCA.

Mientras tanto, Bob Keene también se fue, para empezar un nuevo sello, Del Fi, que se especializó en grabar cantantes locales pachucos, que era como se conocía a los mexicanos en Los Ángeles. Rene Hall supervisó los arreglos para los discos de Ritchie Valens, popular ya como artista en directo en los espectáculos organizados por Johnny Otis y otros promotores. «C'Mon Let's Go» fue un éxito menor de 1958 y las dos caras del disco con «Donna» y «La Bamba» alcanzó el número tres a finales de año, pero cuando parecía que Valens estaba listo para convertirse en el primer astro pop mexicano-estadounidense murió en el mismo accidente de aviación que Buddy Holly. Del Fi propuso a Chan Romero («Hippy Hippy Shake») en plan de alternativa, pero otro compositor y productor de Los Ángeles, Jim Lee, fue más afortunado, en 1962, con «Let's Dance» de Chris Montez, para el sello Monogram de su propiedad y el cantante

* KEEN. Fundada en 1957, en Hollywood, por John Siamas y Bob Keene. Productor: Bumps Blackwell. Pop negro: Sam Cooke, Johnny «Guitar» Watson.

DEL-FI. Fundada en 1958, en Hollywood, por Bob Keene.
Pop pachuco: Ritchie Valens, Chan Romero, Addrissi Brothers.

Subsidiarias:

DONNA.
Rock 'n' roll: Ron Holden.

MUSTANG.
Pop tex-mex: The Bobby Fuller Four.

folk de cabaret Trini López surgió un año más tarde con «If I Had a Hammer» para la Reprise, lo que le supuso una larga carrera. Bob Keene tuvo un par de éxitos menores a mediados de los sesenta con los Bobby Fuller Four, «I Fought the Law» (Mustang, 1966) fue uno de ellos, lo que revitalizó brevemente lo que se conoció como el sonido tex-mex de los Crickets.

La Era* había encabezado las listas pop nacionales en 1955 con «The Wayward Wind» de Gogi Grant, pero sólo repitió la suerte dos veces más, con la comercial «Mr. Custer» de Larry Verne en 1962 y con «To Know Him is to Love Him» de los Teddy Bears en el sello subsidiario, Dore. Una declaración etérea de sumisión auto denegatoria, «To Know Him is to Love Him» parecía por aquel entonces que tan sólo había sido un accidente afortunado ya que el grupo fracasó a la hora de repetir el éxito, pero aunque a su productor adolescente le llevó un tiempo recuperar la orientación, Phil Spector regresó con su sello propio, Philles,** para demostrar que no había sido un caso de chiripa. Los que participaron en la sesión recordaban años después cuánto tiempo se había tomado Phil y con qué meticulosidad planeó las transferencias de cinta a cinta para conseguir el equilibrio perfecto de inocencia frágil. Posteriormente la Era y la Dore contrataron incontables másters producidos independientemente, a destacar el majestuoso arreglo de Lincoln Mayorga de «Love Letters» de Ketty Lester (número cinco en 1962).

El mayor éxito de la Challenge*** fue el instrumental «Tequila» de los Champs, una dramática trama de alegres riffs interpretados con la guitarra (por Dave Burgess) y el saxo (Chuck Rio). Número uno de la lista durante cinco semanas en 1958, engendró una avalancha de discos instrumentales a cargo de músicos de sesión que esperaban que sus improvisaciones en el estudio se podían metamorfosear en éxi-

* ERA. Fundada en Hollywood, en 1955, por Herb Newman y Lew Bidell.
Pop: Gogi Grant, Larry Verne, Ketty Lester.

Subsidiaria:

DORE.
Pop adolescente: The Teddy Bears, Jan and Dean.

Sello distribuido:

GREGMARK, propiedad de Lester Sill y Lee Hazlewood.
Pop: The Paris Sisters.

** PHILLES. Fundada en 1961 por Phil Spector y Lester Sill.
Grupos femeninos: The Crystals, Ronettes.
Rhythm and blues pop: The Righteous Brothers, Bob B. Saxx and the Blue Jeans, Darlene Love, Ike and Tina Turner.

*** CHALLENGE. Fundada en Hollywood, en 1956, por Joe Johnson y Gene Autry.
Country pop: Jerry Wallace.
Pop: Jerry Fuller.
Rock 'n' roll: The Champs, Big Al Downing.

tos. Challenge grabó a todos los miembros de los Champs como intérpretes en solitario y tuvo algunos éxitos menores más con el grupo, pero otra independiente de Los Ángeles, Rendezvous,* consiguió lo mejor de las demás, sobre todo con «In the Mood» (acreditada a la Ernie Fields Orchestra, aunque realizada por el principal grupo de sesión de Los Ángeles con Rene Hall, Plas Johnson y Earl Palmer) y con «Nut Rocker» de B. Bumble and the Stingers (cuya formación no incluía desde luego a toda la gente que declara haber participado en el disco). Entre los demás instrumentistas, hay que mencionar a Sandy Nelson: él tocó la batería en «To Know Him is to Love Him» y tuvo su momento de gloria al publicar a su nombre «Teen Beat», un instrumental sencillo producido por Richard Podolor que alcanzó el número cinco en 1959, con el sello Original Sound.** Sandy se fue a la Imperial donde consiguió otro gran éxito con «Let There Be Drums» y estuvo en la sesión que produjo «Alley Oop» de los Hollywood Argyles.

«Alley Oop» sonaba como un disco de los Coasters realizado en la hora del almuerzo de Leiber y Stoller; tenía algunos de los mismos ingredientes, como un estilo de piano de callejón pedido en préstamo a «Searchin'» y una letra sobre una figura habitual de la cultura popular norteamericana, pero existía un desaliño que Leiber y Stoller hubieran limpiado. Y no era de extrañar ya que como Sandy Nelson recordaba arrepentido: cuando grabaron la canción, todos los participantes estaban absolutamente borrachos de sidra y al cantante Gary Paxton tuvieron que ayudarlo a mantenerse en pie dentro de la zona de alcance del micrófono mientras leía la letra de Dallas Frazier en la bolsa de papel donde la tenía escrita. Cuando cantaba el estribillo junto con el resto de la banda, Nelson hizo estallar una botella vacía con un sacacorchos y soltó un grito no ensayado en el momento que le pareció más oportuno. El disco resultante podía reducir finalmente el rock 'n' roll a un mal chiste absurdo y estúpido, pero tenía un innegable atractivo hipnótico. En contra de todas las predicciones (incluida la competencia de una versión a cargo de Dante and the Evergreens, producida por Lou Adler para el sello Madison de Larry Utall), los Hollywood Argyles encabezaron las listas nacionales con el sello Lute, propiedad de Paxton. Y en rotunda contradicción de la teoría de que el relámpago no cae dos veces en el mismo sitio, Paxton repitió la broma dos años después con «The Monster Mash» de Bobby «Boris» Pickett en su sello Garpax; este disco comercial era relativamente sofisticado, con efectos de sonido de puertas chirriantes evidentemente predeterminados y fue también número uno de la lista de ámbito nacional (1962).

Dos independientes más de Los Ángeles, la Class y la Ebb, se anotaron éxitos con el cantante Bobby Day, que grabó para innumerables sellos bajo varios disfra-

* RENDEZVOUS. Fundada en 1958 por Ron Pierce y Gordon Wolf.
Rock 'n' roll: The Ernie Fields Orchestra, B. Bumble and the Singers.

** ORIGINAL SOUND. Fundada en 1957 por Art Laboe.
Rock 'n' roll instrumental: Sandy Nelson, Preston Epps.
Punk: Music Machine.

ces a finales de los años cincuenta y primeros sesenta. Class* era propiedad de Leon Rene, que estaba en el negocio de la música desde los primeros años treinta cuando compuso varios estándares con su hermano Otis, como «When It's Sleepy Time Down South» (que se convirtió en la pieza emblema de Louis Armstrong) y «When the Swallows Fly Back to Capistrano». En los años cuarenta, los hermanos dirigieron los sellos independientes pioneros Exclusive y Excelsior y parecían dispuestos a competir con Specialty e Imperial, pero se vieron sorprendidos por el cambio de formato de 78 rpm al microsurco de 45 rpm; habían invertido en una fábrica de prensaje que sólo podía hacer discos de 78 y dejaron los negocios. Luego Lou hizo un regreso impresionante cuando compuso una auténtica canción de rock 'n' roll para Bobby Day, «Rockin' Robin», completa con una letra del nivel de una canción infantil y un arreglo sofisticado pero despiadado. Anteriormente, Bobby había grabado su composición «Little Bitty Pretty One» para la Class, pero salió perdiendo frente a una versión de Thurston Harris and the Sharps para la Aladdin; «Rockin' Robin» llegó al número dos de la lista nacional en 1958 y la cara B, «Over and Over» (compuesta por Bobby) fue un éxito menor por derecho propio y llegó a ser un número uno por sí mismo siete años después por los Dave Clark Five. Mientras tanto, Bobby duplicó sus ingresos como cantante solista de los Hollywood Flames, cuyo mayor éxito fue «Buzz Buzz Buzz» en 1957 para Ebb Records,** un sello dirigido por la ex esposa de Art Rupe.

En 1959, en medio de todo el caos de estos pequeños sellos de Los Ángeles, la Warner Brothers Pictures lanzó una división discográfica*** que sacó mucho partido del mercado adolescente existente para estrellas de la pantalla como Connie Stevens y Ed Byrnes, pagó un traspaso enorme a Cadence Records para comprar su contrato con los Everly Brothers y desempeñó un papel importante en el movimiento del folk-rock al grabar a Peter, Paul and Mary.

El espíritu del rock 'n' roll era difícil de encontrar, en general, con los productores de los grandes sellos; los Everly Brothers lo sabían, e incluso mejoraron su control ya que a la hora de grabar mantuvieron sensiblemente la distancia con las

* CLASS RECORDS. Fundada en 1956 por Leon Rene. Productor: Googie Rene.
Rock 'n' roll: Bobby Day, Eugene Church.

** EBB RECORDS. Fundada en 1957 por la señora de Art Rupe.
Rock 'n' roll: The Hollywood Flames.
Rhythm and blues: Professor Longhair.

*** WARNER BROTHERS. Fundada en 1959, en Hollywood, con Mike Maitland como jefe de productores.
Pop cinematográfico: Connie Stevens, Ed Byrnes, Tab Hunter.
Rock 'n' roll: The Everly Brothers.
Folk: Peter, Paul and Mary.

oficinas de la Warner Brothers. Lejos de los centros de grabación tradicionales, las esquivas cualidades del rock 'n' roll todavía se podían recobrar. Los momentos se volvían más difíciles de conseguir, pero de vez en cuando algo sucedía en Nashville, en Norfolk (Virginia), en Pittsburg y Filadelfia, en Detroit y Nueva York.

Cuando el rock 'n' roll consiguió abrir el mercado pop para los cantantes sureños blancos, durante un par de años (1956-1958) parecía que los límites entre el pop y el country se hubieran borrado. Los productores de Nashville organizaban sus sesiones con un oído hacia lo que había funcionado con Elvis Presley e introducían guitarras eléctricas, piano de boogie, armónica, saxo y grupos vocales para adornar los arreglos y darles a sus discos un «atractivo adolescente». Y por un momento, las emisoras de country difundían los discos con tanto entusiasmo como las emisoras pop: Elvis, los Everly Brothers y Gene Vincent obtenían éxitos country con sus discos de rock 'n' roll, junto con los éxitos «para ambos mercados» realizados por los rockabillys de Sun en Memphis.

Pero en 1958, el sistema de la música country reafirmó la segregación entre el pop y el country que había predominado antes del rock 'n' roll y las emisoras country boicotearon en la práctica los discos que sonaban como si se hubieran hecho teniendo en cuenta al mercado pop. Desde entonces, los intérpretes tenían que decidir que camino tomar, el country o el pop, sabiendo que el elegir una ruta significaba sacrificar la otra.

Para un cantante blanco sureño, el mercado pop era siempre un objetivo escurridizo, más accesible a los intérpretes y productores residentes cerca de los centros de los grandes medios de comunicación. Muchos de los cantantes que se habían abierto paso a la larga se refugiaban en el más previsible y seguro mercado country. Pero no se les permitía hacer el cambio de la noche a la mañana y muchos tenían que soportar un periodo de dos o tres años de «hacer méritos», cruzando todo el sur con giras que los llevaban a cualquier club de música country del circuito, antes que los programadores de radio los aceptaran.

La carrera de Elvis Presley reflejó los cambios de actitud. Sus once primeros éxitos para la RCA fueron todos grandes éxitos country, hasta «Hard Headed Woman» en junio de 1958; de repente, la difusión por las emisoras country se terminó y Elvis no tuvo más discos entre los diez primeros del country hasta 1971, cuando sus interpretaciones formalmente country de «I Really Don't Want to Know» y «There Goes My Everything» finalmente se aceptaron, aunque de mala gana. Algo parecido sucedió con los Everly Brothers, que tan sólo tuvieron un éxito country menor después de fichar por la Warner Brothers. Brenda Lee no tuvo ningún éxito country durante la época en que consiguió diecinueve éxitos entre los veinte primeros pop, Conway Twitty no cosechó éxitos country hasta 1966 y Roy Orbison no entró jamás en las listas de country. Todos ellos grababan en Nashville, aunque esto no era suficiente para calificarlo de «country».

Desde 1958, el mundo de la música country se aisló prácticamente por propia voluntad del mundo del pop y la mayor parte del tiempo parecía como si ésa fuera la vía que los grandes sellos elegían seguir. Cada uno de ellos contrató a un productor residente en Nashville para supervisar su elenco de intérpretes de música country y no se hizo el más mínimo intento para introducir ni tan sólo a las grandes estrellas del country en las emisoras pop.

Pero mientras esta división podía haber sido reforzada por los que decidían la política de los grandes sellos, no siempre se aceptaba por parte de los intérpretes, sus mánagers y la mayoría de sus editores, que estaban ansiosos para cosechar los mayores réditos del éxito pop. El editor que consiguió los resultados pop más impresionantes desde una sede de Nashville fue Wesley Rose, que llevaba la empresa musical Acuff-Rose, que se había convertido en una gran institución de la música country como resultado del enorme éxito de Hank Williams, el pupilo del padre de Wesley, Fred Rose. En unos pocos años, a mediados de los cincuenta, Acuff-Rose reclutó un sobresaliente elenco de compositores que consiguieron todos un éxito pop importante: Marty Robbins, Don Gibson, Boudleaux and Felice Bryant, John D. Loudermilk y Roy Orbison.

La carrera de Marty Robbins es un ejemplo de la lucha librada por un cantante y compositor que fue etiquetado por su sello como country. Fichó por la Columbia antes de la «revolución» del rock 'n' roll y se adaptó rápidamente a las preferencias adolescentes por la música con un fondo rítmico; copió la versión de Elvis Presley de «That's All Right» grabó «Maybellene» de Chuck Berry y luego consiguió su primer número uno country en 1956 con «Singing the Blues». Comparado con la mayoría de sus contemporáneos, Marty no tenía un deje sureño especialmente pronunciado a la hora de cantar, pero no entró en los planes de la Columbia el promocionar su disco en el mercado pop; en vez de ello el jefe de productores de Nueva York, Mitch Miller, hizo una versión de la canción con Guy Mitchell, quien obtuvo el mayor éxito internacional de su carrera. Dispuesto a romper el sistema de una manera u otra, Marty volvió a hacer versiones de éxitos de rhythm and blues, pero su «Long Tall Sally» no logró sus objetivos, al carecer en cierta forma de la sensualidad que Elvis y Jerry Lee habían puesto a sus piezas totalmente rockeras.

De vuelta a las baladas, Marty Robbins tuvo que padecer dos versiones copiadas más por su mismo sello ya que Johnnie Ray le pasó por encima con un éxito pop de «You Don't Owe Me a Thing» y Guy Mitchell volvió a robarle las ventas pop de «Knee Deep in the Blues». Finalmente, la Columbia se ablandó y, en 1957, dejó entrar a Marty en el mercado pop sin ninguna competencia con su «White Sport Coat (and a Pink Carnation)», que alcanzó el número tres pop y que permaneció en las listas durante seis meses. Finalmente reivindicado, Marty Robbins se convirtió en uno de los pocos intérpretes que grababan en Nashville y que sobrevivieron al boicot a los éxitos pop de las emisoras de radio country de 1958, al desarrollar un estilo que era más western que country. Recordando en cierta forma a Frankie Laine, aunque sin su mustia entrega melodramática, Marty compuso una serie de baladas narrativas sobre la vida en la región de la frontera entre Texas y México. Con guitarra española y otros trucos no convencionales, Marty y su productor Don Law crearon una colección memorable de clásicas canciones con historia, entre las que «El Paso» encabezó tanto las listas country como pop a principios de 1960, «Don't Worry» fue número cinco en 1961 y «Devil Woman» fue número cinco en Gran Bretaña en 1962. Entre los cantantes y compositores con influencias evidentes de su estilo característico están el cantante canadiense de folk Gordon Lightfoot, el cantante y compositor neoyorquino Neil Diamond y el cantante country residente en California, Merle Haggard.

Entre los demás compositores contratados por Acuff-Rose, Don Gibson tuvo la satisfacción de ver como se aceptaban sus canciones en el repertorio de innumerables cantantes pop internacionales, aunque casi nunca entró en el mercado por sí mismo. Después de unos años poco fructíferos en la MGM a mediados de los cincuenta, cuando su «Sweet Dreams» empezó a reinar como un estándard pop y country gracias al disco de Faron Young para la Capitol, Don fichó por la RCA-Victor en la que el jefe de producción Chet Atkins realizó un intento coordinado para realizar éxitos pop con él. Su primer intento conjunto fue propicio: «Oh Lonesome Me» se grabó con un ritmo de bajo y batería extraordinariamente pesado (para un disco grabado en Nashville) y estuvo entre los diez primeros pop además de encabezar la lista country; la cara B «I Can't Stop Loving You» se convirtió en un standard para amantes no correspondidos. La sollozante voz de Gibson era ideal para las canciones del estilo «lloro sobre mi cerveza» que cantaba, pero aún era un poco demasiado machacón y pesado de cara a la radio pop dirigida a los adolescentes. Los Everly Brothers, por el contrario, ofrecían el sonido correcto.

Los Everly Brothers ficharon por Acuff-Rose en 1956 y obtuvieron un par de éxitos para la Columbia con el mismo tipo de estilo de dúo que era popular en el mercado country desde los años treinta, casi siempre cantado por hermanos: los Delmore Brothers (de Alabama), los Blue Sky Boys, los Monroe Brothers y los Louvin Brothers (todos ellos de la zona de los Apalaches) juntaban una voz aguda frente a una de tenor. El estilo era visto como una moda pintoresca por parte de los profesionales del pop y no había cosechado nunca un éxito sólido fuera del mercado country; e incluso dentro de él se lo veía, a mediados de los cincuenta, como un poco pasado de moda. En 1957, Wesley Rose catalizó un progreso para sus pupilos adolescentes al buscarles una fuente de material característico de canciones, un emprendedor sello discográfico independiente y un equipo de producción. El sello era Cadence, dirigido en Nueva York por Archie Bleyer, que fue a Nashville para coproducir los discos de los Everly Brothers con Chet Atkins; Bleyer estaba listo para hacer pluriempleo además de su trabajo como jefe de la división country de RCA con el fin de mostrar que era posible incorporar conceptos del rhythm and blues y del rock 'n' roll a los discos de country sin ofender totalmente a las emisoras de radio country. Los ingredientes cruciales que permitían que el plan funcionase eran las canciones de Boudleaux y Felice Bryant, un equipo formado por un matrimonio que ya eran padres con sus propios hijos adolescentes y que mostraban un notable instinto a la hora de comunicar las narcisistas preocupaciones propias de los adolescentes.

De los diez primeros sencillos de los Everly Brothers para Cadence, ocho alcanzaron a estar en los diez primeros puestos nacionales, lo que les colocó entre las cuatro o cinco atracciones dirigidas a los adolescentes más importantes de la época. Sus canciones se habían incrustado de forma indeleble en las memorias de la mayoría de los adolescentes que les oyeron en la época y no sólo los chicos que sintonizaban la radio y compraban sus discos, sino que también los que los encontraban desconcertantemente bonitos. Los discos estaban decididamente bien hechos, con cada parte dirigida a su objetivo e incrustadas luego a fondo a cargo de las voces agudas lloriqueantes acompañadas por unos arreglos de guitarra rítmica perfectamente adecuados. «Bye Bye Love» y «Wake Up Little Susie» estuvieron en las listas durante seis meses, propulsadas por los ricos ritmos de guitarra acústica que sugerían que Chet Atkins no tan sólo había escuchado los discos de Les Paul y Mary Ford (en los que las guitarras grabadas en multipista sonaban casi como una orquesta) sino también a Bo Diddley (que jugueteaba con el segundo y cuarto tiempo del compás del rock 'n' roll).

«All I Have to do is Dream» se añadió a la corta lista de baladas adolescentes que no perdieron nunca su sentido para los jóvenes atrapados en una situación especial; la canción era la que se acercaba más de lo que el pop jamás se atrevió al tema tabú de la masturbación, cuando el cantante insistía en que no necesitaba a su amante porque la podía fantasear en cualquier momento. No estaba claro si «ella» era una chica en especial, o tan sólo la perfecta encarnación de las necesidades egoístas del cantante.

«Bird Dog» y «Problems» volvían al mundo más concreto de los dos primeros éxitos y denotaba un humor que no se subrayaba en la dinámica actual del dúo. Sonaban siempre muy desesperados y serios y su sonido llegó a ser reconocible al instante. Cuando los adolescentes empezaban a apartarse del aparato de radio familiar y la escuchaban en transistores pequeños en sus dormitorios, eran las agudas voces de cantantes como los Everly Brothers las que se abrían camino. Entre los grupos que subían hasta esas notas más agudas con gran impacto en los años sesenta estaban los Four Seasons y los Beach Boys en Estados Unidos y los Beatles, Searchers, Hollies y varios conjuntos más en Gran Bretaña, en donde los Everly Brothers siguieron siendo populares hasta 1965.

Entre los cantantes solistas que también preferían un registro agudo, Roy Orbison fue probablemente el mejor en el periodo de los cinco años entre 1960-1964, cuando obtuvo nueve éxitos entre los diez primeros tanto en Estados Unidos como en Gran Bretaña. Después de varios años infructuosos con productores que conseguían éxitos con otros intérpretes (Norman Petty en Clovis, Sam Phillips en Memphis y Chet Atkins en Nashville), Orbison encontró un alma gemela en Fred Foster, cuyo sello Monument estaba entre los pocos independientes eficaces con sede en Nashville. Admiradores ambos de una amplia gama de música, Foster y Orbison incorporaron sin miedo un sonido de acompañamiento vocal «a la manera negra» en sus arreglos que inevitablemente impediría toda difusión en la radio country y el propio Orbison no se esforzó en sonar «country».

El resultado fue *Only the Lonely*, uno de los discos pop más originales y duraderos de 1960. El cántico inicial del grupo vocal podría haber figurado en un disco de rhythm and blues negro —«dum dum dum dummy doowah, oh yeah yeah yeah yeah»— y estaba susurrado tan suavemente que la voz de Orbison casi causaba una conmoción a medida que se elevaba, aguda, clara y fuerte. Ése fue un himno más de autocompasión, como los recogidos en los discos de los Everly Brothers y Conway Twitty y Orbison mantuvo una vista de conjunto a fondo de cada aspecto de la tristeza y la desesperación con «Running Scared» (con su progresión similar al *Bolero* de Ravel), «Crying», «Dream Baby» (de nuevo otro escape de la realidad), «In Dreams» (otra vez) e «It's Over». Casi fue un cambio de carácter para él interpretar la celebración desatada de la potente «Oh, Pretty Woman», que en 1964 encabezó las listas de Estados Unidos, Gran Bretaña y muchos otros países. Aún a pesar de un éxito tan incondicional, sorprendentemente Orbison no atrajo más que unos pocos imitadores. Bobby Goldsboro, que fue guitarrista en la banda de Roy durante un tiempo, podía haberse inspirado en él, pero cantaba con un sonido nasal que estaba más en la línea del también dramático estilo del cantante neoyorquino Gene Pitney. Según parece, en desafío a sus plagiarios, Roy Orbison queda como una de las enormes figuras de su época, un magistral cantante, compositor y arreglista que se mantuvo admirablemente impermeable al periodo de moda en el que trabajó.

El sello Monument de Fred Foster se distribuía en el ámbito nacional a través de London Records,* la avanzadilla norteamericana de la Decca británica que también actuaba de distribuidora para varios sellos independientes más en los primeros años sesenta, como Hi de Memphis. Fundado en 1959 por Joe Cuoghi, Hi consiguió una serie de éxitos con el Bill Black Combo. Dirigido por el antiguo bajista de Elvis Presley aunque incorporaba saxo tenor y teclados en sencillos discos de ambiente como *Smokie* (1960), el Combo influyó mucho en

* LONDON RECORDS. Fundada en 1948 por la Decca británica.
Pop: The Tornadoes.

Sellos en distribución:

MONUMENT. Fundado en 1958, en Andersonville (Tennessee), por Fred Foster.
Country pop: Billy Grammar, Boots Randolph, Charlie McCoy.
Pop: Roy Orbison, The Velvets.

HI. Fundado en 1959, en Memphis, por Joe Cuoghi.
Grupos instrumentales: The Bill Black Combo, Ace Cannon, Willie Mitchell.
Rock 'n' roll: Gene Simmons, Jerry Jaye.

MONOGRAM. Fundado en 1962, en Los Ángeles, por Jim Lee.
Pop: Chris Montez.

el enfoque de otro grupo instrumental con sede en Memphis, el de Booker T. and the M. G.s

IV

Aisladas en Norfolk (Virginia), surgieron dos destacadas empresas independientes. El guitarrista Ray Vernon había cantado canciones de country formal en los mismos espectáculos que Gene Vincent allá por mediados de los cincuenta, pero cambió su nombre para convertirse en Link Wray e hizo una serie de instrumentales atmosféricos de los que «Rumble» alcanzó los veinte primeros (cedido a la Cadence, en 1958). Muchos de los discos de Wray (después editados por Epic y luego por Swan) eran muy poco originales para dejar rastro, pero aquella pieza causó una impresión amenazadora, conseguida al maltratar el amplificador de la guitarra hasta la distorsión: un envite atrevido en 1958.

El otro aventurero de Norfolk fue Frank Guida, cuyas producciones para Gary «U.S.» Bonds desdeñaban cualquier conocimiento técnico y sonaban como si hubiera grabado una fiesta que se celebrara en la casa de al lado. Reforzó el sonido a lo largo de cinco éxitos entre los diez primeros, en su sello propio LeGrand,* de 1960 a 1962 y cabalgó en la cresta de la locura del twist cuando se trasladó a Filadelfia.

Pittsburg no llegó a ser jamás un centro de grabación importante, aunque vio crecer a tres influyentes grupos vocales, dos de ellos con miembros blancos y negros juntos, un hecho extraño para la época. Los Dell Vikings grabaron «Come Go With Me» en un sótano cualquiera y alcanzaron los diez primeros con su cántico pegadizo (para la Dot, con los derechos cedidos por Fee Bee, 1957) y cuatro años después los Marcels también subieron a lo más alto con un arreglo comercial de «Blue Moon», dominado por una melodía vocal de bajo llena de trucos (producido en Nueva York por Stu Phillips para la Colpix, 1961). Entre medio, en 1959, el grupo enteramente blanco los Skyliners alcanzaban los veinte primeros puestos para el sello local Calico con «Since I Don't Have You», al presentar un ardiente canto en falsete a cargo del cantante solista Jimmy Beaumont con el sonido «más negro» que un grupo vocal blanco hubiera grabado hasta entonces.

* LEGRAND. Fundada en 1959, en Newport (Virginia), por Frank Guida.
Rhythm and blues pop: Gary «U. S.» Bonds, Gene Barge.

Subsidiaria:

SPQR.
Pop: Jimmy Soul.

En Filadelfia,* la mayor preocupación era identificar y exagerar los elementos que habían hecho tan popular a Elvis Presley. Los mánagers buscaron muchachos morenos cuyas fotos lucieran bien en las revistas de fans adolescentes y los productores añadieron a sus canciones pegadizas un ritmo aún más patente. Los compositores Bernie Lowe y Kal Mann lanzaron la Cameo Records de su propiedad con una versión con éxito de su canción «Butterfly» a cargo de Charlie Gracie en 1957 y contrataron al productor Dave Appel para rematar el éxito con las descaradas producciones para Bobby Rydell. Cameo también se hizo cargo de los derechos de distribución de un éxito de dos caras de los Rays con «Silhouettes» y «Daddy Cool», compuestas y producidas por Bob Crewe y Frank Slay, que habían producido una serie de éxitos chillones para Freddie Cannon para otro sello de Filadelfia, Swan. Eran en gran parte un material desastroso, que impresionaba por su resuelta persecución del más bajo común denominador, pero que generalmente carecía de cualquier originalidad que pudiera localizarse

* Sellos de Filadelfia.
CAMEO RECORDS. Fundado en 1956 por Bernie Lowe y Kal Mann. Productor: Dave Appell.
Pop adolescente: Charlie Gracie, Bobby Rydell, Jo Ann Campbell, The Orlons, Dee Dee Sharp, The Rays.
Comercial: John Zacherle.

Subsidiaria:

PARKWAY.
Pop adolescente: Chubby Checker, The Dovells.

SWAN. Fundada en 1957 por Bernie Binnick y Tony Mammarella.
Pop adolescente: Billie and Lillie, Freddie Cannon, Dickie Doo and the Don'ts.

Subsidiaria:

HUNT. En parte propiedad de Dick Clark.
Pop adolescente: The Quintones, The Virtues.

JAMIE. Fundada en 1958 por Harold Lipsius con tres socios.
Rock 'n' roll: Duane Eddy, Ray Sharp, Sanford Clark (todos ellos producidos independientemente por Lee Hazlewood).
Rhythm and blues: Barbara Lynn.

Subsidiaria:

GUYDEN.
Pop: The Sherrys.

Sellos en distribución:

MONTEL-MICHELE: Fundado en Baton Rouge (Luisiana) por Sam Montel.
Dúo pop: Dale and Grace.

CHANCELLOR RECORDS. Fundada en 1958 por Peter de Angelis. Distribuida por ABC-Paramount.
Pop Adolescente: Frankie Avalon, Fabian.

V-TONE RECORDS. Fundada en 1960 por Larry Caldwell.
Rhythm and blues: Bobby Parker, Bobby Peterson.

en los discos posteriores a manera de «influencia». Chancellor Records descubrió a los ídolos adolescentes Frankie Avalon y Fabian, pero la Jamie consiguió la mejor calidad de lanzamientos porque muchos de ellos eran derechos cedidos de fuera de la ciudad, como las producciones a cargo de Lee Hazlewood de Duane Eddy, Ray Sharpe («Linda Lu») y Sanford Clark de Phoenix (Arizona).

La organización más eficaz de Detroit a finales de los años cincuenta era la agencia de representación Talent Artists de Harry Balk y Irving Micahnik, que había representado a Little Willie John y a los Royaltones antes de irrumpir internacionalmente con Johnny and the Hurricanes y Del Shannon. Los éxitos de los Hurricanes eran en su mayoría revisiones formularias de canciones folklóricas de dominio público, con arreglos del pianista local T. J. Fowler aunque acreditados a los productores en calidad de compositores. Pero Del Shannon era original, en especial como compositor. Su «Runaway» (cedido a Big Top, 1961) incorporaba un extraordinario sonido de órgano interpretado por el coautor, Max Crook, bañado de eco para realzar el desconsuelo del mensaje de la canción.

También en Detroit y, según se dice, aislado de las influencias a su alrededor, el canadiense Jack Scott realizó alguno de los más característicos discos de rock 'n' roll de los últimos años cincuenta. Al perfeccionar un planteamiento de estudio que creara unos ambientes hipnóticos y cercanos al trance. Ninguna actitud machista ni sonido instrumental extravagante: tan sólo cánticos repetitivos sobre un sonido pesado pero acústico dominado por el contrabajo. Aunque la balada «My True Love» (Carlton, 1958) fue el mayor éxito de Scott, las más dinámicas «The Way I Walk» y «Goodbye Baby» (1959) tenían más inventiva.

De vuelta a las sedes del pop de Nueva York, la industria musical nunca tomó en serio el rock 'n' roll y lo veía como una música sureña y como parte de una cultura a la que en general trataba con condescendencia y a menudo, con desprecio. Hizo falta la veneración importada de los Beatles y los Rolling Stones para cambiar el rumbo de este tipo de actitud y aparte de la experiencia de Jack Scott con la Carlton,* los intérpretes de rock 'n' roll tardaron en encontrar distribuidores comprensivos entre los sellos de Nueva York durante los últimos años cincuenta.

Entre los propietarios de sellos independientes establecidos, Dave Kapp nunca contrató a un rocker auténtico para su sello Kapp,** aunque su compañía disfrutó de un considerable (y a menudo pasado por alto) éxito con números moderados

* CARLTON. Fundada en 1959, en Nueva York, por Joe Carlton (ex RCA y ABC).
Pop: Anita Bryant.
Rock 'n' roll: Jack Scott.

Subsidiaria: GUARANTEED

Pop: Paul Evans.

** KAPP. Fundada en 1955, en Nueva York, por Dave Kapp (ex Decca).
Pop: Roger Williams.
Pop adolescente: Jerry Keller, Johnny Cymbal.
Pop negro: Ruby and the Romantics, Shirley Ellis.

como el pianista Roger Williams. Archie Bleyer fue director musical del programa de televisión para noveles de Arthur Godfrey antes de decidirse a instalarse por cuenta propia con el sello Cadence,* y durante los últimos años cincuenta hizo la competencia a la Dot y la Liberty como una de las nuevas independientes de más éxito. Consiguió su mayor éxito con la canción comercial «The Ballad of David Crockett» en 1955 (con Bill Hayes), además de varios éxitos de Julius LaRosa y las Chordettes. Aunque las Chordettes eran demasiado mayores y que era demasiado pronto para que se los calificara como un número específicamente «adolescente», consiguieron una inocencia que indudablemente influyó sobre algunos de los grupos adolescentes más evidentes, sobre todo a los Teddy Bears y los Fleetwoods. El mayor éxito de las Chordettes fue «Mr. Sandman» en 1955, pero los coros relajados y la frágil perfección de «Born to Be With You» de 1956 establecieron marcas que los más amateurs grupos de chicas que vinieron después no superaron jamás.

Andy Williams se integró en la Cadence en 1956 y después de un éxito entre los diez primeros con «Canadian Sunset» encabezó la lista pop con la estratagema ya habitual de una versión copiada, en este caso la sugerente «Butterfly». Bleyer probablemente vio a Williams como un crooner para el aún importante sector del mercado juvenil al que el rock 'n' roll no convencía por entero. Si había lugar para un meloso como Pat Boone, como Randy Wood había demostrado allí que lo había, entonces ¿por qué no tener un equivalente residente en Nueva York? Después de «Butterfly», Williams sabiamente se apartó del rock 'n' roll, que no era adecuado para sus maneras relajadas y llegó debidamente a ser una institución nacional, al atraer sobre todo a un público «post-adolescente».

De manera impresionante, Bleyer aparecía cada año con una nueva gran atracción y produjo a los Everly Brothers a los que se sacó de la manga en 1957 y supervisó su carrera con gran talento y gracia. Comparados con la mayoría de las nuevas atracciones de ídolos adolescentes, los Everly Brothers eran capaces de acercarse a reproducir el sonido de las grabaciones en el escenario en directo, cada noche de las descomunales giras compartidas que reforzaban el impacto de los éxitos adolescentes del momento. En connivencia con Wesley Rose, el manager-editor del dúo residente en Nashville, Bleyer mantuvo al grupo «en lo más alto» de la radio, en las listas y en la opinión del público hasta 1960 cuando la Warner Brothers intervino con una oferta irresistible de 250.000 dólares por su contrato.

La salida de los Everly Brothers marcó el principio del fin para la Cadence, pero Bleyer aún descubrió a otro fabricante de éxitos: Johnny Tillotson tuvo uno de los éxitos más grandes de 1960 con la inteligente e irresistiblemente pegadiza «Poetry in Motion» y lo remató con varios más antes de que Bleyer cerrara la Cadence en 1964. Diez años no estaban mal.

* CADENCE. Fundada en 1953, en Nueva York, por Archie Bleyer.
Pop: Julius LaRosa, Bill Hayes, The Chordettes, Andy Williams.
Pop adolescente: The Everly Brothers, Eddie Hodges, Johnny Tillotson.
Rock 'n' roll: Link Wray.
Pop negro: Lenny Welch.

De los sellos independientes radicados en Nueva York que se habían fundado más o menos específicamente para atender al nuevo mercado adolescente, Roulette y Laurie fueron los que duraron más. Roulette* la fundaron en 1956 los editores Morris Levy y Phil Kahl como una distribuidora de los másters que compraron de los pop-rockers tejanos Buddy Knox y Jimmy Bowen. La compañía llegó a ser una organización paraguas de distribución para una familia de sellos como Gone, End y Gee de George Goldner y mantuvo una producción regular bajo el propio sello Roulette. Jimmie Rodgers, un cantante folk-pop del área de Seattle, consiguió cinco éxitos entre los veinte primeros y en medio de un panorama de éxitos únicos y casi éxitos destacó una joya del último pionero del rock 'n' roll que consiguió un contrato discográfico, Ronnie Hawkins.

Originario de Arkansas, Ronnie Hawkins realizó la expedición habitual hasta la Sun Records de Memphis, fracasó en la prueba y al final fue a parar a Canadá antes de que encontrara a alguien interesado en grabarle. De ninguna manera era un gran cantante, pero tenía un gran instinto a la hora de descubrir músicos y sabía como entretener a una multitud con un despliegue egocéntrico de grosero envalentonamiento sexual y un repertorio basado firmemente en el ritmo de Bo Diddley. Consiguió éxitos menores en 1959 en la Roulette con «Forty Days», de Chuck Berry (por algún motivo, Ronnie añadió diez a los treinta originales de Chuck) y «Mary Lou», de Young Jessie. Sin embargo, su disco clásico llegó posteriormente, en 1963, cuando reunió una nueva banda que comprendía al batería Levon Helm, de Arkansas y un joven guitarrista canadiense, Robbie Robertson. Juntos lanzaron una versión imponente de «Who Do You Love» de Bo Diddley, en la que Robertson aportaba una ardiente parte de guitarra que estallaba en frenesí en el break instrumental. Por una vez, Hawkins recortó una parte cantada para hacer justicia a sus músicos y la interpretación por entero era tan estimulante como cualquier disco de rock 'n' roll hecho hasta entonces. Pero en 1963 no era esto lo que escuchaba la gente y poco tiempo después la banda de Ronnie lo dejó para empezar su propia carrera, primero como los Hawks y posteriormente como la banda de acompañamiento de John Hammond Jr. y Bob Dylan, antes de adquirir finalmente un estatus mítico como, sencillamente, The Band.

* ROULETTE. Fundada en 1956 por Morris Levy, Phil Kahl y George Goldner. Productores: Goldner, Richard Barrett, Henry Glover, Sammy Lowe.
Pop adolescente: Jimmie Rodgers, Buddy Knox, Jimmy Bowen.
Rock 'n' roll: Ronnie Hawkins.
Pop de los sesenta: Joey Dee and the Starliters.
Comercial: The Royal Teens.

Sellos en distribución:

GEE, GONE, END, RAMA, RICO (todos ellos propiedad de George Goldner; véase pág. 97).

COED. Fundado en 1958 por George Paxton.
Pop adolescente: The Crests, The Duprees, Adam Wade.

HULL
Grupo de rhythm and blues: Shep and the Limelites.

En la Laurie,* Dion se acercó más que ningún cantante de Nueva York de la época a un estilo característico de rock 'n' roll. Dion había empezado como cantante solista con Dion and the Belmonts y de la «suave y amable» «Teenager in Love» a la más salvaje «I Wonder Why» sin conseguir una identificación que se reconociera al instante. Pero después de un par de discos en solitario sin ninguna repercusión en 1960, de repente, en 1961, consiguió un sonido nuevo con «Runaround Sue». El canto del grupo vocal con ambiente de fiesta y el arreglo instrumental se habían copiado sin ninguna vergüenza de «Quarter to Three», el éxito de U. S. Bonds que la Laurie distribuyó, aunque Dion seguramente tomó su enfoque vocal al imitar la maqueta realizada por el compositor de la canción, Ernie Maresca. Dion, un cantante que siempre sonaba bien, adoptó un gruñido tosco que sonaba como si se deslizara desde un lado de la boca; de repente los matones callejeros neoyorquinos tenían una voz propia y Dion la usó de nuevo en la igualmente exitosa «The Wanderer». La actitud de seguridad descarada anticipaba el papel de Fonze interpretado por el actor Henry Winkler en la serie de televisión de los años setenta «Happy Days» y el propio Dion pudo haber hecho más en cuanto al sonido si no se hubiera enmarañado en un estilo de vida autodestructivo. En 1963 pasó de la Laurie a la Columbia y grabó dos revivals brillantes de canciones que Leiber y Stoller compusieron para los Drifters a mediados de los cincuenta, «Ruby Baby» y «Drip Drop», ambas substancialmente mejoradas por Dion con su lánguida voz cansina por encima de pistas de estimulante ritmo sincopado.

La mayoría de los demás sellos neoyorquinos estaban respaldados por organizaciones grandes con experiencia en el mundo del espectáculo y con vistas a diversificarse, sobre todo compañías editoriales y cinematográficas. Hill and Range Publishing montó las subsidiarias Big Top y Dunes,** mientras Columbia

* LAURIE. Fundada en 1958, en Nueva York, por Gene Schwartz.
Pop adolescente: Dion and the Belmonts, The Mystics, The Jarmels.
Rock 'n' roll: Dion.
Grupo femenino: The Chiffons.

Subsidiaria:

RUST
Rhythm and blues pop: Dean and Jean.

** BIG TOP. Fundada en 1959, en Nueva York, por Gene y Julian Aberbach como una división de su empresa editora Hill and Range.
Pop negro: Sammy Turner, Don and Juan.
Rock 'n' roll pop: Del Shannon, Johnny and the Hurricanes (1960-1961).

Subsidiaria:

DUNES.
Productor: Stan Shulman, Ray Peterson.
Pop adolescente: Ray Peterson, Curtis Lee.

10. THE EVERLY BROTHERS, de Brownie (Kentucky).

11. DION AND THE BELMONTS, del Bronx (Nueva York).

Pictures lanzó el sello Colpix,* compró la parte de la Aldon Music de Don Kirshner y fundó la Columbia Screen Gems Music. United Artists constituyó una distribuidora discográfica, con sede en Nueva York, que sobre todo lanzó discos producidos independientemente hasta que Don Costa se trasladó de la ABC-Paramount para hacerse cargo del departamento de producción en 1959.** Todas estas empresas tuvieron éxito desde el punto de vista comercial, pero no merecen más que una rápida mención, en una visión de conjunto, en lo que respecta a innovadores estilísticos y discos sobresalientes. Varios de los productores más importantes de la época realizaron discos para esas compañías, pero aparte de los discos de «grupos femeninos» de los que se habla en otra parte de este libro, el resultado, en gran parte, fue de segundo orden.

La excepción más notable a esta generalización abusiva fue Gene Pitney, que logró su primer éxito como compositor de «Hello Mary Lou» para Ricky Nelson en 1961 y de «He's a Rebel» para las Crystals en 1962. Ambas canciones estaban por sobre de la media en cuanto al contenido de la letra y a las ideas del arreglo, pero Pitney sorprendentemente compuso pocos de sus éxitos propios. Tenía una voz extraordinaria, que de alguna forma se arreglaba para combinar una pasión «desorbitada» con una dicción extremadamente precisa y un sentimiento global de completa vulnerabilidad. Grabó para Musicor, un sello fundado por el editor Arnold Schroeder y supervisado por el manager de Pitney, Art Talmadge y la carrera de Pitney parecía diseñada en parte como vehículo para las canciones escritas por los demás compositores de Schroeder. Burt Bacharach y Hal David aportaron la memorable saga, «Twenty Four Hours from Tulsa» y «Only Love Can Break a Heart» y el aún desconocido Randy Newman obtuvo un par de éxitos menores.

De alguna manera, Gene Pitney significaba una vuelta atrás a la extravagancia de Frankie Laine y Johnnie Ray de la época anterior al rock 'n' roll, pero se le consideró como el sucesor de Paul Anka y Neil Sedaka y compitió con Roy Orbison como el príncipe de la autocompasión durante los primeros

* COLPIX. Fundada en 1959, en Nueva York, por la Columbia Pictures. Productor: Stu Phillips.
Pop: James Darren, The Marcels, Shelley Fabares, Paul Peterson, Earl-Jean.

** UNITED ARTISTS. Fundada en 1957, en Nueva York. Productor (desde 1959): Don Costa (ex ABC-Paramount).
Rhythm and blues pop: Mary Johnson, The Exciters, The Clovers.
Rhythm and blues: Garnet Mimms and the Enchanters.
Pop: Jay and the Americans.

Subsidiaria:

UNART.
Rhythm and blues: The Falcons.
Sello distribuido:
MUSICOR. Fundado en 1961 por Art Talmadge y Aaron Schroeder.
Pop: Gene Pitney, Kenny Dino.
Country and western: George Jones.

años sesenta. Pitney sobrevivió a la Invasión Británica mejor que la mayoría de los cantantes solistas y tuvo tantos éxitos en Gran Bretaña como en Estados Unidos, casi siempre con discos diferentes: de los diecinueve que alcanzaron los veinte primeros en uno u otro país, tan sólo dos lo hicieron en ambas listas.

La carrera de Gene Pitney fue un caso extraordinario, pues sus peculiaridades le permitían dominar el planteamiento de producción. A menudo, los productores y arreglistas neoyorquinos intentaban dominar sus discos mediante un uso caprichoso de su material o los intérpretes y a mediados de los sesenta todos quedaron conmocionados cuando la gente los rechazó en favor de discos que tenían un sabor más espontáneo, gran parte del cual debía, como mínimo, alguna inspiración al rhythm and blues.

Hacia las ciudades:
rhythm and blues, 1945-1956

6. Los estilos basados en el blues: blues de salón de baile, blues de club y blues de bar

Las raíces del rock 'n' roll se encuentran en su mayor parte en la música de rhythm and blues, un término que, como la expresión rock 'n' roll, se acuñó para denominar varios estilos musicales distintos. Algunos de los estilos que integraban el rhythm and blues compartían recursos musicales y todos se producían para un público negro.

La mayoría de los estilos aportó, al menos, un cantante al rock 'n' roll; todos proporcionaban un material que podía usarse con respeto y comprensión o bien, sencillamente, saquearse, tal como hicieron cantantes (blancos o negros) que desconocían el contexto principal donde se forjaron esos estilos, pero que necesitaban la música con el fin de atender la demanda de rock 'n' roll.

El término rhythm and blues se acuñó en los años cuarenta. Antes de la guerra las compañías discográficas consideraron oportuno identificar sus discos de blues con la etiqueta *música de «raza» [race music]* y cuando *Billboard* empezó a compilar las ventas de discos en el mercado negro, en 1946, recurrió a la palabra. En 1948, varias compañías, en especial las grandes, se avergonzaban de la expresión y empezaron a utilizar alternativas, como *ebony* (MGM), *sepia* (Decca y Capitol) y *rhythm and blues* (RCA-Victor). En junio de 1949, *Billboard*, sin comentario editorial alguno, cambió el término que utilizaba por rhythm and blues y aunque incluso en 1952 Decca todavía anunciaba su producto para el mercado negro como música *sepia*, desde entonces la nueva expresión se convirtió en la categoría que englobaba la música y los discos para el público de raza negra.

El término se ajustaba a la música que se había desarrollado a partir de los estilos de blues anteriores a la guerra. Su elemento nuevo más característico era la inclusión de un ritmo bailable. Sin embargo, «rhythm and blues» dejaba de ser satisfactorio cuando había que referirse a dos de las innovaciones posteriores más importantes de la época, la música interpretada por grupos y la que se basaba en el gospel, que ganaron popularidad cuando el rock 'n' roll empezó a alterar las pautas estilísticas de las formas anteriores del rhythm and blues. Sin embargo, como categoría de mercado, «rhythm and blues» tan sólo indicaba que el cantante era negro y que grababa para el público negro.*

A lo largo de las tres primeras décadas del siglo XX el blues amplió la diferencia que había en Nueva Orleans entre las bandas que interpretaban ritmos de marcha y de baile con varios instrumentos y los cantantes que se acompañaban con la guitarra. La música de banda se subdividió gradualmente como jazz (desarrollado por grupos de todo el país que prefería la improvisación y la armonía instrumental) y como blues de banda (asociado desde finales de los años veinte sobre todo con bandas del sudoeste: Kansas, Oklahoma, Texas y parte de Arkansas). Al mismo tiempo, los cantantes de blues que actuaban solos y que en un principio procedían de la zonas rurales del sur, empezaron a trasladarse a pueblos más grandes y ciudades y hacia el norte, donde empezaron a reunir a otros músicos para que los acompañaran, a menudo al piano o a la armónica.

Ambos tipos de blues cantado —solo o con banda— se vieron afectados por las mejoras de la amplificación eléctrica introducidas en los años treinta, que permitía oír a los cantantes sin que tuvieran que gritar; las técnicas de interpretación guitarrística aprovechaban las diferencias en tono y volumen proporcionadas por la amplificación eléctrica. Los estilos de blues del rhythm and blues de posguerra diferían de los anteriores a la guerra, en parte por esas diferencias en el equipo; pero también porque había experiencias nuevas que justificaban la música y un nuevo público al que el blues debía complacer. El cantante (o el músico) que se había criado en la vida comunitaria de las granjas del Mississippi encontró un ambiente distinto al trasladarse a Memphis y luego a Chicago. Las condiciones de vida y los gustos eran diferentes y su música tuvo que reflejarlo. Se había trasladado a la gran ciudad. Durante un tiempo, el jazz y el blues de banda, habían sido, más o menos, lo mismo, como en los repertorios de Count Basie y Jimmie Lunceford. Pero después de que con los experimentos de los músicos bop de Nueva York se abandonaron los ritmos regulares, el jazz y el blues se convirtieron en dos clases diferentes de música con públicos diferentes. La característica más especial de todos los estilos de rhythm and blues era la presencia del ritmo de baile, que los distingue del jazz de posguerra, raramente grabado como música de baile, y que podía prescindir de la convención de mantener un ritmo uniforme a lo largo de la canción.

Había más diferencias entre el jazz y el blues de posguerra. En el rhythm and blues, los solistas eran, en general, más «egocéntricos», preocupados por expresar sus propios sentimientos y dependían del resto de la banda para mante-

* Hasta 1956 hubo muchas justificaciones para tratar por separado al mercado negro. Al público negro le interesaban casi exclusivamente los cantantes negros. Tan sólo cinco discos de cantantes blancos alcanzaron los diez primeros puestos de las listas de rhythm and blues de 1950 a 1955, y tres de ellos eran discos de rock 'n' roll —*Dim Dim the Lights* y *Rock Around the Clock*, de Bill Haley, y *Seventeen*, de Boyd Bennett—. (Los demás eran *Cry*, de Johnnie Ray, y *How High the Moon*, de Les Paul and Mary Ford.) Los cantantes blancos tampoco se interesaban en atraer el gusto del público negro, hasta que, por decirlo así, el rock 'n' roll llevó un nuevo tipo de cantante a los estudios de grabación.

ner el ritmo en marcha y el volumen alto mientras hinchaban sus corazones y desahogaban sus mentes. En el jazz, solía haber más interacción entre los músicos, más exploración dentro de la melodía y la armonía y menos dependencia de la fuerza emocional del tono del músico.

La naturaleza del blues destacaba las cualidades particulares del carácter en sus intérpretes: debían tener una identidad fuerte y sólida y una manera convincente de comunicar sus pensamientos y sentimientos. Podían utilizar la amenaza o el júbilo, el humor o la desesperación total, la amabilidad o la brusquedad, para transmitir disposiciones de ánimo especiales en una atmósfera nocturna. Pero independientemente de lo que se utilice, debe tener un rasgo personal que diferencie la música de la que pueda hacer otro (a menos que tan sólo se intente ganar el favor del público mediante la imitación de alguien admirado).

Aunque cada cual tenía su estilo propio, siempre hay una tendencia compartida por quienes han tenido experiencias comunes que los han llevado a tener estilos similares. Un análisis del blues puede mostrar conexiones entre gente de ciertas zonas de los Estados Unidos y dentro de esas zonas distinguir entre hombres que cantan con un tipo u otro de acompañamiento, o bien en un tipo de club o de bar determinado.

Así pues, se pueden distinguir cinco grandes clases de rhythm and blues en la música negra de los diez años posteriores a la II Guerra Mundial. Hubo tres clases de blues —el de salón de baile, el de club y el de bar— y dos de música en pleno desarrollo que se alejaban del blues: los estilos de canto en grupo y los que se basaban en el gospel.

El siguiente análisis del rhythm and blues se basa necesariamente en pruebas discográficas, acompañadas de una considerable aportación de material reunido por investigadores y entrevistadores. La exposición prácticamente no atiende a las formas del blues de antes de la guerra, o al jazz, los cuales se han descrito y analizado bien en otros trabajos.[19] También ha habido escritos sobre el periodo de posguerra, en especial sobre los cantantes de blues de bar de Chicago,[20] y con menor extensión sobre los músicos de blues de salón de baile.[21] Nuestra exposición tiene en cuenta lo que ya se ha escrito y se centra en especial en los cantantes y músicos que influyeron directamente en el rock 'n' roll. Por otra parte, debe considerarse también como la reivindicación de ciertos músicos que, pese a no influir demasiado en los estilos posteriores, merecen ser considerados como modelos.*

* Había habido una curiosa tendencia —como señalaba Charles Keil en un ingenioso párrafo de *Urban Blues*— por parte de los seguidores del blues a finales de los cincuenta y los sesenta de prestar más atención a las formas más agrestes del blues rural en detrimento del blues urbano más elaborado. Recientemente, bluesmen urbanos como B. B. King y Albert King han sido mejor apreciados, gracias a que el interés del público se ha ampliado hasta incluir prácticamente a cualquier cantante de rhythm and blues que toque una guitarra. Pero en la época en que esto se escribe, todavía hay un interés relativamente pequeño por cantantes que no tocan ningún instrumento, sino que tan sólo cantan delante de una banda, y así como por intérpretes que tocan blues con el saxo, que cantan y tocan el saxo, o cuyo acompañamiento instrumental se basa en el piano y el saxo más que en la armónica y la guitarra, más habituales.

I

De todos los estilos de blues que florecieron en el mercado del rhythm and blues de los años cuarenta y cincuenta, hubo tres clases de blues de salón de baile que influyeron en el rock 'n' roll: el de big band, el gritado *(shout, scream and cry blues)* y el de combo de baile *(jump combo blues)*.

I. El blues de big band lo interpretaban las bandas parecidas a las que hubo en Kansas City antes de la guerra por lo que respecta la presentación en directo y los arreglos musicales.

Malcolm X, que había trabajado como limpiabotas en el Roseland Ballroom de Boston, describió bien el ambiente de un salón de baile en el que tocaba una big band:

> *¡Es la hora del espectáculo!* solía gritar la gente cuando el baile iba terminando. Un par de decenas de parejas completamente entregadas permanecían en la pista y las chicas se cambiaban y se ponían las zapatillas blancas de tenis. Ahora la banda tocaba a todo volumen de verdad y todos los demás bailarines formaban un círculo batiendo palmas y gritando para ver cómo comenzaba la salvaje competición, que ocupaba tan sólo una cuarta parte o así de la pista del salón de baile. La orquesta, los espectadores y los bailarines podían hacer que el Roseland pareciera un gran barco que se balanceaba. El reflector cambiaba de rosa a amarillo, a verde y azul, sobre las parejas que bailaban el lindy-hop como si hubieran enloquecido. «¡Suena, tío, suena!» gritaba la gente en dirección a la orquesta; y podían estar sonando, hasta que primero a una y después a otra, de las parejas se le acabaran las fuerzas y se precipitaran hacia la multitud, exhaustas y empapadas en sudor.[22]

En Newark (Nueva Jersey), LeRoi Jones vivió experiencias parecidas:

> El Lloyd's Manor de Newark (Nueva Jersey) era un sitio donde contrataban grupos, como el de Illinois Jacquet, el de Erskine Hawkins, el de Earl Bostic, el de Tab Smith, el de Big Jay McNeely y todos los demás swingers salvajes del momento. No había en absoluto ninguna barrera, ni musical ni social y una banda obtenía éxito si conseguía que saltaran los pies de los bailarines. También había un lugar llamado el Graham Auditorium donde se celebraban las llamadas «Cantinas adolescentes» (*Teenage Canteens*) aunque mucha gente ya hacía veinte años o más que habían dejado de serlo. Era un ambiente estrepitoso, con el clímax de esas «batallas» entre saxofones que entablaban los potentes instrumentos de los grupos de Jacquet, McNeely y Ammons-Stitt y cantantes de gran voz como Wynonie Harris, Larry Darnell y Little Esther.[23]

El estilo de big band de posguerra se desarrolló en varias fases a partir de la música que interpretaban las bandas de Kansas City a finales de los años veinte. Esta música había sido inspirada por los sentimientos optimistas de quienes se movían por los amplios espacios abiertos del sudoeste y, según se dice, el ambiente de Kansas City en aquella época, cuando el crimen y la buena vida se aliaban desafiando a la Prohibición y al tipo de moralidad que representaba. Durante los años treinta las big bands se establecieron en muchas grandes ciudades, con algunos famosos directores de orquesta —Fletcher Henderson, Duke Ellington, Count Basie y Jimmie Lunceford— capaces de reunir a los mejores músicos y arreglistas. Hacia finales de los años treinta, había la demanda suficiente para que las orquestas fueran más allá de sus públicos locales: Andy Kirk y Jay McShann dejaron Kansas y Erskine Hawkins llevó su orquesta de Alabama a Nueva York.

Durante la guerra, se fundaron o fueron conocidas en todo el país bandas aún más importantes, como las de Cab Calloway, Milton Larkins, Cootie Williams, Lionel Hampton y Billy Eckstine. Todas ellas eran capaces de tocar para públicos de jazz o de baile, pero al terminar la guerra la mayoría de los directores de orquesta vieron que tenían que decidirse por un público u otro. Lucky Millinder, Tiny Bradshaw, Todd Rhodes y Buddy Johnson eligieron la música de baile rhythm and blues. En comparación con las orquestas de «jazz», las bandas de rhythm and blues utilizaban arreglos menos imaginativos y a veces músicos con menos talento, si bien los líderes citados era más rigurosos que muchos otros a la hora de ensayar con sus bandas y mantenían un variado repertorio.

En los cinco años posteriores a la guerra, semana tras semana una sucesión de bandas magníficas seguían la una a la otra a lo largo de localidades que tenían suficiente población negra para mantener un gran salón de baile. A las bandas se las juzgaba en parte por su habilidad en generar un entusiasmo intenso al final de un baile. Por eso, necesitaban como mínimo un saxofonista que pudiera soplar fuerte y largamente a tempos rápidos oscilantes y un cantante a la altura, con una dicción clara y fuerte. Aunque para equilibrar estos crescendos de sonido, una banda también debía poseer solistas que pudieran crear un ambiente suave y meloso, que hiciera juntarse a los amantes y que animara a los desconocidos a que se conocieran mejor. Algunos músicos y cantantes versátiles podían ser tan efectivos en este papel como cuando gritaban, aunque muchas bandas incorporaban un cantante de baladas y un shouter, un tenor besucón y un gritador. A menudo, los solistas instrumentales eran excelentes y dominaban sus instrumentos incluso cuando los hacían graznar o chirriar como si se dejaran llevar por una emoción frenética. Lo mismo se puede decir de los cantantes, que necesitaban pulmones fuertes, una buena garganta para competir con el rugido de la banda, un sentido de la coordinación y la habilidad de adecuar sus voces con ritmo.

A lo largo de los años cuarenta, la atención se fijaba cada vez más en los solos de saxo y era más indulgente con el acompañamiento orquestal. Los arreglos se volvieron más sencillos (lo que permitía que un músico nuevo se integrara más rápidamente a la banda y los ensayos para material nuevo fueran breves). Las orquestas llegaron pronto a ser tan conocidas por sus estrellas como por su director: la de Cootie Williams por Willis Jackson, Sil Austin y Eddie Davis, la de Milton Larkins por Illinois Jacquet, Eddie Vinson y Arnett Cobb, la de Lionel Hampton por Earl Bostic, Clifford Scott y Chu Berry (y después que los tomara de Larkins, por Jacquet y Cobb), la de Billy Eckstine por Dexter Gordon y Gene Ammons.

Además de los cantos de blues gritados, muchas bandas presentaban canciones que media banda cantaba a coro o que el cantante —de voz melosa— daba un aire pegadizo. Algunos discos de Millinder, Hampton y Bradshaw incorporaban ese tipo de canto. Jimmie Lunceford presentó uno de los grupos vocales más influyentes en este estilo, los Treniers (originalmente, formado por un par de gemelos y que a la larga llegó a tener cinco componentes). Lo que se esperaba de esta clase de grupo era el canto en scat, una interpretación cómica y un animado número en escena.

Los buenos cantantes tendían a utilizar el estilo gritador y la mayoría de las interpretaciones de baladas en las big bands eran de estilo mundano. Algunos de los vocalistas tenían un buen sentido de la coordinación, como Al Hibbler, que trabajó con Duke Ellington y luego con Jay McShann; Billy Eckstine, que estuvo con Earl Hines y luego formó su propia orquesta, Sarah Vaughan, que xonfió en la orquesta de Eckstine y Arthur Prysock que colaboró con Buddy Johnson.

La mayoría de las big bands que grababan con las grandes compañías favorecía la parte jazzística de su repertorio en detrimento del blues bailable. Tan sólo la Decca animaba a sus big bands negras a hacer discos que probablemente atrayeron tanto a los compradores de discos negros como a los blancos. Entre el impresionante elenco de bandas negras de la compañía en los años cuarenta estaban las de Buddy Johnson (a menudo con su hermana, Ella Johnson, como cantante), Jimmie Lunceford, Lucky Millinder y Lionel Hampton, cuyas grabaciones las supervisaba casi siempre Milt Gabler. Entre las compañías independientes, la King de Cincinnati y la Savoy de Newark que cosecharon más éxito con las big bands. Millinder (después de abandonar la Decca), Todd Rhodes y Tiny Bradshaw grabaron para la King éxitos orientados a un mercado que se iba conociendo como «rhythm and blues», mientras Johnny Otis, en 1950, dio a la Savoy ocho grandes éxitos de este nuevo estilo.

The Johnny Otis Show era una de las últimas big bands ambulantes con éxito que se fundaron. Otis describía su show como una «Caravana de rhythm and blues» y en distintas épocas presentó a una pléyade de buenos cantantes: Little Esther —una adolescente chillona cuyo estilo recordaba a Dinah Washington—, Willie Mae Thornton, una cantante dura, casi de estilo country, Mel Walker, un baladista y Marie Adams, otra cantante de blues de voz potente. Capaz de acomodarse a los gustos cambiantes del público de rhythm and blues, la Caravana de Otis sobrevivió para disfrutar del éxito como espectáculo de rock 'n' roll.

Para sobrevivir, las big bands tuvieron que hacer muchos cambios, pero cada vez se hacían más difíciles y a mediados de los años cincuenta casi todas las que tocaban blues habían fracasado. Algunos músicos afortunados pudieron ganarse la vida como músicos de sesión para grabar discos de rock 'n' roll.

12. AMOS MILBURN, de Houston (Texas). Detrás, funda de un disco de 78 rpm de la casa Aladdin.

13. JOE TURNER, de Kansas City (Missouri). Detrás, funda de un disco de 78 rpm de Atlantic.

Las orquestas que tocaban blues habían hecho una aportación importante. En una época en que las big bands blancas de Glenn Miller, Les Brown, los Dorsey Brothers y Kay Kyser tendían a imponer arreglos a sus músicos, las big bands negras les daban libertad. El sonido de un solo de saxo que se desata después de una serie de riffs impulsores es una de las experiencias más apasionantes de la música de este siglo. La tensión creada por la misma orquesta, llevada a un tempo lento y con un clima suave, mientras un cantante entonaba el blues con una voz fuerte y viva, atrapaba fácilmente a los oyentes que comprendían las convenciones de esta música.

Parecía lógico, pues, que con la muerte de las big bands, los solistas y los cantantes quisieran alcanzar esos climas por sí mismos y que el público quisiera el entusiasmo de Illinois Jacquet en toda su pureza, sin tener que esperar a lo largo de la interpretación de conjunto y de los solos de gente no tan impresionante. Así, sustituyendo gradualmente a las big bands, llegaron los destacados cantantes y saxofonistas, los gritadores, los chillones y los llorones.

II. Para el rock 'n' roll, los gritadores de las bandas de blues eran, en general, demasiado expertos (y por lo tanto incapaces de obtener el estilo agreste que se buscaba) y demasiado adultos en lo que a intereses y experiencia se refiere. El contenido abiertamente sexual de sus canciones necesitaba un cambio —algo sencillo, como demostró Bill Haley con su adaptación de «Shake, Rattle and Roll» de Joe Turner—. Aunque la letra no lo era todo, el carácter del blues gritado era adulto por el tono de voz utilizado por los cantantes y por el sentido de las canciones y la sofisticación de los arreglos musicales.

El más famoso de los gritadores de blues, Joe Turner, no estuvo jamás asociado a una orquesta en especial. Empezó a cantar de manera semiprofesional en Kansas City a finales de los años veinte, cuando todavía era un adolescente. En sus primeros discos lo acompañaba el pianista Pete Johnson; de entre ellos, *Roll 'Em Pete* (Vocalion, 1938) era el más brillante: gracias al canto fuerte y al boogie entusiasta conseguían el tipo de espíritu que a veces, las big bands de la época no lograban obtener.

La música de Turner estaba infundida del optimismo sincero que el escritor Ralph Ellison decía que era característico de los Estados del sudoeste en los años veinte. La gente había llegado allí desde el profundo sur con la esperanza de un tipo de vida diferente, esperanza que la experiencia no había desilusionado aún. El sentimiento apareció incluso en una necrológica musical, una de las mejores canciones e interpretaciones de Turner, «Old Piney Brown is Gone»:

Well he went to California,
Stood on Hollywood and Vine;
Yes, he went to California.
As soon as the news got round,
Yeah the girls all jump and shout,
«Here comes Mister Piney Brown».

Bien, él vino a California,
se estableció en Hollywood y Vine;
sí, él vino a California.
Tan pronto como circulan las noticias,
sí, todas las chicas saltan y gritan
«aquí viene el señor Piney Brown».

The next time I saw Piney	*La siguiente vez que vi a Piney*
He was standing on 18th and Vine.	*él estaba entre la calle 18 y Vine.*
The las time I saw Piney	*La última vez que vi a Piney*
He was standing on 18th and Vine.	*él estaba entre la calle 18 y Vine.*
Well I tell the world,	*Bueno, lo digo a todos,*
Sure was a friend of mine.	*fue un gran amigo mío.*

A lo largo de los años cuarenta, mientras a otros cantantes con estilos parecidos se los aclamaba como estrellas, Turner, sorprendentemente, era bastante desconocido e iba de una compañía discográfica a otra sin lograr un sólo éxito de ámbito nacional. En 1950, Turner firmó con Atlantic Records en Nueva York y llegó a ser conocido entre los compradores de discos negros, tarde pero con un gran resultado.

Su primer disco para Atlantic, *Chains of Love* (compuesto por el copropietario de la compañía y director de productores, Ahmet Ertegun), fue un éxito importante en el mercado de rhythm and blues en 1951. Ayudado por un fuerte saxo y el apoyo del piano, Turner transformó lo que podía haber sido una canción trillada en un vehículo para los profundos sentimientos del blues, basados en la experiencia. A *Chains of Love* le siguió una serie de otros éxitos, como *Sweet Sixteen* (1952), *Honey Hush* (1953) y *TV Mama* (1954), el último con un interesante acompañamiento de Elmore James, guitarrista bottleneck de Chicago.

En 1954, Turner grabó el blues comercial «Shake, Rattle and Roll», cuyo ritmo de boogie y roncos breaks de saxo llamaron la atención de Bill Haley y la Decca, que buscaban rock 'n' roll. El propio Turner posteriormente grabó canciones de los compositores de rock 'n' roll Leiber y Stoller, como «Lipstick, Powder and Paint», aunque su voz lo delataba como un gritador de blues que no podía sonar como un cantante de rock 'n' roll.

Los demás cantantes del estilo experimentaron problemas semejantes. Walter Brown, Eddie «Cleanhead» Vinson, Wynonie Harris, Bullmoose Jackson y Jimmy Witherspoon eran seguramente los mejores gritadores de blues. Todos ellos tuvieron éxitos en el mercado de rhythm and blues, aunque fueron prácticamente desconocidos para el público de rock 'n' roll. Sus actuaciones se orientaban al tipo de situación descrita en *Urban Blues* de Charles Keil: íntima, relajada, cargada de referencias sexuales y sugerentes juegos de palabras. Bill Haley había sido capaz de limpiar «Shake, Rattle and Roll» y aún era una canción con un cierto sentido. Pero no podría haber hecho nada con «I'm Weak But I'm Willing» o «Something Done Stole My Cherry Red» de Vinson, con «Lovin' Machine» de Wynonie Harris o con «I Want a Bow-Legged Woman» de Bullmoose Jackson. La atmósfera global de «No Rollin' Blues» (1949) de Jimmy Witherspoon se apoyaba en estrofas como la que sigue, que aparecía con formas parecidas en otras canciones de rhythm and blues de la época:

Some people like to love in the parlor,
Others go down lover's lane,
But I like to love in the wee small hours of
the morning
When it's pouring down with rain.

A algunos les gusta hacer el amor en el salón,
a otros ir al callejón de los amantes,
pero a mí me gusta hacer el amor
a las tantas de la madrugada
cuando llueve a cántaros.

Al contrario que «Work With Me, Annie», de Hank Ballard, estas canciones no tenían una melodía fuerte ni un ritmo característico que pudiera usarse con una letra enteramente distinta. Los gritadores de blues solían utilizar tempos medios, melodías e, incluso estrofas conocidas, que cantaban de una manera que el público consideraba personal y completamente original.

Wynonie Harris era quizás una excepción ya que cantaba con una melodía característica y un ritmo fuerte, por lo que sus discos rápidos anticipaban el estilo de banda norteña de rock 'n' roll. «Good Rockin' Tonight», «Good Morning, Judge», «Bloodshot Eyes» y «Lovin' Machine» eran canciones rápidas, memorables y apasionantes, cantadas con ese tono de voz que identifica a un adulto. El rock 'n' roll se suponía que era música para gente joven.

Entre las gritadoras femeninas de blues, el patrón era parecido. Faye Adams, Little Esther, Varetta Dillard y Big Maybelle se atenían demasiado a las convenciones del blues para pasar al rock 'n' roll, pese a su gran reputación como cantantes de rhythm and blues. Los discos de Big Maybelle eran particularmente buenos, *Gabbin' Blues* (OKeh, 1952) tenía una buena trompeta y un arreglo fascinante, pero un marco totalmente adulto. Ruth Brown y LaVern Baker fueron las dos cantantes que impresionaron como intérpretes de rock 'n' roll y ambas grabaron para Atlantic.

Los primeros discos de Ruth Brown para la compañía —*Teardrops From My Eyes* (1951, con un solo de saxo tenor de Budd Johnson), *5-10-15 Hours* (1952, con un solo de saxo tenor de Willis Jackson)— eran sofisticados «blues-shouting» de los mejores y mucho más suaves que los discos equivalentes de los demás intérpretes de la King, con un recatado tono de súplica más asociado a los cantantes populares que al blues. Gradualmente, la Atlantic orientó los discos de Ruth Brown hacia un mercado más amplio e introdujo profundos coros de grupo vocal en «Oh What a Dream» (1954) y una letra formalmente pop de Leiber y Stoller en «Lucky Lips» (1956). Sin ser jamás una cantante importante de rock 'n' roll, fue una de las pocas cantantes femeninas que más se acercó a captar el sentimiento de la música.

LaVern Baker triunfó por completo. Sus discos siempre estuvieron poco enraizados en las convenciones del rhythm and blues y desde 1954 se dirigían de manera evidente al mercado de la música popular. «Tweedle Dee», con un tono ligero y un ritmo juguetón, fue uno de los discos de rock 'n' roll más encantadores, pero el mayor éxito de la cantante fue «Jim Dandy», una canción comercial con un ritmo más marcado. Baker demostró ser la más versátil de todas las cantantes femeninas de rhythm and blues y se convirtió casi en el único eslabón entre ese grupo de cantantes y las que tuvieron éxito en los primeros años sesenta: Mary Wells, Dionne Warwick y demás.

Los cantantes que lloraban más que gritaban el blues hicieron más aportaciones directas al estilo vocal del rock 'n' roll. Roy Brown fue el pionero del estilo, que muchos siguieron. Entre los cantantes de blues, Larry Darnell, B. B. King, Junior Parker y Johnny «Guitar» Watson adoptaron estilos originales inspirados en Brown. También recibieron su influencia James Brown, un cantante de estilo gospel, Bobby Bland, intérprete de blues y luego de gospel blues y Little Richard, que pasó del gospel blues al rock 'n' roll. Los seguidores de Brown influyeron a su vez en otros cantantes por lo que a la larga su influencia se difundió por toda la música popular y se apreciaría en el extravagante «Heartbreak Hotel» de Elvis Presley, en los gritos del corazón-rendido de Jackie Wilson e incluso en los chillidos retorcidos de Chubby Checker.

La característica más impresionante del estilo de Brown era la implicación intensa en su manera de cantar. Si los gritadores de blues dominaban siempre sus sonidos, la voz de Brown tomaba forma con la desesperación o el regocijo. Oscilando frenéticamente sobre un ritmo de boogie, o abrumado por la duda desolada, se comprometía con todas sus fuerzas con el mensaje de la canción.

Residente al inicio de su carrera en el este de Texas y en Nueva Orleans, Brown empezó a grabar para la De Luxe, de Nueva Jersey, en 1948, con su composición propia «Good Rockin' Tonight»: *I heard the news, there's good rockin' tonight.* («Escuché las noticias, esta noche hay un buen vacilón.») Ésta fue una de las canciones que encendió la imaginación de los jóvenes aburridos con la música popular blanca y varios cantantes de rock 'n' roll, como Elvis Presley, Buddy Holly y Frankie Lymon testimoniaron su influencia al grabar sus versiones.

Brown siguió grabando contagiosos discos de baile, como *Boogie at Midnight* y *Love Don't Love Nobody* y también blues lentos exentos de pasión, como «Hard Luck Blues» y «Big Town». Este último, grabado con la orquesta de Tiny Bradshaw, era una expresión clásica del deseo de independencia frente a la inseguridad personal. El cantante se despertaba una mañana y decidía marcharse a la gran ciudad:

I packed my old suitcase,	*Empaqué la vieja maleta,*
Told my family goodbye,	*y dije adiós a la familia.*
And my poor little wife,	*Y mi pobre mujercita*
She broke down. She began to cry,	*se derrumbó. Se echó a llorar.*
She said, «Big fine daddy,	*Ella me dijo: «Mi buen papá,*
Please don't start runnin' wild...	*por favor, no te portes mal...*
And leave me all alone,	*no me dejes sola.*
Remember, I'm the mother of your child».	*Recuerda que soy la madre de tu hijo».*

Pero él fue y se gastó el dinero con una chica que encontró en la ciudad. Cuando el dinero desapareció también lo hizo la chica, dejando al cantante con su súplica:

I beg for a nickel, *Put in my telephone,* *Got to call my baby,* *Beg her, please let me come back home.*	*Pedí una moneda* *para el teléfono.* *Tenía que llamar a mi chica* *y suplicarle que, por favor, me dejara* *volver a casa.*

El impacto del estilo vino de la convicción de la manera de cantar de Brown. Cuando, en los primeros años cincuenta, Bobby Bland y Little Richard empezaron a grabar discos, sonaban como jóvenes Roy Browns. Bland se permitía subir la voz hasta llantos temblorosos en su versión de «Drifting», de Charles Brown, que Bland grabó para la Modern en 1952, con el título de «Drifting from Town to Town». Little Richard grabó varias canciones de blues de banda para RCA en 1951 (a la edad de quince años) y un par de discos para Peacock en 1953, todos en un estilo de blues llorón parecido al de Brown. Tanto Bland como Richard fueron influidos paulatinamente por el gospel, al usar de manera deliberada lo que Brown había podido ignorar. En 1955, cuando Richard empezó a grabar para la Specialty, su estilo era el gospel blues.

Por aquel entonces, los discos de Roy Brown para la De Luxe ya no se vendían bien y se pasó a la Imperial. Al subrayar las cualidades vocales que compartía con Little Richard —el «maestro» imita al «alumno»— Roy Brown realizó un buen disco de rock 'n' roll, que no se vendió, con «Everybody» y «Saturday Night» y una versión muy pobre de dos éxitos de rock 'n' roll, «Party Doll» y «I'm Stickin' With You», que tampoco se vendieron. Luego, de manera notablemente rápida, Brown desapareció de la industria musical, dejando sólo los ecos de su estilo en las voces de varios cantantes más jóvenes.

Además de quienes desarrollaron estilos de rock 'n' roll que tuvieron éxito comercial, hubo un intérprete, B. B. King, que mantuvo vivo parte del sentimiento de Brown. King, anteriormente obrero en una granja de Mississippi, desarrolló un estilo sofisticado de blues mientras trabajaba de disc jockey y cantante en Memphis a finales de los años cuarenta. Su manera de tocar la guitarra venía de T-Bone Walker, del intenso estilo de interpretación con guitarra acústica propio del Mississippi y de las técnicas bottleneck de Kokomo Arnold y Robert Johnson. Todas estas influencias se mezclaron en un estilo reconocible al instante como el de King: económico, brillante, agudo y muy movido. Su manera de cantar se animaba con ocasionales suspiros en falsete, que recordaban a Roy Brown pero también a los cantantes gospel. Posteriormente declaró que todo aquello le había influido.

King fue uno de los pocos cantantes de rhythm and blues de su época que no intentó llegar al público blanco del rock 'n' roll. Aunque sus discos tenían arreglos comerciales, estaba dirigidos al público negro que prefería las baladas al blues duro. Los mejores de sus discos contenían blues llorones sin competencia, como «Three O'Clock Blues» y «When My Heart Beats Like a Hammer».

Aunque los estilos de canto gritado y llorón planteaban dificultades a los cantantes de rock 'n' roll —sobre todo a los blancos— a la hora de imitarlos,

14. ROY BROWN, de Nueva Orleans. El primer cantante y compositor de rock 'n' roll. (Foto: James Kreigsman.)

el sonido instrumental equivalente de saxo «chillón» se demostraba más fácil y el sonido aguantó varios cambios en las modas de ritmos y arreglos musicales: el rock 'n' roll, el twist y el soul. Durante la primera época del rock 'n' roll, de 1954 a 1956, su «sello» más definitivo era un break instrumental a las dos terceras partes de la duración de la pieza, en el cual un saxofonista producía un sonido que era capaz de arrancar el papel pintado de las paredes, un chillido rápido que acentuaba casi cada tiempo durante varios compases. Los dos solos de Rudi Pompili, el saxofonista de los Comets, eran mucho más apasionantes que el propio Haley. King Curtis animaba siempre los discos de los Coasters con golpes de inspiración durante las estrofas y con breaks tartamudeantes entre ellas.

El disco instrumental de más éxito del rock 'n' roll fue, con diferencia, el *Honky Tonk*, de Bill Doggett, en el que Clifford Scott ejecutaba los solos de saxo. El ritmo fácil a tempo medio estaba a medio camino de los típicos discos de éxito de rhythm and blues de unos pocos años antes, que habían variado desde los vivos y líricos tonos de *My Foolish Heart* de Gene Ammons (Chess, 1949), *Long Gone*, de Sonny Thompson (Miracle, 1948, con David Brooks al saxo tenor) y *Tenderly*, de Lynn Hope (Premium, 1952), hasta los ataques firmes y ritmo agresivo de *Hucklebuck*, de Paul Williams (Savoy, 1949), *Gator Tail*, de Willis Jackson (King, 1949) y, *Night Train*, de Jimmy Forrest (United, 1951). La mayoría de estos intérpretes, junto con Sam «The Man» Taylor, Sil Austin, Red Prysock, Maxwell Davis y King Curtis fueron los responsables que establecieron un auténtico «sonido» que acompañaría tanto a los cantantes genuinos de rock 'n' roll (Otis Williams and the Charms, Gene and Eunice, los Coasters) como a los que precisaban sonar como si lo fueran (Bobby Darin, Bobby Rydell, los Diamonds).

En general, los cantantes que gritaban y lloraban y el saxo chillón surtían al rock 'n' roll con inspiración más que con intérpretes que se convertían en estrellas. El espíritu de los gritadores y el de los llorones, junto con el apoyo instrumental de los chillones eran utilizados pero los intérpretes al estilo blues que llegaban a estrellas por sus propios medios siempre eran cantantes y músicos de combos de baile.

III. De los distintos estilos basados en el blues, el jump blues, a través de su ritmo de boogie —diversamente modificado como un ritmo jump o shuffle— ejerció un impacto más directo en los primeros cantantes que se hicieron populares con el rock 'n' roll: Bill Haley, Chuck Berry y Fats Domino (él mismo había dirigido una jump band).

Los típicos jump combos presentaban una fuerte sección rítmica con piano, guitarra, bajo y batería y solían contar con un cantante y un saxofonista en primer plano, a veces con el añadido de un segundo saxo. Entre ellos, los instrumentistas enfatizaban el ritmo de boogie que un pianista había logrado con la mano izquierda. En el proceso de transcribir el efecto a varios instrumentos, la diferencia entre cada tiempo era enfatizada con ritmos jump, o bien difuminada con ritmos shuffle. Se desarrollaron diversas variantes regionales del estilo en Nueva York, la costa oeste, el Sur central (St. Louis y Memphis), Nueva Orleans, Chicago y el litoral del Este.

El patrón para los jump combos lo estableció el Louis Jordan's Tympany Five, que en 1942 tuvo uno de los primeros grandes éxitos de una banda negra en el mercado popular, «Choo Choo Ch'Boogie» (Decca). Cantante e intérprete de saxo alto, Jordan presentaba una atracción de entretenimiento en vivo, que mezclaba letras ingeniosas con ritmos directos que producían un estilo que atraía por igual al público negro y al blanco. Nadie satisfizo más los gustos de ambos públicos con tanta eficacia hasta que aparecieron de los cantantes de rock 'n' roll Fats Domino, Chuck Berry y Little Richard.

La mayoría de las canciones de Jordan trataba temas habituales del blues —el amor, la bebida, la vida de la familia, las fiestas—, aunque él los cantaba sin la implicación típica del canto blues. Tendía a ser suelto, divertido, quizás aturdido, pero sin mostrarse demasiado afectado por lo que cantaba. Este comportamiento relajado, relacionado en parte con el comportamiento de los crooners, le permitía atraer al público blanco. Además, cantaba de manera muy clara, al contrario que muchos de los cantantes de blues cuyos acentos regionales y su confusa forma de cantar impedía que el público blanco los entendiera.

El atractivo de Jordan para el público negro derivaba quizás de las implicaciones de sus canciones, que con frecuencia parecían ser quejas inocentes y chistosas sobre las mujeres o el destino y que, a la vez, denunciaban una sociedad injusta. «Saturday Night Fish Fry», un gran éxito de Jordan en 1951, recordaba una noche que el cantante y un amigo pasaron en Nueva Orleans, cuando los invitaron a una fiesta «where some of the chicks wore expensive frocks, / and some had on bobby socks» [«en la que alguna de las tías lucían vestidos caros, / y otras usaban calcetines cortos»]. Parecía que todos se lo pasaban bien, hasta que la policía efectuó una redada. «I didn't know we were breaking the law, / but someone reached up and hit me on the jaw» [«No sabía que estábamos violando la ley, / pero alguien se plantó ante mí y me golpeó en la mandíbula»]. Detenido y acusado como sospechoso, al cantante lo sueltan cuando «my chick came down and went my bail, / and finally got me out of that rotten jail».* [«Mi chica llegó y pagó la fianza, / y por fin me sacó de esa cárcel infame.»]

Durante más de diez años, Louis Jordan fue una figura importante de la cultura popular que, con su éxito, inspiró a muchos cantantes más jóvenes. Sin embargo, pocos podían asumir un estilo tan cosmopolita y sin acento regional como el de Jordan y la mayor parte lo cantó a la vez con voces más duras que denotaban una zona particular y un acompañamiento instrumental menos sofisticado. Entre los primeros con diferentes estilos de música jump había tres cantantes de la costa oeste que tuvieron éxito: T-Bone Walker, Roy Milton y Amos Milburn.

---

* Copyright © 1949 Cherio Corporation. Reproducido con autorización.

Walker fue uno de los intérpretes de blues más sofisticados, con un estilo vocal que a veces tendía a ser más blando de lo habitual y una técnica guitarrística que demostraba tanto interés en el fraseo del jazz como en la necesidad de la expresión emocional. Walker fue el pionero en la utilización de la guitarra eléctrica en los jump combos y también desarrolló un deslumbrante número escénico, que inspiró a Bo Diddley y a Elvis Presley y en el que la guitarra se convertía en un elemento de apoyo para hacer acrobacias, como cuando el cantante se inclinada hacia atrás y colocaba el instrumento detrás de la cabeza sin dejar de tocar o para la provocación sexual, como cuando estrechaba la guitarra contra su cuerpo o la apuntaba hacia el público. Muchos otros jump combos de la costa oeste mezclaban la guitarra y el canto en un estilo parecido al de Walker, sobre todo Lowell Fulson y Johnny «Guitar» Watson. La mayor aportación de Fulson fue una interpretación clásica de canto relajado y guitarra económica en «Reconsider Baby», una canción que posteriormente grabó Presley.

Roy Milton y Amos Milburn fueron los pioneros de un tipo más duro de jump blues. Ambos estaban entre los primeros intérpretes en romper casi por completo con los arreglos relativamente sofisticados del jazz, e incluso de líderes de combo influidos por el jazz tales como Walker y Louis Jordan. En la música de Milton y Milburn, se enfatizaba el ritmo y la técnica instrumental o la calidad vocal se consideraban secundarias. Roy Milton, que tocaba la batería y cantaba, reivindicaba que fuese conocido como «el inventor del ritmo de rock 'n' roll» ya que su R. M. Blues, lanzado en 1945, era uno de los primeros discos que reorganizaba el ritmo de boogie y lo presentaba con una acentuación original. La moda y la popularidad del sonido se confirmó con las cifras de ventas: distribuido en varios sellos propiedad de Milton y Art Rupe y a la larga en el sello de Rupe, Specialty, el disco acumuló ventas por encima de un millón de copias, el primero que lo conseguía en el mercado negro.

El estilo de combo de Milton se imitó y desarrolló mucho, en la Specialty a cargo de Jimmy Liggins y Joe Liggins —los cuales tenían voces más expresivas que la de Milton— y en el sello de la competencia, Aladdin, a cargo de Amos Milburn. Los discos más famosos de Milburn contenían canciones que se ocupaban de los motivos, las alegrías y las consecuencias de la bebida (varias de ellas compuestas por uno de los mejores compositores de rhythm and blues, Rudolph Toombs), como «Bad, Bad Whiskey» (1950), «Thinkin' and Drinkin'» (1952) y otras. Pero aunque los temas de estas canciones alejaban a Milburn del público de rock 'n' roll, grabó al menos dos discos de baile rápidos, *Chicken Shack Boogie* (1948) y *Let's Have a Party* (1953) que despertaron más entusiasmo que cualquiera de los éxitos derivados del rock 'n' roll de Haley, Boyd Bennett o Larry Williams.

Irónicamente, el único éxito de rock 'n' roll en ese estilo de jump combo de la costa oeste no fue ni de Milton, ni de Milburn ni de los hermanos Liggins, sino de un cantante no tan original, Jimmy McCracklin, cuyo «The Walk» (Chess) sorprendió a todos en 1958. Según McCracklin, hizo el disco tan sólo para demostrar lo fácil que era complacer el gusto simple del público de rock 'n' roll. El éxito le dio la razón.

Durante los años cuarenta, hubo innumerables jump combos que tocaron en todo el país. Sin embargo, como no gozaban de acceso fácil a los estudios de Los Ángeles, Oakland o Nueva York, no grabaron hasta los primeros años cincuenta. En 1950, Joe Bihari, de la Modern, estableció contacto con una de las bandas más populares de la zona del Delta del Mississippi y al año siguiente Henry y Lillian McMurry fundaron Trumpet Records en Jackson (Mississippi). Entre las dos compañías grabaron parte de la mejor música de la época, que iba de los animados y saltarines boogies a blues malhumorados y amenazantes. Para muchos de los intérpretes, la música aún era un empleo a tiempo parcial que les concedía unos ingresos suplementarios para gastos además de sus emolumentos habituales como granjeros o jornaleros. Aunque se las arreglaron para tener las suficientes fuentes de ingreso para que pudieran vivir de la música, al tocar habitualmente en clubes y bares de los pequeños pueblos en ambas orillas del Mississippi y al conseguir sus propios programas en emisoras de radio locales donde interpretaban en directo un par de números, traían uno o dos invitados, difundían algunos discos y leían los anuncios de los patrocinadores.

Sonny Boy Williamson fue el más famoso de estos bluesmen, con su propio programa «King Biscuit Show» que conducía en la KFFA de West Helena (Arkansas), desde 1941. A pesar de la inflexible insistencia de que él había tomado el nombre primero, la mayoría de las pruebas sugieren que Rice Miller tendría que haberse llamado realmente el Sonny Boy Williamson Número Dos y reconocer la prioridad al armonicista de Chicago que había grabado para el sello Bluebird de la RCA desde los años treinta hasta que fue asesinado, en 1948. Miller también era armonicista y a pesar de tener casi cincuenta años cuando grabó su primer disco, se convirtió en uno de los músicos más influyentes de la época moderna e inspiró a muchos otros bluesmen para que utilizaran lo que se consideraba un instrumento «de juguete». No obstante, pocos consiguieron jamás una combinación tan efectiva de intensidad rítmica y de ambientes atmosféricos. El debut discográfico de Sonny Boy fue la acostumbrada combinación en el rhythm and blues de una cara «jump» y una balada; «Crazy 'Bout You Baby» presentaba un oscilante boogie de piano detrás del canto enérgico de Sonny Boy y su riff de armónica «wah wah» característico, mientras «Eyesight to the Blind» tenía una letra divertida que ensalzaba los atractivos de una chica: «her daddy must have been a millionaire, 'cause I can tell by the way she walks» [«su papá debe haber sido un millonario, porque puedo decirlo por la manera como camina»]. Grabó diez sencillos más para Trumpet en los tres años siguientes que, pese a sonar como si sólo se hubiera utilizado un micrófono para registrar el sonido del combo entero, comunicaban las formidable presencia del líder que atraía la atención con amenazas o persuadiendo con un encanto insidioso.

Una combinación parecida de ambientes se representaba en los discos de otro de los astros del blues del Delta, Howlin' Wolf, aunque en este caso había una amenaza aterradora en ellos, incluso cuando trataba de ser amistoso. Cuando grabó sus primeros discos en el estudio de Sam Phillips de Memphis, tenía ya cuarenta años. Wolf tenía una extraña banda que incorporaba a dos armonicistas (él mismo junto con Junior Parker o James Cotton) pero que no tenía bajo eléctrico; en vez de ello, utilizaba al pianista Bill Johnson (conocido como «Destruction»), al baterista Willie Steele y un guitarra eléctrica (Willie Johnson, Pat Hare o Hubert Sumlin) para tocar el ritmo de boogie. Ésta era una banda potente que podía swinguear, rockear y brincar en los tempos más rápidos, o recostarse en un ritmo pesado durante los números lentos. De nuevo, el primer disco proyectaba los ingredientes esenciales: «How Many More Years» saltaba junto con un ambiente relajado, mientras en la otra cara, «Moaning at Midnight» presentaba un riff de guitarra retumbante a cargo de Willie Johnson que resonaría a lo largo de los veinte años siguientes de la música popular. En comparación con el delicado sonido de influencia jazzística de la mayoría de los guitarristas de la época (desde T-Bone Walker a Merle Travis), Willie Johnson sonaba como si estuviera tañendo un fleje con un uña de quince centímetros. Eficaz como parte del arreglo rítmico, la estratagema también era sorprendentemente melódica y actuaba como un tipo de contrapunto del canto triste de Wolf, que sonaba como si se hubiera tragado el micrófono y fuera a saltar en cualquier momento por el altavoz del jukebox. Tenía lo que ahora se llamaría «presencia» y se lo disputaron Chess y Modern Records, que pensaba tener el contrato para distribuir sus discos.

En una de sus primeras visitas a la zona, Joe Bihari, de la Modern, se encontró con Ike Turner, quien con tan sólo veinte años era ya el líder de su propia banda, los Kings of Rhythm, además de un organizador y hombre de negocios extraordinariamente despierto. Bihari dejó que Turner supervisara sus sesiones de grabación, a las que aportó arreglos y acompañamientos de piano cuando lo creyó conveniente, pero por alguna razón algunas de las cintas se enviaron a la Chess de Chicago, posiblemente por una gestión del ingeniero Sam Phillips. Posteriormente Wolf grabó varios sencillos para la subsidiaria de Modern, RPM, antes de que Chess firmara un contrato en exclusiva con él; Wolf se trasladó a Chicago y legó su banda a Junior Parker, que grabó algunos discos de boogie blues intensamente apasionantes para el nuevo sello de Phillips, Sun, bajo el nombre de Little Junior's Blue Flames. «Love My Baby» y «Feelin' Good» presentaban una abrasadora guitarra tocada por Floyd Murphy que inspiró el estilo rockabilly del que hablamos en otra parte.

Entre los demás cantantes que grabaron bajo la supervisión de Ike Turner, Jackie Brenston y Rosco Gordon realizaron dos de los discos más influyentes en lo que podía llamarse estilo Jump Blues de Memphis, aunque entonces nadie utilizaba esa denominación. Aunque Brenston tocaba el saxo barítono en los Kings of Rhythm de Turner, cantó en «Rocket 88», un boogie meloso y navegador que incluía un solo gamberro del saxofonista Raymond Hill. Primero en las listas de rhythm and blues en 1951, el disco fue uno de los primeros éxitos de ese género que inspiró una versión copiada y aunque el disco de Bill Haley and the Saddlemen para la Essex no apareció en ninguna de las listas nacionales, indicaba lo que iba a suceder.

Rosco Gordon era más joven que los bluesmen rurales Sonny Boy y Howlin' Wolf. Pianista y cantante, vivía en Memphis, rondaba por los clubes y bares y se incorporaba a bandas con Johnny Ace, Bobby Bland, B. B. King y demás jóvenes prometedores. En 1952 grabó «Booted» con Ike Turner para la Chess, que encabezó las listas de rhythm and blues y siguió adelante con un disco también de éxito ese mismo año para la RPM, *No More Doggin'*. En comparación con los tiempos constantes del boogie y el ritmo de fondo de los discos de combo que se hacían en Nueva Orleans en esa época, «No More Doggin'» contenía una acentuación poco común en el primer y tercer tiempo que jamás llegó a generalizarse en la música norteamericana, pero que se recogió de manera más intensa en Jamaica, donde Rosco Gordon fue muy popular. En los años sesenta, el ritmo «de atrás hacia delante» se convirtió en un elemento característico del ska, el rock steady y la música reggae jamaicana y ello gracias en buena parte a este primer éxito de Rosco Gordon.

Una versión diferente del jump blues se desarrolló más hacia el sur, en Nueva Orleans y en el sur de Luisiana y fue el origen del éxito fenomenal de Fats Domino, que empezó en el mercado del rhythm and blues y posteriormente como cantante de rock 'n' roll. Comparados con los demás cantantes jump, los intérpretes de Nueva Orleans ponían más el acento en la expresión vocal y sonaban muy exuberantes o bien morosamente tristes. El ritmo variaba en consecuencia: en las canciones alegres era un animado y saltarín boogie y en las melancólicas un shuffle más intenso y arremolinado. Aunque Domino era con mucho el intérprete más famoso del estilo, había otros artistas excepcionales en ambos estilos de rhythm and blues y rock 'n' roll.

Uno de ellos, Roy Bird, ejerció una gran influencia, aunque su éxito nacional en el rhythm and blues se redujo a un sólo disco, *Bald Head* (Mercury, 1950). Mucho tiempo atrás era normal adoptar nombres extraños. Bird grabó como Professor Longhair and His Shuffling Hungarians y aunque nunca intentó seriamente llegar al público de rock 'n' roll, su inclinación por las canciones comerciales ingeniosas y su ritmo de «mardi gras» sirvieron de base para el estilo de rock 'n' roll con éxito de Huey Smith and the Clowns.

Aparte de Byrd, todos los cantantes de Nueva Orleans de más éxito grabaron para compañías de la costa oeste y se les proporcionaba unos estilos de acompañamiento parecidos, siempre interpretados por bandas dirigidas por Dave Bartholomew o Paul Gayten; de ahí que los cantantes sonaran de una manera más parecida en disco que en directo.

Fats Domino, como ya hemos señalado, fue el único cantante de rhythm and blues en lograr una larga serie de éxitos en el mercado del rhythm and blues y mantenerse luego como cantante de rock 'n' roll. Los cantantes de rhythm and blues, en su mayoría, nunca fueron demasiado conocidos por el público de rock 'n' roll y quienes lo consiguieron tuvieron que cambiar su estilo, como Chuck Willis en la Atlantic, Lloyd Price en la ABC-Paramount y Ray Charles primero en la Atlantic y luego en la ABC-Paramount. No obstante, ninguno tuvo tanto éxito como Domino.

En sus primeros discos, Domino cantaba con una voz nasal y aguda, lleno de buen humor en las canciones más rápidas, que lo expresaba con gritos y canto en scat que acompañaba con una interpretación pianística muy rica en acordes. Su primer disco, *The Fat Man*, realizado en 1949, cuando tenía diecisiete años, fue uno de los mayores éxitos de rhythm and blues de la época y le mostraba como un buen pianista y cantante. En los años siguientes el estilo se modificó poco a poco y su voz bajó a un tono más profundo, el ritmo de apoyo del batería se hizo más pronunciado y la interpretación pianística de Domino perdió algo de su estilo aventurero.

La transformación completa de Domino en un cantante de rock 'n' roll fue posible porque cantaba con un tono quejoso que no parecía tan adulto y ajeno como lo era el de la mayoría de los cantantes de rhythm and blues de la época. Parecía que cantaba sobre experiencias similares a las de sus oyentes blancos y él podía hacer que canciones populares como «My Blue Heaven» y «Blueberry Hill» no sonasen incongruentes al cantarlas como podrían haberlo hecho, pongamos por caso, Amos Milburn o Roy Brown.

En comparación con las canciones típicas de los gritadores de blues, las de los cantantes de jump band de Nueva Orleans solían ser menos adultas y explícitas en lo que se refería a las relaciones con mujeres. En muchas de sus canciones, Fats Domino podía haber sido un muchacho que cantaba sobre una chica y para el público joven blanco seguidor del rock 'n' roll era fácil identificarse con él.

Para el público blanco, Domino mantenía su fuerte acento de Luisiana, que asumió el encanto de un estilo comercial, aunque él raramente cantó con los gritos de registro agudo que utilizó en «The Fat Man». Las duras cualidades de su sonido se eliminaron o minimizaron, dejando un pulso rítmico relajado pero contagioso y un cantante que comunicaba su felicidad.

Como era de esperar, la mayoría de los cantantes de Nueva Orleans se impresionó más con el éxito de Fats Domino que con las características de Professor Longhair y varios de ellos, como Smiley Lewis, Lloyd Price y Guitar Slim, siguieron el estilo de Fats muy de cerca.

Lewis estuvo cerca de obtener un éxito de rock 'n' roll en 1955 con una interpretación que era casi idéntica al estilo de Domino, «I Hear You Knockin'», pero no lo consiguió por culpa de la versión de Gale Storm para la Dot. Lewis no era tan parecido a Domino y cantaba en un estilo más intenso, que recordaba a veces a Joe Turner, como en la animada «Bumpity Bump».

A la larga, Lloyd Price alcanzó un éxito de rock 'n' roll en 1959 con «Personality» y otras producciones con un gran sonido, con arreglos que se inspiraban en gran manera en los que Dave Bartholomew concibió para Domino y

15. RAY CHARLES,
de Albany (Georgia).

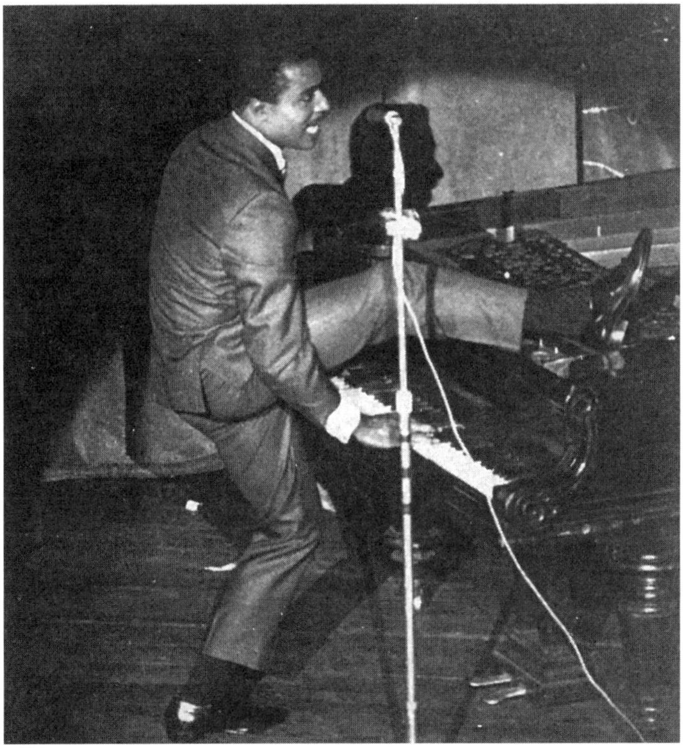

16. LITTLE RICHARD,
de Macon (Georgia).

Lewis. Pero Price ya había sido un cantante de éxito del rhythm and blues, también con un estilo cercano al de Domino. Su mayor éxito fue su primer disco *Lawdy Miss Clawdy* (1952), que presentaba un pianista que o bien era Fats Domino o alguien que sonaba exactamente como él. La voz de Price en el disco tenía un deje lastimero ligeramente más intenso que el de Domino, lo que sugería el tipo de influencia que los estilos del gospel podían haber ejercido en el canto del blues. Dos años después, en 1954, la Specialty grabó otro cantante de Nueva Orleans con un estilo gospel ligeramente más acentuado, Guitar Slim. El arreglo para el primer disco de Guitar Slim, *The Things That I Used to Do*, lo concibió e interpretó el pianista Ray Charles, lo que en cierta forma acentuó el tono religioso de la voz del cantante, llena de lamento, aunque filosófica. Tanto «Lawdy Miss Clawdy» como «The Things That I Used to Do» fueron enormes éxitos en el mercado del rhythm and blues y tuvieron un efecto incalculable en el rock 'n' roll y en la tendencia a que los cantantes adoptaran estilos influidos por el gospel.

Además de los combos de blues de Nueva Orleans de tipo «Longhair-shuffle» y «Domino-jump», había un tercer grupo de cantantes cuyos estilos eran independientes de aquellos dos: el dúo Shirley and Lee y el grupo vocal los Spiders. El dúo logró su mayor éxito como cantantes de rock 'n' roll, al usar efectos comerciales y arreglos provenientes de los estilos de combo de la costa oeste de Roy Milton y Jimmy Liggins, pero los Spiders eran un grupo de rhythm and blues, cuyo cantante solista Chuck Carbo utilizaba más una voz de blues que el estilo relajado desarrollado por muchos solistas del norte. Aunque el grupo cantaba canciones rápidas a menudo, el acompañamiento no era demasiado rítmico, lo que separaba su sonido más allá de la mayoría de sus contemporáneos (los Clovers, de los que hablamos más adelante, fueron quizás los más parecidos).

La mayoría de los cantantes que perpetuaron el ritmo de boogie en algún tipo de ritmo jump o shuffle mantenía el piano en sus formaciones, incluso si habían repartido la responsabilidad de mantener el ritmo entre varios instrumentos. Sin embargo, unos cuantos intérpretes transfirieron el ritmo a la guitarra o guitarras, entre ellos T-Bone Walker, del que ya hemos hablado y John Lee Hooker, del que hablaremos en la sección sobre los cantantes de blues de bar y Jimmy Reed.

Aunque el mismo Reed no tuvo jamás éxitos de rock 'n' roll, su ritmo fácil era una de las pocas influencias identificables en el estilo generalmente innovador de Chuck Berry y como ya hemos señalado, sus canciones estuvieron muy presentes en el repertorio de otros cantantes de rock 'n' roll.

El estilo vocal de Reed lucía la misma calidad arrastrada de la que gozaban muchos de los cantantes de blues de bar de Mississippi, pero era mucho más relajado y rítmico que los de ellos, raramente imperativo o vehemente en su tono y con frecuencia amable, atractivo y curioso. Reed llevaba la armónica sujeta a la guitarra para tocarlas al mismo tiempo y tenía un acompañamiento de batería y un bajista eléctrico, Eddie Taylor, que tocaba el equivalente de la mano izquierda de un pianista. El alegre ritmo creado por la línea de bajo y varias canciones melódicas produjeron una serie de discos que significaban un «blues pegadizo». En comparación con otros muchos cantantes de blues, Reed improvisaba relativamente poco y estableció un patrón que repetía cada vez que interpretaba una canción. A pesar de la reducida gama de ideas melódicas y rítmicas, Reed mantuvo una larga carrera e inspiró una «escuela» de imitadores, especialmente en el sur, en donde Slim Harpo, Lightnin' Slim y demás grabaron con un estilo parecido. Las canciones de Reed contenían breves y lacónicas frases —como en «Honest I Do» (1955)— que cabalgaban fácilmente sobre el dinámico ritmo:

I told you I love you,
Stop drivin' me mad:
When I woke up this morning,
I never felt so bad.

Te he dicho que te quiero,
deja de volverme loco:
cuando me levanté esta mañana,
nunca me había sentido tan mal.

Reed, una influencia relativamente menor en el rock 'n' roll, fue una de las influencias más importantes en el «revival» de rhythm and blues de mediados de los años sesenta.

De todos los estilos de jump combo, el más sofisticado se desarrolló en el litoral del Este por el compositor y director de orquesta Chuck Willis, que tendió a utilizar letras más sentimentales, acompañamientos más ligeros y ritmos menos acentuados. Willis, de Georgia, empezó grabando para la Columbia/OKeh en 1951 y obtuvo una serie de éxitos en el mercado de rhythm and blues hasta 1955, cuando cambió a la Atlantic y su estilo fue algo diferente. Compositor con un instinto para las imágenes sencillas pero evocadoras comparable al del cantante country de Arkansas, Charlie Rich, los éxitos de Willis para OKeh incluían la balada lenta «My Story» y la más rápida «I Feel So Bad», que empezaba típicamente:

I feel so bad
Just like a ball-game on a rainy day.

Me siento tan mal,
como un partido de pelota en un día de lluvia.

El ritmo se zambullía y fluía con un sentimiento latino, que sugería el efecto que un bongosero podía haber logrado si se hubiera decidido por un ritmo de boogie. La aguda y gimiente voz de Willis era más triste y suave que la de cualquier otro cantante de combo, pero curiosamente se hizo más convencional cuando se fue a la Atlantic.

Chuck Willis llegó a ser influyente no sólo como compositor sino también mediante la formación de su banda en directo. Varios intérpretes residentes en Nueva York grabaron sus canciones (Ruth Brown, The Cadillacs) y Ray Charles diseñó su propia banda a la manera de la de Chuck y contrató a tres cantantes femeninas de acompañamiento que se convirtieron en las primeras Raelettes.

Entre estos distintos intérpretes, los diferentes estilos del blues de combo sugerían una gama casi infinita de maneras en las que el ritmo de boogie podía acoplarse a una banda pequeña y reformarla para adaptar las necesidades individuales. Pero cuando fue necesario presentar un estilo nacional de música —el rock 'n' roll— muchas interpretaciones locales desaparecieron cuando los músicos y sus productores mezclaron varios estilos en uno, de modo que fue difícil notar la diferencia de sonido entre el acompañamiento de Larry Williams (en Hollywood) y el de Bobby Darin (en Nueva York).

Sin embargo, aunque parecía que el rock 'n' roll había «destruido» efectivamente un complejo valioso de estilos, también se podía argumentar que las posibilidades del estilo se habían agotado, que la música, de todas maneras, hubiera cambiado, incluso si el rock 'n' roll no se hubiese sacado de encima algunos de los mejores cantantes y arreglistas y hubiera hecho que otros parecieran pasados de moda y obsoletos. Una prueba de que los estilos desarrollados a mediados de los cuarenta habían hecho su recorrido natural, a mediados de los cincuenta fue el declive del estilo de blues de club, que en su tiempo fue tan importante como el blues de combo y que ya había declinado, a pesar de haber tenido relativamente poco contacto con las fuerzas del rock 'n' roll.

II

Mientras el jump blues servía para expresar toda la seguridad que la gente sentía en la costa oeste durante y después de la guerra, el más tranquilo blues de club expresaba el sentimiento más dominante allí, uno que tenía que ver con el desánimo, equivalente al sentimiento de «frustración impotente» que el crítico Robert Bone encontró en una novela que transcurría en el Los Ángeles de la época de la guerra, *If He Hollers, Let Him Go* del autor negro Chester Himes. Las condiciones de vida y los ingresos en las ciudades de la costa oeste —sobre todo Los Ángeles y Oakland— eran mucho mejores que las que había en Texas, aunque todavía eran mucho peores para los negros que para los blancos que trabajaban junto a ellos.

Durante la guerra, la migración de los negros hacia California desbordó las previsiones de instalaciones especiales para ellos, así que durante algunos años compartieron los clubes nocturnos con los blancos. El público, integrado de manera habitual, pudo haber animado a los cantantes negros a minimizar el contenido blues de su repertorio. En algún caso, era frecuente la interpretación de piano «cocktail»: una preciosa mano derecha que tintineaba con un ritmo ligero del bajo y de las escobillas en la batería. Los clientes de club no querían que sus conversaciones se ahogaran bajo la música, así que los cantantes y los músicos tuvieron que desarrollar un estilo que infundía un ambiente que no requería que se escucharan todas las palabras.

Uno de los creadores del estilo de canto de club fue Nat «King» Cole, que no fue nunca un cantante de blues, sino un cantante y pianista de jazz que hacía interpretaciones —sin un estilo especialmente característico— de canciones populares.

Cole ya era muy conocido como pianista de jazz cuando en 1943 se descubrió su habilidad vocal. Había realizado discos como pianista para la Excelsior y otros sellos independientes que se distribuían como jazz tanto en el mercado negro como en el blanco. La popularidad de Cole como cantante animó a la Capitol a contratarlo para cantar y su estilo relajado fue aceptado fácilmente por el público blanco habituado a los estilos «crooner» de Crosby y Como. El que Cole fuera negro era irrelevante para su estilo y quizás incluso para su imagen, aunque posiblemente atrajo alguna atención por motivos de «exotismo».

El hecho de que su estilo tuviese tan poco que ver con las tradiciones musicales negras hizo que Nat «King» Cole fuese menos popular entre el público negro de lo que lo fue en el mercado blanco. A lo largo de los años cuarenta y cincuenta fue uno de los pocos cantantes negros en ser aceptados enseguida por los directivos de las compañías discográficas, los programadores de las emisoras de radio y los compradores de discos de la clase media. Su éxito produjo un nuevo tipo de cantante negro que en ningún caso era un cantante de blues o de rhythm and blues, sino un cantante formal de baladas de música popular.

Cuando Cole abandonó el circuito de clubes nocturnos de Los Ángeles en 1945 y su popularidad creció en el resto del país, su lugar como la atracción número uno de la costa oeste fue ocupado por los Johnny Moore's Three Blazers, que tenían a Charles Brown como cantante y pianista. En el estilo de Brown no había nada de la seguridad en sí mismo de los jump combos, los cantantes gritones, o de los cantantes de blues de bar (de los que no hemos hablado todavía). En vez de ello, había una extremada tristeza, íntimamente expresada con el amable acompañamiento de la guitarra, el piano y (a veces) el saxo. Brown llevaba hasta un grado máximo como no lo habían llevado nunca antes los cantantes de blues el hecho de preocuparse narcisistamente con la profundidad de sus penas, incapaz según parece de encontrar un motivo para la esperanza o la felicidad.

El gran éxito de Brown de 1945 «Drifting Blues» (Aladdin), era típico de las canciones de blues de club:

Well, I'm driftin' and driftin'
Like a ship out on the sea. [Twice.]
Well I ain't got nobody
In this world to care for me.

Bueno, voy navegando a la deriva
como un barco en alta mar. [Bis.]
No tengo a nadie
en este mundo que se ocupe de mí.

If my baby
Would only take me back again. [Twice.]
Well you know i ain't good for nothin' baby,
Well i haven't got no friends.

Si mi chica
tan sólo me quisiera otra vez. [Bis.]
Ya sabes que no sirvo para nada, chica,
y que no tengo amigos.

I'll give you all my money
Tell me what more can I do? [Twice.]
Well you just ain't no good little girl,
But you just won't be true.

Te daré todo mi dinero.
Dime, ¿que más puedo hacer? [Bis.]
No eres una chiquilla buena,
porque no quieres ser sincera.

Bye bye baby,
Baby bye bye.
It's gonna be too late,
I'll be so far away.

Adiós, chica.
Chica, adiós.
Se está haciendo demasiado tarde
y yo estaré muy lejos.

Este fue el primero de diversos éxitos para Brown, que grabó con los Three Blazers y bajo su propio nombre en Aladdin, Modern y Exclusive. Su estilo trascendió de los clubes de blues de la costa oeste, sobre todo en la manera suave y arrastrada que tenía Floyd Dixon de pronunciar las palabras. Cecil Gant, Ivory Joe Hunter, Percy Mayfield, Johnny Ace, Jesse Belvin y Ray Charles recibieron todos, en alguna medida, la influencia de Brown, aunque cada uno cambió hacia algo distinto del blues de club.

Gant fue un pionero en muchos sentidos: fue de los primeros cantantes de posguerra en mezclar distintos estilos de blues en su repertorio y creó uno de los primeros números de blues «cosmopolitas». Nacido en Tennessee, Gant no empezó a grabar hasta casi los treinta años de edad, al final de la II Guerra Mundial. Una nota de contraportada de uno de sus álbumes informaba de cómo empezó su carrera:

> La personalidad magnética y el enorme atractivo de Cecil Gant ante cualquier público espectador se demostró por primera vez en una reunión de venta de bonos celebrada sobre un escenario callejero en la esquina de la Novena y Broadway en Los Ángeles. En el intermedio del acto, el soldado raso Cecil Gant solicitó permiso al representante de Hacienda que actuaba de presentador para subir al escenario y tocar el piano. El resultado fue electrizante y el comité local de la campaña presentó una petición formal al comandante del soldado Gant para que lo autorizara a actuar en las campañas de venta de bonos de la zona.[24]

17. JAMES BROWN, de Barnwell (Carolina del Sur).

18. James Brown en Londres con GEORGIE FAME (a la izquierda), de Liverpool, y ERIC BURDON de los Animals, de Newcastle.

Al finalizar la guerra, la compañía de Oakland, Gilt Edge, contrató a Gant, que lo anunciaba como «The G. I. Sing-Sation» («el sensacional soldado-cantante»). Sus discos contenían material de club de blues ligero, baladas populares y canciones de baile más rápidas, en un claro intento de atraer a los aficionados de Charles Brown, Nat Cole y Louis Jordan.

I Wonder, editado en 1945, fue uno de los primeros discos de rhythm and blues o de «raza» que tuvo grandes ventas y no cubrió tan sólo el mercado negro de ámbito nacional, sino que también se vendió bien en algunas regiones blancas. (Según George Leanor, que ahora lleva la One Derful Records de Chicago, pero que entonces era propietario de una tienda de discos, el éxito de *I Wonder* llevó a la posterior creación de muchas de las compañías discográficas de la costa oeste.) La canción no guardaba demasiados puntos de contacto con formas anteriores de blues:

I wonder,
My little darlin'
Where can you be
Again tonight
While the moon
Is shinin' bright.
I wonder.

Me pregunto,
cariñito mío
dónde estás
esta noche otra vez
mientras la luna
brilla con su resplandor.
Me pregunto.

Un piano tintineante unía las frases y el contrabajo proporcionaba un ritmo agradable.

Después de tres años buenos en la costa oeste, Gant regresó a Tennessee, en donde actuó en la zona y realizó nuevas versiones de sus antiguas canciones para la Bullet de Nashville. En 1950 firmó con la Decca y grabó en Nueva York varias canciones rápidas con piano boogie, «We're Gonna Rock», «Shotgun Boogie» y otras, que contenían varias características de lo que se conocería como rock 'n' roll: un ritmo fuerte, una letra sencilla y un ambiente contagiosamente alegre.

Ivory Joe Hunter, también influido por Charles Brown, tenía una voz más suave y melódica que la de Gant y una habilidad para componer canciones memorables que atrajeron al público blanco, aunque para el público negro todavía permanecía tan cercano al blues como para seguir queriéndolo. Nacido en Texas, Hunter realizó sus primeros discos para la Exclusive con los Three Blazers de Johnny Moore (con los que también grabó Brown), luego grabó de 1947 a 1950 para la King, a menudo con músicos de Duke Ellington y en 1950 se fue a la MGM para la que grabó la millonaria en ventas «I Almost Lost My Mind». En 1954 cambió otra vez, a la Atlantic y dio a la compañía su primer éxito pop importante «Since I Met You, Baby». En comparación con Nat Cole, Ivory Joe Hunter no se complació tanto con manierismos vocales y mantuvo una preocupación de cantante de blues por expresar sus sentimientos. Pero en comparación con el blues convencional, la sensación era que las canciones de Hunter eran sentimentales y que requerían un tono casi de autocompasión por parte del cantante.

Mientras tanto Gant como Hunter se orientaban a veces hacia el mercado blanco, Percy Mayfield casi nunca lo hizo y cantó canciones de blues, la mayoría de composición propia, en un estilo de balada suave. Su «Please Send Me Someone To Love» (1950) fue una de las canciones más influyentes de la época, muy grabada por otros intérpretes. En una amable y modesta súplica al cielo, Mayfield expresaba su comprensión del amplio significado de los conflictos mundiales aunque no podía evitar señalar su necesidad perentoria, de alguien a quien amar. Con un raro sentido del equilibrio que eludía por entero la ironía cohibida, Mayfield evocaba de manera brillante el habitual dilema de comprender el significado de los problemas de los demás aún siendo inevitable incidir en cuestiones personales objetivamente menores pero subjetivamente más importantes. El lanzamiento coincidió con la guerra de Corea y el disco se vendió bien durante un periodo mucho más largo de lo que era la vida normal de un éxito, aunque se comercializó preferentemente en el mercado de rhythm and blues.

Johnny Ace, Jesse Belvin y Ray Charles (con la Swingtime, de 1949 a 1953) trataron todos ellos con temas más sencillos y más abiertamente sentimentales que el citado y estuvieron entre los últimos cantantes que cultivaron un estilo de balada dirigido al público negro. Sus sucesores adoptaron siempre una gran influencia gospel, como lo hizo el propio Ray Charles después de pasarse a la Atlantic en 1953.

III

Entre los últimos estilos de rhythm and blues regional que se descubrieron y que se grabaron ampliamente estaban los estilos de blues de bar de los pueblos de Mississippi, de Memphis y de Chicago. Aunque nadie cantaba rock 'n' roll en este estilo preciso, había ecos de su espíritu chillón tanto en el country rock de Memphis como en los estilos de Chuck Berry y Bo Diddley.

La revista *Billboard*, tan rápida a la hora de reconocer y analizar cualquier tendencia nueva, comentaba en su número del 15 de marzo de 1952:

> Entre las evoluciones importantes que han acontecido en el campo del rhythm and blues en el curso del año pasado, una de las más destacadas es la importancia cada vez mayor de los estilos de blues rural o sureño y el estilo de los cantantes rurales en ese mercado. Otro aspecto noticiable es la enorme influencia de los estilos del rhythm and blues en el mercado pop.
>
> En una época hubo un amplio abismo entre los sofisticados blues de la gran ciudad y las novedades rockeras grabadas para el mercado del norte y el blues rural o del Delta que era popular en las regiones del sur. Poco a poco, las dos formas se entremezclaron y la melodía del blues rural, adornada ahora con arreglos aceptables tanto para los gustos del norte como los del sur, ha ido apareciendo en discos de todos los sellos de rhythm and blues. Es verdad que el mayor mercado para la melodía

del blues rural sigue todavía en el sur y en el oeste, especialmente en lugares como Dallas, Memphis, Atlanta, Nueva Orleans y Los Ángeles, aunque incluso las ciudades del norte han sentido su influencia (por ejemplo, Detroit).

No queremos con ello decir aquí que la mayoría de las canciones que se graban para el mercado de rhythm and blues sean rurales ya que el género sofisticado todavía es más importante, pero sí que muchas grabaciones tienen un deje rural. Aprovechando este empuje, algunos intérpretes exclusivamente rurales han alcanzado la popularidad recientemente, como Howlin' Wolf, B. B. King, Muddy Waters y otros [exponentes del estilo de blues de bar]. La Modern Records ha señalado la importancia de su mercado rural del sur al fundar un sello llamado Rhythm and Blues [el sello de la Modern se llamaba en realidad Blues and Rhythm] que graba, casi exclusivamente, a intérpretes de la zona del Delta...

La influencia de los discos de rhythm and blues en el mercado pop, tanto en canciones como en intérpretes ha tenido una gran importancia en el curso del año pasado. Johnnie Ray, actualmente un personaje «de moda» en el campo pop, con un estilo de canto cercano al de los vocalistas de rhythm and blues , vende igual en ambos campos. Lo mismo se puede decir de Kay Starr. Además de lo dicho, numerosas cancioncillas de rhythm and blues han llegado a ser muy importantes como canciones pop.

Aparte de señalar una nueva tendencia, el comentario de *Billboard* es especialmente interesante a la hora de ilustrar que la práctica de versionar discos de rhythm and blues era normal algún tiempo antes de que se acuñara la expresión rock 'n' roll para describir a los discos de versiones y por identificar una tendencia constante en los estilos de la música negra, que a medida que algunos estilos sofisticados se convertían en populares entre el público de la música pop, el público negro adoptaba otros estilos más elementales.

En muchos sentidos, el blues de bar contradecía las cualidades de otros estilos entonces recientemente populares. Así como Charles Brown y los otros cantantes de blues de club se habían mostrado reticentes, inseguros y dependientes, los cantantes de blues de bar se mostraban fanfarrones, seguros y autoconfiados. Así como los cantantes de combo habían cantado sobre un ritmo rápido y ligero los cantantes de blues de bar cantaban sobre uno pesado y, a menudo, irregular. Así como tanto los cantantes de club como los de combo habían tendido a poseer tonos suaves y redondeados, las voces de blues de bar eran duras y la melodía no parecía importarles.

El blues de bar fue el único estilo importante del rhythm and blues de la posguerra cuyos orígenes se situaban claramente en los estilos de antes de la guerra. Varios cantantes que grababan para el sello Bluebird de la RCA —entre ellos John Lee «Sonny Boy» Williamson y Joe Williams— utilizaron estilos de canto intensamente parecidos, ritmos densos y una formación instrumental parecida, aunque la batería, muy usada en los discos de blues de bar de después de 1950, se empleaba raramente antes de la guerra.

Las versiones típicas del blues de bar se desarrollaron gracias a una cantidad de cantantes-músicos —armonicistas y guitarristas— que se trasladaron

19. HOWLIN' WOLF, de West Point (Mississippi).

20. MUDDY WATERS,
de Rolling Fork (Mississippi).

desde Mississippi (o, con menor frecuencia, de la zona de Houston) hacia Chicago.

Con una excepción (el relativamente lírico Little Walter), estos cantantes eran siempre toscos en su enfoque de la música, e imponían inmediatamente su presencia a través de la amenaza, el humor o la celebración y más raramente a través de la desesperación. Los cantantes de Mississippi fueron muy influidos por un grupo de amigos que residían y tocaban en la zona de Clarksdale (Mississippi) antes de la guerra: Charlie Patton, Willie Brown, Son House y Robert Johnson. Los estilos vocales ásperos e intensos y los ritmos impacientes y tartamudeantes, el sonido agudo de la guitarra, las narraciones dramáticas y los gestos de chulería no eran nuevos. Pero ahora el ruido era mayor, los ritmos más destacados, aunque no siempre más regulares y el acompañamiento realzado por varios instrumentos.

Parece que Muddy Waters fue el primero de los más jóvenes cantantes de blues de allí en grabar, cuando grabó algunos sencillos para la Aristocrat en 1947-1948. Había abandonado el sur unos cuantos años antes y trabajó como semiprofesional en Chicago hasta que conoció a los hermanos Chess (que cambiaron el nombre del sello Aristocrat por el de Chess en 1949). Los primeros discos de Muddy, además de su propia guitarra, tenían tan sólo el acompañamiento del piano y el bajo. En *Gypsy Woman*, *I Can't Be Satisfied* y demás, creaba un ambiente alegre y agresivo con su canto seguro y una dura interpretación guitarrística, la mayor parte con un sola cuerda.

Muddy Waters rara vez «cantaba», sino que se contentaba con un grito áspero y a escupir y murmurar con una dureza insólita en la música grabada. En parte, la crudeza reflejaba el espíritu de los bares donde Muddy había forjado su estilo, que era escandaloso como las risas, los gritos y la conversación en voz alta de los bebedores, con cuyo ruido debía competir la banda. La melodía y la armonía en sentido convencional estaban fuera de lugar en aquel contexto; el blues de bar de Chicago disparaba emociones hacia el público en grandes cantidades.

Muddy se convirtió pronto en uno de los artistas discográficos de la Aristocrat/Chess más vendidos. Gracias a contactos con las radios de Chicago y los propietarios de clubes, la Chess fue capaz de convertirlo en el cantante de blues número uno de la ciudad y a medida que músicos de calidad subían hacia el norte desde Mississippi o bien se integraban en su banda o bien le hacían la competencia. El músico sobresaliente que entró en la banda de Muddy Waters fue el armonicista Little Walter, cuyo tono afilado y melódico contrastaba brillantemente con el registro más bajo de la voz y la guitarra de Muddy. El impacto de Little Walter en el estilo de la banda se detecta comparando dos de los mejores discos de Muddy, *Rollin' Stone* (1950) y *Hoochie Coochie Man* (1954). En ambas canciones, Muddy se jactaba de sus habilidades amatorias, aunque en la primera el tono era relativamente informal, con bajo y su propia guitarra que propiciaban un ambiente íntimo, mientras en la segunda el batería acentuaba un ritmo más fuerte y el tono estridente de la armónica de Walter, que intervenía después de cada frase cantada, hacía mucho más dramática la interpretación y parecía que animaba a que la manera de cantar fuera más agresiva.

Durante un tiempo, Little Walter tuvo más éxito como artista discográfico que el mismo Muddy Waters, porque se adaptó a un ritmo más ligero y más bailable en sus propios discos para Checker. «Juke», una pieza totalmente instrumental, estuvo en cabeza de las listas de rhythm and blues en 1952 y la cantada «My Babe» repitió la jugada en 1955. Entre medio, Walter grabó otros varios discos de éxito y sus fluidas improvisaciones revelaron una nueva dimensión de la armónica que los bluesmen usaban con más frecuencia para repetir riffs rítmicos y proporcionar un contraste dinámico con los demás instrumentos de la banda.

Pero aunque Little Walter fue una de las atracciones discográficas más vendidas entre los bluesmen contemporáneos, no tuvo la capacidad organizativa y el carisma para reunir un grupo en directo de primera clase y el único competidor auténtico de Muddy Waters en este frente fue Howlin' Wolf. Llevado al norte por la Chess en 1952, Wolf tardó varios años en hacerse a la idea de las diferentes condiciones de grabación de la Chess, en la que el bajista Willie Dixon dirigía el cotarro. Con el tiempo Wolf llamó a su guitarrista anterior, Hubert Sumlin y en 1956 los dos consiguieron revivir finalmente el tipo de espíritu que Wolf había alcanzado en sus grabaciones de Memphis. «Smokestack Lightnin'» recreaba un riff de guitarra que Wolf había utilizado en «Crying at Daybreak» y con la mejora de las instalaciones de grabación ese sonido tuvo mucho más impacto. En la época, los riffs de guitarra y la utilización de la armónica por parte de Wolf fueron los que influyeron en sus contemporáneos, tanto en el campo del rhythm and blues como en el del pop, aunque durante los años sesenta diversos cantantes blancos de rock también empezaron a adoptar algunos de sus manierismos vocales, sobre todo el cantante de Los Ángeles, Captain Beefheart.

De los demás bluesmen que partieron hacia el norte a medida que Chicago se convertía en la meca del blues de bar, Sonny Boy Williamson no revivió nunca de manera consecuente el espíritu de sus mejores discos para Trumpet, pero «Don't Start Me Talkin'» fue un divertido éxito de rhythm and blues que estuvo entre los diez primeros en 1955 y en los primeros años sesenta intentó algunos ambientes rítmicos acomodaticios con ideas tomadas tanto de Booker T. and the M. G.s como de Jimmy Reed, con una mayor eficacia en «Help Me» y «Bye Bye Bird».

Elmore James fue a Chicago al mismo tiempo que Williamson, pero James realizó sus mejores discos mientras estaba todavía en el sur (para Trumpet y Meteor), cuando su estilo característico de guitarra discordante aún era relativamente nuevo para él y para su público. Su estilo era bastante sencillo, e incorporaba una serie de acordes estruendosos, distorsionados por un cuello de botella (*bottleneck*) que se deslizaba por el mástil, sobre los cuales el cantante recitaba su mensaje. La tesitura vocal de James era reducida, pero su compromiso era convincente. Su banda también tuvo el poco común añadido de un saxo, que suministraba un vínculo solamente de nombre con los estilos de banda de blues. Su tema estándar era «Dust My Blues», una buena canción de fuerte empuje con un ritmo de baile más regular que el que usaba la mayoría de los cantantes de bar y un sonido de guitarra slide que fue una presencia típica del blues británico de finales de los sesenta. (La canción se grabó para cuatro o cinco sellos distintos, aunque quizás la mejor fue la de Meteor de 1953.)

Seguramente el cantante de blues de bar más atípico —aunque uno de los más importantes— era John Lee Hooker. El estilo de Hooker estaba a mitad de camino del estilo chillón de blues de bar y de un estilo de boogie más suave (que Hooker compartía con Jimmy Reed), que tenía la intensidad de aquel y la preocupación de éste por el ritmo regular.

Para Hooker el blues era un pretexto para la autobiografía, como lo fue para otros muchos cantantes, aunque raramente de manera tan amplia. A pesar de la importancia que tenía para Hooker lo que decía, el resultado global era a menudo casi ininteligible ya que él siempre estaba preocupado por imponer un ritmo incluso en el caso de que implicara el cortar de un tajo palabras o frases para conseguir la cadencia correcta, o en el caso de que implicara el ahogar la letra con un acorde de guitarra más afilado. Tocando un mínimo de acordes, Hooker conseguía la variedad con la mano derecha al alternar presiones y golpes y mezclar su voz con la línea melódica de la cuerda superior de la guitarra. «Moanin' Blues», grabada para la King en 1949, ilustraba la técnica y sólo después de repetidas interpretaciones se captaba el mensaje:

My dear old mother's dead,	*Mi querida madre ha muerto,*
My fathers turned his back on me.	*mis padres me han vuelto la espalda.*

Las palabras son las mismas de cualquier canción de blues y son relegadas a un papel menor, lo que da a Hooker algo para decir mientras él se concentra en sí mismo y la atención del oyente en el clima de desesperación en el que está sumido. Desde la primera nota, la tristeza desesperada es obvia y convincente. El ritmo de la guitarra y de la voz se para y empieza, tartamudea, vuelve de nuevo y gracias a las tensiones que crea en el clima, se convierte en la fuente de la expresión emocional de la canción.

Nadie en esa época utilizaba el ritmo de esa manera y, sorprendentemente, poca gente lo intentaba. Prácticamente solo en su estilo, Hooker fue el único que pudo dar lo que su público quería y fue muy solicitado por muchas compañías discográficas. La Modern, que había lanzado su primer disco, tenía un contrato nominal con él, que él se saltó fácilmente al adoptar diversos seudónimos:

> Hice algo como Johnny Williams y como Texas Slim. En esa época yo iba caliente como un petardo y ellos me daban mucho dinero por grabar algo de material. Usa un nombre distinto. El dinero es muy estimulante, ¿sabes?, así que fui Texas Slim para la King, John Lee Booker para la Chance, la Chess y la De Luxe y Johnny Williams para la Gotham y la Staff.[25]

21. JIMMY REED, de Leland (Mississippi).

22. JOHN LEE HOOKER, de Clarksdale (Mississippi).

También fue The Boogie Man para Acorn, Johnny Lee para la De Luxe y Birmingham Sam and His Magic Guitar para la Regent.

La indiferencia de Hooker por cualquier tipo de sutilezas legales reflejaba la indiferencia que sentían algunos equipos de compañías discográficas por sus músicos. Saul Bihari lo explicó a un reportero en una entrevista para *Billboard.*

> Acostumbrábamos a traerlos, les dábamos una botella de licor y les decíamos: «Cántame una canción sobre tu chica». O: «Cántame una canción de Navidad». Y ellos punteaban un poco en la guitarra, luego decían «de acuerdo» y hacían una canción sobre la marcha. Les dábamos un tema y ellos tiraban hacia delante. Cuando llegaba el momento de dejarlo, les hacíamos una señal de que tenían diez segundos para terminar.[26]

El blues era un producto rentable si se manejaba correctamente. Si a los cantantes se les podía convencer de que crearan su arte por unos cuantos dólares y una jarra de whisky, había más dinero para la promoción. Si los cantantes no sabían que en calidad de compositores tenían derecho a royalties sobre las ventas y la interpretación pública de sus canciones y discos, esto suponía una fuente suplementaria de ingresos personales para los productores de las compañías discográficas.

Irónicamente, cuando el blues empezó a perder popularidad, a lo largo de los años cincuenta, muchos de los cantantes nuevos siguieron siendo tan ingenuos respecto a los derechos como los cantantes de blues mayores a los que sustituían. Los adolescentes, recién salidos de la escuela, o a veces aún en ella, estaban tan contentos por cantar y vivir que no miraban con detenimiento los contratos que firmaban y no pensaban en los miles de dólares a los que tenían derecho si tenían en la mano cien dólares en crujientes billetes nuevos.

7. Después del blues: el gospel y los sonidos de grupo

I

El blues había tendido siempre a ser una forma de música casi de mala fama entre los negros de clase media y los de la clase obrera acomodada. Era la música de los bares de mala nota, de las fiestas que duraban toda la noche e incluso de los burdeles. Aunque siempre hubo algunos cantantes que incluían en sus repertorios tanto blues como material religioso, la mayoría de ellos acusaba la tensión de tratar de reconciliar los dos tipos de canción y lo que implicaban.

Esta característica del blues impedía a todas las chicas, con excepción de las más independientes, cantar blues en público, e incluso restringía el número de hombres que lo cantaban. Pero aún había bastantes hombres sin demasiado sentido del estatus social y de la respetabilidad superficial y quizás un mayor sentido de la naturaleza y el valor de su experiencia propia, por lo que el blues florecía a lo largo del sur y cuando se trasladaron al norte se llevaron su música con ellos.

Pero la gente que valoraba su sitio en la sociedad negra —y norteamericana— elegía juiciosamente cantar en la iglesia. Para el mundo exterior, esto parecía ser un quehacer admirablemente convencional: aceptar una de las instituciones más fuertes de la sociedad, la iglesia de Dios. Y quizás parecía también que si todo el mundo creía en Dios, ellos aceptarían la forma en que había organizado el mundo, lo que comportaba algunas desigualdades en la distribución de la riqueza, la felicidad y las oportunidades.

Sin embargo, la iglesia negra no se mostraba tan conformista en cuanto a su papel en la sociedad norteamericana. En muchas zonas la asistencia a los servicios religiosos era consecuentemente segregad y a menudo la administración global de las iglesias se llevaba por parte de personas negras. La economía, la política, los servicios sociales y el entretenimiento se puso bajo el control de los clérigos y sus asistentes, lo que atrajo a algunos de los personajes más ingeniosos y ambiciosos de la población negra para hacer carrera en la iglesia. Además de esto, en la iglesia se podían expresar las emociones, desnudar los sentimientos, admitir la desesperación, cultivar la esperanza y considerar el cambio, algo que la población blanca nunca necesitó.

Entre aquellos que comprometieron sus capacidades con la religión estaban los cantantes, algunos de los cuales eran aficionados que se presentaban cada domingo y quizás un par de noches a la semana para practicar. Otros eran profesionales que actuaban la mayor parte de noches de la semana.

Había varios tipos de cantantes religiosos, que incluían cantantes de espirituales, gospel y predicadores. Los cantantes de espirituales subrayaban la calidad de las voces e impresionaban al público con la belleza lírica de su estilo; en la música de posguerra, Mahalia Jackson había dominado ese tipo de canto. La música gospel se concentraba más en la interacción entre las voces, que a menudo se curtían a propósito para acentuar la convicción emocional de los cantantes. Rosetta Tharpe, a veces a dúo con Marie Knight, fue de las primeras cantantes de posguerra en tener éxito con este estilo. Los cantantes predicadores tendían a lanzar sus mensajes, con un casi-grito urgente que a menudo tenía la coordinación y el fraseo de un cantante, aunque sin melodía.

Durante los años cuarenta, la mayoría de las compañías que grababan música de rhythm and blues también incluyó algunos discos religiosos entre sus lanzamientos. Hubo algunas críticas contra esa práctica por parte de personas religiosas que se oponían a que se negociara con el nombre de Dios en los mismos mostradores que el mundano rhythm and blues. Varias compañías (entre ellas Peacock, Nashboro, Savoy y Gotham) resolvieron el problema en alguna medida y presentaron el producto religioso en colecciones diferentes de las de material de rhythm and blues y a veces en sellos diferentes.

En el periodo 1945-1950 se grabó una gran cantidad de música religiosa, aunque, como era el caso para el rhythm and blues, principalmente por compañías de fuera del sur. Se realizó poca cosa en el mismo sur. La Columbia y la OKeh grabaron a varios cantantes de espirituales y de gospel, como el Golden Gate Quartet y los Mitchell's Christian Singers; la Mercury grabó a los Selah Jubilee Singers y la subsidiaria de la Decca, Coral grabó a Mahalia Jackson y a los Paramount Singers entre muchos otros.

En Nueva York, la independiente Apollo se convirtió en uno de los sellos principales de gospel, con Mahalia Jackson y demás (ver capítulo 2). Otra compañía de Nueva York, que utilizó sucesivamente los sellos Regis, Manor y Arco, grabó a los Dixie Hummingbirds, los Silver Echoes y los Skylight Singers. Al otro lado del río, en Newark (Nueva Jersey), la Savoy y su subsidiaria Gospel grabaron a James Cleveland y otros. En Filadelfia, la Gotham grabó a los Dixie Hummingbirds y a los Famous Ward Singers de Filadelfia. En la costa oeste, el elenco más sobresaliente de cantantes de gospel apareció en Specialty, entre ellos, los Pilgrim Travellers y los Soul Stirrers. (Otras compañías de la costa oeste, como la Modern y la Imperial, hacían lanzamientos gospel relativamente infrecuentes.) No fue hasta los primeros años cincuenta que el sur empezó a estar mejor representado, cuando la Peacock en Houston y la Nashboro en Nashville reunieron algunos de los cantantes contratados por las compañías del norte y presentaron a grupos residentes en el sur, que eran famosos pero que no habían grabado. La Peacock firmó un contrato duradero con uno de los grupos con más grabaciones y de mayor influencia, los Dixie Hummingbirds y con otro grupo muy influyente, los Five Blind Boys of Mississippi. La Nashboro grabó a los Silvertone Singers, los Skylarks, el Swanee Quintet, Edna Gallmon Cooke, los Consolers y el Professor Harold Boggs.

A estos cantantes de espirituales y gospel les preocupaba la emoción de manera diferente a como la enfocaba el blues. Los cantantes de blues tendían a que les importaran las experiencias o relaciones entre personas. La naturaleza abstracta de las relaciones en las canciones gospel entre el cantante y Dios escaseaba en el blues, pero estaba cerca de la concepción del amor idealizada e irreal que a menudo tenían los adolescentes. Entre 1948 y 1952 la conexión potencial entre las emociones del canto gospel y las esperanzas de los oyentes adolescentes de música popular ocurrió gracias a varios cantantes, ejecutivos de compañías discográficas y compositores. Directa e indirectamente, los estilos y convenciones del gospel se introdujeron en el rhythm and blues y constituyeron la primera tendencia significativa más allá del blues como tal en la música popular negra.

Retrospectivamente, parece que la influencia del gospel ya era presente en los estilos de uno o dos cantantes de banda de blues, por ejemplo, en Roy Brown, del que hemos hablado antes y en Tommy Brown, un cantante sin parentesco con el anterior, de las Carolinas. En ambos casos, la voz del cantante casi se quebraba con la intensidad emocional que intentaba expresar.

Pero la primera utilización deliberada de cantantes de formación gospel en la música «profana» parece haber sucedido en 1950, cuando un profesor de canto gospel de Nueva York, Billy Ward, fundó un grupo de rhythm and blues, los Dominoes, con cuatro de sus alumnos. Posteriormente, un miembro del grupo, Clyde McPhatter, recordaba la preocupación que tenía el grupo por la utilización de elementos del canto gospel en canciones populares.

> Estábamos muy asustados en el estudio cuando grabábamos. Seguíamos el patrón de los Ink Spots porque yo tenía una voz muy aguda, pero yo no creía que tuviera que intentar sonar como Bill Kenney y así es como empezamos con el género gospel. Billy Ward nos enseñaba la canción y nos decía: «cantadla» y yo le decía: «no la veo así» y él decía «probadlo a vuestra manera». Yo me sentía más relajado si no me quedaba limitado a la melodía. Yo quería tomarme libertades con ella y él decía: «es genial, hazlo así».[27]

Los Ink Spots, junto con los Mills Brothers, eran el modelo a imitar más importante entre los grupos de esa época; habían triunfado en el mercado blanco y su éxito alimentaba los sueños de los cantantes negros más jóvenes, metidos en los bares del ghetto con sus Pepsis, escuchando por la radio las noticias conforme los Ink Spots estaban a punto de iniciar una gira por Europa. Algunos de los grupos más jóvenes basaban su atractivo en una buena voz de bajo, que los Ink Spots usaban a veces.

Los Ravens, un grupo neoyorquino, tenían mucho éxito en el mercado del rhythm and blues a finales de los años cuarenta con un estilo parecido al de los

Ink Spots, pero el cambio hacia la influencia del gospel se destacó primero a cargo de los Dominoes, otro grupo neoyorquino cuyo primer éxito «Sixty Minute Man» presentaba al bajo del grupo, Bill Brown, jactándose de sus habilidades con una letra típica de la época, sin ningún parecido con el gospel.

If your man ain't treatin' you right,
Come up and see your Dan;
I rock 'em, roll 'em all night long;
I'm a sixty minute man.

Si tu hombre no te trata bien,
ven a ver a tu Dan;
nos lo montaremos bien toda la noche;
soy el hombre de los sesenta minutos.

El coro hacía algunas precisiones:

There'll been fifteen minutes of kissin',
Then you'll holler, «please don't stop»,
There'll been fifteen minutes of teasin'
And fifteen minutes of squeezin'
And fifteen minutes of blowin' my top.

Habrá quince minutos para besarnos,
y luego tu gritarás «no pares, por favor»,
habrá quince minutos de juegos
y quince para abrazarnos
y quince más para reventar.

En esta canción, McPhatter estaba al fondo, susurrando «don't stop» en momentos apropiados del estribillo, pero en otra parte gritaba con un llanto en falsete que los demás grupos también usaban en esa época. Un año después, hacía de solista en «Have Mercy Baby» y en esta ocasión la influencia del gospel era mucho más fuerte. De nuevo cantó como solista en «The Bells», al final de la que parecía deshacerse en lágrimas, una estratagema usada a menudo en las actuaciones de gospel. Poco después de este disco abandonó a los Dominoes para fundar su propio grupo, los Drifters. (Su lugar en los Dominoes fue ocupado por otro cantante con una fuerte influencia gospel, Jackie Wilson.)

Los Drifters grabaron para la Atlantic, en la que McPhatter estuvo bajo la cuidadosa supervisión de Ahmet Ertegun. El primer disco del grupo fue «Money Honey», una canción compuesta por un antiguo pianista de una banda de Kansas City, Jesse Stone, cuyo tema era el de muchas canciones de blues: la carencia financiera echa a perder la vida del cantante. Pero la canción tenía un estribillo que revelaba la ambición de satisfacer el mercado popular no ligado al blues y McPhatter la interpretaba con toda la intensidad que se podía esperar de un cantante de gospel. La triste situación familiar de la canción se volvía cómica gracias a la inexpresiva despreocupación por el tema por parte del cantante.

Well, the landlord rang my front door bell;
I let it ring for a long long spell.
I went to the window and peeked through the blind,

El casero tocó el timbre de mi casa;
yo dejé que sonara y sonara durante un largo rato,
fui a la ventana y eché una ojeada a través de la persiana,

And asked him to tell me what was on his
mind.
He said, «money honey; money honey;
money honey,
If you want to stay here with me».

y le pregunté en qué estaba pensando.
Y dijo: «dinero cariño, dinero cariño,
dinero cariño,
si quieres quedarte aquí conmigo».

Well I was gleaned and cleaned and so
hard pressed,
I called the woman that I love best.
I finally got my baby about half past three;
She said, «I'd like to know what you want
with me».
I said, «money honey...».

Miré lo que tenía, y estaba sin blanca y
tan apremiado,
que llamé a la mujer que más quiero.
Finalmente pude dar con ella a las tres y
media;
y me dijo: «me gustaría saber qué quieres
de mí».
Y yo dije: «dinero cariño...».

She screamed and said, «what's wrong
with you?
From this day on our romance is
through».
I said, «tell me baby, face to face,
How could another man take my place?».
She said, «money honey...».

Ella gritó y dijo: «¿estás chalado?
desde hoy nuestra historia de amor se ha
acabado».
Y yo dije: «dime, chica, cara a cara,
¿cómo encontrarás a otro hombre que
ocupe mi sitio?».
Y ella dijo: «querido dinero...».

Well I've learned my lesson and now I
know,
The sun may shine and the wind may blow,
The women may come and the women
may go,
But before I'll say I love them so,
I want money honey...

Bien, aprendí la lección y ahora sé,
que el sol puede brillar y el viento soplar;
que las mujeres vienen y van
pero que antes de decirles que las quiero
tanto,
yo quiero dinero cariño...

Después de este buen disco, McPhatter siguió con otros éxitos como miembro de los Drifters. Algún tiempo después se convirtió en cantante en solitario y retuvo siempre un característico sentimiento gospel en su estilo.

Otros grupos buscaron repetir rápidamente el éxito de los discos de influencia gospel de los Dominoes. Uno de ellos, los Five Royales, empezaron como un grupo formal de gospel y grabaron originalmente con el nombre del Royal Sons Quintet para la Apollo y se pasaron luego al rhythm and blues. El cantante solista del grupo, Johnny Tanner, tenía un tono vocal parecido al de McPhatter, ligeramente más vacilante y menos melódico, más maduro y con un empuje más duro en los tempos rápidos. Combinando un número visual divertido con un estilo vocal intenso y frenético, el grupo se convirtió en popular inmediatamente y obtuvo varios éxitos con la Apollo, como «Baby Don't Do It» y «Help Me Somebody». El acompañamiento musical del grupo era más cercano a una banda de blues que al casi rudimentario acompañamiento de la mayoría de grupos y cuando los Five Royales se fueron a la King en 1955, el guitarrista Lowman Pauling tenía más papel, sobre todo en la brillante «Think», que recogía una interacción inhabitual entre la voz y la guitarra. Con sus ingeniosos entusiasmos y sus coros ásperos, los Five Royales ofrecían un rhythm and blues en su apogeo y mantenían la fuerza de las letras del blues y las presentaban con la emoción de los cantantes de gospel.

En 1954 un tercer grupo aprovechó el rhythm and blues influido por el gospel para producir varios éxitos enormes de rhythm and blues: los Midnighters que, como antes McPhatter y los Dominoes y los Five Royales después, grabaron para la King. El cantante solista del grupo, Hank Ballard, tenía un tono más lastimero que el de McPhatter o Tanner y acostumbraba a expresar bien los desgarradores acontecimientos de «Work With Me, Annie», «Sexy Ways» y «Annie Had a Baby», una especie de serial triste con largas súplicas, satisfacción rápida y el justo castigo inevitable. La desesperada voz de Ballard no traicionaba ninguna señal de humor que los demás encontraban en su drama. Detrás de él, la guitarra, el bajo y la batería propinaban uno de los ritmos más ásperos grabados jamás, mientras el grupo vocal cantaba con compasiva comprensión: «aah-ooh, aah-ooh».

Según un observador (Charles Hobson, que llegó a ser disc jockey en Nueva York y presentador de «How It Is» en la ABC-TV), «Work With Me, Annie» fue aclamada como el himno nacional negro de 1954 por su joven público, que también estaba encantado con los placeres de «Sexy Ways», «in the hall, on the wall...» («en el vestíbulo, en la pared...»). En «Annie Had a Baby», Ballard regresaba con una advertencia:

Annie had a baby, *Can't work no more.* *Every time she starts to work,* *She has to stop and walk the baby across the floor...*	*Annie tuvo un hijo* *y ya no puede trabajar.* *Cada vez que se pone a trabajar,* *tiene que parar y hacer caminar al niño...*
Now I know Annie understood— *That's what happens when the getting gets good.*	*Ahora yo sé que Annie comprendió* *lo que pasa cuando la cosa se pone buena.*

La canción se acreditó al productor de la King, Henry Glover y a «Lois Mann», alias del propietario de la King, Sydney Nathan, que reivindicaba la autoría (y los royalties del compositor) de muchos de los lanzamientos de su compañía. Los Midnighters desarrollaron la historia de esta canción con una irónica continuación «Henry's Got Flat Feet», como si a Etta James se le hubiese ocurrido ofrecer una versión «formal» para rematar su respuesta a la primera canción de «Annie», «Roll With Me, Henry».

Dentro del mundo de la música popular negra, el gospel se hizo cada vez más importante. James Brown and the Famous Flames grabaron «Please, Please,

23. THE FIVE ROYALES, de Carolina del Sur. Johnny Tanner, cantante solista, en primer plano a la izquierda; Lowman Pauling, guitarrista y compositor, en el centro. (Foto: James Kreigsman.)

24. FATS DOMINO, de Nueva Orleans.

Please» (Federal) en un auténtico estilo de predicador, con un acompañamiento instrumental mínimo y un ritmo irregular. El disco fue un gran éxito en el mercado del rhythm and blues en 1956, pero no tuvo impacto en el mercado pop. Para el público blanco de esa época, en general era necesario ser más melódico, no tan intenso. El intransigente estilo vocal de los grupos corales de influencia gospel no era conveniente, ni tampoco las letras directas de muchas de las canciones. Pero el contagioso buen humor y el apasionamiento en sus discos proporcionaban un modelo importante que muchos cantantes de rock 'n' roll intentaron imitar.

La transición efectiva del público negro al blanco se hizo, en la mayor parte de ocasiones, con un estilo de grupo que tomaba nota de los últimos gustos hacia más melodía y menos intensidad.

II

Con pocas excepciones —el líder del divertido combo de jump blues, Louis Jordan, el «cosmopolita» Cecil Gant, los pianistas-cantantes de blues de club— cuando un negro escogía cantar el blues tomaba una decisión, que comportaba implícitamente que ningún blanco le querría escuchar. Cantaba sobre sus propias preocupaciones, para gente que las compartía o las conocía.

Pero un número cada vez mayor de negros nacidos en el norte, o que habían vivido allí desde la más tierna infancia, se sentían distanciados de las experiencias de los cantantes de blues, o, como mínimo, de la forma que escogían para expresarlas. En el sur, las comunidades negras habían estado fielmente unidas, dependían de la sociedad blanca en cuestión de trabajo y servicios, pero eran autosuficientes por lo que respecta a la conversación y la diversión. En el norte, los medios de comunicación actuaban como un agente de alteración de este tipo de vida. Los anuncios, la televisión y las películas presentaban un mundo de gente blanca en el que algunos rostros negros aparecían ocasionalmente en papeles pequeños. Los periódicos negros y las emisoras de radio estaban al servicio de las comunidades negras, pero no podían ofrecer el glamour de los medios visuales a todo color. Había otras fuerzas que influían en la juventud nacida en el norte. John Lee Hooker explicaba algunas de ellas:

> A los chicos de color normales, el blues les resulta desconcertante. Así es como lo veo yo. Creo que les gusta, pero que les resulta desconcertante, porque sus antepasados y sus abuelos fueron traídos como esclavos. Les gusta el blues, pero piensan que en estos tiempos modernos no deberían escucharlo. Piensan que les hace volver atrás en el tiempo. Y no es así. Pero ellos lo ven así. Ellos vuelven a pensar en la esclavitud, pero eso es agua pasada; y no volverá jamás.[28]

Como reacción a estas y otras influencias, los jóvenes negros del norte se preocupaban por cómo podían hacerse con sus propios estilos, con la forma en que se presentaban ante la gente y desarrollaron patrones originales de vestimenta, habla y forma de caminar... y de cantar. Malcolm X recordaba ir ataviado con «pantalones azul celeste de treinta pulgadas en las rodillas y que se estrechaba en ángulo hasta doce pulgadas en los bajos y un abrigo largo ajustado a la cintura y con vuelo hasta debajo de las rodillas». Con ropas como éstas, tenía que haber nuevas formas de caminar y de actuar. Malcolm tomó algunas fotos de sí mismo, «con la pose en la forma en que los enrollados [*hipsters*] que llevaban aquellos trajes [*zoots*] parecían "cool": el sombrero ladeado, las rodillas pegadas, los pies separados y con los dos dedos índice dirigidos hacia el suelo. El abrigo largo y la cadena oscilante y los pantalones del Punjab hacían mucho más efecto si actuabas de esa manera».

La conversación era igualmente amanerada, con palabras existentes con un significado nuevo y palabras inventadas. Sorprendentemente, los cantantes nuevos utilizaban las palabras más o menos como se habían utilizado siempre, aunque se identificaban por la manera de pronunciarlas y coordinando sus frases.

Los estilos del blues habían ido evolucionando gracias a la interacción de las voces con los instrumentos; los estilos del gospel y de los nuevos grupos se resolvían con las armonías vocales. El blues de banda, el blues de club y el de bar se habían desarrollado en salones de baile, teatros, clubes y bares; los nuevos estilos de grupo se resolvían en las calles de la ciudad.

El punto de arranque de los grupos nuevos, así como para los cantantes de estilo gospel, era el estilo de dos grupos negros que interpretaban baladas que tenían éxito entre el público de la música popular, los Mills Brothers y los Ink Spots y ambos tenían contrato con la Decca (que describía a los Mills Brothers como «cinco muchachos y una guitarra», con la indiferencia típica por la edad de los hombres). Ambos grupos cantaban con un estilo cercano a los coros de «barbería», acompañados por una ligera sección rítmica. Todos los cantantes tenían buenas voces, que iban del contralto al barítono y, normalmente, todos los miembros de los grupos cantaban la letra. Gustaban gracias a la facilidad con que empastaban los coros y a la pureza de sus voces.

Algunos grupos más jóvenes buscaron el mismo impacto con técnicas parecidas. Los Ravens, por ejemplo, tenían la gran voz de bajo de Jimmy Ricks y los Four Tunes y los Four Knights (anteriormente, un grupo de gospel llamado los Southern Jubilee Singers) cantaban convencionales canciones populares con atractivos coros compactos. Pero los grupos que querían expresar algo sobre ellos mismos, con un interés no tan inmediato en llegar al público blanco, más adelante abandonaron el estilo de los Mills Brothers.

Así como casi todos los cantantes importantes de blues y los de estilo gospel se habían criado en los estados del sur, la mayoría de los grupos de cantantes crecieron en el Norte, muchos de ellos en las grandes ciudades: Nueva York, Chicago, Baltimore o en el Oeste, en especial en Los Ángeles. Si los blues de banda, club y bar eran desarrollos urbanos de los estilos rurales y los cantantes influidos por el gospel utilizaban técnicas que venían del Sur, los grupos de cantantes de moda eran los primeros cantantes en idear un estilo que expresara los sentimientos de la gente que tan sólo conocía la vida de las ciudades del Norte.

El primer grupo con éxito en usar un estilo original fueron los Orioles que, por ello, influyeron en muchos otros grupos. Dirigidos por la astuta Deborah Chessler, los Orioles se convirtieron en cantantes profesionales con plena dedicación en 1948, cuando se trasladaron de Baltimore a Nueva York y desarrollaron un número, un repertorio (que incluía varias canciones de su manager) y un público a lo largo de seis meses de actuaciones en clubes nocturnos. Su primer disco, *It's Too Soon To Know* (editado primero por la Natural y reeditado luego por la Jubilee), se convirtió en un éxito nacional de rhythm and blues, a pesar de su nuevo sonido. Una guitarra proporcionaba el único acompañamiento, tocado tan bajito que su único propósito parecía ser evitar que el grupo cayera tanto que llegara a pararse por completo. Al fondo, todo el grupo gemía una melodía sin palabras y la atención se concentraba en la voz del tenor solista Sonny Til, que parecía que intentaba apartarse de la situación, rehusando comprometerse y tratando de estar relajado. La voz de Til era el sonido de las calles, un extraño eco de la experiencia del ghetto. La dura vida rápida producía una amable respuesta lenta. La impresión global era de pureza impecable. Las mismas letras eran sencillas, comparables a cualquier material de blues de club:

If she don't love me,	*Si ella no me ama,*
Let her tell me so,	*que sea ella quien me lo diga;*
I can't hold her	*no puedo retenerla*
If she wants to go.	*si ella quiere partir.*
Though I'll cry when she's gone,	*Aunque lloraré cuando se haya ido,*
I won't die, I'll live on,	*no moriré, seguiré viviendo,*
If it's so,	*y si eso es así,*
It's too soon to know.	*es demasiado pronto para saberlo.*

Los Orioles alcanzaron mucho de lo que ambicionaban los jóvenes negros, buscando un estilo nuevo y presentando con éxito una nueva colección de estándares, por la cual se juzgaría su música y se apartaron del resto del mundo que sentía de manera diferente y sólo se comunicaban con los que les comprendían. El grupo vestía la nueva moda e ideó un complicado patrón de movimientos alrededor del micrófono: se inclinaban, se enderezaban, se apartaban del micro, volvían hacia él, quizás tiraban de los puños de las camisas, manteniendo cuidadosamente el movimiento para que sus brillantes gemelos captaron los focos y los reflejaran hacia el público.

Al principio, los discos de estos grupos tenían un público más reducido que el de los discos de blues, principalmente porque quizás los interesados en el estilo de grupos a la moda eran los jóvenes. Pero a medida que crecían y generaciones sucesivas de jóvenes mantenían el interés, el público aumentó. En 1954 había más éxitos de grupos en el mercado del rhythm and blues que en el de cantantes de blues. Y a lo largo del periodo 1948-1954 los Orioles fueron el grupo más importante y su carrera culminó con el éxito en el mercado popular de su «Crying in the Chapel» en 1953.

Después de que los Orioles habían demostrado que el sencillo y relajado [cool] estilo podía tener éxito comercial, las compañías discográficas se pusieron rápidamente a buscar otros grupos con estilos parecidos y durante los años 1950-1952 varios grupos *cool* grabaron buenos discos, como el excepcional *My Reverie* de los Larks (Apollo, 1951). Los Larks fueron uno de los pocos grupos que mantuvieron su sonido casi tan sencillo como los Orioles; el cantante solista Eugene Mumford tenía una voz ligera con un encanto y una indiferencia comparables a los de Til. Aunque más típico de los intentos de igualar el éxito de los Orioles fue «Glory of Love», de los Five Keys (Aladdin, 1951), en el que el cantante solista Rudy West arrastraba la voz de una forma más amanerada que Til o Mumford y se acompañaba con coros más complicados por parte del resto del grupo.

La mayoría de los productores de las discográficas sabía muy poco sobre las convenciones por las que el público juzgaba a los grupos cool y algunos de ellos incluso se molestaban en buscarlos antes de que grabaran. A un grupo se le pagaba por un disco que se lanzaba de manera local. Si se vendía bien, la promoción se extendía a otras zonas; si no, el disco y el grupo podían caer en el olvido.

A medida que crecía el impacto de los grupos en su público, en cada ciudad del norte los colegiales y adolescentes empezaron a ver en la carrera profesional de cantante una oportunidad de escapar a las penurias, una ruta hacia el dinero, un gran coche, el tipo de vida sugerido por los anuncios de Coca-Cola. Pero los chicos de dieciséis años no sabían tan poco sobre contratos y royalties como los más viejos cantantes de blues.

La brevedad de las carreras de muchos de los grupos se debía al limitado repertorio que tenía el estilo y al gusto impredecible y despiadamente discriminatorio del público. Los compradores de esa clase de discos provenían casi por entero de los adolescentes del centro de las ciudades del norte y del oeste, al inicio principalmente negros, pero luego judíos, portorriqueños, italianos y demás. Todos ellos, que constituían tanto los intérpretes y el público, tenían muchas menos preocupaciones que los adultos negros que crearon y escucharon el blues.

El blues había involucrado al intérprete y al público en un análisis autobiográfico de su experiencia colectiva de la vida: «*you* know what I'm talking about» [«*tú* sabes de lo que estoy hablando»]. Cuando un cantante había conectado con su público, gracias a actuaciones o discos, y le había convencido de que tenía una historia especial que contar que era la suya propia y que, sin embargo, significaba algo para el público, él podía volver a ellos una y otra vez, repitiéndose o añadiendo una dimensión nueva a lo que ellos sabían sobre él y sobre su experiencia. Él podía tomar prestadas viejas canciones y ponerles una letra propia o usar estrofas conocidas en contextos nuevos. El presente siempre era una ampliación del pasado conocido, mientras el futuro seguía sin concebirse.

Los grupos de cantantes tenían que vérselas con una situación completamente diferente. Para ellos y para su público, el pasado era, si no rechazado y despreciado, a menudo ignorado. El presente tenía una gran importancia y el futuro se veía como una interrogación: ¿Ella me quiere?... es demasiado pronto para saberlo.

Las canciones versaban siempre sobre relaciones insatisfactorias: el periodo después de que se hubieran conocido y antes de que la historia de amor se confirmara. Pocas canciones se referían a las consecuencias de una relación rota.

Limitados a pocos temas, los grupos de cantantes no eran capaces de ofrecer un repertorio muy variado, o de hacer que los discos siguientes sonaran distintos. La forma más fácil de variar los climas era alternar canciones rápidas y lentas y la mayoría de grupos ponían una canción rápida como cara B de sus canciones cool. Para llamar la atención sobre sí, los grupos tenían que equilibrar los aspectos de su estilo y carácter que se parecían a otros grupos de éxito con otros que fueran diferentes.

Incluso el nombre del grupo llegó a ser un recurso importante para parecerse o diferenciarse. Los Cardinals, bajo la supervisión de Atlantic Records, eligieron el único nombre, además de los Orioles, que se refería tanto a un pájaro como a un equipo de primera de la liga de béisbol. Los Mellow Moods encontraron un nombre que evocaba fielmente el estilo del sonido. Numerosos grupos retomaron la asociación con pájaros, como los Larks, los Robins, los Swallows, los Flamingos, los Crows, los Penguins, los Pelicans, los Jayhawks y los Feathers. Los Spiders y los Spaniels eran cuidadosamente distintos.

Muchos de los grupos desarrollaron variaciones a partir del estilo cool establecido por los Orioles. Los Spaniels, que grabaron primero para la Chance y luego con la Vee Jay, exageraban la interpretación relajada para lograr el tono más dormido y abatido posible, utilizado brillantemente en «Goodnight, Sweetheart, Goodnight» (1954). «Pookie» Hudson, el cantante solista del grupo, compuso la canción con el productor de la Vee Jay, Calvin Carter; fue una de las primeras canciones «adolescentes» que creció rápidamente hacia un género importante de las canciones populares.

De la manera que la cantaban los Spaniels, «Goodnight, Sweetheart, Goodnight» era una despedida triste en el porche de una chica:

It's four o'clock in the morning,
And we've stayed here far too long;
I hate to leave you but I really must say,
«Goodnight, sweetheart, goodnight».

Son las cuatro de la madrugada,
y hemos estado aquí demasiado rato;
detesto tener que dejarte pero realmente debo decir:
«buenas noches, mi cielo, buenas noches».

A pesar de sus lamentos, Hudson rechazaba verse implicado. Aguantaba el ritual de posponer su partida porque era lo convenido. Pero en realidad, se había ido pronto a casa y se había metido en la cama. O eso era lo que quería que creyéramos. El atractivo del estilo cool era que no estaba nunca claro lo que el cantante sentía realmente.

La canción fue versionada para el mercado popular por las McGuire Sisters y en este proceso perdió todos sus enigmas. A veces, el efecto del estilo cool —como con los Spaniels— fue hacer que los cantantes parecieran afeminados, no sólo cuando subían a notas de agudo gemido, sino tan sólo por su tono, que parecía ser mucho más sumiso de lo que se esperaba que un hombre fuera. Incapaces de trasladar este tipo de sentimiento directamente, los productores blancos versionaron un de los estilos negros más sofisticados con uno de los estilos blancos más sencillos, el de los grupos vocales femeninos.

Un grupo no tan drásticamente distinto, que proporcionó a las McGuire Sisters la siguiente canción que versionarían, «Sincerely», eran los Moonglows, los pupilos de Alan Freed. El grupo grabó tanto con el nombre de los Moonglows (para la Chess) como con el de los Moonlighters (Checker) y contaba con dos cantantes solistas, Harvey Fuqua y Bobby Lester. «Sincerely» fue lanzada por los Moonglows y con Harvey cantando como solista. Su voz era más dramática que los cantantes cool de la época, más cercana en cierta forma a los estilos de balada establecidos en el mercado popular. «Sincerely» incorporaba algunos sonidos de grupo hermosos —«ba-dah-dah» rezaba una y otra vez— que proporcionaban un fondo suave a la clara parte solista.

Este estilo dramático lo usó otro grupo de Chicago, los Flamingos, que primero tenían a Sollie McElroy y posteriormente a Nate Nelson como cantantes solistas. La voz de McElroy parecía un poco demasiado fuerte para los amables gemidos en falsete del grupo, aunque «Golden Teardrops» tuvo éxito (Chance, 1953). Pero luego la voz solista del grupo cambió a Nelson, que cantó «I'll Be Home» (Checker, 1954) en un estilo más relajado que, en cierta forma, aún conseguía un efecto dramático. La técnica de cambio de personal de los Flamingos fue un método exitoso de evitar el rápido declive que aconteció con muchos grupos. Con un tercer cantante, Tommy Hunt, como solista, obtuvieron éxitos en un estilo cool y dramático a la vez para la End a finales de los años cincuenta.

Con el tiempo la dramática voz solista se utilizó con un mayor efecto por parte de los Platters, para quienes Tony Williams cantó como solista en la mayor parte de sus discos. Pero aunque el grupo llegó a ser importante en la música popular, sus discos para la Federal en 1953 (incluida su primera versión de «Only You») no obtuvieron un resultado significativo.

Las canciones lentas de los grupos románticos, a menudo más sentimentales que la mayoría de la música popular de la época, tenía eficacia porque los cantantes, al contrario que los de los grupos cool, parecían muy implicados en sus historias. Cerrando los ojos, los oyentes podían dejarse llevar hacia un mundo sin problemas. «Life is But a Dream» [«La vida no es más que un sueño»], cantaban los Harptones. El mismo grupo, en «A Sunday Kind of Love», en medio de un acompañamiento que evocaba la impresionante atmósfera de una catedral, expresaba las esperanzas de la época:

Through my Sunday dreamin'
And my Sunday schemin'
I'm hopin' to discover
A certain kind of lover
Who will show me the way.

A través de mi sueño dominical
y de mis maquinaciones dominicales
espero descubrir
un cierto tipo de amante
que me señale el camino.

Algunos grupos adoptaron algunas de las características del estilo de grupo cool aunque infundido con un énfasis más fuerte en el blues. El primero en hacerlo fueron los Clovers, un grupo de Washington, D. C. que firmó por la Atlantic en 1951. El productor de Atlantic, Ahmet Ertegun, hizo que el grupo abandonara su estilo basado en los Orioles e hizo resaltar a una voz solista más fuerte. La canción de Ertegun «Don't You Know I Love You» fue la primera de una larga serie de éxitos hasta 1957 con la Atlantic. Los coros del grupo destacaban un ritmo más de lo que lo hacían la mayoría de grupos de la época y en varias canciones el cantante solista sonaba como un fugitivo de un combo de jump blues, como en «One Mint Julep» (1952), otro relato de advertencia más de Rudolph Toombs sobre los efectos adversos de una noche de borrachera.

One early morning, as I was walking,
I met a woman, we started talking;
I took her home to get a few nips,
But all I had was a mint julep—
One mint julep was the start of it all.

Una mañana temprano, cuando paseaba,
me encontré una mujer, empezamos a hablar;
me la llevé a casa para tomar algunos tragos,
pero todo lo que tenía era un julepe de menta,
y todo empezó con un julepe de menta.

El sentido de condenación inminente se confirmaba en la última estrofa:

I don't want to bore you, with my trouble,
But from now on I'll be thinking double,
I'm through with flirting and drinking whiskey—
I got six extra children from getting frisky.

No quiero aburrirte con mis problemas,
pero a partir de ahora me lo pensaré dos veces,
por culpa de flirtear y beber whisky,
tengo ahora seis niños de más para juguetear.

«Your Cash Ain't Nothin' But Trash» contradecía la filosofía de «Money Honey» de los Drifters; «Little Mama» y «Lovey Dovey» (ambas de 1954) eran simples canciones comerciales, pero cantadas todavía con una voz de blues. En 1956 el grupo dio prueba de su acento blues y subió en el mercado de rhythm and blues con la canción de armonía suave «Blue Velvet».

Mientras muchos de los estilos de blues tendían a perder su importancia en el rhythm and blues y el acceso al mercado popular afectó más a la política de las compañías discográficas, la mayoría de los estilos de grupo duró —o prosperó— porque desde el inicio éstos se habían desarrollado con un conocimiento de las formas de la música popular. Los Flamingos, por ejemplo, se habían interesado, incluso en los primeros y oscuros años de su carrera, en las técnicas de los grupos blancos con armonías elegantes, los Hi-los y los Four Freshmen, e intentaron duplicar los efectos de estos grupos en algunos de sus primeros temas (para la Chance), en canciones como «Vooit-Vooit» y «Cross Over the Bridge». Otros grupos, frustrados por el éxito mucho más grande de los Crew Cuts, los Four Lads y los Diamonds, grupos blancos que versionaban regularmente sus éxitos de rhythm and blues para la Mercury y de los Ames Brothers, Four Aces y varios grupos de chicas «de hermanas» (las McGuire, las Fontane, las Andrews) con sencillos estilos armónicos, intentaron lograr el mismo éxito con técnicas parecidas. Simple canciones comerciales pegadizas, cantadas con voces inexpresivas, tuvieron éxito para los Crows, los Penguins e incluso para los Five Keys y los Charms, que ambos también grabaron en estilos genuinos de grupo para el mercado negro. Algunos de los grupos comerciales adoptaron un solista evidentemente «adolescente», sobre todo los Teenagers, a quienes Frankie Lymon suministraba la inocencia perfecta.

Hacia 1955 y 1956, la tendencia general de las compañías era grabar el estilo de grupo, con un patrón regular e identificativo, quizás un sonido especial que el grupo cantaba detrás de la parte vocal, o un destacado ritmo de baile. Pero pocos grupos mantenían armonías más azarosas o ritmos impredecibles. Los ejemplos eran los Five Satins y los Charts, dos grupos de la costa oeste que incluso produjeron más coros extraordinarios y unas voces solistas deliberadamente cool que cualquier otro grupo anterior hubiera logrado. Pero las canciones —la clave más importante para el éxito del estilo de grupo— todavía eran inocencia pura. Fred Parris, el solista de los Five Satins, cantaba en «(I'll Remember) In the Still of the Night» (Ember):

In the still of the night	*En el silencio de la noche*
I-I-I held you, held you tight,	*yo-yo-yo te abrazo, te abrazo fuerte,*
'Cause I love you, love you so,	*porque te amo, te amo tanto.*
Promise I'll never, let you go,	*Te prometo que nunca te dejaré*
In the still of the night.	*en el silencio de la noche.*

El tema era parecido al de la frenética «Such a Night» de Clyde McPhatter, pero aquí no había ninguna sugerencia en la voz de Parris de que hiciera otra cosa más que rodear a su chica con un melancólico abrazo. Detrás de Parris, el grupo zumbaba, cantaba y gemía para producir uno de los discos más extraños en una época de muchos sonidos extraños.

«Deserie», por los Charts (Everlast), aún era más rara. En esta ocasión la letra quedaba reducida a la ingenuidad más elemental:

My darling you know,
I do love you so.

Cariño ya sabes
que te quiero tanto.

Aunque el tono plano del cantante parecía no tener en cuenta la melodía o la tonalidad y el resto del grupo no tenía ningún sentido de la armonía. Aparte de esta no tan sencilla armonía de forma libre, si se la puede llamar así, contenía el sentido deseado de devoción obsesiva, con un saxofonista solitario que se añadía al zumbido del grupo vocal.

Lo que los grupos vocales trajeron al rhythm and blues y expresaron mejor que ninguna clase de cantante anterior fue la soledad desesperada de la adolescencia. En los años siguientes habría tantos cantantes que intentaban recoger la inocencia de estos grupos como cantantes había que se proponían recrear la excitación del jump blues.

III

El rhythm and blues dio mucho a la música popular americana: letras, frases, ritmo, instrumentación, una organización musical y una estructura de las estrofas. Sin embargo, por encima de todo, el rhythm and blues dio al rock 'n' roll un sentido de estilo.

Era un estilo que sugería el aventurerismo y el descubrimiento («Rocket 88», «Chicken Shack Boogie»), confrontaciones con la experiencia y lecciones extraídas de ello («Big Town», «The Things That I Used To Do») y un compromiso de apoyar el sentimiento con la acción («Goin' Home», «Boogie Chillen»). Los cantantes de rhythm and blues eran íntegros. En su mejor momento, también lo fueron los cantantes de rock 'n' roll.

El rock 'n' roll hizo más estrecha la referencia a la adolescencia en las canciones y simplificó los complicados ritmos de boogie a un sencillo 2/4 con el acento a contratiempo. Y una vez establecidas estas nuevas convenciones, los cantantes de rhythm and blues se vieron obligados o bien a adaptarse a ellas o a resignarse a quedarse en la oscuridad, tocando en el mejor de los casos para un público local en algún bar y en el peor abandonando completamente la música. Wynonie Harris llevó un bar hasta que murió en 1969, Amos Milburn trabajó en un hotel de Cincinnati, Percy Mayfield se convirtió en compositor. Harvey Fuqua, de los Moonglows, se hizo productor en la Motown Corporation de Berry Gordy. Unos cuantos —Joe Turner, Jimmy Witherspoon— se convirtieron en cantantes de jazz y algunos —John Lee Hooker, Muddy Waters, Sonny Boy Williamson— tocaban alternativamente en bares locales y como cantantes de «folk-blues» ante públicos blancos en «coffee houses» y salas de concierto. Un buen número murió antes de cumplir los cuarenta y un puñado —Fats Domino, Ray Charles, Sam Cooke— se las arreglaron para llegar a estrellas pop.

Mientras tanto, el rock 'n' roll siguió su ruta, para unos inexplicablemente larga, para otros decepcionantemente breve. Para aquellos jóvenes del público que no conocían de dónde venía, el rock 'n' roll era como una parte necesaria y seguramente eterna de la vida urbana. La industria, con su prestidigitación típica, terminó con la música aunque conservó el nombre, y prácticamente toda la música popular (excepto lo que se llamó *easy listening*) fue etiquetada como rock and roll. La eliminación de los apóstrofes era significativa: el término parecía más respetable, aunque sonaba igual. Perfecto.

A una generación más joven que la que había descubierto e insistido en el rock 'n' roll original, se le endosó un sucedáneo más suave con un nombre casi idéntico. Y, convenientemente, una parte de esa nueva música era material que todavía llevaba el nombre de rhythm and blues, aunque buena parte de ella guardaba escasa conexión con los estilos anteriores al rock 'n' roll del mismo nombre.

La cadena de montaje de la ciudad: country soul, 1958-1971

8. De vuelta a casa

A lo largo del siglo XX, una notable proporción de los cambios estilísticos importantes en la música popular norteamericana habían provenido de los estados del sur. En lo que llegaría a ser un patrón previsible; los cantantes o músicos sureños idean un estilo que es bastante diferente de cualquier estilo musical anteriormente existente; alguien del norte lo descubre, lo desarrolla y se hace famoso con él; y luego se «descubren» algunos de los inventores y consiguen una tardía fama. En este sentido, el rock 'n' roll era uno más de la serie de ejemplos que podían remontarse al jazz y a los cantantes de vaudeville o minstrels del siglo XIX.[29]

A la larga, el barniz de sofisticación que los intérpretes del norte utilizaron para ocultar los orígenes rústicos del estilo debilitó toda su fuerza y personalidad características, así que la música se hizo obsoleta y tan sólo interesaba a coleccionistas y estudiosos que se preocupaban poco por los gustos contemporáneos. Mientras tanto, los progenitores del estilo eran sustituidos localmente por un grupo más joven de cantantes y músicos sureños que habían desarrollado un estilo de expresión nuevo y alternativo, reaccionando a las experiencias, sucesos y ambientes ordinarios con nuevas maneras.

Este patrón es bastante cierto por lo que respecta a los sureños blancos pero lo es en grado menor por lo que se refiere a los sureños negros. *Country Music U.S.A.* de Bill C. Malone cubre la historia de los últimos cincuenta años de la música country and western y muestra una tendencia musical que permanece sin grandes variaciones durante largos periodos. Esto es así en parte porque varios estilos sureños blancos no han sido jamás demasiado populares entre el público nacional estadounidense, así que los cantantes no tuvieron que inventar continuamente estilos que pudieran ser especiales para sus públicos locales, sino que los inventados treinta o cuarenta años atrás todavía eran especiales para una zona regional o para el sur blanco.

En contraste, casi cada estilo negro sureño había demostrado tener cualidades universales que atraían a los públicos nacionales e internacionales y esta situación había colocado una presión continua sobre los cantantes para que se plantearan estilos nuevos que no fueran ampliamente conocidos y que el público local pudiera sentir como suyos. Y los músicos y los cantantes habían respondido siempre positivamente a esa presión.

Aunque los cantantes blancos tendían a ser conservadores y los cantantes negros a ser imaginativos, a veces los cantantes blancos, que trabajaban esencialmente con estilos y formas negras, habían igualado la creatividad negra al producir estilos nuevos característicos que salían de una síntesis de estilos anteriores tanto blancos como negros.

Desde 1957 en adelante, cuando el rock 'n' roll había mezclado momentáneamente (pero con una clara totalidad) los mercados anteriormente separados del rhythm and blues y la música popular, a la mayoría de los cantantes negros se le obligó a elegir entre la fama posible como cantante de rock 'n' roll o la probable oscuridad con algún estilo existente de rhythm and blues. Y mientras muchos hicieron sus tentativas en pos de una fama nacional, unos pocos continuaron atendiendo en gran parte a públicos locales, en una gama de estilos que incluían el estilo de blues de guitarra llorona de Muddy Waters o B. B. King (identificado principalmente con Chicago); el estilo de boogie de la zona de Jimmy Reed (identificado principalmente con la Luisiana del sur, aunque el propio Reed vivía en Chicago); el blues de *bayou* [pantano] de otros cantantes del sur de Luisiana, que seguían el estilo de balada de los discos lentos de Fats Domino; el gospel blues de Bobby Bland y Junior Parker, que grababan en Houston (Texas), el blues comercial de baile de Nueva Orleans y los estilos instrumentales funky y los estilos de canto soul que se desarrollaron en Memphis y en la zona algodonera de Georgia.

A pesar de las similitudes superficiales en el sonido, B. B. King y Muddy Waters ofrecían unas interpretaciones casi contradictorias del papel de un cantante de blues. Waters vivía y tocaba en Chicago y raramente dejó la ciudad. En Chicago su banda era la que tenía más capacidad para hacer el ruido tan intensamente excitante y ferozmente fuerte que caracterizaba el blues de bar. Pero porque su música era tan específica de la cultura (negra) de Mississippi y de Chicago, sus discos raramente fueron aceptados incluso por el público negro nacional, que generalmente esperaba algo con un ritmo más ligero y más sofisticado que la jactancia chillona y el duro sonido de la banda de Waters. Después de 1955, tan sólo uno de los discos de Waters llegó a estar entre los diez primeros de las listas de rhythm and blues, *Close to You* (1958), que contenía algo parecido a un ritmo alegre a pesar de su pesado sonido.

En contraste, B. B. King no se identificaba con un solo lugar. Desde que dejó Memphis en los primeros años cincuenta y empezó a hacer giras por el país con su banda, se mantuvo en marcha, siempre atento a lo que compraba la gente y realizando algunos discos cercanos al sonido de Waters y grabando otros con el estilo de balada suave del por entonces popular Percy Mayfield. Allí donde Waters tendía a utilizar la voz y la guitarra como instrumentos de percusión, acentuando el intenso ritmo impuesto por el resto de la banda, King usaba tanto la voz como la guitarra para suministrar melodía y armonía. Presentaba una gama más amplia de estilos y acentuaba la belleza potencial del blues, a veces, aunque no siempre, a costa de la intensidad emocional y obtuvo una serie de éxitos variados en el mercado del rhythm and blues. «Sweet Little Angel» (1956) la cantaba dura, con un pesado ritmo; «Please Accept My Love» (1958) era amable y lastimera; «Sweet Sixteen» (1960) usaba un fuerte riff de banda por detrás de la voz y guitarra de King y se constituía en una de las interpretaciones de blues más dramáticas jamás grabadas, con inflexiones gospel que dominaban el canto de King al final de la interpretación en dos partes.[30] Gracias a que el estilo de King era más sofisticado y moderno y aún sin tener ninguna reputación fuera de la cultura negra, B. B. King fue una figura de influencia mayor sobre los cantantes y músicos de blues más jóvenes que la de Waters, que se arraigaba de manera más exclusiva en las concepciones tradicionales del blues.

Buddy Guy, un guitarrista brillante con un instinto por la espectacularidad que a veces sobrepasaba su preocupación por la expresión de las emociones; Magic Sam, un cantante cuyo buen control y sentido delicado de la coordinación le daba una gama más amplia de expresión sensitiva que cualquier otro cantante de blues de Chicago; Junior Wells, un bullicioso cantante y armonicista que rivalizaba en espectacularidad con Guy y cantaba con una intensidad áspera en un estilo que era capaz de cambiar de rumbo hacia el soul cuando éste se convirtió en comercialmente beneficioso; estos intérpretes y otros —Otis Rush, Earl Hooker, James Cotton— siguieron la tradición del blues en Chicago con un aparente desconocimiento de los entonces populares estilos de Chuck Berry y Bo Diddley. Bajo la mirada vigilante del productor de Chess y director de grupo de sesión Willie Dixon, que compuso una gran cantidad de canciones de blues clásico, el blues duró lo suficiente en Chicago como para que la mayoría de estos músicos pudiera disfrutar de la estima de un público mucho mayor en los años siguientes a 1965, cuando los músicos blancos, británicos muchos de ellos, establecieron el blues guitarrístico como un estilo de la música popular.

Fuera de Chicago, Albert King, en la zona de St. Louis, y Freddy King, en Texas, interpretaban versiones ligeramente diferentes del blues moderno de guitarra. Albert King a menudo usaba pequeñas secciones de saxos para conseguir un sonido más impactante y Freddy King tocaba a tempos rápidos y saltarines que le permitían hacer alarde de su destreza. Johnny «Guitar» Watson, en Los Ángeles, fue uno de los pocos que intentó sacar un estilo de rock 'n' roll de este tipo de blues y lo hizo muy bien en «Gangster of Love» y «Ruben» (para la Federal, en los primeros años sesenta), pero los discos nunca fueron conocidos ampliamente.

Mientras los cantantes de las ciudades de fuera del Sur que querían tocar el blues tendían a seguir a B. B. King y Muddy Waters, muchos de los que se quedaron en el Sur permanecieron más fieles a los establecidos estilos de «la zona», primero al duradero estilo de blues rural de Texas y luego al equivalente comparable al rhythm and blues, el blues de boogie de guitarra de Jimmy Reed.

A finales de los cuarenta, mientras las formas de antes de la guerra del blues rural de Mississippi decaían hacia una diversión regional poco difundida, el blues rural de Texas, gracias a varios cantantes, tomó una forma que se convirtió en un estilo de rhythm and blues de popularidad nacional. De estos cantantes, el que gozó de una popularidad más duradera fue Lightnin' Hopkins, aunque Smokey Hogg, Li'l Son Jackson, Frankie Lee Sims y otros también mantuvieron su popularidad hasta los primeros años cincuenta. Su mayor compromiso con el gusto contemporáneo fue el añadido de bajo y batería y, a veces, piano a la propia guitarra del cantante. La sección rítmica hizo que los discos fueran apropiados para los jukebox y el resultado fue que ese blues sureño se distribuyó en una amplia zona. (Aunque Hopkins, Hogg, Jackson y Sims hicieron todos sus discos de más éxito comercial para compañías de la costa oeste —Hopkins para la Aladdin, Hogg para la Modern, Jackson para la Imperial y Sims para la Specialty— los cuatro actuaban sobre todo en la zona de Texas.)

A mediados de los cincuenta, los cantantes de blues de Texas habían cedido el mercado a los blues íntimos de Jimmy Reed, que combinaba con éxito unas letras irónicas con un estilo confidencial de canto y ritmos más enérgicos interpretados por su segundo guitarrista, Eddie Taylor. Reed tuvo una larga serie de éxitos de rhythm and blues para la compañía Vee Jay, alguno de los cuales alcanzó los últimos puestos de los cien primeros en el mercado popular a finales de los años cincuenta y principios de los sesenta. En el sonido global de los discos de Reed se registraban pocas variaciones, aunque siempre contaban con un ritmo contagioso y un estribillo memorable. «Ain't That Lovin' You Baby» (1956) y «Baby, What You Want Me to Do?» (1960) estaban entre lo mejor de sus éxitos, canciones informales, exquisitamente relajadas que se desarrollaban de manera natural.

De todos los estilos de blues de Chicago, el de Jimmy Reed fue el que resistió mejor la competencia con los estilos soul derivados del gospel de los primeros años sesenta y un par más de intérpretes locales de blues tuvieron éxitos en su estilo. Tommy Tucker (un nombre más fácil de recordar que el auténtico, Robert Higginbotham) estuvo entre los veinte primeros en 1964 con «High Heel Sneakers», una canción blues contagiosa y bailable producida por Herb Abramson, el fundador de Atlantic, aunque ahora por cuenta propia; con los derechos vendidos a Checker, el disco fue mejor que cualquiera de las grabaciones propias de Reed, a las que debía mucho por patrón armónico básico y ritmo. Un año después, G. L. Crockett tuvo un éxito menor de rhythm and blues con «It's a Man Down There» en el sello Four Star de Chicago, aunque la mayoría de los bluesmen que aún usaban este estilo residían en el Sur.

Tanto el ritmo como el estilo vocal de los discos de Reed se evocaban en los discos de varios intérpretes que empezaron a grabar en el sur de Luisiana a mediados de los cincuenta. Lightnin' Slim fue el primero en grabar y el mejor. Combinaba un estilo vocal íntimo con un ritmo regular de boogie, utilizaba el blues para grabar impresiones convincentes de su vida, cultura y sentimientos y de sus relaciones con las mujeres.

Entre los cantantes influidos significativamente por Reed —Slim Harpo, Lonesome Sundown, Lazy Lester, cuyos discos se lanzaron en la compañía Excello de Nashville— Harpo fue el de más éxito. Su primer disco para Excello, en 1957, con «I'm a King Bee» y «I've Got Love If You Want It», fue un gran éxito regional. Su sonido era extraordinariamente jactancioso dentro del blues rural de la posguerra. Como Jimmy Reed, Harpo también sujetó una armónica a la guitarra y alternaba los pasajes vocales con los instrumentales, por encima de un constante ritmo de boogie. «Rainin' in My Heart» (1951) y «Baby Scratch My Back» (1966) se vendieron bien, el último en el mercado pop en el que su voz áspera se hizo popular por su atractivo «novedoso».

Los francófonos de la Luisiana del Sur tenían su género musical propio, la llamada música cajun, que introdujo violines, acordeones y ritmos de baile tradicionales como el vals y el «two step» [«paso doble»] en un repertorio de piezas folklóricas, la mayoría tradicionales, cantadas en francés. A pesar de su espíritu optimista, el cajun se consideraba demasiado oscuro para la radio pop norteamericana e incluso la radio country le concedía tan sólo una atención pasajera: los hermanos Rusty and Doug (Kershaw) tuvieron un par de éxitos menores en 1961 con «Louisiana Man» y «Diggy Liggy Lo» para el sello de Acuff-Rose, Hickory.

Aunque los cantantes cajun tenían un mercado limitado si se mantenían fieles a su música, durante un tiempo desarrollaron una fórmula comercial eficaz al adaptar un estilo crooner basado en el alargamiento de las palabras a lo Fats Domino, encima de un acompañamiento que usaba el piano y el saxo en vez del acordeón y el violín; el clima triste y casi de canto fúnebre cosechó algunos éxitos pop a cantantes del sur de Luisiana y el este de Texas en el periodo de 1959 hasta 1962, la mayoría de los cuales se habían editado primero en sellos locales y habían cedido los derechos para una distribución nacional a cargo de compañías grandes.

Los tres productores independientes más sólidos en la región fueron Floyd Soileau, Huey Meaux y George Khoury, todos ellos también cajuns de expresión francesa. Para Khoury el producir discos para el sello con su nombre era más o menos un hobby que realizaba paralelamente a otras formas de ganarse la vida, pero en 1959 produjo el mayor éxito surgido de esta época del «swamp pop»: «Sea of Love», de Phil Phillips and the Twilights. Grabado en el primitivo estudio Goldband de Lake Charles (Luisiana), «Sea of Love» era un cántico misterioso y tenebroso que acrecentó pronto la limitada red de distribución de Khoury y que llegó al número dos de las listas de ámbito nacional, cuando la Mercury obtuvo los derechos. Los Twilights eran en realidad una banda local de rhythm and blues llamada Cookie and his Cupcakes, que obtuvieron un éxito propio el mismo año en el sello independiente Judd gracias a «Mathilda», con Huey Thierry, un cantante solista lleno de emoción.

Residente en Houston (Texas), Huey Meaux había desempeñado el oficio de barbero entre muchos otros, pero se dedicó por completo a la música después de producir dos éxitos nacionales en 1959, «This Should Go On Forever», de Rod Bernard y «Breaking Up Is Hard to Do», de Jivin' Gene. Ambas canciones eran típicas de un género emergente, baladas de dos acordes que debían tanto al estilo íntimo del fallecido Johnny Ace y al lamento más intenso de la canción «The Things That I Used to Do», de Guitar Slim. Meaux vendía los derechos de sus producciones a Jin Records de Ville Platte (Luisiana), cuyo propietario, Floyd Soileau, los vendió a su vez a la Argo (en el caso del disco de Bernard) y a la Mercury (el de Jivin' Gene) cuando la demanda sobrepasaba sus recursos. En 1961, el equipo Meaux-Soileau funcionó de nuevo, esta vez con una copia directa del estilo de Fats Domino a cargo de Joe Barry y la vieja canción de Ted Daffan, «I'm a Fool to Care». Para estar seguro de alcanzar un buen sonido, Meaux había ido a Nueva Orleans a realizar el disco con todos los músicos de Bartholomew que pudo encontrar y en el mismo estudio J & M donde Fats había grabado todos sus éxitos. A causa de todos estos plagios, el disco de Barry tenía un innegable encanto y estuvo entre los treinta primeros puestos de las listas nacionales con Smash, la subsidiaria de Mercury.

En esta época, el intérprete más interesante y original de Huey Meaux fue la cantante y guitarrista negra y adolescente Barbara Lynn, que encabezó las listas de rhythm and blues y alcanzó el número diez de las listas pop en 1962 con su primer disco *You'll Lose a Good Thing* (con los derechos cedidos a la Jamie Records de Filadelfia). En un tiempo en que la música pop todavía veía a las solistas como muñecas que cantaban lo que se les daba, este disco fue una revelación, una afirmación sosegadamente segura por parte de la cantante de que ella valía más que la «pérdida de libertad» de su compañero. Aunque no compuso jamás una canción tan buena como la primera, Barbara estuvo cerca con «Oh Baby (We Got a Good Thing Going)» (1964), que suscitó una versión por parte de los Rolling Stones en Gran Bretaña, e incluso con un material más convencional mantuvo un sentido de serenidad y calidez que era raro en la época.

Entre los demás productores de Texas que tenían las orejas abiertas en busca de un intérprete, una canción o un disco que pudiera contener la «magia» para triunfar, estaban Major Bill Smith y Lelan Rogers, residentes en Fort Worth y Houston, respectivamente. Smith tenía su sello propio, LeCam, aunque a veces prensaba tan sólo 200 copias de un lanzamiento, las suficientes para repartir entre unos pocos disc jockeys y tiendas locales para probar el efecto. Idealmente, llegaba un gran sello con la oferta de un contrato de distribución nacional con la excepción de Texas ya que Smith se encargaba del suministro a los distribuidores locales.

El intérprete más prometedor entre los pupilos de Smith en los primeros años sesenta fue Delbert McClinton, un cantante, armonicista y guitarrista que grabó con los Straitjackets (una conmovedora versión de «Every Woman I Know Is Crazy About Automobiles», de Billy Emerson) y los Rondells («If You Really Want Me To, I'll Go»). Pero fue otro cantante de Fort Worth, Bruce Channel, el que remolcó a los Straitjackets hasta las listas pop, con su exuberante alarido de placer «Hey! Baby». Delbert iniciaba la canción con un riff de armónica a todo volumen y su banda proponía un vacilante shuffle de blues mientras Bruce gemía el mensaje que los chicos hubieran querido poseer la seguridad suficiente para poder gritarlo en plena calle: «Hey! Baby. I want to know, will you be my girl?» [«¡Oye, nena! Quiero saber si serás mi chica»]. Con los derechos de la LeCam cedidos a la Smash, el disco encabezó las listas pop a primeros de 1962 y era perfecto para las fiestas donde aún se bailaba el twist, aunque con mucha menos espontaneidad que cualquiera de los discos realizados con tal propósito en el Norte. Bruce Channel tuvo problemas para escapar del formato de ese primer éxito, aunque regresó a las listas británicas seis años después con un buen disco de soul blanco, *Keep On*. Después, Delbert McClinton tuvo que esperar diez años más antes de suscitar cualquier tipo de impresión en la conciencia nacional, al grabar un excelente, aunque pasado por alto, álbum para la ABC, *Victim of Life's Circumstances*, en 1975 y alcanzar tardíamente los diez primeros lugares de las listas pop en 1980 con «Giving It Up For Your Love», grabado en Muscle Shoals para la Capitol.

En el mismo año que produjo «Hey! Baby», Smith presentó otra canción triunfadora, que por algún capricho del destino también tenía la palabra *Hey!* en el título: «Hey Paula», de Paul and Paula. La canción se convirtió en un clásico adolescente, al lado de «Young Love» y «All I Have To Do Is Dream» y vendió varios millones de copias en todo el mundo en el sello Philips. Paul era en realidad el compositor de la canción, Ray Hildebrand, que gestionó un único disco de continuación eficaz, «Young Lovers», antes de que el dúo se disolviera en la oscuridad. Smith tuvo un último impacto, «Last Kiss» de J. Frank Wilson, una de las diversas canciones de «muerte» que escalaban las listas cada año más o menos; «Last Kiss» alcanzó el número dos en 1964 para la Josie de Nueva York.

Lelan Rogers era un productor de éxitos no tan sólido como sus compañeros de Texas, Huey Meaux y Major Bill Smith y se ganaba la vida como agente independiente de promoción para las emisoras de radio y representaba en el sudoeste algunos de los sellos independientes del norte como Tamla, Carlton y Top Rank, por lo que tenía un tanto por ciento sobre las ventas locales si conseguía provocar unas ventas substanciales. Lelan era el hermano mayor de Kenny Rogers y a veces buscó recursos para hacer un disco o dos con Kenny, Gene Summers, Mickey Gilley y otras jóvenes promesas de Texas. Aunque su gran éxito fue «Release Me», de Little Esther, que encabezó las listas de rhythm and blues y entró en el número diez de las listas pop con su propio sello Lenox en 1962; la canción había sido un éxito regional para Jivin' Gene, pero Rogers aplicó con éxito el mismo tipo de tratamiento que Ray Charles acababa de dar a «I Can't Stop Loving You» y sacó a Esther Phillips de diez años de oscuridad.

De nuevo en Luisiana, el pequeño sello Montel-Michele dio por terminado este periodo cuando producciones no sofisticadas del Sur pudieron infiltrarse en el sistema y alcanzar la cima de las listas, con dos éxitos de Dale and Grace: «I'm Leaving It Up to You» (1963) y «Stop and Think It Over» (1964). El dúo recogió la historia de amor de «chico y chica» abandonado por

Paul y Paula, al adaptar «Leaving It Up To You» de Don and Dewey al formato de balada de Luisiana y al seguir adelante con su propia pieza de filosofía adolescente.

Junto a estas producciones pop, algunos sellos siguieron editando discos cajun para el mercado local, en especial Swallow Records, una subsidiaria de Jin cuyo intérprete cajun más importante era Belton Richard. La Swallow grabó también al gran intérprete de zydeco, Clifton Chenier; el zydeco era el equivalente negro del cajun, cantado en francés y a veces con un aroma bluesy. Chenier grabó de forma regular a lo largo de los años sesenta, realizando álbumes que se licenciaban para la distribución internacional a través de Arhoolie Records de California, aunque el único disco de zydeco que sobresalió en el mercado pop fue *Sugar Bee* de Cleveland Crochet, para el sello Goldband de Eddie Shuler en 1961 que se vendió bastante por todo el Sur como para conseguir un puesto bajo en la lista pop de *Billboard*.

Durante el mismo periodo que Huey Meaux, Bill Smith y demás «personajes sureños del disco» desarrollaron un estilo comercial a partir de la música étnica de la región, los productores que trabajaban en Houston en los sellos Duke y Peacock de Don Robey dieron forma a un estilo gospel blues que raramente alcanzó el mercado pop en aquella época, pero que fue ampliamente influyente diez años después. Dos cantantes en especial fueron los «representantes» de este estilo, Bobby Bland y Junior Parker, cuyas carreras estuvieron ligadas estrechamente, durante algunos años, porque fueron de gira juntos, bajo el título de «Blues Consolidated». Bobby Bland realizó la mayoría de sus discos con el arreglista y productor Joe Scott y Parker grabó a menudo con Bill Harvey y entre ellos desarrollaron una mezcla única de jazz y blues para acompañar a los estilos de influencia gospel de los cantantes.

Las inflexiones gospel eran ligeras en el primer éxito de Bland en el mercado de rhythm and blues, «Farther On up the Road» (1957), que gozaba de un acompañamiento de una alegre banda de blues con riffs y solos de saxo que proporcionaban un fondo fuerte para la melosa voz de barítono del cantante. Durante los próximos años, las inflexiones gospel se hicieron más pronunciadas, en ocasiones alcanzaban la intensidad de B. B. King y otras veces era a través del estilo chillón de Ray Charles. Aunque Bland no echaba mano habitualmente de estas estratagemas y transmitía convicción con el sentimiento global de implicación inherente a su tono, rico y puro.

Mientras otras compañías, como Atlantic, King o Imperial, dejaban que las big band de blues degeneraran al introducir cuerdas y grupos femeninos en sus discos de rhythm and blues, Duke/Peacock redujo estas técnicas al mínimo. «Cry Cry Cry» (1960), de Bland, «I Pity the Fool» (1961), «Stormy Monday» (1962) y éxitos posteriores eran blues de la más alta calidad, cantados con convicción y arreglados imaginativamente. «Turn on Your Lovelight» (1961)

25. JUNIOR PARKER, de Clarksdale (Mississippi).

26. BOBBY BLAND, de Rosemont (Tennessee).

y «Yield Not to Temptation» (1962) tenían arreglos gospel, con estructuras de «llamada y respuesta» como las de «Hit the Road, Jack».

Aunque los discos de Bland no llegaron nunca a estar entre los diez primeros en el mercado de la música popular, muchos de ellos se vendieron bien y alcanzaron lugares entre los veinte y cuarenta primeros en las listas nacionales y mucho más altos en el mercado regional, con ritmos latinoamericanos, cuerdas y grupos femeninos. Bland se las arregló para mantener su estilo y así *Call on Me* (1963) fue uno de los discos pop más hermosos grabados jamás.

Junior Parker fue probablemente el cantante más importante de blues de banda que realizaba todavía discos de manera regular para un público de ámbito nacional, durante los años sesenta. No tan influido por los estilos del gospel como Bland, se abstuvo casi por completo de usar los arreglos pop con los que Bland cantaba ocasionalmente. El primer éxito de rhythm and blues de Parker fue «Next Time You See Me» (1957), que cantó con una apropiada seguridad relajada. Más firmemente basado en el blues que Bland, Parker, aún así, tuvo menos éxitos en el mercado del rhythm and blues que en el popular, pero en 1961 tanto «Driving Wheel» e «In the Dark» entraron en las listas de rhythm and blues y, al año siguiente, la comercial «Annie Get Your Yo Yo» triunfó en ambos mercados. Las tres eran típicas de su estilo. Algunos de sus «no éxitos», sin embargo, «Mother-in-Law Blues», «Yonders Wall» y «Sweet Home Chicago» eran blues más fuertes, con unos solos de armónica de Parker escuetos, hábiles y expresivos, que les daban más ambiente a los ya animados arreglos.

El estilo gospel blues no estaba restringido a Duke/Peacock Records, aunque los productores de Houston, por lo visto, sabían grabarlo mejor que cualquier otro. Ted Taylor, con una de las voces más características de la época, dejaba más clara la influencia del agudo estilo intenso de Roy Brown de lo que lo estaban B. B. King, Bland y Parker, aunque Taylor también tenía un toque de su sabor gospel. Pasó de una compañía a otra sin un éxito importante. Después de trabajar con varios grupos (como los Cadets), cantó rock and roll con la compañía de la costa oeste Ebb («Keep Walking On», 1958). Estuvo en la OKeh durante algún tiempo en los primeros años sesenta, tuvo un éxito menor de rhythm and blues con la extraordinaria «Rambling Rose», en la que casi se perdía la voz, que era un quejido agudo y delgado sobre un fuerte arreglo de big band y también grabó «Be Ever Wonderful», una canción que él había grabado anteriormente durante una corta estancia en la Peacock. Luego fue a la Top Rank, la Atco y, con el tiempo, a la Ronn Records de Shreveport (Luisiana), donde consiguió un éxito de rhythm and blues en 1968, con la excepcionalmente buena «Strangest Feeling».

Entre los cantantes que recibieron la influencia de Ted Taylor se encontraba un antiguo cantante de gospel, Little Johnny Taylor, cuyo *Part Time Love* (Galaxy, 1963) fue uno de los mejores discos de gospel blues; su éxito en el mercado de la música popular, en el que alcanzó el número veinte de ámbito nacional, fue uno de los primeros signos de que el público blanco podía aceptar de nuevo expresiones directas de la cultura negra. La canción, de Clay Hammond, era un precioso blues:

I'm gonna find me,
Lord, I've got to find me a part-time love.
[Twice.]
The next time,
The next time my baby leaves me,
I just got to have me a part-time love.
There's one more thing I've got to say to you right here:

Tengo que encontrar,
Señor, tengo que encontrar una amante a tiempo parcial. [Bis.]
La próxima vez,
la próxima vez que mi nena me abandone,
tengo que conseguir una amante a tiempo parcial.
Hay otra cosa más que tengo que decir ahora mismo:

People in the cemetery,
They're not all alone,
Some turn to dust,
And some have bone;
I'd rather be dead,
Six feet in my grave
Than to live lonely
Each and every day.
She came home this morning,
I asked where had she been,
She said «Don't ask me no questions, daddy,
Because I'll be leaving again».

La gente del cementerio
no está sola del todo.
Algunos se convierten en polvo,
y algunos se quedan en el esqueleto;
prefiero más estar muerto,
dos metros bajo tierra
que vivir solo
cada día y todos los días.
Ella llegó a casa esta mañana,
le pregunté dónde había estado.
Ella dijo: «No me preguntes nada, papaíto,
porque me marcho otra vez».

Every, every time my baby leaves me,
I have to suffer the whole time she's gone.
[Twice.]
The next time my baby leaves,
People can't you see I've just got to have me a part-time love.
I'm talking about a love,
That's gonna wash my dirty clothes,
I'm talking about a love,
I'm talkin' about a part-time love,
I don't think you people know what I'm talkin' about,
I'm talkin' about a part-time love.

Cada, cada vez que mi nena me abandona,
tengo que sufrir todo el tiempo que ella se ha ido. [Bis.]
La próxima vez que mi nena se vaya,
ya lo veis todos, tengo que conseguir una amante a tiempo parcial.
Me refiero a una amante
que permanezca junto a mí cuando yo envejezca.
Me refiero a una clase de amante
que me lave la ropa sucia.
Me refiero a una amante,
me refiero a una amante a tiempo parcial.
No creo que vosotros sepáis de lo que hablo.
Me refiero a una amante a tiempo parcial.

El arreglo era parecido a los arreglos de B. B. King de la época, con la guitarra (que el cantante Bobby Parker reivindicaba haber tocado) que respondía a los versos del cantante y un amable riff de saxo que llenaba el fondo y la tensión aumentaba poco a poco hacia el final de la canción. El estilo de «predicador» de Little Johnny Taylor, basado en el blues pero con una fuerte influencia del gospel en la manera de alargar las palabras y en subir la voz al final de las frases, confirmaba el impacto creciente de la música de gospel en el blues y la canción en sí tenía una cualidad de sermón.

Otros discos de la época reflejan también la influencia de las canciones de iglesia en los compositores de blues. «Don't Answer the Door» de Jimmy Johnson era una. Su banda grabó la canción con Hank Alexander cantando mientras el órgano, la tuba y un lejano grupo vocal creaban una atmósfera dramática:

If your mama want to come visit us,
Tell her I get home about the break of day,
And that's too late to visit anybody,
So tell your mama please stay away,
'Cause I don't want a soul
Hangin' around my house when I'm not at home,
I don't want you to answer the door for your mama
When you know you're home and you're all alone.

Si tu madre quiere venir a visitarnos,
dile que llegaré a casa cerca del amanecer,
y eso es demasiado tarde para visitar a alguien.
Así que dile a tu madre que, por favor, no se acerque,
porque no quiero un alma
holgazaneando en mi casa cuando no estoy allí.
No quiero que le abras la puerta a tu madre
cuando, ya sabes, estás en casa y completamente sola.

B. B. King grabó la canción en 1966 (para ABC-Paramount), que le concedió el mayor éxito de rhythm and blues que tuvo en mucho tiempo.

Hacia 1964, el aspecto blues del gospel blues disminuyó mientras el acento gospel se incrementó y los relativamente sofisticados arreglos se sustituyeron por otros más sencillos que, en su mayor parte, funcionaban para suministrar un ritmo y se preocupaban menos de crear un clima. Con todo, las canciones y el estilo del gospel blues mantuvieron la identidad musical de la cultura negra en un periodo en el que su relación estrecha con la cultura blanca parecía como si fuera a cambiar drásticamente o incluso a destruir esa identidad.

El elemento destructivo del intercambio entre la cultura blanca y la negra se tipificaba en Nueva Orleans, donde los animados sonidos de los seguidores de Fats Domino, Professor Longhair y Huey Smith seguían floreciendo: pesados acordes de piano, fuertes riffs de saxo y un canto relajado y contento. Pero mientras se realizaban muchos discos interesantes —en términos musicales y letrísticos—, la mayoría de los populares en el ámbito nacional eran canciones comerciales como «Mother-in-Law», de Ernie K-Doe, o «You Talk Too Much», de Joe Jones.

La compañía discográfica más importante de Nueva Orleans, Minit Records, se fundó en 1960, con Allen Toussaint como compositor jefe, productor, director de la banda de sesión y pianista. Influido por el sonido instrumental de los discos de gospel blues de Ray Charles para la Atlantic, Toussaint tuvo un éxito constante. Organizó tanto éxitos nacionales de Jessie Hill («Ooh

Poo Pah Doo»), Ernie K-Doe («Mother-in-Law») y los Showmen (el disco con «It Will Stand» y «Country Fool») como éxitos regionales de Irma Thomas («Ruler of My Heart»), Aaron Neville («Over You») y varios otros (todos para la Minit).

Con la utilización de las sencillas frases «gospel» de piano que Ray Charles había aprovechado con tanta eficacia en «What'd I Say?» —cuyos ecos estaban en todos los discos de Jessie Hill y en varios de Ernie K-Doe— «It Will Stand» de los Showmen era una simple celebración del rock and roll. Pero «Country Fool», la otra cara, era una hermosa pieza autobiográfica, casi oculta bajo un complicado arreglo armónico acelerado. Norman Johnson, el cantante solista de los Showmen y autor de la canción, estaba completamente convencido cuando cantaba:

When I left home and came to town,
I thought I was the biggest sport around,
I wore pin-stripe suits and button shoes,
The city boys called me a country dude.
When I got to town, everything had changed,
Everybody lookin' at me so strange.
Horns blowin' at me (beep beep, beep-be-beep)
Dogs barkin' at me (bow-wow, bow-be-bow-wow)
Folks laughin' at me, just laughin' at me (ha-ha, ha-ha)
Sayin' I'm a fool, a country fool.

Yeah, I met this chick, I though I was hip,
She turned me so fast, she made me flip,
I worked all night, I worked all day,
At the end of the week, I gave her my pay;
Doin' my work, throwin' garbage cans.
I looked up and saw her with another man.

Well I hung my head, begin to feel sad,
Just about then I began to get mad,
I went to the pawnshop, bought me a gun,
I'm goin' back home when this is done,
But now I've found that I wasn't so smart,
I bought my gun to get a brand new start,
I'm a country fool, a country fool.

Cuando me fui de casa y vine a la ciudad,
yo me tenía por la persona más amable del mundo,
usaba trajes de pinzas y botines.
Los chicos de ciudad me llamaron pueblerino.
Cuando fui a la ciudad, todo había cambiado,
todos me miraban con cara extraña.
Me pitaban con las bocinas (bip bip, bip-bi-bip),
los perros me ladraban (guau-guau, guau-gu-guau-guau),
los tíos se reían de mí, se reían en mi cara (ja-ja, ja-ja)
y me decían que soy un tonto, un tonto de pueblo.

Sí, encontré a esa tía, pensaba que era enrollada.
Me hacía girar tan deprisa, me hacía enloquecer.
Trabajaba la noche entera, y todo el día.
El fin de semana, le daba mi paga.
Mientras yo trabajaba recogiendo la basura,
levanté la vista y la vi con otro hombre.

Bueno, bajé la cabeza, y me puse triste,
fue por entonces cuando empecé a volverme loco,
fui a la casa de empeños, me compré una pistola,
cuando acabe esto, regreso a casa,
aunque ahora he visto que yo no era tan listo,
compré el arma para empezar de nuevo,
soy un tonto de pueblo, un tonto de pueblo.

Toussaint produjo también éxitos regionales para Irma Thomas y Aaron Neville, ambos de voz suave. Thomas tenía una voz influenciada por el blues parecida a la de Barbara Lynn y bajo la supervisión de Toussaint produjo la hermosa balada suave «Ruler of My Heart» (1962). Después, con Eddie Ray como productor, grabó para la Imperial uno de los mejores exponentes de sincera burla, «Time is on My Side» (1964), que utilizaba la técnica de coro masivo del uptown rhythm and blues con efectos brillantes. Aaron Neville tenía una voz menos versátil, clara y ligera y un estilo de balada muy extraño. Su voz vacilaba como si no quisiera elegir una nota en concreto, lo que creaba un convincente clima de indecisión. «Tell It Like It Is», grabada por Parlo bajo la supervisión de Toussaint en 1966, proporcionó a Neville un éxito nacional inesperado, que tenía ecos de los cantantes de grupos vocales cool como Pookie Hudson de los Spaniels, Sonny Til de los Orioles y Harvey Fuqua de los Moonglows.

Además de su trabajo con la Minit, Toussaint tocó el piano y produjo sesiones con Lee Dorsey para la Fire/Fury, Clarence «Frogman» Henry para la Argo (una subsidiaria de Chess) y muchos otros y creó discos de éxito con el sonido que dominaba en Nueva Orleans, siempre destacando su acento característico, algo aceptado en la música popular nacional desde los primeros discos de rock 'n' roll de Fats Domino. El propio Domino siguió su colección de éxitos en los primeros sesenta con canciones que tenían el mismo clima alegre y una determinación para disfrutar de la vida que se desprendía incluso de las canciones tristes.

Chris Kenner fue uno de los cantantes de Nueva Orleans cuyo éxito y sonido fueron más o menos independientes de Toussaint. Grabó un pequeño éxito de rhythm and blues, «Sick and Tired», para la Imperial, en un estilo muy parecido al de Fats Domino. Luego, durante los primeros años sesenta, cosechó éxitos nacionales con «I Like It Like That», «Land of a Thousand Dances» y «Something You Got» (Instant), canciones para bailar cuyo pesado ritmo y atmósfera contagiosa se apoyaba en el sonido de los Clowns de Huey Smith y sus destacados cantantes, Frankie Ford y Bobby Marchan. Marchan tuvo un éxito extraño en 1960 para la Fury, «There Is Something On Your Mind», compuesta por S. Taylor, una adaptación de una canción que había sido un éxito de rhythm and blues de Big Jay McNeely el año anterior. El disco se iniciaba con un estribillo cantado de la canción, pero después de unos segundos, Marchan se paraba y procedía a darle algunos consejos al oyente:

You know it's so hard to be in love with someone,
So hard to be in love with someone that don't love you,
And it carries a heavy burden on your heart
To know that the someone they love is your very best friend.
I tell you, when somebody else is rockin' your cradle.

Sabes que es muy difícil estar enamorado de alguien,
muy difícil estar enamorado de alguien que no te ama,
y eso es una carga pesada en el corazón:
saber que ese alguien que ella amas es tu mejor amigo.
Yo te digo, cuando otro mueve tu cuna

Better than you can rock your cradle yourself.
There is only one thing left in this world for you to do:
Pack your clothes,
Turn around,
Walk slowly towards the door,
Look over your shoulder,
And say, [the music begins]
«If you ever think about me,
If I ever cross your mind,
Well you know, you know I'm yours,
I, I know, I know you're mine». [the music stops again]

After you can't stand it no more,
You go down town to the pawnshop
And get yourself a pistol,
And then you make it back up on the scene
Where you loved one and your best friend are now together,
You go right in and bust down the door and shoot him;
You can't shoot her because you know if you shot her
All of your love in your long life-time will be gone forever;
And just as you make up your mind to forgive her
Here como another of your best friends through the door;
This really makes you blow your top,
And you go right ahead and draw her close to you heart
And shoot her,
And realizin' what you done, you say
«Baby please forgive me, I'm sorry»,
And with her last dyin' breath she looks up at you and says
«Do, do, do, whoa, who-oh, [the music returns]
Do, do, do whoah, who-oh...».

mejor que tú la puedes mover,
tan sólo hay una cosa que puedes hacer en este mundo:
haz la maleta,
date la vuelta,
camina lentamente hacia la puerta,
mira por encima del hombro,
y di: [empieza la música]
«Si alguna vez piensas en mí,
si alguna vez estoy en tu mente,
bueno, tú sabes, tú sabes que soy tuyo,
y yo, yo sé que tú eres mía». [La música para de nuevo.]

Cuando ya no puedas aguantarlo más,
vas hasta la casa de empeños
y te compras una pistola,
y luego vuelves hasta el lugar
donde tu amada y tu mejor amigo están juntos,
vas directo y tiras la puerta abajo y le disparas a él;
a ella no le puedes disparar porque sabes que si le disparas
todo el amor de tu vida se irá para siempre;
y cuando estás a punto de pensar en perdonarla
por la puerta llega otro de tus mejores amigos.
Esto te enfurece realmente,
y vas hacia adelante y la pones cerca de tu corazón
y le disparas,
y al darte cuenta de lo que has hecho, dices
«Nena por favor perdóname, lo siento»,
Y en su último suspiro agonizante, ella te mira y dice
«Du, du, du, guau, ju-u, [vuelve la música]
Du, du, du, guau, ju-u...».

La Fire/Fury Records de Bobby Robinson era la única compañía con sede fuera de Nueva Orleans que realizó producciones regularmente en la ciudad. En Fire y Fury también grabó otros estilos locales y regionales de los estados sureños y en el litoral del Este. El armonicista de Memphis Buster Brown tuvo éxitos con canciones de auténtico blues de bar, «Fannie Mae» y «Sugar Babe», dos de los discos menos sofisticados con grandes ventas en los años sesenta. El cantante y pianista jump Wilbert Harrison vendió un millón de copias de «Kansas City», una bonita canción de baile con un shuffle relajado que incorporaba la firme guitarra rítmica de Jimmy Spruill en un arreglo muy cercano a la grabación original de la canción «K. C. Lovin'» de Little Willie Littlefield (Federal 1952).

Brown, Harrison, Bobby Marchan y otros varios buenos cantantes con menos éxito (como Tarheel Slim, Elmore James y Hal Paige and the Whalers), grabaron excelentes canciones de rhythm and blues para la Fire y la Fury a lo largo de 1961, pero los sellos también lanzaron discos con una fuerte influencia gospel. Gladys Knight and the Pips, con «Every Beat of My Heart» y Don Gardner y Dee Dee Ford con «I Need Your Loving» y demás, figuraban entre los primeros cantantes que tuvieron éxitos con un estilo que dependía evidentemente de las influencias del canto de iglesia.

Una vez que el canto al estilo gospel y las producciones de uptown rhythm and blues empezaron a dominar la gama completa de los estilos de canto negros, el número de los cantantes influidos por el blues que grababan de forma activa decayó y la mayoría de las compañías que duraron hasta los primeros años sesenta o bien cambiaron en gran manera hacia la música soul o bien quebraron. En Nueva York, la operación de la Sue* de Juggy Murray trataba en principio de llenar el vacío entre el rhythm and blues auténtico y el pop comercial, con tres éxitos entre los cuarenta primeros de Ike and Tina Turner, de 1960 a 1962 y diez éxitos en los diez primeros lugares de Bárbara George («I Know», AFO, 1962) e Inez Foxx («Mocking-bird», Symbol, 1963). Pero la compañía estuvo prácticamente en letargo a lo largo de los demás años sesenta y tan sólo emergió brevemente en 1970 cuando Wilbert Harrison tuvo un sorprendente éxito entre los cuarenta primeros con «Let's Work Together», un atractivamente sencillo arreglo nuevo de una canción que, anteriormente, se había grabado como «Let's Stick Together» en el sello Fury de Bobby Robinson. Después de haber tenido cinco discos en el número uno de las listas de rhythm and blues de 1959 a 1962, los sellos de

* SUE. Fundada en 1958, en Nueva York, por Juggy Murray.
Rhythm and blues: Bobby Hendricks, Ike and Tina Turner, Jimmy McGriff, Baby Washington, Wilbert Harrison, The Soul Sisters.

Subsidiaria:

SYMBOL
Rhythm and blues: Inez and Charlie Foxx.
Sello en distribución:
AFO. Fundado en 1961, en Nueva Orleans, por Harold Battiste y Mel Lastie.
Rhythm and blues: Barbara George, Prince La La.

Bobby Robinson,* también estuvieron dormidos durante casi veinte años, hasta que Enjoy regresó con varios éxitos de «rap» en los primeros años ochenta.

Minit e Instant** siguieron el camino a la oscuridad de Sue y Fire y Fury y el declive de estas compañías dejó espacio a otras compañías residentes en el Sur para que gestionaran la persistente demanda de blues y rhythm and blues básico. En Shreveport (Luisiana), el veterano distribuidor Stan Lewis montó la Jewel Records y una familia de sellos subsidiarios,*** y en Nashville, el productor de la Mercury Shelby Singleton, la abandonó para lanzar su compañía propia SSS International,**** y compró el catálogo de Sun Records a Sam Phillips. Ambos cosecharon inesperados triunfos pop internacionales, Lewis con «Judy

* FIRE. Fundado en 1959, en Nueva York, por Bobby Robinson.
Blues: Buster Brown, Elmore James, Lightnin' Hopkins.
Rhythm and blues: Bobby Marchan, Don Gardner and Dee Dee Ford, Tarheel Slim and Little Ann.

Subsidiarias:

FURY
Rhythm and blues: Lee Dorsey, Wilbert Harrison, Gladys Knight and the Pips.

ENJOY
Rhythm and blues: King Curtis.

** MINIT. Fundada en 1960, en Nueva Orleans, por Joe Banashak y Larry McKinley.
Distribuida por Imperial. Productor: Allen Toussaint.
Rhythm and blues: Jessie Hill, Ernie K-Doe, Aaron Neville, Benny Spellman, Irma Thomas.
Grupo vocal: The Showmen.

Subsidiaria:

INSTANT. Distribuida por Atlantic.
Rhythm and blues: Chris Kenner.

*** JEWEL. Fundada en 1964, en Shreveport (Luisiana), por Stan Lewis.
Blues: The Carter Brothers, Lightnin' Hopkins.
Subsidiarias:

PAULA
Pop: John Fred and His Playboy Band, The Uniques.

RONN
Rhythm and blues: Ted Taylor, Little Johnny Taylor.

**** SSS International. Fundada en 1967, en Nashville, por Shelby Singleton.
Rhythm and blues: Peggy Scott and Jo Jo Benson, Johnny Adams.

Subsidiarias:

PLANTATION
Country and western: Jeannie C. Riley.

SILVER FOX. Fundada en 1968 por Lelan Rogers.
Rhythm and blues: Betty Lavette, Gloria Taylor.

SUN RECORDS. Comprada por Sam Phillips (véase elenco en pág. 111).

in Disguise», de John Fred (Paula, 1967) y Singleton con «Harper Valley PTA», de Jeannie C. Riley (Plantation, 1968), aunque sus ventas habituales eran con la música negra.

Al final de los años sesenta, el mercado para el blues había dado un giro extraño ya que la salida de los grupos de blues blanco en Gran Bretaña y en Estados Unidos supuso un reconocimiento y una demanda tardías para los intérpretes basados en el blues, desahuciados prácticamente por su propio público. Discos descatalogados e inencontrables desde hacía tiempo empezaban a incluirse en álbumes recopilatorios y los propietarios de catálogos obtenían ingresos inesperados de ventas de derechos para el extranjero. Mientras, la mayoría de las compañías de música negra se interesaba por complacer los gustos del momento con el «up-town rhythm and blues» y el «soul», de los que hablamos en los dos capítulos siguientes. All Platinum Records* dio el astuto paso de adquirir el catálogo entero de la Chess Records y reeditar para un público nuevo las obras de Muddy, Wolf, Little Walter y demás.

* ALL PLATINUM. Fundada en 1968, en Englewood (Nueva Jersey), por Sylvia y Joe Robinson.
Rhythm and blues: George Kerr.

Subsidiarias:

STANG
Rhythm and blues: The Moments, Whatnauts.

TURBO
Rhythm and blues: Linda Jones.

VIBRATION
Rhythm and blues: Sylvia, Shirley and Co.

CHESS. Comprada en su integridad (véase elencos en pág. 100).

9. Vuelve a hacerlo de esta manera: rhythm and blues, uptown

Después de que los productores del Norte habían luchado a brazo partido con el rock 'n' roll, triunfaron al restablecer la mayoría de las técnicas de la música popular y contrataron a cualquier cantante que tuviera interés por llegar al público adolescente. Casi todos los cantantes blancos —ahora considerados cantantes de rock 'n' roll— dejaron de representar sus experiencias personales en sus discos y cantaron correctamente el material que sus productores les proporcionaban, mientras la orquesta del estudio interpretaba el ritmo que permitía que la compañía promoviera el producto como rock 'n' roll. Y el rock 'n' roll, que parecía haber sido una expresión significativa de la cultura adolescente, se reveló tan transitorio como cualquier otro estilo pop, una moda sin genuinas raíces culturales. O así es como se veía en la época, de 1959 a 1963. Los acontecimientos posteriores a 1964 sugerían que, después de todo, el rock 'n' roll tenía raíces culturales y que, aunque la industria musical perdía interés en el asunto, el público que había comprado los discos no lo había hecho y seguía escuchándolos.

En contraste con el rock 'n' roll, el rhythm and blues, que parecía estar al borde de la extinción como mercado distinto y generador de estilos, se recuperó y floreció a pesar de la estrecha atención por parte de los cantantes y productores a los gustos del público blanco. La tabla comparativa de la página siguiente muestra el alcance del intercambio entre los cantantes blancos y negros en los dos mercados.

Los cantantes negros habían logrado un acceso sin precedentes hacia el mercado blanco a través del rock 'n' roll, aunque estaban sujetos a una competencia proporcionalmente mayor que la de los cantantes blancos en su propio mercado de rhythm and blues. En 1958, más de la mitad de los éxitos de rhythm and blues eran de cantantes blancos.

Estas cifras, de todas maneras, pueden haber reflejado el cambio en la política de las emisoras de radio anteriormente dirigidas a los negros de manera exclusiva más que medir una transformación auténtica del gusto en el mercado negro de compradores de discos. Por un momento, con la esperanza de atraer a los oyentes blancos —y los anunciantes deseaban llegar a ellos— las emisoras antiguamente orientadas a los negros difundían una proporción sustancial de rock 'n' roll. Como resultado, el público negro quizás había conocido menos discos negros y comprado los que oía en sus emisoras. Pero la mayoría de ellas volvieron a una política de difundir, en gran parte, discos negros, porque pocos anunciantes respondieron a las oportunidades de anunciar para un público blanco en las antiguas emisoras de rhythm and blues.

Éxitos entre los diez primeros en el mercado negro de 1955 a 1963

	1955	1956	1957	1958	1959	1960	1961	1962	1963
De cantantes blancos	3	10	27	45	20	26	9	15	23
Cantidad total	64	81	78	86	71	90	98	92	90

Éxitos entre los diez primeros en el mercado pop de 1955 a 1963

	1955	1956	1957	1958	1959	1960	1961	1962	1963
De cantantes negros	9	8	22	16	20	24	37	27	37
Cantidad total	51	55	70	77	89	95	106	88	106

Pero mientras las emisoras negras podían permitirse reducir la cantidad de discos blancos que difundían sin riesgo de perder muchos oyentes negros, las emisoras pop no podían reducir los discos negros de una manera similar, porque un número sustancial de sus oyentes podría añadirse, de todas formas, a la minoría que sintonizaba las emisoras negras. A lo largo del final de los años cincuenta y principos de los sesenta, los programadores de radio hacían juegos malabares con el equilibrio entre discos blancos y negros, implantando de hecho un sistema de cuotas. El objetivo parecía ser difundir el menor número posible de discos negros sin perder oyentes. Kal Rudman, columnista de rhythm and blues en la revista del sector *Record World*, escribía:

> He trabajado en bastantes emisoras pop como para saber dónde radica el problema básico. A algunos directores de programas de emisoras pop (desde luego no todos) les gustaría ser enrollados y de miras amplias difundiendo esas grandes canciones rítmicas y las grandes baladas soul. Sin embargo, los propietarios y los ejecutivos son sensibles a las críticas por sus compinches de la «alta suciedad» en el club de campo. Algunos

tienen miedo que se ofendan los patrocinadores, así que irrumpen en la sala de control y sacan de un tirón lo que ellos habitualmente llaman música de la «selva». No quieren oír las letras de las baladas o escuchar acerca de las peticiones, el salto del impacto del disco o incluso de las ventas de los impulsores sonidos «beat». Si suena «demasiado negro», tiene que desecharse. Aunque el rhythm and blues está en forma, de esta manera, se le equipara con el contaminar a la emisora o al público. Mientras tanto, las emisoras rhythm and blues nunca lo han tenido mejor.[31]

Los productores de las compañías discográficas que trabajaban con cantantes negros tenían problemas de difícil solución: debían proporcionar al público, de alguna manera, música excitante y emocionante aunque el sonido estuviera envuelto en un arreglo que pudiera complacer a los propietarios de emisoras de radio que odiaban la música de la «selva». Había una gran cantidad de personas dispuestas a aceptar el desafío, compositores y productores jóvenes que se sentían atraídos hacia la música popular gracias a las nuevas oportunidades disponibles para gente emprendedora que actuaban independientemente de las compañías discográficas y de las editoras establecidas.

Con algunas excepciones (sobre todo los discos relacionados con el twist), los discos producidos en el Norte y el Oeste después de 1958 eran considerablemente más sofisticados que los de la época del rock 'n' roll. Los cantantes y compositores de rock 'n' roll parecían haberse dado cuenta de repente del ruido, la violencia y la excitación de la vida urbana y tener prisa por poner sus sentimientos en un disco. Pero después de 1958 los cantantes negros y los compositores que trabajaban con ellos no hicieron el más mínimo caso a todo aquello y se ocuparon de su experiencia de una manera más sofisticada. Los cantantes eran menos frívolos y seguros y se permitían dudas y contradicciones emocionales, mientras los compositores resolvieron sus temas más concienzudamente, a menudo analizando los sentimientos de una manera más alusiva. En vez de la celebración directa de «Long Tall Sally», de Little Richard, Ben E. King utilizaba la metáfora de una rosa en «Spanish Harlem». En comparación con la mayor complejidad de las canciones de rock de finales de los sesenta, los intentos de poesía eran ingenuos, aunque a menudo mucho más en consonancia con sus arreglos musicales.

El mejor término genérico para la música producida en los estudios del Norte con cantantes negros como intérpretes de canciones de otros es uptown rhythm and blues [«el rhythm and blues de la parte alta, elegante»]. El término engloba unas cuantas clases de música que, en general, eran realizadas por diferentes productores que buscaban efectos diferentes, pero que compartían una diferencia importante respecto al rock 'n' roll: su intención era la de crear un efecto más que expresar la experiencia propia del cantante. Aunque los cantantes, en su mayoría, eran negros, unos pocos —incluidos algunos de los de más éxito— eran blancos, los Four Seasons y los Righteous Brothers entre los que destacaban, que utilizaban todos los efectos de las técnicas de producción del uptown rhythm and blues.

El rock 'n' roll tuvo un impacto en muchas dimensiones; a través de la fuerza de las letras, la importancia personal de los estilos de cantar, los efectos visuales de los intérpretes y la fuerza física de los ritmos de la música. Los diversos tipos de productores de uptown rhythm and blues buscaban tratar de aislar cada uno de estos efectos y recrearlos de una manera calculada.

En Nueva York, Jerry Leiber y Mike Stoller iniciaron una técnica de producción de discos que intentaba realizar una idea concebida por un compositor que no era a la vez cantante. El centro de atención radicaba en la letra y para reafirmarlo de manera eficaz a menudo se acentuaban más el arreglo musical y el coro vocal que el estilo del cantante solista, aunque la calidad duradera de los discos a veces dependía finalmente de lo bien que el cantante expresaba los sentimientos de la letra. A causa de que un grupo vocal tendía a tener una imagen no tan fijada como la de un cantante solista y ya que era más flexible y podía ser más fácilmente moldeada por un productor, un gran número de producciones neoyorquinas se hacían con grupos. Desde 1961, sin embargo, la técnica se aplicó con igual éxito a los cantantes en solitario.

Las grandes compañías manejaron el uptown rhythm and blues con cantantes en solitario de manera diferente y animaron a los cantantes a que acentuaran la idiosincrasia de su estilo hasta un punto en que llegaron a ser amanerados. El efecto contradecía la intención. A las compañías les habían atraído los cantantes gracias a sus voces extraordinariamente expresivas, aunque al sobreenfatizar sus estilos característicos hicieron que sus interpretaciones no fueran convincentes. Ray Charles, en la ABC-Paramount, y Sam Cooke, en la RCA, estaban entre los responsables.

En Filadelfia, los productores de Cameo/Parkway utilizaron un programa de televisión local con redifusión nacional para promocionar cantantes que se movían enérgicamente sobre un ritmo rígido, casi mecánico, y fueron tristemente eficaces a la hora de lanzar las carreras de varios cantantes de escaso talento.

En Detroit, un equipo de productores dirigido por Berry Gordy identificó las cualidades más eficaces de cada técnica y las reintegró en discos editados por los sellos de la Motown Corporation para crear el que fue realmente el primer estilo coherente de rock and roll del Norte.

I

Jerry Leiber y Mike Stoller, que habían establecido a los Coasters como uno de los espectáculos más divertidos de rock 'n' roll, en 1959 se pusieron a trabajar con un grupo nuevo, los Drifters.* Los estilos del canto de grupo que se

* Los primeros Drifters se fundaron en 1953 por Clyde McPhatter, y el grupo prosiguió después de que él los abandonara en 1954 para ir en solitario. Pero después de una serie de discos relativamente sin éxito dieron entrada a una variedad de otros cantantes solistas y estilos —como el excelente disco de influencia blues con «I Gotta Get Myself A Woman» y «Soldier of Fortune» (1956)— y el grupo se separó en 1958, dejando al manager George Treadwell con varios años por cumplir de un contrato por el que los Drifters debían hacer actuaciones anuales en el teatro Apollo de Harlem. Treadwell convenció a otro grupo, los Five Crowns, para que tomaran el nombre de los Drifters y aparecieran en el Apollo y les permitió seguir con el contrato de grabación con Atlantic. Este grupo fue el que trabajó con Leiber y Stoller.

habían modelado sobre la inocencia pura de los Orioles todavía tuvieron éxito a lo largo de 1958, cuando excelentes estudios de grabación realzaron el sonido claro de los Dubs («Could This Be Magic?», Gone), los Danleers («One Summer Night», Mercury) y los Flamingos («I Only Have Eyes for You», End). Pero, como siempre, Leiber y Stoller mostraron poco entusiasmo por seguir aquello que ya se había intentado con éxito y en vez de ello, con los Drifters experimentaron la combinación de una aguda voz solista al estilo gospel, una canción poco estructurada y un acompañamiento que incorporaba una sección de violines que interpretaba riffs oscilantes como los que habían hecho los saxos en discos más convencionales. Los sonidos se complementaban y el disco estuvo entre los diez primeros de las listas pop: «There Goes My Baby»:

There goes my baby,	*Allí va mi chica,*
Moving on, down the line,	*circulando, por el camino.*
Wonder where	*Me pregunto a dónde*
She is bound,	*se dirige.*
I broke her heart	*Rompí su corazón*
And made her cry—	*y la hice llorar.*
Now I'm alone,	*Ahora estoy solo,*
So all alone,	*completamente solo.*
What can I do?	*¿Qué puedo hacer?*

La canción era prácticamente en verso libre, un caso único en una época en que los versos rimados eran obligatorios, sin que importara lo poco convincente de la rima, como la que se producía entre parejas de palabras corrientes como *time* y *mine*, *love* y *of* y *going to* (*gonna*) y *want to* (*wanna*).

A pesar del éxito de la canción, los siguientes discos de los Drifters no fueron tan revolucionarios. A medida que el cantante solista Ben E. King bajaba poco a poco el registro de su voz y suprimía las influencias gospel, las canciones se hacían más convencionales y se acentuaba cada vez más un ritmo latino. «Dance with Me» (1959), «This Magic Moment» y «Save The Last Dance for Me» (1960) consiguieron entrar en los diez primeros puestos de las listas, después de lo cual King abandonó el grupo para iniciar una carrera en solitario bajo la supervisión de los mismos productores.

«Dance with Me» de los Drifters se acreditó a «Elmo Glick and Lewis Lebish» (un seudónimo guasón de Leiber y Stoller), pero los siguientes éxitos de los Drifters los compusieron Jerome «Doc» Pomus y Mort Shuman, que habían proporcionado éxitos para Dion and the Belmonts (la clásica oda a la autocompasión «Teenager in Love») y para Elvis Presley. Paralizado a causa de la polio, Doc Pomus realizó discos de blues por cuenta propia antes de aunar fuerzas con Shuman. «Lonely Avenue» compuesta por los dos inspiró una de las mejores interpretaciones empapadas de gospel de Ray Charles, si bien sus canciones estaban a menudo más influidas por los ritmos latinos de las orquestas de mambo que tocaban en Broadway. La versión de los Drifters de «Save The Last Dance for Me» era un uptown rhythm and blues definitivo, con la amable voz áspera de Ben E. King contrarrestada por los violoncelos melosos y el suave ritmo del bayón.

Cuando King abandonó el grupo, su primera sesión en solitario (para Atco, la subsidiaria de Atlantic) la supervisó un discípulo de Leiber y Stoller, Phil Spector, que compuso en parte (con Leiber) el primer disco de King, *Spanish Harlem*:

There is a rose in Spanish Harlem,	*Hay una rosa en el Harlem Hispano,*
A rare rose up in Spanish Harlem,	*una rosa rara allí en el Harlem Hispano.*
It is a special one,	*Es una especial;*
It's never seen the sun,	*nunca ve el sol;*
It only comes up when the moon is on the run	*tan sólo sale cuando luce la luna*
And all the stars are gleaming.	*y brillan todas las estrellas.*
It's growing in the street,	*Crece en la calle*
Right up through the concrete,	*en medio del asfalto,*
But soft and sweet are dreaming.	*pero es dulce, suave y soñadora.*

King pasó del intento de captar en ese disco un sentimiento de ciudad a canciones de «entretenimiento» más convencionales, hermosas baladas que interpretaba con el respeto adecuado para las prudentes letras como «Stand By Me» o «I (Who Have Nothing)», ambas de 1962. Mientras tanto los Drifters contrataron a Rudy Lewis para cantar de solista en un estilo parecido al de King y tuvieron una serie de éxitos que analizaban la vida en la ciudad de manera más directa y a fondo de lo que lo había hecho cualquier canción popular hasta la fecha. «Up on the Roof» (1962), compuesta por Gerry Goffin y Carole King, ofrecía un escape:

When this old world starts getting me down	*Cuando este mundo viejo me empieza a deprimir*
And people are just too much for me to face,	*y no puedo soportar a la gente,*
I climb right up to the top of the stairs	*subo hasta el final de la escalera*
And all my cares just drift right into space.	*y todas mis preocupaciones se van directamente hacia el espacio.*

«On Broadway» (1963), compuesta por Barry Mann, Cynthia Weil, Jerry Leiber y Mike Stoller, aceptaba los términos del desafío de la ciudad:

They say the neon lights are bright,	*Dicen que las luces de neón brillan*
On Broadway;	*en Broadway;*
They say there's always magic in the air,	*icen que siempre hay magia en el aire*
On Broadway;	*en Broadway.*
But when you're walking down that street,	*Pero cuando caminas por la calle,*
And you ain't had enough to eat,	*y no tienes suficiente para comer,*
The glitter all rubs right off	*todo el brillo desaparece al instante*
And you're nowhere.	*y no estás en ninguna parte.*
On Broadway.	*En Broadway.*

En medio del torbellino de cuerdas, el sencillo pero eficaz solo de guitarra de blues de Phil Spector daba al disco el filo necesario para que fuera más rhythm and blues que pop. Johnny Moore asumió la voz solista en el siguiente gran éxito del grupo, «Under the Boardwalk» (1964), que se convertiría en una de las definitivas canciones de verano. La produjo Bert Berns, con un regreso al ambiente de bayón de los primeros éxitos de los Drifters.

Los discos de los Drifters se convirtieron en modelos para la producción discográfica de los primeros años sesenta, a medida que una generación de sofisticados compositores y productores jóvenes dedicaron su talento considerable a producir un cuerpo de discos que detallaban con obsesiva atención todos los momentos concebibles de las vidas y fantasías adolescentes.

«Why Do Fools Fall in Love?», de Frankie Lymon, fue la que estableció el tema y el sonido para este género de lenguaje adolescente allá por 1956 y desde entonces Paul Anka, Howie Greenfield (para Neil Sedaka) y Doc Pomus (con Mort Shuman) habían mostrado un sólido sentimiento por expresar ideas adolescentes en las canciones. En 1961, el mundo adolescente se abrió aún más, cuando las primeras cantantes femeninas negras saltaron al centro de la escena, con las Shirelles en cabeza y su «Will You Still Love Me Tomorrow?». Éste fue el primer éxito para los compositores de la Columbia Screen Gems, Gerry Goffin y Carole King, el comienzo de una carrera brillante tanto para la editora como para los compositores.

Producidas por Luther Dixon para la Scepter Records, las Shirelles, en tres años, lograron siete éxitos entre los veinte primeros gracias a la cantante solista Shirley Owens, que conseguía una cautivadora mezcla de sinceridad y sugerencia al preguntar: «Can I believe the magic of his sighs?» [«¿Puedo creer la magia de los suspiros de él?»]. Sólo cuatro grupos femeninos negros habían alcanzado antes a estar entre los veinte primeros,[32] y dos de ellos utilizados sobre todo como acompañamiento de cantantes masculinos como Ray Charles y Lloyd

Price. A partir de ese momento se convertían en un elemento permanente del pop. Las Shirelles seguían definiendo el sonido y la imagen de disponibilidad vulnerable y suplicante que se exhibía a lo largo de los discos de chicas negras. Después de que «Will You Still Love Me Tomorrow?» encabezara las listas, su revival anterior de «Dedicated to the One I Love» otorgó a la Scepter un segundo y simultáneo éxito entre los diez primeros, seguido por «Mama Said» (compuesta por Luther Dixon) y «Baby It's You» (de Burt Bacharach y Hal David). Como sucede a menudo, el éxito del grupo estaba estrechamente ligado a la orientación del productor Dixon y cuando éste lo abandonó para fundar su sello propio, patrocinado y distribuido por la Capitol, la carrera de las Shirelles empezó a declinar.

La Scepter* había sido fundada por Florence Greenberg en 1959 para distribuir específicamente a las Shirelles, a las que ella hacía de manager desde que tuvieron un éxito menor en la Decca («I Met Him on Sunday», 1958), pero en vez de contratar a otros grupos femeninos para el sello, se decantó por cantantes más intensos influidos por el gospel como los Isley Brothers y Chuck Jackson, hasta que los compositores Burt Bacharach y Hal David lanzaron a Dionne Warwick como la voz perfecta para sus sofisticados arreglos.

Entre los compositores y productores que siguieron más directamente a las Shirelles, Carole King y Gerry Goffin y los Tokens hicieron los mejores discos, aunque si Luther Dixon hubiera continuado utilizando las canciones de Goffin y King para las Shirelles, es posible que no hubieran necesitado producir los lanzamientos por su cuenta. Pero, según parece, era natural el hecho de que todos los productores quisieran monopolizar la composición de canciones en sus proyectos propios, lo que obligaba a otros compositores a sumarse a la competición si querían que su material se grabara.

En 1962, cansado de las humillantes rondas para mostrar sus maquetas a los productores de la industria, Don Kirshner fundó Dimension Records** como un sello para Goffin y King. En un corto espacio de tiempo, el dúo compuso y produjo varios discos clásicos de tema femenino joven, junto con uno de los me-

* SCEPTER RECORDS. Fundada en 1959, en Nueva York, por Florence Greenberg. Productores: Luther Dixon, Burt Bacharach y Hal David.
Grupo femenino: The Shirelles.
Rhythm and blues: Tommy Hunt, Dionne Warwick.
Pop: The Rocky Fellers, B.J. Thomas and the Triumphs.

Subsidiaria:

WAND
Rhythm and blues: The Isley Brothers, Chuck Jackson, Maxine Brown.

** DIMENSION. Fundada en 1962, en Nueva York, por Don Kirshner como una división de Alden Music. Productores: Gerry Goffin y Carole King.
Grupo femenino: The Cookies.
Tema femenino: Little Eva, Carole King.
Pop: The Kingsmen.

jores discos de baile de todos los tiempos, *The Loco-motion* de Little Eva. En comparación con la mayoría de discos de la época, éste estaba extremadamente bien grabado, con un sonido muy claro al fondo que permitía que el sólido clima de la pista rítmica tuviera el máximo impacto. La propia Carole tocaba el piano, Art Kaplan hacía la parte de saxo y el disco entero ardía con una energía contagiosa que inspiró a la nueva cantante para soltar una clase de canto perfecto para «ven y vamos a pasarlo bien». El disco dio a la Dimension un éxito con el número uno por primera vez y a su estela, «Keep Your Hands Off My Baby» volvió a poner a Eva entre los veinte primeros, aunque ella no estuvo tan convincente porque la dura letra requería un tono más desafiante y su segunda mejor interpretación fue a dúo con Big Dee Irwin en un revival de «Swinging on a Star» para la Colpix en 1963.

Los demás éxitos de la Dimension fueron con los Cookies, un grupo vocal que había estado en varias sesiones como acompañamiento de otros cantantes a principios de los años sesenta y el cantante solista Earl Jean se mostraba adecuadamente descorazonado (en «Chains») o coquetón (en «Don't Say Nothin' Bad About My Baby») para los discos que llegaron a figurar entre los veinte primeros. La propia Carole King se lanzó a la lucha con «It Might As Well Rain Until September», aunque esperó diez años más antes de dedicarse a una auténtica carrera de cantante. Era más cómodo componer éxitos para otra gente, lo que ella y su marido Gerry Goffin hacían como nadie más, en aquella época.

Entre todos los grupos anónimos y casi intercambiables que vinieron después del éxito de las Shirelles, el más característico y sólido fue otro cuarteto de chicas negras, las Chiffons. El grupo realizó su debut en 1960 con una versión de una canción antigua de las Shirelles, «Tonight's the Night», aunque empezaron de verdad en 1963 con «He's so fine» que estuvo en cabeza de las listas. Compuesta por un amigo de ellas del Sur del Bronx, Ronnie Mack, la canción tenía un extraño ritmo alegre, casi «jazzy» y la cantante solista Judy Craig la cantó con una sofisticación madura que contrastaba con las voces deliberadamente de «chiquilla» de muchos grupos de chicas. El disco lo produjeron los Tokens, que nunca habían conseguido una continuación para su propio éxito que encabezó las listas para la RCA en 1961, un revival de «Wimoweh» de los Weavers (con el nuevo título de «The Lion Sleeps Tonight») y resolvieron el problema del disco de continuación para las Chiffons al añadir las voces del grupo a una pista ya grabada por Goffin y King de su canción «One Fine Day». Se produjo una pausa después de aquel número cinco de las listas, pero la voz de Judy Craig hacía que incluso un material mediocre sonara interesante y en 1965 ella creó un clima evocador en «Nobody Know What's Going On In My Head But Me» antes de proporcionar un último éxito entre los diez primeros para el grupo con «Sweet Talking Guy».

En aquella época, la mayoría de estos discos de tema femenino pasaron como música pop adolescente y ningún grupo estableció el tipo de identidad que Jan and Dean y los Beach Boys se construyeron a su alrededor en la costa oeste. Aunque dos hombres se las arreglaron para hacer duraderas carreras y reputaciones a partir de aquel género: Berry Gordy y Phil Spector.

Mientras la mayoría de los productores de la época buscaba primero una imagen o un ritmo bailable y después la canción, Gordy siempre insistía en que la canción era el elemento principal de un disco y obligaba a sus compositores a que dirigieran su material hacia viñetas características de la experiencia adolescente. Smokey Robinson respondió con «Shop Around» para los Miracles (Tamla, 1960) —la cantó con una voz tan aguda que algunos oyentes pensaron que era una mujer— y luego con una serie de éxitos para Mary Wells que culminaron en el clásico «My Guy» (Motown, 1964). Mientras tanto, Gordy y su equipo de compositores-productores —que incluía a Mickey Stevenson, Lamont Dozier y Brian Holland— se turnaron con las Marvelettes, cuyo «Please Mr. Postman» (Tamla, 1961) lanzó el ritmo de baile del *mashed potato* [«puré de patatas»] que fue muy copiado (por Dee Dee Sharp, Little Eva e incluso James Brown). Con toda justicia, Berry Gordy había inscrito en las etiquetas de sus discos «El Sonido de la Norteamérica Joven» (véase págs. 242 a 253).

El lema de Phil Spector era «El Sonido de Mañana, Hoy» y sobrevivió a su promesa con una serie de clásicos de producción esmerada en su propio sello Philles, fundado en sociedad con Lester Sill en 1961. Los primeros lanzamientos sonaban convencionales, aunque Spector cogió el ritmo de estar en cabeza de las listas en 1962 con «He's a Rebel» de las Crystals: «See the way he walks down the street, see the way he shuffles his feet» [«Mira cómo camina él por la calle, mira cómo arrastra los pies»]. La letra de Gene Pitney la cantaba eficazmente Darlene Love (llamada del seno de las Blossoms para cantar en solitario) y Spector generó ingresos suficientes para permitirle que complaciera su visión de lo que podía transformarse de la producción discográfica. Abarrotó el estudio Gold Star de Hollywood con varios pianos, guitarristas y baterías y encomendó al arreglista Jack Nitzsche y al ingeniero Larry Levine la tarea de crear de algún modo el espacio suficiente para que pudiera oírse todo. El estruendoso sonido percusivo de «Da Doo Ron Ron» y «Then He Kissed Me» de las Crystals (con La La Brooks de cantante solista) demostró la ambición de Spector, mientras las Ronettes ofrecieron una llamativa imagen visual al Sonido Spector. Con unos ojos espectacularmente maquillados, los labios muy pintados y el pelo cardado de forma grotesca, las Ronettes rezumaban una sensualidad endurecida en las calles que parecía decir: ¿te atreves? No todos los que compraron su «Be My Baby» [«Sé mi chico»] podían aceptar su desafío.

La reputación de Spector como un solitario empedernido comenzó a crecer, aunque apenas gozaba de un nombre conocido cuando llegó a un extraño acuerdo con la Moonglow Records de Los Ángeles para subcontratar a los Righteous Brothers en 1964. Para la primera sesión del dúo blanco, reunió a la orquesta de estudio mayor que hubiera tenido nunca y contrató a Gene Page para arreglar el acompañamiento instrumental de «You've Lost That Lovin' Feelin'» (compuesta por Barry Mann y Cynthia Weil). Bill Medley, que alternaba entre

27. HOLLAND-DOZIER-HOLLAND, de Detroit (Michigan). Lamont Dozier (al piano) con Brian y Eddie Holland.

crescendos extáticos y pausas tranquilas, cantó las estrofas con una cálida voz de barítono y Bobby Hatfield entraba con coros agudos de tenor en los estribillos. Spector estaba evidentemente decidido a evocar y a desbancar a los emocionales discos realizados a mediados de los cincuenta por los Platters y Roy Hamilton y con esta producción magistral se puso a la vista de aquella gente que, anteriormente, no eran conscientes del papel de un productor discográfico. Spector restringió la producción de su sello a algunos discos por año y los produjo con una concentración intensa y con la suposición de que si él hacía bien su trabajo, los discos tendrían éxito. En 1966, realizó lo que se considera justificadamente la obra maestra de su carrera: «River Deep, Mountain High», de Ike and Tina Turner. Spector volvía a Jeff Barry y Ellie Greenwich, que habían compuesto la mayoría de sus primeros éxitos y mostró de nuevo que podía convertir sus imágenes ingenuas y los clichés sentimentales en lo que, prácticamente, llegaba a ser una filosofía de la vida para la cantante, al generar una estructura musical tan dramática que hacía que la interpretación global fuera indiscutible. Tina cantó con una pasión implacable y Spector llenó cada espacio y cada momento con un sonido llamativo. Inexplicablemente, los programadores de radio estadounidenses ignoraron el disco, aunque el resto del mundo quedó impresionado, en especial Gran Bretaña, donde su éxito despertó la atención sobre Ike and Tina Turner por primera vez y les proporcionó la base para las giras habituales de su Revue.

El fracaso en Estados Unidos de «River Deep, Mountain High» afligió tanto a Spector que se retiró temporalmente del negocio y aunque después regresó para trabajar en varios proyectos de éxito, como los últimos discos de los Beatles, realizó sus mejores discos en los cinco años que van de 1962 a 1966. Y así como Leiber y Stoller habían introducido el concepto del papel del productor en la industria, ahora Spector lo ampliaba, al llamar la atención sobre sí mismo, tanto dentro de la industria, al adoptar una actitud segura (algunos dirían, arrogante) hacia sus colegas y en el mundo ajeno, en el que «el sonido Spector» se convirtió en un término familiar. Inevitablemente, otros productores imitaron su sonido y gastaron fortunas en interminables sesiones de estudio con ejércitos de músicos en un intento de emular su éxito, pero Spector había logrado efectivamente buena parte de lo que se podía hacer para llevar al máximo el volumen en un estudio con música en directo: la mayoría de sus discos se habían grabado en una sola toma, un enfoque que se difuminó cuando el equipo de grabación multipista permitió a los músicos grabar sus partes uno por uno. De los productores que adoptaron un papel dominante parecido en sus proyectos y dirigiendo a sus cantantes como marionetas para sus ideas propias, los más eficaces fueron los que emprendieron el rumbo opuesto al de Phil Spector y desmontaron los elementos musicales y de sonido de sus discos hasta el mínimo.

Abner Spector, un productor de Chicago sin parentesco con Phil, hizo un disco clásico de tema femenino en 1963 con las Jaynetts, un grupo de chicas del Bronx, cuya «Sally Go 'Round the Roses» (Tuff) debía su amenaza espeluznante al arreglo del pianista Artie Butler. Ni el productor ni el grupo hicieron nada más que destacara, aunque Butler arregló la mayoría de éxitos para Red Bird Records de las Shangri-Las, un cuarteto de chicas blancas de Queens (Nueva York).

Red Bird* era una empresa de los compositores-productores Jerry Leiber y Mike Stoller para consolidar su futuro canalizando a algunos de los jóvenes compositores de talento que habían trabajado con ellos en la Atlantic, en especial Jeff Barry y Ellie Greenwich, que fueron contratados para la Trio Music de Leiber y Stoller (y que fueron el único equipo puntero de Nueva York sin contrato con la Columbia Screen Gems). Roulette había comprado la participación de George Goldner en sus compañías propias y éste se ocupó de guiar el primer lanzamiento de Red Bird, «Chapel of Love» de las Dixie Cups, hacia el número uno de las listas estadounidenses, en 1964, haciendo frente a la Invasión Británica. Ésta era una canción de Spector, Greenwich y Barry grabada anteriormente por las Ronettes. Pero así como las Dixie Cups eran tan sólo un trío de chicas negras más que se confundía con todos los demás, las Shangri-Las sonaban y tenían una imagen diferente; y no tan sólo porque eran blancas.

Las chicas blancas se habían acercado al género de tema adolescente durante un tiempo: las Angels encabezaron las listas en 1963 con «My Boyfriend's Back» (Smash) compuesta por Feldman, Goldstein y Gottehrer con un perfil más marcado de lo que se acostumbraba para ese tipo de discos y Lesley Gore se apuntó una serie de éxitos para la Mercury como «It's My Party (And I'll Cry If I Want To)» (1963), que exploraba el ser un adolescente desde todos los ángulos. En Gran Bretaña, Helen Shapiro hablaba por boca de todos cuando cantaba «Don't Treat Me Like a Child» (Columbia, Gran Bretaña, 1961).

George «Shadow» Morton, que produjo a las Shangri-Las, llevó el tema de lamento adolescente hasta extremos nuevos y épicos al usar un acompañamiento musical mínimo, aunque elaborado, a veces, con efectos de sonido «documentales» (chillidos de gaviotas en «Remember (Walking in the Sand)», neumáticos chirriantes en «Leader of the Pack») para realzar la credibilidad de la inexpresiva voz de la cantante solista Mary Weiss. Las Shangri-Las resumieron y finalizaron el género de tema femenino que, más o menos, acabó cuando la Red Bird quebró en 1966.

En todo este mundo adolescente, ¿dónde estaban los chicos? La mayoría lo hacía a su manera —los cantantes en solitario Roy Orbison, Gene Pitney, Del Shannon y Dion trabajaron todos en ese género— aunque un grupo se labró una carrera con una serie de canciones que se podían tomar como respuestas a los grupos de chicas: los Four Seasons.

* RED BIRD. Fundada en 1964 por Jerry Leiber, Mike Stoller y George Goldner. Productores: Jeff Barry, Ellie Greenwich, George «Shadow» Morton.
Grupos femeninos: The Shangri-Las, The Dixie Cups, Jelly Beans.

Subsidiaria:

BLUE CAT
Rhythm and blues: Alvin Robinson.
Grupo mixto: The Ad Libs.

Bob Crewe, de Filadelfia, fue el responsable máximo en sacar al grupo de la oscuridad para convertirse en la atracción más vendedora de discos sencillos de Estados Unidos en los años sesenta, aunque el grupo contaba con dos activos importantes: el fenomenal chillido en falsete del cantante Frankie Valli, que no tan sólo llegaba a las notas más agudas sino que las atacaba y el compositor Bob Gaudio, que gozaba de un instinto por las canciones rítmicas y melódicas que estaban repletas de ganchos pegadizos. Otros grupos que incorporaban canto solista en falsete se encontraron con grandes dificultades a la hora de evitar un estatus «comercial» y se les describió como «maravillas de un solo éxito»: los Skyliners, los Marcels (ambos de Pittsburg), Maurice Williams and the Zodiacs, los Tokens y Gene Chandler tenían todos éxitos recientes sin una carrera establecida cuando los Four Seasons irrumpieron hacia la cima de las listas con «Sherry» para la Vee Jay en 1962. Bob Crewe arregló un sonido con un fuerte ritmo y añadió palmadas y pandereta para asegurarse que los bailarines pescaran el asunto y doblaran en la pista de baile el impacto de la voz de Valli en los altavoces de los transistores. Siguieron diecisiete éxitos entre los veinte primeros, con dos números uno más para la Vee Jay, «Big Girls Don't Cry» (1962) y «Walk Like a Man» (1963). Tras su paso a Phillips en 1964, Crewe contrató a Charles Calello como arreglista de más «asuntos de-chico-a-chica» («Dawn», «Rag Doll») y luego introdujo a los compositores de relieve Sandy Linzer y Denny Randell; ellos mantuvieron el flujo de éxitos con la vigorizadora «Let's Hang On» (1965) y «Working My Way Back To You» (1966) y también dieron un enorme éxito para Crewe y su sello Dyno-Voice para las Toys, un típico éxito de tema femenino semiclásico, basado en una fuga de Bach y titulado «A Lover's Concerto».

II

La relativa diversidad y adaptabilidad de los grupos vocales los hizo especialmente atractivos para los productores que utilizaban cantantes como intérpretes de material de compositores más que como personas que expresaban sus emociones e ideas propias. Por otra parte, los cantantes solistas solían tener un estilo personal más definido que requería que se compusiera un tipo especial de material. Sin embargo, la mayor parte de los discos realizados por los cantantes negros en solitario entre 1958 y 1963 parecían más determinados por los resultados de la investigación del mercado que por la convicción personal. Los mejores y más influyentes cantantes en solitario de esta época fueron Clyde McPhatter, Ray Charles, Lloyd Price, Sam Cooke, Jackie Wilson y Brook Benton y todos ellos grababan para grandes compañías.

McPhatter y Ray Charles compartían la ventaja de haber trabajado durante algunos años con Ahmet Ertegun y Jerry Wexler en la Atlantic. McPhatter, uno de los primeros cantantes de rhythm and blues en usar un estilo gospel, con los Dominoes en 1951, obtuvo un disco millonario en ventas para la Atlantic en 1958 con «A Lover's Question». El disco utilizaba un arreglo muy parecido a los usados por los grupos de coros gospel (como los Dixie Hummingbirds), con un bajo cantante que suministraba una interpretación vocal equivalente al ritmo de un contrabajo mientras McPhatter gemía la melódica y lastimera letra. Unos ricos acordes de guitarra en un disco antiguo, *Treasure of Love* (1956) y vibráfono en el posterior *Long Lonely Nights* variaron el acompañamiento a la voz de McPhatter sin entrometerse en su estilo, que fue ampliamente imitado y con gran éxito, por Dee Clark, Bobby Day y Jimmy Jones. En 1960 el manager de McPhatter le hizo cambiar a la MGM, en la que unos convencionales acompañamientos de cuerdas desentonaban con su fraseo errático y un año después se fue a la Mercury, que lo utilizó como especialista de canciones comerciales de baile. Las características individuales de McPhatter desaparecieron en gran manera con los esfuerzos para complacer a un mercado de masas.

Ray Charles, al pasar de la Atlantic a la ABC-Paramount en 1960, experimentó un cambio parecido, aunque menos inmediato. Durante la gran parte de su época con la Atlantic se le permitió y se le animó y no siempre a su favor, para que desarrollara sus experimentos con los estilos vocales del gospel y con las estructuras musicales, e incluyó canciones infantiles («Swanee River», «My Bonnie») y estándares de antes de la guerra («Come Rain or Come Shine») en su repertorio con éxito diverso. Al trabajar con músicos de jazz (como Milt Jackson del Modern Jazz Quartet), ayudó a sacar al jazz de las improvisaciones abstractas y los ritmos aleatorios del bop, para volver hacia lo que Charlie Mingus, Horace Silver y Bobby Timmons llamaban «las raíces», «música funky» o «soul».

Al establecer a Ray Charles como una figura importante tanto en el rhythm and blues como en el jazz, la Atlantic atacó la música popular en 1959 con «What I'd Say?». Con una introducción de varios compases repitiendo una figura en el registro grave interpretada en el entonces todavía novedoso piano eléctrico, la canción se desarrollaba como una recreación de una reunión religiosa revivalista, en la que Charles en vez de declarar su amor a Dios lo hacía por una mujer, aunque gritaba, predicaba y arengaba a su congregación de manera indiscutiblemente auténtica.

Antes que la Atlantic pudiera organizar sus recursos para continuar el éxito de «What'd I Say?», la ABC-Paramount contrató al cantante. La Atlantic sólo fue capaz de relanzar todo el material anterior de Charles, gran parte del cual constituyó una revelación para la gente que acababa de descubrirlo y que influyó mucho tanto en los estilos de muchos cantantes jóvenes blancos como en el gusto de su público. Mientras tanto, la ABC-Paramount le grabó varios discos que contenían un material parecido a las canciones que había hecho para la Atlantic, esto es, canciones en sintonía con el estilo y el enfoque de Ray Charles: «Georgia on My Mind», una canción elegante con cuerdas y coro, era como «Come Rain or Come Shine»; «Sticks and Stones» y «Them That Got» eran piezas de realismo social como «Greenbacks»; «Hit the Road, Jack» era una canción gospel de llamada y respuesta, como «What'd I Say?». Un LP, *Genius Plus Soul Equals Jazz*, con arreglos de Quincy Jones, permitió que el músico y líder de banda se sintiera libre y produjo un buen jazz de big band y el complemento de un sencillo que estuvo entre los diez primeros, el instrumental de órgano «One Mint Julep».

Los arreglos y el material que Charles utilizó en sus dos primeros años con la ABC-Paramount propiciaron un cambio considerable en la política de la compañía hacia el rhythm and blues que la indicada por los primeros lanzamientos de Lloyd Price. Price se había integrado en la ABC-Paramount tres años antes, en 1957 y fue uno de los primeros antiguos cantantes de rhythm and blues en estar sujeto a unas técnicas de producción intensivas por parte de una gran compañía. La fórmula consistía en rodear al cantante con una barrera de sonido y de ritmo, en medio de la cual él hacía notar su presencia de la mejor manera posible. Se añadían melodías alegres y estribillos pegadizos y la combinación produjo algunos de los mayores éxitos de 1958 y 1959: «Stagger Lee», «Personality», «We're Gonna Get Married». Pero en todo esto, no había demasiadas pruebas de lo que Lloyd Price podía hacer.

Con Charles, la compañía, al menos inicialmente, proporcionó una situación más abierta. El estilo de Charles era mucho más claro y más evidente en sus primeros discos para la compañía que lo era el de Price. Charles no hizo nada tan ridículo como «My Bonnie» y sus mejores discos (en especial «Hit the Road, Jack») estaban entre lo mejor que realizó jamás, un intenso sentimiento matizado con unos arreglos con humor, economía e imaginación musical y unas letras fuertes.

Pero en 1962 grabó «I Can't Stop Loving You», una canción de country and western en un fuerte estilo personal que derivaba hacia el manierismo. El año anterior, la Atlantic había grabado una canción de country and western, «Just Out of Reach», con Solomon Burke y mostró lo fácilmente que un cantante adiestrado en el gospel podía ajustarse al género. Pero mientras cuando los cantantes criados en el country and western (blanco) se habían girado hacia el rhythm and blues (negro) habían combinado las fuerzas de dos estilos para crear uno nuevo y dinámico, el rock 'n' roll, cuando los cantantes al estilo gospel utilizaban material country and western, explotaban los aspectos dulces y sentimentales de las dos culturas musicales y buscaban entretener y no expresarse a sí mismos. Desde 1962, Ray Charles entró en un declive musical equiparable al de Elvis Presley. Charles aplicó su estilo a cualquier cosa y se ajustó inevitablemente a un material incómodo y perdió contacto con las raíces culturales que habían inspirado su estilo. Su inclinación por percibir un sonido potencialmente comercial, que lo condujo a experimentar con formas nuevas del rhythm and blues y la música popular, dio paso a una determinación incesante para demostrar que su versatilidad era literalmente ilimitada. Aunque cada vez más reveló la existencia de material que no se aprovechaba de su canto atormentado.

Sam Cooke fue más afortunado, o más decidido, en su experiencia con la RCA-Victor, cuya política tomó la dirección opuesta a la de la ABC-Paramount, al pasar de lo frívolo a lo personal. Cooke había sido contratado por la gran compañía proveniente de la Keen y, como Jesse Belvin, que había firmado por

28. SAM COOKE, de Chicago (Illinois).

la compañía dos años antes proveniente de la Modern/Kent, se le grabó con técnicas de producción parecidas a las que se aplicaron en las sesiones Capitol de Nat «King» Cole de los quince años anteriores: interpretar el material con cuidado, claramente y con gusto, con la menor sugerencia posible a las relaciones sexuales o a los sentimientos profundos. A Belvin no se le permitió que pusiera un gran sentido en sus discos para la RCA y su carrera se interrumpió con su muerte. Su voz tendía a ser rica y profunda, la de Cooke a ser aguda y pura. Los dos intérpretes fueron los cantantes de baladas más populares en el mercado negro después de la muerte de Johnny Ace y curiosamente los dos murieron de manera violenta (al igual que Ace) unos años después de firmar con la RCA: Belvin en un accidente de tráfico en 1960 y Cooke en un tiroteo en un hotel de Los Ángeles en 1964.

Los primeros discos de Cooke para la RCA siguieron el patrón de sus éxitos Keen, insignificantes canciones pegadizas que él cantó de manera hermosa. «Cupid» (1961) era encantadora, pero «Chain Gang» (1960) era un trasunto del blues. En 1962, grabó algunas canciones de twist, un género que siempre reducía a producciones formularias incluso a buenos cantantes y productores, aunque Cooke, de alguna manera, impuso su personalidad en el género con discos como *Havin' a Party* y *Twistin' the Night Away*.

Con la cara B de la primera de éstas, consiguió un éxito menor con un arreglo gospel de «Bring It On Home to Me» (en el que hacía dúo con Lou Rawls, antiguo miembro de los Pilgrim Travellers y posteriormente un cantante soul con la Capitol). La canción fue la primera de varias que Cooke compuso sobre una frase hecha de la cultura negra, al darle un contexto específico y, además, una implicación de todos los significados con los que la frase se podía identificar.

Well, if you ever	*Bueno, si alguna vez*
Change your mind	*cambias de idea*
About leavin',	*sobre el hecho de dejarme,*
Leavin' me behind,	*de dejarme atrás,*
Whoa-whoa,	*gua-gua,*
Bring it to me,	*tráemelo,*
Bring your sweet lovin',	*tráeme tu dulce amor,*
Bring it on home to me,	*tráemelo a casa,*
Yeah (yeah), Yeah (yeah), Yeah (yeah).	*sí (sí), sí (sí), sí (sí).*

Rene Hall y Horace Ott proporcionaron a los discos de Cooke unos acompañamientos más comprensivos que los que utilizaba la mayoría de los productores de las demás grandes compañías. Inevitablemente incluían cuerdas más a menudo de lo necesario, aunque también utilizaban una figura de piano, un break de guitarra o un solo de saxo para lanzar frases detrás del cantante y conceder así un sentimiento íntimo y personal a los discos.

Cooke grabó LPs para el mercado del «easy listening» [música ligera, fácil escucha], estándares y calipsos, aunque también siguió haciendo declaraciones personales, la más memorable en «A Change Is Gonna Come», que sacó la frase de la cultura negra y la retornaba cargada de más significado aún que el que contenía anteriormente, de manera que la canción y la expresión se hicieron muy populares en las sugerencias personales, religiosas y políticas en el ambiente de confianza creciente que se desarrolló en las comunidades negras en los años sesenta:

I was born by the river,	*Nací cerca del río,*
In this little ol' town,	*en este viejo pueblecito,*
Just like the river,	*y justo como el río,*
I've been runnin' ever since.	*he estado corriendo desde entonces.*
It's been a long time comin'	*ha tardado mucho tiempo en venir*
But I know a change is gonna come.	*pero sé que va a llegar un cambio.*

«Good Times», «Somebody Ease My Troublin' Mind» e incluso la canción de baile «Shake» llevaban mensajes al público que las escuchaban y divertían al que no.

Jackie Wilson, uno de los cantantes más populares de esa época, también significaba cosas diferentes para el público blanco que para el negro, aunque en este caso, el doble sentido surgía de la interpretación, no de sus letras. En baladas como «A Woman, A Lover, A Friend» cantaba con un estilo planeador, de un intenso melodramatismo, que estaba entre los Platters y Mario Lanza; pero en otros discos, como «Doggin' Around», cantó con un estilo más evidentemente basado en el gospel. El acompañamiento orquestal convencional en la mayoría de sus discos (para la Brunswick) denotaba que iban principalmente dirigidos al mercado popular, pero en sus actuaciones en directo Wilson recreaba el clima de histeria de las reuniones religiosas revivalistas y se arrancaba la mitad de sus ropas en un frenesí y emocionaba al público como lo habían hecho Johnnie Ray y Elvis Presley y como estaba haciendo James Brown, todavía prácticamente desconocido para el público blanco.

El último de los cantantes en solitario más populares era el barítono Brook Benton. Aunque como Wilson, McPhatter y Cooke, era un antiguo cantante gospel, Benton grabó con la Mercury en un estilo que estaba basado en los primeros estilos de crooner de Nat «King» Cole y Billy Eckstine. Al acentuar un elegante control sobre su voz, Benton cantó baladas pop frente a orquestaciones de cuerda «mejores que las habituales» y realizó algunos buenos dúos con Dinah Washington. Los barítonos que pudieron mantener su estilo a lo largo de esa época, cuando la mayoría de estilos perdieron su individualidad, eran especialmente raros. Roy Hamilton, que había tenido éxito con «Unchained Melody» en 1955 (las versiones de Les Baxter y Al Hibbler se habían vendido mejor en el mercado pop, pero la de Hamilton había sido éxito en el mercado del rhythm and blues), estuvo entre los pocos, junto a Benton, que no adoptó el estilo gorjeante y canturreante implantado por Billy Eckstine. Hamilton tuvo más éxitos en 1958 («Don't Let Go») y 1961 («You Can Have Her»), ambas canciones rápidas que utilizaban una estructura de llamada y respuesta al estilo gospel.

Durante los primeros años sesenta, prácticamente todos los barítonos negros adoptaron o bien el estilo de crooner de Benton o el estilo de animador teñido de gospel, como el que utilizaron Ben E. King y Chuck Jackson. Desde 1963, el acento en las inflexiones gospel iba a hacerse más evidente, a medida que se desarrollaba un estilo soul más personal y, por lo visto, la influencia de los productores disminuía.

III

Una de las consecuencias indirectas de la tendencia de los productores a restablecer su posición durante los últimos años cincuenta fue el declive de la importancia de los ritmos de baile; la letra y el sonido se convirtieron en predominantes. Aunque los aspectos físicos y visuales de los cantantes y la música popular han sido siempre cruciales. Además, a medida que el cine y la televisión asumían un papel importante como medio de comunicación para la música, dichos aspectos ganaban incluso un mayor potencial. En 1960, los productores de una pequeña independiente de Filadelfia, la Cameo-Parkway, que reconocieron el poder de los medios de comunicación, empezaron a promocionar música y cantantes cuya valía era, casi por entero, visual y física —la letra llegó a ser insustancial— y dieron un nuevo giro al rock and roll comercial y popular.

Después del éxito, en 1956, de la película de la Columbia *Rock Around the Clock*, diversas compañías de Hollywood, incluida la Columbia, se pusieron a producir otras películas parecidas. En los primeros informes de la Columbia sobre la película que iba a seguir a la citada, se decía que el título iba a ser el de *Rhythm and Blues*, pero la película se lanzó como *Don't Knock the Rock*, lo que quizás pueda verse como una huida a la defensiva representativa de los sentimientos de toda la industria del entretenimiento acerca del dominio de la cultura nacional por una creación de la cultura negra.

Siguieron otras películas de diversas compañías: *Rock Rock Rock* y *Mr. Rock and Roll*, *Shake Rattle and Rock* y *The Girl Can't Help It.* En contraste con el cine musical tradicional, en el que las canciones tenían como mínimo una importancia formal en el desarrollo de la narración, estas películas generalmente no eran más que una sucesión de actuaciones filmadas de cantantes, ensartadas en un tenue argumento que implicaba a dos o tres personajes que no cantaban en situaciones en las que escuchaban a cantantes de rock and roll. *The Girl Can't Help It* (dirigida por Frank Tashlin) era un caso aparte, tanto por su destacable colección de varios de los mejores cantantes de rock 'n' roll —Gene Vincent, Little Richard, Fats Domino y Eddie Cochran— como por su consistente argumento, ingenioso por lo que hace a las situaciones que implicaban a Jayne Mansfield y Tom Ewell y realista en su descripción de la amarga competencia entre agentes de máquinas tragaperras. Una escena de la película mostraba a Jayne Mansfield contoneándose por delante de diversos hombres de todas las edades con el acompañamiento en la banda sonora de Little Richard que declamaba: «The girl can't help it, the girl can't help it» [«La chica no puede remediarlo»]. El efecto, subrayado por la música, era que al ver a la Mansfield, estallaban las gafas de la gente, las botellas de leche rebosaban y los chiquillos se quedaban paralizados. Momentos después se mostraba a la heroína con una botella de leche apretada contra cada pecho, inclinándose dramáticamente hacia un Tom Ewell recatadamente lujurioso. En esa película, como mínimo, las posibilidades sensuales del rock and roll, aunque manejadas cómicamente, se expresaban de manera más directa de lo que lo habían sido, por razones obvias, en las emisoras de radio de la comunidad.

El impacto internacional del rock and roll se debió en gran manera a las películas de Hollywood, que al contrario que las más conservadoras emisoras de radio, presentaba la música nueva en paquetes concentrados. Muchas de las películas también trataban mejor a los cantantes negros de lo que tendían a hacerlo las emisoras de radio estadounidenses —los cantantes que salían en las películas raramente se habían difundido en las emisoras en cadena (los Moonglows, Flamingos, Joe Turner)— y estas apariciones hicieron que la política de hacer versiones a cargo de cantantes blancos fuera más difícil de mantener. Chuck Berry, Fats Domino, Little Richard, los Platters y los Treniers estuvieron todos en varias películas, aunque no se les concedió el prestigio complementario de los papeles con frase. Se les trató estrictamente como actuantes y no como personajes o personas.

La televisión complementó el papel de las películas, a pesar del hecho de que los productores de televisión tardaron más que los productores de Hollywood a dedicar programas enteros al rock 'n' roll. La mayoría de los programas que incluían cantantes de rock 'n' roll eran, en la práctica, emisiones de entretenimiento, entre ellos el programa descubretalentos de Arthur Godfrey, el programa de Jackie Gleason y los programas de Ed Sullivan y Steve Allen. Godfrey desempeñó un papel importante a la hora de presentar el rock 'n' roll (y el rhythm and blues) a un público que aún no había oído demasiado la música por la radio. El programa de Gleason no incorporó el rock 'n' roll tan a menudo, pero hizo una contribución esencial a la música y a la carrera de Elvis Presley en especial, al conceder espacio a Presley durante seis semanas consecutivas en la época de su primer lanzamiento con la RCA-Victor, «Heartbreak Hotel». Sullivan acogió a Presley en su programa con la obligación de vestir de smoking y de que la cámara se mantuviera por encima del nivel de su cintura.

El equivalente televisivo de las películas de rock 'n' roll se inició en una emisora de Filadelfia, la WFIL-TV, con el programa *Bandstand*. En julio de 1956, el sencillo formato del programa —ciento cincuenta adolescentes bailando al ritmo de los discos, con interrupciones publicitarias y apariciones de cantantes— atraía un público lo suficientemente amplio para hacer del programa el más visto de la ciudad en horario de día. En esta época, Dick Clark se encargaba de la presentación. Un año después, todavía con Clark de maestro de ceremonias, el programa se emitía para toda la nación, como *American Bandstand*.

Emitido cada sábado al mediodía, el programa lo veían en toda la nación tantos adolescentes que compraban discos que Filadelfia, que siempre había sido una de las ciudades más rápidas en adoptar un cantante o un estilo nuevo, se convirtió en líder de opinión nacional en materia de música popular. La regla empírica promulgaba que lo que había ido bien en Filadelfia podía ir probablemente bien en cualquier otra parte: lo que no triunfaba en esa ciudad quizás no valía la pena que se promocionara en otra parte. Felices de ser capaces de identificar un lugar concreto como representativo del mercado nacional, la industria dirigió la mayor parte de su atención hacia Filadelfia y en especial hacia *American Bandstand.*

Clark, como quizás se esperaba, se convirtió en sujeto de ofertas de payola (soborno a disc jockeys radiofónicos) que competían con las que Alan Freed había sido capaz de considerar y las compañías discográficas de Filadelfia se encontraron en una posición óptima para promocionar sus productos. Entre estas compañías, a la Cameo-Parkway le fue bien con Charlie Gracie, los Rays, John Zacherle y Bobby Rydell, Chancellor tuvo éxitos con Frankie Avalon y Fabian y Swan consiguió que Billie and Lillie y Freddie Cannon estuvieran entre los diez primeros.

Todavía estaba por venir un mayor uso de la televisión para presentar nuevas canciones e intérpretes.

El patrón establecido por *American Bandstand* se convirtió en el modelo para otros programas locales y en cadena. Algunos se elaboraron sobre el modelo de tener cantantes que simulaban cantar sus discos. (Un motivo para la mímica era que la mayoría de los cantantes no podían acercarse al sonido de sus discos sin la complicada maquinaria de las cámaras de eco del estudio de grabación y la ayuda vigilante de sus productores.)

Una consecuencia del formato con público bailando fue que el anterior patrón de estilos con diferencias locales se sustituyó con una serie de estilos nacionalmente homogéneos derivados de los programas. Mientras anteriormente un estilo de baile tardaba más de un año en cubrir todo el país y se volvía obsoleto en una zona mientras se imponía en otra, la renovación ahora era mucho más rápida. Y el incremento en la renovación de estilos modificó el significado de la palabra «cambio». Mientras anteriormente la palabra había significado la sustitución de un estilo por otro, o al menos una alteración decisiva, ahora tan sólo quería significar una modificación relativamente menor. Desde que el cambio en sí ya no era tan claro, aumentó el énfasis que se ponía en él. El proceso se demostró de manera más clara con la amplia publicidad adjunta al twist, aclamado como una innovación tan importante como el rock 'n' roll. El twist, sin embargo, musicalmente era casi idéntico y muchas compañías discográficas reeditaron como discos de twist material que se había grabado y editado anteriormente como rock 'n' roll. (*Do The Twist with Ray Charles*, de la Atlantic, estuvo entre los cuarenta primeros en las listas de LPs.)

El twist lo concibió primero Hank Ballard, cuya versión original de «The Twist» había sido la cara B de su éxito de rhythm and blues «Teardrops on Your Letter» y solamente un éxito menor por derecho propio (en 1959); un año después, tuvo mucho más éxito con «Finger Poppin' Time», un éxito entre los diez primeros que Ballard desplegó sobre un ritmo robótico parecido y que todavía permanecía en las listas en agosto de 1960 cuando se le unió la versión copiada de «The Twist» por parte de Chubby Checker, editada en Parkway, una subsidiaria del sello de Filadelfia, Cameo.

A la compañía le había ido bien con su cantante de rock and roll «limpio», Bobby Rydell, pero él no tenía mucho de bailarín y ahora que la televisión había cobrado tal importancia, la habilidad en el baile era algo que se debía aprovechar. La compañía planeó a Checker como un número visual y el plan funcionó. Ayudado por mucha promoción y apariciones de Checker en el *American Bandstand* de Clark, el disco funcionó bien y Checker lo continuó con otras canciones de baile, «The Hucklebuck» y «Pony Time». Aunque podía cantar en una tesitura media de tenor, en las canciones bailables Checker adoptó un agudo tono nasal, cantando las letras para bailar sobre un ritmo mecánico de «giro» [twist] del acompañamiento y en los programas de televisión, bailando él mismo todo el tiempo. En mayor medida que cualquier cantante anterior de rock 'n' roll, Chubby Checker era una marioneta que cumplía las órdenes de sus productores.

Otra pareja de productores vieron algunas de las posibilidades que se abrían gracias a la aventura de Cameo-Parkway con el twist. La Beltone de Nueva York sacó partido de «Tossin' and Turnin'», de Bobby Lewis, un canto estridente que batió todas las marcas por lo que hace a la duración de la permanencia entre los más vendidos durante el verano de 1961. Frank Guida, un productor de la Costa Este, fundó la discográfica Le Grand y presentó a Gary Bonds, un antiguo miembro del grupo vocal los Turks, como «U. S. Bonds», que cantó en un clima de alegría inventada —aunque con más convicción que los demás cantantes de twist— discos como *New* Orleans, *Quarter to Three* y *School Is Out*, cuyas canciones usaban el duro ritmo del twist para lograr una identidad. No obstante, no había suficientes datos que indicaran que la promoción de la Cameo-Parkway iba a gozar de mucho más impacto que el de una moda menor y transitoria. Quizás con más esperanza que seguridad, la compañía tenía el disco de Checker *Let's Twist Again* para el periodo estival de 1961.

En esta ocasión el baile no tan sólo se promocionó entre el público adolescente sino también entre el público discófilo adulto de Nueva York. Roulette participó, a finales de año, con el disco *Peppermint Twist* de Joey Dee and the Starlighters y por segunda vez, en enero de 1962, con el propio *The Twist* de Chubby Checker, que de nuevo encabezaba las listas de los más vendidos. Con este éxito, la música de baile se implantó a fondo y se fraguó una estupenda lista de nombres de bailes nuevos, aunque los ritmos no lo eran, para darle a la gente algo «nuevo» que hacer. La Cameo-Parkway estaba detrás de muchos de los nombres, como en «Mashed Potato Time» y «Ride» (Dee Dee Sharp), «Bristol Stomp» (los Dovells) y «Wah-Watusi» (los Orions), todos ellos éxitos. Chubby Checker siguió con «The Fly», «Slow Twisting» y «Limbo Rock». En ocasiones, se presentaba un baile relativamente auténtico, como en el caso de «Pop Eye», grabada primero por Huey Smith and the Clowns, el grupo de Nueva Orleans, aunque luego retomado por la Parkway para Checker y por la Jamie para los Sherrys. Goffin y

King inventaron (para Little Eva) el «Loco-motion», al tomar prestado un arreglo musical usado anteriormente en Detroit por Berry Gordy (para las Marvelettes en «Please Mr. Postman») cuya obra, de la que hablamos a continuación, puso en marcha un entero nuevo sonido en sí mismo: el sonido Motown.

El aislamiento del ritmo como la parte dominante de la música popular distorsionó el carácter de la música y ninguno de los discos de éxito tenía mucho más para recomendarlos que no fuera su ritmo insistente. Quizás era más que una coincidencia que, al mismo tiempo, una serie de discos que significaban un retroceso a los auténticos grupos *cool*, en los que el clima era amable y relajado el estilo, también gozaran de popularidad. Jimmy Charles, con «A Million to One» (Promo), consiguió uno de los primeros grandes éxitos de este tipo en agosto de 1960. Durante los primeros meses de 1961, los Miracles con «Shop Around» (Tamla), Shep and the Limelites con «Daddy's Home» (Hull) y los Jive Five con «My True Story» (Beltone) ahondaron en el recuerdo nostálgico. En la misma época, varias compañías comenzaron a lanzar recopilaciones de éxitos de la época de los grupos de rock 'n' roll. *Oldies But Goodies* [«viejos pero buenos»] de la Original Sound, una serie de cinco álbumes que consistían en éxitos de 1954 a 1958, entró en las listas de LPs más vendidos. Alan Freed recopiló tres cuidadosas colecciones de éxitos para la End que representaban una época que él había ayudado a crear.

IV

Durante los años sesenta la compañía de Berry Gordy en Detroit parecía coordinar las distintas tendencias y técnicas de producción que se habían desarrollado al azar en cualquier parte y aplicar las conclusiones que se podían sacar de ellas.

De 1957 a 1959, Berry Gordy trabajó como productor independiente y cedió material de Marv Johnson a la United Artists y de los Miracles a la Chess. En 1959, la hermana de Gordy, Anna, fundó un sello en Detroit —Anna— que obtuvo éxitos con Barrett Strong («Money»), Joe Tex y otros. Un año después, Gordy fundó una compañía discográfica, Tammie, que posteriormente cambió el nombre por el de Tamla.

Gordy ya había fundado una empresa editora, Jobete, que publicó todo el material compuesto por él (para Johnson, Jackie Wilson y demás) y por Smokey Robinson, cantante solista de los Miracles y compositor de los sencillos del grupo «Got a Job» (Chess) y «Bad Girl» (End).

A pesar de su experiencia en la industria de la música desde 1957, se decía de Gordy que cuando fundó su sello en 1960, había dejado un empleo en una cadena de montaje de Detroit y que había pedido prestados seiscientos dólares para iniciar su compañía, que se presentaba como la primera compañía discográfica exclusivamente negra. Cierta o falsa, esta versión de la historia tiene una importancia mítica, porque la decisión de Gordy representa una aparente realización de sueño americano, con el añadido suplementario de que el héroe era negro.

Al igual que en otros sectores de la industria del espectáculo en los que las estrellas negras estaban bien implantadas —el boxeo, el béisbol, el fútbol americano, el baloncesto o el jazz— había pocas personas negras implicadas en la administración de las compañías discográficas, ni como propietarios ni como altos ejecutivos de las compañías en manos de gente blanca. El cargo administrativo más habitual para los negros era el de director de «artistas y repertorio» de rhythm and blues. Los propietarios negros eran extremadamente raros.

Bobby Robinson fue uno de los primeros, cuando fundó Red Robin, después Robin, Records en 1953. Durante los diez años siguientes, tuvo una sucesión de sellos, varios de los cuales —Everlast, Fire, Fury, Enjoy— produjeron éxitos nacionales. Su última compañía quebró en 1963. Juggy Murray inició Sue Records en Nueva York en 1957 y tuvo rhythm and blues con Ike and Tina Turner y con Inez Foxx. Murray también distribuyó la producción de otro sello de propietario negro, AFO Records de Nueva Orleans. En Chicago, la compañía Vee Jay de Vivian Carter y Jimmy Bracken demostró que una empresa de propiedad negra podía tener un sólido éxito tanto en el mercado negro como en el blanco. El cantante Sam Cooke y su manager J. W. Alexander fundaron Sar Records en Hollywood y consiguieron algunos éxitos de rhythm and blues de 1960 a 1962.

Pero aunque existían esas pocas compañías con propietarios negros, ninguna de ellas era, conocida demasiado fuera de la industria musical y el extraordinario éxito de los distintos sellos de Gordy y el éxito igualmente notable de su compañía editora, Jobete, trazan un paralelo conveniente con la transformación de la ideología negra que tuvo lugar en los años sesenta.

La resistencia de Gordy era resultado de su extraordinaria comprensión del gusto musical de la nación, de un magistral sentido de la administración de negocios y de la habilidad en reconocer el potencial tanto en cantantes sin experiencia como en aquellos que habían sido profesionales durante algún tiempo sin alcanzar demasiado éxito. La experiencia de los cinco años anteriores, de 1956 a 1960, le había mostrado a Gordy que ciertos tipos de rhythm and blues tenían un mercado amplio en la escena de la música popular. El éxito de las inventivas producciones de rhythm and blues (de Lloyd Price, los Coasters, los Drifters, Jackie Wilson y Mary Johnson) eran la prueba de que si los productores entendían su música, ellos podían suministrar al público un producto aceptable.

Los primeros discos de Gordy de las Marvelettes y los Contours fueron unos simples productos de fórmula, vocalmente parecidos a grupos como las Shirelles y los Isley Brothers e instrumentalmente como los discos de la Cameo-Parkway. Sin embargo, poco a poco, Gordy fomentó una imagen de la compañía, un conjunto de características estilísticas que identificaban inmediatamente a su producto con los nombres de sus sellos, Tamla, Gordy, Motown y posteriormente Soul y V. I. P. Al igual que los productores neoyorquinos, Gordy dominaba el producto de sus sellos, aunque él puso un cuidado mayor en mantener la identidad particular de cada cantante y grupo, al menos hasta 1966, después de lo cual el sonido de la compañía se hizo más homogéneo.

Aunque Gordy describía su producto como «el Sonido de Detroit», no había nada de «Detroit» en particular en él. Si Gordy hubiera residido en Pittsburg, posiblemente habría sido capaz de desarrollar casi el mismo sonido que hizo evolucionar en Detroit. Por otra parte, Detroit tenía la cuarta población negra mayor de los Estados Unidos, después de Nueva York, Chicago y Filadelfia y aún no tenía una compañía discográfica importante.[33] Esto significaba que mientras los intérpretes de las otras tres ciudades tenían salidas para su talento, los intérpretes aficionados de Detroit tendían a permanecer como aficionados, a menos de que tuvieran suerte y fueran «descubiertos» por alguien que corriera la voz a las compañías discográficas de fuera de la ciudad. Fue de esta manera cómo Johnny Otis descubrió a Hank Ballard, Little Willie John y Jackie Wilson en un concurso de noveles en 1951 y los recomendó a la King Records. Otros cantantes importantes a los que se descubrió en la ciudad fueron LaVern Baker y Johnnie Ray, ambos en 1950 y Della Reese en 1956 —todos los cuales labraron su reputación en el Flame Club— y John Lee Hooker, anteriormente, en 1948. El saxofonista alto Paul Williams, cuyo «Hucklebuck» fue un éxito importante en 1949, también era un residente en Detroit.

Aunque quizás el intérprete más significativo de Detroit, en términos de predecesor del llamado «sonido Detroit», fue el Reverendo C. L. Franklin, porque si había un rasgo común en la mayoría de los discos producidos por Berry Gordy, era su fuerte aroma de iglesia. Franklin era un predicador cuyos sermones grabados (editados en una serie de LPs por Chess) habían gozado de unas ventas constantes, aunque recientemente sus hijas, en especial Aretha, aunque también Carolyn y Erma, habían ensombrecido, en cierta forma, la reputación de su padre fuera de Detroit.

En la producción de la compañía de 1960 a 1962, la influencia del canto de iglesia se había acentuado en algunos de los discos de Gordy, aunque no en los de más éxito. De 1963 en adelante, el énfasis se colocaba de manera más definitiva en las cualidades gospel de las voces de sus cantantes y, por consiguiente, los arreglos musicales se acercaban más a los acompañamientos que habitualmente tenía el canto gospel. Se introdujeron o se exageraron las panderetas, las palmadas, un ritmo constante sobre cada uno de los cuatro tiempos del compás, una estructura armónica de llamada y respuesta y las canciones moralizantes o de advertencia y hacia 1965 el sonido se había concebido plenamente. De forma más imaginativa que de lo que cualquiera lo había hecho antes, Gordy y sus coproductores habían trasladado las cualidades de la música de iglesia en términos de música popular y aún retenían, e incluso realzaban, el entusiasmo y la convicción de los cantantes religiosos, a la vez que satisfacían la necesidad de un sonido más sofisticado.

Aunque Gordy demostró una disposición sobresaliente para combinar el buen sentido para los negocios con un al parecer infalible instinto por los sonidos nuevos y comerciales, quizás su aptitud más importante era su don para reconocer a los buenos intérpretes, compositores, productores y músicos y por inspirarles a que realizaran su potencial. A los cuatro años de fundar su compañía, Motown contaba con diez intérpretes capaces de alcanzar a estar entre los diez primeros del mercado popular y que cualquiera de ellos podía compararse con el mejor cantante que pudiera ofrecer cualquier otra compañía. Aunque ninguno de ellos tenía ninguna clase de reputación antes de que Gordy los contratara.

29. MARVIN GAYE, de Washington D. C.

Tanto los Temptations como los Miracles y los Four Tops habían hecho antes discos para otras compañías, sin que nadie se animara a firmarles contratos en exclusiva. Marvin Gaye había sido miembro de los Moonglows en los años de declive del grupo y Junior Walker grababa para el sello Harvey de Harvey Fuqua antes de trasladarse al sello Soul de Gordy. El niño prodigio Stevie Wonder, la cantante Mary Wells y los grupos femeninos las Marvelettes, Martha and the Vandellas y las Supremes no habían grabado discos antes de firmar con Gordy.

Si cualquier otra compañía hubiera conseguido la proeza improbable de reunir un elenco como ése y se hubiera dado cuenta de su talento, seguramente se habría producido algún éxito esporádico ya que primero unos intérpretes y luego otros agotaban el repertorio para hacerle justicia. Gordy tomó la precaución de contratar a varios compositores que trabajaron en exclusiva para él y habitualmente también como productores. Aunque el patrón no parecía ser totalmente rígido, se tendía a que equipos especiales trabajaran con cantantes en particular y hacerlo así de manera regular, para que Gordy pudiera lanzar los discos en un orden específico. Al fomentar la imagen pública de una empresa con fuertes lazos «familiares», en la que varios parientes suyos ejercían cargos ejecutivos, Gordy impuso una disciplina rigurosa a su personal lo que, en ocasiones, producía resentimientos públicamente declarados y que llevó consigo que algunos cantantes —Mary Wells, Kim Weston— abandonaran la empresa tan pronto como se invalidaron sus primeros contratos, cuando los cantantes cumplieron los veintiún años. Aunque el sistema permitió conseguir a la Motown Corporation una carrera, sin comparación posible, de diez años en el mercado de los sencillos,[34] con setenta y nueve discos entre los diez primeros, setenta y dos de los cuales pertenecientes a los diez intérpretes antes citados. Y aunque alguno de los discos eran esencialmente producciones pop «pasadas por el soul», destinadas a un público al que le gustaban los sonidos exuberantes con un ritmo fuerte detrás de una voz emotiva que canta una canción triste, un gran número de los éxitos de la Motown Corporation estaban entre los mejores discos de su época.

Los intérpretes más característicos de la compañía eran los Miracles, que mantuvieron un estilo sólido a lo largo de la década y que evitaron constantemente la imitación a pesar de un sonido aparentemente sencillo. El cantante solista del grupo, Smokey Robinson, le proporcionó su identidad como compositor, productor e ingenioso intérprete de sus propias letras. En una década que atrajo muchas más figuras consumadas hacia la música popular de las que lo habían sido en los años cincuenta, Robinson fue uno de los más sobresalientes. Su voz parecía inspirarse en Sam Cooke, al tener el mismo sonido agudo, puro y de controlado vuelo y una técnica parecida al llevar su voz hacia direcciones inesperadas y al arriesgar errores de cálculo en el registro (al no llegar a veces a la nota elegida) y al crear, de ese modo, entusiasmo en las canciones rápidas como «Shop Around» (el primer éxito entre los diez primeros para Gordy, con el sello Tamla, en 1960) y «Come On and Do the Jerk» (1964) y una intensa tristeza en las lentas, como «You Really Got a Hold on Me» (1963), «The Tracks of My Tears» (1965) y «More Love» (1967).

30. IKE & TINA TURNER.
Ike Turner, de Clarksdale (Mississippi).
Annie Mae Bullock, de Nutbush (Tennessee).

31. LITTLE WILLIE JOHN, de Camden (Arkansas).

Robinson mostraba una extraña solidez en el tipo de canción que componía, que regularmente dependía de algunas contradicciones curiosas del amor, cuyo misterio daba a las canciones con un característico aire de inocencia, maravilla y descubrimiento. «I got sunshine on a cloudy day» [«Tengo la luz del sol en un día nublado»] («My Girl»); «Honey you do me wrong but still I think about you» [«Cariño, me has hecho daño, pero todavía pienso en ti»] («Ain't That Peculiar»); «People say I'm the life of the party, 'cause I tell a joke or two, but although I may be laughin' loud and hearty, deep inside I'm blue» [«La gente dice que soy el ánima de la fiesta, porque cuento algunos chistes, pero aunque yo esté riendo fuerte y abiertamente, siento la tristeza en mi interior»] («Tracks of My Tears»).

A veces las imágenes eran sencillas, aunque aún tenían un gancho que, de repente, metía al oyente dentro de la canción. En «The Love I Saw in You Was Just a Mirage», Robinson cantaba un verso que empezaba como un cliché y que de repente, iba más allá: «All that's left are lipstick traces of kisses you pretended to feel» [«Todo lo que has dejado son huellas de lápiz de labios de besos que fingías sentir»]. Aunque Robinson nunca recriminó a los demás, ni sintió pena por sí mismo. La tristeza era un aura, nunca una charca en la que revolcarse como hacían muchos otros.

Después de Robinson, los intérpretes más expresivos de la Motown fueron Marvin Gaye y David Ruffin. La carrera de Gaye tuvo dos fases diferentes: primero cantó material ajeno durante los años sesenta y luego compuso el suyo propio en los setenta. Sus primeros discos eran aproximaciones muy cercanas al canto gospel, con un ritmo regular, un fondo cantado de grupo vocal y unas letras que parecían transcripciones de canciones gospel: «Can I Get a Witness?», «You're a Wonderful One», «Pride and Joy». Como la mayoría de los discos de la Motown de antes de 1964, el ritmo se lograba de manera más tosca en comparación con los arreglos más flexibles de 1965, el año en que Gaye y varios otros intérpretes de la Motown hicieron sus discos más «perfectos». «I'll Be Doggone» y «Ain't That Peculiar» de Gaye, del citado año, eran piezas con un canto considerado rápido, controlado y flexible, con la voz ligeramente relajada sobre un ritmo compulsivo pero variado. A finales de 1968, Gaye grabó «I Heard It Through the Grapevine», un éxito de Gladys Knight del año anterior. En contraste con la versión estática de ella, el productor y coautor Norman Whitfield proporcionó un fondo sombrío para el canto chillón de Marvin Gaye, que le establecería tardíamente como uno de los grandes cantantes de su época.

David Ruffin fue el cantante solista principal de los Temptations hasta que abandonó el grupo en 1968. Destacó en tres sencillos seguidos, producidos y coescritos por Smokey Robinson, *My Girl* (1964), *It's Growing* y *Since I Lost My Baby* (ambos de 1965), en los que la amable voz de tenor de Ruffin se enmarcaba con cuerdas hinchadas y coros que recordaba a los discos de los Drifters. Al año siguiente, Norman Whitfield entró como productor y coautor (junto con Eddie Holland) para proporcionarle unos ritmos más duros y animó a Ruffin a cantar, con una aspereza y un empuje más intensos, unas imponentes interpretaciones de «Ain't Too Proud to Beg» y «(I Know) I'm Losing You».

Cuando Ruffin abandonó el grupo, la Motown, siempre a punto para percibir algún cambio en el gusto del público y a menudo misteriosamente capaz de anticiparlo e incluso de dirigirlo, dejó que el productor Norman Whitfield experimentara durante 1968 y 1969 para la consecución de un disco de los Temptations en lo que aproximadamente se llamaba «acid-soul», siguiendo el estilo de un grupo de San Francisco, Sly and the Family Stone. Los Family Stone habían abandonado el estilo de coros de llamada y respuesta del gospel y habían estado experimentado con rápidos intercambios de ruidos scat, diálogos entre miembros del grupo y tonos vocales más duros sin la aspereza o la pureza de los estilos del gospel. «Cloud Nine» (1968) y «Runaway Child, Running Wild» (1969) de los Temptations con asuntos comparables a los de «Up on the Roof» y «Spanish Harlem» eran canciones de comentario social que mostraban el conocimiento de la Motown del creciente movimiento de la conciencia negra de la época.

Anteriormente, en 1964, la Motown había presentado un tercer grupo masculino, los Four Tops, cuyo cantante solista Levi Stubbs cantaba incluso más intensamente que Ruffin, de manera más aguda y más estridente y cuyos coros eran en consecuencia más enérgicos. El carácter diferente reflejaba una concepción diferente en la producción. Los discos de los Temptations, como los de los Miracles, los producía Smokey Robinson, mientras los de los Four Tops los producía y habitualmente los componía, el equipo de Eddie Holland, Lamont Dozier y Brian Holland. Así como Robinson buscaba efectos a través de la sutilidad, Holland-Dozier-Holland iban más directamente a lo que querían, con la utilización de ideas no tan complicadas en sus canciones y un ritmo mucho más tosco. Así como Robinson había escasamente utilizado acompañamiento orquestal, mezclado con las voces, Holland-Dozier-Holland usaban arreglos más llenos, con secciones de cuerda que confirmaban un ritmo ya acentuado por una dura batería y una pandereta en cada contratiempo. El efecto global en los discos de los Four Tops en 1965 era de un entusiasmo irresistible, en particular en «I Can't Help Myself» y «Without the One You Love». La cumbre del equipo y uno de los mejores momentos de la Motown, era la majestuosa, casi apocalíptica «Reach Out (I'll Be There)» en 1966, combinando una evocadora melodía de sonido árabe, una estrepitosa percusión, una clásica línea de bajo a cargo del músico de sesión James Jamerson y Levi Stubbs con su llorona interpretación.

Desde el reinado de Mitch Miller como el rey del pop blanco en la Columbia a mediados de los cincuenta, ninguna compañía había conseguido una tan sólida «cadena de producción» de éxitos. Con una incomparable combinación de visión, determinación y talento, Berry Gordy convenció a los más importantes programadores de radio pop de que los discos, de sus intérpretes negros, cantados intensamente, de gran energía e inspirados en el gospel eran realmente «el sonido de los jóvenes Estados Unidos». A lo largo de los sesenta, el número insignia de la Motown fue el trío femenino, las Supremes. El atractivo de las Supremes era más visual que musical y dependía de la creciente aceptación de la idea que una mujer negra en un papel público podía ser hermosa y excitante. En comparación con el encanto de chiquillas de las voces de las Shirelles y las Crystals y la imagen más dura de «pruébame-si-te-atreves» de las Ronettes, las Supremes se ofrecían como unas mujeres jóvenes maduras, respetables pero asequibles para aquellos que lo quisieran profunda y sinceramente. La cantante solista Diana Ross tenía una tesitura reducida, tanto vocal como emocionalmente y un tono gimiente con el que le hubiera sido difícil triunfar a una mujer que no fuera tan atractiva. Sus suspiros y pausas para tomar aire, a menudo, eran más expresivos que sus palabras.

Con una promoción típicamente minuciosa, la Motown se aseguró que las Supremes fueran conocidas y confió en Holland-Dozier-Holland para producir las letras precisas y un ritmo suficientemente duro para que los discos fueran razonablemente impresionantes. El grupo tuvo dieciséis discos entre los diez primeros de las listas nacionales desde 1964 a 1969.

Musicalmente, los discos de Martha and the Vandellas (1963-1966) y de Gladys Knight and the Pips (1967-1969) eran más interesantes que los de las Supremes. Martha Reeves tenía un tono duro que raramente era eficaz en las baladas, pero que en canciones de baile rápidas como «Dancing in the Street» (1964) y «Nowhere to Run» (1965), las cuales tenían unos ritmos con un empuje irresistible, ella era convincentemente jubilosa. Gladys Knight and the Pips (una chica y tres chicos) habían estado en varios sellos y habían obtenido un par de éxitos entre los diez primeros antes de estar en la Motown, aunque nunca alcanzaron la energía del frenesí controlado que se produjo en el original de «I Heard It Through the Grapevine» (1967), cuyo arreglo parecía decidido a combinar el entusiasmo del arreglo de Phil Spector para «River Deep, Mountain High» de Ike and Tina Turner y las producciones más recientes de la Atlantic para Aretha Franklin. Unos coros densos y tensos de los Pips parecían encajonar a Gladys Knight en ellos, así que los repentinos vuelos arriba y abajo de ella eran estimulantes y satisfactorios, mientras que, al fondo, el ritmo tiraba y empujaba.

La Motown desafiaba todos los patrones de la industria, consolidaba sus éxitos y empujaba sus cantantes dirigidos a los adolescentes hacia el mercado adulto en vez de abandonarlos y se concentraba en cantantes que ya tenían un atractivo adulto. Las Supremes empezaron a sonar como las Andrews Sisters en sus números en clubes nocturnos, aunque salieron a la luz con un par de sencillos en 1968 y 1969 que estaban lo más cerca del comentario social que la música popular lo hubiera estado jamás, «Love Child» y «I'm Living in Shame». Junior Walker, cuyo éxito de 1965, «Shotgun», era como un retorno a la época de los saxofonistas gritones, estuvo entre los diez primeros en 1969 con una balada, «What Does It Take?». Stevie Wonder, literalmente el niño prodigio de la Motown en 1963, cuando con doce años estuvo entre los diez primeros con «Fingertips», pasó por los cantos a gritos con banda enérgica («Uptight», 1966) y los llantos de aroma gospel (seguramente su mejor estilo, como en «I Was Made to Love Her» y «I'm Wondering», 1967) hasta las baladas pegadizas.

Según parece, Gordy había acabado con el mito. El operario de la Ford dirigía ahora la compañía independiente con más éxito de la industria (la única compañía que podía compararse con el éxito de la Motown, la Atlantic, se había fusionado con Warner/Reprise y Elektra bajo el paraguas de la Kinney Corporation). En

1965, Gordy reivindicaba que su música expresaba la condición de «ratas, cucarachas y alma» de la vida en el ghetto negro. La determinación de escapar de él formaba parte de esta condición y Gordy la expresaba con una exactitud infalible.

En 1970, la Motown en su integridad se trasladó a Los Ángeles, en parte para estar más cerca de las sedes de los grandes estudios de cine y televisión. Incluso después de demostrar su buen gusto para triunfar comercialmente durante más diez años, a Berry Gordy aún se le miraba con escepticismo cuando cortó el cordón umbilical con Detroit, pero la década siguiente vio que sus artistas importantes —Diana Ross, Marvin Gaye, Stevie Wonder, Smokey Robinson— alcanzaban exactamente la combinación de respeto dentro de la industria y de prestigio fuera de ella, que normalmente se les negaba a los intérpretes negros.*

El equipo Holland-Dozier-Holland abandonó el redil de la Motown y

* Sellos de Detroit

ANNA. Fundado en 1959, en Detroit, por Anna Gordy; absorbido por Motown alrededor de 1960.
Productor: Berry Gordy.
Rhythm and blues: Barrett Strong, Joe Tex.

TAMLA. Fundado en 1960 por Berry Gordy.
Grupo vocal masculino: (Smokey Robinson and) The Miracles, Isley Brothers.
Grupo vocal femenino: The Marvelettes.
Rhythm and blues masculino: Marvin Gaye, Stevie Wonder.
Rhythm and blues femenino: Brenda Holloway.

MOTOWN. Fundado en 1960 por Berry Gordy.
Grupos vocales masculinos: The Four Tops, Spinners, Jackson Five.
Grupo vocal femenino: The Supremes.
Rhythm and blues masculino: Eddie Holland, Michael Jackson.
Rhythm and blues femenino: Mary Wells, Diana Ross.

TRI-PHI. Fundado en 1961 por Harvey Fuqua; absorbido por Motown, alrededor de 1964.
Grupo vocal masculino: The Spinners.

GORDY. Fundado en 1962 por Berry Gordy.
Grupos vocales masculinos: The Temptations, Contours, Bobby Taylor and the Vancouvers.
Grupo vocal femenino: Martha and the Vandellas.
Rhythm and blues masculino: Edwin Starr, David Ruffin.
Rhythm and blues femenino: Kim Weston.

RIC TIC. Fundado en 1965; absorbido por Motown.
Rhythm and blues masculino: Edwin Starr.

SOUL. Fundado en 1965 por Berry Gordy.
Grupo vocal masculino: The Originals.
Grupo vocal mixto: Gladys Knight and the Pips.
Rhythm and blues masculino: Junior Walker and the All Stars, Jimmy Ruffin.

V. I. P. Fundado en 1965 por Berry Gordy.
Grupo vocal masculino: The Elgins.

RARE EARTH. Fundado en 1970 por Berry Gordy.
Rock: Rare Earth.
Rhythm and blues pop: R. Dean Taylor, Stoney and Meatloaf.

montó sus propias compañías con sede en Detroit, Invictus y Hot Wax.* Los Chairmen of the Board (que contaban con el anterior cantante solista de los Showmen, Norman Johnson, conocido ahora como «General» Johnson) se hicieron muy populares con el sonido chillón y sucio que había sido la esfera de actuación de los Four Tops y dejaron huella con «Give Me Just a Little More Time» (Invictus, 1970) y Freda Payne atacó el territorio de Diana Ross con su conmovedora rendición de «Band of Gold» (Hot Wax, 1970). Las Honey Cone encabezaron las listas nacionales en 1971 con una puesta al día del sonido de conjunto femenino en «Want Ads» (Hot Wax), aunque a pesar de este fuerte comienzo, la compañía tropezó y Detroit volvió a ser el remanso que había sido antes de que Gordy montara allí su negocio.

Mientras tanto, Norman Whitfield se erigió como el productor principal de la Motown y mostró una gran versatilidad al llevar a los Temptations de la pureza lírica de «I Wish It Would Rain» (1968) y «Just My Imagination» (1971), ambas con la delicada voz solista de Eddie Kendricks, hacia el ataque más duro de «I Can't Get Next to You» (1969) y la clásica canción narrativa «Papa Was a Rolling Stone» (1972) que contaba con Dennis Edwards: Whitfield coescribió las cuatro canciones con Barrett Strong, que todavía estaba en el redil de la Motown durante todos esos años después de haber cantado la canción que había marcado el inicio del imperio de Gordy, «Money».

La política de la Motown dependía siempre de un fuerte «control de calidad», que hacía que los productores tuvieran que reescribir, regrabar y remezclar sencillos de prueba hasta que el comité de selección se convencía de que el disco tenía todos los ingredientes requeridos; a pesar de una producción importante, los sellos mantenían una impresionante proporción de éxitos por lanzamientos. En los primeros años setenta, tanto Marvin Gaye como Stevie Wonder se apartaron de este enfoque intensivo de orientación del producto y se definieron como «artistas» con álbumes que eran expresiones de su filosofía personal. Irónicamente, ambos produjeron álbumes que obtuvieron un éxito enorme. *What's Going On* de Marvin Gaye engendró tres sencillos entre los diez primeros en 1971 en los que las letras de comentario social flotaban sobre ritmos perezosamente sensuales y Stevie Wonder sentó un precedente en 1973 al tocar casi todos los instrumentos en *Talking Book*, incluido el dinámico *clavinet* de la número uno de las listas, «Superstition».

Y todavía prosperó la tradición de la Motown de fabricar rítmicos sencillos

* INVICTUS. Fundado en 1970 por Lamont Dozier, Brian y Eddie Holland. Distribuido por Capitol. Grupo vocal masculino: Chairmen of the Board.

Subsidiario:

HOT WAX. Distribuido por Buddah.
Grupo vocal femenino: The Honey Cone.
Rhythm and blues femenino: Freda Payne.

pop, con varios productores nuevos que ascendían al lado de Norman Whitfield y Smokey Robinson. Gordy prefería los equipos de productores, e intentó varias combinaciones como «The Clan» y «The Corporation», que estaban integradas por él mismo y Deke Richards, junto con Frank Wilson, R. Dean Taylor y Hank Cosby (en el Clan) y Lawrence Mizell y Freddie Perren (en la Corporación) y que diseñaron tres sencillos seguidos en los primeros lugares de las listas para catapultar a los Jackson Five hacia los corazones y los oídos de los adolescentes estadounidenses: «I Want You Back» (1969), «ABC» y «The Love You Save» (1970). Aunque incluso con este tipo de éxito, Gordy mantuvo todavía a todos en su lugar y pasó el grupo a Hal Davis para la más melódica «Never Can Say Goodbye», que llegó a vender dos millones de copias cuando los otros tres «tan sólo» habían vendido un millón cada uno. Y casi cada productor del personal de la Motown se turnó para producir a Diana Ross ya separada de las Supremes y estableciéndose como una auténtica institución; Nick Ashford y Valerie Simpson compusieron y produjeron algunos de los mejores y más grandes éxitos de ella en los años setenta como «Ain't No Mountain High Enough» (1970).

V

A lo largo de los años sesenta, la única ciudad que parecía capaz de desafiar a Detroit como fuente de talento y como base para los productores para desarrollar su sonido propio era Chicago.* En contraste con el intenso contenido rítmico de la mayoría de discos de Detroit, el sonido de Chicago era mucho más relajado,

* Sellos de Chicago

CHESS. Vendido a GRT en 1970 después de la muerte de Leonard Chess. Productor, desde 1965: Billy Davis.
Rhythm and blues masculino: Billy Stewart, Tommy Tucker.
Rhythm and blues femenino: Fontella Bass.

Subsidiario:

CADET(anteriormente ARGO).
Instrumental: Ramsey Lewis Trio.
Rhythm and blues femenino: Etta James.
Grupo vocal masculino: The Dells.

Sello en distribución:

TUFF. Fundado en Nueva York, en 1963, por Zelma Sanders. Productor: Abner Spector.
Grupo vocal femenino: The Jaynetts (alias The Hearts).

BRUNSWICK. Adquirido a la Decca alrededor de 1960 por Nat Tarnopol. Productor, desde 1967: Carl Davis.
Rhythm and blues masculino: Jackie Wilson.
Rhythm and blues femenino: Barbara Acklin.
Grupo vocal: The Chi-Lites.

Subsidiario:
DAKAR (distribuido por Atlantic): ver segundo volumen de la presente obra.

con arreglos de viento jazzy e informales figuras de guitarra que dominaban la mayor parte de producciones. Así como Detroit se dirigía a los chicos, Chicago buscaba un público mayor y más sofisticado. Aunque había demasiadas compañías productoras en competencia una con otra en la reserva de talento de Chicago para que cualquiera de ellas se destacara como una seria contrincante de la Motown.

La Vee Jay se hundió en 1965 en medio de toda suerte de litigios y a su artista principal, Jerry Butler, le costó tres años recuperar el momento álgido de su carrera. El productor jefe Calvin Carter ya no encontró una base satisfactoria para él mismo y tampoco lo hizo Betty Everett, que estaba lista para un éxito mayor después de «You're No Good», «Getting Mighty Crowded» y la que en 1964 estuvo entre los veinte primeros lugares, «Shoop Shoop Song (It's in His Kiss)».

En la Chess Records, Billy Davis llegó para dirigir el departamento de producción después de coescribir la mayoría de los éxitos anteriores a Motown de Berry Gordy. Davis produjo él mismo a algunos de los artistas de Chess, como el baladista gordo Billy Stewart, cuya versión en scat de «Summertime» llegó a estar entre los diez primeros en 1966. «Rescue Me» de Fontella Bass alcanzó el número cinco el mismo año y era uno de los mejores intentos de captar el tipo de sonido de la Motown, producido por el veterano director de orquesta de St Louis, Oliver Sain. Un futuro más elaborado para el rhythm and blues se auguraba en los cuatro éxitos entre los veinte primeros de los Dells, de 1968 a 1969, producidos por Bobby Miller y arreglados por Charles Stepney, que trabajó con Maurice White de Earth, Wind and Fire.

La figura principal en Chicago durante los años sesenta fue Curtis Mayfield, que estuvo cerca de concebir un sonido característico de la ciudad. Nacido y crecido en Chicago, Mayfield fundó los Impressions en 1957 con él mismo a la guitarra y Jerry Butler como cantante solista, aunque se ocupó de cantar cuando Butler se fue para cantar en solitario después del éxito entre los diez primeros lugares «For Your Precious Love» (Vee Jay, 1958). La especialidad de Mayfield era el sonido de guitarra, que favorecía las notas más bajas y que utilizaba un pesado eco de reverberación que evocaba el sonido de «Pop» Staples de los Staple Singers, que en aquella época también estaban en la Vee Jay. Los arreglos de Mayfield «He Will Break Your Heart» para Jerry Butler eran «Pop» Staples en estado puro ya desde la introducción con guitarra y poco después de que el disco llegara a los diez primeros puestos para la Vee Jay, en 1960, Mayfield y los Impressions firmaron por la ABC-Paramount.

Los créditos de producción en la mayoría de los discos de los Impressions para la ABC se concedían al arreglista Johnny Pate, cuyas melodías de viento se mostraron como el complemento ideal para las ideas vocales y de guitarra de Mayfield. La mística «Gypsy Woman» alcanzó los veinte primeros en 1961, seguida por ocho sencillos más a lo largo de los sesenta, la mayoría de los cuales expresaban una creciente solidaridad y autodependencia entre la población negra estadounidense: «It's All Right» (1963), «Amen» y «People Get Ready» (1965). Adaptaciones en su mayor parte de la imaginería del gospel, los discos

32. THE SUPREMES, de Detroit (Michigan). A la izquierda, Diana Ross.

33. THE FOUR TOPS, de Detroit (Michigan). A la derecha, Levi Stubbs.

34. CURTIS MAYFIELD, de Chicago (Illinois).

se desplegaban con una gracia y sutileza tal que los programadores blancos de radio, famosos por su conservadurismo, las difundieron por sus emisoras.

Mayfield y Pate también colaboraron en sesiones para Major Lance en la OKeh Records, acabada de rescatar por la Columbia como una plataforma para la música soul bajo la supervisión de Carl Davis, que estaba acreditado como productor. Mayfield compuso cuatro éxitos para Lance, que estuvieron todos entre los veinte primeros, incluido el atmosférico «Um, Um, Um, Um, Um, Um» (1964) y también compuso dos éxitos de entre los veinte primeros para Gene Chandler en la Constellation, lo que permitió a Chandler sacudirse finalmente la etiqueta «comercial» que había planeado sobre él desde su enorme éxito «Duke of Earl», producido por Carl Davis (Vee Jay, 1962).

En 1966, Carl Davis abandonó la OKeh para fundar su compañía de producción propia que regeneró la carrera de Jackie Wilson para la Brunswick, primero con «Whispers» y luego con la pieza clásica de baile teñida de gospel «(Your Love Keeps Lifting Me) Higher and Higher», que devolvió a Wilson a los diez primeros lugares por primera vez desde 1963 (aunque resultó ser por última vez). A Davis se le llamó para dirigir el departamento de producción de Brunswick, en el que formó un sobresaliente equipo de productores que incluía a los arreglistas Willie Henderson, «Tom Tom» Washington y Sonny Sanders y los compositores Barbara Acklin y Eugene Record. El sello Dakar se fundó como una plataforma alternativa, con distribución a cargo de la Atlantic y el nuevo sonido de Chicago llegó a la madurez en 1968 con «Can I Change My Mind» de Tyrone Davis. El equilibrio de vientos, guitarra y bajo funcionaba particularmente bien, con los vientos que se mantenían, en general, en largos acordes por simpatía, mientras la fluida guitarra sugería una posibilidad más optimista en cuanto a que Davis pidiera perdón a la chica que había dejado. El equipo se aprovechó tanto de Detroit como de Memphis, en la que los músicos de sesión de la Stax habían mostrado cómo la guitarra y el bajo podían acentuar canciones narrativas bien escritas.

Eugene Record, el compositor y cantante solista de los Chi-Lites, tocaba el bajo en muchos de estos discos y anotaba lo que funcionaba y vio como sus más de diez años de grabaciones le otorgaban finalmente la recompensa del éxito internacional «Have You Seen Her?» en 1971. Anteriores discos del grupo habían oscilado entre el ataque áspero de los Temptations y la pureza inocente de los Miracles, aunque con la citada canción, Record encontró un territorio propio: canciones con «argumento», presentadas con detalles de buen gusto y cantadas con una voz que iba de la de tenor cálido a un falsete suave. En «Have You Seen Her?», Record tocaba él mismo todos los instrumentos, menos la batería y generó un clima convincentemente desolado; en «Oh Girl», utilizó un piano al estilo country y armónica frente a un acompañamiento de cuerda que fue directo al número uno de las listas pop de 1972, aunque los discos posteriores funcionaron mejor en Gran Bretaña (cuatro éxitos más entre los diez primeros durante los siguientes cuatro años) que en los Estados Unidos, donde Brunswick desapareció como el resto de sellos de Chicago.

Mientras la producción de Chicago disminuía y la Motown se trasladaba a Los Ángeles, «El Sonido de Filadelfia» volvía a ser otra vez una mercancía vendible.* Aunque en vez de la enorme comercialidad de la época del twist, en esta ocasión la ciudad llegó a identificarse con arreglos sofisticados que utilizaban la mayor parte de los instrumentos de una orquesta clásica por encima de ambientes bailables y, a menudo, detrás de veteranos intérpretes.

Los compositores-productores Kenny Gamble y Leon Huff se juntaron para capitalizar una década de experiencias variadas y consiguieron un progreso menor en 1968 con «Cowboys to Girls», de los Intruders, en su propio sello, Gamble. El departamento de producción de la Mercury se esforzó para devolver a Jerry Butler a las listas, le mandaron a «Phillie» [Filadelfia] y consiguieron cinco éxitos en los veinte primeros en dos años, de 1968 a 1969, incluido «Only the Strong Survive».

Mientras tanto, el productor-arreglista Thom Bell había desarrollado un enfoque sutil y melódico que proporcionó dos grandes éxitos a los Delfonics, «La La Means I Love You» (1968) y «Didn't I Blow Your Mind (This Time)» (1970), ambos para el sello Philly Groove. Bell, por lo visto, se dio cuenta de la importancia de consolidar los logros de la ciudad, más que de competir con los demás y empezó a colaborar con Gamble y Huff en algunos proyectos y en 1972 su sello Philadelphia International hizo un avance espectacular con éxitos enormes de los O'Jays («Backstabbers» y seis éxitos más entre los veinte primeros), Harold Melvin and the Bluenotes, que contaba con Teddy Pendergrass («If You Don't Know Me By Now» y otras) y Billy Paul («Me and Mrs. Jones»). Bell siguió trabajando para clientes de fuera y consiguió unas series impresionantes de éxitos tanto con los Stylistics (para la Avco-Embassy, dirigida por los veteranos Hugo and Luigi) como con los Spinners (para la Atlantic).

Nueva York, antaño el centro de las producciones de uptown rhythm and blues, había perdido confianza en el género a mediados de los años sesenta. Teddy Randazzo, que fracasó en convertirse en un ídolo adolescente en los cincuenta,

* Sellos de Filadelfia
GAMBLE. Fundado en 1967 por Kenny Gamble y Leon Huff.
Grupo vocal masculino: The Intruders.

PHILLY GROOVE. Fundado en 1967 por Stan Watson y Sam Bell. Distribuido por Bell. Productor: Thom Bell.
Grupo vocal masculino: The Delfonics.

PHILADELPHIA INTERNATIONAL. Fundado en 1971 por Gamble y Huff. Distribuido por Columbia.
Grupo vocal masculino: The O'Jays, Harold Melvin and the Bluenotes, The Ebonys, People's Choice.
Grupo vocal femenino: The Three Degrees.
Rhythm and blues masculino: Billy Paul, Teddy Pendergrass.
Instrumental: MFSB.

tuvo su momento de gloria en 1964 con una producción espectacular de «Goin' Out of My Head» para Little Anthony and the Imperials (DCP). Las trompas y los timbales llenaban un arreglo con predominio de la cuerda, mientras Anthony gemía una de las más apasionadas declaraciones de lealtad del pop.

Burt Bacharach pasó del mundo del cabaret (arreglos para las actuaciones en directo de Marlene Dietrich) al pop (componiendo con Hal David) e incorporó elementos de los dos mundos a unas estructuras armónicas basadas en el jazz en sus rompedores arreglos para Dionne Warwick. Doce éxitos entre los veinte primeros para la Scepter Records cuando la ola de chillones grupos británicos estaba invadiendo toda Norteamérica colocó a Bacharach en el segundo puesto, sólo por detrás de los productores de Motown durante los años sesenta. Pese a que los últimos se dirigían a los adolescentes, Bacharach y el letrista Hal David preferían una trascendencia más adulta y escatimaban los instrumentos rítmicos. Mientras la mayoría de intérpretes femeninas de la época cantaba al sentimiento con indicios de una «desafinada» vulnerabilidad, Dionne Warwick afinaba cada nota perfectamente y conseguía un efecto con un tono exclusivamente sensible, exhibido brillantemente por los arreglos meticulosamente concebidos de Bacharach. «Anyone Who Had a Heart» y «Walk On By» (ambas de 1964) suministraron el eslabón entre la primera generación de las producciones de uptown rhythm and blues de los últimos años cincuenta y la nueva generación de los primeros setenta, cuyo público seguramente estaba constituido por las mismas personas, diez o quince años mayores.

10. ¿Estamos juntos? La música soul

Durante un periodo de cinco años, como consecuencia inmediata del rock 'n' roll, las fronteras entre la música negra y la blanca parecían haberse borrado. La mayoría de las estrellas negras habían tenido algún éxito en las listas pop y los discos de la mayoría de los nuevos astros blancos jóvenes del pop se difundían en las emisoras de rhythm and blues. En los cinco años comprendidos desde el 1956 hasta el 1960, de treinta y dos títulos de Elvis Presley que llegaron a los veinte primeros de las listas pop de *Billboard*, veintisiete también se listaron como éxitos de rhythm and blues; y de los treinta éxitos de rhythm and blues de Fats Domino, diecisiete se colocaron entre los veinte primeros de las listas pop.

Aunque se registraban anomalías: tan sólo uno de los dieciséis éxitos de rhythm and blues al estilo gospel de Ray Charles para la Atlantic «cruzó» a los veinte primeros de la lista pop, junto a dos para cada uno del «teñido de blues» Little Willie John (de doce éxitos rhythm and blues) y de LaVern Baker (de diez); ninguno de los diversos éxitos de rhythm and blues de los acérrimos bluesmen Jimmy Reed o B. B. King «llegaron a ser pop». Sin embargo, entre los éxitos de rhythm and blues acreditados a artistas blancos no tan sólo había cinco de Jerry Lee Lewis, cuyas canciones rockeras de influencia boogie tenían por lo menos una inspiración negra evidente, sino siete para Ricky Nelson y Connie Francis respectivamente, seis para Bobby Darin e incluso cuatro para el insípido Frankie Avalon.

Cuando lo examinabas más de cerca, lo menos convincente era la prueba de que la música negra se había abierto paso de una manera significativa. Aunque el rock 'n' roll permitió a algunos intérpretes negros alcanzar el mercado pop con una serie de discos radicales y originales (sobre todo Fats Domino, Little Richard, los Coasters y Chuck Berry), a la mayor parte de los intérpretes negros que eran sólidos fabricantes de éxitos en el mercado pop se les producía con típicos arreglos pop, los discos de los Platters, Jackie Wilson, Brook Benton, Lloyd Price, los Drifters y Sam Cooke renunciaban al sonido «hágalo usted mismo» de los grupos pequeños en favor de las orquestas y los coros de acompañamiento vocal.

Y, sin embargo, con la perspectiva del tiempo transcurrido, se puede retomar el hilo de una nueva tendencia significativa de ese periodo, que lanzó las carreras de varios pioneros del estilo influido por el gospel que se conocería como música soul. Tanto Jackie Wilson como Sam Cooke usaron muchas de las técnicas vocales de los cantantes de gospel, incluso cuando el acompañamiento no guardaba ningún parecido con nada que se pudiera oír en una iglesia; Ray Charles, después de una década como uno de los «grandes desconocidos» cantantes de rhythm and blues, se inclinó hacia un enfoque basado en el gospel y se impuso como uno de los intérpretes de más éxito a primeros de los años sesenta, tan sólo por detrás de Elvis Presley en el mercado pop.

En la evolución del soul hubo cuatro periodos distintos. Durante el primero, de 1955 a 1960, las voces al estilo gospel se usaban la mayoría de las veces «fuera de contexto», a la manera de un sonido de moda sobre un arreglo pop, de 1961 a 1963, los productores se convirtieron en más intrépidos a la hora de llevar aspectos de la música sagrada hacia el mundo profano, aunque todavía colocaban ingredientes de inspiración eclesial en unos arreglos formales y escritos. La mayor parte de los discos clásicos de soul se realizaron en el tercer periodo, de 1964 a 1966, cuando el estilo se concibió por completo con arreglos musicales y vocales que se complementaban los unos a los otros de manera más espontánea y orgánica. Entre 1967 y 1969, la música soul se había convertido en uno de los géneros dominantes de la época y se hacía más difícil evitar los clichés formularios por parte de los compositores, los productores, los músicos y los cantantes.

I: 1955-1960

Durante este periodo surgieron dos tipos diferentes de cantantes al estilo gospel: los cantantes de voces auténticas que seguían los ejemplos estáticos o chillones impuestos por Ray Charles, Clyde McPhatter, Little Richard, los Five Royales o James Brown; y los más melódicos pájaros cantores, inspirados por Tony Williams de los Platters y Sam Cooke. La mayoría procedían de la zona algodonera [el «Cotton Belt»], de Georgia o Carolina del Sur.

A finales de los años cincuenta, el elemento gospel en los discos pop estaba reservado habitualmente para la voz en solitario, enmarcada en arreglos musicales que no guardaban demasiado parecido con la música gospel. Pocos oyentes blancos eran conscientes de que los alaridos y gritos de Little Richard se habían tomado «en préstamo» a Sister Rosetta Tharpe o a Marion Williams de las Clara Ward Singers. El acompañamiento del mayor éxito de Clyde McPhatter, «A Lover's Question», se aproximaba al sonido de un auténtico cuarteto de gospel, aunque a la mayor parte de los demás tenores agudos se les enmarcaba en arreglos descaradamente pop: «Rockin' Robin» de Bobby Day, «Lonely Teardrops» de Jackie Wilson, «Just Keep It Up» de Dee Clark, o «Handy Man» y «Good Timin'» de Jimmy Jones.

Ray Charles (de Georgia) y James Brown (nacido en Carolina del Sur y criado en Georgia) llegaron a imitar más de cerca los sonidos sagrados del gospel auténtico. «I Got a Woman» de Ray Charles (1954), una recreación del reciente «Jesus Is All The World To Me» del Profesor Alex Bradford, fue un avance en este enfoque. Ya desde el mismo momento del comienzo de su carrera discográfica en edad adolescente, Ray Charles sonó siempre maduro. Ignoró los prejuicios tanto de los tradicionalistas del gospel como de los censores del mercado adolescente y sus canciones se referían a un mundo adulto en el que no tan sólo las parejas iban a la cama juntas sino que se llevaban café el uno al otro por la mañana («in my favourite cup») [«en mi copa preferida»]. Ray Charles mostró la manera de recrear la estructura de llamada y respuesta de la música gospel con la instrumentación de una banda de tamaño medio (diez piezas), adornada con un trío vocal femenino.

James Brown, que grababa y actuaba con una banda más reducida y un grupo vocal masculino, tardó más en irrumpir ante un público pop nacional, aunque con el tiempo fue incluso más influyente en las generaciones venideras de músicos y cantantes negros. Aunque durante este periodo embrionario se les pasó por alto mientras el mundo pop prestaba atención a los jóvenes cantantes negros que podían combinar tonos «agradables al oído» con «atractivo adolescente» como Sam Cooke y Jerry Butler.

Con su primer éxito, «You Send Me» (1957), Sam Cooke se convirtió en modelo e inspiración para todo joven cantante negro y no tan sólo por ser objeto de una gran adulación por parte de las chicas jóvenes, blancas o negras. Con todo, durante el resto de la década fracasó al intentar volver a captar la magia de este debut teñido de gospel.

Mientras Ray Charles, James Brown y Sam Cooke trabajaban en la forma de representar no sólo el entusiasmo superficial de la música gospel, sino también sus implicaciones de interdependencia personal y social, varios grupos punteros de gospel estaban en la cima de su poderes creativos y físicos, sobre todo los Staple Singers y los Swan Silvertones.

«Uncloudy Day» (Vee Jay, 1956), de los Staple Singers, fue uno de los discos sobresalientes de un año espectacular, empapado en una guitarra pesadamente reverberada tocada por Roebuck «Pops» Staples y contando con la prometedora voz solista de su hija adolescente Mavis. Los Swan Silvertones ya llevaban diez años haciendo discos cuando grabaron «Mary Don't You Weep» (también para la Vee Jay, en 1959), aunque el cantante solista Claude Jeter y el grupo de cantantes de acompañamiento jamás habían alcanzado un equilibrio tan perfecto de éxtasis y control. Conocida tan sólo dentro del mundo de la religión negra en aquella época, la música gospel aumentó cada vez más su importancia como modelo estilístico para los productores pop y como fuente de muchos cantantes profanos.

En Chicago, Jerry Butler y Curtis Mayfield se conocieron como jóvenes cantantes de gospel y formaron los Impressions; su primer disco irrumpió en las listas nacionales, con Butler de cantante solista: «For Your Precious Love» (Abner, 1958). La alegre y reverente interpretación encajó con el aprecio del público joven por los discos de grupos vocales, aunque era más consumado y bien arreglado que de costumbre. Dos años después, Butler estuvo entre los diez primeros con «He Will Break Your Heart» (Vee Jay, 1960), compuesta por el guitarrista y compositor de los Impressions, Curtis Mayfield, con un sonido y un estilo fuertemente influido por los Staple Singers.

II: 1961-1963

La producción de discos al estilo gospel que, en comparación, era descuidada y azarosa terminó con el éxito en 1959 de «Lonely Teardrops» de Jackie Wilson (Brunswick), «What'd I Say?» de Ray Charles (Atlantic) y «Shout» de los Isley Brothers (RCA). El número de cantantes que grabaron con algún tipo de influencia gospel se incrementó considerablemente después de la popularidad de estos discos, aunque el significado pleno de la tendencia se vio ocultado por la preocupación de la industria con el twist y por la influencia dominante durante el mismo periodo de los productores que destacaban los discos de uptown rhythm and blues.

Con todo, en términos de cifras, los cantantes de estilo gospel empezaron a grabar más a menudo y cuando esto sucedió —incluso aunque el énfasis en la mayoría de estos cantantes se situaba en las cualidades vocales que se esperaba que complacieran a los gustos blancos— los pioneros del estilo se convirtieron en los cantantes más populares de la cultura negra. Entre 1961 y 1963, Ray Charles colocó quince discos entre los diez primeros de las listas de rhythm and blues, Sam Cooke, nueve, Bobby Bland, ocho y James Brown, cinco.

Cada uno de estos cantantes tuvo una gran influencia en los estilos de los cantantes que adoptaron esta forma de música después de 1960, entre los cuales Etta James, con cinco éxitos, Ike and Tina Turner y Solomon Burke, con cuatro cada uno, fueron los de éxito más constante.

Después de «Lonely Teardrops», «What'd I Say?» y «Shout», varios cantantes hicieron canciones «revivalistas» parecidas, con réplicas gritadas por un grupo vocal. «Ooh Poo Pah Doo» de Jessie Hill en 1960, «Something's Got a Hold on Me» de Etta James y «Twist and Shout» de los Isley Brothers (1962) eran progresivamente más frenéticas e incorporaban aspectos del estilo gritón de James Brown y Jackie Wilson. Este frenético estilo era más aislado, con menos énfasis en el apoyo del grupo en «I Found a Love» de los Falcons (1962) y «Cry Baby» de Garnet Mimms and the Enchanters (1963).

En estos discos, los cantantes se comprometían a crear un entusiasmo puro. Con pocas y sencillas palabras, aunque en un clima dramático y compasivo creado por los cantantes de acompañamiento, los cantantes solistas gritaban literalmente su mensaje. En «I Found a Love», Wilson Pickett, contratado como cantante solista por los Falcons, de Detroit, lloraba y chillaba:

(Yeah yeah: yeah yeah)	*(Sí, sí: sí, sí.)*
I found a love; I found a love:	*Encontré un amor; encontré un amor:*
I found a love, that I need.	*encontré el amor que necesitaba.*
(Oh yeah.)	*(Oh sí.)*

35. THE TEMPTATIONS, de Detroit (Michigan). David Ruffin, de Meridian (Mississippi), con gafas; Eddie Kendricks, de Birmingham (Alabama), a la derecha, ante el micrófono.

36. THE MIRACLES, de Detroit (Michigan). Smokey Robinson, sentado en primer plano.

De manera parecida, «Cry Baby» repetía una sencilla frase —el título—, lo que permitía a Garnet Mimms descargar toda la fuerza emotiva que podía reunir. Estos discos estaban entre las primeras canciones de estilo gospel que tenían acompañamientos que no estaban ligeramente adaptados de algún otro tipo de música. Ambas canciones, al contrario de la mayoría de discos que acentuaban un estilo gospel, tenían un ritmo lento, amable y alegre. Las inflexibles expresiones de éxtasis e intensa compasión que creaban eran extraordinarias en los discos que funcionaban en el mercado popular. En otros discos «revivalistas», los ritmos fuertes hacían que el impacto lo absorbiera el público físicamente y no de manera puramente emocional como en «I Found a Love» y «Cry Baby».

Entre las pocas cantantes femeninas de estilo gospel que surgieron en esta época estaban Tina Turner y Etta James. La interpretación desinhibida y gritona en el primer éxito de Ike & Tina Turner, «A Fool in Love» (Sue, 1960), venía directamente de la iglesia, aunque el clima de baile «hully gully» y los coros de llamada y respuesta por parte de las Ikettes estaban claramente inspirados por Ray Charles y las Raelettes. El fuego de Tina disminuyó en los otros cuatro éxitos para Sue, incluido el dúo comercial «It's Gonna Work Out Fine», que contaba con Mickey Baker en el papel hablado del hombre en una tardía «continuación» del éxito de 1956 de Mickey & Sylvia, «Love Is Strange».

Etta James, después de una época tranquila en la Modern a continuación de su éxito de rock 'n' roll de 1955 «The Wallflower», fue contratada por la Chess en 1961 y obtuvo éxitos en una variedad de estilos, incluidas baladas y blues gritados, antes de desarrollar un estilo de blues gospel —el equivalente femenino de Bobby Bland— que le supuso cinco éxitos en el mercado rhythm and blues, sobre todo la revivalista «Something's Got a Hold On Me».

Los discos de Bland estaban entre los mejores discos de influencia gospel de esta época, con arreglos adecuados para apoyar su gran voz. Al contrario de los cantantes más chillones (Wilson Pickett, Garnet Mimms), Bland no cantaba de principio a fin con un tono chiflado y un fraseo cualquiera, sino melódica y elegantemente en algunas partes y más duramente en otras. A veces la transición era abrupta e inventiva, pero en «I Pity the Fool» (1961), «Stormy Monday» (1962) y «Call on Me» (1963) su voz tenía una tristeza convincente y una compasiva cordialidad. Una big band sostenía un leve swing en «I Pity the Fool», mientras en «Stormy Monday», una de las mejores interpretaciones de blues gospel de la época, tan sólo la guitarra de Wayne Bennett, tocada como lo hubieran podido hacer T-Bone Walker o B. B. King, hacía de eco amable y reflejaba las frases del cantante. «Call on Me» ponía la voz de Bland en un fondo suave de ritmo latino y elegantes riffs de saxo, pero el cantante no se rendía más que un poco, así que el efecto global era un interesante choque de tonos duros y suaves.

Entre los cantantes que utilizaron estilos parecidos al de Bland, Solomon Burke fue el primero que impresionó individualmente. La voz de Burke encajaba con un fuerte fondo rítmico, mucho mejor que la de Bland y se adaptó más fácilmente a los más duros arreglos soul de baile de mediados de los sesenta. Con su tono confidencial, casi de sermón, estuvo más cercano a la hora de imitar el enfoque de auténticos cantantes de gospel como lo hizo normalmente Bobby Bland. Aunque sus actuaciones en directo creaban un gran entusiasmo, tanto por su habilidad en ganarse la simpatía del público como a través del constante ritmo de lo que él llamaba música rock 'n' soul, los discos de Burke eran más sutiles que algunos de sus contemporáneos. Su primer éxito fue una interpretación lenta de una canción country and western, «Just Out of Reach» (que anunciaba la parecida, aunque de mucho más éxito, «I Can't Stop Loving You» de Ray Charles). Como James Brown, Burke a menudo asumía el papel de proveedor de confianza de todo tipo de estilos y ampliaba su cometido a predicar sobre el amor en general: de «Cry to Me» (1962) hasta «If You Need Me» (1963) y «Everybody Needs Somebody to Love» (1964). En su tono excepcionalmente relajado a cualquier tempo, Burke fue la figura del soul que mejor se podía comparar con la situación de Fats Domino en el rock 'n' roll, aunque Burke nunca fundó nunca una relación estable de producción comparable a la sociedad Domino-Bartholomew.

La mayoría de los discos de Sam Cooke para la RCA-Victor de esta época los produjeron Hugo and Luigi, que dieron libertad al cantante tanto para elegir su material (mucho del cual compuesto por él) y en los arreglos musicales; aunque todos ellos parecían decididos a buscar las expectativas tradicionales de un «animador todo terreno» y sólo el fraseo relajado y elegante de Sam estuvo por encima de la banalidad de los arreglos musicales. Pero mientras hacía estos discos de primera calidad para sí mismo, Sam Cooke alimentó un planteamiento de grabación más natural para producir a otros intérpretes para su compañía propia, Sar Records. En 1961, el año en que grabó la bonita canción pop «Cupid» para la RCA, produjo la más sencilla «Soothe Me» para los Simms Twins. En posteriores lanzamientos de la Sar —«Lookin' For a Love» e «It's All Over Now» de los Valentinos, o «Rome (Wasn't Built in a Day)» de Johnnie Taylor— las canciones, los estilos vocales y los arreglos olían a gospel.

Entre los productores más influyentes de las producciones contemporáneas de uptown rhythm and blues en este periodo evolutivo había tres personas de Nueva York, Jerry Wexler, Bert Berns y Jerry Ragavoy, que eran capaces de sacar lo mejor de sus cantantes sin que el papel del productor fuera dominante como en las producciones pop contemporáneas.

Wexler era un productor de la vieja escuela, un no-músico que contrataba arreglistas para que dirigieran músicos bajo su supervisión. Después de trabajar mano a mano con Ray Charles y Joe Turner, Wexler se estableció en un papel de ejecutivo, un trabajo administrativo, mientras los compositores se sentaban cerca de los ingenieros de grabación de los estudios. Cuando Wexler contrató a Solomon Burke para la Atlantic, produjo un par de sesiones él mismo aunque luego pasó el encargo a Bert Berns.

En comparación con Wexler, Berns tenía un sonido de «marca registrada» más personal, que reflejaba la originalidad de sus composiciones, que promovían una combinación de cantos al estilo gospel y secuencias armónicas latinoamericanas. Cuando Jerry Wexler produjo el primer disco de «Twist and Shout» de Berns (de los Topnotes para la Atlantic) no logró el objetivo, aunque los Isley Brothers rescataron la canción del olvido y su éxito allanó el camino a otros clásicos compuestos por Berns,[35] como «Cry To Me» (grabada tanto por Betty Harris como por Solomon Burke), «Piece of My Heart» (de Erma Franklin, la hermana de Aretha) y «Cry Baby» (Garnet Mimms), estas dos últimas coescritas con el productor Jerry Ragavoy.[36]

Después de trasladarse de Filadelfia a Nueva York en 1962, Ragavoy produjo una serie de éxitos para Garnet Mimms, compuso la poderosa «Time Is On My Side» (grabada tanto por Irma Thomas como por los Rolling Stones, en 1964) y compuso y produjo un par de clásicos de Howard Tate que incluían «Ain't Nobody Home». Como Berns, Ragavoy favorecía los arreglos musicales con influencia de iglesia, en general ritmos lentos o a medio-tempo, con grandes cánticos corales y un fuerte ritmo en los estribillos. Pero algunos cantantes no estaban dispuestos a ser utilizados como intérpretes con este tipo de productor: después de unas cuantas sesiones con Bert Berns, Solomon Burke rechazó volver a trabajar con él y volvió con Wexler.

Para los productores que trabajaban en el norte, la economía afectaba a sus planteamientos: a los músicos del sindicato se les pagaba de acuerdo con sesiones de tres horas, así que los cambios improvisados de tempo o tonalidad eran tabú y todos debían seguir los arreglos escritos. Arreglos más informales los inventaban los músicos del Sur, sobre todo los Mar-Keys, músicos de sesión de una compañía de Memphis fundada en 1960, Satellite, que en 1961 cambió el nombre a Stax. En la estela del ritmo llevado por el bajo del grupo local de éxito nacional, el Bill Black Combo y las firmes secciones de saxos y el ritmo llevado por el piano de las bandas de sesión de Nueva Orleans dirigidas por Lee Allen, los Mar-Keys pusieron un énfasis incluso mayor en los acordes «casi entrelazados» de los saxos y un ritmo más abrupto y consiguieron un éxito nacional en 1961 con «Last Night».

Curiosamente, a pesar del éxito de ese sonido instrumental, éste no se empleó de inmediato para acompañar a los cantantes del sello. Carla Thomas obtuvo un éxito nacional en 1961 con «Gee Whiz», cuyo acompañamiento se basaba en los tripletes de piano tradicionalmente asociados con la interpretación de baladas suaves.

Los Mar-Keys presentaban una formación de una o dos trompetas, saxos tenor y barítono, además de una sección rítmica con órgano, guitarra, bajo y batería. Esta sección rítmica también grababa por su cuenta como Booker T. and the M. G.s y en 1962 tuvo un éxito nacional con la pieza de ambiente rítmico «Green Onions», en la cual el organista Booker T. Jones interpretaba sencillos riffs melódicos con un tono meloso mientras el guitarrista Steve Cropper interpretaba unos suaves acordes de respuesta en staccato. Al contrario del entonces dominante ritmo del twist, el sonido era reservado, reflexivo, aunque en su sentido más profundo era compulsivamente rítmico. La calidad diferente del sonido

37. ARETHA FRANKLIN, nacida en Memphis, se crió en Detroit.

38. THE STAPLE SINGERS. Roebuck «Pops» Staples, de Winona (Mississippi), con la guitarra; Mavis Staples, de Chicago, a su derecha.

era resultado del cambio de énfasis de la batería hacia el bajo. Cuando la responsabilidad del ritmo regular era cosa del batería, sus golpes repetitivos habían dominado el sonido por entero. Ahora, cuando el bajista asumía el papel de mantener el ritmo, el batería —y, en consecuencia, el resto del grupo— se hizo más flexible y, contra pronóstico, más excitante. Un ritmo de batería golpeaba en la cabeza, pero un ritmo de bajo afectaba a todo el cuerpo.

En 1962, la Stax y su subsidiaria recientemente fundada, Volt, realizaron sus primeros discos de influencia gospel, «You Don't Miss Your Water» de William Bell (Stax) y «These Arms of Mine» de Otis Redding (Volt). Ambos cantantes cantaban de manera reservada, triste y convincente, en estilos a medio camino del género de la balada blues de, por ejemplo, Percy Mayfield y el estilo de blues gospel de Bobby Bland. Pero el acompañamiento era todavía de tripletes de piano. La primera vez que se utilizó el sonido fuerte de los Mar-Keys para acompañar a un cantante fue en canciones comerciales de Rufus Thomas como «The Dog» y «Walking the Dog», en 1963, en las que los riffs de los saxos tenor y barítono alternaban detrás de una interpretación vocal fuerte y agresiva.

«Pain in My Heart» (1963), de Otis Redding, mostraba al productor Steve Cropper muy cerca de lograr un arreglo y un sonido instrumental adecuado para acompañar a la manera de cantar de influencia gospel. Los repetitivos acordes de piano aún vinculaban la canción con los primeros tipos de balada, aunque ahora la guitarra de Cropper asumía el papel de grupo de gospel, al contestar, resonar y desarrollar frases vocales, de manera muy parecida a como la banda de Ray Charles hacía de grupo gospel en «I Got a Woman» diez años antes.

III: 1964-1966

Durante los primeros años sesenta, antes que el rhythm and blues de estilo gospel fuera conocido ampliamente como soul, la mayoría de los discos de este estilo se realizaban en el norte: en Nueva York, Filadelfia, Cincinnati, Chicago y Detroit. Un buen porcentaje de los cantantes había nacido en los estados del sur, incluidos varios de la misma zona de Mississippi que había engendrado la anterior generación de bluesmen: Little Willie John era de Arkansas, Sam Cooke, Jerry Butler y David Ruffin de Mississippi y Bobby Bland, Aretha Franklin y Tina Turner de Tennessee.

Pero la mayoría de cantantes al estilo gospel procedían de los estados del sudeste: Ray Charles, Roy Hamilton, Little Richard, Gladys Knight y Otis Redding habían nacido todos en Georgia, Wilson Pickett y Eddie Kendricks en la vecina Alabama, James Brown, Don Covay, Clyde McPhatter y Ben E. King en Carolina. La mayoría de ellos tuvieron que salir de sus regiones para realizar sus discos, pero los estudios con sede cerca de la fuente de talento tenían también su oportunidad. Dos centros de grabación importantes surgieron para satisfacer la demanda: en Memphis (Tennessee) y en Florence/Muscle Shoals (Alabama).

Memphis, en especial, dominó durante los años 1964 a 1966 y proporcionó los mejores productores, músicos y estudios y en una repetición del patrón del desarrollo del country rock de diez años antes, hizo que llegaran a la ciudad muchos cantantes de todo el Sur. En mayor medida que con el country rock, el estilo soul de Memphis fue el producto de gente negra y blanca que trabajaron juntos; casi todos los cantantes eran negros, pero muchos de los músicos y algunos de los compositores y productores eran blancos.

En diciembre de 1963, los gustos de los mercados de rhythm and blues y de música popular habían llegado a ser tan parecidos que *Billboard* dejó de publicar una lista separada de los discos más vendidos en el mercado de rhythm and blues. Las emisoras de radio que se dirigían al público blanco parecían dispuestas para aceptar incluso los discos más extremos de estilo gospel (*Stormy Monday* y *Part-Time Love*, de Little Johnny Taylor) además de discos de moda, más evidentemente comerciales (*Mockingbird*, de Inez y Charlie Foxx y *Walking the Dog*, de Rufus Thomas). En el mercado negro, los discos pop, como *Hey Paul*, de Paul and Paula y *Puff, the Magic Dragon*, de Peter, Paul and Mary eran éxitos de radiodifusión, según *Billboard*.

Pero la situación no era estable. Mientras en 1963 treinta y siete de los ciento seis discos que entraron entre los diez primeros de la música popular eran de cantantes negros, en 1964 tan sólo fueron veintiuno de un total de ciento uno. Y mientras en 1963 hubo varios discos entre los diez primeros de cantantes negros que utilizaban un estilo intenso, en 1964 todos los discos de cantantes negros que entraron en la lista eran producciones de uptown rhythm and blues, muchas de ellas en sellos de Gordy y otras producidas por Curtis Mayfield y Carl Davis en Chicago. El entusiasmo y la emoción, aunque disponible en los discos de los cantantes de estilo gospel como James Brown, Don Covay, Otis Redding, Joe Tex y Bobby Bland, en el mercado blanco, generalmente, se preferían en las formas ofrecidas por las interpretaciones británicas de rhythm and blues. Esto constituía un fenómeno nuevo. Aunque ningún disco de cantante británico estuvo entre los diez primeros en 1963, al año siguiente hubo treinta y un éxitos de ese tipo. Pero los compradores negros de discos no necesitaban segundas ediciones de canciones que ya tenían o que ya habían rechazado interpretadas por cantantes negros y no se interesaban por las canciones compuestas por los cantantes británicos que utilizaban las técnicas del rhythm and blues.

Con la llegada de los cantantes británicos, para el rhythm and blues se hizo más difícil avanzar en el mercado popular, pero al mismo tiempo la presión en el mercado de rhythm and blues sobre los discos pop se redujo. Algunos productores se aprovecharon de las condiciones cambiantes y orientaron su producto hacia los gustos e intereses negros de manera más directa de lo que lo habían hecho durante algún tiempo. Mientras la Motown y Mayfield en Chicago perfeccionaban los estilos que tenían atractivo para los dos mercados, los productores de Memphis y Muscle Shoals ponían a punto varios estilos soul. Pronto se reflejarían en producciones de Houston, Nashville, Chicago y Los Ángeles y seguidamente incluso en Nueva York y Detroit, en donde al uptown rhythm and blues se le llamaba cada vez más soul. Cuando el impacto de los grupos británicos dejó de ser novedoso, hacia 1966 o 1967, el soul alcanzó un reconocimiento tardío y la mayoría de sus mejores exponentes (con la excepción de Bobby Bland) tuvieron éxitos importantes.

Las principales innovaciones en el estilo influido por el gospel desde 1964 en adelante eran un acento sumamente creciente en los ritmos duros y un cambio general hacia el estilo chillón de James Brown y lejos de la pureza más lírica de Sam Cooke. Los efectos emocionantes de los estilos de los cantantes religiosos de gospel se usaban cada vez más a medida que los cantantes se esforzaban por obtener el entusiasmo absoluto y la implicación del público a costa de la tensión gradual y acumulativa que habían utilizado anteriormente. Las voces se volvieron progresivamente más ásperas, con alaridos en falsete más frecuentes y el ritmo cada vez más abrupto, profundo e insistente.

James Brown fue el intérprete más responsable de la simplificación del estilo. Casi universalmente reconocido como el «Soul Brother Number One» por los demás cantantes importantes de soul, Brown era la representación, en casi todos los aspectos, de lo que podían llegar a ser. Bobby Bland era el único otro intérprete entre los cantantes soul de más éxito que había realizado sus primeros discos en un estilo que estaba claramente relacionado con el estilo que Brown presentaba como soul. Aunque así como Bland era un intérprete, que usaba composiciones de otros, supervisado de cerca por los productores en el estudio de grabación y por su manager en el resto de su carrera,[37] Brown dirigía su propia vida musical.

Brown hizo su primer disco en 1956, *Please Please Please* (Federal). Esta atmosférica e intensa canción estuvo entre los diez primeros de la lista de rhythm and blues y vendió un millón de copias durante un largo periodo. Como casi todos los demás discos de Brown, era más una reflexión del cantante que una respuesta a las conveniencias contemporáneas sobre lo que era un disco de éxito. Brown fue la figura dominante en cada disco que haya hecho jamás. En la mayoría de sus discos de antes de 1964, utilizó un suave apoyo de grupo vocal y un escaso acompañamiento musical, que proporcionaba la atmósfera suficiente para confirmar el clima que su voz sugería, sin relegarle nunca al papel de mero presentador de palabras o de un sonido ante el público. Lo que él cantaba parecía importarle.

En el escenario, la inventiva de las técnicas era evidente, pero su impacto era más fuerte aún que en los discos. Cada actuación seguía un patrón similar, aunque él siempre instigaba un clima de intenso entusiasmo en su público. Después de los tiempos de las bandas de blues, fue uno de los primeros cantantes en reunir un grupo de cantantes de apoyo y en hacer giras por el país con su propio espectáculo. Al principio, los cantantes de apoyo eran su propio grupo vocal, los Famous Flames, cuyos miembros a menudo realizaban discos, de manera individual, con sus propios nombres y así podían ser anunciados por separado en los carteles y ofrecer sus «números» propios en el espectáculo. Ayudaban a caldear el ambiente del público antes de que Brown hiciera su parte en el espectáculo.

El repertorio iba de las baladas lentas y suplicantes, como «Try Me» y «Prisoner of Love», hasta los duros temas de baile, como «Mashed Potato» y «Night Train». Estos estaban entre los discos que, ocasionalmente, se vendían bastante bien en el mercado blanco, aunque no implantaron a Brown como una figura muy conocida. Cuando grababa con la King (en Cincinnati), él producía sus propias sesiones, realizaba sus propias gestiones financieras y contrataba a los músicos y ayudantes que trabajaban para él. Hombre rico, Brown vivía notoriamente bien y aparecía profusamente en *Ebony*, *Jet*, *The Amsterdam News* y el resto de la prensa negra. Por lo visto, pensaba que la King no era la compañía que le colocaría en el mercado nacional y Brown ignoró su contrato in 1964 y grabó una dura canción bailable, «Out of Sight», para la subsidiaria de la Mercury, Smash. El disco estuvo en los últimos lugares de las listas pop, aunque la King lo recuperó y en 1965 se las arregló para conseguir que las emisoras de radio del mercado pop prestaran atención a lo que él hacía. Ese año, «Papa's Got a Brand New Bag», «I Got You», así como otras canciones de baile parecidas a las de su disco con la Smash fueron éxitos y también la balada «It's a Man's Man's Man's World» (1966) y la mayoría de los discos que realizó después.

Aunque «Man's World» tenía el acompañamiento de cuerda que era el visado tradicional para la aceptación en el mercado pop, el estilo vocal de Brown en este y todos sus demás discos era el suyo propio: áspero, auténtico y rico. Él mismo se involucraba totalmente en la emoción apropiada para cada canción. Brown gemía, rogaba, suplicaba, alentaba, declaraba, predicaba, exclamaba, lloraba y gritaba de manera jubilosa. El resto de los cantantes soul raramente tenían más ambición que la de hacer algunas de las cosas citadas casi tan bien; y la mayoría de ellos, en el escenario, tenía que competir con la actuación escénica de Brown grabada en la memoria del público: de rodillas, doblado sobre el micro, con el sudor que le chorreaba por la cara, o dando saltos por todo el escenario en una danza cuya gracia y rapidez daban razón y sentido al tartamudeante ritmo de la banda.

Bobby Bland fue el único que no intentó competir con el brillante aspecto físico y visual del espectáculo de Brown. Bland había empezado a actuar profesionalmente antes incluso que Brown y tenía una técnica diferente, más sutil, tan íntima como recatada. Mucho más alto que el bajito Brown, Bland tenía una presencia casi voluminosa en el escenario, aunque él también doblaba la rodilla en devota súplica. Pero no era tan extremado en su estilo y dependía más de los buenos arreglos musicales para confirmar su clima. Nunca tuvo un éxito pop importante, aunque varios de sus discos se vendieron muy bien y logró millones de ventas con el tiempo. El sencillo con «Call on Me» y «That's the Way Love Is» (1963) fue su éxito mayor, con arreglos pop. Aunque al siguiente año, regresó a los arreglos blues más fuertes en «Ain't Nothin' You Can Do» y «Ain't Doin' Too Bad», que fueron grandes éxitos en el mercado de rhythm and blues y unos pequeños éxitos pop. Bland siguió funcionando bien y mantuvo su estilo propio de romper a gritar ásperamente en una interpretación, de todas formas, relajada.

En 1964, el relativamente áspero sonido de Brown y Bland consiguió un pequeño impacto en el mercado popular, mientras el uptown rhythm and blues mantenía una resistencia vacilante contra los discos británicos. Pero el sonido resonó y luego se desarrolló con una seguridad y originalidad creciente en los estudios de Memphis y la cercana Muscle Shoals (Alabama), donde los mejores cantantes de soul de la nueva generación —Otis Redding, Joe Tex, Wilson Pickett, Sam and Dave y Percy Sledge— realizaron sus mejores discos en los años que van de 1964 a 1966. Redding se mostraba igualmente expresivo en las canciones rápidas que en las lentas. Los demás eran menos versátiles. Pickett y Sam and Dave eran siempre mejores en las canciones rápidas, mientras Tex y Sledge manejaban las lentas de manera más característica. Redding y Sam and Dave realizaron prácticamente todos sus discos en los estudios Stax, en los que Pickett grabó en 1965. Joe Tex, en 1965 y Wilson Pickett, de 1966 en adelante, grabaron en los estudios Fame del productor Rick Hall en Muscle Shoals, mientras Percy Sledge grabó todo su material en la cercana Sheffield (Alabama), en los estudios South Camp de Quinn Ivy y Marlin Greene.

Otis Redding pasó de un crudo estilo a lo Little Richard, mostrado en su primer disco, «Shout Bamalama» (Bethlehem, 1960) y todavía evidente en «Hey Hey Hey» la cara B de «These Arms of Mine» (Volt, 1962), hasta lograr un estilo muy movido y característico que estaba muy bien representado en tres sencillos consecutivos entre 1964 y 1965, «Mr. Pitiful», «I've Been Loving You Too Long» y «Respect». La primera y la tercera eran rápidas canciones de baile propulsadas por figuras de bajo en bucle por el bajista eléctrico Duck Dunn y por las insistentes oleadas de riffs a cargo de los vientos de los Mar-Keys. Capaz de confiar en la banda para que mantuviera el ritmo, Redding podía permitirse el permanecer cercano a él aunque sin acentuar cada tiempo alterno, como se acostumbraba a hacer en las canciones rápidas. Cuando atacaba duramente junto con la banda, el efecto era estimulante.

A pesar de la furia del sonido, las letras de estas canciones eran importantes y Redding utilizaba la agresión de la música para hacer claro el mensaje, especialmente en «Respect»:

All I want	*Todo lo que quiero*
Is a little respect	*es un poco de respeto*
When I come home.	*cuando llego a casa.*

En la balada «I've Been Loving You Too Long», los lentos y vistosos riffs de la banda instalan un clima triste que establece el tono reverencial que Redding necesitaba, pero el arreglo había progresado más allá de la simple transposición de los coros de un grupo de gospel a las armonías instrumentales; se había desarrollado un nuevo estilo que venía de los experimentos con uno anterior.

Era irónico que el público de la música popular prestara tan poca atención a estos discos de Redding, cuyos riffs y tono y ritmo contribuían en gran manera a inspirar los discos que se escuchaban, en particular los de los Rolling Stones, el grupo británico. En un intento de atraer la atención del público, Redding, a sugerencia de Steve Cropper, grabó la canción de los Rolling Stones «Satisfaction». Después declaró a un periodista que él no quería hacer el disco, que era una tosca y áspera parodia de sus primeras interpretaciones. Pero el disco alcanzó su objetivo. Se difundió en las emisoras de música pop y la reputación de Redding empezó a subir vertiginosamente. Pero ninguno de los discos que realizó después de 1965 se podían comparar con los que ya había hecho; en su determinación de llegar al público se aficionó a repetir *gotta, gotta, gotta* y unos gruñidos superfluos. «I Can't Turn You Loose» tenía una buena línea de bajo rápida, aunque una parte cantada injustificadamente histérica. «Try a Little Tenderness» (1966) empezaba con una ardiente interpretación que era irresistible, aunque demasiado dirigida hacia un frenesí que no guardaba ninguna relación con la letra o el clima de la canción.

Joe Tex no era un cantante tan emotivo, aunque coincidía con Redding en haber grabado en un estilo a lo Little Richard al principio de su carrera, que se remontaba a 1954. Tex grabó en un estilo de blues gospel para la King, hizo canciones de moda para la Ace y empezó a grabar para la Dial Records, con sede en Nashville, en 1961, bajo la supervisión de Buddy Killen. Con éste, Tex montó una de las primeras fusiones de estilos de interpretación de gospel negros con material country and western blanco y compuso sus propias canciones aunque de una manera parecida a los cuentos con moraleja que eran parte del menú habitual de la música country and western. Los arreglos siempre sonaban farragosos hasta finales de 1964, cuando la Dial, anteriormente distribuida por London, hizo un nuevo acuerdo de distribución con la Atlantic y Tex fue a los estudios de Rick Hall en Muscle Shoals, donde grabó «Hold What You've Got». Aunque los músicos eran los propios miembros de su banda que habían estado con él durante algún tiempo, el sonido era más limpio, Tex estaba más relajado y el ritmo indicado de manera más firme. «Hold What You've Got» —una pieza de advertencia paternal a los amantes que estuvieran pensando en dejar a su pareja— se convirtió en la primera canción soul sureña que estuvo entre los diez primeros de la lista pop, a principios de 1965.

Posteriormente, Tex grabó en Nueva York y Nashville. Pero él había encontrado el sonido que necesitaba y podía reproducirlo donde fuera y sus letras llegaron a ser más ingeniosas o sermoneadoras, dependiendo de que celebrara la feminidad —«I Want To (Do Everything For You)», «A Sweet Woman Like You»— o mantuviera relaciones en un equilibrio estable: «The Love You Save (May Be Your Own)». Un estruendoso piano dio a varios discos un sonido impactante que sugería una sensualidad a menudo no presente en las letras en sí. Con un tono entre el de Bobby Bland y el de Solomon Burke, Tex tendía a sonar poco sincero y engreído en los sermones, aunque él parecía impresionado de verdad con la mujer que le inspiraba a jadear: «You got what it takes / to take what I got» [«Tienes lo que te mereces / tomar lo que tengo yo»] (de «You Got What It Takes»).

Wilson Pickett cosechó el mayor triunfo comercial de la nueva generación de cantantes soul y tuvo varios éxitos entre los diez primeros lugares. Pero como Otis Redding, realizó sus mejores discos en 1965, cuando el mercado de la música pop no estaba a la escucha. Después de grabar en Nueva York, al abandonar a los Falcons en 1962, se fue hacia el Sur, a Memphis, por primera vez en 1965 y con Steve Cropper y el resto de la banda de Stax grabó *In the Midnight Hour* y *Don't Fight It*, dos de los mejores discos de baile soul, con una sensualidad irresistible sostenida por una oleada de ritmo fácil que contrastaba con los no tan sutiles éxitos grabados en Muscle Shoals (entre otros, sus nuevas versiones de «Mustang Sally», «634-5789» y «Land of 1000 Dances»).

Entre los pocos discos que competían en entusiasmo con los de Pickett de 1965 estaban *Hold On, I'm A-Comin'*, *You Got Me Hummin'* y *You Don't Know Like I Know* de Sam and Dave. El uso de dos voces, en ocasiones contestándose la una a la otra en un rápido diálogo y otras veces haciéndose eco de las frases del otro y los coros en los estribillos, era una estrategia habitual del auténtico canto gospel —es decir, el de iglesia— y varios grupos vocales negros populares lo habían utilizado con un apoyo rítmico no tan fuerte. Marvin and Johnny, a mediados de los años cincuenta, realizaron varios discos rápidos con réplicas (además de su más famosa lenta «Cherry Pie»); Don and Dewey, con la Specialty, habían usado técnicas parecidas en varios buenos discos de dúo, como «Farmer John» y los Simms Twins —y los propios Sam and Dave, para la Roulette— habían grabado en un estilo más influido por el gospel durante los primeros años sesenta. Pero con la Stax, Sam and Dave realizaron discos que sobrepasaban el entusiasmo de las primeras interpretaciones del dúo no tan sólo por las respuestas de uno a otro sino por los alentadores riffs de la banda. Sam and Dave, casi los únicos cantantes soul en hacer buenos discos en esta época, fueron capaces de mantener su nivel en los años que el soul llegó a ser ampliamente popular, de finales de 1966 en adelante.

El primer disco soul que encabezó las listas de los más vendidos en el mercado popular fue *When a Man Loves a Woman* de Percy Sledge, que buscaba y consiguió, un sentimiento de belleza absoluta que pocos discos podían esperar. Sledge tenía una voz realmente buena y no perdía el control cuando subía hasta los agudos y contaba con el amable apoyo de los mismos músicos de sesión que habían estado trabajando con Rick Hall. En contraste con la considerable experiencia de los demás cantantes importantes de soul, Sledge nunca había hecho un disco antes y su estilo fue convenientemente original, e influyente. Mientras él conseguía llegar lo más cerca posible para recobrar la delicadeza de *When a Man Loves a Woman* con *Take Time to Know Her* y *It Tears Me Up*, otros cantantes lo intentaban con menos éxito (musicalmente al menos ya que no comercialmente: Procol Harum utilizó una letra surrealista sobre un casi exactamente el mismo clima en «Whiter Shade of Pale», un enorme éxito internacional).

IV: 1966-1974

En un intento de proteger sus «derechos de autor» de su mezcla única de patrones rítmicos excitantes, cantantes expresivos y canciones pegadizas, la Stax cerró sus puertas a los intrusos en 1966. Tan sólo los intérpretes cuyos discos se distribuían en Stax o en Volt podían usar la banda de la casa, el equipo de compositores y el estudio de grabación. El golpe iba dirigido hacia la Atlantic, cuyo productor Jerry Wexler había agradecido en gran manera las ventajas de un estudio que no facturaba por horas sino por canción terminada.

39. SAM & DAVE. Sam Moore, de Miami (Florida), y Dave Prater, de Ocilla (Georgia).

40. Cartel de gira británico.

En Nueva York, donde se facturaba por el tiempo empleado, la mayoría de los productores contrataban a arreglistas para que planearan por anticipado las secciones básicas y los resultados a menudo eran aburridamente previsibles. Pero en Memphis, los músicos desarrollaban nuevos patrones rítmicos y estructuras de canción al tocar las canciones una y otra vez y el propio Wexler realizó una aportación vital a la sesión para la «Midnight Hour» de Wilson Pickett; el característico ritmo «anticipado» de la pieza inspiró el sonido de las Stax durante los dos o tres años siguientes, sobre todo en la mayoría de los poderosos y sugerentes éxitos de Sam and Dave y en «Knock on Wood» (1967) de Eddie Floyd.

Irónicamente, la Stax probablemente acusó más su propia política restrictiva que la Atlantic, cuyos artistas Otis Redding y Sam and Dave podían continuar grabando allí porque sus discos salían con los sellos Volt y Stax. Impedido de llevar a sus demás intérpretes a la Stax, Jerry Wexler estudió otros lugares que pudieran darle acceso al «Southern Groove» y efectivamente puso al menos tres estudios más dentro de la corriente principal del pop estadounidense: el estudio Fame de Rick Hall de Florence (Alabama), el vecino estudio Muscle Shoals Sound y el Criteria de Miami. Wexler también captó una cercana aproximación al sonido sureño de vuelta al propio estudio de la Atlantic de Nueva York.

En la práctica, la mayor parte de esta actividad no era ni reseñada ni reconocida más allá de la industria discográfica, porque, a pesar de todos los paralelismos musicales entre el soul y el rock 'n' roll, el soul no tenía un mascarón de proa que pudiera compararse a Elvis Presley, alrededor del cual los agentes de mercadotecnia y los comentaristas de los medios de comunicación pudieran agruparse. Otis Redding estuvo a punto de serlo, cuando fue tardíamente «descubierto» por el público blanco de rock, en 1967, después de volver de una gira europea, en la que fue considerado un embajador de la música que había inspirado a los grupos locales como los Rolling Stones. Otis actuó en el Fillmore de San Francisco y en el Monterey Pop Festival y respondió al componer la tranquila e introspectiva «(Sitting on the) Dock of the Bay», que grabó con Steve Cropper usando efectos de sonido como gritos de gaviotas, olas que rompían suavemente y silbidos. Era parecido al cambio de orientación que Sam Cooke hizo tres años antes con «A Change Is Gonna Come» y por una extraña coincidencia Otis también murió poco después de grabar el nuevo estilo. El sencillo se convirtió en otra de las historias burlonas de triunfo en el pop, al ir directamente a la cabeza de la lista. Demasiado tarde.

Poco después, la Stax completó su separación con la Atlantic al hacer un nuevo acuerdo de distribución con la Paramount/Dot, con el señuelo de enormes anticipos por parte de sus socios de corporación, la Gulf-Western. Al Bell, un agente de promoción negro de Washington D. C., se hizo cargo de la dirección de la Stax, que adoptó una imagen «negra» de manera creciente, en una época que la conciencia negra subía como la espuma. Isaac Hayes irrumpió con cadenas-sobre-supecho-desnudo, surgiendo de su papel como coautor de la mayor parte de éxitos de Sam and Dave para gruñir a su manera en álbumes de baladas y componer la canción de gran éxito que fue el tema de la popular película *Shaft* y utilizó la guitarra wah-wah con un ingenioso efecto (número uno de la lista, en 1971).

41. OTIS REDDING, de Macon (Georgia).

42. STEVE CROPPER, de Willow Springs (Missouri),
componente de Booker T. & the M. G.s, de Memphis.

Johnnie Taylor, un antiguo pupilo de Sam Cooke, que había grabado con poco éxito para la Stax durante un par de años, encontró su forma de repente bajo la supervisión del productor Don Davis en «Who's Making Love» (número cinco en 1968). Siguieron con otras canciones de baile parecidas, interpretadas con mucha fuerza al modo de Wilson Pickett, aunque Taylor se colocó en la Primera División del soul con una serie de sermones bluesy a tempo lento, durante los primeros años setenta, como «I Am Somebody» (1970), «I Believe in You» (1973) y «I've Been Born Again» (1974).

Irónicamente, los discos más innovadores de la Stax en esa época no se realizaron en Memphis, sino que los produjo Al Bell en el Muscle Shoals Sound para los Staple Singers. Finalmente, el veterano grupo de gospel encontró un contexto para hacer llegar la voz ronca y seductora de Mavis Staples al público pop, con la mezcla definitiva de promesa sexual y compañerismo social de «I'll Take You There» (número uno de la lista en 1972) y «If You're Ready (Come Go With Me)» (1973).

Las actividades de la Stax se terminaron en 1974 con un desastre parecido al de la Vee Jay de Chicago diez años antes y dejó a la Hi Records como el vehículo mayor para los sonidos de Memphis, como lo había sido en la época en que empezó la Stax. Willie Mitchell, que había tocado la trompeta en sesiones organizadas por Ike Turner para la Modern/RPM a mediados de los cincuenta y que realizó discos instrumentales sin mayor importancia durante los sesenta, utilizó toda su experiencia para animar a que Al Green hiciera una serie de interpretaciones magistrales en los primeros años setenta.

Finalmente, el soul encontró por sí mismo una gran estrella, cuando Al Green canturreó, suplicó e insinuó sus maneras hacia una aceptación auténtica por la radio pop y sus oyentes, sin perder los fans negros de la música rhythm and blues. Mitchell producía y hacía de ingeniero de sonido mientras una banda de músicos nuevos seguía cada una de las sutiles inflexiones de la voz de Green con un toque instrumental siempre apropiado; los tres hermanos Hodges —Teenie a la guitarra, Charles a los teclados y Leroy al bajo— competían con lo mejor que Booker T. y su grupo de Memphis habían conseguido en la época de apogeo de la Stax, junto al batería de esos tiempos, Al Jackson. Posiblemente el mejor batería de su época, Jackson fue asesinado a tiros en su casa de Memphis y le sustituyó otro as del ritmo con un extraordinario buen gusto, Howard Grimes.

Al primer gran éxito de Al Green, «Tired of Being Alone» (en 1971), le siguieron «Let's Stay Together» y «I'm Still in Love With You» (1972), ambos clásicos de pasión no declarada. Mientras Green mantuvo su posición con siete éxitos más entre los veinte primeros, Willie Mitchell y la sección rítmica de la Hi destilaban su magia para otros cantantes. Ann Peebles puso un pie en el umbral de la fama pop con la climática «I Can't Stand for Rain» para la Hi en 1973 y Syl Johnson parecía estar listo para un éxito mayor con «Take Me to the River» en 1975, pero para entonces los bailarines de la nación sintonizaban con un tipo de ambiente diferente. Denise LaSalle, aunque contratada por la Westbound de Detroit, utilizó el acompañamiento de la Hi en «Trapped By a Thing Called Love» (número uno de la lista de rhythm and blues, en 1971) y la divertida

«Man-Sized Job» (1972). Después de una década en que la mayoría de cantantes femeninas se veían obligadas a cantar canciones compuestas por hombres y a interpretarlas de una manera recatada y asequible, Denise LaSalle insinuaba un desafío más duro que recordaba los estilos de Willie Mae Thornton y LaVern Baker. A la vanguardia de este nuevo papel de la mujer estaba Aretha Franklin.

Aretha, hija del ministro de la iglesia de Detroit C. L. Franklin, había pasado cinco años casi infructuosos en la Columbia, grabando con orquestas, tríos de jazz y con cualquier formato, sin captar siquiera la combinación de personalidad carismática y energía vocal que sus admiradores habían testimoniado en las actuaciones en directo. Pasó a la Atlantic en 1967 y para sus primeras sesiones fue con Jerry Wexler al estudio de Rick Hall en Florence (Alabama), el hogar de los recientes éxitos de Joe Tex y Wilson Pickett.

El primer disco de Aretha Franklin para la Atlantic fue «I've Never Loved a Man (The Way That I Love You)», una interpretación clásica que se iniciaba con una reposada pero dramática figura de órgano en algún tipo de compás vals-soul y evolucionaba como un martilleante y chillón, aunque siempre controlado, alarido de placer. El arreglo del grupo, brillantemente organizado, ponía un instrumento tras otro en el caldero que la emoción de la cantante removía: un balanceante riff de saxo, relucientes figuras de guitarra y un bajo propulsor. Así como muchos discos de soul buscaban un clima sólido y no se apartaban de él, éste tenía unas variaciones dinámicas que lo convertían en un disco pop auténtico, que merecía más que un arañazo entre los diez primeros de las listas.

Si este primer disco cogió a todo el mundo por sorpresa, desde entonces todos estuvieron preparados y Aretha tuvo una serie de éxitos sin precedentes: ocho entre los diez primeros, seguidos por diez más entre los cuarenta primeros y luego cinco éxitos más entre los diez primeros, en 1974. Pero aunque esta carrera había empezado en Muscle Shoals, Aretha no quiso volver allí. En vez de ello, Wexler tuvo que montar un equipo de sesión en Nueva York que aprendió a tocar con la flexibilidad y la pasión rítmica que distinguía a los equipos sureños. Al principio, trajo al Norte a músicos del Sur, aunque poco a poco y con la ayuda del veterano saxofonista King Curtis, Aretha y Wexler reunieron un equipo local que cumplía los requisitos: Richard Tee a los teclados, Cornell Dupree a la guitarra, Chuck Rainey al bajo y Bernard Purdie a la batería. Otros intérpretes se unieron a este núcleo y pronto Nueva York tuvo su fuente propia de soul.

Aretha Franklin no destacaba como compositora aunque, como Ray Charles antes que ella, tenía el don de volver las canciones del revés, redefinía su sentimiento, clima y significado y, a menudo, establecía la versión definitiva de ellas. Interpretó «Respect» de Otis Redding, «Chain of Fools» de Don Covay y «Say a Little Prayer» de Bacharach y David con descaro, pasión y clase, mientras Wexler encargaba a Goffin y King que compusieran una canción especialmente para ella titulada «A Natural Woman» que dio lugar a una de las mejores interpretaciones de Aretha. El planteamiento de tocar todos los registros empezó a hacerse aburrido, pero en 1971 Aretha redujo la marcha de su paso con una lectura magistral de «Bridge Over Troubled Water» de Paul Simon y luego incluso la superó con una completa transformación de «Spanish Harlem», grabada en Miami con algunos toques deliciosamente hábiles al órgano a cargo de Mac Rebennack. Por entonces, se acreditaba al ingeniero Tom Dowd y al arreglista Arif Mardin como coproductores junto con Wexler y en efecto, este equipo realizó la mezcla de las anteriormente distintas corrientes del «soul» y el «uptown rhythm and blues». Los días de las jam sessions espontáneas dirigidas por el cantante tocaban a su fin (Al Green fue probablemente el último de esta clase de cantante de soul) y los productores de música negra podían imponer de manera creciente la forma y el sentido de las sesiones de grabación.

Mientras los discos de soul producidos independientemente seguían apareciendo en los estudios sureños, Atlantic* solía ser la primera en ofrecer algún tipo de acuerdo sobre derechos o distribución. La añeja balada soul «Precious Precious» de Jackie Moore, producida en Atlanta por Dave Crawford, en 1971, se contrató directamente con Atlantic y la dispersa «Groove Me», de King Floyd, se tomó para la distribución nacional de la Chimneyville de Jackson (Mississippi)

* ATLANTIC. Dirigida por los propietarios Ahmet Ertegun, Nesuhi Ertegun y Jerry Wexler.
Rhythm and blues: The Drifters, Solomon Burke, Don Coway, Clarence Carter, Wilson Pickett, Percy Sledge, Barbara Lewis.

Subsidiaria:

ATCO.
Pop: Sonny and Cher.
Rock: Buffalo Springfield.
Rhythm and blues: Ben E. King, Otis Redding (también en Volt, ver más adelante), Arthur Conley.

Sellos en distribución:

STAX. Fundado en 1960, en Memphis, como Satellite Records por Jim Stewart y Estelle Axton, quienes cambiaron el nombre a Stax en 1961. Distribuido por Atlantic hasta 1968, y por Paramount/Dot desde 1968 a 1971, y por Columbia desde 1972. Productores: Jim Stewart, más diversos músicos y compositores de la casa: Steve Cropper (guitarra), Booker T. Jones (teclados), Al Jackson (batería), Isaac Hayes (teclados) y David Porter, Don Davis y Al Bell.
Rhythm and blues masculino: Rufus Thomas, William Bell, Eddie Floyd, Johnnie Taylor, Isaac Hayes, Frederick Knight.
Rhythm and blues femenino: Carla Thomas, Mabel John, Shirley Brown, Jean Knight.
Grupo Vocal: The Staple Singers.
Blues: Albert King
Instrumental: The Mar-Keys, Booker T. and the M. G.s, The Bar-Kays.

Subsidiaria:

VOLT.
Rhythm and blues masculino: Otis Redding.

DIAL. Fundada en 1962, en Nashville, por Buddy Killen. Distribuida por London de 1962 a 1963 y por Atlantic desde 1964.
Rhythm and blues masculino: Joe Tex, Paul Kelly.

FAME. Fundada en 1962, en Florence (Alabama), por Rick Hall. Distribuida por Vee Jay de 1962 a 1964, por Atlantic de 1965 a 1968, por Capitol de 1968 a 1972, y por United Artists desde 1973.
Rhythm and blues: Jimmy Hughes, Clarence Carter, Candi Staton.

43. AL GREEN, nacido en Arkansas; se crió en Michigan y grabó en Memphis.

del mismo año. Evidentemente, el bajista de «Groove Me» había estado escuchando los discos recientes de reggae de Jamaica y su extraña coordinación concedía al disco una fascinación hipnótica. A su vez, el bajista de Muscle Shoals de «I'll Take You There» de los Staple Singers, escuchó «Groove Me» y añadió más notas a la misma línea rítmica básica.

Miami ya había empezado a surgir como una fuente de producciones soul antes de que Jerry Wexler llevara a Aretha a grabar allí, pero a la estela de su éxito, la zona parecía explotar. «Clean Up Woman» de Betty Wright fue la primera producción local en entrar entre los diez primeros de la lista nacional y uno de los últimos discos soul cuyo riff de guitarra era una característica rítmica más importante que la del bajo y la batería. La Atlantic distribuyó ese éxito en la Alston, pero el propietario del sello Henry Stone posteriormente contactó con distribuidores independientes con varios éxitos enormes en la Glades (Timmy Thomas) y la TK (George McRae, KC and the Sunshine Band), que iniciaron el boom de la «disco» de mediados de los setenta.

La única compañía de Nueva York que desafió el dominio de la Atlantic en el Sur durante finales de los años sesenta fue la Bell Records* de Larry Utall, que distribuyó Goldwax y Rising Sons y consiguió los derechos de productos de la AGP de Memphis, de la Papa Don de Florida y de la Sansu de Nueva Orleans.

* BELL. Fundada alrededor de 1964 en Nueva York por Larry Utall después de una fusión de su sello propio, Madison, con el Amy-Mala de Al Massier. Bell fue adquirida por Columbia Pictures a finales de los sesenta, con Utall aún de presidente hasta que la vendió en 1974 para fundar su sello propio Private Stock, mientras se contrató a Clive Davis para dirigir la Bell, con el nuevo nombre de Arista, que se vendió a la alemana Ariola en 1980.
AMY. Fundada por Al Massier en 1960.
Pop: Al Brown's Tunetoppers, Tico and the Triumphs.
Rhythm and blues: Lee Dorsey.

MADISON. Fundada en 1960 por Larry Utall.
Pop: Dante and the Evergreens.

MALA. Fundada en 1961.
Rhythm and blues: Bunker Hill.
Pop: The Box Tops.

BELL. Fundada en 1964.
Pop: Merrilee Rush, Dawn, The Partridge Family featuring David Cassidy, The Syndicate of Sound.
Rhythm and blues: James and Bobby Purify, Oscar Toney Jr (ambos cedidos por Papa Don Enterprises, dirigida por Don Schneider en Pensacola [Florida]).
De Gran Bretaña: Gary Glitter, The Bay City Rollers.

Sellos en distribución:

DIMENSION (ver elenco anterior).

DYNOVOICE/NEW VOICE. Fundada en 1966, en Nueva York, por Bob Crewe.
Pop: The Toys, Mitch Ryder & the Detroit Wheels.

GOLDWAX. Fundada en 1966, en Memphis, por Quinton Claunch y Doc Russell.
Rhythm and blues: James Carr, The Ovations.

Sansu era una de las compañías propiedad de Marshall Sehorn y Allen Toussaint, cuyas producciones siempre permanecieron aparte de los discos sureños contemporáneos, rítmicamente distintos y líricamente estrafalarios.

La carrera de Allen Toussaint como productor de éxitos se había interrumpido cuando fue llamado a filas en 1963 y para cuando volvió, en 1965, la mayor parte de músicos con los que había trabajado en la Minit se habían ido a California. Pero Toussaint montó un nuevo equipo de estudio alrededor del teclista Art Neville y siguió con sus exploraciones de los peculiares ritmos de Nueva Orleans conocidos como «la segunda línea». Seguramente había mejores cantantes en la ciudad que Lee Dorsey, pero su tono tosco aunque siempre amable parecía el más adecuado para las canciones de Toussaint. «Ride Your Pony» (1965) y «Get Out My Life, Woman» (1966) puso de nuevo al equipo en las listas de rhythm and blues y siguieron dos éxitos pop internacionales en 1966 con «Working in a Coalmine» y «Holy Cow», ambas para la Amy Records. La carrera de Dorsey se apagaba, aunque su último éxito para la Amy, en 1969, se convirtió en una certera predicción de la dirección que emprendería la música negra en los años setenta: «Everything I Do Gonh Be Funky (From Now On)».

Funk se había empleado como una de esas expresiones eufemísticas negras durante años: sugería los olores del sexo, un simple estilo de vida y un tipo especial de ritmo impetuoso que imitaba la manera de hacer el amor. En Nueva Orleans, los pianistas tocaban con los ritmos de su mano izquierda de una manera que a veces se le llamaba funky y los bajistas empezaron a jugar con la coordinación de sus tiempos con los del batería. Para los músicos aburridos con los viejos contratiempos en el segundo y cuarto tiempo del compás, el funk era divertido de tocar y el artista que estuvo tras él de forma más fanática fue James Brown.

Reconocido como el «Soul Brother Número Uno» por la mayoría de los demás intérpretes de soul, James Brown rara vez volvió a las estructuras convencionales de «Papa's Got a Brand New Bag», «I Got You» y «It's a Man's World» que le habían otorgado los mayores éxitos pop de su carrera en 1965 y 1966. En vez de ello, dedicó toda su atención al funk para los bailarines y redujo el contenido verbal de sus discos a frases y exhortaciones repetidas. La sola excepción fue «Say It Loud, I'm Black and I'm Proud», que le concedió su último éxito entre los diez primeros (King, 1968) con un coro reconocible y un mensaje claro. Por lo demás, se decidió por las ventas en los jukebox y para los bailarines y dejó que los demás tomaran prestadas las frases de guitarra, las líneas de bajo y los patrones de batería de sus discos y que los pusieran en unos contextos más asequibles: Dyke and the Blazers («Funky Broadway», Original Sound, 1967), The Fatback Band y Funkadelic estaban entre los grupos cuyas carreras estaban firmemente basadas en las innovaciones rítmicas de Brown. Sly and the Family Stone, David Bowie y muchos más las utilizarían de vez en cuando.

Ecos del centro de las ciudades: 1962-1971

1. Ecos transatlánticos

El rock 'n' roll cogió a mucha gente por sorpresa en 1956 porque se basaba en una concepción de la música popular diferente de la aceptada previamente por el público, los intérpretes y la gente que trabajaba en la industria. Se asumía que la música popular era entretenimiento y el entretenimiento era evasión, lo que significaba necesariamente la sustitución de una consideración más auténtica de las relaciones y la experiencia por el sentimentalismo y las palabras de cumplido.

Pero los cantantes de rock 'n' roll trataron la música popular como un medio para la expresión de sí mismos y los compositores de rock 'n' roll orientaron sus letras hacia situaciones específicas en vez de hacia generalizaciones amorfas. Sin una clara determinación consciente de ser artistas, los cantantes y compositores crearon una música que alteró la forma de atender del público, que posteriormente reaccionó con su propia experiencia. Los públicos del jazz y la música clásica siempre habían contado con personas que asumían que el papel de la música era el de una alteración de la conciencia y que, de acuerdo con esto, esperaban disfrutar de la música tanto intelectual como emocionalmente. Poca gente de entre el público del rock 'n' roll consideraba la música, deliberada o conscientemente, desde el mismo punto de vista. El rock 'n' roll les daba placer de una forma que ninguna otra música lo hacía o podía hacerlo. En comparación con las formas de la música popular que el público había conocido, el rock 'n' roll no se comprometía a sí mismo ni había recurrido a los efectos ideados con el fin de ser comercial. Los discos de rock 'n' roll no eran aburridos, ni parecían pasar de moda, como lo hacían otros tipos de música popular. Así que la gente escuchaba los discos de rock 'n' roll más a menudo y durante un período más largo que el que destinaban a otros tipos de música y asimilaban, sin tener que intentarlo necesariamente, un conocimiento intuitivo de quienes habían interpretado la música en los discos.

La gente que trabajaba en la industria musical no tenía por qué considerar las posibilidades artísticas del rock 'n' roll. Los programadores de radio y la mayoría de los productores discográficos creían, en cualquier caso, que el público potencial del rock 'n' roll no era un segmento suficiente del mercado total de la música popular que justificara una dedicación especial. Así que, después de su período de popularidad, la música sería saqueada en busca de cualquier cosa que pudiera utilizarse de alguna manera diferente para un mayor atractivo y ello, por otra parte, sería más o menos ignorado. Ocasionalmente, circunstancias extrañas llevaron a la producción de un buen disco de rock 'n' roll durante los años sesenta, como en la sesión de Ronnie Hawkins and the Hawks de la que salió «Who Do You Love» en los estudios Roulette de Nueva York en 1963, o la sesión del guitarrista de Indiana, Lonnie Mack, que produjo la versión instrumental de «Memphis» en Cincinnati el mismo año. Por casualidad, «Memphis» sonaba suficientemente parecida a la «surfing music» de actualidad en la Costa Oeste, cuya moda ayudó a que el disco estuviese entre los diez primeros de la lista nacional, aunque era inconmensurablemente mejor que la música surf, un desarrollo del rock 'n' roll que usaba varias guitarras discretamente amplificadas para generar un ritmo contagioso aunque interpretado tranquilamente, mientras Mack improvisaba variaciones sobre la melodía de «Memphis, Tennessee» de Chuck Berry. En general, éste fue un período de discos de baile ordinarios, cantantes de imagen y producciones de uptown rhythm and blues.

Mientras tanto, el público que se había entusiasmado con el rock 'n' roll empezaba una nueva vida al acabar la escuela y se disponía a trabajar o a ingresar en la universidad. Muchos de ellos siguieron comprando discos y unos cuantos interpretaban música. Lo que ellos compraban y escuchaban y tocaban estaba determinado, en cierta forma, por su experiencia del rock 'n' roll. En pos de las intensas imágenes de sus letras o de la protesta implícita de su clima, el entusiasmo de sus ritmos o las técnicas de los músicos, el público descubrió el blues, la música folk, el rhythm and blues y el jazz. Los que sabían qué emisora habían de sintonizar, a qué club ir y en qué noche, la revista o el periódico que debían leer, a qué amigo visitar, también se las arreglaban para mantenerse en contacto con los pocos discos que guardaran algo de la cultura que inspiró originalmente al rock 'n' roll.

Luego, en 1962, empezó a surgir una nueva música, interpretada por gente que miraban hacia atrás a la vez que los estilos actuales también les eran familiares. Como homenaje a su fuente de inspiración la música fue llamada genéricamente rock, aunque como de costumbre hubo muchas tendencias musicales distintas ocultas bajo una sola y simple categoría. Una fuente importante de la nueva música fue Gran Bretaña, que no había hecho aportaciones significativas anteriores a la música popular del siglo XX, pero que hacia 1962 desempeñó la útil función de restablecer la música popular como un medio para la expresión personal más que como una materia en bruto para el entretenimiento producido para las masas en el que se había convertido una vez más.

La reacción frente al rock 'n' roll en Gran Bretaña había sido ligeramente diferente a la de los Estados Unidos, donde había evolucionado lentamente a partir de las relaciones entre el público y los intérpretes, que se habían expresado a sí mismos mediante canales secundarios de comunicación, como las emisoras de radio especializadas y los disc jockeys independientes. En Gran Bretaña no había una red comparable de medios de comunicación secundarios. Había un sistema y prácticamente nada más: cuatro grandes compañías discográficas y dos cadenas de radio, una propiedad del gobierno y la otra controlada de hecho por las compañías discográficas. No había emisoras de radio especializadas en Gran Bretaña ni tampoco disc jockeys independientes. Esta situación significaba que el público y los intérpretes debían comunicarse en actuaciones en directo. Y si, en este proceso, se las arreglaban para crear una forma de música con un interés suficientemente amplio, las compañías de discos y las emisoras de radio la reconocerían luego, la grabarían y la emitirían. Las compañías y las emisoras no parecían concebir la innovación como parte de sus cometidos.

I

Gran Bretaña no se había preocupado, en el siglo XX, de su cultura popular propia, ni de forma regional ni nacional. Sobrevivían algunos estilos folklóricos del siglo XIX y anteriores. En música, unas cuantas personas habían intentado prolongar las baladas líricas de la canción folklórica hasta el siglo XX para registrar sus reacciones con la experiencia contemporánea con un estilo de melodía y de armonía sacados de un período antiguo, pero esos cantantes nunca habían gozado de una atención demasiado amplia.

La cultura, en Gran Bretaña, se hallaba en gran parte identificada con una clase media y superior que tenía escasas raíces regionales, quizás con la excepción de Londres, donde estaban las sedes de toda la prensa nacional, los edificios de la empresa nacional de radio y televisión (la BBC), las empresas cinematográficas, las editoriales y los grandes teatros.

Aunque todas estas empresas del entretenimiento había producido material de éxito comercial, buena parte de él derivaba de material estadounidense o estaba atrofiado por las concepciones estrechas de sus productores. La industria de la cultura y el entretenimiento se había convertido en una de las pocas carreras que ofrecían a ambiciosos licenciados en bellas artes tanto el sueldo como el estatus social que ellos querían; esto era mucho menos asequible para las personas no cualificadas aunque con talento o imaginación que, en Estados Unidos, podían ser el equivalente de Sam Phillips, Alan Freed o Berry Gordy.

El teatro, la pintura, la poesía, la música clásica y la narrativa eran las formas de arte preferidas. Aunque a causa de su escaso público no daban para que mucha gente se ganara la vida, la mayoría de quienes trabajaban en la industria de la cultura y el entretenimiento tenían que tomar la música, la radio, la televisión y el cine como las alternativas más asequibles a la hora de ganarse el sustento. Incluso a través de esos medios de comunicación, las demás formas se perpetuaban ya que las obras de teatro, la poesía y la música clásica ocupaban gran parte del tiempo en la radio, mientras la televisión y el cine adaptaban a menudo obras dramáticas o novelas. El acento tendía a ejercerse sobre las artes más nobles, lo que significaba que las formas culturales rara vez expresaban las preocupaciones de más que un pequeño porcentaje de la población nacional y que era inaccesible para el resto. (Esta descripción no es tan apropiada como lo hubiera sido treinta o cuarenta años antes, en gran parte gracias al impacto extraordinario en la cultura británica de los cambios musicales aquí descritos y los cambios sociales conectados con ellos.)

Como alternativa a este estado de cosas, había la cultura estadounidense, disponible al momento y disfrutada con facilidad. En los comic books, las películas del oeste y de gangsters y la novela negra, la confrontación entre personajes era directa (rara vez envuelta en las convenciones de clase, acento y estatus que pervivían en los equivalentes británicos), las experiencias se registraban sencillamente, los sentimientos eran abiertos, la ambición era (o parecía) ilimitada y el éxito era (así lo entendíamos) auténtico.

En música, como con el resto de la cultura popular, las instituciones británicas distribuían el producto norteamericano, reproducían sus propias versiones de los discos estadounidenses y realizaban unos intentos sin entusiasmo de crear algún tipo de música popular «británica».

Cuatro compañías discográficas dominaban el mercado a mediados de los años cincuenta: EMI, Decca, Phillips y Pye. Controlaban el mercado incluso de forma más efectiva de como lo hacían las seis grandes compañías estadounidenses, tenían prácticamente todos los discos de éxito, bien a través de sus contratos con las compañías norteamericanas para lanzar sus últimos productos, o a través de sus propios discos ingleses.

De estas compañías, EMI y Decca eran las más fuertes, sobre todo cuando los discos de rock 'n' roll empezaron a aparecer entre la música enviada desde Estados Unidos para su lanzamiento británico. Las dos compañías tenían acceso a prácticamente todas las fuentes importantes de los éxitos estadounidenses.*

Entre las pocas compañías pequeñas británicas que tenían algún impacto en esta época estaban Oriole, Ember y Top Rank, todas ellas con éxitos ocasionales. Top Rank, fundada en 1958, obtuvo los derechos de Scepter/Wand, Fire/Fury

* De 1956 a 1960, las cuatro grandes compañías británicas gestionaban los siguientes sellos:

EMI: HMV (incluida la producción de RCA-Victor hasta 1957): Parlophone; Columbia; Capitol (desde 1956, cuando EMI acaparó la propiedad de la compañía estadounidense, cuyos discos los había distribuido anteriormente Decca); MGM; y Mercury (desde 1958, cuando los derechos se compraron a Pye).
Compañías estadounidenses cuyos discos se distribuyeron en estos sellos: ABC-Paramount (en HMV); Atlantic y Chess (1957, en Columbia); King (de 1957 a 1960, en Parlophone); Roulette; Gee.

DECCA: Decca (limitado a los discos producidos en Gran Bretaña); Brunswick (reservado a material de la Decca de EE. UU.); Vogue-Coral, después Coral (material lanzado por la Brunswick de EE. UU. y de la Coral de EE. UU.); London (ver a continuación); RCA.
Compañías estadounidenses cuyos discos se distribuyeron en la London: Specialty, Sun, Imperial, Atlantic, Modern, Keen, Dot, Liberty, Cadence, Monument, Chess.
Compañías estadounidenses distribuidas a través de Vogue (una compañía semiindependiente propiedad de la Decca aunque administrada en oficinas diferentes): Aladdin, King (hasta 1957); Duke/Peacock. Los discos de Vogue en principio iban dirigidos al público del jazz o al público antillano de Gran Bretaña.

PHILIPS: Distribuía la producción de la Columbia estadounidense.

PYE: Pye, Pye-Nixa, Mercury (de 1956 a 1958).

y Vee Jay, aunque a pesar del material interesante que editaba de ese modo no pudo mantener un estatus independiente y fue absorbida por EMI en 1960. Dos compañías más, Melodisc y Starlite (esta última una subsidiaria del sello de jazz, Esquire) se dirigían al mercado antillano, que se concentraba en Londres y Birmingham.

Las dos únicas maneras que los independientes podían llegar al público eran a través de las dos cadenas de radio. La BBC era de financiación pública; tenía dos canales nacionales (uno de «entretenimiento ligero» y otro de material especializado en alta cultura) más un tercer canal que tenía una orientación regional y muy poca música. Por un acuerdo con el Sindicato de Músicos Británicos, la BBC tenía un espacio limitado de tiempo expresamente para difundir música grabada. La mayor parte de su programación se dedicaba a una variada selección de nuevas radionovelas, espectáculos cómicos, paneles de opinión y espectáculos musicales en directo, los cuales iban de sesiones de órgano de cine hasta tríos de música sudamericana pasando por el jazz y la música popular. Durante la época del rock 'n' roll muchos de los programas musicales eran programas de discos solicitados dirigidos a la familia, que terminaban siempre con un fragmento supuestamente educativo de una composición de música clásica. La excepción era un programa de dos horas cada sábado por la mañana que empezó en 1958. Llamado «Saturday Club» y presentado por Brian Matthew, el programa desarrollaba un formato característico y coherente, que mezclaba cantantes en directo y discos con entrevistas y un documentado comentario de Matthew.

La plataforma radiofónica alternativa era Radio Luxemburgo, una emisora comercial con sede en el continente que tenía un programa en lengua inglesa de cinco o seis horas cada noche. Algunos de los programas eran de solicitudes, unos cuantos eran espectáculos de entretenimiento ligero, pero la mayor parte de los ingresos de la emisora procedían de varios programas nocturnos que presentaban los productos de una compañía discográfica. Capaces de financiar varios de esos programas cada semana, las grandes compañías consolidaban su avance sobre las pequeñas, que dependían necesariamente de algunas difusiones en programas de discos solicitados para llegar al público.

Aparte de varias emisoras en lenguas extranjeras que podían oírse en Gran Bretaña y los programas de la Cadena de las Fuerzas Estadounidenses y de la Voz de América, que eran sintonizados por una minoría, no había alternativa a los programas de la BBC y de Radio Luxemburgo. La gente que había desarrollado una afición especial tenía que informarse sobre su música con los amigos, o a través de la prensa musical pop.

Al contrario de los Estados Unidos, que tenían revistas «serias» dedicadas al jazz (*Down Beat*, *Metronome*) aunque tan sólo periódicos del negocio (*Billboard*, *Cash Box*), revistas de fans (*Hep Cats*) y revistas de letras de canciones (*Hit Parader*) que tuvieran que ver con la música pop, Gran Bretaña en esa época tenía dos semanarios dedicados a la música pop. *Melody Maker* se concentraba sobre todo en el jazz, aunque incrementó sus reportajes de música popular a medida que los entrevistadores y los críticos descubrieron que algunos cantantes eran interesantes, incluso inteligentes. *New Musical Express* se ocupaba sobre todo de la música popular, e instigó la primera lista de éxitos oficial de Gran Bretaña en 1952.

De 1952 a1962, las canciones y los sonidos era los mismos o parecidos a los listados en *Billboard*. En comparación con el público estadounidense, al británico le gustaban más las baladas dramáticas y menos los ambientes de música instrumental y ocasionalmente sustituía un astro de la tierra por uno estadounidense, si bien las diferencias eran de nombre.

II

Al carecer de cualquier acceso regular a los sonidos de Hank Ballard, Amos Milburn, Wynonie Harris y Muddy Waters durante los primeros años cincuenta, a muchos les cogió por sorpresa cuando «Shake, Rattle and Roll» y «Rock Around the Clock» de Bill Haley se lanzaron a finales de 1954. «Shake» fue para mucha gente el primer disco de este tipo que habían oído y estuvo entre los diez primeros durante las primeras ocho semanas de 1955; «Rock», que no apareció en las listas estadounidenses hasta avanzado el año, fue un éxito menor en Gran Bretaña en enero y un gran éxito a finales de año. Parecía como si la atmósfera animada y el ritmo insistente significara más para los británicos que para los estadounidenses. La historia del rock 'n' roll en Gran Bretaña después de esto fue parecida a la historia en Estados Unidos, aunque con algunas particularidades: los discos de Little Richard no salieron hasta 1957 porque la Specialty no negoció una distribución británica hasta entonces; «Maybellene» de Chuck Berry no se podía difundir en la BBC porque sus referencias a los Cadillac y a los Ford V-8 podían haber sido interpretadas como publicidad, lo que la BBC no podía permitir (discos posteriores con referencias parecidas eran corregidos, a veces, especialmente para el mercado británico: *Hot Rod Lincoln* de Johnny Bond se convirtió en *Hot Rod Jalopy* y los Playmates regrabaron «Beep-beep» y sustituyeron «Nash convertible» por «bubble car») [descapotable Nash por coche burbuja]. «Woman Love», de Gene Vincent, la prohibió la BBC porque se consideró que era demasiado indecente.

El surgimiento del rock 'n' roll en Gran Bretaña también coincidió con el problema creciente de la delincuencia juvenil y llegó a ser identificado como una inspiración para el comportamiento violento, una tesis presumiblemente confirmada cuando la película *Rock Around the Clock*, después de un triunfante y tranquilo estreno en el West End londinense, provocó que espectadores de algunas zonas de clase obrera arrancaran los asientos de los cines para tener espacio para bailar. Pero aunque hubo sin lugar a dudas una relación —un tipo de afinidad emocional si no más— entre el rock 'n' roll y la violencia, nunca hubo algo así como una prueba concluyente que demostrara que el primero creara la segunda.

La delincuencia había sido un problema creciente antes de la aparición del rock 'n' roll, a medida que los jóvenes a lo largo del país empezaron a sentirse crecientemente disgustados con los locales para la diversión y la expresión disponible para ellos. Las salas de baile programaban música con el «tempo estricto» de

44. GENE VINCENT AND HIS BLUE CAPS. Gene, de Norfolk (Virginia).

45. THE CRICKETS, de Lubbock (West Texas). Buddy Holly con la guitarra, Joe Mauldin al contrabajo y Jerry Allison en la batería.

salón de baile y los clubes de juventud tendían a ser llevados por grupos religiosos o estar estrictamente controlados. Su clientela habitual era tranquila y de orden. Pero el rock 'n' roll trajo sonidos a las salas de baile y a los clubes de juventud que atraían de las calles a las personas que habían estado rompiendo escaparates y cabinas de teléfono y merodeando en bandas a la busca de otras bandas (y a veces dando palizas a gente mayor). En ocasiones las bandas se reagrupaban al final de los bailes, o hacían grupos amenazadores en los cafés, lo que parecía apuntar al rock 'n' roll como una inspiración demoníaca para los maleantes. Así era el tipo de prueba en la que la conexión se basaba.*

De los cantantes estadounidenses que tuvieron éxitos en los Estados Unidos con canciones de rock 'n' roll, los que tuvieron más impacto en Gran Bretaña fueron Presley, Little Richard, Jerry Lee Lewis, Buddy Holly and the Crickets, Duane Eddy, los Everly Brothers y Eddie Cochran. Buddy Knox, Rick Nelson y otros cantantes de imagen no tuvieron tanto éxito porque Gran Bretaña producía sus propias versiones locales de ellos con más facilidad de la que podía reproducir el efecto de los auténticos cantantes de rock 'n' roll. Pero casi todos los discos británicos de rock 'n' roll hasta 1962 eran de pacotilla, en parte porque muchos de ellos tenían acompañamientos con músicos que, acostumbrados a tocar para crooners, no sentían nada por los ritmos del rock 'n' roll y en parte porque los mismos cantantes no podían encontrar un estilo propio que se acomodara al género del rock 'n' roll, sino que, en vez de ello, cantaban con un acento norteamericano burlón.

El cantante británico más experto y de más éxito fue Cliff Richard, con un estilo y una imagen originalmente modelados en Presley aunque posteriormente situados en alguna parte entre Rick Nelson y Paul Anka. En comparación con los demás cantantes de rock and roll británicos, Richard tenía un buen control vocal, acceso a compositores que suministraban un material competente y adecuado (parecido al de Rick Nelson) y un grupo rítmico extraordinariamente capaz y disciplinado, los Shadows, que también tenían sus propios éxitos instrumentales y que idearon un sonido alegre que puso las bases para la música beat de Gran Bretaña a principios de los años sesenta.

Después de fracasar a la hora de competir con cualquiera de la primera generación de estrellas estadounidenses del rock 'n' roll, la industria musical británica recuperó su terreno cuando los norteamericanos sustituyeron a los originales con una nueva generación de intérpretes más convencionales, bajo los prudentes consejos de los editores que estaban entusiasmados de suministrar el tipo correcto de material «de amor adolescente». Cuando la atención volvía a ponerse sobre las canciones, más que sobre conceptos misteriosamente indefinibles como

* La única pieza de investigación que se ha realizado sobre la relación entre violencia y rock 'n' roll —a cargo de Colin Fletcher— sugiere que la música tendía a absorber la violencia y a redirigir las energías violentas hacia la interpretación o la toma de partido, aunque esencialmente era un afición no-violenta, por determinados grupos o cantantes. La mayor parte del artículo de Fletcher, que apareció originalmente en *New Society*, se ha reproducido en *The Pop Process*, de Richard Mabey (ed.).

el sentido rítmico y la autenticidad, la industria británica era capaz de entregar la mercancía de nuevo: los cantantes con las cualidades apropiadas de vulnerabilidad (hacia su público) y de maleabilidad (hacia sus mánagers). El promotor Larry Parnes se puso al tanto como manager de Tommy Steele, un intérprete con instinto del negocio del espectáculo que se había colocado brevemente en Gran Bretaña como cantante de rock 'n' roll antes de cambiar de rumbo hacia un papel más convincente en las comedias musicales; Parnes siguió con una multitud de cantantes con nombres de dibujos animados, entre los que Marty Wilde, Joe Brown, Billy Fury y Georgie Fame llegaron a tener una cierta profundidad musical. La mayor parte de los éxitos de Marty Wilde fueron versiones copiadas de éxitos estadounidenses, pero Billy Fury sentó un precedente al componer alguno de los diecinueve éxitos entre los veinte primeros que tuvo; aunque ambos, como prácticamente cualquier otro cantante pop británico de la época, hicieron lo que pudieron para sonar norteamericanos sin ir realmente más allá de las formas expuestas en los arreglos de Roy Orbison, los Everly Brothers, los Drifters y las demás «máquinas» de éxitos estadounidenses de entonces.

Entre los cantantes que no eran de la «cuadra» de Parnes, Adam Faith desarrolló un sonido característico en una serie de discos compuestos por Johnny Worth (bajo el nombre Les Vandyke) y arreglados por John Barry. Inspirados por el sonido del éxito póstumo de Buddy Holly «It Doesn't Matter Anymore», el equipo fabricó un personaje convincente que se las arreglaba para ser a la vez «enrollado» y asequible y Faith obtuvo once éxitos entre los diez primeros, de 1960 a 1963. La única cantante femenina que causó una cierta impresión en esa época fue la adolescente Helen Shapiro, cuya manera de cantar asombrosamente madura y experta se vio desgraciadamente contrarrestada por algunos de los arreglos de grupos vocales más desastrosos en una época que se especializó en ellos. «Don't Treat Me Like a Child», compuesta por John Schroeder, fue una de las mejores afirmaciones de desafío adolescente de la época, aunque después de cuatro éxitos más entre los diez primeros, Helen desapareció bajo la avalancha de grupos que barrió toda Gran Bretaña de 1963 en adelante.

En retrospectiva, el número británico más destacable de los primeros sesenta quizá fuera Johnny Kidd and the Pirates, cuyo «Shakin' All Over» encabezó las listas durante 1960. Completamente más duros y más abrasivos que Cliff Richard y los Shadows, el grupo anticipó el surgimiento de una característica tendencia rock de la música popular, en la que el ritmo —y en especial, la parte de guitarra— formaba parte integral de la construcción de la canción entera. Del principio al final, la guitarra llevaba la delantera, con la parte vocal que revoloteaba en torno a ella y se abría camino para su solo penetrante y vibrante. Pero como no había una estructura mediática de radio, prensa y locales para actuaciones para apoyar a un grupo con este tipo de planteamiento, Kidd y los Pirates se vieron obligados a seguir las convencionales fórmulas pop a la busca de sencillos de éxito y perdieron así la originalidad de su mayor éxito.

Pero aunque la transformación del rock 'n' roll en música pop —que los productores de Cliff Richard y de los demás cantantes británicos cumplieron tan concienzudamente como lo hicieron sus homólogos estadounidenses— no tenía una gran importancia musical, creó a finales de los cincuenta una situación parecida a la que hubo en los Estados Unidos a principios de la misma década: una cultura musical popular muy poco satisfactoria para un gran número de participantes y consumidores, que actuaban independientemente de los medios de comunicación oficiales para producir un estilo más vivo y personal. Además, así como los primeros cantantes británicos que probaron el rock 'n' roll parecían tener poco conocimiento de cualquier otra música que no fuera la de los discos que habían sido millonarios en ventas en los Estados Unidos, el segundo grupo de cantantes había tenido tiempo para descubrir los antecedentes musicales del rock 'n' roll. El rhythm and blues, que era prácticamente desconocido en Gran Bretaña en 1956, en 1962 dominaba en una subcultura que se localizaba en clubes en sótanos a lo largo del país y cuyo público incluía estudiantes de escuela, instituto y universidad y una insólita muestra representativa de jóvenes obreros. Los canales para la comunicación nacional entre esas personas eran *Melody Maker*, con su atención por el jazz y una revista nueva, *Record Mirror*, que se había fundado cuando apareció el rock 'n' roll y que informaba especialmente sobre la música de rhythm and blues contemporánea.

III

Desde los años veinte, había una tradición en Gran Bretaña, mantenida por una minoría sustancial de gente, de interesarse por las formas en declive de la música popular negra. A medida que un continuo de tendencias estilísticas en los Estados Unidos hacía que varios estilos fueran prácticamente obsoletos, un grupo de entusiastas europeos se dedicaba a perpetuar la música mediante el coleccionismo de discos y la importación, a Europa, cuando era posible, de los intérpretes originales para hacer una gira o incluso para quedarse allí y que ellos mismos tocaran la música. El jazz de Nueva Orleáns, el Dixieland, el jazz de Chicago, el swing, el boogie-woogie, el jazz de big band, el bop, el hard bop, el cool jazz y sus muchas variantes se granjearon suficientes partidarios en Gran Bretaña y varios otros países de Europa para que las compañías discográficas tuvieran unos ingresos fijos con los álbumes recopilatorios de raros discos de 78 rpm, en cada uno de los diferentes estilos y, quizás de manera más importante, para que las bandas pudieran ganar bastante para sobrevivir tocando varias noches a la semana por todo el país, la mayoría de las veces en clubes y de vez en cuando en salas de baile públicas.

Además de los entusiastas del jazz, había un grupo parecido de gente interesado en la música folk estadounidense, que en su opinión comprendía la música folk «pura» de Kentucky y las formas más contemporáneas desarrolladas por cantantes blancos itinerantes como Jimmie Rodgers y Woody Guthrie y sus más sofisticados seguidores, criados en las ciudades, como Pete Seeger y los Weavers. Para ese grupo, la música folk también comprendía lo que conocían del blues rural cantado por Big Bill Broonzy, Josh White, Leadbelly y Sonny Terry and Brownie McGhee.

Poca gente se interesaba en las formas del blues de posguerra, en especial si tenía un fuerte ritmo saltarín o una pesada amplificación eléctrica. Humphrey Lyttelton, que dirigía una de las mejores bandas británicas inspiradas en las bandas de jazz de Nueva Orleáns, expresaba la actitud general de los entusiastas británicos hacia el rhythm and blues en su columna semanal de *New Musical Express*.

> De todos los sonidos contemporáneos de jazz que reúnen los requisitos para el título de lo Anticuado de Mañana, mi gran preferido es la interpretación «boot» del saxo tenor. Quiero decir el tipo de material agitador que basa su eficacia en el graznido en notas sueltas y los riffs frenéticos, aliviado por un ocasional ruido brusco proveniente de un extremo u otro del instrumento.
>
> Illinois Jacquet puede reivindicar la distinción de ser el padre de este estilo, aunque de hecho, es en realidad una alteración de varios estilos anteriores, sobre todo los de Coleman Hawkins, Lester Young y Ben Webster.
>
> En los últimos años ha habido una oleada de interpretaciones de tenor «boot». Ahora se ha llegado a una situación en la que un instrumentista de muy poco talento improvisatorio puede alcanzar un éxito instantáneo ante una multitud por tocar tres o cuatro *chorus* consecutivos con una sola nota. Por supuesto con la condición de que él realce la impresión de estar inspirado al soplar totalmente amoratado y marcando el paso como un sargento mayor epiléptico.
>
> Estoy preparado para profetizar que nuestros descendientes amantes del jazz verán esos ruidos con la misma divertida indulgencia con la que ahora se da a los efectos de golpear con la lengua y los trucos con la «sordina» de un cierto jazz primitivo.
>
> Los aficionados al rhythm and blues son un caldo de cultivo para el estilo «boot» y en muchas mentes ambos están claramente conectados.[1]

Esta clase de puritanismo —o de purismo— era típico. En su propia manera de tocar, Lyttelton era lo suficientemente ecléctico como para ofender a muchos seguidores puristas del jazz de Nueva Orleáns, para los que otra banda británica, la de Ken Colyer, encarnaba la *verdad*. Colyer permanecía religiosamente próximo al sonido de las bandas de Nueva Orleáns de finales del siglo XIX y principios del XX —o más bien de lo que él imaginaba de cómo podían haber sonado— hasta el punto de llegar en una sesión de grabación a poner una lata de galletas sobre el micrófono con el fin de obtener el efecto de eco de un club, que el oyente podía imaginar que estaba en Nueva Orleáns.

La convicción de Colyer y de sus devotos aunque escasos seguidores, atraía a buenos músicos a su banda, aunque su política extremadamente purista frustraba habitualmente a los más imaginativos, que lo abandonaban para formar sus propias bandas o unirse a otras. Entre los que alguna vez tocaron con Colyer estaba el líder de la mejor y más influyente «banda de jazz tradicional» británica, Chris Barber, que fue trombonista de Colyer. Barber fundó su propia banda en 1953, junto con Monty Sunshine y Tony Donnegan, que habían tocado respectivamente el cla-

1. *New Musical Express*, 23 octubre 1953.

rinete y el banjo con Colyer. Aumentada con trompeta, bajo y batería, la banda de Barber se convirtió en la de más éxito a lo largo de los años cincuenta y amplió paulatinamente su repertorio y su gama estilística para incluir composiciones de Duke Ellington, canciones de «jug-band» de Memphis, blues clásico y folk blues.

En 1954 Barber grabó un álbum para la Decca británica que contenía dos canciones de Donnegan —que ahora se hacía llamar Lonnie Donegan (como homenaje al cantante y guitarrista de blues de preguerra Lonnie Johnson)— en las que tocaba la guitarra acompañado por Barber al bajo y por la cantante de blues clásico de la banda, Beryl Bryden, a la tabla de lavar. En respuesta al interés del público, la Decca editó un sencillo con las dos canciones, «Rock Island Line» y «John Henry» con el nombre de Lonnie Donegan and his Skiffle Group, que se convirtió en un éxito no sólo en Gran Bretaña sino también en los Estados Unidos, donde estuvo entre los diez primeros en mayo de 1956.

El sencillo acompañamiento instrumental del grupo de skiffle —guitarra, bajo y tabla de lavar (o, en grupos sofisticados, batería)— atrajo a innumerables jóvenes que carecían de habilidad musical para ser músicos de jazz o incluso músicos populares eficaces, pero que podían aprender fácilmente tres o cuatro acordes y rasguear y cantar el repertorio skiffle, que Donegan, luego por cuenta propia, desarrolló rápidamente. Sus fuentes eran todo el patrimonio folk de los Estados Unidos, aunque en especial, los repertorios de Leadbelly y Woody Guthrie. Donegan interpretaba sus canciones con un rápido ritmo de baile, con una voz aguda, nasal y falsamente norteamericana. A pesar de ser poco original tanto por su material como por su estilo, Donegan lo hizo mucho mejor de lo que cualquiera de los cantantes británicos de rock 'n' roll contemporáneos a la hora de presentar el rock 'n' roll estadounidense y de 1956 a 1959 fue el fabricante de éxitos más constante de Gran Bretaña. Las canciones de Donegan trataban de hechos reales sin sentimentalismos ni romanticismos, o así se lo parecía a su público, que no veía nada romántico en un joven de Glasgow que empezaba una canción y decía: «Well, I gambled up in Washington, and I gambled down in Maine...» [«Bueno, fui a jugar a Washington y luego a jugar a Maine...»], o «Well, the new sheriff, sent me a letter...» [«Bueno, el sheriff nuevo me envió una carta...»], en «Gamblin' Man» y «Dead or Alive».

Con el tiempo, el público de Donegan descubrió las fuentes de su material y empezó a comprar las versiones originales, cuando álbumes de Broonzy, Leadbelly y Guthrie estuvieron disponibles en Gran Bretaña. Donegan se volvió luego hacia la cultura folk británica, e igualmente obtuvo éxito con «Does Your Chewing Gum Lose Its Flavor?» y «My Old Man's a Dustman», que inspiraron una corta carrera de éxitos parecidos de otros cantantes que enfatizaban los acentos regionales británicos —aunque habitualmente con canciones pop modernas comerciales—, como Mike Sarne, Joe Brown y Tommy Steele. Pero estas canciones eran folk «instantáneo» sin un trasfondo cultural auténtico que les diera un sentimiento coherente y sus ritmos tenían poco contacto con la estructura de las estrofas.

Mientras tanto, Chris Barber seguía tocando jazz y educando a su público de una manera más directa, incorporando a sus giras a varios cantantes de blues,

46. LOUIS JORDAN'S TYMPANY FIVE. Louis (de Brinkley, Arkansas) con el saxo alto, tercero desde la izquierda.

47. JOHN MAYALL'S BLUESBREAKERS. Eric Clapton, de Surrey (Inglaterra), leyendo el *Beano*.

como Broonzy, Rosetta Tharpe, Sonny Terry and Brownie McGhee, Muddy Waters y Louis Jordan. Por medio de largas entrevistas, biografías y críticas de discos en *Melody Maker* y con esta experiencia de primera mano con los legendarios cantantes, parte del público británico tuvo un buen conocimiento del blues. Al principio sus miembros eran tan puristas como los devotos de Ken Colyer y difícilmente podían soportar que Muddy Waters tocara la guitarra eléctrica en su gira con Barber de 1957. La guitarra eléctrica era rock 'n' roll comercial, el tipo de cosa que tocaba gente sin gusto como Chuck Berry y Bo Diddley.

Estos públicos especializados rara vez comprendieron o prestaron mucha atención a las formas contemporáneas de la música negra y a menudo desvirtuaban la naturaleza de la música que les gustaba. Big Bill Broonzy había tocado durante años en Chicago con grupos pequeños —piano, armónica, bajo y batería— pero en Inglaterra se le animó a que tocara la guitarra acústica sin más acompañamiento, lo que hizo amablemente. Aunque el blues había tocado una amplia gama de temas y en especial las relaciones con las mujeres, el público folk británico se interesaba principalmente por las canciones que expresaban algún tipo de protesta o crítica contra el sistema social estadounidense. («Get Back» de Broonzy era una de las favoritas.)

A principios de los sesenta, la gente de todo el país cantaba canciones como ésta y las ponía a menudo en un contexto conscientemente político, como en las marchas de protesta antinuclear, aunque también las cantaba como un entretenimiento folklórico. Incluso en esta última instancia, los cantantes de folk habitualmente cantaban acerca de y en nombre de, alguna persona o grupo de gente diferente de ellos, la clase obrera, el pueblo negro, los pobres, los vagabundos, los dirigentes sindicales. Las imágenes, los lugares y las frases de las canciones eran norteamericanas.

El repertorio de los cantantes folk se solapaba con el de los cantantes skiffle, aunque los primeros usaban, en general, solamente la guitarra acústica (y a veces la armónica) mientras los segundos utilizaban instrumentos suficientes para hacer un ritmo de baile. Aunque durante los primeros años sesenta, varios grupos que empezaron a conocer los estilos de posguerra del rhythm and blues se pusieron a tocar blues con un fuerte acompañamiento. De 1960 a 1962, su presencia apenas se notó fuera de los pocos clubes en los que cantaban, porque el culto minoritario dominante, el jazz tradicional, se había convertido temporalmente en una parte importante de la música popular británica, con el nombre de jazz *trad*. Durante estos años no sólo los clubes sino también la radio y la televisión presentaron las bandas *trad* de Chris Barber, Kenny Ball, Acker Bilk y muchos otros, hasta que finalmente los bailarines se aburrieron con el rígido ritmo del banjo, los previsibles coros y la manera ronca de cantar (basada en el estilo de Louis Armstrong) y la fase *trad* se desvaneció.

Entonces los clubes empezaron a presentar como atracciones principales a los de los grupos de rhythm and blues que habían estado tocando en los intermedios.

En Londres, la influencia dominante era Alexis Korner, cuyos gustos en blues eran tan eclécticos como los de Chris Barber con el jazz anterior a la guerra y que desempeñó un papel comparable a la hora de educar el gusto tanto de los músicos que tocaban y cantaban con él como de la gente que escuchaba a su banda, la Alexis Korner's Blues Incorporated. Muchos de sus pupilos formaron grupos propios. Cyril Davis, Graham Bond, John Mayall y algunos de los Rolling Stones estuvieron entre los que tocaron con él y aprendieron sobre el rhythm and blues gracias a él. Los sonidos de Howlin' Wolf, Muddy Waters, Jimmy Reed, Slim Harpo, Sonny Boy Williamson y John Lee Hooker, con los que habían trabado un primer conocimiento a través de Korner, resonaban en las intensas guitarras, la estridente armónica y el canto crudo de aquellos intérpretes.

En 1963, «rhythm and blues» era una expresión familiar en *Melody Maker* y *Record Mirror* y se había convertido en el estilo dominante en los clubes londinenses. A final de año estaba en las listas de éxitos y era uno de los estilos nacionales de la música popular británica, arrastrado por la ola de la música beat de varios grupos de Lancashire que arrasaron en las listas durante 1963.

IV

La música beat era mucho menos «académica» que el rhythm and blues británico. Siempre se concibió como música «popular», esencialmente como una alternativa de los salones de baile locales frente a las formas nacionales de música pop distribuidas por la industria musical y difundida por la BBC. Muchos grupos eran antiguos grupos de skiffle que siguieron tocando después de que desapareciera la fase skiffle y la mayoría de ellos estaban fuertemente influidos por el grupo rítmico de Cliff Richard, los Shadows. Algunos dejaron de lado las partes cantadas por completo y otros presentaban partes cantadas en algunas canciones e instrumentales durante el resto. Muy pocos hacían algún tipo de coro hasta 1962, cuando el éxito en Gran Bretaña del grupo estadounidense los Four Seasons y el grupo de Liverpool los Beatles alteraron el planteamiento musical de muchos de ellos.

Hasta que los Beatles hicieron su primer disco en el otoño de 1962, había sido muy difícil para cualquier grupo residente fuera de Londres conseguir el acceso a las compañías discográficas. Los músicos, cantantes y grupos ambiciosos casi siempre tenían que trasladarse a Londres para llamar la atención de alguien a quien le importara.

Sin la reputación que otorgaban los discos, los grupos de fuera de Londres dependían del apoyo de la gente que los conocía gracias a la audición en directo, lo que significaba que un grupo famoso en Newcastle podía ser desconocido a cincuenta kilómetros más allá en las orillas del Tee y que los grupos del sur de Lancashire eran poco solicitados en Yorkshire. De acuerdo con esto, Bristol, Birmingham, Glasgow y otras ciudades tenían sus propios grupos locales.

La situación equivalente en los Estados Unidos podría haber significado que los grupos de cada ciudad tuvieran sus propios estilos y que los emprendedores hombres de negocios locales en algunas de las ciudades hubieran fundado compañías discográficas que se aprovecharan de la inflexibilidad de las grandes (las compañías con sede en Londres), que habitualmente rechazaban los pocos grupos a los que se concedía una prueba, a causa de que eran demasiado ruidosos y carecían del control y de la capacidad técnica que se esperaba de los cantantes y de los músicos que hacían discos. Pero en Gran Bretaña había pocas oportunidades para tales empresas porque no había emisoras locales de radio que llegaran a un público local. Así que con pocas excepciones, los grupos permanecieron sin grabar hasta que, en el otoño de 1962, Brian Epstein, el manager de los Beatles, con más persistencia que la mayoría y un grupo mejor para promocionar, finalmente convenció a EMI para que grabara al grupo.

El éxito de «Love Me Do», que estuvo entre los puestos más bajos de entre los veinte primeros y «Please Please Me», que llegó al número dos, permitió a Epstein colocar a varios otros grupos del sur de Lancashire que él representaba en el elenco de EMI y buena parte de ellos tuvieron éxito. Aunque aparte de los Beatles, los grupos del sur de Lancashire tenían mucha menos habilidad o personalidad de lo que hacían pensar sus éxitos. Su cualidad importante era una frescura que contrastaba con los cantantes relativamente sin carácter a los que el público estaba acostumbrado. Pero como cantantes, músicos, arreglistas y compositores no tan sólo eran aficionados en comparación con los estadounidenses a los que copiaban, sino que tenían poco que decir o expresar sobre sus experiencias o sentimientos. Eran cantantes de música pop que carecían de la seguridad para que, por ejemplo, uno de ellos improvisara a partir de un arreglo dado sin que los demás se asustaran.

Los Beatles eran diferentes de los demás grupos con los que se les había encuadrado como parte del «Mersey Sound», tanto porque eran músicos con unos conocimientos profundos de la cultura de la que habían sacado su estilo al que estaban acostumbrados como por su personalidad, pues no eran como los intérpretes a los que el público y los periodistas estaban habituados.

El estilo vocal del grupo era una derivación de dos estilos estadounidenses que no se habían juntado previamente: el rock 'n' roll duro de cantantes como Little Richard y Larry Williams y el más suave del gospel de llamada-y-respuesta de las Shirelles, los Drifters y los demás cantantes producidos por Leiber y Stoller, Luther Dixon y Berry Gordy. Instrumentalmente, los Beatles eran poco inventivos al principio y producían un ritmo áspero y un sonido estridente comparable a alguno de los mejores discos norteamericanos de twist, como *Hey! Baby*, de Bruce Channel o *Fannie Mae*, de Buster Brown.

Aunque el twist había tenido bastante éxito (sin el impacto que tuvo en Estados Unidos), los grupos influidos por los coros gospel habían tenido poco éxito en Gran Bretaña y el resultado para el público británico fue un sonido con un ritmo familiar y un estilo vocal nuevo. La manera en que los Beatles repetían las frases de otro, alargaban las palabras durante varios tiempos, gritaban «yeah» y llegaban hasta los gritos en falsete, se recibió en Gran Bretaña como si fuera un invento de ellos; parecía que finalmente Gran Bretaña había descubierto un estilo de rock 'n' roll original y nativo.

Los Beatles no tuvieron la pretensión de que esto fuera así y destacaron lo mucho que debían a Chuck Berry, los Miracles y a Buddy Holly and the Crickets. En una entrevista en *New Musical Express* (de febrero de 1963), en plena euforia de su popularidad, citaron como sus cantantes favoritos a Chuck Jackson y Ben E. King (ambos por Lennon y McCartney), las Shirelles y los Miracles (Lennon), Larry Williams (McCartney) y Little Richard (McCartney y Harrison). Harrison también mencionó a Eartha Kitt, que evidentemente no suponía una gran inspiración para los sonidos que él hacía; la elección por parte de Ringo Starr de Brook Benton y Lightnin' Hopkins no tenía tampoco demasiada relación con su estilo (que se basaba más directamente en Carl Perkins).

En sus sencillos y álbumes desde 1963, los Beatles siguieron partiendo de sus influencias estadounidenses e intentaron realizar su ambición de grabar una encantadora gran canción de baile aunque siempre sonaban mejor cuando cantaban a medio tempo y hacían los coros que le gustaban a Lennon con los que demostraban de manera precisa la seguridad en sí mismos de la que carecían los demás grupos británicos, una seguridad que les permitía tomar riesgos, ser heterodoxos y no hacer caso de los desastres.

La mayoría de las versiones de éxitos estadounidenses a cargo de los Beatles abrieron terrenos nuevos. Las piezas de su primer LP «You Really Got a Hold on Me» y «Baby It's You» transformaron la inocencia de la interpretación de los Miracles y las Shirelles en canciones mucho más fuertes y crearon un sentido de mayor resistencia detrás de los tiernos mensajes. En contraste con la expresividad de estas y otras canciones de LP, los sencillos del grupo estaban evidentemente más preocupados por el efecto. «Please Please Me», «From Me To You» y «She Loves You» utilizaban consecutivamente más estratagemas calculadas para excitar y ofrecían menos complejidad en sus arreglos.

Sin embargo, para el público de la época fue la sencillez de los arreglos de los Beatles lo que les hizo ganarse su simpatía. Las notas de contraportada del primer LP citaban que tan sólo una pieza tenían algún tipo de regrabación u otros trucos de estudio parecidos. El público británico valoraba la autenticidad y desdeñaba las ideas exuberantes de los discos estadounidenses contemporáneos. Los Beatles restablecieron la autonomía de los cantantes en el estudio. Eran capaces de hacerlo porque tocaban sus propios instrumentos y por lo tanto no estaban tan sujetos a su productor de lo que lo estaría un grupo de estudio. Ellos iban a sus sesiones de grabación con sus propias canciones, muchas de las cuales habían probado en actuaciones en público en sus giras. Escuchaban atentamente los discos que se habían vendido bien en los Estados Unidos y tomaban prestado cualquier cosa que les parecía que iría bien con lo que estaban haciendo. El sonido de los Four Seasons, los Beach Boys y de Phil Spector estaba presente en sus canciones y los primeros cantantes de rock 'n' roll seguían proporcionando inspiración, aunque sus interpretaciones nunca fueron superadas por las versiones de las canciones a cargo de los Beatles.

Musicalmente, los Beatles eran excitantes, inventivos y competentes. Por lo que se refiere a las letras, se mostraban brillantes, capaces de trabajar con precisión el tipo correcto de imágenes sencillas y frases memorables que distinguían al rhythm and blues de los otros tipos de música popular. También eran superficiales ya que algunas canciones eran palabras para cantar y no representaban sentimientos que los cantantes quisieran expresar, como por ejemplo, «It Won't Be Long» y «All I've Got to Do» de su segundo LP (titulado *With the Beatles* en Inglaterra y *Meet the Beatles* en los Estados Unidos). Ellos tenían la habilidad suficiente como para soportar ser fabricantes de éxitos institucionales junto a Cliff Richard y los Shadows. Pero todavía hay algo más en referencia a ellos y eso fue lo que transformó la naturaleza de la música popular del mundo de manera tan decisiva como lo había hecho el rock 'n' roll nueve años antes: su carácter como personas.

Los Beatles proporcionaron carne y hueso además de una mirada afilada en torno a un espacio del espíritu que varios escritores y dramaturgos habían intentado describir en personajes de ficción y que posteriormente la industria cinematográfica había intentado representar con actores. John Osborne inventó a Jimmy Porter en *Mirando hacia atrás con ira* y Richard Burton interpretó a Porter en la película. Alan Sillitoe creó a Arthur Seaton en *Sábado noche, domingo mañana* y a Colin Smith en *La soledad del corredor de fondo*, que fueron interpretados por Albert Finney y Tom Courtenay con mucha mayor autenticidad que la que Burton había dado a Porter. Pero los personajes como ésos todavía llevaban una declaración muy estructurada para ser convincentes. Los escritores tenían mensajes sociales para transmitir y los personajes inevitablemente venían en segundo lugar y funcionaban como vehículos para la ideología de los autores. Aunque, en sí, las películas parecían mucho más auténticas que los productos tradicionales de los estudios británicos. Presentaban la vida de la clase obrera como si fuera más auténtica, interesante y sincera que la de la clase media, una creencia que los socialistas de clase media habían difundido durante algún tiempo pero que era un tema nuevo para el cine.

Los Beatles explotaron sin querer esa imagen de la juventud de la clase obrera. En sus dos primeros años de fama, no realizaron largas críticas estructuradas de la sociedad establecida, sino que hablaron breve, oscura y epigramáticamente con el mismo espíritu con que compusieron sus mejores canciones. Su mensaje social se expresó rara vez, aunque colgó alrededor de sus cabezas como un aura de impaciencia con la convención y la evidente satisfacción con la riqueza y la fama y se expresó en sus extraños estilos de vestir cuidadosamente elegidos. Mientras los escritores habían mostrado a la juventud de la clase obrera como enjaulada en un mundo físicamente cruel, resentida contra los que pensaban que lo habían hecho de esa manera, aunque resignada a su lugar en dicho mundo, los Beatles presentaban a la juventud de la clase obrera libre y despreocupada, feliz de estar fuera del mundo, sin miedo a los rechazos pretenciosos, fácilmente capaz de establecerse cómodamente allí donde encontrara un apoyo.

Esta imagen también se volvió ilusoria, o como mucho, tan sólo temporalmente verdadera. Los Beatles al final se integraron a aquello de lo que primeramente se habían burlado, los lujos de la riqueza, aunque no sin antes haber cambiado significativamente el gusto del público en el mundo entero. En contraste con el doloroso narcisismo de la mayoría de cantantes, los Beatles se mofaban ligeramente de ellos mismos cuando cantaban, divertidos con el frenesí que levantaban entre el público. Fueron uno de los pocos espectáculos de música popular que tuvieron, más o menos, el mismo apoyo por parte de los admiradores masculinos o femeninos y uno de los pocos que fue tan interesante en el plano musical como en el visual.

En los Estados Unidos su éxito no fue inmediato. Sus primeros cuatro discos se lanzaron en 1963 con poca promoción y no tuvieron demasiada respuesta. Capitol, que tenía la primera opción para la edición estadounidense de la producción de EMI, permitió a otras compañías, como la Vee Jay y la Swan, que sacaran los discos del grupo. El resto del mundo tomó más en serio al grupo británico y a finales de 1963 Capitol cedió ante la presión de EMI, la del manager de los Beatles y, de hecho, ante la opinión mundial y se encargó de montar una promoción intensa para el siguiente disco Beatle, *I Want to Hold Your Hand*. Llegó rápidamente al número uno de las listas nacionales, seguido por anteriores lanzamientos de la Vee Jay y *She Loves You* de la Swan y así durante una semana de marzo, los cinco primeros lugares de las listas del país eran para discos de los Beatles, un fenómeno sin precedentes. Como en Gran Bretaña, la extensión del impacto del grupo era más visual y social que musical y dependía de la cobertura intensiva en la prensa y la televisión. Estados Unidos no estaba tan acostumbrada como Gran Bretaña a los cantantes que eran ingeniosos e inteligentes, que se burlaban de las convenciones sociales y que habían extraído de este personaje un nuevo tipo de atractivo sexual que interesaba tanto la atención de los críticos musicales como de los comentaristas sociales.

Y entre la gente que se quedó más sorprendida por todo el escándalo estaban los mismos Beatles. Porque, como ellos seguían diciendo a cualquiera que quisiera escuchar, no había nada de especialmente nuevo o inesperado en ninguno de sus discos. Por motivos que desafían a la razón, una gran parte del mundo occidental estaba decidida a imbuir a los Beatles con todas las cualidades que podían ser adscritas posiblemente a una cualquiera y a todas las clases de música popular. Con una resistencia y una versatilidad que, en sí mismas, se merecían la admiración, los Beatles hicieron lo que pudieron para mantener las expectativas. Escucharon un gran número de lanzamientos de actualidad, leyeron periódicos, miraron fotografías, recordaron trozos de argot de su juventud. Y de todo ello produjeron un comentario de su época, recogiendo ideas de manera tan rápida que, a veces, parecía que ellos las habían pensado antes («Help», en 1965, tomaba prestadas ideas de un nuevo LP de Bob Dylan; «I Feel Fine» utilizaba el acople que los Yardbirds habían desarrollado en sus actuaciones en directo, aunque no lo habían puesto aún en disco; «Norwegian Wood» utilizaba el sitar, de nuevo siguiendo a los Yardbirds).

Después de su descubrimiento por el público estadounidense, los Beatles mejoraron rápidamente como músicos y Lennon y McCartney se convirtieron en unos compositores más fluidos. Pero con la mayor facilidad, llegó la labia excesiva, palabras puestas juntas porque encajaban o rimaban, sin que importara el significado. La melodía de Paul McCartney para «Yesterday» lo convirtió en uno de los más grandes compositores de música popular del siglo, mientras Lennon seguía cultivando el arte de la anotación en «Nowhere Man».

Bendecidos con el talento de ser capaces de soltar canciones a medida que las necesitaban —para un sencillo nuevo, para un LP— parecían perder contacto con sus propias emociones. Sus canciones empezaron a parecer como piezas muy bien producidas pero insensibles. Una de sus canciones más célebres, «Eleanor Rigby», la cantaban en una manera extrañamente inexpresiva y debía la mayor parte de su belleza formal al fuerte acompañamiento orquestado por George Martin, su arreglista y productor, que parecía ejercer una influencia especialmente grande en los discos de los Beatles en el período de 1966 a 1968. Los cantantes de rock and roll emocionalmente expresivos de «Love Me Do» habían dado paso a personas que, por lo visto, estaban listas para probar cualquier estilo conocido, de la música contemporánea occidental al vodevil del siglo XIX. Y mientras parecía que McCartney sería feliz viendo cuántas cosas diferentes podía hacer bien, John Lennon volvió con decisión a la música que expresaba sentimientos, sencillos, repetitivos pero personales: «All You Need Is Love», «Revolution», «Come Together».

Cualquier cosa que hicieran los Beatles, o sobre la que llamaran la atención, inspiraba a una legión de seguidores. Su impacto alcanzó la cima después de la publicación de *Sergeant Pepper's Lonely Hearts Club Band* en 1967, que presentaba una suite de canciones en un orden específico, en contraste con el concepto tradicional de un álbum como una manera idónea de reunir doce piezas tomadas al azar. Muchas de las canciones eran oscuramente surreales y parecían, como insistía Lennon, más bien reunidas demasiado al azar como para justificar las intensas interpretaciones filosóficas que se pudieron leer de ellas. El disco mostraba al grupo lo más alejado que se podía de su material y los cantantes posteriormente volvieron a estilos vocales más intensos y, en «Lady Madonna» y «Get Back» a patrones instrumentales cercanos a Fats Domino y Chuck Berry, respectivamente.

Después de que los Beatles se separaran en 1969, ninguno de ellos, en solitario, llegó a acercarse a recapturar el extraordinario espíritu que habían alcanzado juntos y tampoco lo alcanzó nadie más. Los Beatles habían transformado la música popular al reunir muchos cabos sueltos, pero cuando se separaron, el pop y su público hicieron lo mismo, que una vez más se convirtió en una colección de objetivos desconectados para los agentes de mercadotecnia.

A mediados de los sesenta, se levantó mucho escándalo con el *Mersey Sound*, pero los grupos que en la época se habían desplazado de Liverpool y Manchester para grabar en Londres se distinguían muy poco del resto de grupos pop del país. La mayoría de los grupos Mersey encajó netamente en los patrones existentes de producción y mercadotecnia, grabaron versiones copiadas de los discos estadounidenses o canciones nuevas suministradas por editores británicos establecidos y sonrieron a las cámaras. Los Searchers, producidos por Tony Hatch, desarrollaron un sonido folk-rock interesante que incorporaba guitarra de doce cuerdas, aunque incluso eso se basaba en el sonido de las versiones ori-

48. LOS ROLLING STONES, de Londres (Inglaterra). Mick Jagger a la derecha, Keith Richard al frente, Brian Jones de pie, Charlie Watts a la izquierda y el bajista Bill Wyman.

ginales estadounidenses a cargo de Jackie de Shannon de sus éxitos «Needles and Pins» y «When You Walk In the Room». Los Hollies y los demás se presentaban a sí mismos como intérpretes del tradicional mundo del espectáculo, más preocupados por complacer las expectativas del público que por desafiarlas.

Por el contrario, los grupos que surgían del mundillo del rhythm and blues rezumaban un espíritu más desafiante, expresado en cantos gruñidos, guitarras chillonas y siniestras miradas feroces ante los fotógrafos. Entre los grupos que encabezaron este planteamiento tosco de «tómame-como-soy» estaban los Rolling Stones, los Animals, Manfred Mann, los Yardbirds, Them, los Kinks, los Who y el Spencer Davis Group. Y en el caso de estos grupos, el desafío hacia «el sistema» no iba más allá de su propio sonido e imagen. Los productores y mánagers que trabajaban con ellos contribuyeron a un cambio fundamental en la estructura de la industria discográfica británica. Y al contrario de la reacción estadounidense a un desafío parecido en la época del rock 'n' roll, estos grupos y sus socios del negocio instituyeron realmente un cambio permanente en el equilibrio de poder de la industria británica del disco.

V

Aunque no todos los miembros de los grupos de rhythm and blues tenían exactamente la misma formación, había rasgos comunes. La experiencia compartida más destacable era el papel de la escuela de arte. Los tradicionales cantantes y músicos pop habían abandonado la escuela lo más pronto posible y veían al pop como un escape de los empleos rutinarios que eran el futuro más probable para ellos. La prensa popular británica, a menudo, ofrecía reportajes del estilo «qué-fue-de» sobre cantantes pop de breve fama que habían vuelto a sus empleos de lechero a domicilio o de peón de fábrica. Pero en los primeros años sesenta, un creciente número de muchachos que dejaban la escuela buscaban maneras de retrasar la decisión de qué empleo tomar y muchos optaban por cursos en la escuela de arte, de grabado, grafismo, diseño comercial y fotografía, además de los cursos tradicionales de pintura y escultura. Chicos que en la escuela habían sido vistos como excéntricos por sus gustos musicales, encontraron almas gemelas en las escuelas de bellas artes, que compartían una devoción por Ray Charles, Howlin' Wolf y otros todavía oscuros norteamericanos negros y fundaron bandas con fines específicos que surgieron de jam sessions informales.

El grupo arquetípico con este tipo de formación eran los Rolling Stones, aunque el cantante solista Mick Jagger estuviera en realidad en una facultad universitaria convencional (la London School of Economics) cuando se juntó con el guitarrista Keith Richard.

A lo largo de su carrera, los Rolling Stones contrastaron (a veces deliberadamente) con los Beatles ya que iban a contrapelo del comportamiento convencional que se esperaba tanto dentro de la industria musical como fuera en el mundo en general. Y a medida que el mundo reaccionaba con escándalo y alarma al pelo largo y a la burla huraña de los Stones, el grupo aprendió lo cierto del refrán del mun-

49. LOS BEATLES, de Liverpool (Inglaterra). Paul McCartney con el bajo, John Lennon a la guitarra, Ringo Starr en la batería y George Harrison con la guitarra.

50. Precursoras de la era vídeo, las carátulas de los singles.

do del espectáculo: «cualquier publicidad es buena». Cuanto más expresaba el sistema su desaprobación, mayor llegaba a ser el ejército de los ardientes seguidores del grupo. De todos los grupos británicos que tenían razón al agradecer a los Beatles que les abriesen el mundo como mercado, los Rolling Stones aprovecharon la mayoría de las oportunidades. Paso a paso, concienzudamente, siguieron cada movimiento de los Beatles con una respuesta complementaria: duros, fuertes y oscuros, mientras los Beatles eran suaves y ligeros. Los Rolling Stones dieron un giro salvaje al blues y a la música soul que inspiró su música. Egoístas, rencorosos y sexualmente amenazadores, agitaron los sentimientos subliminales que normalmente la música popular prefería dejar en paz, pero que en la música negra siempre habían estado cerca de la superficie.

En la época en que Decca lanzó el primer sencillo de los Rolling Stones, su versión de «Come On» de Chuck Berry en junio de 1963, EMI ya estaba dominando las listas con el nuevo *Mersey Sound* de los Beatles, Gerry and the Pacemakers y demás y no era evidente de inmediato que los Rolling Stones pudieran ser un serio rival. Como la mayoría de los grupos de rhythm and blues, estaban decididos a ser fieles tanto al carácter «puro» de su material y al sonido «auténtico» de sus propias actuaciones en directo desde el escenario. Prácticamente todos los grupos de rhythm and blues de las escuelas de bellas artes empezaron sus carreras discográficas con versiones concienzudas de un par de canciones de rhythm and blues estadounidense que se habían demostrado como los números más excitantes en sus actuaciones en directo; invariablemente, los discos eran comprados por los fieles fans del grupo pero fracasaban en atraer la atención de mucha gente que no les había oído antes. Los grupos que triunfaban eran los que se daban cuenta de que hacer discos de éxito era una actividad diferente de la de actuar en directo y que requería una atención para estructurar arreglos y realzar melodías que no eran necesarias para entusiasmar a un público de club. En la mayoría de los casos, las canciones de rhythm and blues que habían funcionado como números en directo no se podían adaptar fácilmente a los nuevos requisitos y los grupos tenían que buscar el material en otra parte; los Animals y Manfred Mann recurrieron a la estratagema de desenterrar oscuras canciones norteamericanas y el Spencer Davis Group utilizaba un desconocido compositor jamaicano, Jackie Edwards, mientras los Yardbirds encontraron uno en Gran Bretaña, Graham Gouldman. Los Kinks, los Who y con el tiempo, los Rolling Stones compusieron sus propias canciones.

Pero mientras estos grupos británicos renunciaban a su repertorio de rhythm and blues, ellos todavía anhelaban conseguir el ataque que hacía tan excitantes los discos de rhythm and blues. John Lennon, de los Beatles, compartía muchas de las actitudes de los músicos de rhythm and blues y recordaba después su frustración con los ingenieros británicos, que no podían permitir que sus contadores de volumen llegasen al rojo. Él estaba convencido de que el chasquido violento a contratiempo de tantos discos de la Motown se conseguía ignorando aquellas normas. Los Beatles hicieron todos sus discos con el productor George Martin en los estudios Abbey Road de la EMI y tuvieron que presionar a los ingenieros para experimentar. Los Rolling Stones, al igual que la mayoría de los grupos de rhythm and blues, tenían una producción independiente y su manager Andrew Oldham tomó la primerísima oportunidad para llevarlos a Estados Unidos; oportunamente, reservaron los estudios Chess de Chicago, en donde grabaron su primer número uno británico (una versión de «It's All Over Now» de los Valentinos) y su primer éxito entre los diez primeros en Estados Unidos (una versión de «Time is on My Side», de Irma Thomas).

En comparación con el sonido de pacotilla de sus discos anteriores, éstos tenían más peso y «fondo», aunque el grupo no alcanzó su potencial completo hasta que se trasladaron en 1965 al estudio RCA de Hollywood, en el que el ingeniero Dave Hassinger alcanzó un equilibrio perfecto entre el amenazante riff de guitarra de Keith Richard y el arrogante canto de Mick Jagger en su composición propia «(I Can't Get No) Satisfaction».

Con «Satisfaction», los Stones encontraron por fin una manera de expresar, en disco, toda la amenaza y la burla que habían comunicado en persona y siguieron adelante con varios sencillos clásicos cuyos títulos de estribillo resumían el mensaje de cada canción: «(Hey You) Get Off Of My Cloud», «(Here Comes Your) 19th Nervous Breakdown», «Paint It, Black», «Jumpin' Jack Flash» y «Honky Tonk Women». Al final de los años sesenta, los Rolling Stones habían creado prácticamente una categoría nueva por sí mismos; habían pasado del boogie blues de Chuck Berry, Bo Diddley y Muddy Waters, a la influencia soul de Solomon Burke y Don Covay, lo que representaba el panorama entero de los últimos quince años de la música negra de baile y lo soldaron todo con letras que permitían que un joven público blanco se identificara con los mensajes. Y todo ello, mientras continuaban ignorando «las normas» por las cuales los intérpretes populares solían ganarse la aceptación en los medios de comunicación. Por lo que respecta a lo que cualquiera pudiera decir desde fuera, los Rolling Stones no se preocuparon de lo que pudiera pensarse de ellos y esta insolencia les concedió una gran fuerza.

La rueda dio un giro completo y apenas nadie discutió que se llamara a los Rolling Stones «el Conjunto de Rock 'n' Roll más grande del mundo». Mick Jagger exudaba una sensualidad que recordaba a las antiguas fotos de Elvis Presley y aunque sus movimientos apenas se podían comparar con la gracia y la destreza de James Brown o Sam and Dave, de alguna forma él definió un criterio cuyas normas los eliminaba de la competición. Los Stones se hicieron un hueco propio y se ajustaron a él.

De los grupos británicos de rhythm and blues que entraron en las listas en la estela de los Rolling Stones, ni Manfred Mann ni los Animals consiguieron establecer un repertorio tan interesante de canciones de composición propia; ambos se «comprometieron» en la persecución del sencillo de éxito evidente y nunca lograron el mismo respeto reverencial. Los dos grupos estaban con EMI, aunque mientras los discos de Manfred Mann los producía el ejecutivo John Burgess, a los Animals los producía Mickie Most de manera independiente.

Paul Jones, el cantante de Manfred Mann era uno de los mejores cantantes británicos de la época, característico y seguro y los discos del grupo eran, en general, unas bien hechas y melódicamente memorables versiones copiadas de los discos estadounidenses. «Do Wah Diddy Diddy» encabezó tanto las listas británicas como las estadounidenses en 1964 y «Pretty Flamingo» volvió a hacerlo en Gran Bretaña en 1966. Entre medio, el grupo realizaba un tratamiento eficaz de una canción de Bob Dylan previamente no grabada, «If You Gotta Go, Go Now». Por el grupo pasaron músicos de gran prestigio, aunque nunca recibió el tipo de afecto incondicional que otras bandas contemporáneas lograron de su público.

Parecía que los Animals se convertirían en una gran institución británica después de que se anotaran seis éxitos entre los diez primeros en dieciocho meses, entre 1964 y 1965. Pero el cantante solista Eric Burdon nunca fue capaz de componer canciones adecuadas a su propio sonido e imagen como el repertorio escogido para él por el productor Mickie Most. Su disco de despegue fue una versión rock de «The House of the Rising Sun», una canción folk tradicional que Bob Dylan había retomado recientemente en su primer álbum para la Columbia estadounidense en 1962. Una parte de órgano casi bachiana, arreglada e interpretada por Alan Price, establecía un ambiente convenientemente evocador y Burton interpretaba la canción con una voz auténticamente endurecida y velada por la experiencia. A pesar de su clima sombrío e insólita duración (más de cuatro minutos), el disco estuvo en el número uno de la lista en Gran Bretaña y luego en Estados Unidos, donde inspiró a otros productores para experimentar con parecidas combinaciones en lo que se conocería como folk-rock.

Entre los sencillos posteriores de los Animals, «We've Gotta Get Out of this Place» era sobresaliente, cantado con una valerosa convicción por Burdon que contradecía su resistencia, en primera instancia, a hacer la canción ya que él pensaba que el grupo debía presentarse grabando su material propio. Irónicamente, se dijo que los compositores de la canción, Barry Mann y Cynthia Weil, tampoco estaban contentos con el disco; ellos hubieran querido que la canción se cantara con más sutileza, como lo hubieran podido hacer los Drifters. Los compositores podía ser que estuvieran pensando en Harlem cuando compusieron la canción, pero funcionaba igual de bien cuando Burdon la situó a orillas del Tyne:

In this dirty old part of the city
Where the sun refuse to shine
Don't you know people tell me
It ain't no use in tryin'.

En esta zona vieja y sucia de la ciudad
donde el sol no quiere brillar,
sabes que la gente me dice
que no vale la pena hacer nada.

En 1966 el grupo empezó a desintegrarse, abandonaron la EMI y a Mickie Most y se fueron a la Decca para trabajar con otro productor (Alan Price lo dejó para seguir una carrera en solitario). Con el tiempo, Eric Burdon se trasladó a Estados Unidos y aunque disfrutó de algún éxito, nunca volvió a captar el espíritu de aquellos primeros éxitos. En una entrevista para la revista *Ebony* revelaba comportamientos típicos entre los músicos de rhythm and blues de la época:

> Yo crecí en Newcastle (Inglaterra), una típica zona de astilleros y minas de carbón. Yo era un típico norteño que me escaqueaba de los astilleros, de las minas y de la escuela con unos años de universidad entre medio. Estaba en Newcastle cuando escuché mi primer «disco soul». Yo vivía en un piso y más abajo, en otro piso, vivía un marinero mercante que viajaba con frecuencia a los EE. UU. De vuelta de sus viajes, acostumbraba a traer discos, que iban desde Bill Haley (esto era antes de la locura del rock) hasta Dave Brubeck. Entre medio había algunos discos de potente sonido de gente con nombres que sonaban extraños como Fats Domino, Robert Johnson o Big Maybelle. Los primeros discos que realmente me noquearon fueron «Don't Roll Those Blood Shot Eyes at Me» de Wynonie Harris y «Sam Jones Done Snagged his Braces de Louis Jordan». Desde entonces, supe que algún día yo tenía que probar de cantar de esa manera...
>
> Empecé a coleccionar cosas —fotografías, artículos de periódico, recortes de revista— para averiguar por qué se maltrataba a los negros, a menudo tan brutalmente. Cuando tenía unos diecisiete años me enamoré locamente de una chica africana y, a veces, había pensado irme con ella a Estados Unidos. Pero después de que vine aquí y vi las relaciones interraciales, me dije: olvídalo.
>
> Pienso que porque soy blanco y de otro país que, a veces, he aprendido mucho más sobre los prejuicios, en cierta manera, que muchos negros.
>
> Cuando fui a Mississippi hablé con el alcalde de Laurel y otros funcionarios del gobierno. Aparte de lo que dijeran en la prensa, descubrí cómo eran ellos, porque ellos me hablaban como a un compañero blanco. Grabé una entrevista y me la llevé a Nueva York. La escuché una y otra vez y pensé: «¡Dios mío, estos tíos gobiernan un estado!».
>
> Otra vez yo estaba en Mobile (Alabama). Una joven blanca se me acercó y me pidió un autógrafo. Le firmé uno y empezamos a charlar. Durante la conversación le dije que Otis Redding había tocado allí la noche anterior. Y ella dijo: «Sí, tío, es una pasada, ¿no? Pienso que su grabación de *My Girl* es fantástico». Y le contesté: «Sí, también es mi disco preferido». Entonces le pregunté si lo había visto actuar. Y ella dijo: «¿Si lo fui a ver? Debes estar de broma, tío, el local estaba lleno de negratas».[2]

Con este afecto y convicción una generación de músicos británicos llevó la música negra hasta la corriente principal del pop británico —y, como si echara agua al mar— también hasta el pop estadounidense. Y además de los cantantes solistas de grupos como Jagger, Paul Jones y Burdon, hubo quienes apoyaron la música negra en Gran Bretaña, sobre todo Dusty Springfield, Georgie Fame y Tom Jones.

Dusty Springfield fue seguramente la mejor cantante británica de estudio de mediados de los sesenta y ya había dejado su huella en Estados Unidos antes de que el éxito de los Beatles allanara el camino a los artistas ingleses para que

2. «Englishman Who Sings the Blues», *Ebony*, agosto 1966.

fueran famosos allí. «Silver Threads and Golden Neddles» fue un éxito entre los veinte primeros en Estados Unidos en 1962 para los Springfields, con quien Dusty cantaba de solista hasta que se decidió a seguir en solitario en 1963. En comparación con la mayoría de los demás cantantes en solitario de la época, Dusty Springfield tenía un grado de influencia poco común en la elección del material y los arreglos de sus grabaciones, cuyos sofisticados arreglos aguantaban la comparación con los mejores discos estadounidenses de uptown rhythm and blues. Los entendidos podían detectar ecos de discos de Dionne Warwick y de Baby Washington en las inflexiones vocales de Dusty y en las ideas de los arreglos, aunque su tono compasivo y su impecable sentido del tiempo siempre concedían el significado último a cada canción que grabara. «I Only Want to Be With You» proporcionó un alegre lanzamiento a su carrera en solitario en 1963 y entre varios discos sobresalientes, la espectacular balada «You Don't Have to Say You Love Me» fue un enorme éxito internacional en 1966. Posteriormente, Dusty probó varios productores más a la moda, aunque Johnny Franz, el productor de la Philips Records fue el que le proporcionó el mejor contexto.

Georgie Fame and the Blue Flames estaban entre el puñado de bandas de rhythm and blues que podían garantizar el atraer una buena multitud a los clubes del West End a principios de los sesenta, aunque su repertorio y su planteamiento eran característicos; en vez de una banda de guitarras que tocaba rhythm and blues al estilo de Chicago, los Blue Flames se ajustaban a los arreglos basados en el órgano del propio Fame y daban un toque jazzy a una amplia gama de material que comprendía algunas canciones jamaicanas y africanas además de un puñado de canciones de Mose Allison y de King Pleasure. Después de un par de versiones regulares de rhythm and blues en 1964, Fame grabó la más jazzística «Yeh Yeh» y alcanzó la cima de la lista; repitió el éxito dos años más tarde con su canción propia «Get Away», producida por el independiente Ian Samwell, cuyo anterior salto a la fama había sido componer «Move It» para Cliff Richard allá por 1958. La carrera posterior de Georgie Fame se orientó, decepcionantemente, a los programas de televisión familiares y de cabaret, a veces en colaboración con el ex Animal, Alan Price.

Ese mundo del cabaret reclamó a Tom Jones prácticamente desde el inicio de su carrera discográfica, después de años de cantar canciones de rock 'n' roll y rhythm and blues en clubes por la zona del Sur de Gales. Su compositor, productor y manager, Gordon Mills, guió a Jones hacia los focos de Las Vegas y consiguió la dudosa distinción de establecerlo a él como el segundo después de Elvis como intérprete de hinchadas baladas con influencias country o italianas.

Al borde de este mundillo del rhythm and blues británico, sacando su inspiración de las mismas fuentes que el resto y sin acabar nunca de estar en la corriente principal, figuraban Van Morrison, de Them, y Stevie Winwood, del Spencer Davis Group. Durante los años setenta, ambos emergieron como artistas importantes que desarrollaron sus propios estilos de rock pastoral, llevando el jazz y el folk a sus atmosféricos arreglos, e incluso antes, a mediados de los sesenta, irradiaron un sentido casi reservado de no rendirse nunca del todo a la excitación de su música.

Van Morrison trajo a Londres a su grupo Them desde Irlanda. Después de un sencillo sin éxito se le asignó a Bert Berns, el productor y compositor estadounidense cuyo «Twist and Shout» se había convertido en un artículo de primera necesidad para, prácticamente, cualquier grupo británico de la época. Después de producir a los Drifters y a Solomon Burke para la Atlantic, Berns vio la arremetida de un grupo británico tras otro en las listas estadounidenses, durante los primeros meses de 1964. En un «intercambio» insólito, el arreglista de la Decca Mike Leander fue a Nueva York con la Atlantic y Berns se trasladó a Londres para trabajar con la Decca, la propietaria británica de los derechos de la Atlantic. A Berns se le asignó producir a Lulu, una joven cantante escocesa cuyo «Shout» le había supuesto un éxito en su primer lanzamiento, aunque su versión de «Here Comes the Night» de Berns no era convincente. Lulu cambió de sello a la Columbia de la EMI, donde Mickie Most sacó su varita mágica y llevó a la cantante a la cima de las listas estadounidenses con «To Sir With Love» en 1967. Mientras tanto, Berns había formado una alianza más eficaz con Them y produjo los únicos éxitos del grupo, «Baby Please Don't Go» (con una parte de guitarra abrasadora a cargo del músico de sesión Jimmy Page) y, una afortunada segunda versión de «Here Comes the Night».

El personal de Them tendía a cambiar cada día, con el cantante solista y compositor Van Morrison como el único factor constante. Parecía como si intentara hacerse un hueco entre Mick Jagger y Eric Burdon y a veces su fraseo resultaba forzado y antinatural. Pero se mantuvo firme en una época en que los grupos eran el formato aceptable para un intérprete que trataba de definir su propio estilo y repertorio y las quince piezas que Them grabó para Decca cuentan como bocetos para la música que, con el tiempo, Van Morrison conseguiría desarrollar después de que iniciara una carrera en solitario en Estados Unidos en 1967. Bert Berns fue el catalizador de la partida al enviarle a Van un billete de avión y al grabar su primer material en solitario para la Bang! Aunque Them en Estados Unidos no consiguió nunca más que un éxito de culto, «Brown Eyed Girl» de Van Morrison estuvo entre los diez primeros, mientras en Gran Bretaña, en la misma época, pasaba prácticamente inadvertido.

En escueto contraste con la carrera mal administrada de Them, la del Spencer Davis Group, vista en retrospectiva, parece que hubiera sido planeada por anticipado. Residente en Birmingham, el grupo fue descubierto en 1964 por Chris Blackwell, el propietario de Island Records, que se especializó en editar discos jamaicanos para los inmigrantes antillanos residentes en Gran Bretaña, con una rama llamada Sue que contrataba discos de rhythm and blues de los sellos independientes estadounidenses. Blackwell acababa de producir un éxito internacional, «My Boy Lollipop», de Millie, del que cedió los derechos a Philips y cuando encontró al Spencer Davis Group también los colocó allí.

De manera confusa, la figura principal del grupo no era Davis, un estudiante de la Universidad de Birmingham que tocaba la guitarra rítmica, sino el cantante y organista de dieciséis años Stevie Winwood. Su voz aguda y emotiva sonaba para todo el mundo como un joven estadounidense negro y tocaba el órgano con el instinto, el gusto y el empuje de Ray Charles. Como de costumbre, el único tropiezo en el avance del grupo llegó cuando intentaron trasladar el impacto de sus actuaciones directamente a las listas de éxito, al grabar versiones de canciones estadounidenses de rhythm and blues, aunque más tarde, en 1965, cambiaron de rumbo y grabaron «Keep On Running», compuesto por el cantante jamaicano de la Island, Jackie Edwards. El hermano de Stevie, Muff Winwood, tocaba un potente riff de bajo que podía haberse inspirado por la línea de guitarra de Keith Richard del reciente éxito de los Stones, «Satisfaction». Steve interpretaba un sencillo y contagioso fraseo de guitarra solista mientras Davis martilleaba una guitarra rítmica maníaca en cada tiempo (el empuje principal de la versión propia de Edwards). «Somebody Help Me» repetía la fórmula y llegó también al número uno de la lista británica, pero cuando Stevie volvió de nuevo al órgano y el grupo empezó a componer su propio material, se acercaron peligrosamente a sonar como una parodia blanca de los discos soul para la Stax de Sam and Dave y de Otis Redding. Para su último éxito, «I'm a Man» (1967), Chris Blackwell trajo a Jimmy Miller de Nueva York para que produjera el disco en Londres y Miller se quedó para trabajar con otros artistas británicos como los Rolling Stones, que lo utilizaron como productor en sus mejores álbumes: *Beggars Banquet* (1968), *Let It Bleed* (1969), *Exile on Main Street* (1972) y *Goat's Head Soup* (1973). Mientras tanto, Stevie Winwood se separó para tramar una fusión de jazz y folk como integrante de Traffic, con Miller de productor.

IV

Junto a estos antiguos cantantes de rhythm and blues que, o bien permanecían bastante cercanos a los ingredientes musicales del rhythm and blues (los Stones, los Animals) o bien se habían girado hacía el pop convencional (Manfred Mann, Tom Jones), había unos cuantos grupos que desarrollaban variaciones de un nuevo estilo que llegó a conocerse como «rock británico». La diferencia con el pop era puramente cosmética: la prensa musical británica se puso a señalar diferencias entre grupos cuyos discos parecían estar planeados o ideados por productores y mánagers con vistas al negocio y los que eran la expresión «artística» de los propios músicos, que componían sus propias canciones, tocaban sus propios instrumentos y sonaban casi igual en disco que como lo hacían en sus actuaciones en directo. La diferencia era difícil de mantener cuando se descubría que los presuntos discos rock eran interpretados por músicos de sesión mientras los miembros de la banda se sentaban en la sala de control y había rumores que el guitarrista de sesión Jimmy Page había estado presente en antiguas sesiones tanto de los Kinks como de los Who; él tocó el bajo en un par de sencillos de los Yardbirds y la guitarra en «Baby Please Don't Go» de Them.

Con el paso del tiempo, era más un prejuicio que algo real pensar que los grupos pop Mersey no consiguieron nunca fomentar un repertorio que presentara ninguna clase de solidez musical ni de carácter personal y que los grupos de rock británico realizaran discos que aguantaban la prueba de una audición repetida. El acto de grabar era siempre en parte una ilusión, que conllevaba una impresión de espontaneidad y apenas importaba si un músico profesional podía comunicar esa expresión mejor que el inexperto miembro del grupo. Aparte de los compositores que suministraban las canciones para esos grupos, los participantes cruciales eran los productores independientes que actuaban como catalizadores de las sesiones de grabación: Mickie Most era un caso aparte, igualmente feliz de producir lo que podían ser artistas rock creíbles como los Animals, los Nashville Teens (cuyo «Tobacco Road» fue un éxito menor de rhythm and blues para la Decca), Donovan y Jeff Beck, o discos cien por cien pop para los Herman's Hermits y Lulu. En cierta forma detrás de Most, aunque también muy importantes para la evolución de la música pop británica autónoma, estaban Shel Talmy (los Kinks y los Who) y Paul Samwell-Smith (los Yardbirds).

Shel Talmy había sido un productor independiente de escasa importancia en Los Ángeles antes de decidir arriesgarse e ir a Gran Bretaña, en donde convenció a la Decca para que lo dejaran producir su nuevo grupo vocal irlandés de cabaret, los Bachelors, en 1963. Con los grandes éxitos del grupo en su haber, Talmy pasó a la Pye Records para producir a los Kinks y desempeñó un papel importante al permitir que el compositor y cantante del grupo, Ray Davies, consiguiera los sonidos que realzaban sus canciones. Después de dos fracasos imitando las lindas armonías del sonido Mersey, ellos pusieron la guitarra, el bajo y la batería para conseguir un ritmo muy sencillo que remachaba el estribillo de «You Really Got Me»: uno, dos-y-tres, cuatro. Una parte cantada sin gracia y un anárquico solo de guitarra aportaban un ambiente «macho» y el disco encabezó la lista británica y estuvo entre los diez primeros en Estados Unidos.

Después de una continuación casi idéntica con «All Day and All of the Night», ralentizaron los riffs y soltaron una parte vocal mucho más relajada en «Tired of Waiting for You», que mostraba una cara más reflexiva y a fondo del grupo; la bien construida canción les concedió otro número uno en Gran Bretaña y sentó el precedente para otros ocho éxitos más entre los diez primeros que empezaron a presentar retratos satíricos inteligentemente diseñados de la vida británica contemporánea. Cuando se precisaba, los instrumentos suplementarios adornaban discretamente la formación básica de dos guitarras, bajo y batería del grupo: el piano iba parejo al lamento burlón de un aristocrático diletante, en «Sunny Afternoon» y un trombón surgía hacia el final de «Dead End Street», que iba hacia el otro extremo de la escala social para retratar la clase obrera. Davies se burlaba de los clientes de Carnaby Street desesperados-por-ser-enrollados en «Dedicated Follower of Fashion», aunque estuvo en su apogeo cubriendo un ambiente soporífero en «Waterloo Sunset», que cantó con una indolencia tal, que sonaba como si él apenas se molestara en abrir los ojos para describir lo que podía ver. Muchas de estas canciones las interpretaba el grupo vestidos con ropa de caza de color rosa, lo que tendía a minar su impacto en la época, aunque los discos resistieron la prueba del tiempo y sirvieron para inspirar e influir a otros compositores británicos para que se ocuparan del sistema de vida británico, cantado y tocado a la manera inglesa.

Ya fuera por casualidad o porque era un sobresaliente juez del talento en potencia, Talmy también jugó un importante papel en los primeros discos de un grupo formado alrededor del otro gran compositor británico «de comentario social» de la época, Pete Townshend de los Who. En contraste con los Kinks, en los que Ray Davies era el elemento dominante y el único importante, los Who tenían una combinación mucho más voluble, en la que cada miembro competía por atraer la atención. Desde el inicio de su carrera, el cantante Roger Daltrey sonaba como si estuviera de vuelta y su tono de «yo-ya-lo-he-visto-todo» era el vehículo perfecto para las letras de doble filo de Pete Townshend. La guitarra de Townshend era como si tensara la correa, lista para estallar en un estrépito incontrolado así que se le diera media oportunidad y el batería Keith Moon prefería golpear por los tom-toms antes que mantener el ritmo constante con la caja y el bombo; tan sólo el bajista John Entwistle daba la impresión de atribuirse un papel tradicional.

Los mánagers del grupo, Kit Lambert y Chris Stamp, vieron con qué avidez saltaba la prensa ante cualquier comportamiento «antisocial» involuntariamente exhibido por los Rolling Stones y se pusieron a diseñar una imagen igual de rebelde y controvertida para los Who. La tarea de Shel Talmy fue dar la impresión de un alboroto equivalente en el estudio, aunque el primer sencillo, «I Can't Explain» sonaba bastante manso y utilizaba una versión más limpia del riff de «Your Really Got Me», pero que recordaba más a alguno de los discos realizados por los Crickets allí por 1957. «Anyway Anyhow Anywhere» era más animada y «My Generation» despertó a finales de año una auténtica furia; Daltrey parecía estar al borde de la blasfemia y los tres músicos se turnaban para hacerse oír.

Después de este himno de desafío juvenil («I hope I die before I get old») [«Espero morirme antes de envejecer»], Townshend volvió a temas más caprichosos. «Substitute» jugaba con imágenes contradictorias, ayudada por el uso de bajo y pandereta al estilo Motown; «I'm a Boy» explica una extraña historia de un chico cuya madre le trataba como si él fuera una chica; «Happy Jack» festejaba a un vagabundo típico, como los excéntricos que se veían en la mayoría de los pueblos del campo inglés; y «Pictures of Lily» trataba del fetichismo. Estos discos fueron todos éxitos entre los diez primeros británicos, pero a pesar de realizar giras por Estados Unidos, los Who no estuvieron allí entre los diez primeros hasta 1967 cuando «I Can See for Miles», un tema pop más convencional y una grabación mucho más limpia, los estableció con retraso. Afiliados originalmente a la época mod de la toma de píldoras y de los adolescentes británicos obsesivamente preocupados por la moda, los Who se vieron posteriormente abrumados por una imagen con más trucos y diseño que su música y no fue hasta que Pete Townshend reunió el material para la primera ópera rock, *Tommy* (1969), que los Who alcanzaron el estatus y el prestigio que ya se les había concedido a los Beatles y a los Rolling Stones. Aunque, como a menudo, el reconocimiento vino después del acontecimiento; las mejores ideas habían surgido en la secuencia de éxitos de 1965 a 1967.

51. JIMMY PAGE,
de Heston (Londres),
líder de Led Zeppelin.

52. LOS WHO. Peter Townshend, de Shepherds Bush (Londres), en el aire.

Después de ayudar a lanzar a los Who, Shel Talmy fue descartado como productor por sus mánagers Lambert y Stamp, que supervisaron sus discos a lo largo del resto de los años sesenta, a menudo usando al ingeniero Glyn Johns, que había trabajado con Talmy en todas las sesiones de los Kinks y de los Who. Johns llegó a convertirse en un productor importante por derecho propio, en vanguardia cuando las técnicas de estudio británicas se pusieron al día e incluso superaron a las estadounidenses y cuando los intérpretes británicos escaparon finalmente del callejón sin salida de trabajar esencialmente en géneros musicales de los Estados Unidos. Seguramente el más influyente de todos los grupos británicos de este período fueron los Yardbirds, cuyos éxitos los produjo su bajista Paul Samwell-Smith.

La primera parte de la carrera de los Yardbirds se vio marcada por las expectativas de que, de alguna manera, serían un equivalente de los Rolling Stones, a los que habían sustituido como conjunto residente primero en el Crawdaddy de Richmond (Surrey) y luego en el Marquee del West End. Giorgio Gomelsky, el gerente del Crawdaddy, se convirtió en el manager del grupo y negoció con EMI uno de los primeros contratos que concedían un control sustancial y la propiedad de las grabaciones de un intérprete a su manager. Gomelsky produjo los primeros discos, aunque después de un par de fracasos pasó la responsabilidad de la producción a Paul Samwell-Smith.

Los Yardbirds fueron famosos como vehículo para uno de los primeros «héroes de la guitarra» británicos, Eric Clapton, aunque Samwell-Smith ignoró esa fama y construyó un elaborado y dramático arreglo alrededor de «For Your Love», compuesta por Graham Gouldman, un joven compositor de Manchester. El tamborileo de los bongos era lo que se oía más, enmarcado por resonantes guitarras entremezcladas con un clavicémbalo interpretado por el músico de sesión Brian Auger. Clapton abandonó el grupo indignado por la comercialidad descarada del asunto, aunque Samwell-Smith, sin intimidarse, repitió la fórmula con igual éxito en «Heart Full of Soul». Jeff Beck entró en el grupo para tocar la guitarra y su inclinación por los sonidos raros y distorsionados se puso de relieve en tres canciones compuestas por miembros del grupo, «Still I'm Sad», «Shapes of Things» y «Over, Under, Sideways, Down». Estos cinco discos estuvieron todos entre los diez primeros en Gran Bretaña en 1965 y 1966, e inauguraron un planteamiento aventurero de la grabación al que los Beatles respondieron con *Revolver* e inspiraron una generación de músicos de un presunto rock progresivo que comprendía a Pink Floyd en Gran Bretaña y a los Buffalo Springfield y a Todd Rundgren en Estados Unidos. Los Yardbirds no sobrevivieron para capitalizar su propia fama; Samwell-Smith se separó de la banda en 1966, dejando paso a la entrada de Jimmy Page, primero como bajista y posteriormente como guitarrista (intervino en la película de Antonioni, *Blow-Up*), hasta que el conjunto entero se disolvió en 1967.

Desde algunos puntos de vista, los años cumbre del rock británico todavía estaban por venir, cuando los grupos británicos realizaron giras eternas por los Estados Unidos y vendieron millones de álbumes con el apoyo de las emisoras de radio de FM y los periodistas que calificaban a su música como «Arte». Las técnicas de estudio mejoraron y los intérpretes llegaron a ser más autónomos y controlaron más aspectos de sus grabaciones y distribución gracias a poderosas políticas de gestión con una experta asesoría legal y contable.

Aunque había un espontáneo espíritu de aventura en las mejores grabaciones británicas realizadas en los años de 1964 a 1966 que se hizo más difícil de conseguir a medida que los grupos tomaban mayor conciencia de las presiones para satisfacer las expectativas de sus «mercados», especialmente en Estados Unidos. En estos años una generación de músicos que habían crecido con el skiffle y el rock 'n' roll exploraron las raíces de esas formas y se presentaron con una amplia gama de derivaciones, que culminaron en los discos característicamente británicos de los Beatles, los Who, los Kinks y los Yardbirds.

En la mayoría de sus recuerdos autobiográficos, los miembros de los grupos han expresado generalmente varias formas de malestar en sus relaciones con sus compañías discográficas, que van del bajo pago de royalties (los royalties del 1 o 2 % no eran infrecuentes, en comparación con el 10 % o más que se convirtió en práctica habitual en los años setenta), hasta la interferencia de los no comprensivos departamentos de productores que elegían el material inadecuado, editaban los sencillos que no debían, fallaban al promocionar a los intérpretes y una buena cantidad de quejas más. Y, sin embargo, por accidente o a propósito, entre los cuatro sellos británicos grandes grabaron y editaron la gran mayoría de los discos de éxito de la época y respondieron mucho más rápidamente al mercado cambiante de lo que sus homólogos estadounidenses lo habían hecho durante el período equivalente del rock 'n' roll allá a mediados de los cincuenta.

EMI* fue constantemente la gran compañía más eficaz de la época, al hacer de su gran tamaño una virtud («La Mayor Empresa Discográfica del Mundo» era la orgullosa ostentación de sus anuncios), al dividir su elenco en tres sellos semiautónomos, cada uno con su propio jefe de producción. George Martin en Parlophone fue la «estrella» de la compañía en la época, al contribuir de manera incalculable a las grabaciones de los Beatles con una combinación de suave diplomacia y astutos arreglos musicales.

En los Estados Unidos, Capitol tenía la primera opción sobre el elenco de EMI, aunque en el momento en que en la compañía se impuso reconsiderar a los Beatles a finales de 1963, la Capitol ya había declinado su opción sobre la mayoría de los artistas de EMI, que se vieron agarrados con júbilo por el resto

* EMI. Productor: Norman Newell, con la colaboración de John Burgess.
Elenco dividido en tres sellos; producido por el propio jefe de productores excepto: † por Norman Newell; ‡ por John Burgess; ^ para Columbia por George Martin; *producido independientemente para Columbia por Mickie Most; °producido independientemente (las cesiones de derechos para EE. UU. añadidas en paréntesis).

HMV. Productor: Wally Ridley, con la colaboración de Peter Sullivan.
Grupos: Johnny Kidd & The Pirates, Mike Berry & the Outlaws, Manfred Mann (1964-66, con cesión de derechos para la Ascot en EE. UU.), Swinging Blue Jeans (Imperial).

del negocio discográfico estadounidense. Como muestra el elenco detallado al pie, la MGM, la Imperial y la Epic recogieron una cosecha abundante.

Después de sobrepasar a EMI en los años cincuenta, Decca* tuvo que situarse en el segundo lugar a lo largo de los sesenta, a medida que muchas de las compañías americanas independientes que habían suministrado a su sello London con éxitos británicos en los cincuenta ahora habían cerrado o habían reducido su producción de manera drástica. No hubo un equivalente a George Martin en la Decca, un productor que realzara sus proyectos con consejos discretos y el conjunto de más éxito del sello en los sesenta, los Rolling Stones, evitaron notoriamente el utilizar los estudios o el personal propio de la Decca. Una proporción importante de los intérpretes de la Decca lograron el éxito en Estados Unidos y la mayoría de ellos «seguían en la familia», al ser cedidos a la London o a su subsidiaria Parrot.

COLUMBIA. Productor: Norrie Paramor, con la colaboración de John Schroeder & Bob Barren.
Solistas pop: Cliff Richard, Rolf Harris^, Lulu (1967-69)* (todos con Epic), Helen Shapiro (Capitol), Frank Ifield (Vee Jay), Shirley Bassey (1960-63) , Ken Dodd .
Instrumental: Russ Conway , The Shadows.
Grupos: Georgic Fame & the Blue Flames° (Imperial), The Animals*, Herman's Hermits* (ambos para la MGM), The Seekers, Peter & Gordon (ambos Capitol), Freddie & the Dreamers‡ (Tower), The Dave Clark Five°, The Yardbirds°, The Jeff Beck Group* (todos para la Epic), Gerry & the Pacemakers^ (Laurie).

PARLOPHONE. Productor: George Martin, con la colaboración de Ron Richards.
Solistas pop: Adam Faith (Amy), Cilla Black (Capitol), Peter Sellers.
Instrumental: The John Barry Seven , The Temperance Seven.
Grupos: Cliff Bennett & the Rebel Rousers‡, The Beatles (Vee Jay, 63, Swan, 63, Capitol, desde el 64), Billy J. Kramer & the Dakotas (Imperial), The Hollies (Imperial 1964-67, Epic desde el 67).

Sellos de Estados Unidos con cesión de derechos:

CAPITOL. Distribuido prácticamente todo artista importante del sello (ver elenco en pág. 79 vol. 1).

STATESIDE. Una distribuidora para material de varias compañías, como ABC, Ace, Bell, Fire-Fury, Tamla-Motown-Gordy, varias de las cuales adquirieron su identidad propia como sello británico desde 1965 junto a Liberty y United Artists, aún con cesión de derechos a través de EMI.

* DECCA. Administrada todavía por el fundador y propietario Edward Lewis. Productores: Dick Rowe, Peter Sullivan; «productor de blues»: Mike Vernon.
Solistas pop: Billy Fury, Tom Jones, Eden Kane, Val Doonican, Dave Berry, Marianne Faithfull, P.J. Proby (1964), Lulu (1964-65), Billie Davis, Chris Andrews.
Grupo instrumental: The Tornadoes.
Grupos vocales: Brian Poole and the Tremeloes, The Rolling Stones, The Small Faces (1965-1966), The Zombies, The Moody Blues, Them, The Fortunes, The Nashville Teens, Unit Four Plus Two, The Alan Price Set, The Animals (1966).
Grupos de blues: Alexis Korner's Blues Incorporated, John Mayall's Bluesbreakers.

Sellos estadounidenses con cesión de derechos:

BRUNSWICK. Distribución para la Decca estadounidense.
Grupo británico: The Who (sólo 1965).

LONDON. Distribución para material con cesión de derechos de varios sellos estadounidenses como Hi, Monument, Tribe y Philes.

Entre los éxitos de la Decca de mediados de los sesenta había dos de 1965 que merecen una especial e irónica «mención de honor» por haber batido a los estadounidenses en su propio terreno, después de que los mismos estadounidenses lo estuvieran abandonando: tanto «Concrete and Clay» de Unit Four Plus Two y «You've Got Your Troubles» de los Fortunes eran canciones pop en la tradición del material que Pomus y Shuman, Goffin y King y los demás habían compuesto para los Drifters cinco años antes. «Concrete and Clay» botaba sobre un ritmo latino e incorporaba una impecable guitarra española además de una parte eficaz cantada a lo Ben E. King por el coautor y cantante Tommy Moeller; sorprendentemente, el productor John L. Barker nunca repitió su éxito, mientras Roger Cook y Roger Greenaway, los compositores y productores de «You've Got Your Troubles», se convirtieron en uno de los equipos de más éxito del pop británico durante los cinco años siguientes, aunque nunca superaron la combinación de mensaje y melodía del citado éxito.

Pye Records* se mantuvo en el tercer lugar de las listas de sellos del Reino Unido, aunque por lo general fue una compañía sin mucha «imagen», dedicada a vender discos de la manera más sencilla y no se mostró demasiado receptiva a las necesidades peculiares del nuevo tipo de «artista» que valoraba la integridad personal por encima del éxito comercial. Los Kinks habían tenido algunas confrontaciones famosas con Pye, pero el productor de la compañía, Tony Hatch, era probablemente el compositor y arreglista más capaz que trabajaba para una gran compañía británica en aquella época y además de sus comprensivas producciones para los Searchers, compuso y produjo los grandes éxitos de Petula Clark, «Downtown» y «I Know a Place», que desdibujaban la anterior imagen de mundo del espectáculo de la cantante con sus arreglos conmovedores y eficaces climas.

Los demás intérpretes principales de la época eran Sandie Shaw, puro pop británico cautivador, compuesto y producido por el independiente Chris Andrews y Donovan, que pasó de intentar sonar como el cantante folk estadounidense Bob Dylan en «Catch the Wind» a alguna de las primeras cancioncillas hippies, «Sunshine Superman» y «Mellow Yellow», ambas producidas por Mickie Most y de gran éxito en Estados Unidos en 1966.

* PYE. Jefe de productores: Tony Hatch.
Solistas pop: Lonnie Donegan; Petula Clark, Sandie Shaw (ambas Reprise), Joe Brown, Donovan (Hickory, 1965; Epic, desde 1966).
Grupos vocales: The Searchers (Kapp), The Kinks (Reprise).

Subsidiaria:

PICCADILLY
Soul: Geno Washington and the Ram Jam Band, The Rockin' Berries, The Ivy League.

Sellos estadounidenses con cesión de derechos (algunos distribuidos en Pye International).
Cameo-Parkway, A&M, Sceptre-Wand, Reprise, Colpix, Hickory, Red Bird, Dot, Chess, Warner Brothers, Kama Sutra y Buddah.

A&M, REPRISE, VANGUARD

Pye fue más rápida que los demás grandes sellos británicos en darse cuenta de que los sellos estadounidenses preferían editar su producto en Gran Bretaña con sus sellos propios y captó a Reprise, A&M y Vanguard entre otras: Reprise tomó la opción de editar a Petula Clark y a los Kinks en Estados Unidos y obtuvo éxitos con ambos, aunque Donovan, de alguna manera, fue a parar al sello Hickory antes de que Epic lo contratara a tiempo de encabezar las listas con «Sunshine Superman».

Philips* siguió como la cuarta gran compañía británica a lo largo de los primeros sesenta. Se mostró lenta a la hora de adaptarse a las últimas modas y aparentemente contenta con mantener a los moderados intérpretes que habían sido la fuerza tradicional de la compañía en los años cincuenta cuando era la distribuidora británica de la Columbia estadounidense. CBS fundó su propia distribuidora británica en 1962 y permitió al productor de la Philips, Johnny Franz, reconstruir un elenco formado por británicos. Aparte de los Springfields y de Dusty Springfield, la atracción dirigida a los adolescentes de más éxito del sello Philips fue los Walker Brothers, una astuta confabulación de tres cantantes estadounidenses sin conexión anterior que se trasladaron a Gran Bretaña para presentarse como una alternativa localmente asequible a los Righteous Brothers. La estratagema dio resultado y Johnny Franz arregló varias producciones épicas muy eficaces, como la número uno «Make It Easy on Yourself» (una versión del éxito estadounidense de Jerry Butler) y «The Sun Ain't Gonna Shine Any More» (1966), compuesta por Bob Crewe y Bob Gaudio, el equipo de los Four Seasons.

La mayoría de los productos dirigidos a los adolescentes se lanzó en el sello Fontana y aparte de Millie y del Spencer Davis Group comprendían algunos de los mejores grupos Mersey (Wayne Fontana and the Mindbenders y los Merseybeats) y los Troggs, que desafiaban las comparaciones. Así como la mayoría de grupos de la época hizo algunos intentos de presumir de sus habilidades instrumentales, los Troggs parecían revelar con su carencia de dotes musicales y bajo la dirección del productor independiente y manager Larry Page, unas declaradas y no disimuladas preocupaciones sexuales: «Wild Thing», «With a Girl Like You», «I Can't Control Myself». Compuesta por un estadounidense, Chip Taylor, «Wild Thing» ya había sido grabada antes,

* PHILIPS. Propiedad de la Philips de Holanda; con derechos cedidos a las filiales estadounidenses Philips, Fontana, Mercury y Smash. Productores: Johnny Franz, Jack Baverstock.
Solistas pop: Dusty Springfield.
Grupos: The Springfields, The Walker Brothers.

Subsidiaria:

FONTANA.
Solistas pop: Millie (Small).
Grupos: Wayne Fontana and the Mindbenders, The Merseybeats, The Merseys, The Spencer Davis Group (United Artists en Estados Unidos), The Troggs (los discos de los Troggs fueron objeto de cierta confusión en Estados Unidos, donde los tres primeros sencillos se lanzaron tanto en Atco como en Fontana).

pero fue esta versión la que hizo que la canción se convirtiera en un standard de sórdida indecencia.

Este reparto del mercado británico en cuatro direcciones se vería desafiado pronto por una multitud de compañías nuevas, que comprendían Polydor, con sede en Alemania, varios sellos independientes montados por mánagers de grupos británicos de éxito y la mayoría de las grandes compañías estadounidenses que querían acceso directo a los artistas británicos en vez de tener que comprar los derechos a las compañías británicas. Con todo, estas compañías estadounidenses tuvieron que luchar primero a brazo partido con la invasión de su propio mercado por los intérpretes británicos.

Éxitos del «Top Ten» de EE. UU., 1962-1969, por tipo de compañía y procedencia nacional

Año	1962	1963	1964	1965	1966	1967	1968	1969
Producciones británicas	2	1	32	36	30	22	16	11
cedidas a grandes EE. UU.	1	—	20	30	23	22	15	11
cedidas a independientes EE. UU.	1	1	12	6	7	—	1	—

Año	1962	1963	1964	1965	1966	1967	1968	1969
Producciones EE. UU.	96	113	68	74	94	90	93	96
lanzadas por grandes	40	51	26	28	34	45	55	55
lanzadas por independientes	56	62	42	46	60	45	38	41
Total éxitos EE. UU.	98	114	100	110	124	112	109	107

El cuadro inferior muestra el cambio brusco en Estados Unidos entre 1963, cuando tan sólo un disco realizado en Gran Bretaña estuvo entre los diez primeros en Estados Unidos y 1964, cuando lo hicieron 32. En el mismo período, los éxitos producidos en Estados Unidos bajaron casi un 40 %, de 113 a 68. Como de costumbre, los sellos independientes fueron más rápidos que las grandes compañías en darse cuenta de las nuevas tendencias, pero en 1967 las grandes compañías se las habían arreglado para ejercer opciones sobre la mayoría de los intérpretes británicos de éxito y mejoraron su cuota de mercado por la que habían estado luchando por apoderarse antes de la Invasión Británica.

En muchos aspectos, el negocio discográfico estadounidense, a mediados de los sesenta, pasó por un curso intensivo de revisión de las lecciones que había aprendido a mediados de los cincuenta. Pero esta vez las grandes compañías se las arreglaron para moverse con mayor rapidez y se enfrentaron más firmemente a los intérpretes que habían causado problemas e incluso los usaron para desplazar a las independientes de rhythm and blues más importantes, que se cernían para hacer tabla rasa de la música de baile nacional. Una vez más, las grandes compañías descubrieron un mercado que no sabían que estaba allí, un mercado que prefería que su música la interpretaran artistas con personalidad. Esta vez las grandes compañías lo comprendieron.

2. De costa a costa

A mediados de los años sesenta, a la industria discográfica estadounidense le llegaron nuevos ímpetus desde tres frentes: los brillantes discos de pop de baile fabricados por el imperio de Berry Gordy en Detroit; los más apasionados discos de soul de los estudios sureños de Memphis y Muscle Shoals; y la invasión de discos pop y rock de Gran Bretaña. 1964 fue el año de la mayor agitación, cuando una generación de compañías independientes abandonó prácticamente la industria y los pocos supervivientes adoptaron las estrategias y estructuras de los grandes sellos. Imperceptiblemente, el «centro de gravedad» de la industria se desplazó de Nueva York hacia Los Ángeles. Varias de las mayores compañías mantuvieron la sede en Nueva York, aunque la mayoría abrió oficinas en la Costa Oeste y se vieron obligadas a recorrer el país a la búsqueda de intérpretes cuya música pudiera estar en la radio junto a los nuevos competidores.

Había tres grandes categorías de intérpretes estadounidenses blancos cuyos discos «resistieron»: cantantes que habían formado parte del mundillo folk y que adaptaron su material para que se combinara con un acompañamiento más fuerte, después de que los Animals demostraran que la combinación podía funcionar en «The House of the Rising Sun»; grupos cuyo tosco planteamiento a la hora de cantar y de tocar sus instrumentos se había considerado correcto para una banda de un bar local, aunque no lo suficientemente profesional para la difusión radiofónica; y los profesionales de la industria que, al ver en lo eficaces que se convertían estos dos tipos de intérpretes, montaron equivalentes de estudio, a algunos de los cuales se los promocionó posteriormente como grupos «auténticos», si los discos atraían la atención suficiente para que el asunto mereciera la pena.

Además de volver a despertar el interés estadounidense por algunos de los géneros «fuente» de la música pop, los grupos británicos —y sobre todo los Beatles y los Rolling Stones— estimularon un interés más intenso por la música pop en sí misma. El resultado más evidente fue que más gente empezó a comprar más discos y se amplió de hecho el mercado básico de la música pop hasta recuperar a un público que pensaba que la música pop había «perdido con la edad». La popularidad creciente de los intérpretes basados en el folk era una consecuencia de este tipo nuevo de fan pop, pero aunque había una racha de inconformismo y crítica social inherente en el material folk y había varios sellos independientes especializados en grabar a intérpretes de ese género, la mezcla del folk y el pop consolidó la posición de las grandes compañías y les ayudó a recuperar parte del terreno que habían perdido en la época del rock 'n' roll.

Las pocas amenazas de parte de los sellos independientes provinieron de las compañías que consiguieron a los grupos llamados «bandas de garaje» que no tenían una conciencia política evidente, sino que simplemente tenían la ambición de hacer música como los Beatles y los Stones, tomar algo del dinero que flotaba en el ambiente y atraer la atención de los millones de chicas estadounidenses adolescentes que, por lo visto, estaban locas por la imagen de los muchachos británicos. Pero no había compañías independientes nuevas que se pudieran comparar con las pioneras del rhythm and blues y tan sólo la Bang! Records de Nueva York se las arregló para montar un pequeño elenco de artistas importantes. La mayor parte de las demás tendían a desaparecer después de un par de éxitos o se aliaban con compañías existentes para la promoción y la distribución.

Para las compañías con sede en la Costa Oeste, éste fue el período en que todos aquellos años de éxito desigual empezaron a suponer dividendos para los compositores y productores más persistentes, primeramente con música que se describió vagamente como «música surf» y luego con varias combinaciones de folk, pop y rock catalizadas por varios refugiados de la escena folk de Nueva York.

I

El movimiento del moderno folk estadounidense se remonta a las poderosas actividades sindicales de los años treinta reforzadas durante los años de la guerra cuando Leadbelly y Woody Guthrie surgieron como los animadores de club más importantes. Floreció con éxitos pop nacionales de su material entre 1950 y 1951 a cargo de los Weavers, con «Goodnight Irene», «This Land is Your Land» y demás. Pero la época McCarthy de persecución de rojos y caza de brujas relegó la expresión independiente a la marginalidad y propició que los inocuos calipsos de Harry Belafonte, los Tarriers, los Easy Riders y demás representaran a la música folk en la radio pop.

A lo largo de los años cincuenta, parecía que los creadores y el público de la música pop aceptaban las limitaciones del papel del pop, dando vueltas alrededor de las mismas situaciones de fantasías no correspondidas, noviazgos atormentados, satisfacción narcisista o pérdida suicida, aliviadas tan sólo por frívolas canciones de moda o instrumentales abstractos. De hecho, había compositores y cantantes que en sus canciones presentaban situaciones no ortodoxas y expresaban actitudes de desafío, rechazo e independencia que no eran simples explosiones petulantes de adolescencia, sino alternativas vivas al pasivo statu quo. Chuck Berry, Buddy Holly, Leiber y Stoller y Carl Perkins compusieron canciones cuyo contenido social lo hubieran podido comprender rápidamente los fans del folk si hubieran sido interpretados con un acompañamiento acústico por un cantante folk «auténtico». Difundidas por la radio pop, escapaban a su atención, e hicieron falta los Beatles y los Stones para rescatar sus can-

53. HANK WILLIAMS y LOS DRIFTING COWBOYS, con Minnie Pearl. Hank, de Birmingham (Alabama), sentado a la izquierda.

54. LONNIE DONEGAN, de Glasgow (Escocia).

ciones del cubo de basura al que los Estados Unidos habían lanzado sus viejos éxitos. Mientras tanto, el folk existía en un mundo propio hasta que Bob Dylan lo arrastró, a gritos, hacia el pop a mediados de los sesenta.

La música folk convocó dos imágenes particulares: un cantante sentado inclinado sobre una guitarra acústica o un grupo de tres o cuatro cantantes, colocados alrededor de un micrófono y tocando una variedad de instrumentos acústicos de cuerda (que comprendían la guitarra, el banjo, la mandolina, el violín y el contrabajo). En cualquier caso, ni la batería ni las guitarras amplificadas eléctricamente se inmiscuían para romper el hechizo de la intemporalidad.

Los cantantes en solitario seguían la tradición de los intérpretes callejeros itinerantes cuyo repertorio había sido grabado a fondo en los años veinte y los treinta. Los cantantes-guitarristas negros fueron grabados para el llamado mercado «de raza» hasta que su público empezó a preferir los discos que incorporaban guitarras eléctricas y un ritmo de baile más acentuado, en cuyo punto la mayoría de los músicos de blues rural se retiraron de una carrera profesional en la música. Aunque unos pocos tomaron un cambio de rumbo y adaptaron su repertorio e interpretación a los gustos del público de mayoría blanca, de formación universitaria y a menudo políticamente izquierdista, que respondía al tema y la entrega auténtica del folk blues negro. Entre los preferidos, en este contexto nuevo, estaban Josh White de Carolina del Sur y el dúo de Brownie McGhee y el armonicista Sonny Terry, que habían sido figuras de escaso relieve en el mercado «de raza»; aunque el más popular de ellos fue Leadbelly, que aún había sido más desconocido.

La historia de Leadbelly era una clásica «novela de-la-miseria-a-la-riqueza»: lo descubrieron en 1933 cuando cumplía condena en la Penitenciaría de Angola del Estado de Luisiana, los investigadores del folk John y Alan Lomax en uno de sus viajes por los estados del Sur. Se las arreglaron para obtener la salida de la cárcel de Leadbelly y se llevaron su descubrimiento al norte, a Nueva York, donde su voz grave, interpretación intensa y amplio repertorio causaron una gran impresión en los gustos y los estilos de todos los que le oyeron. A través de sus actuaciones en directo y de sus grabaciones (en muy diversos sellos que comprendían desde los especializados para coleccionistas hasta algunas de las grandes compañías), Leadbelly introdujo un buen número de canciones folk que llegaron a ser famosas durante los siguientes treinta años a ambos lados del Atlántico y que incluían las compuestas por él mismo y otras que él reconstruyó a partir de canciones que había oído en su infancia: «Rock Island Line», que posteriormente lanzaría la carrera del cantante británico de skiffle Lonnie Donegan; «Midnight Special», que fue adoptada recientemente como título de una serie de programas de música en directo en la televisión estadounidense, entre una infinidad de grabaciones; «Goodnight Irene» y muchas más.

En paralelo con los cantantes negros de folk, una tribu equivalente de cantantes blancos de folk recorrían los estados del Sur interpretando un repertorio parecido, pero a la industria discográfica no se le ocurrió que pudieran constituir una fuente de música comercial. Muchos de los cantantes callejeros, negros y blancos, se veían más o menos obligados a tocar la guitarra por causa de alguna enfermedad que les impedía el encontrar otro tipo de trabajo. Lisiados o ciegos, se los veía poco menos que como pordioseros. Jimmie Rodgers ayudó a redefinir la imagen de esos hombres gracias al éxito sorprendente de sus primeros discos para la Victor, realizados en 1927.

Conocido como «The Singing Brakeman» [«El guardafrenos cantante»], Jimmie Rodgers era muy parecido a los cantantes negros de blues tanto por su repertorio como por su instrumentación, pero sus discos alcanzaron pronto unas ventas comparables a los sencillos más comerciales de la época e incluso se mantuvieron más que la mayoría durante los años de la Depresión de los treinta. Prácticamente todo cantante blanco sureño de relieve que surgiera en los veinte años siguientes mencionaba a Rodgers como su principal influencia, incluidos Roy Acuff, Ernest Tubb y Hank Williams, que se convertiría a su vez en la principal influencia siguiente para una nueva generación de cantantes sureños en los años cincuenta, ahora calificados como country and western.

Como los cantantes de blues que aumentaron su acompañamiento con saxos, pianos y baterías, estos intérpretes de country and western añadieron una banda de acompañamiento a sus propias guitarras durante los años cuarenta y adaptaron su estilo y repertorio para ajustarse a los requisitos de los escandalosos tugurios y a las expectativas de las emisoras de radio country and western. Pero había otra manera de tomar el planteamiento de Jimmie Rodgers, como lo demostró Woody Guthrie.

Originario de Oklahoma, que estaba al borde de la zona asociada con la música country and western, Woody Guthrie nunca intentó alimentar ese mercado sino que, en vez de ello, se trasladó hacia el oeste, el norte y con el tiempo, hacia el este, componiendo constantemente canciones sobre el mundo sacudido por la Depresión que veía a su alrededor. En 1940 Woody se alió con tres cantantes folk de Nueva York, Pete Seeger, Lee Hays y Millard Lampbell y juntos fundaron los Almanac Singers, cuyo repertorio y presentación escénica se diseñaron para galvanizar a las gentes trabajadoras de Estados Unidos para que reconocieran su patrimonio y sus vínculos comunes. Con una gira nacional y conciertos regulares en Nueva York, los Almanac Singers establecieron el grupo de folk urbano como un formato eficaz. Hubo grupos anteriores de folk rural con una formación similar, sobre todo la Carter Family que, por casualidad, había realizado sus primeras grabaciones en la misma sesión para la Victor que Jimmie Rodgers. Pero la Carter Family se preocupaba más de documentar y revivir la tradición del folk «puro» que se extendía hacia atrás al siglo XIX y más allá del Atlántico hasta Gran Bretaña. En ocasiones, los intérpretes de folk de este sector no estaban de acuerdo con el enfoque propagandístico de los Almanac Singers y sus sucesores.

Los Almanac Singers se separaron en 1942, pero la escena folk aumentó de manera reducida a lo largo de los cuarenta, con Woody Guthrie y Leadbelly como grandes figuras. Entre las canciones de Guthrie que pasaron al repertorio folk habitual estaban «This Land is Your Land», «So Long, It's Been Good to Know

You» y «This Train is Bound for Glory», mientras su formato de talkin' blues [«blues hablado»] fue adoptado y adaptado por innumerables cantantes. Como la mayoría de los cantantes folk, no tuvo un contrato discográfico en exclusiva y grabó para varias compañías como Folkways y Victor, aunque poca gente escuchó las versiones propias de sus canciones, en comparación con los millones que las escucharon interpretadas por otros artistas, sobre todo los Weavers.

Los Weavers originales tenían entre sus filas a dos ex Almanac Singers, Pete Seeger y Lee Hays, junto a Ronnie Gilbert y Fred Hellerman y fue este grupo el que sacó el folk de las callejones y lo hizo resaltar hacia el gran público. La industria discográfica era todavía escéptica cuando el grupo se fundó en 1949 y la única manera de que pudieran grabar fue cuando el director musical de la Decca, Gordon Jenkins, les ofreció acreditarlos como «cantantes invitados» en una sesión reservada para su propia orquesta. Su versión del «Goodnight Irene» de Leadbelly fue inmediatamente un éxito enorme en 1950, fue directamente a la cima de las listas y permaneció en ellas durante seis meses; demasiado tarde para que Leadbelly se beneficiara de ello: había muerto en diciembre de 1949. Contratados posteriormente por la Decca por derecho propio, los Weavers tuvieron una serie de éxitos, como «So Long» de Woody Guthrie y una adaptación de una canción folk africana, «Wimoweh (The Lion Sleeps Tonight)», pero la ética de autogestión y de expresión propia de los Weavers incomodaba a cierta gente.

Éste fue el apogeo de la época en que los estadounidenses derechistas cerraron filas en torno al senador Joe McCarthy en una caza de brujas para denunciar y suprimir cualquier personaje público y mediático con inclinaciones izquierdistas cualesquiera que fueran. Se lanzaron presiones insidiosas sobre amigos de amigos para obtener «confesiones» de «simpatías comunistas» y la industria estadounidense del espectáculo, estrechamente ligada a la industria de la publicidad mediante el sistema de patrocinio de programas de radio y televisión, en general se rindió al chantaje y dio de lado a cualquiera con un indicio de conexiones izquierdistas. Pete Seeger tenía una bien documentada carrera de animar a la gente para que se manifestara por sus derechos y los Weavers se vieron obligados a separarse a finales de 1952 para no tener que aguantar más humillaciones y ver cómo se cancelaban varios compromisos sin una explicación adecuada.

Durante algunos años, a la música folk se la vio con alguna desconfianza por parte de las grandes compañías discográficas, incluso después de que se hubiera desvanecido el furor de McCarthy, lo que permitió a algunos de los sellos independientes especializados* grabar a la mayoría de los intérpretes folk de primera fila y emprender por sí mismos importantes operaciones. Folkways, fundada en los años cuarenta por Moe Asch, no mostró ninguna ambición de

* Sellos independientes de folk:

FOLKWAYS. Fundado en 1948 en Nueva York por Moe Asch y Marion Distler.
Folk: Leadbelly, Woody Guthrie, Pete Seeger, Burl Ives, Josh White.
Blues: Brownie McGhee and Sonny Terry.

salir de su mercado de coleccionistas y tampoco lo hizo el parecido sello Tradition, aunque tanto Vanguard como Elektra hicieron incursiones en el mercado comercial.

Elektra la fundó Jac Holzman en 1950 y la dirigió prácticamente como un hobby durante los años cincuenta, aunque la creciente demanda de discos de Josh White y Theodore Bikel obligaron a la ampliación de la compañía. Los propietarios de Vanguard, Seymour y Maynard Solomon fundaron el sello principalmente para grabar música clásica, aunque desarrollaron un amplio catálogo de intérpretes de folk y de jazz durante los años cincuenta y contrataron a los Weavers cuando se volvieron a reunir en 1956.

Pero en contraste con la época del rock 'n' roll, en la que los grandes sellos permitieron a los independientes obtener una ventaja que duró varios años, al folk no se le ignoró nunca hasta ese extremo. A medida que los álbumes se convertían cada vez más en un factor importante para la industria discográfica, el folk era, claramente, una propuesta atractiva, con la condición de que se encontraran intérpretes que no fueran tan políticamente sospechosos como los Weavers. Muchos *folkies* llegaron a estar más politizados y, en buena parte, firmaron con las grandes compañías con la idea de que su mensaje podría llegar a más gente que si grababan con una compañía independiente. Sea cual fuere el motivo, los intérpretes folk desempeñaron un papel importante al permitir que las grandes compañías recuperaran su posición en el mercado pop y algunos de ellos llegaron a ser la piedra angular de los elencos de sus compañías durante los años sesenta.

La siguiente fase comercial para la música folk se provocó en 1957 desde un nuevo punto de vista, por dos versiones de una canción de estilo calipso titulada «The Banana Boat Song» por los Tarriers (para Glory Records) y por Harry Belafonte (para RCA-Victor). Belafonte había seguido carreras paralelas e igualmente exitosas como actor y cantante y después de protagonizar (aunque no cantar en) la película *Carmen Jones*, la RCA lo contrató y grabó un disco de can-

VANGUARD. Fundado alrededor de 1948 en Nueva York por Maynard y Seymour Solomon. Productor: a mediados de los cincuenta: John Hammond; a finales de los cincuenta y principios de los sesenta: Sam Charters.
Folk: The Weavers, Joan Baez, Odetta, The Rooftop Singers.
Rock: Country Joe and the Fish.

ELEKTRA. Fundado en 1950 en Nueva York por Jac Holzman. Comprado por la Kinney Corporation en 1968; se fusionó con Asylum en 1973 bajo el paraguas corporativo de la Warner Communications Inc.
Folk: Theodore Bikel, Josh White, Tom Paxton, Phil Ochs, Judy Collins.
Blues: The Paul Butterfield Blues Band.
Rock: The Doors, Love.

ciones de calipso, incluida «The Banana Boat Song». La RCA había triunfado con dos sencillos, «Jamaica Farewell» y «Mary's Boy Child», cuando una versión sustancialmente diferente de «The Banana Boat Song» salió en la Glory por los Tarriers, un grupo de folk con coros bastante formales dirigido por el banjoísta Erik Darling y que también contaba con Alan Arkin (que posteriormente lo dejaría para seguir una carrera de éxito como actor). La RCA sacó a toda prisa la versión de Belafonte de «Banana Boat» (con el subtítulo «Day-O» por el grito característico del estribillo) y ambas canciones estuvieron entre los diez primeros lugares de las listas nacionales y reafirmaron un lugar para la música folk en los esquemas habituales.

En los dos años siguientes las grandes compañías se aseguraron de tener al menos un número folk en sus catálogos. Veían cuántos álbumes vendía Belafonte y no parecía causar ninguna consternación entre bastidores, donde los publicitarios y los gerentes intercambiaban notas. Irónicamente, Belafonte llegó a ser muy activo en el Movimiento de Derechos Civiles durante los sesenta y prácticamente se retiró del mundo del espectáculo. Pero eso fue después. Por el momento consolidaba sus éxitos con incesantes actuaciones en directo y ayudó a presentar ante el público a varios jóvenes intérpretes folk, sobre todo a Odetta, que fue con él a la RCA después de grabar álbumes para Tradition y Vanguard. La Decca fichó a Burl Ives, cuya carrera se remontaba a la época de la guerra y su atractivo de hombre protector fue dirigido con éxito tanto hacia los niños de guardería como hacia las listas pop. La Capitol cogió al Kingston Trio, cuyo comportamiento de chicos universitarios les llevó hasta la corriente principal del pop, con varios sencillos de éxito (como el número uno «Tom Dooley» en 1958) y algunos de los álbumes más vendidos de la época. La Columbia contrató a los parecidos Brothers Four y con más audacia a Pete Seeger, ahora un intérprete en solitario y siempre un catalizador vital para el movimiento folk. La UA consiguió a los Highwaymen, la RCA a los Limeliters y la Warner Brothers a Peter, Paul and Mary, que hicieron subir al folk otro peldaño en la escalera de la aceptación pop, con una cantante solista femenina cuya vivacidad escénica estaba a la altura de su impecable voz.

La Vanguard lo hizo bien para resistir contra el poder de mercadotecnia y distribución de las grandes compañías e incluso se las arregló para mejorar su cuota en el mercado pop. El gran éxito para el sello fue cuando Joan Baez eligió a la Vanguard contra la competencia de varias compañías mayores, después de que ella hiciera un espectacular debut en el Festival Folk de Newport de 1959. Desde el principio de su carrera, Joan Baez acuñó una imagen muy diferente del estereotipo de la mujer normal al que la música pop estaba acostumbrado; en vez de maquillaje, «vulnerables» sonrisas de tía buena y actitudes premeditadas de figura, rezumaba una tranquila seguridad al vestir ropas cómodas y al dar su opinión sobre todo tipo de temas que normalmente valía más no abordar, como las políticas opresivas del gobierno hacia los indios nativos, el Extremo Oriente, América Latina o los negros del sur. Ella elegía su propio material, tocaba la guitarra y cantaba como un pájaro, o como un ángel, o como cualquier analogía que muestre la pureza y la claridad. Sus álbumes, grabados tanto en directo como en estudio, llegaron a las listas de los más vendidos, aunque los programadores de la radio pop los boicotearon prácticamente, horrorizados por el elemento inconformista de su contenido. Hasta que Joan no tomó el camino «probado-y-verdadero» para grabar en Nashville, no derrumbó las citadas barreras y tardíamente alcanzó el número tres en 1971 con «The Night They Drove Old Dixie Down».

El primer éxito realmente grande de la Vanguard fue «Walk Right In», de los Rooftop Singers en 1963. De hecho, era una demorada continuación a «The Banana Boat Song» para Erik Darling, que había fundado los Rooftop Singers después de una estancia en los Weavers, como sustituto de Pete Seeger. Pero éste fue uno de los últimos éxitos de folk puro. Un par de meses después, Peter, Paul and Mary triunfaron con «Puff The Magic Dragon», una encantadora fábula para niños, aunque luego pasaron hacia un material más fuerte con «Blowin' in the Wind» y desde entonces muchos éxitos folk fueron o bien políticos o bien mucho más ricos instrumentalmente.

II

En 1962, el movimiento folk se había extendido hasta las ciudades más grandes y permitió que los intérpretes punteros se ganaran la vida en giras por el país, con el punto culminante anual del Festival de Folk de Newport, iniciado en 1959, donde se podían conseguir las reputaciones o realzarlas. Las revistas como *Sing Out* publicaban críticas de conciertos y de discos, publicaban letras de canciones y debatían con intensidad en aumento lo que era y lo que no era aceptable de definirse como música folk. La mayor parte de la discusión se centraba en las formas de acompañamiento, si los instrumentos amplificados eléctricamente eran aceptables o no, o sobre si las canciones podían ser personales y contemporáneas o tenían que ser históricas, tradicionales y «en tercera persona». Los modernistas tenían a los cantantes de blues a su lado.

Después de que Leadbelly muriera en 1949, los cantantes negros de folk importantes eran Josh White, Big Bill Broonzy y el dúo de armónica y guitarra, Sonny Terry and Brownie McGhee. Al cantar con una clara voz ligera, típica de los bluesmen de Carolina del Norte, Josh White no abarcaba tan sólo canciones adecuadamente tradicionales del folklore negro, como sobre todo «House of The Rising Sun», sino que también incluía canciones con una herencia blanca, incluso europea. Mucho más intenso, originario de Mississippi y con residencia mucho más reciente en Chicago, Big Bill Broonzy también amplió su repertorio más allá del marco convencional del blues para incluir canciones que eran fáciles de tararear y que tenían algún mensaje social inherente, como la emotiva «Get Back». Brownie McGhee (de Tennessee) y Sonny Terry (criado en Carolina del Norte) mantuvieron una insólita carrera doble con banda de acompañamiento para el público negro y acústicamente para el blanco.

A finales de los años cincuenta, a estos cantantes negros pioneros del folk blues se les unieron muchos de sus contemporáneos que o bien habían dejado de actuar o bien tocaban para el menguante público negro del blues acústico en sus ciudades natales. Siguiendo el rastro de John y Alan Lomax, varios investigadores hicieron viajes para grabar, entrevistar y fotografiar a los bluesmen supervivientes durante los cincuenta. Frederick Ramsey, Harold Courlander, Sam Charters y Paul Oliver hicieron varios viajes al campo sureño y cedieron muchas de sus cintas a Folkways. El libro de Charters *The Country Blues*, el de Ramsey *Been Here and Gone*, el de Courlander *Negro Folk Music, USA* y el de Oliver, *Blues Fell This Morning*, provocaron un interés generalizado por el blues y especialmente en los intérpretes de blues que ellos grabaron, a muchos de los cuales se les llamó para actuar en clubes de folk y teatros universitarios a lo largo del país.

Lightnin' Hopkins demostró ser el más adaptable al nuevo público blanco y por lo visto, era capaz de inventar fascinantes blues narrativos para cualquiera que le pagara para cantar una canción con un micrófono delante. Después de grabar prolíficamente para muchos sellos de rhythm and blues durante los últimos cuarenta y los primeros cincuenta, Hopkins había estado inactivo desde 1953. Resurgió con un álbum grabado por Charters para la Folkways en 1959, el año en que llevó a otros varios intérpretes de blues ante el público blanco por primera vez, como Robert Pete Williams y los guitarristas slide Fred McDowell y Furry Lewis. En 1960 el cantante callejero de Nueva York Reverend Gary Davis grabó un álbum para el sello de jazz Prestige, cuya subsidiaria especial de blues, Bluesville, podía en 1962 presumir de un elenco impresionante: Lonnie Johnson, un cantante y guitarrista de blues comercial enormemente popular que había grabado regularmente desde los últimos años veinte hasta los primeros cincuenta; el guitarrista de Nueva Orleáns Snooks Eaglin, cuyo repertorio incluía éxitos de rhythm and blues contemporáneo transportados al género de folk-blues de guitarra acústica y varios pianistas de blues como Memphis Slim, Roosevelt Sykes, Victoria Spivey, Little Brother Montgomery y Sunnyland Slim. En Chicago el propietario de una tienda de discos Bob Koester llevaba la Delmark Records como una animada actividad paralela y grabó a muchos intérpretes locales de blues y al intérprete de guitarra de nueve cuerdas Big Joe Williams; en la Costa Oeste, el multiinstrumentista Jesse Fuller grabó para la Good Time Jazz.

Además de presentar a su nuevo público estilos heterodoxos de afinación e interpretación guitarrística y de conseguir emocionantes efectos imposibles para los técnicos convencionales del folk, los bluesmen también dieron la razón, sin querer, a aquellos que sostenían que la música folk podía ser una música personal y no tenía por qué adherirse a la forma tradicional de balada de narraciones en tercera persona. El mundo del blues se abrió a medida que más investigadores y coleccionistas desenterraron y redescubrieron exponentes más auténticos del arte, hombres que habían grabado en los años veinte y treinta y que hacía tiempo que habían abandonado la música como carrera. A Skip James, Bukka White, Son House, Sleepy John Estes, Reverend Robert Wilkins y Mississippi John Hurt se les descubrió vivos y capaces todavía de tocar la música de sus días de juventud y volvieron a grabar en estudio después de treinta años de ausencia, mientras las compañías de reediciones como Yazoo, Arhoolie's Blues

Classics y Biograph ponían sus grabaciones originales disponibles en álbumes por primera vez.

Aunque estos cantantes de blues no llegaron a más que una minúscula porción del público de la música popular, su impacto indirecto fue enorme a través de su influencia en el público y especialmente en los intérpretes de los clubes de folk durante los primeros años sesenta, tanto en Estados Unidos como en Europa, donde aquellos que estaban lo bastante sanos para viajar hicieron amplias giras. El poder y la belleza de la interpretación y material de los cantantes de blues fue una inspiración vital para los frustrados intérpretes y públicos que buscaban una expresión más personal de la que se disponía ya fuera en el pop de la corriente principal o en la música folk ortodoxa.

Una vez que los guitarristas acústicos habían presentado el blues al público de club de folk, muchos cantantes contemporáneos también se convirtieron en aceptables, como la mayoría de los bluesmen de Chicago punteros. John Lee Hooker, Bo Diddley, Jimmy Reed (que tenía un aparato para sostener la armónica encima de la guitarra, para poder tocarlas las dos al mismo tiempo), Howlin' Wolf, Muddy Waters y Sonny Boy Williamson tocaban todos en los salas de folk de Boston y Greenwich Village y en los conciertos folk en los campus durante los primeros años sesenta.

Mientras que los estilos del blues se redescubrían y revitalizaban, también lo eran las formas acústicas de la música country sureña blanca que se había considerado obsoleta como música pop por el estereotipado sonido «Nashville». La formación de mandolina, banjo y violín de la música bluegrass de Kentucky se vio especialmente favorecida, interpretada por Bill Monroe y muchos de sus antiguos músicos como Lester Flatt y Earl Scruggs, máximos exponentes de un estilo que ponía más énfasis en el virtuosismo instrumental que en el ritmo o en las emocionales partes cantadas. Entre los más jóvenes grupos de este estilo con residencia en el Norte, los New Lost City Ramblers eran los más versátiles y populares.

Los supervivientes de la famosa Carter Family también se convirtieron en favoritos del circuito de folk, con su repertorio de canciones montañesas tradicionales y sagradas, mientras la música gospel de todas clases llegaba a extenderse más como respuesta a la necesidad de canciones coreables cargadas de emoción por parte de los movimientos contestatarios de Estados Unidos y Gran Bretaña.

III

El movimiento folk había prosperado durante los años cincuenta en Gran Bretaña, donde no hubo un equivalente de la época represiva de McCarthy sufrida en los Estados Unidos. Mientras Lonnie Donegan presentó muchas canciones esencialmente folk de Leadbelly y Woody Guthrie al público pop nacional poniéndoles una sección rítmica detrás, había, sin embargo, un movimiento de músicos, fuerte y desafiantemente anticomercial que mantuvo las formas tradicionales de la música rural irlandesa, escocesa, galesa e inglesa, junto a baladas compuestas durante la revolución industrial del siglo XIX y reforzado por canciones contemporáneas compuestas en géneros tradicionales. Ewan MacColl era el líder reconocido de los cantantes folk y utilizaba las formas tradicionales para comentar, críticamente, a la sociedad actual y disfrutaba del apoyo del productor de radio de la BBC Charles Parker para la serie «Radio Ballads», lo que habría sido inconcebible en los Estados Unidos.

Por Pascua de 1958, la *Campaign for Nuclear Disarmament* (CND) inició una protesta anual contra la fabricación de armas nucleares en Gran Bretaña con una marcha de ochenta kilómetros desde la fábrica de armamento de Aldermaston hasta Trafalgar Square en Londres que tardó cuatro días en completarla. El acontecimiento reunió a inconformistas de todas las edades y de todo el país y estimuló el desarrollo de un repertorio de canciones radicales que pasó a las actuaciones en los clubes en los años posteriores e inspiró composiciones nuevas y llevó a un creciente reconocimiento del blues americano y del material folk, presentado por estadounidenses como Peggy Seeger y Alan Lomax (residentes en Gran Bretaña durante los años cincuenta) y visitantes regulares como Ramblin' Jack Elliott.

A la larga, un movimiento pacifista paralelo surgió en Estados Unidos, que utilizó el símbolo de la CND británica como símbolo (☮), aunque el primer movimiento político de la época en Estados Unidos se centró en las manifestaciones por los Derechos Civiles en apoyo de las Leyes Antisegregacionistas en el Sur. Las principales herramientas de las protestas en pro de los derechos civiles eran las sentadas [*sit-ins*] y las marchas, pruebas ambas de resistencia física que pasaban más fácilmente con el canto comunitario. Muchos de los primeros himnos eran canciones compuestas por Pete Seeger o relacionadas con él, que colaboró en la inauguración del Newport Folk Festival en 1959 e inició los «hootenannies» folk, conciertos en los que el público participaba en el canto. Cuando la ABC-TV emitió en cadena un programa titulado *Hootenanny* para capitalizar el boom del folk que siguió a los éxitos del Kingston Trio, rechazó que Seeger apareciera en el espectáculo por su compromiso político, pero John Hammond fichó desafiantemente a Seeger para la Columbia Records como artista en solitario después de abandonar a los Weavers.

Un portavoz valiente e irreprochable en favor de la libertad de pensamiento y de expresión durante el período en que los medios de comunicación estadounidenses trataban incluso a los liberales moderados con sospechas paranoicas, Seeger desempeñó un papel inapreciable a la hora de mantener vivo el espíritu del individualismo notorio y de la protesta política. Paladín de los demás cantantes folk que carecían de su instinto propagandístico, Seeger echó las bases sobre las que se asentó el boom del folk de los sesenta y tuvo una influencia enorme en el repertorio de canciones que adoptaron los movimientos de protesta: sus composiciones propias comprendían «If I Had a Hammer», «Where Have All The Flowers Gone», «Turn Turn Turn» y «We Shall Overcome».

La música tuvo un papel relativamente menor en el primer acontecimiento en pro de los derechos civiles, un boicot a los autobuses de Montgomery (Alabama), que siguió a un rechazo espontáneo del ama de casa negra Rosa Parks en diciembre de 1955 a ceder el asiento a un pasajero blanco en un autobús, como era la costumbre local.* Aunque no tuvo efectos musicales directos por derecho propio, la no violencia pasiva del boicot a los autobuses de Montgomery se convirtió en el modelo para las manifestaciones futuras en pro de los derechos civiles, como una sentada en una cafetería de Greensboro (Carolina del Norte) a cargo de cuatro estudiantes negros en 1960. Mientras esperaban a que les sirvieran, una sentada solidaria en la Fisk University de Nashville se convirtió en una manifestación de larga duración, en la que entre las canciones que se cantaron había una adaptación de «Leave My Kitten Alone» de Little Willie John, cantada como «you'd better leave desegregation alone» [«dejad en paz a la desegregación»]. Después de la sentada en la Fisk, Guy Carawan, un colaborador de Pete Seeger, se puso a reunir un repertorio de canciones que pudieran servir más adelante para acontecimientos parecidos.

En favor de las organizaciones tradicionales por los derechos de los negros NAACP (National Association for the Advancement of Coloured People) y CORE (Congress of Racial Equality), se fundaron varias organizaciones estudiantiles, sobre todo la SNCC (Student Non-violent Co-ordinating Committee) y la SDS (Students for a Democratic Society), con un empeño especial en ayudar a la gente negra del Sur para que se registraran para tener derecho al voto y en organizar a los inquilinos en los ghettos del norte en los que los negligentes dueños privados y los consejos municipales habían contribuido a las horrorosas condiciones de vida. Coincidiendo con una conciencia y repugnancia crecientes por la intervención estadounidense y la actividad militar en Extremo Oriente, que se convirtieron en un Movimiento Pacifista hecho y derecho, el Movimiento por los Derechos Civiles recibió el apoyo de muchos cantantes, compositores y músicos de folk, algunos de los cuales llegaron a ser estrellas nacionales incluso para el no politizado público de la corriente principal pop.

Peter, Paul and Mary fueron los primeros intérpretes abiertamente politizados, después de los Weavers, que fueron aceptados por las grandes instituciones de los medios de comunicación estadounidenses. Reunidos por Albert Grossman, gerente del principal club de folk de Chicago, The Gate of Horn, Peter, Paul and Mary ficharon por la Warner Brothers en 1961 y alcanzaron a estar entre los diez primeros al año siguiente con el himno pacifista de Pete Seeger «If I Had a Hammer» y de nuevo en 1963 con «Blowin' in the Wind», compuesta por el entonces desconocido Bob Dylan. Paradójicamente y a pesar de sus genuinas creencias políticas que expresaban al cantar gratis en mítines a lo largo del país, el sonido de Peter, Paul and Mary (producidos por Milt Okun) era suave y de fácil escucha y

* Para protestar contra la detención y multa de Rosa Parks por ese «delito», unos cuantos negros propusieron un boicot al servicio de autobuses de Montgomery a cargo de los negros, que constituían la mayoría de los pasajeros. Con la información de los periódicos locales y el apoyo de los grupos locales de la iglesia negra, el boicot se convirtió en un tema de interés nacional que duró varios meses, y los acontecimientos hicieron de dos pastores locales, el Reverendo Martin Luther King y el Reverendo Ralph Abernathy, dos líderes nacionales.

era poco probable que escandalizase al pasivo público pop, que en gran parte no se había seguramente ni enterado de las implicaciones políticas de la deliciosamente melódica «Blowin' In the Wind». Sin embargo, Peter, Paul and Mary desempeñaron un importante papel en nombre de los compositores cuyas canciones grabaron en sus álbumes superventas. Ellos abrieron las puertas por las que Bob Dylan y otros pasaron de las cafeterías hacia las candilejas.

La carrera de Bob Dylan representa el crecimiento de la música folk en general aunque él, en realidad, fue parte de ese mundo durante un período relativamente corto. Después de compartir el entusiasmo adolescente de su generación por las estrellas del rock 'n' roll, Dylan quedó consternado por la manera en que el negocio musical parecía asimilar el espíritu de aquel al descartar su individualismo y vio en la música folk un marco mejor para la expresión propia. Ambicioso, tenazmente decidido y extremadamente rápido en absorber experiencias e influencias nuevas, Dylan supo compensar sus carencias en cuanto a las técnicas básicas del canto y de tocar la guitarra (a decir de todos, tenía problemas para cantar afinado o para seguir los patrones de progresión de acordes). Otra cualidad importante: Dylan atrajo la atención de gente de renombre; al año siguiente de su llegada a Nueva York en 1961, recibió críticas entusiastas por parte de Robert Shelton en el *New York Times*, John Hammond lo fichó para la Columbia y Albert Grossman le hizo de manager.

En los círculos folk, sin embargo, se reconoció a varios cantautores por encima de Dylan en términos de probada habilidad y potencial posible, sobre todo Dave Van Ronk. Músico ecléctico y aventurero, a Van Ronk lo respaldaron los folkies «modernistas» no como un cantante o un técnico sobresaliente sino como un arreglista muy imitado. Pero el acomodaticio Van Ronk no tenía una ambición especial de ir más allá del ya convencido público folk, razón por la cual seguramente otro de los cantantes folk punteros de la época, Ramblin' Jack Elliott, nunca consiguió más que un público de culto.

Un neoyorquino cuyo nombre auténtico era Elliott Adnopoz, Ramblin' Jack, ocultó su identidad bajo una reencarnación de Woody Guthrie, que en los años cuarenta había inventado casi con una sola mano un estilo nuevo de música folk contemporánea, el talking blues [«blues hablado»]; comentarios sociales sobre la política, vivir del cuento en la carretera e idealizar la vida rural frente a la urbanización invasora. Al cantar las canciones de Guthrie y al componerlas en un estilo parecido, Elliott era una figura familiar en los clubes de folk a lo largo de los Estados Unidos y también en Gran Bretaña, donde hizo varias largas visitas.

Cuando Dylan grabó su primer álbum para la Columbia en 1961, todavía estaba bajo la fuerte influencia de Elliott, Van Ronk y un cantante folk de modulación blues de Cambridge (Massachusetts), Rik Von Schmidt. La mayoría de las canciones eran estándares del circuito del folk, como las notas de contraportada explicaban con considerable detalle y tan sólo dos eran composiciones de Dylan, ambas en el estilo del talking blues de Guthrie y Elliott. Aparte de la llamativa seguridad con la que el cantante atacaba el material, el disco no era destacable y apenas justificaba la, por lo visto, díscola decisión de John Hammond de adjuntarlo al moderado elenco de la Columbia.

En 1962 llegó una etapa crucial en el desarrollo de Dylan, cuando Pete Seeger volvió de un viaje a Gran Bretaña muy impresionado por la composición contemporánea de los cantantes folk británicos. En colaboración con otras dos grandes figuras de la escena folk, Sis Cunningham y Gil Turner, Seeger fundó la revista *Broadside*, que publicaría las letras de las mejores canciones de folk compuestas recientemente. Con este foro como plataforma, Dylan parecía galvanizado por la acción y durante el año siguiente compuso una serie de canciones emocionantes, al ensartar, en ocasiones, imágenes y frases con un estilo de «monólogo interior» y, en otras canciones, al modelar estribillos con el aplomo de un profesional del Brill Building. Dylan, que respondía al signo de los tiempos como un sismógrafo, se convirtió en la expresión de todo lo que los movimientos folk y los de protesta representaban colectivamente. Después de la grabación de dos de sus canciones por Peter, Paul and Mary de este período, «Blowin' In The Wind» y «Don't Think Twice, It's Allright», Dylan grabó su segundo álbum, *The Freewheelin' Bob Dylan*, que asombró a todos los que lo escucharon.

Desde los tiempos importantes de Elvis, Buddy Holly y Jerry Lee Lewis que ningún cantante blanco pop estadounidense sonaba tan desafiantemente *auténtico* e intransigente; había una voz nueva para que la juventud se reconociera con ella, se identificara y la siguiera. Algunas de las canciones eran directamente políticas: «A Hard Rain's A-Gonna Fall» y «Masters of War». Otras eran anárquicas: «Bob Dylan's Dream». Y otras eran canciones de amor con un giro o dos en su final: «Girl From the North Country» y «Don't Think Twice, It's All Right». Dylan no era un ideólogo a secas, sino un luchador vulnerable con una sonrisa malvada.

En 1964, se editó el tercer álbum de Dylan, *The Times They Are A-Changin'*, cuyos temas y estilo eran parecidos a los de *Freewheelin'* aunque, por insistencia de Albert Grossman, se había apartado a John Hammond como productor, sustituido por un miembro más joven del equipo de producción de la Columbia, Tom Wilson. Después del lanzamiento del álbum, Dylan fue a actuar a Gran Bretaña, donde *Freewheelin'* había encabezado las listas de álbumes y provocado mucha excitación entre la generación emergente de grupos, muchos de los cuales todavía se limitaban a hacer refritos de números de rhythm and blues. Inspirados por la habilidad de Dylan para expresar la protesta y el desafío en un moderno y ampliamente asequible estilo, los compositores británicos empezaron a poner más «contenido» en sus canciones.

Dylan también quedó impresionado por lo que los músicos británicos podían conseguir con un estilo basado en la música de su adolescencia. En especial, le asombró el tratamiento de los Animals de «House of the Rising Sun», una canción que Josh White introdujo en el repertorio del folk moderno, y que fue cantada por Dylan en su primer álbum con un arreglo concebido por Dave Van Ronk. Reforzada ahora por el percusivo órgano de Alan Price y una sección rítmica, la canción tenía más energía que nunca y Dylan regresó a los Estados Unidos decidido a grabar su siguiente álbum con músicos.

Another Side of Bob Dylan era, musicalmente, un paso cauto hacia el folk-rock, con el apoyo rítmico cuidadosamente mantenido al fondo, pero una indicación mucho más clara de la nueva orientación llegó en 1965 con el sencillo *Subterranean Homesick Blues*. Una sección rítmica amplificada y bluesy sonaba a todo volumen mientras Dylan gritaba la letra casi demasiado rápido para poder atraparla, sonando para todo el mundo como Chuck Berry cuando cantaba «Too Much Monkey Business» allá por 1956. El siguiente álbum confirmó la nueva dirección, con el guitarrista eléctrico Bruce Langhorne encabezando un equipo de músicos de sesión en todas las canciones de la primera cara de *Bringing It All Back Home*.

En el Newport Folk Festival de 1965, Dylan cantó parte de su actuación con miembros de la Paul Butterfield's Blues Band. Ese mismo año hizo una gira por Gran Bretaña con los músicos que anteriormente habían sido los Hawks de Ronnie Hawkins y que, más recientemente, habían tocado con John Hammond Jr (el hijo del productor de la Columbia). El público comprendía a puristas decepcionados que preferían al cantante acústico de protesta, aunque Dylan había hecho su paso hacia el público más amplio de la música pop y llegó a él con algunas canciones destacables en los tres álbumes lanzados entre 1965 y 1966, *Bringing It All Back Home, Highway 61 Revisited* y *Blonde on Blonde*. No tan sólo la propia carrera de Dylan, sino el movimiento folk-rock por entero alcanzó su apogeo con estos discos.

Dylan, más o menos, abandonó la protesta política después de *Times They Are A-Changin'* y dirigió su atención crítica a las relaciones más personales, aunque en «Maggie's Farm» de *Home* adoptó una actitud contra la autoridad y la rutina, servida con humor sobre un ritmo percusivo. «She Belongs to Me» del mismo álbum era una extraña declaración de descarada admiración y devoción, llena de pareados brillantemente ingeniosos e irresistiblemente emotivos que entronizaban, sin ninguna duda, el sitio de Dylan entre los más importantes compositores populares de Estados Unidos.

La canción más famosa de *Bringing It All Back Home* fue «Mr. Tambourine Man», que los Byrds grabaron en la Costa Oeste: una melodía clásica y una letra llena de imágenes fascinantes proporcionaron un himno perfecto para un público que estaba en el proceso de descubrir las drogas «blandas» por primera vez y que reconocía las alusiones a los «viajes» en la canción. Después de abandonar la instrumentación y los temas de la música folk tradicional, Bob Dylan creó un conjunto nuevo de canciones folk contemporáneas para un público que nunca se había interesado por la música «auténtica». A pesar de su muy personal imaginería y fraseo, muchas de sus canciones resistieron versiones de otros cantantes: «All I Really Want to Do» de *Another Side* fue un éxito tanto para los Byrds como para Cher, mientras «It Ain't Me Babe» del mismo álbum fue un éxito en los Estados Unidos para los Turtles y en Gran Bretaña para Johnny Cash; «If You Gotta Go, Go Now» fue un éxito británico dos veces, la primera por Manfred Mann y luego en traducción francesa de Fairport Convention. También en Gran Bretaña, el cantante de folk, Donovan, hizo una hábil reconstrucción del personaje de Dylan para el consumo local y entró en las listas con su canción propia «Catch the Wind», una acertada aproximación al estilo de Dylan aunque, en conjunto, más melancólica de lo que él se hubiera permitido sonar.

En el verano de 1965, casi exactamente un año después de oír «House of the Rising Sun», de los Animals, Dylan alcanzó finalmente su objetivo de colocar un sencillo en el primer puesto de las listas con la excepcional «Like a Rolling Stone» de seis minutos (dividida en dos partes en la versión para emisora de radio). El sonido musical fue el más completo que Dylan había utilizado jamás, con los riffs de órgano de Al Kooper que se desplegaban detrás de la parte cantada y un prominente bajo tocando un sencillo patrón a lo «Louie Louie» a lo largo de la canción parecida a un canto fúnebre. Aún más visible era el cambio del tono de Dylan: así como había sonado desafiante y ofendido, vulnerable o divertido, aquí sonaba engreído y cínico, como si cantara con una cara de desprecio. Había escalado hasta la cima y ahora lo saboreaba. Su siguiente sencillo, «Positively Fourth Street», siguió con el asunto de burlarse despiadadamente de un antiguo amigo con pelos y señales y con una longitud casi insoportable; pero la nueva postura no era permanente, tan sólo otro clima que Dylan necesitaba para tener éxito con su sistema.

Highway 61 Revisited ampliaba el enfoque musical y temático de *Home*, repleto de pasmosas impresiones y observaciones, la mayoría de ellas probablemente escritas cuando Dylan estaba drogado, pero que todavía resistían bien un examen detallado o como escucha informal de fondo. Después de «Like a Rolling Stone», Dylan rehusó trabajar más con Tom Wilson, que había contribuido de manera incalculable a la evolución de Dylan hacia el folk-rock y que examinó cuidadosamente a los músicos disponibles en busca de gente que pudiera adaptarse a la primitiva técnica musical de Dylan sin por ello sofocarlo o poner de relieve sus limitaciones. Bob Johnston, de la división de la Columbia en Nashville, produjo el resto de *Highway 61* y usó los mismos músicos que Wilson había introducido, aunque se llevó a Dylan a Nashville para el álbum siguiente, *Blonde on Blonde*, en el que trabajaron con algunos de los mejores músicos de sesión jóvenes de la ciudad como el pianista «Pig» Robbins, el bajista Wayne Moss, el batería Norbert Putnam y el guitarrista Jerry Kennedy, complementados por Robbie Robertson y Al Kooper de antiguas experiencias y Joe South de Atlanta.

«Rainy Day Women # 12 & 35» fue el sencillo que dio idea anticipada de lo que seguía: una loca y agotadora invitación —o mejor una orden— para colocarse, con un trombón que completaba la melodía de armónica, un bajo de polca y una pandereta golpeada a contratiempo. Seguía «I Want You», otro número animado con un inverosímil título formal y un estribillo directo para ser una canción de Dylan, aunque con estrofas tan raras como siempre. La mayor parte del resto del álbum doble comprendía largos números lentos, incluido uno que duraba una cara entera, «Sad Eyed Lady of the Lowlands» y otra canción de amor destinada a ser un estándar, «Just Like a Woman». La tensión de las sesiones de Nueva York se vio sustituida por la relajación colocada.

En la época en que salió *Blonde on Blonde*, el folk-rock era un término sin significado, aunque nadie supo encontrar uno mejor. De la misma manera que los Beatles desafiaban toda clasificación, Dylan también lo hacía. No había precedente en cómo usó él la música pop como una clase de diario público de sus creencias y opiniones, sus pensamientos y recuerdos, sus sueños y fantasías. Las compañías discográficas no estaban acostumbradas a ser plataformas para la propaganda política (la Columbia rehusó editar dos de sus canciones en *Freewheelin'*, aunque las que se editaron eran más fuertes y más directas de lo que la música pop había conocido antes) y la radio no era normalmente una «línea abierta», sino sólo un teléfono en una sola dirección entre un compositor y sus amigos y enemigos, que no podían colgar cuando todas las emisoras de la ciudad difundían a todo volumen aquellos mensajes de desprecio de «Like A Rolling Stone» y «Positively Fourth Street».

Dylan alcanzó todo lo que cualquiera de los cantantes folk de Greenwich Village había soñado y mucho más. Nunca llegó a ser más que un músico de técnica rudimentaria, que tendía a limitar el acompañamiento a las formas básicas de doce compases, aunque compensó con creces sus deficiencias musicales con un torrente de palabras cantadas con una seguridad suprema. Ninguno de los demás poetas o propagandistas de Bleecker Street podía ni tan sólo tomar el mismo camino y todos los demás cantautores que surgirían de la escena folk de Nueva York eran músicos hechos y derechos que se plegaban a las convenciones comerciales, sobre todo Paul Simon y John Sebastian.

Paul Simon, lejos de estar en el sitio correcto en el momento adecuado, ni tan sólo estaba en Estados Unidos cuando «Sounds of Silence», de Simon and Garfunkel, se adaptó para encajar con el nuevo género folk-rock en 1965. Simon era un compositor ambicioso desde el principio y compuso un éxito nacional cuanto estaba en el instituto: «Hey Schoolgirl» (Big, 1957), grabado con su amigo Art Garfunkel bajo el seudónimo de Tom and Jerry en una época en que estaban muy influidos por los Everly Brothers. Al perseguir todavía un éxito nacional todavía en 1962, Simon anticipó el estilo de disco bólido con «Motorcycle», de Tico and the Triumphs, una emprendedora y experta canción rockera. Tres años después, Simon se adaptó a las tendencias cambiantes y se reunió con Garfunkel para grabar un álbum de canciones de folk acústico para la Columbia, demasiado «blando» para el mercado pop dominante.

El catalizador de la carrera de Simon and Garfunkel fue el productor Tom Wilson, quien por su gusto personal y formación musical prefería el jazz, pero que la Columbia le asignó producir a la mayoría de sus intérpretes «no-pop», mientras el arreglista Bob Mersey se encargaba con total seguridad de Andy Williams, Dion y los demás. Fascinado por los problemas de adaptar las canciones de Bob Dylan al acompañamiento de la sección rítmica, Wilson quedó impresionado primero por el tratamiento de los Animals de «House of the Ri-

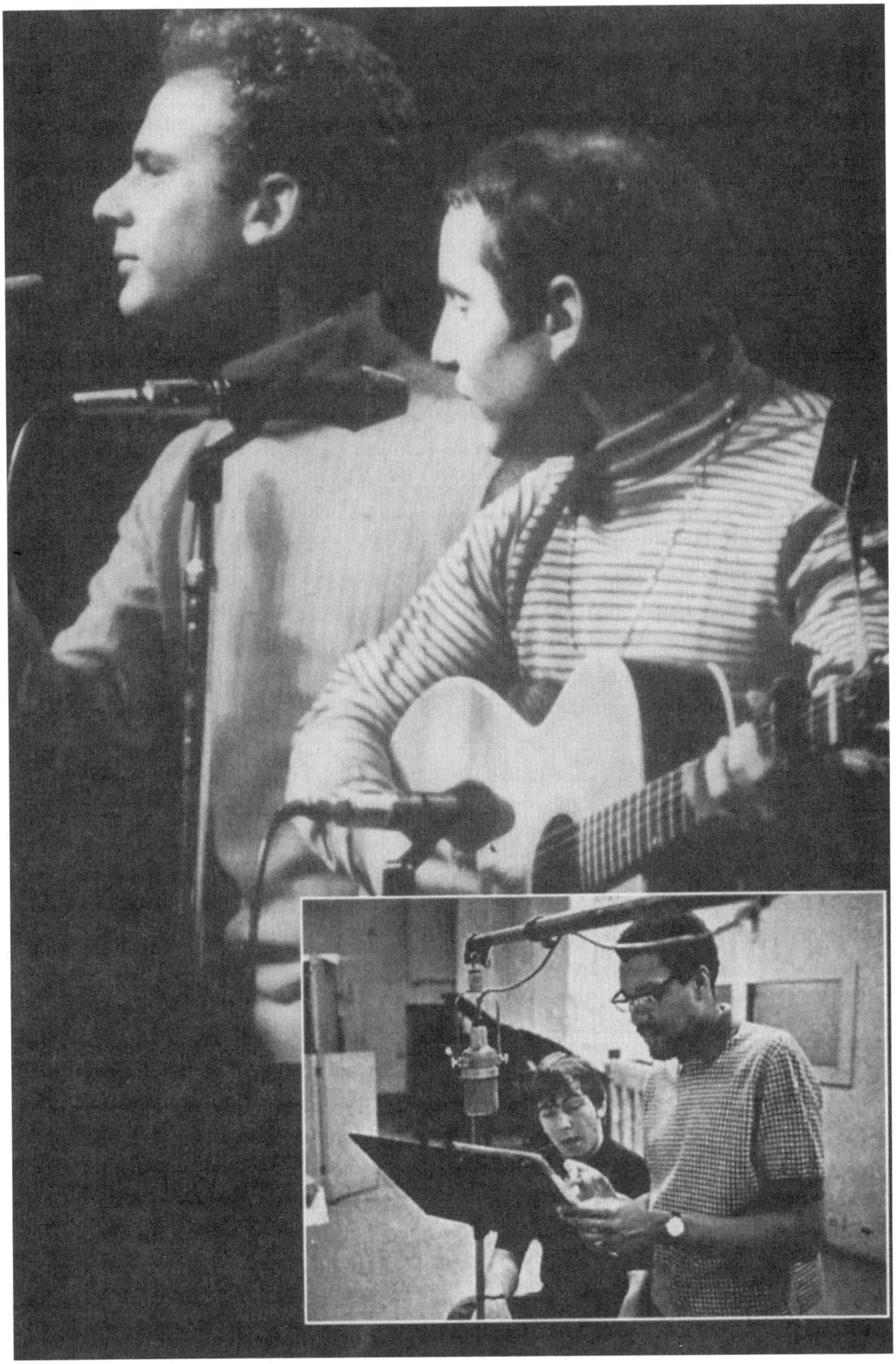

55. SIMON & GARFUNKEL, de Nueva York.
56. El productor TOM WILSON a la derecha, con Eric Burdon.

sing Sun» y luego por la producción de Terry Melcher de «Mr. Tambourine Man» para los Byrds, cuyo arreglo de bajo y batería llevó la canción de Dylan hacia el público adolescente. Seguro de que las letras «sin sentido» de Paul Simon con el correcto montaje musical podían impresionar al mismo público, Wilson regrabó experimentalmente una sección rítmica sobre la canción del título del álbum de Simon and Garfunkel, *The Sounds of Silence*. Paul Simon, que todavía seguía una estilo de folk acústico en Londres donde grabó el álbum *The Paul Simon Songbook* para la CBS, la división local de la Columbia y sin saber nada del experimento de Wilson, se pasmó al leer en *Billboard* que Simon and Garfunkel tenían un éxito en el «Hot 100» de los Estados Unidos.

Simon and Garfunkel se reunieron en Nueva York para continuar el éxito de *The Sounds of Silence* con un álbum de canciones folk con una sección rítmica, producido por Bob Johnston. En la sesión fotográfica para la portada del álbum lucieron bufandas de universidad, para asegurarse de llamar la atención del segmento del mercado con una correcta formación. En contraste con las crudas letras «de reacción» de Dylan, las de Paul Simon eran medidas, modeladas con cuidado, perfectamente adecuadas para el nuevo público de clase media que había descubierto la música pop gracias a los Beatles y quería algunas canciones importantes con las que pudieran relacionarse. Reflexivas (hasta el punto de la nostalgia absoluta) y filosóficas (al borde de la pretensión), «Homeward Bound» y «I Am a Rock» siguieron a «Sounds of Silence» entre los diez primeros, aún principalmente folk con sólo un aroma simbólico de rock.

Después de un período relativamente en barbecho en 1967, Simon and Garfunkel regresaron en 1968 con una fusión mucho más satisfactoria de letra y ritmo en «Mrs. Robinson», un sencillo de éxito incorporado tanto en *Bookends*, su titánico álbum conceptual, como en la banda sonora de *The Graduate* [*El graduado*], cuyo desorientado héroe (interpretado por Dustin Hoffman) fue identificado con la clase media de la época. Después de asimilar una amplia gama de influencias musicales, Simon and Garfunkel incluyeron piezas latinas, reggae y gospel en su álbum final de 1970, *Bridge Over Troubled Water*. Paul Simon, un maestro artesano muy disciplinado, aprovechó los elementos esenciales de casi todo los estilos pop importantes, evitando encomiablemente cualquier rastro de parodia y, a menudo, estimulando la investigación de sus fuentes por parte del público. Pese a su gran habilidad con las palabras y la adaptabilidad a una variedad de géneros, la voz de Simon carecía de profundidad emocional, lo que se demostró después que se separara de Garfunkel, cuya pura voz de tenor agudo se exhibió de manera definitiva en la canción de estilo gospel «Bridge Over Troubled Water».

John Sebastian fue, en casi todo los aspectos, el opuesto de Paul Simon, a pesar de la parecida experiencia formativa. Hijo de un músico profesional y él mismo un antiguo miembro de la Even Dozen Jug Band, Sebastian fue uno de los cantantes folk de Nueva York que trabajó en un genuino marco de grupo en el que los demás músicos no eran unos meros acompañantes de fondo sino que contribuían a la identidad del equipo. Frívolas, alegres, autorreveladoras, traviesas y siempre muy cálidas, las atractivas canciones de Sebastian siempre eran cercanas al tema tradicional del pop, por regla general con un enfoque desde un ángulo extraño.

El primer éxito de los Lovin' Spoonful, «Do You Believe in Magic?» (Kama Sutra, 1965), era un descarado homenaje al rock 'n' roll, la mejor evocación de su energía desde «Rock and Roll Music» de Chuck Berry, con un inconfundible aroma de mediados de los sesenta:

Do you believe in magic	*¿Crees en la magia*
In a young girl's heart	*en el corazón de una chica joven?*
How the music can free her	*¿Cómo puede liberarle la música*
Whenever it starts	*cada vez que empiece?*
And it's magic	*Y es mágico*
if the music is groovy.	*si la música es estupenda.*

Inspirados por la escucha de los Beatles (y por la visión de *A Hard Day's Night* [*¡Qué noche la de aquel día!*]), se fundaron los Lovin' Spoonful y llegaron a ser una atracción popular en la «coffee house» The Night Owl de Greenwich Village, aunque inexplicablemente ninguna de las compañías discográficas de Nueva York les fichó. Meses después el productor Erik Jacobsen había grabado «Do You Believe in Magic?» y se había fundado un nuevo sello, Kama Sutra, para editar el disco, que llevó a una incomparable serie de éxitos entre los veinte primeros a lo largo de 1967 que representaban el espíritu pop inocente mejor que cualquiera de los demás discos de la época y que conseguían la escurridiza combinación de atractivo comercial y una identidad inequívocamente auténtica.

Por lo visto, inconsciente del fermento político y social a su alrededor, John Sebastian compuso dos tipos de canción, melancólicas baladas amorosas y atmosféricas impresiones. De las canciones de amor, «You Didn't Have to Be So Nice» y «Darlin' Be Home Soon» eran suaves y formales, pero «Did You Ever Have to Make Up Your Mind» y «Younger Girls» (una pieza de álbum de los Lovin' Spoonful versionada en sencillos por los Critters y los Hondells) eran fantasías desesperadamente familiares; cómo elegir entre dos chicas igualmente deseables y cómo resistir la dolorosa tentación ofrecida por las jóvenes admiradoras.

En alternancia con las canciones «de amor» llegaban las evocadoras canciones «de atmósfera», que hacían juegos de manos con un tiempo y un lugar con una entrega desarmantemente informal y casi desconsiderada en «Daydream» y con una energía e intensidad sorprendentes en «Summer in the City». Detrás de la voz ronca de Sebastian, reconocible al instante, los músicos interpretaban unos ritmos sencillos y relajados, aunque animados, con un mínimo de arreglos y producción. Aunque los miembros de los Lovin' Spoonful (el guitarrista Zal Yanovsky, el bajista Steve Boone y el batería Joe Butler) compartían la afición por el blues (evidente en varias piezas del álbum) y la música country (que mereció un homenaje en el sencillo «Nashville Cats»), el estilo global de los Lovin' Spoonful era una seductora mezcla que, como mucha de la mejor música pop, desafiaba una clasificación fácil. La evasiva etiqueta «música para la diversión» podría encajar.

La industria discográfica neoyorquina nunca se llevó bien con el movimiento de clubes de folk que brotó y floreció brevemente en Greenwich Village, un barrio que los medios de comunicación de Nueva York veía como una sórdida vecindad para músicos callejeros vagabundos y turistas de fuera de la ciudad. Desde que la reorganización del barrio había cerrado la mayoría de los clubes de jazz de la calle 52, el jazz se había trasladado a varios clubes en y alrededor del Village (como el Village Gate, el Half Note, el Village Vanguard y, más al este, el Slugs). La mayoría de las coffee houses que presentaban cantantes de folk eran más pequeñas e incómodas que los clubes de jazz. Aunque los actuantes en el Gerde's Folk City y en The Bitter End tenían, a veces, críticas en la prensa, lo más que la mayoría de los cantantes folk podían esperar en un sentido publicitario era un recuadro en la sección de espectáculos de los anuncios clasificados de la revista *Village Voice*, o más probablemente un letrero manuscrito a la entrada de uno de los clubes, como The Gaslight, el Café Wha? o el Cousins.

A lo largo de mediados de los sesenta, el pionero sello Elektra siguió grabando un importante elenco de cantantes de folk de las coffee houses sin alcanzar jamás ventas masivas, mientras el propietario Jac Holzman exploraba los logros de los demás estilos de música relacionados con el folk y fichaba a la Butterfield Blues Band de Chicago y patrocinaba un álbum «conceptual» de material de blues por una reunión informal de músicos residentes en Nueva York que se lanzó bajo el título *The Blues Project.*

Dentro del mundo del folk, a la completamente eléctrica Butterfield Blues Band se la veía con gran sospecha y fue el guitarrista del grupo, Mike Bloomfield el que causó una gran consternación en el Newport Folk Festival de 1965 cuando él tocó «demasiado fuerte» como integrante del grupo de acompañamiento de Bob Dylan. Aunque desde un punto de vista pop, había un paralelo evidente entre el planteamiento de Butterfield y los revivalistas folk. Butterfield había crecido en Chicago escuchando a Muddy Waters, Little Walter y las demás leyendas del blues residentes en la ciudad y su banda se dedicaba a tocar su material de la manera más fiel posible. En contraste con el planteamiento más aventurero y menos respetuoso de los Rolling Stones, el grupo de Butterfield nunca hizo intentos evidentes para comercializar el blues y el propio Butterfield no tuvo nunca ni la gracia irreverente ni el atractivo sexual que hizo tan imponente a Jagger. El grupo, que discográficamente nunca fue uno de los grandes, desempeñó un notable papel a la hora de ayudar a presentar a los jóvenes blancos americanos el material y el enfoque de los cantantes de blues cuyos discos propios nunca se habían difundido en la radio pop. Y para un creciente sector de ese público que agradecía el puro virtuosismo instrumental, la interacción de los guitarristas Mike Bloomfield y Elvin Bishop se recibió de forma entusiasta.

En Nueva York, Steve Katz, Al Kooper y algunos músicos más que se implicaron en el *Blues Project* de la Elektra decidieron guardar ese nombre para un grupo auténtico. Un par de giras nacionales por universidades ayudaron a vender sus álbumes para la Verve, pero ni los Blues Project ni la Butterfield Blues Band estaban en la misma liga que los grupos importados de Gran Bretaña, como los Cream y la Jimi Hendrix Experience. Otras muchas bandas estadounidenses que tocaban el blues no eran tan cohibidas en cuanto a su repertorio y enfoque y sencillamente añadían una rara canción de blues a otros estándares de rhythm and blues, soul y rock 'n' roll.

El grupo de blues estadounidense de más éxito en esa época fue Canned Heat, liderado por el coleccionista de blues Bob Hite y notable por la manera delicada de cantar y tocar la armónica de Al Wilson. «On The Road Again» y «Going Up the Country» dio al grupo (y a Liberty Records) un par de éxitos entre los veinte primeros en 1968 y ambas eran unas encantadoras y desarmantemente sencillas canciones pegadizas que se las arreglaban para mantenerse fieles al espíritu del blues rural de antes de la guerra al tiempo que asimilaban un ritmo constante y bailable procedente de la batería y el bajo eléctrico. Pero Wilson era, más o menos, el único entre los cantantes blancos de blues capaz de mantener una vulnerabilidad y una sensibilidad en medio de la amplificación electrónica; cuando murió en 1970, Canned Heat empezó a hacer las estratagemas más groseras de los demás revivalistas del blues.

IV

A mediados de 1966, parecía que apenas quedaba nadie en Greenwich Village para entretener a los fieles y a los turistas. Los ambiciosos cantantes de folk o bien se habían convertido en famosos, o bien se habían trasladado a la Costa Oeste frustrados por ser ignorados: Jim «Roger» McGuinn, Barry McGuire, John Phillips y Stephen Stills se las arreglaban todos para buscar las almas gemelas y su contexto en Los Ángeles para hacer efectivos sus talentos. Entre los pocos que permanecieron para proporcionar algún tipo de entretenimiento en el Village había un puñado de antiguos poetas beat y anarquistas que se reunían en el Café Wha? como los Fugs, aunque sus discos (para la ESP y luego para la Reprise) no estaban concebidos como propuestas musicales serias.

Unas cuantas calles más al este, una igualmente abigarrada reunión de artistas de performance, actores y músicos actuaba de vez en cuando en un restaurante polaco reformado encima de la Dom Discotheque como parte de la Andy Warhol's Exploding Plastic Inevitable, con el nombre de Velvet Underground según el nombre que se daba a las fiestas suburbanas en las que los maridos y las esposas cambiaban de pareja durante la noche. Andy Warhol, en esa época, era tan famoso como la mayoría de estrellas del pop podían esperar ser, un pintor presuntamente «pop art» que elegía imágenes producidas por los medios de comunicación como tema de sus pinturas y grabados (etiquetas de judías cocidas, el rostro de Marilyn Monroe). Este mundo del arte reconocía con retraso el papel de la música pop como banda sonora de la moderna vida urbana y la Velvet Underground tomó parte en los «happenings» de Warhol, junto con mimos, relampagueantes juegos de luces y proyecciones de las películas de Warhol, que tenían la fama de que no pasaba nada en ellas, como *Empire State*, *Sleep* o *Kiss*. Un signo de los tiempos cambiantes fue el hecho de que una gran compañía, la MGM, antes que una independiente, se ofreciera a lanzar un disco de la Velvet Underground, que no mostraba ninguna señal evidente de comercialidad convencional.

La Columbia y la MGM eran las dos únicas grandes compañías discográficas que tenían un contacto eficaz con la escena de clubes neoyorquina. En la Columbia,* Bob Dylan y Simon and Garfunkel se convirtieron en las piedras angulares del resurgimiento de la compañía como una empresa potente, lo que permitió a los productores convencer a otros nuevos intérpretes para que ficharan por el sello y recuperara finalmente algo de la cuota de mercado que Mitch Miller había ganado durante los primeros años cincuenta y que había perdido en el apogeo de la era del rock 'n' roll. En la Costa Oeste, Terry Melcher sostuvo una serie impresionante de éxitos con Paul Revere and the Raiders y los Byrds mientras el sello Epic reforzaba su poder de cosecha propia con astutas aportaciones de Gran Bretaña, como los Dave Clark Five, los Yardbirds y Donovan.

* COLUMBIA. Productores: Bob Mersey, John Hammond, Tom Wilson (hasta 1965), Clive Davis (desde 1967).
Pop adulto: Andy Williams, Barbra Streisand, O.C. Smith, Tony Bennett.
Cantautores: Bob Dylan, Simon and Garfunkel, Leonard Cohen, Laura Nyro.
Folk: Pete Seeger, The Brothers Four, The New Christy Minstrels.
Rock: Big Brother and the Holding Company featuring Janis Joplin, Johnny Winter, Electric Flag, Moby Grape, The Byrds, The Buckinghams, Blood, Sweat and Tears, Dr Hook and the Medicine Show.
Pop: Gary Puckett and the Union Gap, Paul Revere and the Raiders, Dion.
Country: Lynn Anderson, Billy Joe Royal, Johnny Cash, Marty Robbins.

EPIC
Jefes de Producción: Dave Kaprilik (pop), Billy Sherrill (country).
Soul: Sly and the Family Stone.
Country: Tammy Wynette, David Houston, Charlie Rich.
De Gran Bretaña: Marmalade, The Tremeloes (de la CBS británica), Lulu, Chad and Jeremy, The Hollies, The Jeff Beck Group (de la EMI británica), Donovan (de la Pye británica).

DATE
Soul: Peaches and Herb.
De Gran Bretaña: The Zombies (de la CBS británica).

57. THE LOVIN'SPOONFUL, de Nueva York. John Sebastian abajo a la derecha.

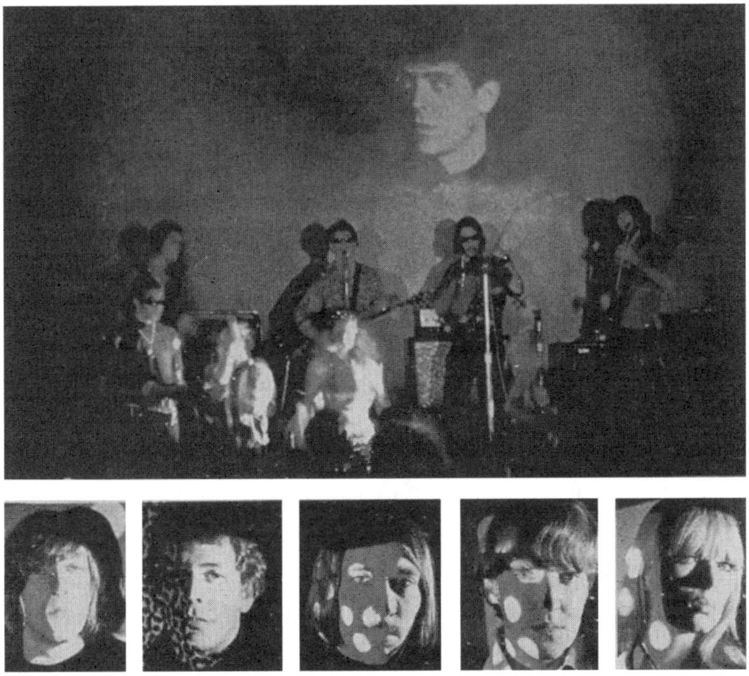

58. THE VELVET UNDERGROUND, de Nueva York. Lou Reed segundo a la izquierda.

La RCA,* la Decca,** y la oficina de Nueva York de la ABC*** nunca tomaron contacto con la nueva generación de artistas que componían su propio material e insistían en participar en la difusión del producto y la MGM**** pudo escoger lo que quiso de entre lo que los demás ignoraron. Jerry Shoenbaum se integró en la compañía para supervisar el sello Verve, que Norman Granz había fundado como sello de jazz a finales de los años cuarenta y que fue vendido a la MGM en 1958. Por un tiempo, la Verve siguió siendo conocida principalmente como un sello de jazz (y apareció en las listas pop con «Walk on the Wild Side» del organista Jimmy Smith en 1962), aunque bajo el mando de Shoenbaum la Verve se interesó por los artistas rock emergentes, evidentemente dispuesta a competir con el sello independiente Elektra. Contrató al productor Tom Wilson de la Columbia en 1966 y fichó a los cantautores Tim Hardin, Laura Nyro y Janis Ian, además de dos de los grupos nuevos más controvertidos de la época, la Velvet Underground y The Mothers of Invention. La pro-

*RCA-VICTOR
Pop: Elvis Presley, Neil Sedaka, Paul Anka, The Tokens.
Country: Porter Wagoner, Don Gibson, John D. Loudermilk, Eddy Arnold, Bobby Bare, Skeeter Davis, Waylon Jennings, Dolly Parton.
Rhythm and blues: Sam Cooke.
Folk: The Limeliters.

**DECCA
Pop: Rick Nelson (desde 1963), Brenda Lee, Len Barry.
De Gran Bretaña: The Who.
Country: Bill Anderson, Webb Pierce, Kitty Wells, Loretta Lynn, Warner Mack.

***ABC
Pop: Tommy Roe, Ray Charles.
Rhythm and blues: B.B. King, The Tams, The Impressions.

Subsidiaria:

DUNHILL. Con sede en la Costa Oeste; ver elenco en pág. 107.

**** MGM. Productor: Jerry Shoenbaum, Tom Wilson (desde 1966).
De Gran Bretaña: The Animals, Herman's Hermits.
Grupo pop: Sam the Sham and the Pharaohs.

Subsidiarias:

VERVE. Fundada en 1949 en Hollywood por Norman Granz; adquirida por MGM en 1958.
Elenco anterior a 1958: Ella Fitzgerald, Oscar Peterson, Johnny Hodges.
Posterior a 1958: jazz: Jimmy Smith, Wes Montgomery.
Pop: The Righteous Brothers (desde 1966).
Rhythm and blues: Howard Tate.
Grupos rock: The Velvet Underground, The Mothers of Invention, The Blues Project.

VERVE FOLKWAYS (posteriormente VERVE FORECAST).
Cantantes en solitario: Tim Hardin, Laura Nyro, Janis Ian, Richie Havens.
Grupos: The Hombres, Friend and Lover.

moción y la distribución de la MGM fracasaron lamentablemente a la hora de hacer justicia a este elenco escogido emprendedoramente y sólo los Righteous Brothers se las arreglaron para vender tantos discos en la Verve como los que logró el sello matriz MGM con los Animals y los Herman's Hermits y con el grupo pop tejano Sam the Sham and the Pharaohs.

Tim Hardin, en especial, merecía una mejor suerte. Sus frágiles canciones de amor alcanzaron el escurridizo equilibrio entre las penas personales y los sufrimientos universales, sobre todo en «Don't Make Promises», «Reason to Believe» y «Hang on to a Dream» de su primer álbum y en «If I Were a Carpenter», «Black Sheep Boy» y «Lady Came from Baltimore» del segundo. No era un cantante folk en realidad, sino un compositor que se acompañaba a la guitarra. El efecto característico de Hardin era parecer estar al borde del llanto, casi a punto de sollozar en medio de una frase. Con una comprensiva producción de Erik Jacobsen (en el primer álbum) y de Koppelman y Rubin (en el segundo), los conmovedores ambientes se realzaban con los arreglos de cuerda de Artie Butler, aunque las canciones de Hardin las hicieron famosas otros intérpretes (como Bobby Darin, que efectuó su regreso en 1966 con «If I Were a Carpenter» para la Atlantic).

Las ventas de los discos Verve de la Velvet Underground fueron peores incluso que las de Tim Hardin, aunque los motivos eran más fáciles de ver. El cantante solista y compositor, Lou Reed, había formado parte en tiempos de los esperanzados jóvenes que intentaban colocar sus canciones a los editores del Brill Building, pero en 1966 se había pasado a un patrón de actuaciones inconexas y autodestructivas que no estaban diseñadas para ganarse la simpatía de nadie. No era lo que él buscaba: si podía conseguir sus drogas, lo demás no importaba.

Por varios motivos, las drogas eran una presencia permanente en el mundillo musical, aunque mientras de unos cuantos músicos de jazz se sabía que habían sido «trincados» en varios momentos de sus carreras, el mundo de la música pop, en general, no era noticia por este tema. Lou Reed tomó el rumbo contrario, al elogiar la experiencia completa de un chute en «Heroin», el primer corte de la segunda cara del álbum *The Velvet Underground and Nico*. La inclusión de dicha pieza hizo que el disco fuera prácticamente intocable para la radio estadounidense en 1966, a pesar de contener otras varias canciones eminentemente difundibles como «There She Goes Again», «Run Run Run» y «I'm Waiting for My Man»; esta última era una irónica descripción de la espera de su camello en Harlem, aunque las referencias eran lo suficientemente veladas para que la canción se hubiera podido deslizar en las ondas, si no hubiera sido por la presencia de «Heroin» en el álbum.

Había ecos de Chuck Berry en la manera en que Lou Reed ligaba las evocadoras imágenes visuales para comentar sobre sus amigos y enemigos, aunque el acompañamiento musical deliberadamente primitivo parecía haber filtrado todas las influencias negras del rock 'n' roll y dejado un fondo amateur y torpe, aunque innegablemente atmosférico, para los ácidos comentarios de Reed.

Tom Wilson remezcló y editó este primer álbum y tentó a la suerte al producir el segundo, *White Heat/White Light*. Pero perdió la batalla de la disciplina con Reed y John Cale, la otra mente musical del grupo, que se había ejercitado como violinista de vanguardia y que aquí tocaba la guitarra y el violín eléctrico de manera tan «subversiva» que dificultaba la escucha. Cale se fue del grupo y con Doug Yule de sustituto el grupo autoprodujo su tercer álbum; *The Velvet Underground* era relativamente asequible y no controvertido, e incorporaba una canción de amor como «Pale Blue Eyes», pero la imagen del grupo en los medios de comunicación todavía era «negativa». Un cambio de sello hacia la Atlantic dio como resultado un disco aún más refinado, *Loaded*, pero Reed dejó el grupo recién salido el disco. Por entonces, el método de promoción usual era el trabajo en directo; sin una banda que actuara de viajante vendedor de su producto, la compañía carecía de estrategia alternativa y a la Velvet Underground se la relegó al papel de grupo de «culto». En su caso, el estatus tenía algún significado; a pesar de las ventas escasas de sus discos, fueron excepcionalmente influyentes, especialmente en Gran Bretaña donde David Bowie y Roxy Music sacaron mucho de la imagen tímidamente decadente y del enfoque musical de la Velvet Underground. Era totalmente congruente que fuera David Bowie el que rescatara a Lou Reed de una aparentemente inevitable oscuridad al producirle su único éxito entre los veinte primeros, «Walk on the Wild Side» (para la RCA en 1973). Totalmente diferente del éxito de Jimmy Smith mencionado anteriormente, esta canción consistía en un lacónico listado de los personajes que habían formado parte de la camarilla de Warhol en los primeros tiempos de la Velvet.

La Invasión Británica de 1964 ejerció un efecto traumático en la industria discográfica de Nueva York y en especial en los sellos independientes. Muchas empresas de las que habían surgido en las épocas del rock 'n' roll y del pop adolescente habían quebrado y de las nuevas muy pocas intentaron ocupar su sitio. La Atlantic* sobrevivió, aunque en su mayor parte con talentos de fuera de la ciu-

* ATLANTIC. Dirigida por Ahmet Ertegun, Nesuhi Ertegun y Jerry Wexler, que vendieron la compañía a la Kinney (posteriormente llamada Warner Communications Inc.) en 1967.
Productores: Jerry Wexler, Tom Dowd, Arif Mardin, Joel Dorn, Dave Crawford.
Pop: Bobby Darin (1966-67), The Young Rascals, Roberta Flack.
Cantautores: Jerry Jeff Walker, Loudon Wainwright III.
Rock: Crosby, Stills, Nash and Young, Vanilla Fudge, Velvet Underground.
Soul: Aretha Franklin, Percy Sledge, Jackie Moore, The Spinners, Archie Bell and the Drells, Wilson Pickett.
De Gran Bretaña: Led Zeppelin, Yes (fichado directamente), King Crimson (de la Island británica).

ATCO
Pop: Sonny and Cher.
Rock: Iron Butterfly, Dr. John, Delaney and Bonnie, Derek and the Dominoes.
Soul: Donny Hathaway, King Curtis.
De Gran Bretaña: The Bee Gees, Cream, Eric Clapton (de Robert Stigwood/Polydor).

dad. Las conexiones sureñas de Jerry Wexler proporcionaron un flujo de éxitos soul que iban hacia las estructuras de distribución y promoción, mientras que Ahmet Ertegun realizaba productivos contactos (y contratos) con productores de Los Ángeles. El único número local neoyorquino que la Atlantic fichó en esta época fue los Young Rascals, una banda de bar de Long Island que interpretaba éxitos de rhythm and blues de actualidad con una habilidad y un entusiasmo que los convertía en competidores verosímiles con los sonidos equivalentes que llegaban de Gran Bretaña. Obra del equipo de producción compuesto por el ingeniero Tom Dowd y el arreglista Arif Mardin, el primer éxito de los Young Rascals, *Good Lovin'* fue uno de los mejores discos estadounidenses de 1966, con un arreglo sofisticado aunque no rebuscado que realzaba una animada canción y que dejaba espacio para que la percusión y el órgano se hicieran oír.

Entre los pocos sellos residentes en Nueva York que se las arreglaban para arrancar y procuraban estar entre los diez primeros nacionales en esta época, dos de ellos los fundaron ex productores de la Atlantic: el Red Bird de Leiber y Stoller (del que hemos hablado antes) y el Bang* de Bert Berns. Antes de trabajar para la empresa editora de Robert Mellin a finales de los años cincuenta, Berns había trabajado en clubes nocturnos del Caribe y reforzó una pasión por la música latinoamericana que había contraído con la escucha de música de salsa portorriqueña en Nueva York y que inspiró los arreglos musicales de muchos de los discos pop que compuso y produjo en los años sesenta.

COTILLION
Banda sonora: el álbum de Woodstock.

Sellos en distribución:

* BANG. Fundado en 1965 en Nueva York por Bert Berns («B»), en asociación con Ahmet («A») y Nesuhi («N») Ertegun y Gerald («G») Wexler.
Pop: The McCoys, Neil Diamond, The Strangeloves.

Subsidiaria:

SHOUT
Rhythm and blues: Freddie Scott, Erma Franklin.

ALSTON. Fundada en 1968 en Miami (Florida) por Henry Stone. Productores: Steve Alaimo, Brad Shapiro, Howard Casey, Clarence Reid.
Rhythm and blues femenino: Betty Wright.

DAKAR. Fundada en 1968 en Chicago por Carl Davis.
Rhythm and blues masculino: Tyrone Davis, Otis Leaville.

CAPRICORN: Fundada en 1970 en Macon (Georgia) por Phil Walden.
Rock: The Allman Brothers Band, Wet Willie (la distribución pasó al sello Warner Brothers).

CHIMNEYVILLE. Fundada en 1970 en Jackson (Mississippi) por Wardell Quezerque.
Rhythm and blues masculino: King Floyd.
Rhythm and blues femenino: Jean Knight (cesión de derechos a Stax).

Antes de que Berns hiciera de los ritmos y las progresiones armónicas latinas una característica constante de sus canciones, la música de influencia española había constituido una desigual influencia en la música pop estadounidense, que sobresalía en los ritmos de bayón de los Drifters y de Jay and the Americans, en las épicas baladas tex-mex de Marty Robbins y también en la característica secuencia latina de acordes a la que recurría al menos una vez al año después de que Bobby Freeman la introdujo en su «Do You Wanna Dance?» en 1958. Ritchie Valens la reivindicó de nuevo para los mexicanos estadounidenses con «La Bamba» en 1959 y desde entonces la industria tendió a referirse a «esos acordes estilo "La Bamba"». Bert Berns y Wes Farrell utilizaron el patrón en «Twist and Shout», un éxito de los Isley Brothers en 1962 y de nuevo en «My Girl Sloopy» de los Vibrations en 1964. Los acordes los ralentizaron los Kingsmen en «Louie Louie» en 1963, los elaboró Phil Spector en «You've Lost That Lovin' Feelin'» en 1964 y el grupo de Bob Dylan en «Like a Rolling Stone» en 1966; pero la mejor y más patente utilización del patrón fue probablemente en «Hang On Sloopy» (una reescritura de «My Girl Sloopy»), producida por Berns para los McCoys y editada en su propio sello Bang en 1965. Los Four Seasons podían haber realizado la canción (por casualidad tuvieron un éxito tres meses después con un título parecido «Let's Hang On»), aunque Berns lo hizo con los McCoys, un grupo de Union City (Indiana) con un nombre que sonaba convenientemente a británico y el guitarrista Rick Derringer que se permitía tocar un animado solo en el break instrumental.

El intérprete más importante de la Bang era Neil Diamond, que compartía algo del entusiasmo de Berns por los ritmos latinos y que utilizó aquellos acordes conocidos en su primer gran éxito, «Cherry Cherry» en 1966. Cantante y compositor pop en la línea iniciada por Paul Anka y Neil Sedaka, Neil Diamond tenía una voz mucho más profunda, que sonaba más adulta; y así como aquellos habían cultivado un gemido narcisista, él sonaba casi macho mientras murmuraba con seguridad «Girl you'll be a Woman Soon» [«Chica, pronto serás una mujer»].

Entre los demás éxitos de Bang estaba «I Want Candy» de los Strangeloves (en 1965), un franco grito de lujuria, cantado sobre un ritmo pasado de moda a lo Bo Diddley. La Invasión Británica había alcanzado tales proporciones que corrió el rumor de que el grupo era australiano, aunque los culpables eran realmente el equipo de compositores que recientemente habían sido responsables del número uno de las Angels, «My Boyfriend's Back»: Richard Gottehrer, Jerry Goldstein y Bob Feldman. Pero lo que esos tipos simularon, lo estaban haciendo auténticamente decenas de grupos a lo largo de todo el país: probar viejos ritmos de rhythm and blues y rock 'n' roll y desarrollar un nuevo género de pop estadounidense que llegaría a conocerse como «música de banda de garaje».

V

La industria discográfica estadounidense tuvo una reacción en dos tiempos ante el éxito de los discos de los grupos británicos. Primero, los grandes sellos hicieron pasos para adquirir la cesión de los derechos de los discos británicos, lo que a veces implicaba un tiempo de puja en el que una compañía independiente sacaba provecho de ser más rápida en la salida; y segundo, también hicieron pasos para criar a algunos equivalentes del país. Aunque, al igual como con el rock 'n' roll ocho o nueve años antes, era prácticamente imposible distinguir a una maravilla de un sólo éxito (que, en general, no interesaban a las grandes compañías) de un grupo con un talento que pudiera ser duradero.

Para miles de músicos jóvenes estadounidenses, el impacto de los Beatles y los Rolling Stones y de los demás grupos británicos era de mayor alcance que el impacto que Elvis Presley había ejercido sobre la generación anterior de presuntas estrellas pop. Aunque desde entonces se había difundido que Elvis tenía una autonomía considerable a la hora de elegir su material y de decidir los arreglos musicales, la impresión general de la industria era que él era un ídolo adolescente y ése fue el planteamiento que se aplicó a muchos de sus contemporáneos. Pero el acento mercadotécnico total sobre los Beatles y los Stones era que ellos eran autónomos: componían sus propias canciones, e interpretaban sus propios arreglos en sus propios instrumentos. El lema era: hazlo tú mismo.

Había ya una tradición establecida en Estados Unidos de bandas de bar locales que actuaban como «jukebox vivientes» y que interpretaban canciones de las listas de los más vendidos del momento junto a una selección de viejas canciones, en bailes de instituto, fiestas universitarias y todo tipo de clubes. Prácticamente en cada pueblo había algún pequeño estudio de grabación en el que la banda podía documentar su sonido; lo difícil era encontrar a alguien que pensara que la grabación merecía prensarse como un disco de verdad, aunque este paso fue más fácil tras la Invasión Británica. Lo que ocurría a menudo era que el disco no se conocía más allá del pueblo en el que la banda tocaba, pero a mediados de los años sesenta, las listas estadounidenses empezaron a salpicarse con extrañas «evasiones regionales», que se habían abierto camino a través de las emisoras de radio y que de vez en cuando mostraban signos de ir «hasta el final». Para dar ese último paso, ellos necesitaban una distribución coordinada por una compañía mayor y la mayoría de los éxitos de «banda de garaje» cedían los derechos o eran distribuidos por alguna de las supervivientes independientes más alerta: Atlantic, Bell, Liberty o Roulette.

«Garage-band» [banda de garaje] es el evocador término utilizado para describir los discos en su mayor parte realizados en estudios no sofisticados (¡muy raramente auténticos garajes!) y no es tan engañoso como el otro término que se les ha aplicado retrospectivamente: punk. El problema de la aplicación de punk a la mayoría de los discos es que ello implicaba algún tipo de rebeldía cohibida que se podía aplicar en contadas ocasiones. En los años cincuenta, punk se utilizaba como una descripción despectiva hacia los adolescentes urbanos, que definía a un semimaleante mal educado y probablemente en el paro que hablaba sin rodeos por la comisura de los labios con un deje desdeñoso, provocaba peleas con los puños o incluso con una navaja y no mostraba ningún conocimiento de cualquier responsabilidad o autodisciplina. Si una persona así existía o no, no era la cuestión: se convirtió en el estereotipo para las discusiones sobre la delincuencia juvenil y se le presentaba de manera regular en películas de Hollywood y melodramas de Broadway como *West Side Story*.

Si volvemos atrás a las imágenes presentadas por algunas de las generaciones anteriores de rock 'n' rollers, «Summertime Blues» y «Somethin' Else» de Eddie Cochran tenían este perfil punk y «The Wanderer» y «Runaround Sue» de Dion eran vehículos premeditados de una actitud punk. El aura completo de los Rolling Stones era una encarnación de su postura antisocial, pero, aunque muchos de los grupos estadounidenses imitaron el sonido de los Stones, muy pocos eran deliberadamente rebeldes. Lo que compartían con todos los demás era una estupidez casi analfabeta, que surgía como un gruñido inarticulado, lanzado al exterior como un ritmo primitivo. A medida que su interpretación mejoraba y que el canto se hacía más definido, la música llegó a ser de manera más evidente un pop sencillo; muy a menudo, un disco supuestamente punk simplemente se había grabado tan mal que el cantante había quedado irremediablemente enterrado bajo una cacofonía de batería y guitarra distorsionadas.

En comparación con los grupos británicos, para los que la guitarra era siempre el instrumento dominante (Manfred Mann y los Animals eran honorables excepciones) la mayoría de los grupos de respuesta estadounidenses utilizaban un órgano portátil producido en serie por Vox, Farfisa o Hohner.

Los grupos de «garage-band» se dividieron en dos categorías netamente diferentes: algunos de ellos habían tocado varios años antes de la Invasión Británica y desarrollado un repertorio de viejas canciones de rhythm and blues y rock 'n' roll que todavía resistían más de cinco años después, junto con éxitos más recientes de rhythm and blues como «Shotgun», «Money», «Do You Love Me» y «Ooh Poo Pah Doo». Más recientes eran los grupos formados por personas que sólo se habían interesado por aprender un instrumento después de oír los discos británicos (o ver a los grupos en televisión) y que tenían mucho menos conocimiento del grueso de los discos negros que habían inspirado en primer lugar a los grupos británicos.

La categoría anterior fue la primera en aparecer en las listas y la mayoría de los grupos venían del Noroeste del Pacífico (los Kingsmen, Paul Revere and the Raiders); Texas (The Sir Douglas Quintet, Sam The Sham and the Pharaohs y ? and the Mysterians); y del medio oeste (los McCoys, Mitch Ryder and the Detroit Wheels, los Shondells y los Shadows of Knight). La segunda categoría ascendió a epidemia nacional, pero la mayoría de grupos que consiguieron alcanzar los puestos más altos de la lista nacional eran de la Costa Oeste, o bien de los alrededores de la Bahía de San Francisco, o de la zona de Los Ángeles.

En Seattle (Washington), aunque el resto del país parecía haberse más o menos olvidado del rock 'n' roll, había varios grupos que continuaban tocando algunos de los viejos éxitos de Little Richard, junto con sus piezas propias, la mayoría instrumentales y cualquier vieja canción que alguien recordara la letra entera. Una canción figuraba prácticamente en el repertorio de todos: «Louie Louie», grabada primeramente por su autor Richard Berry en 1965 como una especie de canto calipso-rhythm and blues, que nunca le supuso un éxito de ámbito nacional. Un grupo de Seattle llamado los Frantics fue el primer grupo que interpretó la canción en directo, pero aunque tuvieron tres éxitos menores para la Dolton en 1959, nunca grabaron «Louie Louie»; siete años después, tres ex miembros aparecieron en la nueva escena de San Francisco como integrantes de Moby Grape. Mientras tanto la Dolton tuvo un éxito internacional con «Walk Don't Run» de los Ventures, un grupo únicamente instrumental liderado por el guitarrista Don Wilson, que grabó una serie de álbumes de entre los más vendidos, aumentado por músicos de sesión de Los Ángeles. Cuando los Ventures se mudaron, el grupo más famoso que quedó en Seattle fue los Wailers, cuyo «Tall Cool One» estuvo entre los cuarenta primeros para la Golden Crest en 1959, pero ello no fue suficiente para hacer de ellos estrellas nacionales; su repertorio era instrumental en su mayor parte, aunque grabaron un par de locas canciones rock, «Mau Mau» y «Dirty Robber» y para satisfacer la demanda de una grabación de «Louie Louie», también la editaron. Fuera del noroeste, nadie se interesaba todavía por la canción hasta que los Kingsmen y Paul Revere and the Raiders la grabaron en posteriores sesiones en 1963, para los sellos locales Jerden y Sande, respectivamente. La versión de los Raiders se vendió lo bastante bien para que la Columbia comprara los derechos del disco, pero no pasó nada al este de las Montañas Rocosas hasta que seis meses después un disc jockey de Boston (Massachussets) se puso a radiar la versión de los Kingsmen.

Esta vez el asunto cuajó. La Wand Records de Nueva York compró los derechos del disco y con el tiempo fue directa al número dos de *Billboard*, justo en el momento de la primera oleada de éxitos de los Beatles. El disco apenas llamó la atención fuera de contexto ya que se había grabado con una parte cantada de manera tan apagada que las mentes suspicaces pensaban que podían detectarse sugerencias obscenas en la letra, aunque tenía esa progresión armónica de «La Bamba» que atronaba al fondo y un estribillo estúpido que era innegablemente pegadizo. Los Kingsmen limpiaron su sonido debidamente y se convirtieron en el grupo formal de pop que seguramente siempre habían querido ser, pero irónicamente fueron Paul Revere and the Raiders los que llegaron a ser el grupo más importante que surgió del Noroeste.

Originarios de Indiana, donde grabaron un éxito menor instrumental en 1959 para el sello local Gardena, «Like Long Hair», Revere and the Raiders se mudaron a Portland (Oregon) en 1962 y permanecieron allí hasta que la Columbia consiguió los derechos de su versión de «Louie Louie» en 1964. Los Raiders accedieron a la fama y a la riqueza bajo el cuidado del productor Terry Melcher, aunque de nuevo en Seattle los Wailers no fueron capaces de encontrar una canción que les colocara en el ámbito nacional. Sin embargo, los Electric Prunes respondieron a los fascinantes experimentos con sonidos guitarrísticos de los discos de los Yardbirds y la Reprise Records los puso en un estudio con Dave Hassinger, que recientemente había hecho de ingeniero, en Los Ángeles, para una serie de éxitos de los Rolling Stones. En muchos sentidos, los Electric Prunes acabaron por sonar como un grupo de rock progresivo británico en su primer y mayor éxito, «I Had Too Much Dream Last Night», con una guitarra distorsionada y con un eco salvaje enredándose con la malhumorada parte cantada. Lo que se infería tácitamente de la canción era que el cantante había tomado alguna droga de más, seguramente LSD y este disco hizo de puente entre la autocompasiva y de víctima-de-la-sociedad actitud del punk y la música psicodélica, que representaba los tormentos-interiores-del-alma. Una combinación parecida se grabó por las mismas fechas (a finales de 1966) a cargo de otro refugiado de la escena de clubes de Seattle, Jimi Hendrix, que grabó «Hey Joe» como su primer sencillo con la Experience en Londres y que posteriormente homenajearía a uno de aquellos clubes de Seattle en «Spanish Castle Magic».

Bajando de Seattle por la Costa, alrededor de la zona de la Bahía de San Francisco, algunos grupos saltaron hacia las listas en 1966, aunque no tenían el mismo tipo de formación a fondo de las bandas del Noroeste. Desde San José, surgieron los Syndicate of Sound, con un sonido característico en «Little Girl», cantada con gran seguridad por Don Baskin, natural de Hawai, y grabada con una sencillez casera; editada primero en el sello local Hush, el disco llegó a los diez primeros de la lista nacional después de que la Bell cediera los derechos. Tres meses después, en 1966, los Count Five llevaron a un sello de San José, Double Shot, directamente a los diez primeros nacionales con «Psychotic Reaction», con una mitad basada en los Stones (la parte cantada) y la otra en los Yardbirds (en las secciones instrumentales, especialmente en el maníaco solo). Ninguno de los dos grupos repitió el éxito, aunque la Double Shot duró lo suficiente para regresar a los diez primeros un año después con la pegadiza canción pop-soul «Gimme Little Sign» de Brenton Wood.

Mientras el resto del país se orientó cada vez más hacia las grabaciones durante los primeros sesenta, en el Sur la música en directo seguía siendo la actividad principal para los músicos jóvenes. Todavía no se había producido una separación de papeles entre compositores y productores, sino que simplemente un equipo autosuficiente que, a menudo, lo dirigía una figura principal que tocaba la guitarra, componía (o escogía) las canciones y luego las cantaba. Había algunas personas que se ganaban la vida como «productores», sobre todo Huey Meaux de Houston y Major Bill Smith de Fort Worth (a los que ya hemos encontrado antes en este libro), aunque su papel primordial era el de documentar una banda autosuficiente de directo.

Muchas de las cualidades del rhythm and blues y del rock 'n' roll sobrevivían en Texas, a lo largo de los primeros años sesenta, defendidas igualmente por los pioneros supervivientes de finales de los cuarenta y principios de los cincuenta

59. THE WAILERS, de Jamaica. Bob Marley, delante a la izquierda.

60. THE SHIRELLES, de Nueva Jersey. Shirley Owens, cantante solista, a la derecha.

que por los músicos jóvenes blancos que captaron su espíritu. Los guitarristas T-Bone Walker, Lightnin' Hopkins, Johnny «Guitar» Watson y B. B. King eran los preferidos en firme y los grandes inspiradores, junto con los pianistas Amos Milburn y Charles Brown, amigos inseparables que hicieron giras y grabaron juntos. Entre los jóvenes blancos tejanos contratados para tocar en los clubes con unas edades que estaban lejos del límite legal de edad para poder siquiera cruzar la puerta del local estaban Doug Sahm de San Antonio, los hermanos Johnny y Edgar Winter de Beaumont, Domingo «Sam» Samudio y Steve Miller de Dallas, Delbert McClinton de Fort Worth y Tony Joe White de Corpus Christi.

Mientras los medios de comunicación filtraban y separaban, refinaban y homogeneizaban los elementos que habían confluido en una mezcla tan fuerte como el rock 'n' roll a mediados de los cincuenta, estos músicos todavía estaban expuestos a los elementos originales y, además, en su forma pura. Junto a aquellos pioneros del blues estaban las estrellas actuales del rhythm and blues Bobby Bland y Junior Parker y algunos rock 'n' rollers orientados hacia el country para quienes el espíritu de Jerry Lee Lewis era tan importante como el de Hank Williams (sobre todo el primo de Jerry Lee, Mickey Gilley, que sonaba igual que él y que tocaba de manera constante por la zona de Houston). El cálido rock 'n' roll de saxo y piano de la banda de Fats Domino era todavía una importante influencia, junto con los peculiares estilos étnicos locales de la música cajun del Sur de Luisiana y la música de «conjunto» basada en la polca de los mexicanos residentes en Texas. Póngase en la olla los éxitos soul de moda, luego remuévase con las aportaciones británicas de los Beatles, los Stones y los demás y luego apártese para ver lo que pasa.

Algunos reaccionaron más deprisa que otros. Steve Miller se fue a Chicago, en donde reunió una banda de blues para competir con Paul Butterfield, antes de mudarse a San Francisco, en donde con su compatriota tejano Boz Scaggs, desarrolló un estilo de rock que, a la larga, se convertiría en muy exitoso para ambos. Tony Joe White se fue a Nashville, sin olvidarse nunca de Lightnin' Hopkins. Los hermanos Winter se expusieron a la luz pública cuando los músicos virtuosos de blues hicieron furor, aunque ninguno de ellos superó jamás los discos que habían hecho de adolescentes para cualquier minúsculo sello local que los pagara para entrar en un estudio de grabación. Su versión de «Please Come Home For Christmas», de Amos Milburn y Charles Brown, la interpretaban con un encanto y una sensibilidad que posteriormente abandonaron en favor de una pirotecnia chillona.

Por casualidad, tanto Doug Sahm como Sam Samudio entraron en las listas nacionales en la misma semana de abril de 1965 y los dos habían descubierto a la vez, aunque de manera independiente, lo bien que podía encajar un sencillo patrón de órgano «tex-mex» en una canción pop comercial.

Doug Sahm grabó regularmente desde la adolescencia, casi siempre para el sello Harlem de San Antonio y su problema era decidir que elegía de todas las cosas que podía hacer tan bien; igualmente feliz de tocar blues al estilo de T-Bone Walker, de cantar las canciones de Jimmie Rodgers, o de jugar con el pop. Finalmente Doug encontró la orientación bajo la supervisión de Huey Meaux, que reconoció un sentimiento tex-mex en «She's a Woman» de los Beatles (oficialmente una cara B, aunque se radió tan intensamente como la cara A, «I Feel Fine»). El organista Angie Meyer se presentó con un riff repetitivo que encajaba con una canción de Sahm, al estilo de Ray Charles, que se titulaba «She's About a Mover» y Meaux editó el disco en su sello propio Tribe bajo el bromista disfraz seudobritánico del Sir Douglas Quintet. La mayoría de los disc jockeys que difundieron el disco suponían que era británico, aunque el pretencioso Doug hizo trizas el disfraz en el momento en que abrió la boca para responder a un entrevistador televisivo. Por entonces, el disco funcionaba, aunque el Sir Douglas Quintet perdió ímpetu cuando consiguió el dudoso honor de convertirse en el primer grupo pop estadounidense en ser detenido por consumo de drogas.

Liberado, Sahm abandonó Texas en busca del ambiente más tolerante de San Francisco, pero aunque se anotó un éxito menor en 1969 con «Mendocino» y realizó varios de los más interesantes álbumes estadounidenses de los últimos años sesenta (para Mercury), nunca alcanzó ni el reconocimiento comercial ni de culto que merecía. Como pequeña consolación le quedó el ser acreditado como una inspiración evidente para varios grupos de mucho más éxito que adoptaron una combinación parecida de blues, country y rock 'n' roll, como Creedence Clearwater Revival, The Band y Commander Cody and the Lost Planet Airmen. Aunque ninguno de ellos tuvo un cantante que fuera tan expresivo y relajado como Doug Sahm.

Sam Samudio nunca fue capaz de encontrar a nadie en Texas que quisiera grabar a su grupo, Sam the Sham and the Pharaohs; tuvo que dirigirse a Memphis, en donde Stan Kesler se arriesgó y pagó la sesión de la que salió «Wooly Bully» y que luego editó en su sello XYZ. Desde la inicial cuenta atrás en español, hasta las estrofas en una casi jerigonza, los incesantes tresillos del órgano y el solo de saxo a lo King Curtis, el disco sostenía un entusiasmo delirante que la banda era capaz de mantener tanto en sus actuaciones en directo, como en su primer álbum para la MGM (que había conseguido el contrato de la banda). Las canciones en este primer álbum daban una buena indicación de las fuentes musicales y de la inspiración de una banda de bar sureña de esa época: junto a cinco canciones propias, hacían «Shotgun» de Junior Walker, «I Found a Love» de los Falcons, «Gangster of Love» de Johnny «Guitar» Watson, «Long Tall Sally» de Little Richard y una divertidísima versión de «Ev'ry Woman I Know is Crazy 'Bout Automobiles» de Billy Emerson. Entre los pocos grupos americanos de la época que igualaban a los mejores grupos británicos tanto vocal como instrumentalmente, Sam the Sham and the Pharaohs se presentaban a sí mismos como una atracción de moda (lucían turbantes y llegaban a las actuaciones en un coche fúnebre), aunque nunca adquirieron esa escurridiza credibilidad que permitía que un grupo sostuviera una carrera sin tener necesariamente un sencillo de éxito en las listas todo el rato.

Tanto al Sir Douglas Quintet como a Sam The Sham and the Pharaohs se los ha clasificado a veces como punk por cuenta de cronistas retrospectivos, porque sus éxitos tenían la sencillez directa de otros discos de «garage-band» de la época, aunque había otros grupos tejanos que encajaban en la categoría con mayor naturalidad. A los Thirteenth Floor Elevators de Fort Worth los lideraba un personaje estrafalario llamado Rocky Erikson, cuyas payasadas bajo la influencia de no-se-sabe-qué generaron una reputación de culto más allá del público que colocó a «You're Gonna Miss Me» del grupo en los puestos más bajos de las listas de sencillos en 1966.

Texas siempre fue un hogar para los músicos independientes que ignoraban las convenciones de la época, aunque después de este chaparrón de música de «garage-band», la mayoría de los intérpretes musicales triunfadores del estado tendía a estar más influidos por el country. Roy Head tuvo un éxito en 1965 con un frenético disco de soul blanco titulado «Treat Her Right» para la subsidiaria de Duke, Back Beat, aunque después de él, el intérprete blanco de Texas más popular fue B. J. Thomas, que tuvo un gran éxito pop en 1966 con su versión de «I'm So Lonesome I Could Cry» de Hank Williams, que continuó con varios grandes éxitos más, todos para la Scepter de Nueva York.

Al productor Huey Meaux finalmente le tocó el premio gordo a principios de los setenta con varios éxitos de Freddy Fender, un mexicano-estadounidense que había conseguido una serie de éxitos locales tanto en español como en inglés a principios de los sesenta. Pero todo esto distaba mucho de la música de «garage-band», que encontró un hogar más permanente en el medio oeste.

Entre el chaparrón de grupos que inundaron los estudios de grabación de Estados Unidos tras la Invasión Británica, pocos de los del medio oeste duraron algo más que los seis primeros meses y sugerían que no eran más que puros oportunistas que sacaban provecho de una nueva moda. Inevitablemente, Chicago y Detroit eran los principales centros de grabación, pero contra todo pronóstico dos de los mejores discos eran de pequeños pueblos, realizados por ? and the Mysterians y los Shondells.

? and the Mysterians era el inescrutable apodo de un grupo de mexicanos-estadounidenses que habían tenido que esperar durante dos años y viajar directamente a Flint (Michigan) antes de encontrar un momento y un lugar para grabar «96 Tears», compuesta por el cantante solista del grupo, Rudy Martinez. Editado originalmente en Pa-Go-Go, el disco lo contrató para su distribución nacional la Cameo de Filadelfia, a donde el agente de promoción Neil Bogart se había mudado después de una estancia en la MGM que había coincidido con el éxito de «Wooly Bully». Bogart sabía el potencial que tenía un disco con un ritmo percutiente y un pegadizo riff de órgano y esta vez era una buena canción, interpretada con una convincente desesperación por Martinez. «96 Tears» encabezó las listas en octubre de 1966. Era el último disco de punk puro en hacerlo, si es que tal cosa podía existir.

Los Shondells estaban todavía en el instituto cuando grabaron una versión de «Hanky Panky» para el sello local Snap en Niles (Michigan), en 1964. La canción la habían grabado el año anterior los compositores Jeff Barry y Ellie Greenwich bajo su alias de grabación de los Raindrops, como cara B de «That Boy John» en la Jubilee y nadie tenía grandes motivos para rescatar del olvido la absurda cancioncilla. Aparte del disc jockey que les financió la grabación, nadie radió la versión de los Shondells durante dos años, hasta que algún disc jockey de Pittsburg lo sacó de un montón de discos descartados y vio que los teléfonos «quemaban» con solicitudes cuando lo difundía. En la época que el grupo descubrió que su disco tenía un público, unos piratas de Pittsburg habían prensado miles de copias (entre 20.000 y 80.000 según informes diferentes). Esto era lo más normal para un disco punk: era prácticamente un requisito que el sello original fuera tan pequeño que los piratas pudiesen suministrar una demanda local sin ningún temor, al saber que la compañía original no podría hacer nada. La Roulette Records intentó contactar con el grupo, todavía en Niles y llevó el disco directamente al número uno de las listas en julio de 1966. Extraordinariamente, si se considera lo básico y antimusical que era el disco de «Hanky Panky», el grupo —con el nuevo nombre de Tommy James and the Shondells— no tan sólo tuvo ocho éxitos más entre los veinte primeros, sino que sacó algunos de los mejores discos pop de la época. «I Think We're Alone Now», coescrito por el productor Ritchie Cordell y Bo Gentry, era una encantadora, amable y sugerente canción de amor adolescente, mientras «Crimson and Clover» era un cántico aventurero e hipnótico que volvió a poner al grupo en el número uno de la lista en 1968. Casi imperceptiblemente, se pusieron la capa del mejor grupo vocal de la Costa Oeste después de los Four Seasons.

Mientras tanto, el productor de los Four Seasons, Bob Crewe encontró un pupilo nuevo para desafiar a esos nuevos advenedizos punk, en Mitch Ryder and the Detroit Wheels. Crewe había forjado proyectos constantemente, que colocaban material pegadizo en un contexto despiadadamente bailable, más descaradamente con Freddie Cannon y luego de manera más imaginativa con los Four Seasons y con Mitch Ryder mostró de manera efectiva cómo toda esta nueva música era básicamente un refrito de lo que se había hecho antes al mezclar dos patrones de rock 'n' roll junto a un canto frenético. Mitch Ryder tenía una voz cruda e inexpresiva, que se elevaba por encima del chillón acompañamiento como un cantante de gospel en una reunión revivalista. Su primer y mejor éxito fue «Jenny Take a Ride» (editado en el sello New Voice, propiedad de Crewe, distribuido por la Bell, 1965), una mezcla de «Jenny Jenny» de Little Richard y del arreglo de Chuck Willis de «C. C. Rider», a un tempo jadeante y que sonaba como un disco salvaje de la Motown, lo que era bastante apropiado para un cantante de Detroit. Las aportaciones características eran los acordes percusivos del órgano y una pandereta a contratiempo, aunque la fórmula no soportó la repetición y Crewe se mostró incapaz de planear una estructura más duradera. Ryder siguió siendo un eficaz intérprete en directo y sus discos ejercieron una influencia importante en las grandilocuentes producciones que diez años más tarde adoptarían Bruce Springsteen o Meat Loaf.

Aparte de Mitch Ryder, el otro cantante blanco popular de Detroit a mediados de los años sesenta fue Bob Seger, que se pasó a la Capitol Records en

1968, después que la Cameo fracasara a la hora de traducir varios éxitos locales en «impactos nacionales». Trabajador infatigable, Seger era un prototipo para los intérpretes estadounidenses típicos de rock de los años setenta y proponía un espectáculo formal como artista en directo y, poco a poco, conseguía unos seguidores cuyos gustos no eran tan caprichosos como los del público pop tradicional.

En Chicago, se pensó por un momento que un par de esos grupos de hágalo-usted-mismo podían liderar un resurgimiento de los sellos independientes de la ciudad. En marzo de 1965, Dunwich Records llegó entre los diez primeros con una versión copiada de «Gloria» de Them a cargo de los Shadows of Knight, aunque pronto quedó claro que la canción era más importante que el grupo. A finales de año, el sello independiente USA* lo hizo todavía mejor con «Kind of a Drag» de los Buckinghams, que llegó al número uno de la lista.

Los Buckinghams permanecieron con la USA para un disco más (un revival de «Lawdy Miss Clawdy»), aunque luego cambiaron a la Columbia, en donde Jim Guercio se encargó de la producción y los orientó hacia una mezcla atractiva de coros y ritmos poderosos que les concedieron cuatro éxitos más (como la seductora «Susan» en 1967). Y éste era el patrón típico: los sellos independientes, se veían como trampolines temporales para grupos que preferían la seguridad aparente de un sistema de distribución nacional de una gran compañía y una promoción más poderosa. Los entrevistadores que desenterraron a algunos de los miembros de grupos diez años después, los encontraron siempre arrepentidos de haber subido de manera tan rápida a la situación que había sido el catalizador de su primer éxito, pero para entonces estaban reducidos a hacer refritos de viejos éxitos en cabarets y por lo general era ya demasiado tarde para volver atrás y corregir los errores. En cualquier caso, a causa de que tan pocos grupos apoyaran a los sellos independientes en los años sesenta, diez años después apenas quedaba ninguno, ni siquiera en Los Ángeles.

El sonido dominante de Los Ángeles a mediados de los sesenta eran las guitarras y los coros vocales, que contribuyeron al estilo folk-rock del siguiente capítulo. Aunque, escondidos en la sombra había algunos grupos que o bien utilizaban un órgano en su formación, o bien martilleaban los instrumentos tan caóticamente que sus elementos rock ahogaron al cociente folk.

* La USA había estado funcionando durante un tiempo, grabando a varios de los mejores bluesmen de Chicago que, por una u otra razón, no estaban con la Chess-Checker o la Vee Jay, como Willie Mabon, Junior Wells y Billy Emerson. Entre los mejores lanzamientos de la USA antes de que los Buckinghams se integraran en el sello fue «Look Out, Mabel» de G. L. Crockett, un extraordinario disco «intemporal» de 1965, cuando no había mercado conocido para lo que sonaba como un disco de rockabilly negro, completado con un abrasador solo de guitarra eléctrica. El disco atrajo el suficiente interés por parte de la Checker como para comprar los derechos, aunque no gozó de mejor suerte.

La primera de las bandas de garaje de Los Ángeles de mediados de los sesenta en llegar a las listas pop fueron los Standells, cuyo mejor material lo compuso su productor, Ed Cobb; con una adaptabilidad impresionante, el antiguo Four Prep y compositor de «Every Little Bit Hurts» de Brenda Holloway se presentó con una imitación muy pasable del sonido y la actitud de los Rolling Stones en «Dirty Water», que los Standells interpretaron de manera exacta con el tono correcto de irrisión. Pero la misma combinación de productor y grupo no pudo repetir el truco en posteriores lanzamientos (para el sello subsidiario de la Capitol, Tower).

Los Rolling Stones también eran la influencia fundamental en los primeros discos de Love, una de las bandas de culto de la época cuyos discos no sonaron nunca tan bien como las actuaciones en directo del grupo y como prometía el material. El primer éxito de Love fue una versión de una canción cuyo improbable origen era una banda sonora cinematográfica compuesta por Burt Bacharach y Hal David, «My Little Red Book». Pero el compositor propio del grupo, el guitarrista y cantante negro Arthur Lee, nunca acabó de organizar sus ambiciosos conceptos en forma de arreglos coherentes y la Elektra Records no recuperó jamás su inversión en ellos.

Una de las canciones del repertorio de Love era «Hey Joe», que la había compuesto un cantante de folk de San Francisco (exactamente quién fue el tema de un costoso debate legal) y otro grupo de Los Ángeles, los Leaves, hizo dos intentos para convertirla en un disco de éxito para el sello independiente Mira; su segundo intento funcionó más o menos, aunque su anárquica mezcla de partes cantadas en sordina y una melodía de guitarra tomada en préstamo de «When You Walk in the Room», de Jackie de Shannon, fracasaba a la hora de comunicar la amenaza inherente a la canción. El guitarrista de Seattle, Jimi Hendrix, se quedó con «Hey Joe» durante una jam con Arthur Lee y la incorporó a sus actuaciones en directo, primero en Nueva York y después en Londres, donde finalmente captó sus cualidades en un disco producido por Chas Chandler.

Entre los mejores discos punk realizados en Los Ángeles estaba Talk Talk, de los Music Machine, que estuvo entre los veinte primeros para el sello Original Sound a finales de 1966. Un estallido de angustia casi incoherente, martilleado por los riffs rítmicos e interrumpido por un salvaje break de guitarra al estilo Yardbirds, Talk Talk era un disco punk arquetípico, en el que el sonido era más importante que la imagen o la identidad del grupo. De manera incongruente, el ex miembro de Music Machine, Keith Forsey, produciría después álbumes de ventas millonarias para Fleetwood Mac. La Original Sound sobrevivió principalmente gracias a reenvasar los éxitos de la época del rock 'n' roll en la mejor serie de álbumes de «Oldies but Goodies» de la Costa Oeste y el propietario Art Laboe hizo lo posible para fichar al grupo de funk callejero Dyke and the Blazers, que obtuvo cuatro éxitos entre 1967 y 1969.

Prácticamente por definición, un grupo punk o una garage-band no congraciaba con el sistema de la música pop de tener éxitos regularmente o de realizar un álbum musicalmente coherente. Una banda de garaje tenía que ser una maravilla de un sólo éxito y esos grupos que se las arreglaban para seguir adelante casi siempre se metamorfoseaban en un tipo más convencional de grupo pop, como Tommy James and the Shondells. El formato natural de álbum para estos discos era una recopilación de los diferentes artistas y el cronista Lenny Kaye hizo justicia al género, de manera retrospectiva, al reunir a muchos de sus preferidos en el álbum doble editado por Elektra en 1972 bajo el título de *Nuggets: Original Artyfacts From the First Psychedelic Era, 1965-1968*. Éste fue, más o menos, el último jadeo de los intérpretes y productores que representaban el espíritu «independiente» que había formado parte integral de la sublevación del rock 'n' roll de mediados de los cincuenta. Aunque no surgió ninguna compañía importante de la conexión con el movimiento punk, la que estuvo más cerca fue la Buddah, que comercializó un género derivado que acabó por llamarse «bubblegum» [música chicle].

La Buddah Records* la fundó en 1967 Neil Bogart, el agente de promoción de la radio que se había comprometido a la hora de convencer a las emisoras de radio para que difundieran por primera vez «Wooly Bully» de Sam The Sham and the Pharaohs, de la MGM y luego «96 Tears» de ? and the Mysterians, de la Cameo. Esto era indicativo de cómo la industria había cambiado ya que mientras anteriormente los sellos discográficos independientes habían tendido a ser fundados por personas implicadas en la parte del negocio de la fabricación, la distribución o la venta, o bien en la parte de la grabación, la ingeniería de sonido o la supervisión, ahora la destreza crítica conseguía la difusión radiofónica. A Bogart le costó un tiempo el encontrar una fuente satisfactoria de material para promocionar, aunque de 1968 a 1969 inició una relación con los productores Jerry Kasenetz y Jeff Katz que colocaron la mayoría de sus producciones Super-K en la Buddah.

Si los discos punk habían sido fortuitos, desiguales e inconexos, los Super-K eran planeados, previsibles y sólidos. Los ingredientes musicales eran básica-

* BUDDAH RECORDS. Fundada en 1967 en Nueva York por Neil Bogart.
Música chicle: The Ohio Express, The 1910 Fruitgum Company.
Cantautora: Melanie.
Soul: Gladys Knight and the Pips.
Rock: Captain Beefheart.

KAMA SUTRA. Fundada en 1965 por Charles Koppelman y Norm Rubin.
Folk-rock: The Lovin' Spoonful.

Sellos en distribución:

PAVILION
Gospel: The Edwin Hawkins Singers.

CURTOM. Fundado en Chicago por Curtis Mayfield.
Soul: Curtis Mayfield, The Impressions, The Five Stairsteps.

HOT WAX. Fundado en Detroit por Holland-Dozier-Holland.
Soul: The Honey Cone, The Flaming Ember.

mente los mismos, pero ahora estaban deliberadamente arreglados para que cada nota y cada pulsación consiguiera su propósito de manera eficaz. Como pegadizas canciones de baile, los discos eran irresistibles y el mundo se encontró tarareando «Simon Says» junto con los 1910 Fruitgum Company y mascullando «Yummy Yummy Yummy» con los Ohio Express. Sin amenazas, sin misterio y sin magia; un trasunto de lo que las bandas de garaje habían intentado ser, los discos de música chicle utilizaban el mismo tipo de órgano percusivo y acabaron de manera rotunda con ese sonido del pop estadounidense. Ningún grupo que se respetara a sí mismo quería que lo tomaran por un invento bubblegum.

Al lado de las producciones Super-K, había otra campaña bubblegum de enorme éxito llamada los Archies. Esta vez estaba involucrado el omnipresente Don Kirshner, como promotor del compositor-productor Jeff Barry. La mayoría de los grupos cuyos discos de música chicle se editaban en la Buddah en realidad existía de alguna manera y se dedicaba a actuar en directo, aunque pudiera no haber interpretado todas las partes de sus discos. Pero los Archies eran un puro proyecto de estudio, diseñado para suministrar música para una serie de dibujos animados de televisión. Jeff Barry era una elección especialmente acertada, desde el momento en que en la selección de éxitos que compuso con Ellie Greenwich durante los años sesenta había varios con títulos absurdos: «Da Doo Ron Ron», «Do Wah Diddy Diddy» y «Hanky Panky». Hombre con un don claro para la inanidad, Barry conspiró con Andy Kim para componer «Sugar Sugar», que el cantante de la sesión, Ron Dante, interpretó con una encomiable desesperación. En comparación con las crudas producciones Super-K, «Sugar Sugar» gozaba de un ambiente y de un flujo y el elegante disco pop se convirtió en uno de los discos más vendidos de todos los tiempos, editado en los Estados Unidos en el sello Calendar de Kirshner, con la distribución a cargo de la RCA.

A pesar del éxito enorme del disco de los Archies, los días de este tipo de producción pop estaban contados, a medida que la industria discográfica estadounidense se preocupaba cada vez más por la manera de vender álbumes. Nadie iba a convencer a millones de personas para que compraran álbumes de música chicle. Bob Dylan había mostrado cómo venderlos y la división de la Costa Oeste de la industria discográfica se propuso convertir su manera de pensar en una fórmula. Tal vez fuera más difícil que sacar la música chicle a partir del punk, pero se tenía que hacer.

VI

Mientras la mayoría de productores e intérpretes residentes en Nueva York parecía que iba a caer en un estado de conmoción cuando la Invasión Británica ganó ímpetu en 1964, hubo una reacción opuesta al otro lado del país, en Los Ángeles. Muchos de los productores, compositores, músicos y cantantes que tan sólo habían conseguido un desigual éxito con sus tramposas producciones dirigidas a la comercialidad en los primeros años sesenta, de repente cogieron el toro por los cuernos de la sencilla música pop comercial y produjeron una gama completa de alternativas de la Costa Oeste a los grupos británicos. En muchos casos, los parecidos eran desvergonzadamente claros y por cada número británico popular había al menos un equivalente de la Costa Oeste, o una «respuesta», para utilizar el eufemismo del negocio musical para la palabra copia: los Beau Brummels y los Monkees (dobles de los Beatles), Paul Revere and the Raiders y los Standells (de los Rolling Stones), Gary Lewis and the Playboys (de los Hollies), los Byrds (una mezcla de los Searchers, los Beatles y Bob Dylan), los Count Five y los Electric Prunes (de los Yardbirds). Y quienquiera que no copiara a un grupo británico, seguía el presunto estilo folk-rock de Bob Dylan.

Un índice directo de este cambio de rumbo se puede extraer de la ubicación geográfica de los discos que encabezaron las listas estadounidenses: en 1963, los discos realizados en Nueva York habían sido número uno la mitad del año (veintiséis de cincuenta y dos semanas), mientras Los Ángeles estuvo tres y Londres, ninguna; del resto, Texas era la primera con diez; en 1964, los discos producidos en Londres ocuparon el primer lugar durante veintitrés semanas, mientras Nueva York descendía a doce y Los Ángeles contaba de nuevo con tres (mientras tanto Detroit subía de las tres de 1963 a las diez de 1964); en 1965, Londres todavía mantuvo la primera posición durante veintitrés semanas, pero los productores de Los Ángeles ascendían hasta las veinte semanas y tan sólo un disco de Nueva York estuvo en el número uno de la lista («Hang On Sloopy» de los McCoys, durante una semana).

Este resurgimiento de la escena discográfica de Los Ángeles se atribuía en parte a la presteza con que algunos productores astutos se subieron al carro de los grupos beat y el folk-rock y en parte a la aparición de un grupo de élite de músicos de sesión versátiles y rítmicamente apasionantes. Pero así como la época anterior de los discos de éxito de Los Ángeles había estado ligada a la proximidad de los estudios cinematográficos en los que Elvis Presley, Pat Boone, Tab Hunter, Ricky Nelson y los demás habían producido en serie sus películas dirigidas a los adolescentes, ahora el factor crucial era el regreso del programa de televisión de música pop. Muy apropiadamente, el catalizador fue el productor británico Jack Good, que había orquestado y prolongado el reconocimiento y la interpretación británica del rock 'n' roll con sus presentaciones coreografiadas de Gene Vincent, Eddie Cochran y los rockers nativos Marty Wilde y Cliff Richard. Después de mudarse a los Estados Unidos en 1965, Good convenció a la cadena ABC para que promoviera un programa en cadena de música llamado *Shindig* con, básicamente, la misma fórmula que él había puesto a punto en Inglaterra, con un grupo regular de acompañamiento (los Shindogs, cuyos integrantes se convertirían en algunos de los músicos más famosos de finales de los sesenta: los guitarristas James Burton y Delaney Bramlett, el pianista Leon Russell) y una formación de bailarinas go-go. La NBC respondió con *Hullabaloo* y Dick Clark se libró de las sospechas de corrupción por payola que se habían cernido sobre su cabeza desde los tiempos de *Bandstand* y presentaba *Where the Action Is* en la CBS. Estos tres programas punteros, junto a innumerables derivados locales, exhibían a todos y cada uno de los grupos británicos de visita disponibles, aunque el público que los sintonizaba para verlos no podía evitar el ser expuesto a todos los teloneros, muchos de los cuales eran residentes de Los Ángeles.

En muchos sentidos, esta era una repetición del proceso que había conducido a los productores de Filadelfia a tomar la imagen de Elvis Presley y reproponerla como Frankie Avalon, Fabian, Freddie Cannon y los demás; aunque esta vez había mucho más equilibrio en las relaciones entre los participantes en las grabaciones, al menos en alguno de los discos. No hacía tanto tiempo que los cantantes auténticos de rock 'n' roll del Sur podían aprender de los discos de Bobby Rydell realizados en Filadelfia, aunque los grupos británicos escucharon con interés algunos de los discos realizados en Los Ángeles como respuesta a sus propios discos; después de todo, éste era el hogar de los discos producidos por Phil Spector, que ellos admiraban tanto y como ya se ha destacado los Rolling Stones hicieron su sobresaliente serie de éxitos entre 1965 y 1966 en Hollywood.

No todos los discos de la West Coast de esa época se hicieron como discos de «respuesta». Había una animada escena de «ocio» adolescente, que ya había engendrado su género musical propio antes de que los grupos británicos asaltaran las ondas de la radiodifusión nacional: la música surf.

El estilo musical que acabaría por llamarse música «surfing» comenzó como una colección de discos al azar que tenían el tipo de ritmo adecuado para que los chicos bailaran en las fiestas de la playa a lo largo de la Costa del Pacífico, sobre todo cerca de Los Ángeles. Había una escena parecida en la Costa de Carolina, aunque allí no había industria discográfica.

Hasta 1962, las fiestas de playa en California se hacían con lo que se podía encontrar. En especial todos los discos instrumentales de Sandy Nelson (como «Teen Beat» para la Original Sound, 1959 y «Let There Be Drums», Imperial, 1961) y de los Ventures («Walk Don't Run» para la Dolton, 1960 y una serie de álbumes durante los años sesenta). Otros instrumentales adoptados por los bailarines *après-surf* comprendían el viejo shuffle de Bill Doggett, «Honky Tonk», que todavía pisaba fuerte desde su lanzamiento original en 1956; un remake de «Guitar Boogie Shuffle» de Arthur Smith por los Virtues (editado por la Hunt de Filadelfia, 1959); «Stick Shift» de los Duals, con el sonido de un motor de coche girando y todo (Sue, 1961); «Hideaway» del virtuoso guitarrista blues Freddie King (Federal, 1961); y «Memphis», una hinchada versión instrumental de la canción de Chuck Berry a cargo del guitarrista de Cincinnati, Lonnie Mack (Fraternity, 1963).

El constante éxito de estos discos en las fiestas llevó inevitablemente a los músicos locales a empezar a modelar sus discos para ese mundillo. Dick Dale and the Deltones fueron probablemente los primeros en montar un repertorio entero de canciones cuyas letras se ajustaban de manera exclusiva al argot y a las actividades de los surfistas: «Let's Go Tripping» fue un éxito menor en 1962 en Deltone, el sello propiedad de Dale.

Las referencias se ampliaron para acoger al mundillo paralelo de las carreras de bólidos y un puñado de músicos fundaron un equipo de doble identidad que grababa números de surf como los Marketts (dos éxitos para la Liberty, «Surfers' Stomp» y «Bilbao Blue» en 1962 y una para la Warner Brothers, «Out of Limits» en 1963) y números de bólidos como los Routers (dos éxitos para la Warner Brothers, «Let's Go» y «Sting Ray» en 1963). Otros éxitos nacionales comprendían «Pipeline», de los Chantays, y «Wipe Out», de los Surfaris, instrumentales semicomerciales con connotaciones surf, grabados ambos por pequeños sellos independientes y que la Dot contrató para la distribución nacional en 1963.

Aunque los títulos de estos números caseros de surf eran expresiones de argot del diccionario surfista, también sonaban lo bastante bien en la radio como para calificarlos de discos pop formales y muchos de ellos fueron éxitos mucho más allá de los centros turísticos de la costa; pocas de las personas que compraron «Wipe Out» en Gran Bretaña sabían que el título significaba caerse de una tabla de surf. Pero este mundillo del surf suministró una base inestimable para todo intérprete que pudiera tomar contacto con él y le ofrecía la posibilidad de hacerse un nombre y vender los discos suficientes para entrar en las listas nacionales.

Como de costumbre, las compañías establecidas se mostraron lentas a la hora de apreciar el potencial de una escena musical de base, aunque varios de los mayores sellos de la Costa Oeste a la larga respondieron. A pesar de contratar aquellos éxitos de los Chantays y de los Surfaris, la Dot no encontró nunca un artista importante orientado a los adolescentes durante los primeros años sesenta, pero la Capitol, la Liberty y la Imperial encontraron al menos un sólido fabricante de éxitos al abrir las puertas a los productores, compositores y músicos que se habían comprometido a representar a los surfistas y a los amantes de las carreras de bólidos.

Los intérpretes principales de este mundillo eran: el dúo Jan and Dean; los productores independientes Lou Adler, Steve Barri, Terry Melcher, Bruce Johnston y Gary Usher; los compositores de los Beach Boys, Brian Wilson y Mike Love; y el disc jockey Roger Christian. Para Wilson y Love, el mundillo surf era una genuina afición, probablemente el único tema sobre el que podían componer canciones con alguna convicción. Para la mayoría de los demás, era un planteamiento conveniente para carreras que anteriormente habían carecido de orientación.

Para Jan and Dean y su productor y manager, Lou Adler, la música surf de hecho redefinió los patrones de sus carreras y dio un sentido de destino inevitable a lo que, en la época, simplemente habían sido una serie de saltos oportunistas. Jan and Dean todavía eran cantantes a tiempo parcial y estudiantes en la universidad cuando Adler se las arregló para asegurarles un contrato con la Li-

61. THE SPRINGFIELDS, de Londres (Inglaterra). Dusty Springfield en el centro.

62. THE BEACH BOYS, de Los Ángeles (California). Brian Wilson, segundo a la derecha.

berty en 1962. Durante el primer año, siguieron haciendo toscas variaciones sobre los discos de los grupos vocales negros de la Costa Este y divirtiéndose con la interacción entre una parte solista en falsete y un contrapunto de voz profunda sin encontrar un planteamiento para un sonido o identidad propias. Pero en 1963 Jan Berry colaboró con Brian Wilson, de los Beach Boys, para componer una canción que elogiaba la vida de las playas californianas: «Surf City». Con su estribillo de «two-girls-for-every-boy» [«dos chicas para cada chico»], ésta fue la fantasía definitiva para cualquier adolescente que se iba de vacaciones y el disco llegó al número uno de las listas nacionales.

El éxito de «Surf City» fue un momento clave para la entera industria musical californiana y demostró que el resto de los Estados Unidos estaba preparado para compartir y disfrutar a distancia, el estilo de vida holgazán. Jan and Dean obtuvieron más éxitos entre los veinte primeros, todos ellos retratos enciclopédicos de la vida en Los Ángeles, la mayoría repletos de detalles obsesivos y cantados con una inexpresividad monótona; aunque en «Dead Man's Curve» (1964) había un dramatismo y una tensión genuinos y humor irónico en el éxito menor de la cara B, «New Girl in School». La carrera de Jan and Dean finalizó abruptamente en 1966 cuando Jan Berry sufrió un grave accidente automovilístico, que hizo que los Beach Boys siguieran como portaestandartes sin oposición de la escena del sol-arena-y-surf.

Los integrantes de los Beach Boys cambiaron al largo de los años, pero la inversión creativa principal vino siempre de Brian Wilson, cuyo padre, Murry, había sido también un compositor profesional. Murry puso dinero para la edición del primer sencillo de los Beach Boys en el sello Candix en 1962 y las respetables ventas de ese disco, *Surfin'*, llevaron a un contrato con la Capitol, donde el grupo permaneció a lo largo de la década. Los primeros discos del grupo no eran más imaginativos que sus títulos: *Surfin' Safari*, *Surfin' USA* o *Surfer Girl*. Los discos hubieran sido eficaces canciones publicitarias para catálogos de venta por correspondencia de empresas de alquiler de tablas de surf o de agencias de viajes que buscaran atraer a la juventud del país hacia Santa Mónica. Musicalmente, tomaban prestado libremente del rock 'n' roll, en especial de Chuck Berry, cuya «Sweet Little Sixteen» era la base de «Surfin' USA». La interpretación en estos discos como mucho era entusiastamente amateur —guitarras rítmicas de débil sonido y un órgano desigual— y el triunfo de estos éxitos de los Beach Boys suministró un aviso anticipado del mensaje que tan fuertemente se había martilleado por los grupos británicos en su país: que un gran sector del público de la música pop estaba listo para identificarse con un sonido de «hágalo-usted-mismo» antes que con los discos de fórmulas procesadas que había presentado la industria musical estadounidense.

En 1964, cuando los discos británicos empezaron a invadir las listas estadounidenses, la calidad de los discos de los Beach Boys mejoró, a medida que Brian Wilson comenzó a enmarcar sus pegadizas melodías con coros cada vez más elaborados. Los alaridos en el fundido final de «Fun Fun Fun» eran especialmente emocionantes y el empuje de energía por entero de «I Get Around» demostraba que Wilson respondía a los retos de los discos recientes de los Beatles y los Four Seasons. Al año siguiente, Wilson logró huir finalmente del básico boogie shuffle del rock 'n' roll que tendía a conceder un aire pasado de moda a sus discos y en «Help Me Rhonda» y «California Girls» desarrolló un sonido alegre y muy completo con la inapreciable ayuda de músicos de sesión como Carole Kay al bajo y Hal Blaine a la batería, cuyas aportaciones no fueron muy comentadas en su momento, al no tener la intención de llegar a ser un grupo «de verdad».

En 1965, los Beach Boys se habían convertido en una institución pop estadounidense, pero aunque seguían cultivando una imagen visual de acuerdo con su nombre y su primer repertorio, las diferentes maneras en que Wilson podía celebrar lo maravilloso que era vivir en el Sur de California tenían un límite. A la espera de la inspiración, llenó el intervalo con viejas canciones, en «Barbara Ann» hizo un dúo con Dean Torrence, de Jan and Dean y sonó más como el Kingston Trio en «Sloop John B».

Descartado en principio por los fans serios del pop como un grupo pop barato para chiquillos, los Beach Boys comenzaron a atraer una admiración impresionante en el momento en que Brian Wilson se topó con una manifestación de adulación pública mayor de la que contaba; se retiró de las actuaciones en directo (en las que Glen Campbell y luego Bruce Johnston le sustituyeron) y Wilson pasaba la mayor parte del tiempo en el estudio de grabación y montaba las canciones que a la larga se editarían como el álbum *Pet Sounds* en verano de 1966. Con mucho menos éxito en los Estados Unidos que los precedentes y más sencillos álbumes, los elaborados arreglos y los ambientes fascinantes de *Pet Sounds* mantuvieron al álbum entre los diez primeros de Gran Bretaña durante seis meses, e inspiró a varios grupos británicos para utilizar las técnicas de estudio de grabación de manera más experimental.

La ingenua inocencia de los discos de los Beach Boys contrastaba con los discos de Dylan, los Beatles y los Rolling Stones, llenos todos de cinismo, escepticismo y sarcasmo. Brian Wilson no daba pistas de si oía las canciones de ellos en la radio, ni tan sólo de si leía el periódico; en vez de ello, a finales de 1966 lanzó su disco definitivo, «Good Vibrations». Técnicamente inmaculado, «Good Vibrations» fue uno de los primeros discos en hacer alarde de la producción de estudio como una cualidad en sí misma, más que como un medio de presentar una interpretación. El sonido de cada instrumento, el efecto hipnótico del nuevo sintetizador Moog y los sutiles cambios de clima daban todos la impresión de perfección absoluta y el disco fue un éxito internacional enorme. Durante el resto de los años sesenta, innumerables músicos y grupos intentaron representar una condición igualmente dichosa, pero ninguno de ellos aplicó nunca la disciplina intensa y la concentración que Wilson había dedicado a su grabación.

Los Beach Boys siguieron grabando y actuando durante quince años más y a la larga se las arreglaron para quitarse de encima las antiguas connotaciones de ser un grupo pop desechable, aunque sus discos nunca igualaron las cimas de 1965 y 1966. Y el mundillo del surf se desvaneció y se confirmó que ninguno de los demás compositores y productores se había tomado tan en serio su papel como Brian Wilson lo había hecho. La mayoría de ellos se pasaron a formas pop más convencionales, lo que en esa época en California significaba, en gran parte, igualar los sonidos provenientes de Gran Bretaña, o tramar alguna combinación de folk y de pop.

Si, en esa época, los éxitos pop más interesantes que provenían de California eran los que tenían alguna base folk de algún tipo, los grupos de más éxito eran los que se miraban en el beat británico: Gary Lewis and the Playboys tuvieron ocho éxitos seguidos entre los diez primeros en dieciocho meses, entre 1965 y 1966; Paul Revere and the Raiders tuvieron diez éxitos en los veinte primeros, entre 1965 y 1969 y un número uno por última vez en 1971; y los Monkees tuvieron nueve éxitos entre los veinte primeros (con tres números uno) entre 1966 y 1968. Todos demostraron lo eficaz que podía ser el sistema y estaban estrechamente ligados a programas de televisión.

Gary Lewis and the Playboys fue el último de una impresionante lista de proyectos producidos por Snuff Garrett de la Liberty antes de que abandonara la compañía para fundar su sello propio, Viva, en sociedad con otro tejano, Jimmy Bowen de la Reprise. La Liberty* se fusionó con la Imperial en 1965 y entre ambas compañías representaban una muestra significativa de la mejor música pop de la Costa Oeste de la época, aunque los sellos combinados no consiguieron descubrir nunca cualquiera de los números importantes de rock que surgieron a finales de los años sesenta. Hijo del actor Jerry Lewis, Gary Lewis tenía una voz ordinaria y sus discos se destacaban principalmente por ser una fase de la carrera del pianista Leon Russell, que arregló muchas de las sesiones y que adquirió la experiencia que, posteriormente, le sería de utilidad para su propia carrera.

* LIBERTY
Pop: Gary Lewis and the Playboys.
Rock: Canned Heat.

En 1963 adquirió IMPERIAL.
Pop: Cher, Johnny Rivers, Jackie de Shannon, The Classics IV.
Grupos de Gran Bretaña: The Hollies (1964-66), Georgie Fame, Billy J. Kramer and the Dakotas (todos con los derechos cedidos por la EMI).

Se fusionó en 1968 con UNITED ARTISTS.
Pop: Bobby Goldsboro.
Folk: Don McLean.
Grupos de Gran Bretaña: The Spencer Davis Group, Traffic.
Rhythm and blues: War.

Paul Revere and the Raiders, al contrario, eran un grupo «de verdad», que ya llevaban cinco años juntos, antes de fichar por la Columbia en 1964. Bajo la supervisión de producción de Terry Melcher, que formaba una amistosa sociedad con el cantante solista Mark Lindsay, los Raiders realizaron algunos de los mejores y más desinhibidos discos de rock de mediados de los años sesenta. Evidentemente impresionados por los discos contemporáneos de los Rolling Stones y de los Animals, Melcher y Lindsay no los imitaron simplemente, sino que en vez de ello compusieron o encontraron canciones que permitían comunicar un aire de desafío parecido. «Just Like Me», el primer gran éxito del grupo, comprendía alguna salvaje interpretación de guitarra y después de un par de vehículos para la expresión reprimida de los ubicuos Mann y Weil («Kicks» y «Hungry»), Melcher y Lindsay compusieron por sí mismos una larga serie de éxitos, de los que sobresalía «Him or Me - What's It Gonna Be?». Elegido para ser el grupo titular del programa *Where the Action Is* de Dick Clark, el grupo socavó sus poderes musicales al aparecer con toda clase de uniformes de moda que se aprovechaban de su nombre. Se ganaron a un público joven, pero los más antiguos fans de los Rolling Stones no se los tomaron nunca en serio y no lograron captar nunca el cada vez más importante mercado de álbumes. Aunque sus recopilatorios de *Greatest Hits* resisten mejor que la mayoría de las demás colecciones de la época, un homenaje a los talentos de producción de Terry Melcher y a la contagiosa y simpática interpretación del cantante Mark Lindsay.

Don Kirshner, ahora como jefe de Columbia Screen Gems, fue testigo de los acontecimientos de mediados de los sesenta con sentimientos encontrados. Justo cuando parecía que él tenía el monopolio del proceso de suministrar discos pop de éxito a Estados Unidos, llegaron las producciones de Detroit de Berry Gordy y todos aquellos discos británicos para echarlo todo a rodar; y entonces Los Ángeles reaccionó con más rapidez que Nueva York a la hora de plantear alternativas aceptables. Las grabaciones de canciones de los compositores de la Columbia Screen Gems, que comprendían versiones de discos publicados y versiones nuevas de composiciones hechas a medida, se dispersaban entre las producciones británicas y las de Los Ángeles. Kirshner dio el paso lógico de trasladar su sede desde Nueva York hasta Los Ángeles. Él ya tenía una «confianza» muy grande con los productores de la Costa Oeste como Phil Spector (que utilizaba regularmente canciones de Mann y Weil), Snuff Garrett (que prefería Goffin y King) y Terry Melcher. Así como antaño había hecho una cuestión de principio del trabajar sólo con compositores que hubieran firmado con él contratos en exclusiva, Kirshner ahora se preocupaba por montar una plataforma de producción que se dedicara exclusivamente a utilizar las canciones que Screen Gems publicaba; si se creía oportuno usar canciones de compositores que no estaban ligados a Screen Gems, ellos debían ceder sus derechos de las canciones específicas utilizadas por el equipo de producción de Screen Gems. Hacia finales de 1966, Screen Gems apoyó la campaña de mercadotecnia de éxito más espectacular en la historia del pop estadounidense: la respuesta a los Beatles: los Monkees.

La invención, lanzamiento e inevitable disolución de los Monkees resumió la situación del pop estadounidense de mediados de los sesenta. El timo consistió en realizar una serie de televisión en la que cuatro jóvenes cantaban canciones y hacían el tonto, como lo habían hecho los Beatles en *A Hard Day's Night*. Parece que todos los músicos jóvenes de Los Ángeles respondieran a los anuncios para las pruebas, aunque los cuatro elegidos se encontraron que no se les permitía tocar en sus propios discos; como los pilotos de prueba de los que se esperaba que no hicieran nada en sus vuelos por control remoto al espacio como astronautas, a los Monkees se les pedía que fingieran ser músicos mientras experimentados músicos de sesión realizaban realmente los discos. Unas monerías, desde luego.

El proyecto entero de los Monkees iba a contrapelo de lo que estaba pasando en Estados Unidos, pero el impacto de los Beatles había sido tan grande que esta imitación transparentemente evidente se aceptó con agradecimiento. Más impresionante incluso que los seis sencillos entre los tres primeros puestos en dos años fue el acaparamiento del número uno de la lista de álbumes durante treinta y un semanas seguidas desde noviembre de 1966 hasta junio de 1967, trece semanas con *The Monkees* y dieciocho con *More of the Monkees*. La amplitud de este éxito tan sólo se puede explicar en parte por la intensidad de la campaña de mercadotecnia. El factor crucial era la sorprendene calidad, considerando las circunstancias, de los discos. Las bien escogidas canciones las produjeron, con una descarada seguridad, Tommy Boyce y Bobby Hart, quienes utilizaron a los músicos de sesión de élite de Los Ángeles, como Hal Blaine, Larry Knechtel, Don Wilson de los Ventures y otros. La composición propia de Boyce y Hart, «Last Train to Clarksville», era una copia patente del sonido de los Beatles con su interpretación vocal a coro y las melódicas guitarras, aunque el arreglo de «I'm a Believer» de Neil Diamond era más «norteamericano», con un pegadizo riff de órgano que conseguía ocultar la débil voz solista de Davy Jones. El siempre adaptable equipo de Goffin y King proporcionó «Pleasant Valley Sunday» y el ex líder del Kingston Trio, John Stewart, propuso «Daydream Believer». No parecía haber motivo para que el proyecto no durase de manera indefinida y sirviese de plataforma para todos aquellos compositores que habían comenzado a sentirse obsoletos cuando las tendencias giraron hacia los grupos que escribían su propio material. Pero los Monkees eran incómodamente conscientes de ese asunto y de que se les viera como un anacronismo inventado. Para Mike Nesmith, la tensión era insoportable; él había demostrado que podía componer un éxito al proporcionar a los Stone Poneys «Different Drum», una canción encantadora cuyo mensaje de vigorosa independencia tenía aún más peso al ser cantado por una mujer, Linda Ronstadt. Un éxito para la Capitol en 1967, el disco le concedió a Nesmith la seguridad para adoptar la actitud de solicitar que a los Monkees se les autorizara para componer su propio material y que pudieran tocar en sus propias sesiones. La Screen Gems cedió y aunque sus álbumes siguieron vendiéndose bien entre los fans que habían adquirido sus primeros discos, los Monkees no consiguieron convencer nunca al escéptico público rock, que prefirió quedarse con el prejuicio de que los Monkees representaban el despreciable mundo del pop para quinceañeros.

Los discos de los Monkees los lanzaba Colgems, un sello propiedad de la Columbia Screen Gems, aunque los distribuía la RCA, la gran compañía con sede en Nueva York. Era una paradoja de la época que mientras el ímpetu creativo pasaba de la Costa Este a la Oeste, varios de los más importantes intérpretes residentes en Los Ángeles grabasen para compañías con sede en Nueva York. La Columbia tenía a los Byrds y a Paul Revere. Atco tenía a Sonny and Cher y a los Buffalo Springfield y Elektra contrató a los Doors. De los sellos de la Costa Oeste, tan sólo la Liberty, la Imperial y la Dunhill mostraron una iniciativa más que mediana. La Capitol, la Warner-Reprise y la A&M se perdieron mucho de lo que se cocía a su alrededor, aunque inevitablemente recogieron a unos pocos triunfadores.

En la Capitol,* Nick Venet era el «más joven» del equipo de producción y el que mantuvo a la compañía en contacto con el bullicioso mundo de las producciones independientes y fue el encargado principal de alimentar a los Beach Boys en sus primeros pasos. Aunque la imagen de marca de la compañía como un bastión del gusto discreto probablemente había resistido, sino hubiera sido por la determinación del manager de los Beatles, Brian Epstein, de que los discos de su grupo se publicaran en Estados Unidos en el sello que tenía la primera opción sobre el producto de su casa matriz británica, EMI. Los Beatles llevó a la Capitol a la cima de la liga de las compañías discográficas estadounidenses, pero el equipo de producción parecía sufrir la neurosis de guerra a causa del éxito extraordinario y no consiguió devolver a los Beatles una oportunidad igual a la que ellos les habían ofrecido. Como ya hemos señalado, la Capitol rechazó las opciones sobre la mayoría de los demás intérpretes británicos disponibles en la EMI y apenas hizo la más inspirada de las elecciones al quedarse con Peter and Gordon, Cilla Black y Freddie and the Dreamers. Y no contrató a ningún intérprete importante estadounidense, para que acompañara a los dos grupos que se perseguían uno a otro en lo alto de las listas con cada lanzamiento (una carrera que ganaron fácilmente los Beatles, con veinte éxitos en el número uno, por tres de los Beach Boys).

* CAPITOL. Productores: Voyle Gilmore, Nick Venet, Ken Nelson (división country).
Pop: Nat «King» Cole, Nancy Wilson.
Grupos vocales: The Lettermen, The Beach Boys.
Country: Buck Owens, Merle Haggard, Sonny James.
Pop británico: The Beatles, Peter and Gordon, Cilla Black (todos de la EMI).

Subsidiaria:

TOWER
Rock: The Standells.
Pop británico: Freddie and the Dreamers, Ian Whitcomb.

La Warner-Reprise* también pasó por alto la mayor parte de la actividad en la música pop adolescente de mediados de los sesenta y concentró su atención en el mercado moderado que todavía se consideraba como la plataforma principal para los álbumes. En 1963, la Warner Brothers hizo el primero de una larga serie de acciones para fusionarse con otras compañías y poco a poco reunió un catálogo que, con el tiempo, permitió a los sellos combinados el montar sus propios centros de distribución a lo largo del país y competir con Columbia/Epic como una de los dos compañías más grandes de la industria. La primera acción fue unirse con Reprise Records, que Frank Sinatra había fundado tres años antes, como vehículo para sí mismo y para sus socios en los cabarets de Las Vegas y en las películas de Hollywood, Dean Martin, Sammy Davis Jr, Louis Prima y demás.

Aunque después de la fusión, los dos sellos tenían una propiedad única, durante un tiempo mantuvieron divisiones de producción separadas y Jimmy Bowen en la de la Reprise mostró más instinto por el pop que su homólogo Joe Smith en la de la Warner, que lo obtuvo sólo en la siguiente fase «post-Monterrey Pop». Entre los logros claros de un ciclo que se abría ocasionalmente al pop estaban las producciones de Lee Hazlewood para discos de la hija de Frank Sinatra, Nancy. El concepto global ofrecía un perfil bromista en sí: hacer algunos éxitos para la hija del jefe. Y el reto era especialmente amedrentador porque la voz de Nancy tenía una corta extensión y muy poco encanto aparente. Pero los músicos, que habían sido rescatados de la oscuridad por Hazlewood allá por 1958 para las sesiones con Duane Eddy, estaban ahora entre los músicos mejor pagados de Hollywood y era evidente que se lo pasaban muy bien al inventar arreglos para las cancioncillas que hacían pasar por virtuoso el zumbido desafinado de Nancy. «These Boots Are Made For Walkin'» era una canción dura —hasta el punto de tener connotaciones sadomasoquistas— y el truco que llevó el disco directamente al número uno de las listas fue una línea de bajo interpretada por Carole Kaye, que descendía a ritmo de negras en la introducción de cada estrofa. Éste se convirtió en el último proyecto de éxito de Lee Hazlewood, aunque le sacó mucho partido y produjo tres éxitos más entre los veinte primeros para Nancy en solitario, un número uno con un dúo con el padre de ella («Something Stupid») e incluso dos dúos de Nancy con él mismo que alcanzaron a estar entre los veinte primeros, una respuesta a Sonny and Cher teñida de country.

* WARNER BROTHERS. Productores: Joe Smith, Ted Templeman, Lenny Waronker.
Pop: The Everly Brothers, Routers.
Folk: Peter, Paul and Mary.
Pop británico: Petula Clark.

REPRISE. Productor: Jimmy Bowen.
Pop adulto: Frank Sinatra, Dean Martin.
Pop adolescente: Nancy Sinatra.
Rock: Electric Prunes.
Rock británico: The Kinks.

La A&M Records* fue una de las historias de mayor éxito en el negocio discográfico estadounidense de mediados de los sesenta y quizás de manera significativa, logró un lugar seguro en la industria sin aprovechar ninguna de las tendencias dominantes de la época. Durante los tres o cuatro primeros años, la A&M se interesó de manera superficial por algunos de los intérpretes más interesantes de la Costa Oeste y grabó a Waylon Jennings, Captain Beefheart, Dr. John (en la Zu Zu Blues Band), Leon Russell y Toni Basil años antes de que llegaran a ser famosos. Pero fue el mismo Herb Alpert el que puso al sello en las listas: sus primeros diez álbumes estuvieron entre los veinte primeros, incluidos cinco que llegaron al número uno y todos seguían una fórmula sencilla de interpretar melodías pegadizas con arreglos de sabor español al estilo de su primer sencillo «Lonely Bull» de 1962. Si los términos *middle-of-the-road* [estilo moderado] y *easy listening* [escucha agradable] no hubieran existido, deberían haberse acuñado para describir el sonido de Herb Alpert and the Tijuana Brass y de algunos de los demás intérpretes que siguieron en ese campo para la A&M: Chris Montez, los Sandpipers y Sergio Mendes.

El socio de Alpert, Jerry Moss (la «M» de A&M) realizó varias acciones astutas para ampliar la base estilística del elenco del sello y convenció a dos productores independientes británicos para que colocaran a sus artistas con A&M para Estados Unidos. Un acuerdo con Denny Cordell trajo a la A&M a Procol Harum, los Move y, al más importante de todos, Joe Cocker, mientras un acuerdo parecido con Chris Blackwell de Island Records garantizaba a Jimmy Cliff y Cat Stevens. Entre los intérpretes con una residencia más próxima, We Five obtuvo un éxito que llegó al número tres con «You Were on My Mind» en 1965, aunque en general la A&M perdió el barco folk-rock.

La experiencia del antiguo socio de Herb Alpert, Lou Adler apenas podía haber sido más diferente; su sello Dunhill** sacó provecho del boom del folk-rock, como veremos en el capítulo siguiente, aunque al final Adler vendió el sello a su distribuidor (ABC) y empezó otra vez con un sello nuevo, Ode y un distribuidor nuevo (CBS). Esta combinación tampoco fue satisfactoria y la conclusión que se

* A&M Records. Fundada en 1962 en Los Ángeles por Herb Alpert y Jerry Moss.
Pop latino: Herb Alpert and the Tijuana Brass, Sergio Mendes, The Sandpipers, Chris Montez.
Folk-pop: We Five.
De Gran Bretaña: Procol Harum, The Move, Joe Cocker, Jimmy Cliff, Cat Stevens, Fairport Convention.
Country rock: The Flying Burrito Brothers.
Rhythm and blues: Sonny Charles and the Checkmates.

**DUNHILL RECORDS. Fundada en 1965 en Los Ángeles por Lou Adler. Producción: Steve Barri y P. F. Sloan.
Folk-rock: Barry McGuire, The Mamas and the Papas.
Pop: The Grass Roots, Three Dog Night.
Rock: Steppenwolf.
Banda sonora: Easy Rider.
Distribuida por la ABC, que compró la compañía en 1966.

sacó en claro fue que la A&M se convirtió en la distribuidora de Ode, justo a tiempo de verse involucrada con el disco más importante de la muy exitosa carrera de Adler, *Tapestry* de Carole King, en el año 1971.

Aparte de la A&M, los sellos independientes lo pasaron mal para sobrevivir en la Costa Oeste, a pesar de la aparente ventaja de estar cerca de los estudios de grabación y de televisión y de ser un mercado local muy importante para los discos. Un par de antiguos vendedores de la Liberty montaron White Whale Records y sustentaron la carrera de los Turtles como una «respuesta» de la Costa Oeste a los Lovin' Spoonful, sobre todo con cuatro grandes éxitos compuestos por los previamente desconocidos compositores Gary Bonner y Alan Gordon y producidos por el debutante Joe Wissert: «Happy Together», en especial, comunicaba una alegría optimista que se había convertido en extraña en el pop estadounidense de 1967.

Valiant Records consiguió un clásico de pop adolescente en 1963 con «Rhythm of the Rain», de los Cascades, y luego volvió en 1966 con «Along Comes Mary» y «Cherish», de los Association, que resultaron lo bastante atractivos a la Warner Brothers como para comprar el sello entero. Aunque, en general y en agudo contraste con el maníaco apresuramiento, como de hormiga, de los pequeños sellos que habían florecido en Los Ángeles algunos años antes, la época de los sellos independientes se había terminado. La A&M y la Dunhill eran las excepciones a la regla de que sólo sobreviven los fuertes, incluso cuando el contenido era el potencialmente radical, si no revolucionario, poder del folk-rock.

Aparte de la gente implicada en la música surf y las evidentes «respuestas» a los grupos británicos, casi todos los que surgían del mundillo discográfico de Los Ángeles y alcanzaban las listas nacionales a mediados de los sesenta, interpretaban algún tipo de folk-rock. El término abarcaba tantos estilos y sonidos diferentes que casi llegó a no significar nada, aunque tuvo su mérito: había una diferencia entre los discos realizados en 1965 y 1966, en comparación con el típico disco pop de cinco años antes. Así como anteriormente se hubiera precisado buscar arduamente para encontrar canciones con connotaciones sociales, ahora la mayoría de ellas tenía un contexto específico para las letras; y así como la mayor parte de discos se habían montado evidentemente a la manera tradicional, con un productor, un arreglista y músicos de sesión que decidían el marco para los cantantes, ahora en la mayoría de ellos se podía encontrar una gran espontaneidad acerca del sonido. Investigaciones posteriores revelan a menudo que las diferencias eran ilusorias: muchas de las canciones «sin sentido» las habían escrito los mismos compositores que antes habían trabajado como profesionales comerciales y muchos de los discos todavía los interpretaban músicos de sesión y no grupos «auténticos». Pero la ilusión era importante, porque tanto el público como los demás músicos jóvenes se lo tomaban como si fuera verdad y la siguiente generación de grupos lo hicieron realmente por sí mismos.

En Nueva York, la definición eficaz del folk-rock había consistido en una mezcla entre canciones con «mensaje» (tipificadas por Bob Dylan) y un acompañamiento de presunto rock 'n' roll que comprendía guitarra eléctrica y batería. En Los Ángeles, el folk-rock tendía a relacionarse más con el sonido que con el contexto; las propias canciones de Bob Dylan eran un punto de referencia útil, aunque los grupos de la Costa Oeste, en general, preferían adaptar las canciones de amor, antes que asumir su actitud política. A la larga, e irónicamente, la versión californiana del folk-rock regresó a las preciosos coros de la música folk anterior a Dylan; los Mamas and the Papas cogieron el testigo donde lo habían dejado Peter, Paul and Mary y las vagas connotaciones subversivas del folk-rock se enterraban cuidadosamente en un retorno a un «folk-pop» fácil-para-el-oído-y-la-mente.

La genealogía del folk-rock y el folk-pop californiano es un árbol de intrincada y a veces incestuosa familia que, inevitablemente, se inicia con las sesiones de Phil Spector. El éxito de las caras y obsesivas producciones de Phil Spector ejerció una influencia enorme en todos los músicos y arreglistas que integraban las fuerzas masivas reunidos en los estudios Gold Star para las fechas de las Crystals, las Ronettes y los Righteous Brothers. Para muchos de los participantes, la actuación total de Spector era un timo que ellos podían llevar a cabo y que confiaban emular: si lo que el mundo quería era un gran muro de sonido detrás de cantos de chiquilla perdida, se lo damos. Pero ellos no supieron apreciar el elemento crucial del metódico proceso de selección del propio Spector. Quizás parecía arbitrario, pero había una visión sólida que filtraba los elementos superfluos.

Dos de las personas que hicieron la mayor parte de su aprendizaje bajo Spector eran el arreglista Jack Nitzsche y el factótum Sonny Bono. Ellos se habían batido con escaso éxito durante varios años antes de unirse, en 1963, para componer «Needles and Pins» para Jackie de Shannon, cuya grabación arregló Nitzsche para la Liberty. El uso dramático del timbal al fondo detrás de la lastimera parte vocal de la cantante recordaba el planteamiento de Spector, aunque un característico contrapunto melódico interpretado a la guitarra sentó un precedente que se utilizó más acentuadamente en la siguiente grabación de Jackie con su composición propia «When You Walk in the Room». Los dos discos pasaron prácticamente inadvertidos, aunque fueron versionados en Gran Bretaña por los Searchers, cuyo productor Tony Hatch exageró aún más el papel de las guitarras, al hinchar el sonido con instrumentos de doce cuerdas. La mayoría de los grupos británicos utilizaba las guitarras de una manera más violenta, más preocupados por el ritmo que por la melodía y la continuación de esos éxitos de los Searchers se realizó de nuevo en Los Ángeles, a cargo de Sonny Bono en discos con él y Cher y a cargo de Roger McGuinn con los Byrds. Mientras tanto Jackie de Shannon cambió de sello, de la Liberty a la Imperial, cuando las dos compañías se fusionaron en 1965 y, con retraso, tuvo su primer éxito entre los diez primeros con «What the World Needs Now is Love». La canción la compusieron Bacharach y David, lo que resultaba irónico para una mujer que, ella misma ya había compuesto varios éxitos para Brenda Lee («Dum Dum», «Heart in Hand» y otros) y para los Fleetwoods («The Great Imposter»), con la coautora Sharon Sheeley. Cantante y compositora versátil que no encajó en ninguna de las categorías disponibles de «chiquilla perdida», folk-pop o «imagen sexy», Jackie de Shannon parecía destinada a quedarse como una preferida de la industria musical que no atraería jamás una atención pública y no lo hizo hasta que muchos años después, como compositora de «Bette Davis Eyes» para Kim Carnes en 1981, consiguió su mayor éxito; un largo camino desde el folk-rock. Aunque, volvamos a la cronología, donde encontraremos a Terry Melcher que trabaja junto a Roger McGuinn.

Terry Melcher era el hijo de Doris Day y había hecho sus primeros discos como Terry Day para la Columbia, en 1963, en sesiones arregladas por Jack Nitzsche. Había hecho el tonto con números de surf y de bólidos en colaboración con Bruce Johnston y habían producido un éxito entre los diez primeros para los Rip Chords («Hey Little Cobra», 1964) y algunos fracasos con el nombre de Bruce and Terry. En 1965, Terry Melcher se abrió camino como productor residente de la Columbia y se embarcó en una larga serie de éxitos con Paul Revere and the Raiders y lanzó la carrera de los Byrds con el sonido folk-rock de «Mr. Tambourine Man».

Los Byrds representaron un momento clave en la historia del pop estadounidense. Aunque grabaron a la manera tradicional bajo la supervisión de una persona del equipo de producción, con músicos de sesión que sustituían a los miembros del grupo en el primer sencillo, se las arreglaron para dar una imagen de autodecisión. El líder del grupo Roger McGuinn tenía una sólida formación de trabajo regular en las fronteras entre el pop y el folk, había sido telonero de Bobby Darin y un músico callejero disponible para sustituciones en los clubes de folk de Greenwich Village. En Los Ángeles encontró almas gemelas en el guitarrista David Crosby y el bajista Chris Hillman y, después de grabar maquetas para la World Pacific Records, se las arregló para conseguir un contrato con la Columbia. El grupo ya interpretaba «Mr. Tambourine Man» en sus actuaciones en directo, aunque el productor Terry Melcher dudaba de que ellos pudieran mantener el pulso rítmico constante que se precisaba para un sencillo bailable que se pasara por la radio. El sentimiento profesional necesario lo proporcionaron tres de los mejores músicos de sesión de Los Ángeles, cuya experiencia comprendía la mayoría de las sesiones de Phil Spector: Larry Knechtel interpretó la elegante y cautivadora línea de bajo, mientras Hal Blaine mantenía el tempo con la batería; el instrumento principal de Leon Russell era el piano, aunque aquí tocaba la guitarra, mezclándose con el estruendo distorsionado de la guitarra de doce cuerdas de McGuinn que se convertiría en la marca de fábrica del sonido de los Byrds. El resto del grupo permaneció alrededor agitando panderetas y coreando el estribillo.

En comparación con el sonido puro y limpio de «Blowin' In the Wind» de Peter, Paul and Mary, «Mr. Tambourine Man» de los Byrds tenía un sentimiento tosco que despertó la curiosidad del público sobre el compositor de la canción y el disco lanzó de manera eficaz la carrera de Bob Dylan, además de a los Byrds. Encabezó la lista de sencillos y desencadenó la explosión de folk-rock que llevó a la mayoría de las grandes compañías a contratar al menos un número equivalente y a varios intérpretes a versionar las canciones de Bob Dylan. Pero mientras las ondas de radiodifusión de Estados Unidos estaban sobrecargadas con lúgubres voces solistas con coros de fondo y acompañadas por guitarras monótonas, los propios Byrds no supieron aprovechar su temprana ventaja. En vez de ello, después de otro número uno con el arreglo de «Turn Turn Turn» de Pete Seeger, el grupo perdió su ímpetu como la «respuesta a los Beatles» de los Estados Unidos, que es como se les había pronosticado. En vez de ello, el grupo se separó y se reagrupó varias veces, a medida que McGuinn siguió primero una orientación semimística (representada por el éxito «Eight Miles High» de 1966) y luego se pasó hacia la música country en una época en que los fans del pop y el rock aún la encontraban «palurda» y poco enrollada. Terry Melcher se retiró como productor después de los dos primeros álbumes, desde que el grupo se había puesto a usar el estudio como un lugar para experimentar y seguir las predilecciones musicales de los músicos que estaban por aquel entonces. Los éxitos habían acreditado a la banda ante la Columbia, así que ahora grababan por su propia cuenta y se tomaban todo el tiempo necesario para conseguir el sonido correcto, el clima correcto y la atmósfera correcta.

Los Byrds se convirtieron en uno de los primeros grupos de culto, se desprendieron de un sector del mercado del rock y se agarraron a él a través de sus diversos cambios de personal y de estilo, mientras algunos de los miembros que abandonaban proseguían sus carreras en otra parte: Chris Hillman en los Flying Burrito Brothers y David Crosby con Crosby, Stills and Nash. Mientras tanto, las llamas del folk-rock las avivaban otros productores de Los Ángeles que lo encontraban más asequible para mantener sus focos sobre los ingredientes que convertían a los discos en éxitos, en especial Sonny Bono y Lou Adler.

En el verano de 1965, mientras «Mr. Tambourine Man» empezaba a caer desde la cima de la lista, parecía que como si un disco de cada dos de los cuarenta primeros de la radio estadounidense fuera de Bob Dylan. Él obtuvo su propio éxito de duración épica, «Like a Rolling Stone», pero el efecto se agravó con otros tres éxitos que sonaban muy parecidos: dos versiones simultáneas de su canción «All I Really Want To Do» de Cher y de los Byrds, junto a «I Got You Babe» de Sonny and Cher.

Sonny Bono había realizado algún tipo de sonido folk-rock allá por 1963 cuando compuso «Needles and Pins» con Jack Nitzsche para Jackie de Shannon. A lo largo de 1964 luchó para arrancar algo de fuego de los distintos discos que realizó con su esposa Cher, a quien había encontrado en el sitio perfecto: en una sesión de grabación de Phil Spector. Sonny tenía una voz limitada, para decirlo amablemente; pero cuando oyó los gemidos nasales que largaban Bob Dylan y Roger McGuinn, pensó que también lo podía hacer. Planeó su rumbo con cuidado: así como Phil Spector había sido una presencia tenebrosa, tirando de las cuerdas de sus grupos vocales marionetas sin ni tan sólo ser visto, Sonny actuaría en primer plano y compondría, produciría y cantaría con su esposa. Aunque comparado con el genio rebelde de Spector, Sonny Bono era meramente un operario y su esquema tan sólo tomó forma cuando contrató a Harold Battiste como arreglista. Experto músico de jazz y clásica de Nueva Orleáns, Battiste suministró los marcos elegantes que colocaron el proyecto entre los diez primeros ocho veces en tres años.

En comparación con la mayoría de las cantantes estereotipadas con falda corta y suéter ajustado, Cher rezumaba una serenidad tranquila que otorgaba un toque de distinción a todo lo que hacía, aunque le fue difícil mantener la calma a lo largo de esta época en que ella y Sonny se convirtieron en modelos para cualquier atuendo estrafalario que los diseñadores de Hollywood les ponían encima. Pero Sonny mantuvo una premisa muy fuertemente: él, como artista y productor, concebía y promovía el vehículo para su propio éxito y las compañías discográficas implicadas eran meras distribuidoras de sus discos.

Una de las dos compañías era Atco, el sello subsidiario de la pionera independiente de Nueva York, Atlantic. La conexión con la Costa Oeste se había establecido en los primeros años sesenta, cuando Bobby Darin, de la Atco, se mudó a Hollywood con el fin de estar cerca de los estudios cinematográficos donde él planeaba basar su carrera. Mientras trabajaba con Darin en sesiones en Los Ángeles, el propietario de Atlantic, Ahmet Ertegun, había establecido los contactos con los músicos locales que le conseguirían un éxito con el número uno en 1963 con «Deep Purple», de Nino Tempo and April Stevens, dos más de los miles que trabajaron con Phil Spector. Tempo recomendó la Atco a Sonny Bono, que consiguió debidamente un acuerdo para Sonny and Cher sin decir a la compañía neoyorquina que él también había conseguido un acuerdo por separado con Cher como cantante solista con la Imperial. No había diferencias evidentes por lo que respecta al sonido de los dos discos que lanzaron esos dos arreglos paralelos. La voz de Sonny era tan manifiesta en el disco a nombre de Cher, como lo era en el «I Got You Babe» de Sonny and Cher. Ambos discos fueron continuaciones más eficaces de «Mr. Tambourine Man» que cualquier otra cosa que los Byrds hicieran por su cuenta. La versión de Cher de «All I Really Want To Do» derrotó a la versión de los Byrds de la misma canción, aunque fue la composición original de Sonny «I Got You Babe» la que definió de forma más clara el sonido del folk-rock de Los Ángeles. La introducción de guitarra recordaba el sonido de los Byrds, aunque luego el disco pasaba hacia una atmósfera de tiovivo, con guitarra y órgano que tocaban un riff melódico tras los sentimentalismos pegajosos del dúo de amantes. El himno de amor juvenil fue número uno nacional durante tres semanas en agosto de 1965 y brindó al dúo una carrera de por vida en el negocio del espectáculo. Esta primera oleada en las listas se secó cuando se apartó a Harold Battiste como arreglista, aunque ellos tuvieron un regreso con fuerza a primeros de los setenta con producción de Snuff Garrett para la Kapp Records, cuando Cher volvió de nuevo al número uno de la lista con «Gypsies, Tramps and Thieves».

Aunque los Beach Boys, Phil Spector y Sonny Bono eran más famosos para el público en general, el músico arquetípico de la Costa Oeste de los años sesenta fue Lou Adler. Ya hemos hablado de la primera parte de su carrera, como

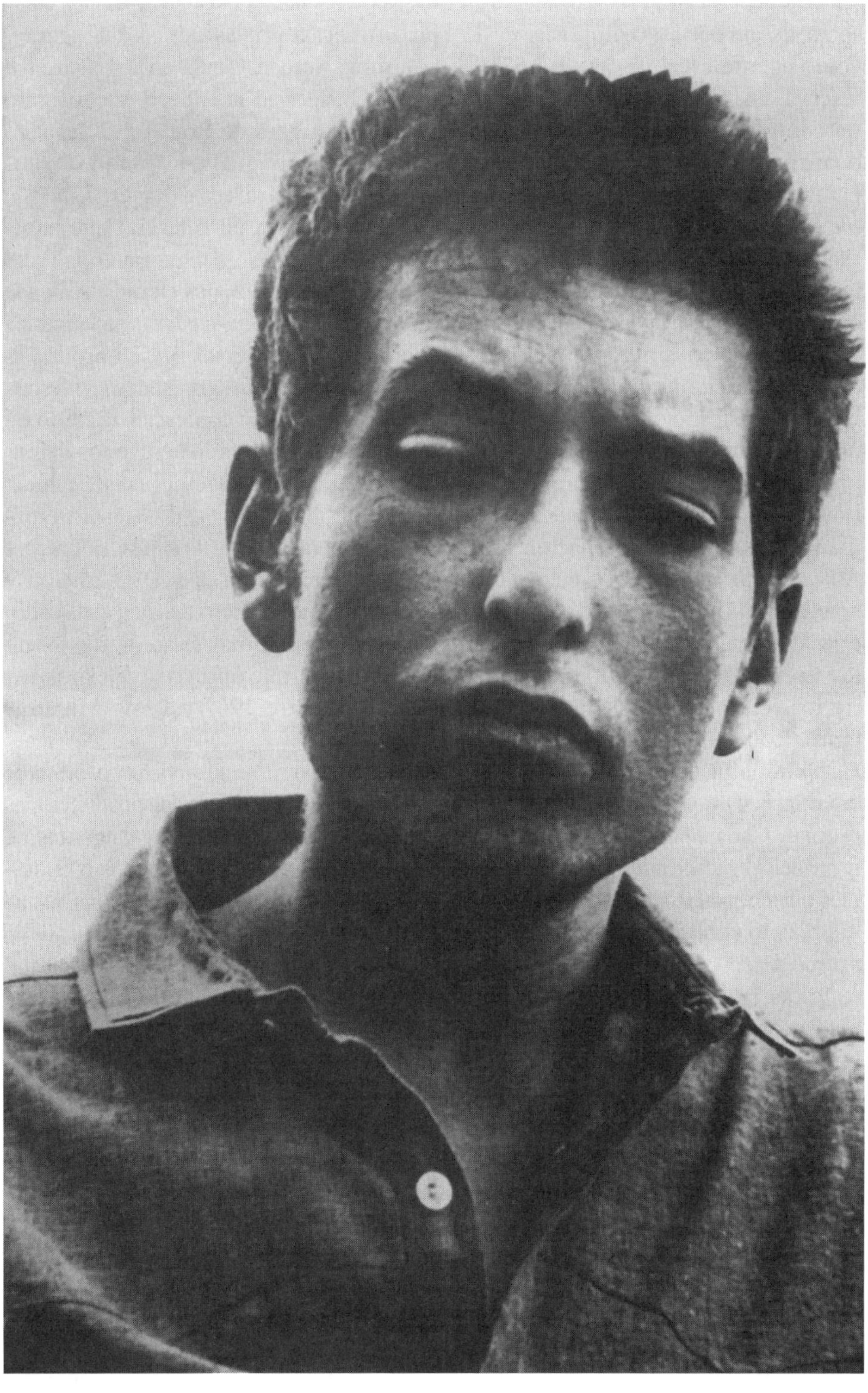

63. BOB DYLAN, de Duluth (Minnesota).

socio de gerencia y composición de Herb Alpert a finales de los cincuenta y como agente en la Costa Oeste de la Columbia Screen Gems en los primeros sesenta, cuando colocó canciones con Snuff Garrett en la Liberty y consiguió un contrato con el sello para Jan and Dean. La carrera de Lou Adler despegó de manera efectiva cuando abandonó a la Screen Gems en 1964 y fundó la compañía de producción Dunhill, que grabó un álbum en directo, *Johnny Rivers at the Whiskey A Go Go*. Con veintidós años, Rivers ya era un veterano que había realizado dieciséis discos para once compañías diferentes, la mayoría en la Costa Este, aunque nunca se había acercado a las listas nacionales cuando Adler le contrató para la Imperial en 1964. En cualquier otra época, a Rivers se le habría visto como otro cantante más de banda de bar cuyo repertorio era un puñado de viejas canciones de rock 'n' roll. Pero los grupos británicos estaban redescubriendo esas canciones a los estadounidenses, con el valor comercial añadido de un ambiente de fondo de un público «en vivo». Tres sencillos entre los veinte primeros se sacaron del álbum, con una nueva versión de «Memphis» de Chuck Berry y revivals de su «Maybellene» y «Mountain of Love», de Harold Dorman. El álbum, cuya grabación fue barata, puso en el mapa finalmente tanto a Adler como a Rivers, los cuales montaron importantes empresas de edición y producción durante los años siguientes. Rivers fichó al compositor Jim Webb, que se convirtió en uno de los autores no cantantes de más éxito de finales de los sesenta y Rivers fundó también el sello Soul City, que obtuvo siete éxitos entre los veinte primeros de los Fifth Dimension, entre 1967 y 1969. Mientras tanto, Lou Adler fundó el sello Dunhill.

Dunhill fue el último sello estadounidense de éxito montado por un productor discográfico en activo para ser algo más que una plataforma para sus producciones propias. Cada vez más, la tendencia era hacia los sellos fundados por agentes de promoción radiofónica (como Buddah, de Neil Bogart) o por abogados o contables que contrataban a productores para ponerlos al frente de sus compañías. Dunhill hizo lo contrario y Lou Adler contrató a Jay Lasker para que se ocupara de la promoción, la mercadotecnia y la distribución. La primera decisión de Lasker fue conceder la distribución de la Dunhill a la ABC y durante un par de años parecía que la colaboración funcionaba eficazmente. A los seis meses, Dunhill era número uno en la lista nacional con «Eve of Destruction» de Barry McGuire y seis meses después tuvo a una de las atracciones más vendedoras del país cuando los Mamas and the Papas estuvieron entre los cinco primeros con seis discos en dos años.

Influido inevitablemente por su experiencia anterior en la Columbia Screen Gems, Lou Adler estructuró la Dunhill alrededor de productores-compositores pupilos suyos, en especial Steve Barri, Phil «P. F.» Sloan y John Phillips. Los tres habían realizado discos sin éxito por cuenta propia antes de unirse a Adler —Barri y Sloan en Los Ángeles y Phillips en el Este, en Nueva York— aunque parecía que les era más fácil canalizar sus energías bajo la dirección infaliblemente comercial de Adler.

Para Phil Sloan, como para muchos otros, Bob Dylan mostró el camino con sus canciones que catalogaban los problemas del mundo, como «Masters of

War» y «A Hard Rain's A-Gonna Fall». Sloan, entonces con diecinueve años, redactó su propia lista de la compra de probables causas de desastres inminentes en «Eve of Destruction», que el ex New Christy Minstrels, Barry McGuire, interpretó exactamente con el tono correcto de indignación gruñida. Ésta era una canción sensiblemente más dura que cualquiera de los sencillos propios de Bob Dylan, aunque, a pesar de recibir mucha menos radiodifusión que la mayoría de los éxitos pop, llegó hasta el número uno a las cinco semanas de su lanzamiento. El arreglo musical era muy sencillo: tan sólo armónica, guitarra acústica, bajo y batería; pero qué batería. Era el cuarto éxito con el número uno durante el año que incorporaba el estilo excitante y dramático de Hal Blaine, un graduado de las sesiones de Phil Spector que había aprendido a ponerse a prueba en una canción con un apoyo sencillo y comprensivo en las estrofas, así que cualquier floreo que hacía en los tom-toms resaltaba con el máximo impacto. La mayoría de las grabaciones todavía se realizaba con un equipo sencillo: los músicos tocaban juntos y tenían que hacerlo perfecto en una misma toma. Para el oyente despreocupado, la batería de Blaine no era la participación más notable de «Help Me Rhonda», «Mr. Tambourine Man», «I Got You Babe» o de «Eve of Destruction», pero para los cantantes y los demás músicos de las sesiones sus patrones suministraban de manera exacta la combinación correcta de relajación y urgencia que hacían tan convincente el sonido global de la interpretación. En «Eve of Destruction», él empezaba con un par de golpes estruendosos en algún tipo de timbal y luego dejaba que la parte cantada dominara, hasta la última estrofa y estribillo en los que Blaine ejecutaba un redoble de tambor de banda callejera para vehicular el clima declamatorio y sermoneador de la canción.

Para Barry McGuire, el disco se reveló como una bendición contraproducente. Él había construido su carrera hasta ese punto de manera constante y sistemática, en 1963 compuso un éxito para el Kingston Trio («Greenback Dollar») y cantó de solista en otro del mismo año con los New Christy Minstrels («Green Green»), aunque después de «Eve of Destruction» su voz se asoció irremediablemente con esa única canción y no tuvo más éxitos. Aunque para Lou Adler éste fue otro paso decisivo. En las sesiones convocadas para grabar un segundo álbum de Barry McGuire, Adler conoció a los cantantes que se habían contratado para cantar los acompañamientos vocales y se puso en marcha una nueva carrera: The Mamas and the Papas.

Los grupos vocales que combinaban las voces masculinas y femeninas eran sorprendentemente raros en la música pop estadounidense. En medio de los folklóricos Weavers (tres hombres y una mujer) de los primeros cincuenta y Peter, Paul and Mary de los primeros sesenta, tan sólo había unas pocas maravillas con uno o dos éxitos: los Teddy Bears (una chica y dos chicos), los Fleetwoods (un chico y dos chicas), los Essex (una mujer y tres hombres) y los Springfields (Dusty Springfield, su hermano Tom y otro hombre). El éxito internacional de los Springfields (que tuvieron un éxito estadounidense en 1962, antes de que ese tipo de cosas fueran normales para los grupos británicos) fue, probablemente, la principal inspiración para la fundación del grupo folk australiano, los Seekers, que se trasladaron a Gran Bretaña donde grabaron tres éxitos internacionales en 1965, compuestos todos por Tom Springfield y que incluían «I'll Never Find Another You». El sonido dulce y ligero de la voz solista de Judith Durham contra tres cantantes masculinos de acompañamiento era el antecedente más evidente de los Mamas and the Papas, junto al parecido equilibrio entre la voz de Mary Travers contra la de los dos hombres en Peter, Paul and Mary. Aunque la dirección de Papa John Phillips favorecía una atmósfera más melancólica, casi tenebrosa y utilizaba su ordinaria voz propia como contrapunto al planeador sonido de Mama Cass y Michelle Gilliam.

Por lo que se refiere a las letras, los Mamas and the Papas se apartaban netamente de los mensajes de protesta política y social que habitualmente formaban parte del repertorio del folk-rock y, en general, acudían a los temas pop tradicionales de las penas y alegrías del amor. Aunque sus primeros dos éxitos no eran ortodoxos: «California Dreamin'» se sumaba de manera eficaz al lema «El Oeste es lo mejor» cultivado por los Beach Boys y «Monday Monday» volvía a un tema preferido del blues. Junto a sus propias canciones de amor, retomaron «Dedicated to the One I Love», de los Five Royales, por segunda vez (en 1961 había sido un éxito para las Shirelles) y su último éxito, «Creque Alley» en 1967, mostró lo introvertida que había llegado a ser la cultura pop, al describir con detalles ingeniosos la historia de la propia génesis del grupo junto a los Byrds y a los Lovin' Spoonful en el mundillo folk de Greenwich Village. Larry Williams había utilizado los personajes y títulos de otras canciones de rock 'n' roll en su «Short Fat Fannie» de 1958, pero ahora los nombres de los miembros de los grupos se habían convertido en parte de la mitología pop: «McGuinn and McGuire were just a-gettin' higher in L.A. you know where that's at» [«McGuinn y McGuire se colocaban en Los Ángeles ya sabes dónde está»].

En 1966 y durante una semana, *If You Can Believe Your Eyes and Ears*, de los Mamas and the Papas, estuvo en el número uno de la lista de álbumes estadounidense; tan sólo el segundo álbum que desafiaba el práctico monopolio del mercado por parte de los Beatles, los álbumes de bandas sonoras y los del trompetista Herb Alpert. *The Beach Boys' Concert* había ocupado el primer lugar durante tres semanas en 1964, aunque en general los grupos estadounidenses no habían conseguido presentar el tipo de sonido y de imagen que atrajera a los fans pop compradores de álbumes, de mayor edad. Los Mamas and the Papas lanzaron dos álbumes superventas más antes de que «las diferencias personales y musicales» socavaran su impacto. Sin embargo, el grupo desempeñó un papel importante a la hora de que la industria discográfica estadounidense cambiara su enfoque hacia un público pop substancialmente de mayor edad del que había reconocido anteriormente. Siempre se había asumido que cuando los fans del pop crecieran, se acomodarían a escuchar a los crooners de cabaret, pero aquí había adultos que compraban los mismos discos que los adolescentes.

Para acentuar esta situación, Lou Adler, John Phillips y algunos hombres de negocios jóvenes enrollados más organizaron el Monterey Pop Festival en verano de 1967, que cumplió, para este mundo nuevo del pop adulto, la misma función que lograron los conciertos de Cleveland de Alan Freed para el rock 'n' roll allá en 1953, al mostrar qué cara tenía este nuevo público y lo grande que era. Representantes de todas las grandes compañías, las cadenas de televisión y las revistas nacionales llegaron, vieron y quedaron conquistados. El núcleo del cartel de Monterrey eran los grupos de la zona de San Francisco, aunque entre los demás había los tres grandes grupos folk-rock de Los Ángeles: los Byrds, los Mamas and the Papas y los Buffalo Springfield.

En la época, a los Buffalo Springfield se les veía como a los últimos en la genealogía en curso del folk-rock, en parte porque su formación incluía a dos exiliados del mundillo de las «coffee houses» de Greenwich Village, Stephen Stills y Richie Furay. Aunque, junto con los Doors, los Buffalo Springfield eran en realidad el comienzo de una época nueva, que reunió todas las tendencias de la música estadounidense —el folk rural, el blues y el soul— y moldeó un género que se conoció simplemente como rock. Y como de costumbre, los primeros fueron los mejores.

De acuerdo con los historiadores, la nueva época rock despegó en enero de 1967 con el primer sencillo de los Buffalo Springfield, «For What It's Worth». Stills y Furay habían encontrado a un tercer guitarrista, el canadiense Neil Young, para completar la gama de sonidos y de estilos que ellos querían combinar y con ese primer sencillo establecieron un clima nuevo: «For What It's Worth» la había compuesto Stills después de ver un noticiario de televisión sobre el Sunset Strip de Los Ángeles, en donde la policía limpió violentamente la calzada de manifestantes que protagonizaban una sentada de protesta contra los negociantes locales que habían rehusado servir a los clientes hippies de pelo largo. En la canción flotaba un frío aire de amenaza, a medida que Stills recitaba la letra casi inexpresivamente:

There's something happening here	*Algo está pasando aquí.*
What it is ain't exactly clear	*No se sabe exactamente lo que es.*
There's a man with a gun over there	*Hay un hombre con un arma por ahí*
Telling me I've got to beware	*que me dice que debo tener cuidado*
I think it's time we stopped, children	*Creo que es tiempo de que paremos, niños.*
What's that sound?	*¿Qué es ese sonido?*
Everybody look what's going down	*Todos miran lo que pasa allí.*
There's battle lines being drawn	*Se han trazado unas líneas de batalla.*
Nobody's right if everybody's wrong	*Nadie tiene razón si todos se equivocan.*
Young people speaking their minds	*La gente joven habla con franqueza*
Getting so much resistance from behind	*y crece la resistencia detrás de sí.*

What a field day for the heat
A thousand people in the street
Singing songs and carrying signs
Mostly say «hooray for our side»

Paranoia strikes deep
into your life it will creep
It starts when you're always afraid
Step out of line and the man
will come and take you away

Vaya día de maniobras al sol.
Miles de personas en la calle
cantando canciones y portando símbolos.
La mayoría dice «Vivan los nuestros».

La paranoia golpea profundamente
hasta deslizarse en tu vida.
Empieza cuando tienes miedo siempre.
Sal de la línea y el hombre
vendrá y se te llevará.

Como lo había sido «Blue Suede Shoes» para los fans del rock 'n' roll diez años antes, «For What It's Worth» se convirtió en un himno para el nuevo público rock. En vez de las diatribas en buena parte personales de Bob Dylan como «Like a Rolling Stone», esta canción permitía a cada oyente que asumiera la posición de primera persona que Stills había usado en ella. Era insólito que una canción pop se inspirara en un acontecimiento tan específico y ésta mantuvo su importancia durante del resto de los años sesenta mientras los universitarios estadounidenses se enfrentaban a la dirección de las universidades a lo largo de todo el país.

A pesar del fuerte inicio no consiguieron nunca reunir sus ingredientes esenciales en otra canción de manera tan eficaz y sus álbumes eran, en su mayor parte, intentos tentadores de lo que el grupo podía haber llegado a ser, si hubieran sido más disciplinados y quizás si se hubieran gustado más unos a otros. Como mánagers y productores tenían a Charles Greene y Brian Stone, que firmaron por el grupo para el sello Atco, de la Atlantic, que había demostrado ser una plataforma eficaz para los otros pupilos de Greene y Stone, Sonny and Cher. Para la todavía independiente Atlantic, los Buffalo Springfield representaban un éxito importante, aunque caro. El grupo se las arregló para derrochar los anticipos con un estilo de vida extravagante de alquileres altos y una complaciente utilización de las drogas y nunca se concentraron realmente en realizar un álbum de primera clase. En vez de ello, hubo algunos indicios de hacia donde podían ir sus miembros luego por separado. Steve Stills había crecido en el Sur y había vivido algún tiempo en Cuba y había características influencias soul en su «Rock & Roll Woman». Richie Furay se había formado en la música country y aunque contribuyó con una pequeña parte de la producción grabada del grupo, su «Kind Woman» era una clásica canción de soul country. Neil Young era el más enigmático de los tres y causaba una impresión de solitario abstraído con preocupaciones extrañas, que interpretaba con una voz gimiente a la que había tomado gusto. Hubo rumores de disensiones mucho antes de que finalmente se anunciara la ruptura del grupo y se produjeran algunos movimientos interesantes al darse noticia de nuevas formaciones. Neil Young se había ido a la Repri-

64. BUFFALO SPRINGFIELD, de Los Ángeles (California). Stephen Stills, de Dallas (Texas) a la derecha. Neil Young, de Toronto (Canadá), segundo a la derecha.

65. THE DOORS, de Los Ángeles (California). Jim Morrison, de Melbourne (Florida) al frente.

se como cantante en solitario, pero Stills quería formar un grupo con Dave Crosby de los Byrds y Graham Nash de los Hollies, quienes estaban con la Columbia/Epic; la nueva formación fichó por la Atlantic, que a su vez permitió a Richie Furay que se fuera a la Epic para formar Poco. Lo que pudiera perder la Atlantic con los Buffalo Springfield no fue nada comparado con lo que ganó con el importante éxito de Crosby, Stills y Nash, que luego convencieron a Neil Young para que regresara para grabar con ellos el álbum adecuadamente titulado *Déjà Vu*, que fue número uno de la lista en 1970.

Mientras los Buffalo Springfield liquidaban la posición que habían conseguido por sí mismos con un éxito entre los diez primeros a principios de 1967, los Doors llevaban a cabo un asalto a las listas mucho más impresionante y sostenido que mantuvieron hasta el final de la década. Por casualidad, este grupo también había fichado por un sello independiente neoyorquino, Elektra. Al haber fracasado en cosechar beneficios directos del movimiento del folk-rock, a pesar de su historia de quince años de grabar a cantantes de folk, era irónico que la Elektra pudiera arrebatar la banda de rock estadounidense de más éxito de finales de los sesenta a un palmo de las narices de las grandes compañías. Aunque podía haber una conexión directa entre la tradición de la compañía y la decisión de los Doors de firmar por la compañía: la Elektra tenía fama de no entrometerse en los procesos de grabación de sus intérpretes o de dictarles sus carreras. En una época en que los nuevos artistas del rock se preocupaban más por controlar la calidad y los conceptos de sus álbumes más que por anotarse éxitos con sencillos, el planteamiento de la Elektra les parecía muy atractivo a los Doors.

Así como los Buffalo Springfield tenían una formación en el folk y el country, en los que injertaron estilos vocales y guitarrísticos de la música soul, los Doors trabajaban en la dirección opuesta: había un sentimiento básico de blues en sus repetitivas secuencias armónicas, sobre las que ponían improvisaciones instrumentales jazzy y un enfoque de canto al estilo folk por parte de Jim Morrison. El ingeniero y productor del equipo de la Elektra, Paul Rothchild, supervisaba las grabaciones y ayudó a conseguir un marco sencillo y coherente para las canciones del grupo, que iban de las limpiamente convencionales del tipo «venga, vamos» como «Light My Fire» hasta los números pop estrafalarios como «Break On Through», pasando por la atmósfera más ambiental con la que experimentaron en «The End». Estas tres canciones eran todas del primer álbum, *The Doors* y cada disco posterior tendía a incluir los tres tipos de canción, de entre los que los números de «venga, vamos» dieron los sencillos de mayor éxito. En las actuaciones en directo, Jim Morrison exageraba la postura de macho implícita en «Light My Fire», «Hello I Love You» y «Touch Me» y llegó a ser cada vez más extremado y desagradable a medida que desplegaba posturas más provocadoras. La espiral del declive terminó con el tiempo en un sórdido suicidio en 1972, que dejó una impresión de violencia y repugnancia que consiguió eclipsar las aportaciones musicales del resto del grupo, en especial en los primeros álbumes. El organista Ray Manzarek había tenido una formación clásica, pero tocaba con un control y una comprensión admirables y creaba ambientes hipnóticos que realzaba con sus líneas de bajo (grabadas por separado, gracias a los milagros de la grabación multipista).

Jim Morrison tenía una formación en artes del espectáculo —teatro y cine— y había ecos de los musicales alemanes de Kurt Weill y Bertolt Brecht tanto en su imaginería verbal (alusiva y misteriosa) como en su fraseo (lleno de cohibidas pausas). Mientras *Sergeant Pepper's Lonely Hearts Club Band* de los Beatles mantuvo la primera posición de la lista de álbumes durante quince semanas en el verano y el otoño de 1967, el álbum *The Doors* se pasó la mayor parte del tiempo justo detrás en el segundo lugar: una versión montada de «Light My Fire» fue número uno en las listas de sencillos y la canción se convirtió en un estándard del repertorio de innumerables bandas. Junto con la Velvet Underground, los Doors se convirtieron en la influencia más importante para los grupos de los años setenta, a los que se les etiquetó vagamente como «new wave» (mientras la mayoría tocaba inofensivos y martilleantes acordes de guitarra blues en la siempre duradera estela de los Rolling Stones).

La mayoría de números musicales que funcionaban en Los Ángeles a mediados de los sesenta se encontraban bien dentro de las categorías generales de folk-rock y pop que aplicaban los medios de comunicación de la época. Aunque tres de los intérpretes más interesantes desafiaban cualquier intento de vincularlos con sus contemporáneos —Frank Zappa, Captain Beefheart y Dr. John— simplemente hacían lo que querían y eso significaba para los agentes de promoción y mercadotecnia tener que descifrar qué es lo que vendría luego. En cada caso, lo que sucedía era que los agentes de promoción y mercadotecnia no sabían qué hacer con ellos y así fue como ninguno de ellos vendió muchos discos. Aunque en los años posteriores, cada uno se ha llegado a reconocer como un original auténtico que merecía una mejor suerte.

Los tres intérpretes se habían criado con la música negra. Frank Zappa y Don Van Vliet crecieron ambos en la California del Sur y como compañeros de colegio compartieron una obsesión por los discos desconocidos de blues y de grupos vocales de rhythm and blues. Bajo la identidad de Captain Beefheart, Van Vliet grabó un par de sencillos, en 1965 para la A&M, que no llamaron la atención y dos años después realizó el álbum *Safe as Milk* para Buddah, la independiente de Nueva York. Producido por Richard Perry y con la inclusión del guitarrista slide Ry Cooder del grupo The Rising Sons, de Taj Mahal, este álbum fue el más coherente y potencialmente el más comercial de todos los discos de Captain Beefheart. La mayoría de las piezas tenían un poderoso ritmo de boogie blues, sobre el que Beefheart declamaba sus excéntricas letras con una voz que evidentemente debía mucho a Howlin' Wolf. Pero aunque Beefheart lo había hecho lo mejor posible para adaptarse a las estructuras convencionales que Perry había preparado para sus canciones, se vio pronto que ése no era el destino de Beefheart. Montó su propio grupo, les dio seudónimos a todos, el resultado lo tituló como su Magic Band y se puso a saltar de una compañía a otra en busca de comprensión. En 1969, se integró a la Bizarre Records de Frank Zappa y realizó el legendario *Trout Mask Replika*, un álbum doble grabado de un tirón en una sola sesión nocturna de ocho horas, lo que podía considerarse como lo más normal para un grupo de jazz, aunque los discos pop y rock no se hacían de esa manera. Con el tiempo, Beefheart se convirtió en indulgente y tolerado, aunque nunca domesticado por la industria discográfica y admirado devotamente por muchos músicos.

Mientras Captain Beefheart daba la impresión de vivir en un mundo propio en el que las ocasionales intrusiones de la industria discográfica eran una sorpresa constante, Frank Zappa libró una guerra incesante contra la estructura global de la industria, al dirigir provocadores ataques a través de sus canciones y de declaraciones públicas contra las compañías discográficas, los programadores de radio, el público y sus hábitos sociales colectivos. Músico experto, Zappa era un obsesivo adicto al trabajo, cuyo defecto principal era la incapacidad de distinguir sus momentos inspirados de las pobres bromas infantiles y de evidente vulgaridad. El resultado fue una prolífica serie de álbumes, varios de ellos lanzados de dos en dos, cuya calidad era extremadamente desigual.

El sello Verve de la MGM fue la primera compañía que se encargó de los Mothers of Invention y el productor de la casa Tom Wilson consiguió imponer algo parecido al orden y a la selección en la grabación y en los procesos sucesivos. El segundo álbum, *Absolutely Free*, se vendió decentemente y el tercero, *We're Only In It For The Money* incluso se colocó entre los treinta primeros (en 1968). Con una portada satírica que parodiaba a la de *Sergeant Pepper* de los Beatles, este disco era un ataque bastante coherente al autosatisfecho movimiento hippy de San Francisco, aunque desde entonces, Zappa tendió a elegir sus blancos y temas al azar, mientras la calidad de los músicos de sus grupos se incrementaba sustancialmente. Varias figuras sobresalientes recibieron un estímulo incalculable para sus carreras con una estancia temporal en los Mothers, sobre todo el pianista de jazz George Duke, los violinistas Jean-Luc Ponty y Don «Sugarcane» Harris (sí, el mismo Don que antaño cantó con Dewey para la Specialty) y el guitarrista Lowell George, que luego fundó Little Feat. Después de editar cinco álbumes con la Verve, Zappa licenció su propio sello Bizarre a la Warner-Reprise y con los años levantó la legión de seguidores que le consintieron su carencia de facultades autocríticas y agradecieron los momentos de verdadero ingenio e inspiración instrumental.

Dr. John era el personaje que adoptó Mac Rebennack, un teclista y guitarrista de Nueva Orleáns que se mudó a Los Ángeles a mediados de los sesenta. Varios productores y arreglistas todavía utilizaban algún tipo de sentimiento sureño, que había formado parte del «sonido de Los Ángeles» desde los años cuarenta y Rebennack tocó en innumerables sesiones de Phil Spector, Sonny Bono, H. B. Barnum y Harold Battiste. Fue Battiste quien lo ayudó a desarrollar una carrera propia, inicialmente en compañía de otro exiliado de Nueva Orleáns, Jessie Hill, que se integró con Rebennack en la Zu Zu Blues Band. Un sencillo para la A&M en 1965, *Zu Zu Man*, incorporaba algunos de los elementos de lo que vendría después: una parte cantada gruñida gravemente casi enterrada por un revoltijo espeso y misterioso de piano, guitarra, bajo y batería, como si Booker T. and the M.G.s sufrieran una pesadilla.

A medida que las drogas se propagaban en la cultura blanca a mediados de los sesenta y que los Byrds, Doors, Buffalo Springfield y demás desarrollaban música adecuada en plan de bandas sonoras para su público colocado, Mac Rebennack montó una espectacular congregación de bailarines, cantantes y músicos que tocaban música «Gris Gris» bajo la dirección de Dr. John the Night Tripper. Los mánagers y productores Greene y Stone, que habían situado con éxito a Sonny and Cher y a los Buffalo Springfield en la Atco, lanzaban ahora el álbum *Gris Gris* en el sello, aunque la música era demasiado «estrafalaria» incluso para un público que prefiriera lo raro y lo exagerado. En vez de solos virtuosos, Dr. John presentaba texturas, ambientes, atmósferas: acompañamientos vocales corales, sonidos de percusión pantanosa, serpenteantes aportaciones de la guitarra y el bajo y todo ello acentuaba las íntimas y confiadas partes cantadas de Dr. John. «Mama Roux» tenía una estructura de canción convencional y presentaba un modelo que Sly Stone seguiría con más éxito cuatro años después con «Family Affair», aunque la mayoría de las demás piezas era puramente de ambiente. Álbumes posteriores siguieron patrones similares, aunque con una orientación no tan evidente, hasta que intervino Jerry Wexler de la Atlantic para guiar a Dr. John hacia un estilo más asequible en el álbum *Gumbo*.

De todos los intérpretes conectados con la música rock de final de los sesenta, Dr. John era quizá el que tenía un conocimiento más profundo de la música original de los cincuenta y Wexler lo animó a sacarla a la luz con conmemoraciones de canciones de Professor Longhair, Huey «Piano» Smith y otros originarios de Nueva Orleáns. Este álbum era un disco de revival demasiado evidente como para que tuviera ningún potencial comercial, aunque cumplió la importante función de volver a conectar a Dr. John con las canciones populares estructuradas convencionalmente. Continuó con un álbum de sus canciones propias producido en Nueva Orleáns por Allen Toussaint, adecuadamente titulado *In the Right Place*; y finalmente obtuvo un éxito entre los diez primeros con «Right Time, Wrong Place», que hacía alarde de una ingeniosa y perspicaz propuesta vital que era difícil de detectar entre el mumbo-jumbo de los álbumes anteriores. A pesar de este éxito, Dr. John era incapaz de soportar el tipo de giras programadas que eran necesarias para reforzar el impacto de un sencillo de éxito y en vez de ello hizo muchas de sus mejores interpretaciones como músico de sesión en discos de otra gente, sobre todo en «Small Town Talk» de Bobby Charles (de Luisiana, una víctima más de las drogas) y «Spanish Harlem» de Aretha Franklin. Mientras tanto, otro pianista de sesión de Los Ángeles, Leon Russell, montó un espectáculo en directo basado en el de Dr. John y realizó varios álbumes y sencillos superventas en un estilo parecido.

VII

Cada vez que la industria discográfica pensaba que había luchado a brazo partido con el esquivo espíritu del rock 'n' roll, el asunto se evaporaba y volvía a actuar en algún otro desconocido lugar fuera de la vista del público. Desde aquellos primeros tiempos, allá por los años cincuenta, en que había bailado en Memphis y en Nueva Orleáns, en Newport (Virginia) y en Clovis (Nuevo México), el espíritu del rock 'n' roll desafiaba cualquier intento de analizar y reproducir su fórmula básica durante más de algunos meses. Y así, a lo largo de los años sesenta, volvió a rebrotar en Detroit y luego en Londres, atormentó a la industria al llegar tan cerca de casa como Greenwich Village y luego saltó al otro lado del país hacia Hollywood. Y finalmente, o así lo parecía en la época, el espíritu del rock 'n' roll se burló de toda la industria y trasladó su sede a San Francisco, donde el negocio musical se había basado en todo lo que se había puesto al revés.

En San Francisco, los grupos grabaron y vendieron álbumes sin haber realizado sencillos antes. Otros grupos conseguían incluso fama nacional sin haber grabado siquiera. En San Francisco, las emisoras de radio abandonaron la política estricta de rotación de éxitos que se había convertido en la fórmula habitual en todo el país y en vez de ello dejaban que los disc jockeys pusieran lo que les venía a la cabeza o a las manos: piezas de álbumes, cintas no publicadas o caras B desconocidas. En San Francisco, la distinción entre los grupos musicales y su público se borraba en una masa confusa de gente que algunas veces tenía un papel claro —guitarrista, técnico de luces, ingeniero de sonido— pero que, más a menudo, sólo rondaba por allí como amigo, amante, camello, bailarín o, simplemente, seguidor.

Por un tiempo, los grupos residentes en San Francisco parecían encarnar algo más cercano al despreocupado espíritu original del rock 'n' roll que lo que se había representado en los discos realizados por intérpretes profesionales en Los Ángeles. Una nueva generación de periodistas, encabezada por el personal de la revista *Rolling Stone*, con sede en San Francisco, cultivaba esta impresión y aclamaba a los músicos nuevos como visionarios con una pureza espiritual que podía alterar permanentemente el arte, la política y la sociedad. Por primera vez, los medios de comunicación nacionales reconocían el concepto de un «Sonido de una ciudad», e informaban casi diariamente de los últimos desarrollos del Sonido de San Francisco y lo adornaban con consideraciones sensacionalistas sobre una nueva presunta contracultura que no sólo toleraba sino que realmente apoyaba el «sexo libre», las drogas como una alternativa al alcohol y el trueque en vez de una economía basada en el dinero.

San Francisco, una ciudad pequeña según las normas estadounidenses (menos de un millón de habitantes), hacía tiempo que se destacaba como un hogar para los artistas de vanguardia, especialmente a mediados de los años cincuenta cuando librerías y editoriales especializadas apoyaron a los poetas y escritores beat locales como Allen Ginsberg y Lawrence Ferlinghetti. La famosa novela de «odisea» de los años cincuenta de Jack Kerouac, *En el camino*, narraba un aventurero viaje en coche a través de los Estados Unidos, con San Francisco como meta.

Durante los sesenta, el campus de Berkeley de la Universidad de California (al otro lado de la bahía de San Francisco) se convirtió en un centro para los estudiantes y profesores radicales, mientras los barrios negros cercanos a Oakland engendraban algunos de los grupos y líderes más fuertes del black power. Esta combinación de artistas de vanguardia y activistas radicales generó un animado mundillo que fomentó la música de jazz y de folk en los clubes como el hungry i, donde el Kingston Trio llamó primero la atención y donde cómicos «alternativos» como Lord Buckley y Lenny Bruce solían actuar.

Con esta tradición de apoyar la heterodoxia, lo excéntrico y lo que el-resto-de-Estados-Unidos-no-quería, San Francisco fue el hogar natural para los cantantes y músicos que experimentaban con diferentes formas de música popular en la estela de Dylan y los Beatles y sobre todo porque la ciudad tenía fama de tolerar mejor las drogas que otros lugares. Nunca hubo una compañía discográfica importante con sede en San Francisco, aunque dos personas ayudaron a proporcionar una estructura suficientemente fiable para que la música se oyera, para permitir que los experimentos se desarrollaran en formas comercialmente viables que llamaban la atención de la industria discográfica nacional: el programador de radio Tom Donahue y el promotor Bill Graham.

Tom Donahue había sido un disc jockey desde finales de los años cuarenta y puso discos de rhythm and blues en emisoras de Filadelfia a lo largo de los cincuenta antes de trasladarse hacia el oeste a la KYA de San Francisco a principios de los sesenta. La KYA era una emisora de «cuarenta principales». En 1964 Donahue intentó dirigir su propio sello de música pop y lanzó Autumn Records con un éxito entre los cinco primeros, «C'Mon and Swim», de Bobby Freeman, producido por un disc jockey negro, Sylvester Stewart. Al año siguiente, Stewart produjo un par de éxitos de sonido-al-estilo-de-los-Beatles de los Beau Brummels, «Laugh Laugh» y «Just a Little» y realizó algunos discos propios como Sly, sin éxito; y tardó un par de años más en diseñar un formato más original para sus capacidades, como Sly and the Family Stone.

Donahue vendió la Autumn Records a la Warner Brothers (cuyas esperanzas de convertir a los Beau Brummels en una atracción importante no se materializaron nunca) y en 1967 inauguró una programación de música rock de formato libre durante las veinticuatro horas del día en la emisora de FM, KMPX. La radio FM ya llevaba años de existencia, aunque se había usado como una salida paralela y de alta calidad para los mismos programas que se emitían en las emisoras AM de onda media. A mediados de los años sesenta, la Federal Commission for Communications (FCC) decretó que las longitudes de onda de frecuencia modulada se debían utilizar para programas totalmente diferentes de los de la radio AM y así fue que por un tiempo la FM se convirtió en un remanso de programas étnicos y de minorías especializadas cuyo contenido musical se restringía principalmente a la música clásica y al jazz.

En la radio, generalmente se suponía que la programación efectiva de música pop debía basarse en el principio de repetir los éxitos de moda tan a menudo como fuera posible. La única pregunta que se planteaba era si la lista de éxitos tenía que ser larga con cuarenta discos diferentes o corta, con sólo quince. Este formato quizá era adecuado para los discos atestados con algo-pegadizo-y-un-ritmo-de-fondo dirigidos a los adolescentes, pero no un vehículo adecuado para los emergentes intérpretes folk-rock cuyos temas de álbum exploraban maneras diferentes de expresar las formas y las ideas. En 1966, en San Francisco apareció una nueva generación de grupos, que no hicieron ningún intento de dar forma a su repertorio y a su planteamiento según los requisitos de la radio de los cuarenta principales y Donahue y Larry Miller, en coordinación perfecta, les ofrecieron una plataforma en 1967 en la KMPX.

El principio básico de este nuevo formato rock era que los presentadores individuales utilizaran su propio gusto y discreción para decidir lo que difundían. Hasta un punto mayor de lo que era normal en las emisoras de cuarenta principales de la onda media, los presentadores de la FM apoyaban al mundillo de la música local y anunciaban las próximas actuaciones en directo de bandas relativamente desconocidas cuyos nombres empezaron a convertirse en familiares incluso aunque no hubieran grabado todavía: Jefferson Airplane, Great Society, Quicksilver Messenger Service, Grateful Dead. Al hacer una pausa para dar una calada al porro mientras hablaban, los locutores dejaban claro que ellos formaban parte de una nueva subcultura y contribuyeron a exagerar algunas de las divisiones en la música popular entre artistas que se les veía como integrantes del sector tradicional del negocio del espectáculo de la industria musical y los enrollados grupos alternativos que construían un futuro nuevo. Los Beatles, generalmente, desafiaban esa distinción y entre los demás grupos de éxito a los que se consideraba «buenos» estaban Bob Dylan, los Rolling Stones, los Byrds y los Lovin' Spoonful. Pero los disc jockeys de las FM, en gran parte, ignoraban a los artistas negros contemporáneos, aunque era obvio que muchos grupos que se difundían en la radio estaban todavía reciclando los patrones de bajo y batería de los recientes discos de la Motown o la Stax.

En 1967, la KMPX avivó la llama del próspero mundillo de San Francisco, que se amplió a medida que músicos y grupos enteros se trasladaron allí en tropel, desde todo el país, para unirse a todo aquel panorama de sexo, drogas y rock and roll. A principios de 1968, Tom Donahue abandonó la KMPX por desacuerdo con la dirección y con la mayoría del equipo antiguo montó un formato rock de competencia en otra emisora FM, la KSAN. Entre las dos, la KMPX y la KSAN redefinieron sustancialmente el marco de la industria musical estadounidense por entero e inspiraron emisoras parecidas que se montarían en todo el país. Muy pronto se abandonaría el planteamiento de formato libre y se iniciaron las guías de audición para dar un sentido de estructura al público y un formato promocional digno de confianza para la industria musical. Pero el paso de los sencillos a los álbumes fue decisivo y permanente y a partir de aquel momento, cada atracción nueva que se respetara a sí misma esperaba grabar un álbum a los pocos meses de firmar un contrato discográfico, mientras antes un álbum sólo se consideraba vendible cuando un intérprete había obtenido al menos un sencillo de éxito importante. La distinción tuvo unos efectos devastadores para las compañías independientes ya que ahora un intérprete nuevo representaba una inversión importante que sólo se podían permitir las compañías más grandes.

En la época en que la KMPX se comprometió a emitir rock durante todo el día, la escena musical de San Francisco ya era próspera. Las bandas locales reabrieron salones de baile que no habían tenido una utilización habitual desde el auge de las big bands en los años treinta y cuarenta. Tocaron a beneficio de tiendas y revistas locales o para pagar la fianza de alguien acusado por tenencia de drogas. Estas bandas y sus mánagers revelaron la existencia de un público enorme ávido de música en directo de forma habitual. Y la figura que surgió para coordinar los acontecimientos en esta situación potencialmente caótica fue Bill Graham, un antiguo manager de una compañía de mimo que promovió conciertos habituales en las salas de baile Avalon, Carousel y Fillmore.

A lo largo de 1966 surgieron algunas bandas con la combinación de una identidad musical y una estructura de negocio capaz de entretener en directo a un público de manera habitual y en enero de 1967 se las reunió en un gigantesco festival al aire libre en el Golden Gate Park, con el título de Human Be-In: Jefferson Airplane, Grateful Dead, Moby Grape, Quicksilver Messenger Service, Steve Miller Band, Country Joe and the Fish y Big Brother and the Holding Company. El acontecimiento atrajo a 20.000 personas y sacudió a la industria discográfica estadounidense, que se dio cuenta de que aquellos grupos con pelo largo, nombres absurdos y sin sencillos de éxito en su repertorio debían ser tomados en serio.

Durante los tres años siguientes, la grandes compañías discográficas estadounidenses gastaron una fortuna en contratar, grabar y promocionar a esos grupos y a muchos más que sonaban como ellos y aunque comercialmente quizá no pasaron de cubrir los gastos, las compañías establecieron una situación de-una-vez-por-todas en la industria discográfica estadounidense que apenas se movería en los quince años siguientes. Aunque estas bandas de San Francisco pretendían representar una alternativa a las estructuras tradicionales de la industria del espectáculo y estaban en una situación mejor que cualquiera de sus predecesoras para grabar con compañías independientes, tan sólo dos de las siete punteras las eligieron y una de las dos desertó hacia una gran compañía después del primer álbum. Country Joe and the Fish grabó para la Vanguard y el primer álbum del grupo, *Electric Music for the Mind and Body*, era una mezcla influyente de letras duras del cantante Country Joe McDonald y ardientes solos de guitarra eléctrica de Barry Melton. Big Brother and the Holding Company, con Janis Joplin de cantante solista, hicieron un álbum para el sello Mainstream de Bob Shad, pero se pasaron a la Columbia, después de ser «descubiertos» en el Monterey Pop Festival de junio de 1967.

El Monterey Pop fue un intento premeditado por parte de los organizadores Lou Adler y Alan Pariser de recrear el Be-In en provecho de la gente de la industria discográfica y de los medios de comunicación nacionales que se lo perdieron la primera vez. En los seis meses que habían transcurrido, los Jefferson Airplane habían lanzado su primer álbum para la RCA (*Takes Off*), habían incorporado a una nueva cantante solista (Grace Slick) e impactado en la radio de cuarenta principales con un sencillo, «Somebody to Love». Esta música hippy tenía claras posibilidades comerciales y los competidores destacados estaban allí listos para la subasta. Para ensanchar la base, se incorporaron más grupos: de Los Ángeles, los Byrds, los Mamas and the Papas y los Buffalo Springfield; de Gran Bretaña, los Who y la Jimi Hendrix Experience; y, además, los Electric Flag, fundados recientemente por miembros de varios grupos de blues, el cantante de soul Otis Redding y el sitarista indio Ravi Shankar.

En Monterrey la industria discográfica abandonó prácticamente todos los principios con los que había funcionado durante más de cincuenta años y renunció abiertamente a su autonomía en favor de los intérpretes. Al lanzar la prudencia y el control a tomar viento, los productores sacaron sus talonarios de cheques y pujaron frenéticamente unos contra otros para agarrar cualquier cosa con pelo largo y una guitarra: Clive Davis, ascendido recientemente del departamento de contabilidad de la Columbia para que dirigiera la oficina de productores de la compañía, contrató a los Electric Flag, Moby Grape y —por 250.000 dólares— a Big Brother Holding Company, con Janis Joplin. Como Big Brother tenía ya contrato con la Mainstream, el acuerdo implicaba satisfacer un pago por el traspaso. La Warner Brothers había contratado ya a Grateful Dead y en Monterrey añadió Jimi Hendrix Experience a su elenco. Steve Miller y Quicksilver Messenger Service se hicieron de rogar, aunque ambos ficharon después por la Capitol con importantes anticipos. La Mercury, que llegó un poco tarde, agarró lo que pudo encontrar al precio que fuera y no recuperó jamás el dinero que repartió entre Mother Earth y Sir Douglas Quintet, dos bandas que habían venido desde Texas en busca de dinero que no les hubiera llegado nunca si hubieran permanecido en casa.

El síntoma más extremo del pánico de las grandes compañías discográficas por entrar en esta escena fue el intento de la MGM de fomentar una sede alternativa a San Francisco para la nueva música, al contratar a varias bandas de Boston y publicitarlas como el Boss-town Sound. La campaña fue un costoso desastre: un grupo tenía que presumir de la etiqueta «de San Francisco», que de diciembre de 1967 en adelante aseguraba el apoyo de la revista *Rolling Stone*. Fundada por Jann Wenner con la ayuda del veterano crítico de jazz Ralph Gleason, *Rolling Stone* se convirtió en la primera publicación de música popular en Estados Unidos que incorporaba entrevistas a fondo y comentarios críticos, junto con artículos de chismorreo y fotografías que ayudó a esclarecer qué músicos habían adoptado el uniforme contracultural del pelo largo, los colgantes y las túnicas.

El papel de las drogas en todo esto era difícil de definir. Al nivel más bajo, simplemente sustituían al alcohol como agente relajante de esta cultura, como lo habían hecho durante algunos años en el mundo del jazz. El trámite entero de enrollar un porro y pasarlo alrededor era una actividad genuinamente social que ponía en contacto a unos desconocidos con otros en un concierto en directo, aunque había otras drogas aparte de la marihuana. Esta fue la época en que el ácido lisérgico surgió primero a gran escala y aunque había argumentos convincentes de que bajo condiciones de control este LSD podía tener usos médicos y psicológicos, para un adolescente inseguro no era lo más inteligente tomarlo sin supervisión. Y luego hubo las drogas más malévolas, las depresivas y las estimulantes, al lado de los polvos adictivos como la heroína y la cocaína.

Los músicos y su público experimentaron con estas drogas y la música que resultó no viajó siempre tan lejos o tan efectivamente como anticipó la industria discográfica. El efecto más fundamental fue que las normas convencionales de cantar afinadamente se abandonaron, junto con cualquier sentido de autodisciplina a la hora de emprender un solo de guitarra. La debilidad potencial de la situación se demostraba en los álbumes que los Grateful Dead grabaron para la Warner Brothers. El guitarra solista, Jerry Garcia, era un músico fluido con un profundo conocimiento de las «enraizadas» formas de la música country, bluegrass o rhythm and blues y en conciertos en directo podía animar a los demás músicos a que entraran en climas encantadores o hipnóticos que extasiaban a un público ya colocado con lo que fuera que había tomado esa noche.

Para su primer álbum con la Warner Brothers, los Grateful Dead alistaron a Dave Hassinger como productor, aunque no pudo hacer mucho para disfrazar el planteamiento esencialmente amateur de la banda y el disco sonaba más como un ensayo que como un máster acabado. Los puntos básicos de referencia musical eran los Rolling Stones y los Byrds, pero los Grateful Dead nunca se las arreglaron para sugerir canciones originales lo bastante características como para atraer un público más allá de los fans que querían un recuerdo de las actuaciones en directo. A pesar de estas debilidades musicales, los Grateful Dead se convirtieron en un símbolo de la nueva escena musical underground y confirieron una credibilidad a la Warner Brothers que permitió a la compañía convencer a otros intérpretes dispuestos a grabar álbumes que ficharan por ella. Todos aquellos años de sello «moderado» se enterraron precipitadamente y se olvidaron con optimismo, a medida que el personal de la Warner guardó sus trajes en los armarios y salieron a la luz con abalorios colgando, diciendo «hola, tío» y con un porro entre los dedos.

Los Jefferson Airplane tenían un éxito comercial mucho más importante y obtenían éxitos entre los diez primeros para la RCA en 1967 con la pegadiza canción de amor «Somebody to Love» y la apenas disfrazada canción sobre la droga «White Rabbit». Su álbum *Surrealistic Pillow* estuvo entre los diez primeros de la lista de álbumes durante la mayor parte del verano y el grupo hizo una gira por el país como cabeza de cartel. El término *rock progresivo* comenzó a aplicarse a aquellos grupos que tocaban largos solos de guitarra, aunque los Jefferson Airplane eran esencialmente un grupo de folk-rock cuyos antecedentes eran el cantante folk británico Donovan y las cantantes estadounidenses como Joan Baez y Judy Collins. La voz de Grace Slick recordaba a la de Joan Baez y muchas de las canciones compuestas por el líder y cantante solista también del grupo, Marty

Balin, eran himnos optimistas para un futuro ideal. En las entrevistas, el grupo expresaba la admiración por las canciones y la música de los Kinks, los Yardbirds y los Who, aunque sus canciones propias mostraban una escasa comprensión de la necesidad de afilar y moldear sus ideas en una forma que pudiera hacerlas atractivas y asequibles a los oyentes todavía no convertidos a la creencia que las bandas de San Francisco eran especiales. Aunque siguieron siendo el grupo de éxito más constante de todos los de San Francisco, los Jefferson Airplane no tuvieron más sencillos de éxito y fueron un grupo de culto hasta que se separaron en los primeros años setenta.

El éxito más espectacular entre los grupos de San Francisco fue Big Brother and the Holding Company, cuyo primer álbum para la Columbia, *Cheap Thrills*, permaneció como número uno de las listas de álbumes durante ocho semanas en 1968. Esto fue un triunfo de la campaña de mercadotecnia para hacer de la cantante solista del grupo, Janis Joplin, una estrella nacional, campaña basada en su sexualidad desinhibida, seductora y natural. Entusiasta sincera de la cantante de blues Bessie Smith y de la cantante de jazz Billie Holiday, Janis se lanzó a un estilo de vida desesperado y autodestructivo que pudiera conceder alguna autenticidad al torturado sonido de su voz atormentada.

A pesar de la obsesión del pop por las canciones de amor y de su implicación sexual, las vidas privadas de los músicos populares se presentaban, en general, de una manera sorprendentemente remilgada. *Rolling Stone* rompió el tabú con un largo artículo sobre las *groupies*, el nombre que se puso a las chicas que se acostaban con cualquier músico que se contara en su panteón particular de estrellas. Algunas de ellas anotaban las puntuaciones, otras llevaban diarios y un par de ellas sacaban moldes de escayola de los penes de los músicos. Janis Joplin fue la primera cantante pop que no se anduvo con rodeos acerca de la conexión entre los mensajes de las canciones que cantaba y sus propias necesidades particulares; o quizás era la primera mujer cuyas necesidades se reflejaban en la prensa. Algunas de las cantantes de los años veinte no hicieron nada por ocultar sus deseos sexuales, pero entonces no había ni fotógrafos ni periodistas al alcance para informar de todas sus indiscreciones. En Hollywood, los agentes de prensa a veces se las veían y se las deseaban para mantener algún sentido del decoro en los informes sobre las correrías nocturnas de su clientela de estrellas de cine, aunque ahora era un material nuevo y escurridizo para los fans del pop después de esos años de discreto silencio. Janis Joplin se desmarcó de las fantasías para una industria voyeurística, alcanzó un éxito enorme y se dobló bajo la presión. Después de su suicidio en 1970, «Me and Bobby McGee» y *Pearl* eran número uno en las listas de sencillos y de álbumes, un epitafio irónico y enigmático para la cantante blanca de blues de más éxito de su época.

Cuando pasó la polvareda después de que la industria discográfica hubiera barrido San Francisco y contratado prácticamente a todo grupo de músicos que pudiera reunir las canciones suficientes para llenar un álbum, sorprendentemente había poco contenido musical para justificar todo el alboroto. De los grupos originarios de San Francisco, ni los Grateful Dead ni los Quicksilver Mes-

66. JIMI HENDRIX, de Seattle (Washington).

67. JANIS JOPLIN, de Port Arthur (Texas).

senger Service cumplieron lo que prometían y se podía esgrimir un motivo en apoyo de la tesis que la esencia del exitoso sonido de San Francisco tuvo su origen en Texas. Janis Joplin creció en Port Arthur y Steve Miller en Fort Worth, antes de mudarse a Chicago y luego a San Francisco, en donde su primera banda incluía a otro tejano, Boz Scaggs. Otros grupos que provenían de Texas comprendían a Mother Earth, cuyo cantante solista, Tracy Nelson, nunca refrendó su potencial de convertirse en una rival de Janis Joplin como una cantante sentimental con más gusto, y el Sir Douglas Quintet, cuyo líder Doug Sahm siguió aprovechándose del blues, el soul y la música country en los álbumes que realizó en San Francisco para la Mercury.

Pero si no hubo realmente un Sonido de San Francisco, ciertamente hubo un ambiente y se filtró a través de la industria discográfica hacia el resto del mundo, especialmente a Londres en donde algunos intérpretes hicieron más de lo que los grupos residentes en San Francisco habían conseguido hacer por sí mismos: los Cream, la Jimi Hendrix Experience, los Pink Floyd, Traffic y Procol Harum estaban todos imbuidos con aquellas vibraciones misteriosas.

El mayor éxito que sacó partido del nombre y el aura de la ciudad fue «San Francisco», de Scott McKenzie, compuesta por John Phillips y producida por Lou Adler para su sello propio, Ode, distribuido entonces por CBS. El disco llegó al número cuatro en los Estados Unidos, pero en todo el mundo fue un enorme superventas, uno de los mayores éxitos de todos los tiempos; realizado en Los Ángeles, por supuesto.

A la gente a la que alcanzó toda la exaltación de San Francisco a veces le resultaba difícil no perder la perspectiva, pero Bill Graham parecía comprender que debajo de todo el pelo y detrás de las nubes de humo, los músicos, en su mayor parte, tocaban los mismos climas añejos del rhythm and blues y en consecuencia, promocionó a alguno de los pioneros del blues en activo como teloneros de los héroes locales. Los tres Kings de la guitarra de blues tocaron todos de forma habitual en el Fillmore y Albert respondió especialmente bien, al grabar un apasionante álbum en directo en el Fillmore para la Stax, *Live Wire / Blues Power*. B. B. y Freddy también empezaron a desmarcarse del *chittlin' circuit*, junto con Buddy Guy y Otis Rush y también Chuck Berry y Bo Diddley, rock 'n' rollers a los que se redefinía como bluesmen. El rock 'n' roll era todavía un género desterrado, parte del grueso inaceptable de la música pop.

Había dos posdatas extrañas a la saga de San Francisco, dos intérpretes cuya música parecía sólo marginalmente, si no más, relacionada con el resto de lo que pasaba en la zona de la Bahía: Sly and the Family Stone y Creedence Clearwater Revival. Aunque estas fueron dos de las atracciones de más éxito e influencia de finales de los sesenta.

Sly and the Family Stone era la reunión heterodoxa de hombres y mujeres blancos y negros organizada por Sylvester Stewart a principios de 1967 para cantar y tocar su música. Desde sus exitosas producciones de Bobby Freeman y de los Beau Brummels para la Autumn, Sly había grabado algunos números formales de baile soul en un estilo más o menos basado en James Brown y Otis

Redding, pero Sly and the Family Stone surgió como un formato más radical con arreglos que intercambiaban los instrumentos y las voces. Aunque era otro exiliado de Texas, Sly Stone nunca hizo caso de las distinciones del mercado que intentaban aislar la música soul del pop o el rock y cuando fichó por la Epic Records era con el acuerdo de que no se le promocionaría como un intérprete «negro». En el primer álbum, *A Whole New Thing*, Sly convirtió la estructura de llamada y respuesta del gospel en una estratagema teatral en la que su canto solista y los cantantes de acompañamiento proponían un comentario sobre la vida, la música y el amor. El mundo apenas se enteró del disco, pero en 1968 Sly pudo dar forma a sus ideas en «Dance to the Music». Dos semanas después de entrar en la lista de rhythm and blues, el sencillo también estaba en la lista de pop y a la larga estuvo entre los diez primeros de ambas y sembró la semilla de lo que brotó con regularidad durante los quince años siguientes cuando un grupo tras otro utilizaron estratagemas parecidas como base de su estilo.

La inmediata y duradera impresión de «Dance to the Music» era de una energía sin límites, que se apoyaba en que los instrumentos y las voces retomaban continuamente la melodía, los unos de los demás, en un relevo incesante. Después de una pausa de seis meses, Sly regresó a finales de 1968 con un himno más serio de compañerismo titulado «Everyday People», sobre un ritmo más lento. La canción utilizaba de nuevo un estribillo a coro y Sly sonaba auténticamente disgustado mientras imploraba al público que aceptara las diferencias entre ellos. El disco fue número uno en la lista de sencillos y colocó a Sly and the Family Stone en el camino de ser una de las mayores atracciones de la época, aunque contrariedades impenetrables hicieron que Sly confundiera a sus admiradores y partidarios. Él mantuvo una producción irregular de discos, que en gran parte alternaban entre las celebraciones de los buenos tiempos en la línea de «Dance to the Music» y unos más sombríos comentarios analíticos sobre la sociedad en general y su propio drama en particular. «Thank You (Falettinme Be Mice Elf Again)» era, a pesar de la ortografía absurda del título [en correcto inglés, léase (For Letting Me Be Myself Again)], una descripción irónica y brillantemente evocadora de la vida en el ghetto y le volvió a colocar de nuevo en el número uno de la lista de sencillos en 1970. El bajista Larry Graham, que había estado en el grupo desde el inicio, pasó al primer plano del sonido en este disco, al tocar una línea percutiente que hipnotizó a los bailarines e inspiró a una generación entera de bajistas a adoptar un golpeteo parecido, a modo de enfoque percusivo del instrumento. El tema se incluyó en el álbum *There's a Riot Goin' On* en 1971, que fue número uno junto con otro sencillo, «Family Affair», un shuffle climático e introspectivo en el que Sly iniciaba la utilización de una máquina de ritmo mecánico como núcleo básico del tema.

Al revés de muchos intérpretes negros contemporáneos, cuya presencia escénica se hallaba presa de las convenciones tradicionales del cabaret con uniformes y movimientos coreografiados de manera precisa, Sly and the Family Stone tenían una imagen convenientemente «enrollada», en la que el propio Sly era una figura carismática con su pelo erizado como una aureola negra. El mundo blanco estaba listo para rendir homenaje al genio de Sly, pero éste desdeñó sus cortesías, desapareció y dejó que talentos menores siguieran sus conceptos musicales sin que compartieran su visión social.

Creedence Clearwater Revival también estaba dominado por una persona, en este caso el guitarrista, compositor y cantante John Fogerty, que mantuvo tenazmente el concepto de realizar cortos y agudos sencillos mientras el resto de los músicos de San Francisco suspiraban por extender una canción por la cara entera de un álbum. Podía tener importancia el hecho de que Fogerty tuviera su base al otro lado de la Bahía, en Berkeley, donde el grupo grabó para la Fantasy, el sello independiente local que había grabado jazz moderno desde primeros de los cincuenta. Sin ninguna clara ambición de ser aclamado como visionario o virtuoso, Fogerty se propuso retomar el ataque rítmico y las contagiosas melodías de los discos de baile sureños.

Para los oyentes que no sabían que Fogerty y el resto de los Creedence vivían todos en el norte de California, los discos sonaban como si se hubieran hecho en Memphis o en Nueva Orleáns. Mientras quince años antes, los productores de fuera del Sur no habían conseguido captar casi nunca las cualidades esenciales del rock 'n' roll sureño, los Creedence supieron hacer unas versiones clónicas notablemente convincentes y eficaces del Sonido del Sur.

VIII

Durante los años sesenta, la música country se aisló prácticamente por sí misma del mundo del pop y la mayor parte del tiempo parecía que los intérpretes y sus compañías discográficas se contentaban con mantener separados esos mundos. Todos los grandes sellos tenían oficinas en Nashville con productores jefes que cuidaban de los elencos de intérpretes country y no se hicieron grandes intentos para que, incluso las grandes estrellas del country, pasasen por las emisoras de radio pop.

La Capitol Records era un caso típico. Ken Nelson, antaño frustrado por su empeño en mantener a los intérpretes de country en su mercado específico, ahora aceptó su papel y cumplió infaliblemente al cultivar a tres de las mayores estrellas country de los años sesenta: Sonny James (veinte éxitos con el número uno entre 1956 y 1971, dieciséis de ellos con lanzamientos consecutivos); Buck Owens (diecinueve números uno, de 1963 a 1971, quince de ellos consecutivos) y Merle Haggard (once números uno, de 1966 a 1971). Aunque el público pop apenas se enteró de la existencia de estos cantantes. Sonny James había tenido un éxito pop enorme con «Young Love» en 1957, pero aunque muchos de sus éxitos country de los sesenta eran revisiones de famosas canciones pop o, a veces, de rhythm and blues, tan sólo hicieron apariciones simbólicas en los últimos puestos de la lista de los Hot 100 de *Billboard*. Diseñados para acomodarse a los requisitos conservadores de la radio country, los discos no contenían nada de instinto, personalidad o empuje rítmico para competir con los discos pop de moda.

68. SLY & THE FAMILY STONE, de San Francisco (California). Sly Stone, de Dallas (Texas), al frente a la derecha.

Buck Owens y Merle Haggard grababan ambos en Bakersfield (California), una localidad que se erigió como un eficaz puesto avanzado en la Costa Oeste de los principios y las técnicas de Nashville, a pesar de utilizar algunos de los mismos músicos de sesión que participaban habitualmente en éxitos pop realizados en Los Ángeles. Aunque sus discos raramente se difundían en la radio pop, Buck Owens consiguió que su cara se hiciera famosa fuera del estricto mercado country gracias a apariciones en televisión y un par de sus canciones las retomaron algunos intrusos: Ringo Starr hizo una versión con buen humor de «Act Naturally» en uno de los primeros álbumes de los Beatles y Ray Charles tuvo el último éxito entre los diez primeros de su carrera en 1965 con un lánguido tratamiento de «Crying Time». Owens subrayó algunas de las confusiones y contradicciones que se suscitaban al tratar de definir un disco de country puro al ser número uno en las listas country con una versión de la canción de Chuck Berry «Johnny B. Goode». Como muchos de los intérpretes punteros del country, Owens se vio frustrado al ponerle una camisa de fuerza, pero como la mayoría de ellos, él actuó, en general, de manera segura y no hundió el barco.

Merle Haggard estaba entre los cantantes y compositores más originales que emergieron en el mercado country durante los años sesenta y su secuencia de éxitos significó uno de los retratos más intensos y comprensivos de la clase obrera estadounidense blanca desde las canciones de Jimmie Rodgers allá a finales de los años veinte. Pero así como Rodgers, Hank Williams y Elvis Presley habían obligado a la música country a aceptar y a adoptar nuevos planteamientos musicales con fuertes elementos de blues, Merle Haggard tendía a actuar musicalmente de manera segura. James Burton tocó una brillante guitarra en algunos de sus éxitos (sobre todo «Working Man Blues» en 1969) y el acompañante habitual de Haggard, Roy Nicholls, añadió figuras memorables a muchos de los otros, aunque la impresión global tendía a ser la de que Haggard permanecía ligado a normas musicales establecidas y el mundo pop tan sólo lo conoció por su himno redneck, «Okie From Muskogee». En esta canción y la que siguió, «The Fightin' Side of Me», Haggard se enfrentó al nuevo estilo de vida de San Francisco (marihuana, sandalias) y alentó al gobierno estadounidense a que reclutara a los jóvenes para luchar en Vietnam. Al reforzar la impresión general de que la música country, de alguna manera, encarnaba el sector de la derecha conservadora, posteriormente Haggard se pasó al mismo repertorio de canciones sobre la bebida y la infidelidad que preocupaba a la mayoría de los demás cantantes masculinos de country, en especial George Jones.

Originalmente de Texas, donde flirteó brevemente con el rock 'n' roll a mediados de los cincuenta, George Jones era el cantante arquetípico de country de los sesenta que exageraba su acento sureño hasta extremos ridículos en ocasiones y que usaba siempre el acompañamiento de la steel guitar y el violín para realzar la soledad que dominaba la mayoría de sus discos. De los sesenta éxitos country grabados para la Mercury, la United Artists y la Musicor en el período de 1955 a 1971, tan sólo cuatro figuraron en la lista pop y siempre en los puestos más bajos.

La Mercury fue el único gran sello que no se adhirió a las estrictas divisiones entre el pop y el country que los demás se empeñaban en mantener. Shelby Singleton se trasladó para dirigir la oficina de Nashville en 1961 y contrató al guitarrista de Shreveport, Jerry Kennedy, para que lo ayudara a organizar sus sesiones y decidió promocionar a sus intérpretes en el mercado pop en la medida en que éstos se lo permitieran. Los convenció casi inmediatamente, al conseguir que «Walk On By» de Leroy Van Dyke alcanzara el número cinco de la lista pop, después de que encabezara la lista country. El disco era un lamento clásico sobre una aventura amorosa de un hombre casado, con un animado arreglo basado en el piano, inhabitual en los discos country de la época y se convirtió en un éxito pop internacional en zonas donde los discos country convencionales a menudo ni se editaban.

Las ventas del mercado country eran relativamente bajas, 100.000 copias representaban un éxito muy grande y la mayor retribución para los intérpretes consistía en los grandes honorarios que podían solicitar por sus actuaciones en directo en la estela de la difusión intensiva de su último lanzamiento. Singleton se interesaba más por buscar discos pop de ventas millonarias y siempre estaba al tanto sobre discos que pudieran surgir del Suroeste. En enero de 1962 encontró «Hey! Baby», de Bruce Channel, y a finales del mismo año «Hey Paula», de Paul and Paula. Después de que ambos discos fueron número uno en la lista pop, la comidilla en la industria era que Shelby tomaría cualquier otro disco que empezara con «Hey», aunque el resto de la canción fuera una ristra de obscenidades. Mientras tanto, llevó a grabar a Nashville a algunos de los intérpretes pop de la Mercury, como los cantantes negros Brook Benton y Clyde McPhatter; y alimentó el talento díscolo de Ray Stevens, un factótum de Atlanta que podía tocar cualquier instrumento de la banda e imitar todos los estilos desde el country redneck, hasta el pop de cabaret y el rock 'n' roll comercial, pasando por el gospel y el rhythm and blues. En 1962, «Ahab the Arab» le concedió a Stevens un éxito entre los cinco primeros puestos (¡con una referencia a un camello llamado Clyde en honor de McPhatter!). Sin embargo, con la excepción de los Coasters, ninguna atracción pop había conseguido nunca edificar una sólida carrera discográfica a partir de los discos de moda y así después de un modesto éxito con un par de continuaciones genuinamente divertidas, «Harry the Hairy Ape» y «Speed Ball», Stevens se retiró para trabajar como músico de sesión durante algunos años.

Roger Miller se integró en la Smash, la subsidiaria de la Mercury, en 1964 y llegó a ser el primer cantante de los sesenta que ideó una manera de tender un puente sobre el abismo entre el country y el pop: todos menos dos de sus dieciséis éxitos country fueron también éxitos pop, incluidos los cinco que alcanzaron a estar entre los diez primeros. El productor Jerry Kennedy fue el catalizador de este «milagro», al permitir que Miller sonara tan espontáneo y relajado como si estuviera sentado en una habitación delantera y al suministrar un acompañamiento bluesy de guitarra acústica que casi ni sonaba country. «Dang Me» y «Chug-A-Lug» en 1964 eran sencillos e infantiles juegos de palabras y sonidos, pero «King of the Road», de 1965, era una clásica autobiografía de un autoestopista vagabundo. En contraste con tantos cantantes de country, Miller no intentó exagerar su acento sureño y sonaba más como el actor Jack Lemmon, improvisando con un combo de jazz en algún club nocturno de callejón. Pero Roger Miller había hecho méritos en Nashville y la radio country le siguió siendo fiel, incluso cuando regresaba de sus viajes para promocionar «King of the Road» y componía una canción titulada «England Swings», otro éxito entre los diez primeros, tanto country como pop. Éste sería su último gran éxito pop, pero cuando su inspiración para componer canciones se redujo, tomó un par de triunfos de otros compositores y grabó las primeras versiones (y los primeros éxitos country) de «Little Green Apples», de Bobby Russell, y de «Me and Bobby McGee», de Kris Kristofferson. Para éste, fue la grabación que lanzó su carrera, pero Miller ya había tenido demasiado y en los años setenta se estableció como propietario de uno de los clubes nocturnos más frecuentados de Nashville, apropiadamente llamado «King of the Road».

Dos intérpretes más del elenco de Nashville de la Mercury también llamaron la atención en el mundo pop, aunque ninguno alcanzó el éxito de Ray Stevens y Roger Miller. Jerry Lee Lewis fue uno de los cantantes de rock 'n' roll que tuvo que pasarse al country después de que encontrara cada vez más difícil ser reconocido como artista pop y Tom T. Hall compuso canciones que combinaban ambos campos, incluso aunque sus grabaciones propias mantenían una etiqueta country.

La carrera de Jerry Lee era el ejemplo arquetípico de la lucha de un cantante sureño de rock 'n' roll por conseguir el debido reconocimiento de quienquiera que tomara las decisiones sobre qué discos se podían calificar como pop y cuáles eran los intérpretes que debían salir en televisión. Siempre galvanizador en directo, Jerry Lee Lewis fue un músico nato al que le gustaba tocar y presumir a su manera con una canción y arrastrar a sus músicos tras él. Cuando las producciones pop empezaron a moldearse más cuidadosamente a finales de los cincuenta, las de Jerry Lee sonaban como espontáneas jam sessions, que es lo que eran en su mayoría. Como Ray Charles, tendía a tomar un material famoso y lo reformaba para que se adecuara a sus propios instintos, aunque Lewis no gozó de ninguno de los disciplinados enfoques de arreglos con los que Ray Charles transformó sus mejores grabaciones. Después de cuatro o cinco años infructuosos con la Smash, en 1968 Jerry Lee Lewis se rindió a los consejos del productor Jerry Kennedy sobre el material, la dirección o los arreglos y entregó una serie de baladas de tugurio que a George Jones también le hubiera complacido cantar: «What's Made Milwaukee Famous (Has Made a Loser Out of Me)», «She Even Woke Me Up to Say Goodbye» y «There Must Be More to Love

Than This». Todas fueron éxitos country. Esto era country puro que Jerry Lee interpretaba con mayor convicción incluso en sus actuaciones en directo, captadas en el álbum *Live at the International, Las Vegas.*

Tom T. Hall fue uno de los compositores más sofisticados de los que jamás escogieron ganarse la vida escribiendo canciones country y se presentó continuamente con temas y situaciones extrañas como base para su material. Su voz era un instrumento limitado, técnica y emocionalmente y tuvo que ser el éxito extraordinario de la versión de Jeannie C. Riley de su «Harper Valley P.T.A.» en 1967 lo que llamara la atención por sus grabaciones propias. Por entonces, el productor Jerry Kennedy era jefe de la oficina de productores de la Mercury en Nashville ya que Shelby Singleton había abandonado el cargo para fundar su propia empresa independiente en la ciudad, demostrando de manera triunfal cuán lejos podía llegar un disco de Nashville al vender casi cuatro millones de copias en todo el mundo de «Harper Valley» con su sello Plantation. Tom T. Hall siguió con éxitos de country que conmemoraban temas diversos en «Ballad of Forty Dollars», «A Week in a Country Jail» y «Salute to a Switchblade». Aunque su *tour-de-force* fue el álbum semiconceptual *In Search of a Song*, que engendró varios sencillos de éxito como el número uno country «The Year That Clayton Delaney Died». El álbum presentaba un retrato desafiante del Sur, pero no tuvo reconocimiento fuera del mercado country porque el mundo pop —en 1971— todavía sospechaba del acompañamiento country formal.

De los otros grandes sellos, la RCA era todavía una fuerza dominante en el mercado country bajo la dirección prestigiosa de Chet Atkins, aunque después del éxito pop limitado de Don Gibson pocos discos de country de la RCA consiguieron dar el salto. Entre los intérpretes que abandonaron frustrados la compañía estaban Roy Orbison y Roger Miller y entre los que se quedaron, aunque probablemente tuvieron menos éxito en el campo pop del que merecían, estaban Jerry Reed y Dolly Parton. Jerry Reed era un guitarrista espectacular de Atlanta (Georgia) que no fue una estrella del rock 'n' roll de los cincuenta por muy poco; había grabado para la Capitol y una o dos de sus canciones las grabó Gene Vincent, antes de irse a la Columbia en los primeros sesenta. Chet Atkins integró a Reed en el elenco de la RCA y dijo a cualquiera que le escuchara lo buen guitarrista que era, pero Jerry nunca tuvo un éxito country hasta que «Guitar Man» alcanzó los puestos más bajos de la lista en 1967. El asunto era como el de «Johnny B. Goode», pero la canción tenía su propio giro inteligente en el argumento y un riff de guitarra asombroso que hacía rodar la canción como un camión en una autopista sin peaje. Siguió «Tupelo Mississippi Flash», un relato divertido de un hombre cuya historia tiene cierto paralelismo con otro muchacho de Tupelo, Elvis Presley. Se hizo justicia cuando Elvis tomó «Guitar Man» para sí y estuvo entre los cincuenta primeros, seguida por un éxito ligeramente mayor con otra de las canciones de Reed, «U.S. Male». Esos fueron dos de los mejores discos que Elvis había realizado en siete años como mínimo, aunque Reed tuvo que esperar hasta 1970 antes de que realizara finalmente el disco que captó por un igual su propia energía diabólica y la atención del público: «Amos Moses». También con una trama fuerte, esta canción trataba de un predicador de los pantanos de Luisiana que tenía problemas con los caimanes y con la ley, aunque lo que la llevó a estar entre los diez primeros era un riff de guitarra eléctrica agresivo y despiadado, que seguramente habría podido pasar por un disco de baile de primera clase en un club de rhythm and blues, si se hubiera editado como un disco instrumental sin parte cantada. El rock 'n' roll estaba de vuelta y con la bendición de Chet Atkins. Durante los años setenta, algunos discos más de patente rock 'n' roll se colaron en las listas country en la estela de «Amos Moses» y el propio Jerry Reed tuvo éxitos habituales, aunque moderó sus canciones rockeras con algunas baladas sentimentales tan sensibleras como las que pudiera sugerir cualquier crooner de Nashville.

Dolly Parton era una de las pocas cantantes country de éxito que no adoptó el gemido nasal que caracterizó al canto country después de Hank Williams. En vez de ello, su voz pura y clara como una campana recordaba la tradición folk mantenida durante los años treinta por la Carter Family, lo que reflejaba la crianza de Dolly en la región de la cordillera Blue Ridge al este de Tennessee. En contraste con las vidas, a menudo trágicas y siempre agotadoras, de tantas cantantes de country, Dolly Parton siempre retuvo, de alguna manera, la impresión de ser la dueña de su propio destino y adaptó, aunque nunca comprometió, su estilo y material a cumplir las demandas que se le hacían. A lo largo de finales de los sesenta, ella colaboró en el programa de televisión del veterano astro country Porter Wagoner y en dúos para la RCA y al lado de sus ocho éxitos como dúo entre los diez primeros, desde 1967 hizo algunas incursiones con sus propios discos, se pasó a la RCA desde la Monument en 1968 y llegó al número uno de la lista de country por primera vez, en 1970, con «Joshua». Dolly Parton se proyectó a sí misma como una caricatura de la rubia pechugona y emergió justamente en los años setenta no tan sólo como la mayor estrella country de la época, sino como la inspiración principal para las triunfadoras cantantes de country-rock como Emmylou Harris y Linda Ronstadt. Aunque en esta primera etapa de su carrera, Dolly Parton no tuvo ningún éxito pop.

Mientras tanto en la Columbia Records, la división tradicional entre el country y el pop sufrió una mayor presión como resultado de un interesante intercambio entre Johnny Cash, su productor Bob Johnston y el cantante de folk-rock Bob Dylan. Johnny Cash estaba entre los pocos cantantes que rehusaban reconocer la diferencia entre el country y el pop y mantuvo una actitud independiente hacia el material, los locales, los músicos y los colaboradores que disgustó de manera continuada al sistema establecido del country. Él se hacía su propia ley, como había hecho siempre, incluso en la época de la Sun cuando sus baladas con ritmo poca cosa tenían que ver con el material basado en el boogie y el blues de los otros intérpretes del sello. Para los no entendidos, Johnny Cash era, a menudo, el único intérprete country que podían mencionar y de sus setenta y un discos que entraron en las listas de country entre 1955 y 1971, cuarenta de ellos también lo hicieron en las listas pop. Los dos éxitos pop más importantes fueron «Ring of Fire», de 1963, y una grabación en directo con buen

69. JERRY LEE LEWIS, de Ferriday (Luisiana).

70. THE YARDBIRDS. Jeff Beck, de Surrey (Inglaterra), al frente a la izquierda.

humor de «A Boy Named Sue», de Shel Silverstein, en 1969. Aunque desde el punto de vista de la relación entre el country y la música pop, su grabación de «It Ain't Me Babe» de Bob Dylan en 1964 fue probablemente más importante, incluso aunque sólo fuera un éxito pop menor.

Para el sistema establecido de la música country, Bob Dylan representaba todo lo que era anatema para los estadounidenses temerosos de Dios: un advenedizo chico judío cuyas canciones trataban de minar los principales fundamentos de la sociedad norteamericana. En la época, el propio Dylan todavía se sentía inseguro sobre su relación con la industria musical, con su público y con los demás intérpretes. Que Johnny Cash le otorgara su sello de aprobación al grabar «It Ain't Me Babe» y lo incluyera como invitado en su programa de televisión le dio una gran confianza. Dylan estableció una conexión con Bob Johnston, el productor de la Columbia residente en Nashville que se encargó de la producción de Dylan en Nueva York y que luego se lo llevó a Nashville para hacer el álbum doble *Blonde on Blonde*.

Para muchos de los seguidores de Dylan, fue una revelación que músicos de country pudieran sonar tan colocados y tan bluesy, pero en la carpeta del disco estaba el crédito inequívoco: «Grabado en los estudios CBS, de Nashville», junto con los nombres de músicos en su gran parte desconocidos. Dylan volvió a grabar allí sus dos álbumes siguientes, *John Wesley Harding* y *Nashville Skyline*, en los cuales adoptó un estilo de cantar que era más evidentemente country y obviamente influido por el estilo country formal recientemente adoptado por Jerry Lee Lewis. Durante esta época de cambio hacia la música country, Dylan era todavía el intérprete en solitario más influyente del mundo del rock y cada uno de sus cambios se veía con ávido interés por parte de los demás intérpretes que se inclinaban por transformar los antojos de Dylan en importantes tendencias nuevas de la música pop. El productor Bob Johnston se vio catapultado hacia la prominencia como uno de los productores más famosos de toda la industria por su conexión con Dylan, aunque no encontró nunca otro intérprete de éxito comparable después de dejar la Columbia para seguir una carrera independiente. Otros innumerables cantautores tomaron el camino hacia Nashville para ver si se les podía pegar algo de la magia, pero, en general, era más aconsejable para un intérprete no sureño el realizar discos fuera de Nashville, preferiblemente en la Costa Oeste, en donde el country rock se convirtió en el estilo nuevo más importante de los primeros años setenta.

Por casualidad, en el momento en que Dylan trastocaba las bien establecidas divisiones entre el country, el pop y el rock, la división de Nashville de la Columbia sufría una dramática recuperación de suerte con una serie de éxitos de country formal producidos por Billy Sherrill y Glen Sutton tanto para la Columbia como para su subsidiaria Epic. Sherrill llegó a tener un especial éxito como compositor y productor de éxitos para David Houston, Tammy Wynette y Charlie Rich que consiguieron «traspasar» (para usar la expresión de la industria que emergía en la época) del country al pop sin que en los arreglos se hiciera ningún compromiso evidente.

Originario de Alabama, Sherrill había tocado rhythm and blues en su juventud y a principios de los sesenta trabajó en el estudio que Sam Phillips había montado en Nashville en un intento de infiltrarse en el sistema country. Pero en 1966, Sherrill había adoptado las convenciones de la música country formal, en la que la steel guitar (a menudo tocada por Peter Drake) era la marca de fábrica. Las canciones de Billy Sherrill a veces eran como caricaturas de las actitudes implícitas en la música country, aunque llegaban a sonar convincentemente sinceras cuando las cantaba Tammy Wynette. Entre seis números uno country consecutivos (de 1967 a 1969), «D-I-V-O-R-C-E» fue un éxito pop menor y «Stand By Your Man» estuvo entre los veinte primeros pop; junto con otro material de Tammy Wynette que el director Bob Rafelson utilizó muy efectivamente en *Five Easy Pieces*, en la cual Karen Black tarareaba junto con Tammy con la vana esperanza que las palabras pudieran significar algo para Jack Nicholson. La mayor parte del público de la película no había prestado nunca atención a la música country y para algunos era una revelación que las canciones country pudieran escucharse como comentarios irónicos, más que como una simple sensiblería sentimental.

La única compañía discográfica independiente que consiguió sobrevivir en Nashville durante los años sesenta fue la Monument de Fred Foster, a pesar de perder su intérprete más importante, Roy Orbison, a manos de la MGM en 1965, justo después de anotarse su mayor éxito internacional de siempre con «Oh Pretty Woman». Dolly Parton grabó para el sello con poco éxito antes de ir a la RCA y Ray Stevens relanzó su carrera con «Mr Businessman» (1968) y «Gitarzan» (1969). Pero los triunfadores vinieron de la mano de la editora de Foster, la Combine Music, que era una de las varias empresas editoriales independientes que habían servido para inyectar sangre nueva en la industria musical de Nashville. En Tony Joe White y Kris Kristofferson, Foster encontró dos evocadores narradores de historias con un don para las frases y títulos memorables pero con poca ambición de convertirse en estrellas del disco.

Tony Joe White obtuvo un éxito entre los diez primeros con su propia versión de «Polk Salad Annie», un recuerdo divertido de una chica dura de los pantanos de Luisiana. El productor Billy Swan diseñó una mezcla interesante de rock (con guitarra wah-wah) y soul (con vientos y el sentimiento bailable global) que anticipaba —e incluso podía haber influido— el estilo que usaron los Rolling Stones en sus «Honky Tonk Women» y «Brown Sugar». Pero después que Brook Benton convirtiera «Rainy Night in Georgia» de White en un standard con su versión de éxito para la Atlantic en 1970, Tony Joe no encontró nunca la motivación necesaria para hacer una carrera discográfica propia.

Kris Kristofferson era mucho más artesano que White y aunque tenía un aspecto de refugiado hippy de San Francisco (por lo que no caía simpático a la encorbatada brigada de Nashville), su ambición era componer canciones country. Su momento llegó en 1969 con las grabaciones de «Me and Bobby McGee» de Roger Miller y «Sunday Morning Coming Down» de Ray Stevens y aunque su álbum propio para la Monument en 1970 sirvió principalmente para demostrar lo limitado que era como cantante, presentó al mundo «Help Me Make It Through the Night». Sammi Smith grabó la primera versión de éxito de la sensual canción y consiguió un éxito de número uno country y un lugar entre los diez primeros a principios de 1971 (producida por Jim Malloy para el sello independiente Mega). Al revés que Tony Joe White, Kristofferson prosiguió y consiguió una posición para sí mismo como uno de la nueva generación de «proscritos» de Nashville, para pasar luego a la corriente principal del entretenimiento estadounidense al llegar a ser un importante astro de Hollywood.

Palmo a palmo, algunos compositores, músicos y cantantes constituyeron una alternativa a las producciones claramente-por-debajo-de-la-fama que tipificaban el rendimiento de Nashville durante los años sesenta. Los músicos que habían tocado en los discos de Dylan formaron un conjunto propio para grabaciones con el nombre de Area Code 615 (el prefijo telefónico de Nashville) y en los primeros años setenta, el guitarrista de Oklahoma J. J. Cale se dejó caer por allí y utilizó a alguno de ellos para sus propios ambientes derivados del rhythm and blues, aunque ninguno se pudo resistir a tocar además en las sesiones formales. Para realizar una música verdaderamente característica e idiosincrásica, era necesario marcharse de Nashville por completo, pero en el Sur había pocos centros de grabación alternativos destacados. Tan sólo estaba Memphis, con Muscle Shoals y Atlanta como elecciones posibles, aunque lejos de ser ideales.

IX

Al haber sido la fuente principal del rock 'n' roll blanco a mediados de los cincuenta, Memphis se asociaba ante todo con la música de rhythm and blues a lo largo de los sesenta. Pero justo debajo de la superficie, las conexiones eran más fuertes de lo que parecía: en la sección rítmica de la Stax, el guitarrista Steve Cropper y el bajista Duck Dunn eran blancos, junto con el teclista negro Booker T. Jones y el batería Al Jackson; y todos los instrumentistas de viento de los Mar-Keys eran blancos. Después de que Al Bell se integrara en la Stax, primero como agente de promoción pero llegando pronto a ser un importante directivo, la compañía presentaba un frente «negro» creciente que obligó a los músicos, compositores e intérpretes blancos de la zona de Memphis a buscarse una salida diferente. En 1967, Chips Moman, Dan Penn y Spooner Oldham, todos ellos compositores y músicos que habían trabajado más en Muscle Shoals con Rick Hall que en el propio Memphis, fundaron una nueva compañía de producción, la AGP y casi inmediatamente le tocó el gordo con «The Letter», un número uno de los Box Tops para Mala, la subsidiaria de Bell.

Los Box Tops eran principalmente un vehículo para el cantante de dieciséis años Alex Chilton, cuya voz sonaba como si ya hubiera vivido la dura vida de un cantante de blues de cuarenta años. Similar, en muchos sentidos, al cantante británico Stevie Winwood, Chilton compartía un interés más allá de lo normal por una música más progresiva conectada con el movimiento psicodélico contemporáneo y mientras Winwood abandonaba el Spencer Davis Group para fundar

Traffic, más experimental, Chilton intentaba meter a los Box Tops en un tipo de música que tuviera menos empuje y más atmósfera. El productor Don Penn, que tampoco era un purista disciplinario, lo hizo bien para arrancar de la situación dos éxitos más entre los veinte primeros, ambos con sencillas canciones de rhythm and blues blanco que Chilton interpretó con un raro equilibrio de intensidad y relajación: «Cry like a Baby» y «Soul Deep».

En 1968, la AGP produjo otro éxito para Bell, con la versión de Merrilee Rush de la canción de Chip Taylor «Angel of the Morning». En 1969, Elvis «regresó a casa» para grabar un álbum en Memphis y la Atlantic llevó a la cantante británica Dusty Springfield para realizar el álbum aclamado por la crítica (aunque comercialmente fracasado) *Dusty in Memphis*. King Curtis exhibió a los músicos en su entretenido y galvanizador «Memphis Soul Stew» y Chips Moman produjo tres éxitos de entre los veinte primeros para la secretaria de la MGM de Nashville Martha Sharp bajo el seudónimo de Sandy Posey. «Born a Woman» y «Single Girl» tenían el sabor inocente y sumiso de los discos de tema femenino de primeros de los sesenta, en una época en que algunas de las cantantes folk empezaban a presentar una imagen más enérgica de las mujeres.

A pesar de estos proyectos, no había más trabajo regular y lucrativo para mantener la AGP en marcha y de uno en uno la mayoría de músicos se mudaron a Nashville, donde Chips Moman se convirtió en uno de los productores de más éxito de los años setenta (sobre todo con los autoproclamados «proscritos» Waylon Jennings y Willie Nelson).

Georgia era el hogar de una gran multitud de intérpretes importantes del rhythm and blues que ejercieron una gran influencia en la música pop estadounidense, pero porque no había un auténtico mundillo discográfico en Atlanta, la importancia musical del estado siempre tendía a pasarse por alto. El hilo común que les vinculaba a la mayoría de ellos era una intensa y chillona interpretación vocal inspirada por los cantantes gospel campestres; aunque Chuck Willis (nacido en Atlanta en 1928) era relativamente amable, los otros cuatro grandes cantantes interpretaban sus canciones con un ataque sin precedentes aunque ampliamente influyente: Ray Charles (nacido en Albany en 1930), Little Richard (Macon, 1932), Wilson Pickett (Pratville, 1941) y Otis Redding (Dawson, 1941). El disc jockey de Atlanta Zenas Sears era un agente útil para las compañías con sede en Nueva York, pero aparte de Otis Redding, todos estos intérpretes tuvieron que abandonar el estado para encontrar los estudios, los mánagers y los promotores que les ayudaron a lanzar sus carreras.

Para los artistas blancos, era una historia distinta, gracias a los esfuerzos de Bill Lowery por demostrar que una importante empresa musical podía tener una base en Atlanta y ser todavía una fuerza eficaz dentro la industria nacional. Lowery era un disc jockey a mediados de los cincuenta cuando lanzó su empresa editora con los derechos del éxito de Gene Vincent «Be-Bop-A-Lula», que lo llevó a una relación fructífera con el productor de la Capitol Ken Nelson. En 1957, Nelson produjo la versión de Sonny James de «Young Love», que anteriormente había sido grabada por el coautor Ric Cartey como cara B de un desconocido sencillo para la RCA. Después de que Tab Hunter realizara una segunda versión copiada para la Dot que sobrepasó a la versión de James, Lowery vendió los derechos de una de las canciones más vendidas de la década y puso los ingresos en su propio sello discográfico independiente, llamado con optimismo National Record Company.

Lanzada en 1958 con un éxito menor de moda del dieciochoañero Joe South («The Purple People Eater Meets the Witch Doctor»), la NRC editó discos de la crema de los cantantes de pop joven y rock 'n' roll de Atlanta, varios de los cuales iban a convertirse en grandes artistas internacionales; pero Lowery tuvo que cerrar definitivamente el sello y su subsidiaria Fairlane a los tres años, al borde de la bancarrota. Entre los otros nombres ahora famosos cuyos discos se editaron en este período estaban Jerry Reed, David Houston, Ray Stevens, Clarence and Calvin (Clarence Carter) y Billy Joe Royal. El único éxito auténtico fue la pegadiza canción de moda, «Robbin' the Cradle» de Tony Bellus que se mantuvo en la lista pop durante seis meses en 1959, aunque el propio Bellus estaba entre los pocos artistas de la compañía, de los que no se oiría hablar más de nuevo.

Justo en el momento en que Lowery se vio obligado a cerrar su empresa discográfica, cambió su suerte. La grabación de Leroy Van Dyke de la canción propiedad de Lowery «Walk On By» salió en la Mercury, en la que Ray Stevens de manera casual y simultánea tuvo su primer éxito con «Ahab the Arab». Pero ambos discos eran grabaciones de Nashville y Lowery se decidió a evitar el riesgo de perder a sus compositores en favor de los editores de Nashville, ya que estaba deseoso de mantenerse alejado del limitado mercado country. En 1962, trabó contacto con Rick Hall, que había producido un éxito nacional pop para la Dot con un botones local, Arthur Alexander. El ritmo y los arreglos de «You Better Move On» eran parecidos a los éxitos de Ben E. King desde que dejó a los Drifters, pero había un punto de amenaza y de presentimiento en la canción y la interpretación de Alexander que le confería un carácter especial. Los Rolling Stones se propusieron versionar la canción y Bill Lowery se propuso ponerse en contacto con el productor Rick Hall para averiguar más sobre su estudio, sus ambiciones y su planteamiento. Los dos hombres compartían una desconfianza común de las actitudes de «puertas cerradas» de Nashville y Lowery puso a varios de sus compositores en las manos de Hall.

El primer proyecto con éxito que salió de esta nueva relación entre Muscle Shoals y Atlanta fue un grupo vocal negro, los Tams, que tuvieron un éxito menor con «Untie Me» de Joe South en el sello independiente Arlen, en 1962 y luego alcanzaron a estar entre los diez primeros de la lista pop, al año siguiente, con «What Kind of Fool» en la ABC-Paramount, compuesta por otro pupilo de Lowery, Ray Whitley. La conexión con la ABC se había realizado el año anterior, cuando tomaron a Tommy Roe, un cantante pop de Atlanta cuya «Sheila» había sido un éxito local menor en el sello independiente Judd en

1960. La regrabación de la canción que hizo Roe para la ABC fue número uno en la lista pop en 1962 y él regresó al número tres al año siguiente con otra especie de canción infantil, «Everybody». Roe, uno de los primeros cantantes solistas en recuperarse de la conmoción de la Invasión Británica, regresó con dos éxitos más entre los diez primeros en 1966, e incluso fue número uno de la lista aún de nuevo en 1969 con «Dizzy», todavía otro éxito que utilizaba la progresión armónica de «La Bamba». Aunque difícilmente pasaría a los anales del pop como un innovador, Tommy Roe demostró la creencia de Bill Lowery de que un chico sureño podía ser un buen fabricante de éxitos.

El más interesante y original compositor, de lejos, de la cuadra de Lowery era Joe South, que en la mayor parte de los años sesenta se le conoció mejor en la industria como un guitarrista de sesión más que como el compositor cantante que quería ser. Con un sonido «bajo» característico que recordaba al de Pop Staples y Curtis Mayfield, Joe tocó en innumerables sesiones de Muscle Shoals (para Rick Hall), de Nueva York (en sesiones producidas por Jerry Wexler para Aretha Franklin y por Bob Johnston para Simon and Garfunkel) y de Nashville (como las sesiones de *Blonde on Blonde* de Dylan producidas por Bob Johnston). Aunque Joe South no era un intérprete country y no tenía paciencia con las actitudes de Nashville, su primer triunfo sólido como compositor llegó con una serie de éxitos que compuso para Billy Joe Royal, otro intérprete de Atlanta que grababa para la Columbia en Nashville y cuyas versiones de «Down In The Boondocks» (número diez en 1965) y «Hush» quedaron como estándares en el Sur; el grupo británico Deep Purple revivió «Hush» en 1968 y llegó al número cinco estadounidense, lo que podía haber sido la palanca que aseguró a Joe South un contrato discográfico con la Capitol.

Músico versátil y un experto ingeniero de grabación, Joe South estuvo entre los primeros intérpretes que utilizaron los servicios multipista como medios para cantar y tocar prácticamente todas las partes cantadas e instrumentales de su disco por sí solo y lo que perdía en calidad técnica lo ganaba en «sentimiento». Sus canciones sombrías e interiores se reunieron en un álbum apropiadamente llamado *Introspect*, aunque el diseño psicodélico de la portada fracasó como señuelo para el deseado público rock. South era un cantante inequívocamente sureño y en modo alguno de moda. Su interpretación apasionada y predicadora era innegablemente sincera cuando se manifestaba contra los prejuicios y la hipocresía en «Birds of a Feather», «Redneck», «These Are Not My People» y «Games People Play», la última de las cuales se convirtió en un éxito entre los veinte primeros como sencillo en 1969. El título de este éxito se tomó de un popular libro de bolsillo de psicología de Eric Berne, aunque las ideas eran claramente las propias creencias de South, escupidas con venganza y acompañadas por una guitarra fuertemente distorsionada. Irónicamente, la melodía de la canción era tan fuerte que pronto fue asimilada en todo repertorio de cantante de cabaret, en el que perdía la mayor parte de su carácter rebelde.

Aunque otro cantante de Atlanta, Freddy Weller, llevó «Games People Play» y «These Are Not My People» a las listas country (para la Columbia) en

1969 y al año siguiente Lynn Anderson tuvo un éxito en todo el mundo con su versión de otra canción de *Introspect*, «(I Never Promised You a) Rose Garden». La carrera de Freddy Weller tomó un giro extraño cuando se integró en los Raiders de Paul Revere en 1969. Compuso un par de éxitos menores para ellos y cantó como solista en el primerísimo número uno del grupo, «Indian Reservation», de John D. Loudermilk (1971). Consiguió que se hiciera justicia con «Bird of a Feather», de Joe South, con una versión que otorgó a los Raiders su último éxito entre los treinta primeros el mismo año, mientras simultáneamente mantenía una carrera bajo su propio nombre como cantante formal de country con una versión de «Promised Land» de Chuck Berry y con varias canciones propias que trataban del sexo de manera más abierta y sincera de lo que era habitual en la radio country.

Para Bill Lowery, el éxito pop generalizado de Tommy Roe, Joe South y Freddy Weller fue una reivindicación de su larga campaña por establecer un equivalente, con sede en Atlanta, de las maniobras de edición y producción que Don Kirshner había montado, con tanto éxito en Nueva York y Los Ángeles. Algunos de los primeros artistas de Lowery, como Ray Stevens y Jerry Reed ficharon por editoras con sede en Nashville, pero entre los fichajes más recientes de Lowery Music estaban los compositores Buddy Buie y Jim Cobb que compusieron y produjeron varios éxitos pop de ambiente con un sabor de jazz y folk combinados para el grupo de Florida los Classics IV, como «Spooky» (1967), «Stormy» (1968) y «Traces» (1969), todos para la Imperial. Posteriormente, Cobb y Buie se involucraron en el grupo rock de éxito moderado, Atlanta Rhythm Section, pero los últimos años sesenta habían visto la cumbre de las aportaciones de Atlanta a la música pop estadounidense.

Aunque era posible examinar las listas pop y encontrar pruebas de que los estudios, compositores, productores e intérpretes sureños aún podían superar los obstáculos puestos en su contra y realizar éxitos, la impresión principal a finales de los sesenta era que por cada éxito hecho en el Sur, había varios realizados en otra parte con ingredientes que eran inequívocamente sureños. Estos mismos elementos de blues, country y música gospel estaban todavía en el núcleo de muchos de las atracciones más vendedoras de la época, como lo habían estado en el auge del rock 'n' roll; y esos eran de manera muy obvia —y deliberada— los ingredientes de Creedence Clearwater Revival.

La serie de éxitos de Creedence Clearwater Revival —nueve éxitos entre los diez primeros de 1969 a 1971— consiguió encarnar la esencia de lo que siempre había hecho únicos a los discos sureños. La letra y la melodía de cada canción se exponían de manera sencilla, por lo que era imposible pensar en las letras o en la música sin sentir intuitivamente el empuje rítmico. Con cada disco, el compositor John Fogerty parecía montar un modelo ligeramente diferente: «Proud Mary» conjuraba el deslizamiento suave de la sección rítmica de la Stax de mediados de los sesenta, mientras la canción siguiente, «Bad Moon Rising», volvía diez años atrás al sonido Sun de Scotty Moore o Carl Perkins, con una figura de guitarra que se tejía a lo largo de la canción. «Green River» tenía un sentimiento más duro, cercano al funk bluesy de «Susie Q» de Dale Hawkins, una versión de la cual había otorgado a los Creedence su primer éxito entre los veinte primeros en 1968.

Todos estos éxitos eran para la Fantasy. De alguna manera, era muy apropiado que estos homenajes al sonido del sur pudieran ser grabados por una independiente en una época en que muchos intérpretes se pasaban a las grandes compañías a la menor oportunidad. «Down on the Corner» en 1969 volvía al sonido de Booker T. and the M.G.s, adaptando la figura de «Soul Limbo» para acompañar una evocadora canción sobre chicos que jugaban en la calle, pero «Travellin' Band» era demasiado cercana a la sensación de «Good Golly Miss Molly» de Little Richard como para estar tranquilo. Hubo más éxitos posteriores, pero sirvieron principalmente para exhibir la versatilidad creciente de Fogerty. Utilizó una sección rítmica con el batería Doug Clifford y el bajista Stu Cook, aunque estaba claro que Fogerty podía tocar cualquier instrumento por sí mismo, como lo demostró posteriormente con los Blue Ridge Rangers.

Duros y enérgicos, sin ser machista y de piñón fijo como muchos discos de blues blanco, los sencillos de los Creedence eran recordatorios oportunos de lo eficaz que el rock 'n' roll podía ser si permanecía simple y no quería intentar ser demasiado listo, aunque había una sensación inevitable de que los Creedence lograron el éxito por incomparecencia ya que los Box Tops y Joe South perdieron concentración. Y lo que les distrajo, aparte de lo que pasaba al otro lado de la bahía, visto desde Berkeley, en San Francisco, eran los juegos a que jugaban con la música sureña, al otro lado del Atlántico, en Gran Bretaña.

3. Orquestas eléctricas blancas: el rock británico progresa

Mientras Estados Unidos se tambaleaba conmocionado bajo el impacto de la primera Invasión Británica, en Gran Bretaña otra generación de músicos juntaba esfuerzos para una segunda oleada de asalto. Mientras los Beatles y sus cohortes habían revitalizado el pop estadounidense y sus orígenes con el rock 'n' roll y música negra de baile, esta segunda oleada iba más allá, hacia las formas enraizadas de Estados Unidos, hacia el blues y el gospel. La distinción era entre el pop y el rock, lo que conducía a distinciones importantes entre la música difundida por radio y en directo y entre intérpretes de sencillos e intérpretes de álbumes.

Estos dos mundos diferentes recordaban a las divisiones abiertas a mediados de los años cincuenta, cuando el rock 'n' roll atrajo a los fans que desdeñaban la mayoría del convencional pop contemporáneo; pero en esa época, la industria no había estado interesada en reestructurarse a sí misma para mantener estas distinciones y en vez de ello absorbió en la corriente principal los rock 'n' rollers más adaptables mientras dejaba que los demás se desvanecieran en la oscuridad. Esta vez había una nueva generación de representantes y productores en la industria musical británica que reconocían las oportunidades que podía haber para ellos y para sus pupilos si mantenían y exageraban las distinciones entre el pop y el rock.

Una de las diferencias fundamentales entre el pop y el rock era que un artista pop era esencialmente desconocido hasta que no tenía un éxito en la radio. Desde el punto de vista de un productor de radio, no importaba si un disco lo había hecho un grupo que se había curtido durante años en clubes desconocidos o si había sido fabricado por completo en un estudio por un productor que compuso la canción, contrató a los músicos y los cantantes y se inventó un nombre para poner en la etiqueta. Lo que contaba era si un disco pop sonaba pegadizo, melódico o divertido.

En 1967, el gobierno laborista británico cerró finalmente las emisoras de radio piratas de costas afuera, que habían suministrado a la mayor parte de Gran Bretaña música pop durante todo el día por primera vez y se habían burlado del estilo pasado de moda que todavía se daba a través de los programas de entretenimiento de la BBC. Para prevenir un escándalo nacional por el cierre de las emisoras pirata, la BBC se vio obligada a admitir, por fin, que había una demanda auténtica por una emisora pop. Se inauguró Radio One, claramente inspirada en las emisoras piratas y que utilizaba muchos de los disc jockeys que habían hecho famosos.

Ya fuera por casualidad o como resultado de una política no declarada aunque eficaz, hubo una repentina reducción del contenido «negro» de Radio One en comparación con las piratas, tanto en el sentido literal de discos realizados por afroamericanos, como indirectamente en el sentido de grupos británicos con influencias negras. Pero mientras el pop en la radio se hacía más blanco y ligero, la música británica en directo tomó la dirección contraria y absorbió una mayor influencia del blues que nunca y además, por primera vez, luchó a brazo partido con las formas del gospel.

Cuando los grupos pop actuaban en directo, normalmente atraían a un público que esperaba verlos interpretar sus canciones famosas lo más cerca posible a la manera en que las habían grabado. Pero la definición de un grupo de rock era si incluía algún elemento de improvisación en su presentación en directo y si su habilidad para atraer un público importante a sus actuaciones no dependía en absoluto de haber tenido un sencillo de éxito. En la práctica, estas distinciones no eran tajantes: había grupos pop que se atrevían a improvisar y había grupos de rock que tocaban básicamente el mismo repertorio de la misma manera, noche tras noche. Pero para un amplio sector del público, la diferencia entre pop y rock era de vital importancia y la prensa musical animaba a sus lectores a ver a los intérpretes de rock como artistas, cuyas opiniones sobre cualquier tema merecían una gran atención.

Para los grupos que se clasificaron como pop —bien por elección o a cargo de los cronistas encasilladores de la época— la amedrentadora perspectiva de librarse de las comparaciones con los Beatles fue demasiado para ellos y la mayor parte de su producción era de segunda fila. En contraste con el diluvio de grupos pop británicos que habían disfrutado de un importante éxito estadounidense a mediados de los años sesenta, tan sólo un solo grupo británico de finales de los sesenta tuvo más de un éxito aislado; significativamente, Robert Stigwood, el manager de los Bee Gees también se encargó de Cream, uno del conglomerado de grupos de rock al que se recibió entusiastamente en los Estados Unidos.

Estilísticamente, este nuevo rock británico surgía de tres géneros diferentes. El blues era la inspiración evidente para Cream, el Jeff Beck Group, la Jimi Hendrix Experience, Led Zeppelin y Fleetwood Mac, mientras el gospel era una importante para Traffic, Procol Harum y Joe Cocker y el folk era parte de la base de los Pink Floyd y David Bowie.

La mayoría de estas bandas y músicos empezó de manera parecida, a través de la arquetípica ruta del rock de tocar en directo, que atraía a unos seguidores cada vez más numerosos, lo que se traducía directamente en ventas de álbumes. Había excepciones importantes al patrón básico y, en algunos casos, incluso había un intento consciente de fingir que se había aplicado ese modelo cuando, de hecho, se había utilizado un método más pop. No eran tan sólo algunos de los intérpretes lanzados a través de discos realizados con músicos de sesión, pero varios de ellos dependían más del ímpetu que les daba un sencillo de éxito de lo que a sus seguidores les importaba admitir.

La entera verdad no es lo que cuenta siempre. La prensa musical erigió un mundo mítico del rock en el que la música progresaba hasta cotas no imaginadas y dejaba atrás a todos sus antecesores como curiosidades prehistóricas. Apoyados en Gran Bretaña por *Melody Maker*, los grupos hacían peregrinaciones a Estados Unidos, en donde *Rolling Stone*, la radio FM y el público de los conciertos en directo los acogían incluso con más entusiasmo. Después de oír las extrañas letras y los «colocados» solos de los Doors, los Jefferson Airplane y los Grateful Dead, los músicos británicos regresaban a Gran Bretaña encendidos por el entusiasmo de ser aún más experimentales y aventureros.

Aunque había muchos paralelismos entre el desarrollo de la música en Gran Bretaña y en los Estados Unidos en esa época, existía una diferencia fundamental que tuvo repercusiones que duraron como mínimo durante los quince años siguientes. En Estados Unidos, las bandas underground punteras ficharon todas directamente por grandes compañías, lo que permitía a esas compañías reforzar su implantación en la industria discográfica estadounidense y hacer desaparecer de manera eficaz a la práctica totalidad de las compañías independientes. El resultado fue una deriva hacia el conformismo, la esterilidad y la repetición que destruyó la mayor parte del ímpetu de los quince años anteriores.

En Gran Bretaña sucedió todo lo contrario. La mayoría de los aventureros músicos británicos tenían como mánagers a unas personas que utilizaron su poder para abrir una brecha en la industria discográfica británica, al fundar compañías de producción o sellos independientes que cedían los derechos a los grandes sin sacrificar la autonomía ni perder todos los derechos de propiedad. Directa e indirectamente, los grupos británicos de rock progresivo financiaron e inspiraron una generación de nuevos sellos discográficos independientes que proporcionaron la plataforma para los inventivos músicos británicos de los años setenta.

En los últimos años sesenta se inició una lucha fascinante en tres direcciones por el poder y el control, en la que las cuatro grandes compañías que habían dominado tradicionalmente la industria británica —Decca, EMI, Philips y Pye— se vieron desafiadas por competidores nuevos de fuera, sobre todo la CBS y la Polydor, pero al mismo tiempo todas ellas se veían minadas por debajo por los representantes y productores independientes.

La mayoría de los operadores independientes ya tenían al menos un pie en la puerta de la industria discográfica británica antes de que empezaran sus propios sellos o compañías de producción, bien como representantes de grupos de éxito o como productores que habían grabado éxitos de manera independiente. Su historia es una enredada telaraña que va más allá de una sencilla narrativa lineal y que tiene como prólogo una referencia a un par de sellos que les precedieron, Oriole y Melodisc.

Oriole Records* era un sello independiente bien organizado, a gran escala, que obtuvo éxitos internacionales a mediados de los cincuenta con Russ Hamilton y con el Chas McDevitt's Skiffle Group. En los primeros años sesenta, Oriole tenía los derechos de la familia de sellos de Berry Gordy, pero justo en el momento en que el equilibrio de poder estaba a punto de cambiar en favor de los sellos independientes, en 1965, el propietario de la Oriole, Maurice Levy, vendió todo su activo completo —estudio de grabación, fábrica de prensaje y catálogo— a la compañía estadounidense Columbia (que de ese modo consiguió, para su sello británico CBS, una delantera que sus competidores estadounidenses nunca contrarrestaron). La distribución de la Oriole estaba a cargo de una red de mayoristas independientes con sede en las mayores conurbaciones —Londres, Manchester, Glasgow, Birmingham y Belfast— que por lo demás trataba principalmente con artículos de baja circulación de categorías especializadas como el folk, el jazz y la música clásica; y aún una categoría más: la música de las Antillas, que era la línea de Melodisc.

Melodisc** se había iniciado en los primeros años cincuenta, cuando la música de calipso de Trinidad era el género antillano más famoso y en 1961 el propietario Emil Shalit lanzó un sello subsidiario, Blue Beat, para atender al nuevo estilo emergente de Jamaica, que se conocía allí como ska. Pronunciado como lo haría un ruso, con una y muda, «sky'a, sky'a, sky'a» era el sonido que la guitarra hacía en cada primer y tercer tiempo. Esto significaba una inversión com-

*ORIOLE RECORDS. Propiedad de Maurice Levy; vendida a la CBS en 1965. Productor: Jack Baverstock, John Schroeder.
Pop: Russ Hamilton (derechos cedidos a la Kapp en EE. UU.), Chas McDevitt's Skiffle Group with Nancey Whiskey (derechos cedidos a la Chic), Maureen Evans.
Derechos cedidos desde EE. UU.: Mercury (mediados de los cincuenta), Motown (primeros sesenta).

Subsidiarias:

EMBASSY. Discos de precio reducido con versiones de éxitos de moda, para la venta en exclusiva en los almacenes Woolworth. Varios intérpretes famosos tienen fama de haber hecho sus primeras grabaciones profesionales en la Embassy, cuyo cantante más conocido fue Johnny Worth; con el nombre de Les Vandyke, Johnny compuso la mayoría de los éxitos de Adam Faith y Eden Kane.

REALM. Un sello económico de jazz y blues que tenía los derechos del material de Savoy, Shad y otros sellos estadounidenses.

**MELODISC. Fundado en 1952 por Emil Shalit.
Calipso: Lord Kitchener.

Subsidiaria:

BLUE BEAT
Ska: Prince Buster, Laurel Atkin, Derrick Morgan.

pleta del familiar ritmo a contratiempo del rock 'n' roll sobre el segundo y el cuarto tiempo, pero tenía un contagioso sentido bailable que no sólo alcanzaba a la comunidad inmigrante jamaicana de Gran Bretaña, sino que atraía también a los chicos británicos nativos que empezaron a descubrir aquellos discos de Prince Buster, Laurel Aitken, Derrick Morgan y demás. Como hemos mencionado antes, las bandas británicas como Georgie Fame and His Blue Flames empezaron a incluir las canciones y el ritmo ska en su repertorio de jazz y rhythm and blues, lo que ayudó a propagar el aprecio por los originales realizados en Jamaica.

La industria jamaicana era caótica, vista desde los parámetros británicos o estadounidenses, porque los cantantes muy raramente firmaban contratos en exclusiva con un sello discográfico. Prince Buster era extraño, a este respecto: él era un disc jockey de club que no sólo componía, cantaba y dirigía su propia banda, sino que era propietario de una tienda de discos y de un sello discográfico. No cantaba para otros productores y por eso sus contratos con Blue Beat eran exclusivos. Pero los demás productores no eran también cantantes; contrataban a un vocalista para grabar una canción determinada, pagaban una tarifa baja por sesión y luego sacaban todo el provecho que podían a la hora de vender los derechos. Así que si un productor tenía un éxito con un cantante, todos los demás productores grababan rápidamente algo del mismo, o lanzaban algo que anteriormente hubieran grabado con él. Preocupados tan sólo por vender unos cuantos millares de discos, los productores no mostraban ningún interés en el concepto de alimentar una carrera para el cantante, al restringir su disponibilidad y su producción.

Prince Buster se convirtió en especialmente popular, sobre todo a través de una serie de discos que presentaban una parodia casi de historieta de un juez jamaicano llamado Judge Dread, que repartía feroces sentencias de quinientos o mil años de duración a jóvenes que lloraban en vana apelación a los mejores sentimientos del juez. Tras las bromas y la sobreactuación de teatro pueblerino, la banda interpretaba un ritmo fijo (conocido en Gran Bretaña como «blue beat», por el nombre del sello que editaba los discos de Prince Buster) y un grupo coreaba un estribillo pegadizo. Estos discos eran demasiado étnicos y extraños para ser calificados como discos de pop formal en la radio británica y su influencia no se mostró realmente hasta más de diez años después cuando las bandas Two-Tone barrieron en las listas británicas: los Specials iniciaron este movimiento con «Gangsters» en 1979, que se basaba muy de cerca en el único éxito británico entre los veinte primeros de Prince Buster, «Al Capone» (Blue Beat, 1967); Madness tomó el nombre de una de las canciones de Buster e inició su carrera con un sencillo dedicado a él («The Prince») y un álbum titulado según otra canción suya (*One Step Beyond*, Stiff, 1979). El tardío éxito de grupos con la formación de las bandas de ska de saxo, órgano y guitarra confirmó la impresión de que con una distribución mejor, el ska quizá pudo haber gozado de una más antigua aceptación en la corriente principal de la música pop británica. Pero la Melodisc nunca mostró indicios de tal ambición y ello hizo que fuera la Island Records la que tuviera que romper las barreras y se infiltrara en los laberintos de la industria del entretenimiento británico, en la que los prejuicios contra la música negra y especialmente contra los inmigrantes de las colonias, se disfrazaba tan fácilmente con términos como «de interés para las minorías étnicas».

Una vez que la Blue Beat estableció un flujo constante de lanzamientos de Jamaica para la Gran Bretaña, pronto hubo más discos de los hechos en Jamaica de los que Blue Beat podía manejar y en 1962, Chris Blackwell fundó Island Records* como un competidor alternativo. Blackwell, un joven jamaicano blanco educado en Gran Bretaña, era un fan de la música para quien dirigir una compañía discográfica parecía, a veces, como un hobby si bien, asociado con David Betteridge, él aplicó poco a poco un planteamiento más sistemático y a la larga, montó una operación que se convirtió en inspiración y modelo para una nueva generación de compañías discográficas británicas.

La Island compró los derechos de sus producciones a los productores punteros de la época, sobre todo a Coxone Dodd del Studio One, Duke Reid de Channel One, Lee Perry y Leslie Kong, pero quedó claro que la única vía para conseguir los derechos en exclusiva era contratar cantantes directamente y grabarlos en Gran Bretaña. Jackie Edwards, Jimmy Cliff y otros volaron debidamente a Gran Bretaña y ello demostró sorprendentemente la dificultad de recrear la atmósfera de un estudio jamaicano que hubiera sacado lo mejor de aquellos cantantes. Y había otro problema: la mayoría de los cantantes jamaicanos consideraban su propia música como un pariente pobre de la música soul estadounidense; lo que deseaban realmente era ser capaces de hacer discos como Otis Redding, Sam Cooke o los Impressions. Curtis Mayfield de los Impressions era una influencia especialmente grande. Así que una vez que los cantantes tenían una oportunidad de encontrar diferentes músicos de entre los intérpretes de sesión jamaicanos, intentaban realizar discos de soul.

Indudablemente frustrado por todo esto, Blackwell logró un éxito inesperado con «My Boy Lollipop» de Millie, en 1964. Convenció a un puñado de músicos británicos de sesión y les hizo tocar un acompañamiento de blue beat jamaicano para una vieja canción de rhythm and blues grabada primero por Barbie Gaye en 1956; Millie era una joven cantante jamaicana que sonaba muy parecida a la Shirley de Shirley and Lee, el dúo de Nueva Orleáns que había sido enormemente popular en las Antillas a mediados de los sesenta. Blackwell difícilmente podía haber imaginado el extraordinario éxito de su producción, que fue número uno en las listas británicas y que llegó al número dos en Estados Unidos. Aunque quizá se es-

*ISLAND RECORDS. Fundado en 1962 por Chris Blackwell.
Reggae: (1962-1966): Jackie Edwards, Jimmy Cliff, The Blues Busters, Owen Gray, The Wailers, The Vikings, The Skatalites.

Subsidiaria:

SUE. Dirigida por Guy Stevens.
Rhythm and blues (derechos cedidos de Estados Unidos): Inez and Charlie Foxx (derechos de la Sue de EE. UU.), Bob and Earl (derechos de la Marc), varios discos de soul y blues de la Ace, la Fire-Fury, etc.

peraba que pasara algo fuera de lo común, porque en vez de sacar el disco en su propio sello Island, cedió los derechos de la producción a la Philips.

Como hemos indicado antes, posteriormente Blackwell cedió los derechos para Gran Bretaña del Spencer Davis Group a la Philips y alcanzó dos números uno británicos con versiones de canciones soul compuestas por Jackie Edwards, «Keep On Running» y «Somebody Help Me». Significativamente, Blackwell se quedó con el derecho de ceder el material del grupo en los Estados Unidos, lo que llegó a ser un factor cada vez más relevante para los productores independientes británicos. Anteriormente, las grandes compañías británicas habían fichado a artistas para el mundo entero y habían conseguido unos ingresos substanciales provenientes de las ganancias en el extranjero; ahora tenían que conformarse con los derechos para Gran Bretaña, pagando royalties más altos de lo que estaban acostumbrados.

De 1965 a 1969, los grandes sellos británicos —Decca, EMI y Pye— se vieron excluidos del mercado británico que ellos tenían como suyo desde mediados de los cincuenta, junto con la compañía holandesa Philips. A su propio nivel, estas grandes compañías eran desafiadas por las subsidiarias con sede británica montadas por la mayoría de grandes compañías estadounidenses y por varias independientes; después de que la CBS montó su oficina británica en 1965, la RCA, la MGM y la MCA siguieron el ejemplo (con mucho menos éxito), junto con la Liberty-United Artists, la Atlantic y la Bell, mientras la compañía alemana Deutsche Grammophon montó su subsidiaria Polydor en Gran Bretaña en 1966.

Toda esta actividad no hubiera tenido sentido si vender discos en Gran Bretaña hubiera sido el solo objetivo; el aliciente era vender discos de intérpretes británicos en todo el mundo. Pero tales planes maestros cayeron en la confusión cuando los productores independientes, que vencieron a todas las compañías discográficas en su propio terreno, ficharon a intérpretes con contratos para todo el mundo y luego cedieron los derechos zona por zona como había hecho Chris Blackwell con el Spencer Davis Group.

En comparación con la mayoría de productores independientes de la época, Chris Blackwell tuvo dos ventajas características: él tenía unos considerables recursos independientes que le permitían financiar sus propias grabaciones y, por lo tanto, negociar desde una posición de fuerza. Además, tenía la experiencia formativa de dirigir Island Records, lo que significaba que sabía lo que buscaba mediante los distribuidores. La mayoría de los propietarios de sellos independientes contemporáneos tenían una experiencia más limitada cuando iniciaron sus compañías, habitualmente como mánagers o, a veces, como productores.

De los sellos independientes que grabaron a intérpretes influyentes en esta época, Immediate fue el primero que se fundó. Andrew Oldham se había hecho famoso en la industria musical británica como manager de los Rolling Stones y fue capaz de convencer a la EMI para que ofreciera a su sello Immediate lo que, en 1965, se llamaba un «acuerdo de P y D», lo que significaba prensaje y distribución: según este arreglo, el sello tenía la propiedad de los derechos del material y era responsable de la mercadotecnia y la promoción, el distribuidor prensaba los discos y los vendía a las tiendas. Un detalle crucial fue sujeto a negociación: quién pagaba los excedentes si se habían prensado demasiados discos. En este caso, la EMI se hizo cargo de lo que se llamaba «el riesgo del stock».

El primer lanzamiento en Immediate fue «Hang On Sloopy» de los McCoys, con los derechos cedidos por el sello Bang de Bert Berns, que rápidamente alcanzó el número cinco británico y puso a la Immediate como una alternativa creíble a las grandes compañías. Oldham y su socio Tony Calder fueron capaces de convencer a los mánagers de trasladar a sus pupilos de otros sellos (los Small Faces y Amen Corner abandonaron la Decca, Fleetwood Mac dejó la Blue Horizon) y no les costó ser capaces de convencer para traer a uno o dos Rolling Stones para componer o producir un disco: Mick Jagger hizo un trabajo espectacular para Chris Farlowe en «Out of Time» y consiguió uno de los mejores equilibrios de una sección rítmica de rock frente a un arreglo de cuerda y sacó una parte cantada de Farlowe, que no fue capaz de repetir jamás.

La Immediate* parecía preparada para convertirse en una fuerza importante en la industria discográfica británica, con los Small Faces como su principal atracción. Los primeros discos con la Decca habían sugerido que los Small Faces no eran más que un grupo de soul de imitación de segunda división, pero con «Itchycoo Park» (1967) y «Lazy Sunday» (1968) para la Immediate, los compositores principales del grupo, Steve Marriott y Ronnie Lane, cerraron temporalmente la brecha entre el pop y el rock y sacaron discos que estaban llenos tanto de melodía como de carácter. Con la complicidad del ingeniero Glyn Johns, los Small Faces experimentaron con trucos de estudio al tiempo que conseguían un sonido mucho más británico que en sus anteriores lanzamientos: «Itchycoo Park» era una sincera celebración del hecho de colocarse. «Lazy Sunday» cantada con acento cockney, seguía la línea de las canciones de Ray Davies para los Kinks, un retrato de la vida londinense rebosante de humor contagioso.

Irónicamente, Immediate nunca consiguió por completo desplegar en el extranjero el impacto de su éxito británico y a pesar de introducir la primera época de otra atracción importante, los Nice, el sello cerró en 1970. Simbólicamente el sello estadounidense Warner Brothers se quedó con sus oficinas.

La segunda independiente británica importante de esta época la fundó Robert Stigwood, un australiano que había sido manager del actor y cantante John Leyton y que ahora representaba a los Bee Gees y a Cream, que en la época habían sido clasificados como representantes arquetípicos de los distintos campos

* IMMEDIATE. Fundada en 1965 por Andrew Oldham y Tony Calder.
Pop: Chris Farlowe and the Thunderbirds, Small Faces (desde 1967), Amen Corner, P.P. Arnold.
Rock: Fleetwood Mac (1969), The Nice, Humble Pie.
De EE. UU.: The McCoys (derechos cedidos por la Bang).
Distribuida por EMI (1965-1966), Philips (1967-1969).

pop y rock. En 1966, Stigwood colocó a los Bee Gees directamente en el sello Polydor recientemente fundado, mientras cedía los derechos de su propio sello Reaction a la misma compañía.*

Los Bee Gees era el mejor de los grupos contemporáneos que sonaban —intencionadamente o por casualidad— como los Beatles y tuvieron una larga series de éxitos tanto en Gran Bretaña y en Estados Unidos, casi todos con baladas al estilo de los cantos fúnebres que incorporaban las partes vocales sollozantes de Barry Gibb. Cream representaba un nuevo concepto en la música pop, una formación de *all-stars* de músicos votados como los mejores en su instrumento, que procedían de tres grupos diferentes y que se juntaron para desplegar su virtuosismo y para seguir una política de aventura y exploración musical a la vez. El bajista Jack Bruce y el batería Ginger Baker eran ambos sumamente respetados entre los demás músicos, pero el héroe popular del trío era indudablemente el guitarrista Eric Clapton, que había alcanzado la fama por el método más indirecto, al abandonar a dos grupos en el momento justo en que cada uno de ellos llegaba a obtener el éxito comercial.

La deserción de Clapton de los Yardbirds ya había sido noticia. Se integró en los John Mayall's Bluesbreakers, un grupo purista de blues dedicado a recrear de la manera más fiel posible el sonido y el estilo de los intérpretes de blues de Chicago contemporáneos, como Otis Rush, Buddy Guy y Magic Sam, así como una pareja de guitarristas tejanos, Freddy King y Albert Collins. Ninguno de los músicos estadounidenses eran demasiado conocidos en Gran Bretaña, donde incluso B. B. King era todavía tan desconocido que apenas ninguno de sus discos se había lanzado. «Slowhand» [Mano lenta] Clapton insistía siempre que su interpretación propia no llegaba al control magistral y al efecto emocional de los bluesmen estadounidenses, pero para los fans británicos que iban en tropel a ver actuar en directo a los Bluesbreakers, Clapton era el mejor. En comparación, John Mayall era un cantante e instrumentista menos creativo pero, en su haber, mantuvo un compromiso genuino con el blues a la vez que alentaba a una serie de músicos británicos para que desarrollaran sus habilidades. Su grupo grababa

* POLYDOR. División británica de la Deutsche Grammophon montada en 1966.
Pop: The Bee Gees.
Sellos con derechos cedidos:

REACTION. Fundado en 1966 por Robert Stigwood.
Grupos de rock: Cream (1966-1967), los Who (1966).
(Sello asimilado por la Polydor en 1968 y reconstituido como RSO en 1974).

TRACK. Fundado en 1967 por Kit Lambert y Chris Stamp.
Rock: The Who (desde 1967), The Jimi Hendrix Experience, The Crazy World of Arthur Brown, Thunderclap Newman.

MARMALADE. Fundado en 1968 por Giorgio Gomelsky.
Rock: The Brian Auger Trinity with Julie Driscoll.

ATLANTIC. División británica de la Atlantic estadounidense.
Rock: Led Zeppelin, Yes.

para la Decca, que delegó en el adolescente fan del blues, Mike Vernon, para que los produjera, con la colaboración del ingeniero Gus Dudgeon. Con el énfasis en la autenticidad —sin regrabaciones ni efectos de estudio— los Bluesbreakers grabaron un álbum con la incorporación de Clapton, que abandonó el grupo antes de que saliera aquél. Para sorpresa de todos los implicados, el disco entró en las listas británicas y mientras Mayall contrataba a un guitarrista nuevo, Peter Green, Clapton respondió al aliento de Robert Stigwood para formar Cream.

Visto en retrospectiva, era inevitable el éxito de Cream en Gran Bretaña, donde el rock 'n' roll fue una música basada principalmente en la guitarra. Mientras los estadounidenses lo convertían en un vehículo para ídolos adolescentes que no tocaban sus instrumentos, Gran Bretaña favorecía a los héroes de la guitarra: Buddy Holly, Eddie Cochran, Gene Vincent y los Everly Brothers. El enorme éxito de los Shadows se apoyaba en un ejército de seguidores que se identificaban con los tres jóvenes que manejaban guitarras y la mayoría de los grupos pop británicos de mediados de los sesenta la incorporaban tanto en su sonido como en su imagen visual. Pocos guitarristas británicos se atrevían a ser tan audaces y tan sexualmente sugerentes con sus instrumentos como Chuck Berry, Bo Diddley, Johnny «Guitar» Watson y otros afroamericanos, pero Keith Richard, de los Rolling Stones, se convirtió en cada vez más agresivo y con su guitarra apuntaba más como un arma que como un órgano sexual. Y junto con una utilización visual más agresiva de la guitarra, los músicos empezaban a subir el volumen y vieron que esto gustaba al público.

Cuando Cream subieron al escenario y bombardearon a su público con una arremetida de virtuosismo y energía, la voz corrió y la gente hacía cola alrededor de la manzana para entrar. Una estancia en el club londinense Marquee y una gira por universidades bastaron para construir una leyenda y esta combinación se instituyó para cualquier presunto grupo de rock-blues.

Cream no sólo alcanzó debidamente las listas británicas de álbumes, sino también las listas de sencillos con canciones sorprendentemente comerciales: «I Feel Free» tenía una melodía evocadora y una letra seductora, además de una ardiente interpretación guitarrística de Clapton. Pero el avance auténtico del grupo se produjo en Estados Unidos, donde encontró un público que los animó a improvisar y a ir mucho más allá de lo que se habían atrevido jamás en Gran Bretaña. En 1968, Cream llegó a ser uno de los grupos más vendedores del año, en el número uno de las listas de álbumes con *Wheels of Fire* y llenando todos los auditorios y estadios donde tocaban. El grupo se separó un año después, pero para entonces la semilla se había sembrado en millares de músicos jóvenes estadounidenses y el blues se reconocía tardíamente como la base de la mayor parte de lo que ahora se llamaba música rock.

De vuelta a Gran Bretaña, Polydor continuó la exitosa relación con Robert Stigwood y se hicieron acuerdos parecidos para la cesión de derechos de la Track Records, fundada por los mánagers de los Who, Kit Lambert y Chris Stamp. Los tres primeros sencillos de los Who se habían editado en la Brunswick, la sucursal británica de la Decca estadounidense que tenía los derechos del grupo para Estados Unidos, mientras los derechos para Gran Bretaña pasaron a la Reaction de Stigwood por tres sencillos y luego a la Track desde mediados de 1967. Por un tiempo, la Track parecía preparada para convertirse en una fuerza importante en la industria británica, al alcanzar el número uno de la lista de sencillos con el Crazy World of Arthur Brown («Fire», 1968) y Thunderclap Newman («Something in the Air», 1969) y seis álbumes entre los diez primeros de la Jimi Hendrix Experience. A lo largo de finales de los sesenta, Hendrix rivalizó con Eric Clapton como el héroe de la guitarra número uno y esto era un índice de lo que los tiempos habían cambiado: el que los estadounidenses tenían que ir a Gran Bretaña para establecer su reputación.

Nacido en Seattle (Washington), en 1942, Jimi Hendrix personificó casi la historia entera del rock 'n' roll en una carrera que incluía el tocar con dos de las estrellas auténticas de la época, Little Richard y los Isley Brothers. Aunque sus gustos propios estaban más cerca del rock 'n' roll corriente, Hendrix fue siempre propenso a que se le clasificara como un músico de blues, rhythm and blues o de soul mientras estuvo en Estados Unidos y la ruptura le llegó cuando Chas Chandler, el bajista de los Animals, lo vio en un club de Greenwich Village y le pagó un billete hacia Londres y actuó como su manager y productor en sociedad con el manager de los Animals, Mike Jeffreys.

En Gran Bretaña, a Jimi Hendrix se le animó a vivir una vida de una brillantez exótica y extravagante. Estaba flanqueado por el bajista Noel Redding y el batería Mitch Mitchell, dos músicos británicos previamente desconocidos que vagaban incesantemente alrededor de los ritmos y las melodías de las improvisaciones de su guitarra. Hendrix grabó como su primer sencillo la canción «Hey Joe» que había escuchado a los Leaves en Los Ángeles, a principios de año. Misterioso, amenazante y muy bien controlado dinámicamente, el disco, de hecho, retomaba el blues allí donde los Rolling Stones habían dejado el género después de encabezar las listas británicas con «Little Red Rooster» en 1964 y «Hey Joe» de la Jimi Hendrix Experience alcanzó pronto a estar entre los diez primeros de británicos, en 1967. Justo cuando Gran Bretaña comenzaba a sentir los ecos de la cultura de la droga de San Francisco, aquí había un joven negro de la Costa Oeste con el pelo encrespado, con ropas escandalosamente coloreadas y sin ninguna inhibición a la hora de utilizar la guitarra como un símbolo sexual.

Vocalmente, Hendrix no era gran cosa, pero cuando encontraba una canción que encajaba con su interpretación más o menos discursiva, él la llenaba de sentido y de emoción con su centelleante toque de guitarra. Así como Clapton tocaba con ataque y tensión, Hendrix tendía a tomarse su tiempo y permanecer relajado; quién era «mejor» es una cuestión de gusto personal, pero la rivalidad ayudó a centrar la atención en la interpretación de guitarra de blues en general, e incluso llevó a interesarse por los orígenes de su música. Los dos guitarristas que parecían haber impresionado más a Hendrix eran John Lee Hooker y Albert King, el uno calmado y amenazante y el otro informal y hábil.

Después de arrasar en Gran Bretaña, Hendrix regresó triunfante a los Estados Unidos. En el Monterey Pop Festival de junio de 1967 desplegó todos los trucos de su espectáculo en directo y en un punto, parecía que tocaba la guitarra con los dientes (un viejo truco adaptado del artificio de T-Bone Walker de tocarla puesta detrás de la cabeza, mientras tocaba con los dedos sobre el mástil) y al final, la incendiaba. La Reprise Records lo contrató para Estados Unidos y Hendrix se unió a Sly Stone como uno de los dos músicos negros que desafiaban todos los estereotipos normales que a la industria de la música le gustaba colocar a los intérpretes negros. Ambos experimentaron con efectos de «wah-wah» en la guitarra, pasaban una eternidad en los estudios de grabación y hacían desiguales, aunque a veces brillantes, actuaciones en directo. La cumbre comercial fue el LP doble *Electric Ladyland*, que fue número uno en las listas estadounidenses de álbumes, unas semanas después de Cream, en 1968. Pero el estilo de vida que comportaba ser el héroe de la guitarra negro y hippy preferido de la industria musical fue demasiado; el nombre de Hendrix se añadió a la lista de víctimas del rock, en 1970, después de una sobredosis de drogas.

De los demás guitarristas que sobresalieron a finales de los años sesenta, Jeff Beck y Jimmy Page aguantan las comparaciones con Clapton y Hendrix. Beck había sustituido a Clapton en los Yardbirds y desempeñó un importante papel al introducir solos improvisados en la música pop a través de sus breves pausas instrumentales en los sencillos de éxito del conjunto. Después de abandonar al grupo, grabó dos álbumes para la EMI británica bajo la supervisión de estudio de Mickie Most, pero aunque ambos entraron entre los veinte primeros de la lista estadounidense de álbumes y el grupo (con Rod Stewart de cantante) hizo giras por los Estados Unidos, Beck nunca llegó a ser un nombre de primera división.

Jimmy Page fue probablemente el guitarrista de rock más experto de su generación y todavía era un veinteañero reciente cuando participó en varios discos seminales de los Who, Them y Joe Cocker, entre otras innumerables sesiones. Pero los ingresos por el trabajo de sesión solían ser bajos y parecía cada vez más claro que la cuestión estaba en conseguir los royalties de un disco de éxito. La única manera de reunir los requisitos para ello consistía en estar preparado para formar un grupo autosuficiente que quisiera complementar sus grabaciones con las actuaciones en directo. Page llegó a una solución lógica por una ruta tortuosa: había tocado en algunas actuaciones en directo con los Yardbirds en su último año o así y cuando, finalmente, se separaron por completo, Page emprendió una corta gira por Escandinavia, para cumplir un contrato, bajo el nombre de los New Yardbirds, con tres aliados reunidos precipitadamente. Al cambiar el nombre del grupo a Led Zeppelin, con el antiguo «pipa» de los Yardbirds, Peter Grant, como manager, el nuevo grupo fichó directamente por la Atlantic estadounidense (cuyo co director Jerry Wexler había oído de la habilidad de Page de labios de Dusty Springfield y del productor Bert Berns). Y por otra ruta tortuosa, los discos de Led Zeppelin se editaron en Gran Bretaña a través de la Polydor.

Allá por los años cincuenta, la Atlantic cedía los derechos de sus discos al sello London de la Decca, como la mayoría de las demás independientes estadounidenses. A medida que la Atlantic sobrepasó a las demás al correr los años sesenta, la compañía se preocupó más de su propia identidad como sello, pero la única concesión que la Decca estaba dispuesta a hacer era adaptar su sello para que fuera London-Atlantic. Este inmovilismo frustró a la Atlantic, que encontró en la Polydor un comprador de derechos más flexible. Deseosa de adquirir los derechos del importante catálogo y del amplio elenco de la Atlantic, la Polydor no tan sólo ofreció a la Atlantic un sello con su propia identidad en Gran Bretaña, sino que además le ofreció la primera opción para los derechos estadounidenses de los intérpretes de su elenco. De esta manera, la Atlantic pudo conseguir los derechos estadounidenses de los Bee Gees y de Cream e inició una fructífera relación con Robert Stigwood que llevó a la fundación de su sello RSO en los Estados Unidos. Mientras tanto, la coordinación del acuerdo dio a Polydor un éxito con «When a Man Loves a Woman» de Percy Sledge, el éxito soul con un poco de gospel que se había convertido en un disco enormemente influyente en Gran Bretaña. Entre los demás intérpretes de Atlantic que llegaron a Gran Bretaña a través de esta conexión con la Polydor estaba Led Zeppelin.

El primer álbum de Led Zeppelin era claramente manso, en comparación tanto con los demás discos de rock blues de la época (1969) como con los posteriores lanzamientos del grupo. Diseñado evidentemente sobre el sonido y el formato del Jeff Beck Group, el disco de Led Zeppelin era, en conjunto, más disciplinado y mejor controlado. Además del experimentado Jimmy Page, el bajista John Paul Jones era un arreglista experto que había trabajado en muchos éxitos pop y entre los dos desarrollaron estructuras eficaces para el intenso ataque de las partes cantadas de Robert Plant y el estruendoso toque de batería de John Bonham, quienes habían tocado juntos anteriormente en la desconocida Band of Joy.

Así como Cream tendía a cambiar de rumbo a partir del sencillo formato del blues, Led Zeppelin permanecía más fiel a los patrones previsibles y se convirtió en el grupo más vendedor del mundo en los primeros años setenta. El crujiente ataque de «You Shook Me» de Muddy Waters y de «I'm a Man» de Bo Diddley lo aprovechaban estos cuatro jóvenes británicos y lo soltaban en conciertos en directo con unos niveles de volumen inimaginables, que golpeaban al público hasta la sumisión más dichosa. Lo que antaño había sido una música comunitaria ahora se acercaba peligrosamente a convertirse en una herramienta de control autoritario.

El único grupo británico importante de blues que en general evitó este planteamiento insoportable fue Fleetwood Mac y quizás no fue una coincidencia que este fuera al que peor le fue en los Estados Unidos en esa época. El grupo se formó en 1967 como una escisión de los John Mayall's Bluesbreakers, que incluía a Peter Green, el guitarrista que había sustituido a Clapton un año antes, junto con el bajista John Mc Vie y el batería Mick Fleetwood, más el recién llegado Jeremy Spencer en la guitarra slide. Mientras que Spencer era un intérprete rudimentario con una actitud muy desafiante, Peter Green era un compositor, cantante y guitarrista sin igual, con una sensibilidad y una imaginación poco común y sus canciones resistían muy bien como elegantes discos pop.

Fleetwood Mac grabó los tres primeros álbumes para Blue Horizon, un sello nuevo fundado por el productor Mike Vernon, con los derechos cedidos a la división británica de la CBS.* El primero se vendió bien para ser un grupo nuevo sin un sencillo de éxito a su nombre todavía y permaneció entre los diez primeros de álbumes durante diecisiete semanas en 1968; a final del año, el reluciente instrumental «Albatross» se hizo notar al utilizarse como fondo musical de un programa de televisión y llegó al número uno de las listas a principios del año siguiente. El grupo se pasó a la Immediate para un sencillo, el lacónico canto «Oh Well» y luego se mudó a la recién fundada división británica de la Reprise para dos éxitos más sombríos, «Man of the World» y «Green Manalishi». A lo largo de los años setenta, el personal del grupo fue cambiando después de la marcha de Green y a la larga, se trasladó a Estados Unidos, donde su triunfo pagó el coste total de montaje de la oficina británica de la Warner-Reprise.**

En 1967, el año en que se fundó la Track Records y en que Cream y Jimi Hendrix empezaron la segunda oleada de asalto a Estados Unidos por parte de Gran Bretaña, dos importantes empresas independientes se pusieron en marcha, que transportaron al otro lado del Atlántico un tipo de música más pastoral, Island Records y Straight Ahead. En el caso de la Island, la expresión adecuada sería «significativamente ampliada» más que «puesta en marcha» ya que como hemos visto, el sello ya llevaba en funcionamiento cinco años. El paso decisivo llegó cuando Stevie Winwood abandonó el Spencer Davis Group y, después de una pausa, formó Traffic. Su manager Chris Blackwell debía decidir o bien ceder los derechos de las grabaciones a otra compañía o bien extenderse hacia el mundo del pop con Island Records.

* CBS. Fundada en 1965 como división británica de la Columbia estadounidense.

Pop: The Tremeloes, Marmalade, Love Affair.

Subsidiarias:

DIRECTION
Soul pop: Johnny Johnson and the Bandwagon.
Sello con derechos cedidos:

BLUE HORIZON. Fundado en 1967 por Mike Vernon.
Blues rock: Fleetwood Mac, Chicken Shack.

** WARNER-REPRISE. Fundada en 1969 como división británica de Warner-Reprise.
Rock: Fleetwood Mac, Family.

Después de elegir esta última opción, Blackwell hizo un acuerdo de distribución con Philips.*

Aunque la voz de Stevie Winwood era todavía la «marca de fábrica» de Traffic, había varias diferencias importantes con el Spencer Davis Group, que había quedado atrapado en el habitual callejón sin salida de intentar sonar como si contara con músicos negros de Memphis. Traffic era un crisol de prácticamente todos los estilos y las influencias del momento, con Dave Mason que adoptaba el estilo guitarrístico Hendrix, el toque jazzy de la flauta y el saxo de Chris Wood y la batería suelta, casi de forma libre y las letras poéticas de Jim Capaldi. Un ambiente de vibraciones simpáticas planeaba sobre el grupo, apoyado por las actuaciones en directo en festivales, el diseño de las portadas de sus álbumes y una característica carencia de egocentrismo por parte de Stevie Winwood.

Traffic recogió el testigo que el Spencer Davis Group: siguió teniendo tres sencillos de éxito en 1967. Sin embargo, desde 1968 el grupo se dedicó principalmente a los álbumes y se convirtió en una de las bandas de culto preferidas de la época y estuvieron en las listas de álbumes tanto en Gran Bretaña como

* PHILIPS. Subsidiaria de la Philips holandesa. Productores: Johnny Franz, Jack Baverstock.
Solistas pop: Dusty Springfield, Scott Walker.
Rock progresivo: David Bowie.

Sellos subsidiarios:

FONTANA
Pop: Dave Dee, Dozy, Beaky, Mick and Tich, The Herd, The New Vaudeville Band.

VERTIGO
Rock: Rod Stewart.

MERCURY
(Material de origen estadounidense.)

Sellos en distribución:

PAGE ONE. Fundado en 1967 por Larry Page.
Pop: The Troggs.

ISLAND. Propiedad conjunta de Chris Blackwell y David Betteridge; pasó de la distribución independiente a la de la Philips en 1967.
Rock (representado por Island): Traffic, Spooky Tooth, Free, Mott the Hoople, Cat Stevens.
(Producciones Witchseason a cargo de Joe Boyd): Fairport Convention, John and Beverly Martin, Nick Drake.
(Representado por Chrysalis): Jethro Tull.
(Representado por EG): King Crimson, Emerson Lake and Palmer, Roxy Music.
Reggae: Jimmy Cliff, Bob Marley and the Wailers.

Sellos asociados con Island distribuidos independientemente de la Philips:
PYRAMID. Fundado en 1967 por Graham Goodall y Lee Gopthal en sociedad con Island, con distribución a cargo de B&C. La Island vendió su parte en 1972.
Reggae: The Pioneers, The Harry J. Allstars, The Upsetters, Bob and Marcia, Toots and the Maytals, Dave and Ansell Collins.

en Estados Unidos (con United Artists) sin necesidad del estímulo constante de un nuevo sencillo de éxito. El grupo era admirado ampliamente por otros músicos y, aunque en la época su planteamiento relajado cedía el centro de atención a los más ardientes grupos de blues, a la larga Traffic ejerció una influencia más permanente. Un mes antes de que su primer sencillo *Paper sun* alcanzara la lista británica, apareció Procol Harum con «A Whiter Shade of Pale». Un mes después, Van Morrison entró en la lista estadounidense con «Brown Eyed Girl». Estos tres éxitos del verano de 1967 resonaron durante los quince años siguientes, de manera muy evidente en el sonido de The Band, pero también en las manos de Eric Clapton, que formó una relación temporal con Winwood en 1969 con el nombre de Blind Faith. Aunque el grupo duró lo justo para realizar un solo álbum, la carrera de Clapton en los años setenta se dirigió mucho más hacia el planteamiento integrado de Traffic que hacia la actitud egoísta y virtuosa de Cream.

Y de la misma manera que Traffic se convirtió en el preferido de los músicos, la relación evidentemente armoniosa del grupo con su compañía discográfica se convirtió en modelo e inspiración para las demás bandas y mánagers. No eran tan sólo los grupos los que estaban contentos de beneficiarse de la actitud civilizada de la Island respecto a sus artistas, sino que importantes empresas independientes de producción y de management también hicieron acuerdos en exclusiva con Island. A principios de los años setenta, la Island era, sin discusión, la principal compañía independiente británica, a la altura de los logros transatlánticos de la Atlantic, la Elektra y la A&M. Irónicamente, el precio que Chris Blackwell pagó por alcanzar esta posición fue la obligación de abandonar el papel de la Island como vehículo para la música jamaicana. De hecho, la ruptura no era tan excepcional como pudiera parecer, aunque las apariencias eran importantes. Después de todos aquellos años como un sello «especializado en música de minorías», Island tuvo que quitarse de encima sus connotaciones con el fin de ser tomado seriamente como un sello de pop y rock por los medios de comunicación británicos; Tanto la Atlantic como la Elektra habían experimentado los mismos problemas, la primera por haber sido un sello de rhythm and blues y la segunda, uno de folk. Los prejuicios son difíciles de borrar y el camino más sencillo que la Island encontró fue librarse de todos los nombres antillanos de su elenco.

Muchos de los artistas que se habían editado a través de la Island hasta 1967 se pasaron primero a la Pyramid y luego a la Trojan, cuya distribución no se contemplaba en el acuerdo de la Island con la Philips. Y justo en el momento en que se producía este cambio, la música jamaicana finalmente atravesó las barreras y entró en las listas británicas.

El primero que estuvo entre los veinte primeros fue Prince Buster con «Al Capone» para la Blue Beat en febrero de 1967, un número bailable, en gran parte instrumental con insustanciales pasajes hablados y el truco de un sonido *tickety-tickety* coreado junto con la guitarra rítmica. El siguiente fue «007 (Shanty Town)» de Desmond Dekker and the Aces para la Pyramid, cantado en un dia-

71. CREEDENCE CLEARWATER REVIVAL, de California Norte. John Fogerty a la izquierda.

72. THE BAND, de Canadá. Robbie Robertson a la izquierda, Levon Helm, de Arkansas al centro. Fotografía de Elliot Landy.

73. VAN MORRISON, de Belfast (Irlanda del Norte).

lecto jamaicano tan notable que la mayoría de británicos no podían entender nada más allá del título en el estribillo. Al disco le costó seis meses para emerger a través de los clubes de baile, en los que su alegre guitarra destacó y se puso por encima de la competencia del momento y después de una difusión continua el argumento de la canción se abrió camino. Era una celebración amable de los chicos duros de la calle de Kingston, conocidos como *rude boys* y si la letra hubiera sido algo más clara, el disco probablemente habría sido prohibido por incitación a la violencia. Paradójicamente, causó buena impresión como una invitación a vivir en coexistencia pacífica y por lo que se refiere al resto de la música jamaicana de los años sesenta —conocida ahora como *reggae*— proporcionó la mayoría de los mejores discos bailables del período. Rítmicamente original, con letras ingeniosas y una interpretación emocional, el reggae se produjo de manera más profesional y fue mucho más asequible en el momento en que los discos de soul con ambiente sureño de la Stax empezaban a repetir sus fórmulas. Pero la radio británica todavía era recelosa a la hora de abrirse al reggae y durante 1968 lo difundió muy poco.

El éxito importante del reggae en 1968 fue «Hold Me Tight», de Johnny Nash, un cantante estadounidense que anteriormente había fracasado a la hora de ocupar un hueco característico entre Sam Cooke y Johnny Mathis. En 1967, Johnny Nash fue a Jamaica a grabar con músicos de sesión locales y después de demostrar que había captado un sentimiento auténtico al conseguir un éxito local en su propio sello JAD, cedió «Hold Me Tight» a la EMI británica. La combinación de su canto impecable, una pegadiza canción pop y una pista rítmica perfecta venció la resistencia de la radio al reggae y el disco no tan sólo alcanzó el número cinco británico sino que también repitió el truco en Estados Unidos, en donde ningún disco jamaicano había funcionado nunca tan bien.

En 1969, Desmond Dekker regresó con un segundo y más importante éxito para la Pyramid, «The Israelites», que encabezó la lista británica y estuvo entre los diez primeros en Estados Unidos para la UNI. La letra era de nuevo prácticamente indescifrable y llamaba la atención principalmente como un disco comercial irresistiblemente bailable. Como el éxito anterior de Desmond Dekker, «The Israelites» lo produjo Leslie Kong, que se convirtió en el catalizador para el tardío avance de los intérpretes jamaicanos a finales de 1969. Así como la mayoría de los demás productores jamaicanos todavía pensaba antes que nada en satisfacer las necesidades relativamente especializadas de los clubes de baile de Kingston, Leslie Kong estaba alerta sobre los superiores requisitos de producción de fuera de Jamaica y sin comprometer a sus cantantes o a su material, se aseguraba de que los instrumentos estuvieran afinados y se grabaran claramente, e incluso se las arregló para conseguir algo parecido a la exclusividad con sus cantantes.

«Long Shot Kick The Bucket» de los Pioneers puso al sello Trojan tan sólo un poco por debajo de los veinte primeros británicos y «Wonderful World, Beautiful People» de Jimmy Cliff estuvo entre los diez primeros. Para

Cliff y para Kong, éste fue un éxito especialmente dulce ya que los dos se habían iniciado juntos en el negocio discográfico nueve años antes, pero disolvieron la compañía después de obtener solamente unos éxitos locales. Jimmy Cliff había luchado en vano para ser aceptado en Gran Bretaña como cantante soul, pero su voz carecía de la energía de sus rivales estadounidenses y el reunirse con Leslie Kong en Kingston era algo así como una medida desesperada. El disco, «Wonderful World», era un contagioso himno de compañerismo que también estuvo entre los treinta primeros en Estados Unidos en la A&M, pero a pesar del papel protagonista en la exitosa película de culto *The Harder They Come*, Cliff nunca acabó de realizar su potencial para convertirse en la primera auténtica estrella internacional jamaicana. De los demás competidores probables para ese papel, los Maytals nunca tuvieron un éxito británico importante a pesar de varias canciones pegadizas interpretadas con un estilo áspero a lo Otis Redding por el cantante solista Toots Hibbert y los Pioneers se volvieron demasiado acicalados después de trasladarse a Gran Bretaña para sacar provecho su éxito. Era un equilibrio delicado, el retener el sentimiento auténtico que era difícil de hacer revivir fuera de Kingston, mientras se ampliaban los horizontes personales y el apoyo del público actuando en directo en Gran Bretaña y en los Estados Unidos. Al haber fracasado a la hora de orientar a Jimmy Cliff hacia un camino limitado, Chris Blackwell desvió su atención hacia los Wailers, un trío cuyos discos habían sido populares en Jamaica aunque no habían causado una gran impresión en Gran Bretaña. Después de un largo período de afianzamiento del grupo, la política de Blackwell se reveló adecuada cuando el líder del grupo, Bob Marley, se erigió a mediados de los años setenta como una de las grandes figuras de la música pop, no tan sólo la mayor estrella del reggae, sino también una de las diez «superestrellas» de la década.

Hubo otros numerosos intérpretes jamaicanos destacables a finales de los años sesenta, grupos vocales, grupos de sesión, cantantes en solitario y productores, cuya historia todavía no ha sido sistemáticamente documentada, pero que no salieron a la superficie de la música pop internacional de una manera que influenciara a los demás intérpretes de la época. El sonido de Kingston (Jamaica) se grabó, pero su impacto se aplazó, en su gran parte más allá de los límites de este libro.

Paralelamente al surgimiento de la Island Records como un sello fuerte, orientado hacia el rock, Denny Cordell estableció Straight Ahead Productions en el seno de las grandes compañías británicas supervivientes. El éxito de la Immediate y de la Reaction había propagado la inseguridad entre las grandes compañías acerca de las connotaciones pasadas de moda de sus propios sellos de larga trayectoria y en 1967, la Decca fundó una subsidiaria llamada Deram y la EMI fundó Harvest; posteriormente la Pye siguió el proceso con la Dawn y la Philips con Vertigo. Los cuatro se diseñaron como sellos modernos con sus logotipos propios, su diseño artístico y sus propios directores.

Si se consideraba su impresionante elenco de tan sólo un par de años antes, la Decca* pasó por un declive especialmente brusco y sobrevivió a lo largo de finales de los sesenta y principios de los setenta, gracias principalmente al elenco de intérpretes pop de cabaret que tenía de manager a Gordon Mills: Tom Jones, Engelbert Humperdinck y Gilbert O'Sullivan. El intento de la compañía de lograr credibilidad con grupos de rock con futuro al fundar la Deram parecía haber funcionado cuando Denny Cordell colocó algunos de sus producciones Straight Ahead en el nuevo sello en 1967.

Denny Cordell había dejado su primera huella como productor de «Go Now» para el grupo de Birmingham, los Moody Blues. Uno de los pocos grupos que consiguió pasar del pop al rock en esta época, Moody Blues, fue también uno de los pocos que permanecieron con la Decca. Supervisados por el productor Tony Clarke, subieron hasta estar entre los veinte primeros con «Nights in White Satin» en la Deram en 1968 y luego fundaron su propio sello Threshold del que cedieron los derechos para todo el mundo a la Decca en 1970. Su música seria con sus elaborados arreglos se popularizó entre el creciente público universitario, aunque ellos hicieron ocasionalmente sencillos pop asequibles como «Question» y «Nights...» que alcanzó el número tres estadounidense como reedición en 1972.

Mientras tanto Denny Cordell resolvió el dilema de todos los productores independientes sobre cómo financiar sus producciones al aliarse con la compañía editora Essex Music, que adquirió los derechos de edición y la propiedad intelectual de las grabaciones de Cordell a cambio de financiar sus horas de grabación. Durante 1967 y 1968, Straight Ahead Productions presentó a varios de los artistas británicos más importantes de los siguientes años: los Move, Procol Harum, Joe Cocker, David Bowie y Tyrannosaurus Rex (después abreviado a T.

* DECCA. Administrada todavía por el fundador-propietario Edward Lewis. Productores: Dick Rowe, Peter Sullivan.
Solistas pop: Tom Jones, Engelbert Humperdinck.
Grupos rock: John Mayall's Bluesbreakers, Rolling Stones.
Grupo pop: The Alan Price Set.

Subsidiaria:

DERAM.
Pop: Amen Corner (1967-1968), Cat Stevens, The Move, Procol Harum (y las producciones Straight Ahead).
Grupos de rock: The Moody Blues, Ten Years After.

Sellos con derechos cedidos:

MAM. División de la agencia MAM propiedad de Gordon Mills.
Pop: Dave Edmunds, Gilbert O'Sullivan.

LONDON. Plataforma para producción estadounidense con derechos cedidos, principalmente de la Hi de Memphis.

Rex). Cordell produjo los primeros discos de los tres primeros y contrató a un joven músico y arreglista estadounidense, Tony Visconti, que se encargó del Tyrannosaurus Rex de Marc Bolan (y posteriormente, de Bowie).

Durante los seis primeros meses de 1967, la Straight Ahead Productions cedió los derechos a la Deram, pero en septiembre Cordell se pasó a la EMI,* que reactivó el sello Regal Zonophone, desaparecido durante largo tiempo, con el fin de conceder a Cordell una plataforma exclusiva para sus producciones. Ya que muchos discos británicos de la época todavía destilaban una intención de miras estrechas, demasiado evidentemente comercial, Cordell consiguió infundir algo de la autoridad, seguridad y grandeza que rezumaban los discos de los Beatles con George Martin.

En el caso de los Move, la comparación con los Beatles era totalmente apropiada; el líder del grupo, el cantante y compositor Roy Wood optó por una combinación parecida de recuerdos nostálgicos y trucos de estudio que los Beatles habían presentado en *Rubber Soul* y *Revolver* y que llevaron casi a la perfección en *Sergeant Pepper*; pero la voz de Wood no tenía ni la energía de John Lennon ni el encanto de Paul McCartney y a pesar de muchas canciones pegadizas ninguno de los diez éxitos británicos de los Move dejó ninguna huella en Estados Unidos.

* EMI. Mantuvo varios sellos con elencos distintos.

COLUMBIA
Pop: Cliff Richard, Ken Dodd, Rolf Harris, Lulu (1967-1969), Des O'Connor.

PARLOPHONE
Pop: The Hollies, Cilla Black.

HARVEST
Rock: Pink Floyd, Deep Purple.

REGAL ZONOPHONE. Plataforma exclusiva para las producciones Straight Ahead.
Rock: Procol Harum, Joe Cocker, Tyrannosaurus Rex.
Pop: The Move.
Reggae: Johnny Nash.

APPLE. Fundado por los Beatles en 1968.
Pop: The Beatles, Mary Hopkin.
Rock: John Lennon and the Plastic Ono Band.

CAPITOL. (Plataforma para la Capitol estadounidense.)

Sellos con derechos cedidos:

LIBERTY-UNITED ARTISTS
Pop: P.J. Proby, Peter Sarstedt, The Bonzo Dog Band.

BELL (principalmente como plataforma de material estadounidense de Amy-Mala-Bell).

TAMLA MOTOWN (principalmente como plataforma de los sellos de Detroit de Gordy).

STATESIDE. (La plataforma para el resto de material de los EE. UU., incluida la ABC-Dunhill.)

Las primeras producciones de Denny Cordell para Procol Harum y Joe Cocker, por otra parte, se atrevieron a entrar en un territorio que los Beatles habían sido demasiados tímidos para intentar, el soul blanco. Los cantantes y músicos británicos estaban impresionados, en general, por los apasionados negroamericanos influidos por el gospel como Ray Charles y Sam Cooke, pero el disco que pareció animarlos fue «When a Man Loves a Woman» de Percy Sledge. La combinación de la punzante parte cantada de Percy y del solemne patrón de órgano, casi como una fuga, llevó a Traffic y a Procol Harum a desarrollar un estilo pastoral que evocaba la atmósfera de una catedral con las puertas abiertas: reverencial, aunque accesible.

Cordell ha reconocido abiertamente que «When a Man Loves a Woman» era la inspiración vital tras el arreglo que funcionó muy bien para Procol Harum en «A Whiter Shade of Pale». Número uno de la lista británica de sencillos durante seis semanas durante el vertiginoso verano de 1967, el disco simbolizó la nueva era que tanta gente pensaba que había comenzado ese año, pero a pesar de las incesantes interpretaciones y análisis, la letra se resistía a todos los intentos de otorgarle un sentido auténtico. Como una pintura abstracta, las palabras encajaban en un atractivo diseño, pero fue el canto (de Gary Brooker) y la hipnótica parte de órgano (tocada por Matthew Fischer) lo que hizo tan eficaz al disco. Para Booker, ésta era la recompensa tardía a cuatro años infructuosos tocando con una banda de rhythm and blues de Southend llamada los Paramounts, cuyos discos para la Parlophone habían sido ignorados; uno a uno, él contrató a los miembros de ese grupo convertido en Procol Harum, con la tendencia de favorecer los elementos de música clásica y de rock en vez de la inspiración gospel original. Mientras tanto, el productor Denny Cordell llevaba el gospel hasta su extremo lógico con Joe Cocker y produjo una versión insuperable de una canción del *Sergeant Pepper*, «With a Little Help From My Friends».

Como «A Whiter Shade of Pale», «With a Little Help From My Friends» era esencialmente una canción de estudio, interpretada por músicos escogidos más que por un grupo de directo existente. La prensa musical británica recelaba enormemente todavía de tales prácticas, que olían a técnicas pop más que a la autenticidad del rock, pero en ambos casos los climas requerían de profesionales sumamente preparados que los comunicaran.

Para el disco de Cocker, Cordell utilizó al bajista Chris Stainton de la propia Grease Band de Cocker, junto con el batería B. J. Wilson, antaño con los Paramounts y ahora en Procol Harum (¡aunque no en la época de su primer sencillo!) y el guitarrista Jimmy Page, antes de la formación de Led Zeppelin.

En *Sergeant Pepper*, Ringo Starr había cantado «With a Little Help From My Friends» de una manera inexpresiva —informal, con indiferencia— y la primera impresión de la versión de Cocker era que esto era absolutamente inapropiado. Pero muy parecidamente a como Ray Charles había redefinido «Georgia On My Mind» y Otis Redding había transformado «Try a Little Tenderness», ahora Cocker hacía su propuesta propia. Ayudado por la ardiente guitarra de Page y con el acompañamiento de un coro que sonaba como integrado por miles de personas, Cocker gritó y lloró a su manera a lo largo de la canción y fue directo al número uno de las listas.

En las actuaciones en directo, Cocker consiguió estar a la altura de las extravagantes expectativas que despertó el disco; una figura desesperadamente tensa, con una desaliñada camiseta y un pelo rebelde y «ácido», que imitaba todos los instrumentos de la banda mientras gesticulaba como si tuviera arcadas durante toda la actuación. Cordell hizo un acuerdo general de cesión de derechos con la A&M en Estados Unidos para sus producciones Straight Ahead después del cambio de la Decca a la EMI en Gran Bretaña y la A&M se encargó de dar a Cordell el apoyo financiero necesario para que pudiera llevar de gira por Estados Unidos a Cocker y su Grease Band. Una vez allí, Cordell decidió quedarse y trabajar con Leon Russell que dirigió una cabalgata enorme de cantantes y músicos para acompañar a Cocker en una segunda gira por todo el país bajo el título «Mad Dogs and Englishmen». Como si echaran agua al mar, Cordell y Cocker habían ayudado a lanzar un tipo de género rock-gospel en los Estados Unidos, donde Delaney and Bonnie, Ike and Tina Turner, los Rolling Stones y el propio Leon Russell utilizaban todos ellos grupos vocales de acompañamiento y progresiones armónicas de iglesia para animar a su público hasta que éste se sintiese más como parte del acontecimiento que como unos espectadores sumisos del mismo. Y de vuelta en Gran Bretaña, Rod Stewart —con los Faces y luego sin ellos— y Elton John adoptaron algunos de estos elementos para convertirse en grandes estrellas internacionales de los años setenta.

Así como antaño la música pop había ofrecido un intervalo de fama y (a veces) riqueza, durante los últimos años sesenta empezó a ofrecer la posibilidad de una carrera auténtica, con la perspectiva de unas ganancias para toda la vida a los músicos que aceptaban la manera en que funcionaba el sistema.

El mismo proceso de grabación había llegado a ser más sofisticado, con equipos más avanzados que permitían a los ingenieros el grabar más volumen, especialmente en las frecuencias más bajas del bombo y la guitarra baja y que permitían a los productores el diferir las decisiones sobre el equilibrio de los instrumentos unos con otros al grabarlos en pistas por separado: las máquinas de grabación saltaban de dos a cuatro pistas, a ocho, a dieciséis y, a la larga, a veinticuatro. Cada parte de la batería podía aislarse y los instrumentistas y los cantantes solistas podían grabar varias interpretaciones alternativas antes de decidir cuál era la mejor que debía usarse. El proceso de grabación se convirtió en más cohibido y menos espontáneo y el emplazamiento físico de un estudio ya apenas contaba para nada: los músicos desaparecían dentro de los estudios durante semanas y semanas y podían trasladar sus cintas hacia otra parte del mundo si querían utilizar un solista en especial o un ingeniero de mezclas.

A finales de los sesenta, los músicos británicos eran tan capaces como sus homólogos estadounidenses de representar lo que había llegado a ser el rock 'n' roll. En comparación con la tabla rasa de la primera etapa de la Invasión Británica de Estados Unidos, cuando muchos diferentes grupos británicos habían sido número uno en las listas estadounidenses de sencillos, esta segunda fase no era tan evidente. Ningún intérprete británico, salvo los todavía populares Rolling Stones y Beatles, fue número uno de las listas estadounidenses de sencillos durante los años de 1967 a 1970 y sólo cuatro nuevos grupos británicos fueron número uno en las de álbumes en ese período: Cream, The Jimi Hendrix Experience (¡británicos en sus dos terceras partes!), Blind Faith y Led Zeppelin. Pero a medida que los grupos y los músicos en solitario británicos hacían giras nacionales por los Estados Unidos, empezaban a ver los requisitos para triunfar en el «mercado norteamericano» y se reagruparon y se renovaron hasta que lo consiguieron.

El elenco de grupos en los catálogos de la Island durante los años sesenta se convirtió en una fuente especialmente fecunda de talento con «atractivo estadounidense». El grupo de blues-rock Free no tan sólo tuvo un éxito importante con su formación original, sino que el cantante solista Paul Rodgers posteriormente formó el aún más popular Bad Company, en sociedad con el guitarrista Mick Ralphs, que había estado en otro grupo de la Island, Mott the Hoople. Esta música para ser tocada en estadios reducía la fórmula del blues a sus elementos más básicos y proponía unas letras machistas con posturas ordinarias y un volumen rompe-tímpanos. Miembros de Spooky Tooth consiguieron el éxito con otras encarnaciones, sobre todo el bajista Mick Jones con Foreigner, cuyo guitarrista, Ian McDonald, había estado también con otro grupo de la Island, King Crimson.

Aunque los mánagers y los productores originales de estos músicos no siempre estaban involucrados todavía en la época en que conseguían su éxito en Estados Unidos, no era ciertamente una coincidencia que una gran proporción de los músicos británicos de más éxito fuesen productos de las «cuadras» de Chris Blackwell, Robert Stigwood y Denny Cordell, todos los cuales pasaban una parte importante de cada año en Estados Unidos. La A&M y la Atlantic eran los dos sellos estadounidenses más receptivos a estos embajadores del rock británico y como resultado de ello, ambos se vieron arrastrados hacia la primera línea de la industria estadounidense del disco.

De vuelta a Gran Bretaña, otros músicos británicos buscaban alternativas a las huellas del blues estadounidense y las formas gospel. El folk y la música clásica eran los géneros tradicionales europeos y eran un punto de inicio más natural para muchos de los músicos de clase media que descubrieron tarde la música pop. Antes de los Beatles, la mayoría de tanto los intérpretes y los ejecutivos de la industria habían sido de la clase obrera británica, pero ahora se había involucrado una generación formada en la universidad. Menos interesados por los repetitivos acordes de la música estadounidense de baile que por buscar estructuras musicales para la poesía de verso libre y las improvisaciones melódicas, estos artistas incluían a los Pink Floyd, los Nice y David Bowie, ninguno de los cuales tuvo mucho impacto en los Estados Unidos en los años sesenta.

Los Pink Floyd surgieron de un nuevo mundo subterráneo de sótanos que creció rápidamente durante 1966 y 1967 como una alternativa a el mundo de cervezas y cigarrillos de los pubs y los clubes que engendraron los grupos de blues británicos. En el Middle Earth y el UFO del West End de Londres, el público tomaba ácido o fumaba droga en la semioscuridad, mientras un pomposamente titulado proyeccionista de *lights show* [juego de luces] iluminaba la pared del fondo del escenario con diapositivas de aceite que se removía bajo el calor de su lámpara. Los volubles ritmos de los músicos llevaban al público a bailar espasmódicamente, mientras los guitarristas se transportaban a sí mismos hacia el espacio. Tal era el espíritu de San Francisco, a diez mil kilómetros hacia el este.

Milagrosamente, los Pink Floyd consiguieron captar algo parecido al orden cuando grabaron en los estudios de la EMI de Abbey Road. Norman Smith, el ingeniero de los Beatles, había sido ascendido a productor y el grupo tuvo dos éxitos en 1967 para el sello de la EMI, Harvest, «See Emily Play» y «Arnold Layne». Preciosos, estrafalarios y muy ingleses, estos discos seguían el planteamiento «retratista» de los Kinks y los Who, pero el principal compositor de Pink Floyd, Syd Barrett, no pudo hacer frente a las presiones y a la disciplina de estar en un grupo de trabajo regular y después de su salida a los Pink Floyd se los conoció principalmente como una banda «musical» cuyas letras eran menos importantes que sus efectos de estudio y sus arreglos musicales. Impresionantemente autosuficientes, Pink Floyd estaba entre los primeros grupos británicos de rock que establecían una relación equilibrada con una gran compañía y continuaron en la EMI a lo largo de los años setenta.

Además de Pink Floyd, la escena británica underground lanzó a innumerables bandas nuevas que suscitaron que músicos ya establecidos, como Stevie Winwood y Gary Brooker, se extendieran hacia formas más aventureras y como otros tantos que venían del jazz y el folk, o de donde fuera que hubieran estado. El teclista Keith Emerson, antes de formar los Nice como un escaparate para su pirotecnia, había formado parte del grupo de acompañamiento de P. P. Arnold, una cantante afroamericana de gospel que grababa para la Immediate. Cuando ésta empezó a sufrir «dificultades», el manager de los Nice, Tony Stratton-Smith fundó su sello propio, Charisma*, que consiguió varios álbumes de éxito para el grupo antes de que Emerson lo abandonara para formar Emerson Lake and Palmer, a los que su empresa de management, EG, colocó en la Island. Mientras tanto la Charisma se convirtió en el hogar para varios de los grupos de rock de «clase media» como Genesis.

* CHARISMA. Fundada en 1970 por Tony Stratton-Smith.
Rock: Nice, Genesis, Van Der Graaf Generator, Rare Bird.
Folk-rock: Lindisfarne.

Junto con todo lo demás, la Island Records también alimentó una versión británica del folk-rock, principalmente a través de una asociación con el productor estadounidense Joe Boyd, pero también a través de un acuerdo aparte con el equipo de dirección de Chrysalis. Boyd había estado en el famoso Newport Folk Festival de 1965 en el que Dylan se electrificó y fue un promotor importante de los conciertos underground en Londres durante 1966 y 1967. Produjo al grupo británico de folk Fairport Convention para la Island, pero aunque el grupo atrajo un seguimiento devoto en Gran Bretaña, no consiguieron nunca las ventas estadounidenses que eran necesarias para que un grupo de rock fuera verdaderamente autosuficiente.

La Chrysalis se fundó por dos ex secretarios sociales de universidad, Chris Wright y Terry Ellis, que colocaron a Jethro Tull en la Island con un acuerdo que les proporcionaría su propio sello con concesión de derechos si el grupo conseguía un cierto nivel de ventas. Para sorpresa de todo los implicados, Jethro Tull alcanzó el objetivo en un año, al obtener dos éxitos entre los diez primeros en Gran Bretaña en 1969 y pasó a convertirse en una de las atracciones británicas de más éxito en Estados Unidos durante los años setenta, con varios álbumes superventas en la Reprise.

Dos «graduados» más de esta escuela underground lograron su impacto máximo durante los años setenta después de hacer varias salidas en falso durante los sesenta: Marc Bolan y David Bowie. Ambos eran extremadamente ambiciosos y no tenían una afinidad o una lealtad por ningún género específico y en los sesenta vagaron de un estilo a otro y de un sello a otro en busca de un planteamiento que funcionara. Denny Cordell los contrató para su compañía de producción y su ayudante Tony Visconti se erigió en el catalizador que sacó lo mejor de ambos. Como Tyrannosaurus Rex, Bolan tuvo un par de éxitos menores en 1968 para la Regal Zonophone, «Deborah» y «One Inch Rock», pero el gran salto fue en 1970 con «Ride a White Swan», un éxito que llegó al número dos al que siguieron nueve éxitos seguidos en el número cinco para T. Rex en Gran Bretaña, todos producidos por Visconti con un ritmo básico de boogie bajo la muy «inglesa» voz de Bolan. Folk-rock, en cierta manera.

Aunque muchos de los éxitos de Bowie en los años setenta también los produjo Visconti, su único éxito de los sesenta lo produjo Gus Dudgeon, que había sido ingeniero para el productor Mike Vernon, cuando Bowie había grabado varios discos sin éxito y un álbum para la Deram en 1967. El éxito solitario fue «Space Oddity» para la Philips en 1969, un monólogo extraño a cargo de un viajero del espacio que intentaba establecer contacto con la base central de vuelta a la tierra. Recibido en la época como un disco de moda sin más, se convirtió en una diversión en la carrera de Bowie, quien recuperó su ímpetu sólo después de integrarse en la RCA en 1972.

Entre los dos, Bolan y Bowie volvieron a prender el fuego del espíritu de la música pop adolescente por medio de astutas combinaciones de canciones pop asequibles e identidades rock coherentes. Se presentaban con imágenes chillonas maquillados con lápiz de labios, polvos y pinturas y pusieron los cimientos para una animada escena musical en Gran Bretaña, donde residía la mayoría de los innovadores internacionales. De vuelta en Estados Unidos, la industria finalmente ganó su batalla para estabilizar los ingredientes escurridizos de la música popular y abandonó, más o menos, a los jóvenes adolescentes que habían apoyado la mayor parte de la mejor música de los quince años anteriores.

4. Buenas noches, América

Al final de los años sesenta, el pop y el rock habían invertido completamente las posiciones que habían mantenido cuando el rock 'n' roll apareció por vez primera a mediados de los cincuenta. Entonces, el pop era una categoría que abarcaba prácticamente todos los estilos actuales de la música popular. Con la aparición del rock 'n' roll, la industria vaciló entre esperar que desapareciera y tratar de absorberlo hacia el pop. Para los productores de los grandes sellos, entre los que Mitch Miller de la Columbia era el de más éxito y el más influyente, el problema inherente con el rock 'n' roll era que al estar dirigido a los jóvenes adolescentes, tendría que venderse principalmente en sencillos de 45 rpm y sus artistas iban a tener una corta carrera de popularidad masiva. Entonces el objetivo de los productores era asegurar una carrera larga para sus intérpretes, que les permitiera superar una tras otra las crestas de una novedad o de una moda. Mirando hacia atrás veinte años después, Mitch Miller no tenía ninguna razón para arrepentirse de su política: muchos de los cantantes a los que ayudó a lanzar no tan sólo habían sido, durante diez años de carrera, intérpretes fabricantes de éxitos en el apogeo de su popularidad, sino que además mantenían lucrativas carreras como artistas de televisión, del cine o del cabaret a medida que se acercaban a la edad convencional del retiro: Doris Day, Rosemary Clooney, Johnnie Ray, Frankie Laine y Guy Mitchell eran todavía nombres significativos y Johnny Mathis, por supuesto, había sobrepasado a todos los cantantes de rock 'n' roll que habían salido a la luz al mismo tiempo que él.

Por un momento, parecía que se reivindicaba el comportamiento de Mitch Miller, a medida que empezaban a surgir ciclos de tres años en el nuevo estrato adolescente de la música pop. El sector que establecía los gustos de una franja particular de edad se agarraba a un cierto tipo de intérprete y de música, compraba de manera obsesiva los discos relacionados con aquellas ideas y luego se desvanecía cuando un grupo más joven llegaba y planteaba un gusto diferente y apoyaba a una nueva hornada de cantantes y sonidos.

Pero a mediados de los sesenta, el público original del rock 'n' roll reapareció como los intérpretes de un tipo nuevo de pop, apodado en principio como folk-rock y a la larga retitulado simplemente como rock. En vez de dejar de lado al rock 'n' roll, estos intérpretes y sus contemporáneos habían crecido con él y en esa época ellos cumplían muchos de los criterios que Mitch Miller habría recomendado a los artistas con los que estaba preparado para trabajar: hacían álbumes y se veían a sí mismos como intérpretes con carrera y no simplemente como oportunistas que buscaban un breve momento de fama.

Las compañías que habían sido minadas por haber calculado mal la extensión y la intensidad del atractivo del rock 'n' roll estaban en posición de recuperar su cuota de mercado al contratar a la mayoría de los intérpretes populares de rock a mediados de los años sesenta. La Columbia, la Capitol y las recientemente combinadas Warner, Elektra y Atlantic habían recogido la flor y la nata a finales de los sesenta y seguían el instinto natural de las grandes organizaciones en el sentido de tratar de estabilizar su mercado para alargar las carreras y propagar el atractivo de sus artistas. Para prevenir una repetición de la situación de los años cincuenta, cuando los sellos independientes especializados en música negra habían sorprendido a las grandes compañías, éstas empezaron también a seleccionar a los intérpretes negros disponibles. No pudieron parar a la Motown, en la cumbre de su popularidad en 1970, con dieciocho discos en el número uno de la lista estadounidense de sencillos, pero sí intentaron barrer a los demás con acuerdos de cesión de derechos y de distribución allí donde no podían conseguir a los artistas directamente.

Para las compañías independientes, las perspectivas eran difusas. La integración de Warner, Elektra y Atlantic en una sola compañía con sus sistemas propios de almacén y distribución, había sustraído un catálogo importante a la red independiente y la mayoría de las compañías que permanecieron se dedicaban principalmente a los sencillos, con los que los márgenes de beneficio eran escasos y cada vez peores: Bell, Buddah, Roulette y Scepter mantenían lo que quedaba de la tradición de sellos independientes de Nueva York, aunque ésta desaparecía rápidamente. Antaño género omnicomprensivo de la música popular, el pop ahora se reducía a describir la música dirigida a los jóvenes adolescentes, el equivalente exacto del público que diez años antes había apoyado el rock 'n' roll. Ahora el público tomaba lo que se le ofrecía, que a finales de los sesenta era el bubblegum (gracias a Kasenetz-Katz, Buddah Records y las tramas de la Screen Gems de Don Kirshner tras los Monkees y los Archies) y en los primeros setenta el teenybop (por cortesía de la Bell Records de nuevo en connivencia con Kirshner, esta vez en nombre de David Cassidy and the Partridge Family y a los que se les unió la MGM, una gran compañía que, en su agonía de muerte dio al mundo a Donny and the Osmonds antes de ser engullida por la Polydor).

Con el pop reducido ahora a ser sinónimo de la música más cínica que la industria discográfica estadounidense podía lanzar a un público que no la sentía como algo propio, el rock fue elevado a algo cercano al «arte», cosa que raramente pudo alcanzar. Las funciones de la música pop eran siempre bastante básicas y muy a menudo secundarias: proporcionaba un ritmo para bailar, una banda sonora para leer, trabajar o viajar, una música de fondo para conversar, abrazarse o hacer el amor. Las letras de las canciones caricaturizaban los mensajes y los sentimientos que la gente no se atrevían a comunicar a los demás y la música a veces generaba el ambiente en el que ellos podían decirse esas cosas el uno al otro.

Pero durante los años sesenta, el público empezó a prestar más atención hacia la música y alcanzaba a identificar, más allá de los discos, a los compositores, músicos y cantantes y salían para verlos actuar en directo. No tan sólo como en los días de las giras con varios intérpretes, para poder decir «he visto a él o a ella», sino para establecer una conexión, comprender la técnica o rendirse a un líder carismático.

El público del rock empezó a verse a sí mismo como una tribu y adoptó todo tipo de adornos visuales y ropajes personales para asegurarse de que sus connotaciones quedasen claras para todos: no sólo para establecer un compañerismo con otros de gustos parecidos, sino para declararse distintos al resto del mundo. En 1968 la película *Easy Rider* simbolizó el nuevo abismo generacional, como lo había hecho *Blackboard Jungle* en 1955; y una vez más había una banda sonora musical que subrayaba el tema, esta vez con Hendrix, Steppenwolf, los Byrds y canciones de Bob Dylan y The Band para establecer las conexiones. El argumento era sencillo: dos melenudos emprenden un periplo por el Sur a caballo de motocicletas Harley Davidson con manillares alargados y de manera bastante previsible se encuentran con prejuicios y rechazo durante la mayor parte del camino. Dirigida por Dennis Hopper, con él mismo de protagonista al lado de Peter Fonda y memorable sobre todo por un pequeño papel interpretado por Jack Nicholson, la película atrajo al público de la contracultura hacia las salas de cine. Un par de años después volverían a millones para ver la versión fílmica del festival de Woodstock.

El festival de Woodstock fue uno de esos acontecimientos excepcionales que a veces ocurren para poner más fácil a los cronistas la definición de los inicios y los finales de las épocas. Woodstock fue ambas cosas al mismo tiempo, por reunir muchos de los artistas rock punteros de los dos o tres años anteriores y al lanzar a varios más, sacados de las divisiones inferiores y hacer de ellos grandes atracciones por derecho propio.

Los organizadores no tenían experiencia en la industria, pero consiguieron un importante éxito inesperado al convocar de nuevo a la mayor parte de los veteranos de San Francisco que participaron en el Be-In y el Monterey Pop, al lado de representantes de Los Ángeles, Nueva York y Gran Bretaña. Por una u otra razón, los realmente grandes no estuvieron allí: ni los Beatles ni los Rolling Stones, ni Dylan ni Simon and Garfunkel, ni los Doors ni Led Zeppelin. Y, destacadamente, sin artistas soul: ni Aretha Franklin, ni Stevie Wonder, ni Marvin Gaye o los Temptations. Pero 250.000 acudieron a ver a los que estaban allí y sus comentarios de palabra junto con la difusión de los medios de comunicación (un álbum triple en el sello Cotillion de la Atlantic, además de una película y, por supuesto, kilómetros de reportajes en la prensa) dieron un estímulo enorme a los intérpretes extravagantes cuyas travesuras para complacer a la multitud agradaron a la enorme afluencia: Janis Joplin, Joe Cocker, Jimi Hendrix y los Who saltaron todos hacia el estatus de primera división como resultado directo de la exhibición en el festival, cuyo éxito inspiró otros varios intentos de volver a captar su ambiente.

Había enormes problemas logísticos a la hora de organizar festivales, el menor de los cuales no era asegurarse que todo el mundo pagara para entrar, pero el principio de tocar música rock para un público enorme quedó establecido. Todas las grandes compañías contrataban grupos que pudieran hacer giras por el país y que, cada vez más, se crearan un público leal a medida que crecía su estatus en los carteles, al empezar de teloneros, debiendo aguantar a públicos desinteresados o incluso contrarios y abrirse camino hasta la cima del cartel. Esta clase de grupos dominó la música popular estadounidense durante los años setenta, pero aunque en su música se podían rastrear las raíces del blues, filtradas a través de los grupos de rock de finales de los sesenta, habían eliminado los elementos de «espiritualidad» que hicieron potencialmente atractivos a los últimos años sesenta.

Irónicamente, un grupo del cartel de Woodstock que había contribuido a la evolución en curso del pop fue prácticamente pasado por alto en medio de todo el bombo publicitario que rodeó y siguió al acontecimiento: The Band. Las antiguas encarnaciones como grupo de acompañamiento de Ronnie Hawkins y como banda eléctrica de Bob Dylan ya se habían destacado, pero la carrera discográfica propia del grupo comenzó de hecho en 1968 con la edición por parte de la Capitol de su álbum *Music From Big Pink*, con un dibujo de Dylan en la portada.

Las primeras impresiones sobre el álbum eran confusas. Había conexiones evidentes con estilos conocidos, pero este grupo tocaba suavemente mientras los músicos contemporáneos de blues lo hubieran hecho fuerte, era un grupo reservado frente a la indulgencia de los grupos psicodélicos, perfectos frente a la pereza de los punks, austeros frente a la inmadurez de los grupos pop. La intensidad y la pasión, el misterio y la desesperación se infundían en cada pieza, incluida «The Weight», que fue un éxito menor aunque una influencia importante a finales de 1968. Irónicamente, visto lo que se avecinaba, el grupo grabó su álbum en Woodstock, en un estudio propiedad del manager de Bob Dylan, Albert Grossman, que también se ocupaba de sus asuntos.

Editado seis meses después del álbum *John Wesley Harding* de Bob Dylan, *Music From Big Pink* fue un modesto aunque no destacable éxito comercial (estuvo entre los treinta primeros álbumes), pero el siguiente, editado a finales de 1969 y titulado simplemente *The Band*, no sólo fue un hito musical sino que también llegó a estar entre los diez primeros. Como si se hubieran librado de las profundas influencias de Dylan, esta vez The Band sonaba alegre y traviesa y metía en el saco algunas canciones rápidas (sobre todo el éxito británico, «Rag Mama Rag»). El batería Levon Helm empezó a destacar como cantante solista en varias canciones, tocando la mandolina y exhibiendo un estilo nuevo de batería sincopada que se difundiría por la mitad de la música estadounidense durante los años setenta.

El líder no declarado de The Band era el guitarrista y compositor principal Robbie Robertson, aunque evitó atentamente utilizar el grupo como un vehículo para su indiscutible virtuosismo propio y en vez de ello favoreció los arreglos de órgano gótico centrados en el teclista Garth Hudson. El grupo estableció conexiones entre la desolada música gospel del Sur de Estados Unidos y los evocadores experimentos de los grupos británicos Traffic y Procol Harum y en muchos sentidos, *The Band* fue un resumen definitivo de adónde debía ir el rock 'n' roll, a finales de los años sesenta.

The Band grabó para la Capitol Records,* y aunque por entonces la mayoría de las grandes compañías eran tan grandes e impersonales que era imposible detectar cualquier clase de «gusto de la casa», había un sólido hilo que conectaba al menos alguno de los artistas de la Capitol con otros, el sabor de la música sureña que estaba directamente representado por Joe South y con un ligero desplazamiento por discos realizados en Los Ángeles a cargo de Glen Campbell (originario de Oklahoma), Linda Ronstadt (de Arizona) y Bobbie Gentry (de Mississippi).

Glen Campbell y Linda Ronstadt eran cantantes pop «tradicionales» en el sentido de que grababan canciones compuestas por otras personas. Campbell era un graduado más del mundillo de los músicos de sesión de Los Ángeles que se abrió camino a través de un duro trabajo profesional. Su versión de «By the Time I Get to Phoenix» de Jim Webb fue un éxito menor en 1967, seguido por mayores éxitos «geográficos», «Wichita Lineman» (1968) y «Galveston» (1969). Linda Ronstadt tuvo su primer éxito en 1967 como cantante solista de los Stone Poneys en «Different Drum», compuesta por Mike Nesmith de los Monkees. La dura letra del estilo vivir-mi-propia-vida se resaltaba seductoramente por un arreglo extraordinario que incorporaba un clavecín y aunque posteriormente Linda llegó a ser una de las artistas superventas de los años setenta, sus discos en solitario nunca fueron tan interesantes como esta temprana producción de Nick Venet.

«Ode to Billie Joe» de Bobbie Gentry era una canción sin igual, en esencia tan sólo una hipnótica y bluesy figura de guitarra que tejía alrededor de la historia de Bobbie sobre algo que había pasado un día de junio allá en Mississippi. Ella misma compuso, cantó y tocó la canción y el único adorno era un dramático arreglo de violoncelos a cargo de Jimmie Haskell. Brillantemente evocadora, con hábiles inflexiones instrumentales y vocales que realzaban la narración, el disco fue número uno en la lista estadounidense de sencillos en 1967. Causó una gran desilusión la rápida asimilación de Bobbie Gentry en el mundo del negocio del espectáculo del cabaret y de los programas familiares de televisión. Todavía había muy pocas mu-

* CAPITOL RECORDS. Productores: Nick Venet, Al de Lory.
Pop: Glen Campbell, Nancy Wilson, Linda Ronstadt.
Cantautores: Fred Neil, Joe South, Bobbie Gentry.
Rock: The Band, Quicksilver Messenger Service, Steve Miller Band.
Country: Buck Owens, Merle Haggard.

HARVEST
Rock británico: Pink Floyd.

APPLE
Pop británico: The Beatles, Mary Hopkin.

jeres en primera línea de la música pop estadounidense y era un despilfarro desaprovechar un talento como ése cuando finalmente surgía.

The Band persistió con varios álbumes más para la Capitol a lo largo de los primeros años setenta, pero no tenía nada más que añadir a la colección de canciones y a la variedad musical de *The Band*. La «herencia» del grupo orientó el enfoque musical desplegado por otros músicos, entre los que Ry Cooder homenajeaba fielmente las mismas raíces, con el remodelaje de viejas canciones para que encajaran en el formato con guitarra eléctrica y batería de un grupo de rock; y con la incorporación de ritmos contemporáneos de reggae, calipso y soul a canciones con argumentos fuertes, Cooder permaneció en un contexto moderado de pequeños auditorios para sus actuaciones en directo y nunca sometió su música a los estadios que reclamaban la mayoría de las demás estrellas del rock-blues. Lowell George, que abandonó a los Mothers of Invention para formar Little Feat, tomó un rumbo diferente al de Cooder y aplicó un enfoque de parte cantada mascullada, guitarra slide y batería funky a sus canciones propias sobre la vida del músico dentro y fuera de la carretera.

Tanto Cooder como Little Feat grababan para la Reprise, que mantenía su propia identidad aunque ahora estaba integrada de lleno en la Warner Brothers Records. Para los grandes sellos importantes, cualquier concepto de «identidad de sello» era difícil de mantener cuando tenían que seguir varios estilos comerciales paralelos, aunque la Warner-Reprise consiguió, mejor que los demás, retener una imagen creíble de una compañía, a cuyo equipo todavía le importaba el tipo de música con el que estaba involucrado. En especial, la compañía fichó a varios intérpretes que empezaron a ser etiquetados como cantautores, aunque a menudo ellos tenían poco en común con los demás salvo el grabar bajo su propio nombre, en vez de bajo el nombre de un grupo. Entre los intérpretes que contrató la Warner-Reprise* a finales de los años sesenta, estaban Randy Newman, Joni Mitchell, Neil Young, Van Morrison y James Taylor, todos los cuales,

* WARNER BROTHERS. Dirigida por Mo Ostin y Joe Smith. Productores: Ted Templeman, Lenny Waronker.
Folk-pop: Peter, Paul and Mary, The Association.
Cantautores: Van Morrison, James Taylor.
De Gran Bretaña: Black Sabbath.
Soul: Charles Wright and Watts 103rd Street Band, Lorraine Ellison.

REPRISE
Pop: Kenny Rogers and the First Edition, Frank Sinatra, Norman Greenbaum.
Cantautores: Joni Mitchell, Randy Newman, Neil Young, Arlo Guthrie.
Rock: Ry Cooder, Little Feat, Ides of March.
De Gran Bretaña: The Jimi Hendrix Experience (de la Track), The Kinks (de la Pye), Jethro Tull (de la Chrysalis), Fleetwood Mac (de la Warner-Reprise británica).

Sello en distribución:

BIZARRE. Fundado en 1969 por Frank Zappa.
Rock: The Mothers of Invention, Frank Zappa, Captain Beefheart, Tim Buckley.

probablemente, tenían una deuda con Bob Dylan por la libertad que les concedió la compañía discográfica para grabar, más o menos, lo que les complaciera. El éxito de Dylan había invertido prácticamente el equilibrio entre la compañía discográfica y el intérprete hasta el punto que los abogados y los mánagers ahora dictaban muchas de las cláusulas por las que sus pupilos fichaban por las compañías y parecía que el intérprete grababa aparentemente a su antojo más que de acuerdo con una previsión de lanzamientos. Esta libertad era, en realidad, menos manifiesta en la Columbia, el sello de Dylan, que en la Warner-Reprise, que parecía un sello orientado hacia los intérpretes.

Randy Newman estaba entre los artistas discográficos más enigmáticos de la nueva época y parecía tener más en común con los compositores anteriores al rock como Hoagy Carmichael que con los más aventajados de sus contemporáneos como Bob Dylan y Paul Simon. Era un artesano de la canción que, a primeros de los sesenta, había sido un compositor del equipo de la compañía editora Liberty, Metric Music, junto con Sharon Sheeley y Jackie de Shannon; fichado en 1964 por Aaron Schroeder, Newman hizo canciones para Gene Pitney y apenas era un compositor establecido en 1968 cuando la Warner Brothers lo fichó para realizar sus propios discos. Su desgana por grabar se volvió legendaria, pero aunque pronto quedó claro que no estaba hecho de la materia de la que estaban hechas las estrellas internacionales, la Warner siguió siendo indulgente con él: su primer álbum se realizó con grandes orquestas, el segundo con un pequeño grupo con Ry Cooder incluido y el tercero era una grabación en directo con tan sólo él al piano. Todo era demasiado sutil y sofisticado, aunque aquí y allí otro intérprete tomó algunas joyas para sí mismo: Alan Price tuvo un éxito británico en 1967 con «Simon Smith and His Amazing Dancing Bear» y Three Dog Night fueron número uno en la lista estadounidense con «Mama Told Me Not to Come» en 1970. Pero otros intérpretes rara vez captaron la ironía de los discos propios de Newman, en los que, de alguna manera, él se apartaba de los personajes cuyas historias cantaba. El pop y el rock era ambos casi autobiográficos y al público le era difícil relacionarse con un cantante que se distanciaba él mismo de su material y que cantaba canciones raras sobre libertinos y prostitutas, racistas y pirómanos.

Joni Mitchell era una letrista sofisticada, también, aunque interpretaba sus canciones con una de esas voces de ángel que Joan Baez y Judy Collins habían hecho familiares en los primeros sesenta. Judy Collins, en realidad, dio la «alternativa» a Joni, cuando su versión de la canción de Joni «Both Sides Now» llegó al número diez en 1968 (para la Elektra). Originaria de Canadá, Joni se mudó a Los Ángeles donde entró a formar parte de una nueva «aristocracia» de cantautores cuyas vidas privadas y profesionales llegaron a ser tema para los articulistas de cotilleo de la prensa rock. A Joni se la asoció especialmente con Crosby, Stills, Nash and Young y compuso la canción que les dio a ellos su primer sencillo de éxito, una sincera celebración de «Woodstock» (Atlantic, 1970). Hubo otras y mejores, canciones como «Chelsea Morning» y «Big Yellow Taxi» (un éxito británico para la propia Joni en 1970) y durante los años setenta Joni emergió como una las más mujeres con más personalidad del rock y demostró que podía abordarlo de manera formal en el álbum *Court and Spark* de 1974, aunque más a menudo exploró cómo podía equilibrarse el fraseo del folk y el jazz con los ritmos rock.

Neil Young también era un canadiense que provenía de la música folk, pero su fraseo se mezclaba más fácilmente con los instrumentos y ritmos del rock. Al superar una voz gimiente y nasal con melodías lastimeras Young tipificaba un nuevo tipo de antiestrella cuyas canciones eran en gran parte malhumoradas y morbosas, que llevaban hasta una longitud absurda el papel de auto conmiseración que había sido central para muchos de los primeros éxitos de los años sesenta de Roy Orbison y Gene Pitney. Después de flirtear con el equipo de Crosby, Stills and Nash por un tiempo, a la larga Young se decidió por una carrera en solitario y sobrevivió a los efectos de los malos hábitos para convertirse en uno de los artistas discográficos más vendedores de los años setenta.

De todos los intentos de integrar letras complicadas en algún tipo de formato rock, Van Morrison fue el que se acercó más a una auténtica nueva fusión de folk, jazz y rock. Desde su traslado a los Estados Unidos después de la disolución de su grupo británico, Them, Van había obtenido un éxito entre los diez primeros con el sello Bang, de Bert Berns, «Brown Eyed Girl», cuyo grupo de acompañamiento comprendía participantes tan poco probables como Bert Berns y Jeff Barry. Un disco de verdadero folk-rock en una época en que el término se había convertido generalmente en un eufemismo para cualquier disco de rock comercial, «Brown Eyed Girl» era una canción clásica de recuerdos nostálgicos y burbujeaba con un sentimiento de alegre espontaneidad que Van Morrison perseguiría obsesivamente durante el resto de su carrera.

En la época en que Van Morrison fichó por la Warner Brothers, en 1969, los estudios de grabación estaban llenos de ingenieros y productores que estudiaban cada sonido y cada ritmo para asegurarse de que no se produjera ningún error y se eliminaban sistemáticamente los elementos de sorpresa y de riesgo que en origen habían sido la esencia del rock 'n' roll. Pero mientras prácticamente cada intérprete de la época se rendía ante esos técnicos, Van Morrison mantuvo una postura firme.

Para su primer álbum, Van más o menos abandonó las formas convencionales del rock y en su lugar utilizó el acompañamiento jazz del contrabajo acústico (interpretado por Richard Davis) y la batería con escobillas (Connie Kay) para que siguieran sus aparentemente improvisadas partes vocales, apoyadas por un telón de fondo de flauta, saxo y cuerda. *Astral Weeks* caía fuera de las categorías conocidas de la época y fracasó a la hora de hacer huella tanto en la radio como en cualquier lista. Pero al correr de los años, el álbum empezó a reconocerse como un paso valiente hacia una nueva orientación, que buscaba nuevos caminos para evocar los recuerdos y las situaciones mientras permanecía dentro de los vagos límites del rock y del pop. Explorador genuino, cuyos ocasionales vagabundeos hacia las letras pretenciosas o sin sentido eran un inevitable resultado de sus audaces experimentos. Van Morrison abrió el camino a un tipo de música head-soul en una época en que Isaac Hayes, Curtis Mayfield y Marvin Gaye utilizaban estratagemas parecidas para conjurar un ambiente sensual.

El segundo álbum de Morrison para la Warner Brothers, *Moondance*, era más convencional sin ser, de ningún modo, poco original, además de engendrar un éxito menor, «Come Running» que tenía algo del mismo ambiente del que «Brown Eyed Girl» había presentado, el álbum vagaba por el folk, el jazz y el soul en canciones bien estructuradas que culminaban en la atmósfera evocadora de «Into the Mystic». Esta vez el disco alcanzó el número treinta de la lista estadounidense de álbumes y podía haber significado una plataforma para que Morrison llegara a ser una de las grandes atracciones de los setenta. Pero para llegar a tal posición él se tendría que haber visto obligado a sacar sus canciones a la carretera e interpretarlas noche tras noche, un proceso que habría entrado en conflicto con su determinación de que su música debía ser siempre espontánea. Al rechazar someterse al papel de ser un viajante de comercio de sus álbumes, Van Morrison se conformó con una carrera de artista de culto, mientras otros ocupaban el espacio que él dejaba. Elton John, Bob Seger y Bruce Springsteen persiguieron todos los recuerdos nostálgicos con una combinación parecida de country, soul y rock 'n' roll, aunque con menos jazz.

La nostalgia parecía ser el tema central de muchos cantautores y ciertamente atraía un público enorme. La cima del movimiento llegó a principios de los setenta, indicada por el éxito de James Taylor en 1970 y seguido por Carole King, Carly Simon y Don McLean al año siguiente. En cada caso, el productor fue crucialmente importante, al ayudar al compositor a ir más allá de exponer simplemente las preocupaciones personales y al diseñar estribillos pegadizos que podían incrustarse indeleblemente en su público. En el momento en que parecía que el mundo del rock en directo estaba a punto de desprenderse de muchos de los criterios tradicionales a la hora de hacer música popular, estos cantautores los ponían otra vez sobre la mesa. Para la industria entera, la popularidad de Taylor e, incluso más, la de Carole King, suponía un consuelo en el sentido de que después de todo el alboroto sobre la libertad y la revolución, lo que le gustaba cantar al mundo era una canción de amor.

James Taylor había hecho un álbum antes de integrarse en la Warner Brothers, pero todavía era básicamente desconocido cuando su canción «Fire and Rain» empezó a tener difusión en la radio. La imaginería «casi» poética era totalmente adecuada para un público que se había retraído de la intensidad de mediados y finales de los sesenta y que demostraban que el rock 'n' roll había crecido. El productor Peter Asher había aprendido las normas básicas del asunto pop con ocho éxitos entre los veinte primeros estadounidenses como la mitad del dúo Peter and Gordon en la Invasión Británica original y encuadró las canciones de Taylor con un acompañamiento desarmantemente sencillo: piano, bajo y batería al lado de la elemental guitarra de Taylor. El segundo álbum, *Mudslide Slim & the Blue Horizon*, era más de lo mismo, alentado por el sencillo, número uno de la lista, con la versión de la canción de Carole King «You've Got a Friend».

La propia Carole King finalmente saltó a la popularidad masiva ese año con *Tapestry*, en el que utilizó básicamente el mismo equipo de músicos que Asher había reunido alrededor de James Taylor, pero con Lou Adler de productor para Ode, su sello propio, con los derechos cedidos a la A&M. Para todos los implicados, el éxito era un caso extraño de paciencia ampliamente recompensada, aunque ninguno de los participantes había estado muriéndose de hambre exactamente mientras esperaban.

Como compositores de más de veinticinco éxitos entre los veinte primeros durante los años sesenta, Carole King y su letrista colaborador Gerry Goffin estaban entre los cinco mejores equipos de compositores de la época, pero su carrera parecía haberse terminado cuando se separaron después de componer «Pleasant Valley Sunday» (para los Monkees) y «Natural Woman» (para Aretha Franklin) en 1967.

Lou Adler había fundado la Ode después de vender la Dunhill a la ABC ese año y grabó un álbum de los City, con Carole King como cantante invitada y compositora principal. Después de pasar la distribución de su sello de la CBS a la A&M, lo intentó de nuevo con un álbum titulado *Carole King: Writer*, antes de que le tocara el gordo con *Tapestry*.

Desde el fin de la era de los «ídolos adolescentes», anterior a los Beatles, cuando Connie Francis y Brenda Lee habían competido con los cantantes masculinos más populares, no había habido intérpretes femeninas blancas importantes en la música popular. El cambio fue muy brusco: así como había habido decenas de chicas cantantes y grupos en todas las emisoras de radio, con Lesley Gore, las Shangri-Las y The Singing Nun (Sor Sonrisa) entre las que fueron número uno de las listas en 1963 y 1964, de repente se volvió más difícil y tan sólo Petula Clark y Lulu (que cabalgaban en la cresta de la ola británica), Nancy Sinatra, Bobbie Gentry y Jeannie C. Riley repitieron la jugada en los siete años siguientes. Un par de ellas más se colaron como parte de grupos, aunque esencialmente el sonido del pop en Estados Unidos a lo largo de la segunda mitad de los años sesenta fue predominantemente masculino y la sola oposición habitual venía de parte de las cantantes negras, sobre todo Diana Ross, con las Supremes y luego sin ellas y Aretha Franklin.

La cantante de rock Janis Joplin superó algunos de los estereotipos de las cantantes femeninas, aunque en cierta manera parecía que parodiaba el planteamiento de los cantantes masculinos machistas que dominaban los «temas» de sus canciones. *Tapestry* de Carole King ofrecía el extremo contrario, con el consuelo y el lamento melancólico como temas dominantes tipificados en «You've Got a Friend» e «It's Too Late». En muchos sentidos, esto era un regreso a las convenciones de la música pop antes de que el rock 'n' roll presentara maneras alternativas de acercamiento al mundo y más de diez millones de personas declararon su lealtad a tales principios con la compra del disco.

Carole King era una reservada intérprete en directo y en muchos sentidos Carly Simon presentaba un personaje más asequible, preparada para sonreír a las cámaras y a cantar más abiertamente sobre los aspectos físicos de sus compañeros. Producida por Richard Perry, «You're so Vain» tenía un rasgo vengativo que llevó a la canción directamente hasta el número uno en 1972; pero la mayoría de sus canciones compartían un tipo de melancolía que caracterizaba a muchos de los cantautores y que quedó tipificado en «American Pie», de Don McLean.

Editada al final de 1971 por un cantante anteriormente desconocido, cuyo productor Ed Freeman no tenía una carrera discográfica especial, «American Pie» se convirtió en el epitafio de la época que acababa de finalizar. Empezaba con un recuerdo al llanto de cuando Buddy Holly murió y la canción aludía a los héroes de los años sesenta uno por uno en un neta alegoría que se encaramó al número uno de la lista con un brillante estribillo que hacía rimar Chevy con Levee y que era imposible no tararear. Para un público que se ofendió con que las banalidades de la música chicle pasaran por música pop y que no se encontró a gusto con los grupos rock-blues que tocaban en los estadios, aquí había la encarnación perfecta de su nostalgia creciente por la época irremediablemente perdida.

Estos cantautores eran la madurez final del rock 'n' roll, que había nacido de la unión entre el rhythm and blues y la música country and western, que había ido a la escuela primaria, con Bill Haley, al instituto con Chuck Berry y Buddy Holly y a la universidad con Bob Dylan. Los Beatles y los Stones se presentaron para demostrar que la música para chicos aún podía ser divertida para los mayores y los primeros grupos de rock habían enseñado lo que los músicos habían aprendido de aquellos discos del instituto. Pero era música pop y su público se acomodaba en casa con una hipoteca por pagar y chiquillos para llevar a la cama. Buenas noches, América.

Epílogo a la edición española

Después de leer este libro, algunos lectores han preguntado por qué no existía un segundo libro que actualizara la historia. Hay dos razones: una pragmática y otra emocional.

Después de la primera publicación de *Historia del rock. El sonido de la ciudad*, me convertí en programador de radio y promotor de un pequeño sello discográfico del sur de Londres. Investigar y escribir un libro requiere más tiempo disponible del que permiten tales actividades. Además, en el caso de haber dispuesto de tiempo para ampliar el libro, no me hubiera sentido inclinado a hacerlo. Aunque *Historia del rock. El sonido de la ciudad* es, de manera ostensible, la historia de la música popular desde 1945 a 1972, también contiene un trasfondo autobiográfico. En parte, es un diario que refleja también mis experiencias, opiniones y gustos de entonces, completado con un abundante material, fruto de la investigación, que era desconocido y estaba oculto e inédito. Hasta 1970 mi relación con la música fue principalmente como integrante del público, pero desde entonces mi implicación más activa con sus procesos y sus protagonistas fue cambiando la naturaleza de esa relación, haciéndome sentir más cercano a sus aspectos creativos y urgiéndome a ser su cronista.

Cuando empecé a trabajar en este libro, no conocía a nadie que sintiera el mismo amor y fascinación que yo por la música popular. Para la mayoría de la gente, era algo que sólo formaba parte del ambiente, algo para bailar o para aliviar el aburrimiento. ¿A quién le preocupaba saber algo de los músicos menos conocidos o del proceso por el cual un disco tenía más difusión que otros? A mí estos misterios me interesaban más que aprender los nombres de los primeros ministros británicos del siglo XIX, y los primeros borradores de este libro eran un intento de aplicar las disciplinas académicas a una parte de la vida moderna que aún no había sido materia de ese tipo de investigación. Más que obtener un título académico, mi deseo era clarificar el tema, e investigué las fuentes disponibles para determinar el cómo y el porqué de la repetición de ciertos patrones en la historia de la música popular contemporánea, y también para descubrir si había rasgos o cualidades comunes en aquella música que yo consideraba la mejor.

Leyendo notas de contraportada y artículos de revistas, descubrí que muchos de los músicos y cantantes que más me gustaban habían crecido en pueblos pequeños y se habían trasladado después a la ciudad, donde habían tenido que adaptar su propuesta a un contexto más «ruidoso». Observé que determinadas ciudades y regiones de Estados Unidos producían una música sobresaliente de forma constante, mientras que otras rara vez lo hacían, y empecé a identificar los nombres de los compositores, productores y propietarios de sellos discográficos cuya presencia en ciudades concretas parecía marcar la diferencia. Al relacionar los intérpretes con los sellos discográficos, noté una relación inversa entre el tamaño de una compañía discográfica y la calidad de la música producida: en muchos casos, cuanto más pequeña era la compañía, mejor era su música.

Por supuesto que «más» y «mejor» son términos subjetivos, pero ocurrió que había otras muchas personas que compartían una sensación y una opinión parecidas y que saludaron el libro por las conexiones que establecía y la información que desvelaba. Me sorprendieron las críticas positivas que recibió, especialmente en Estados Unidos. En vez de la reacción indiferente que yo esperaba, se me invitó a una gira nacional, en la que traté de explicar a los entrevistadores de radio y televisión cómo se le había ocurrido a un inglés desvelar lo que permanecía oculto bajo la superficie de la música popular estadounidense.

Aparte de halagado y satisfecho por la buena acogida dispensada al libro, empecé a sentirme inquieto por algunos de sus prejuicios y aseveraciones. Especialmente, me di cuenta de que no todos los que trabajaban en las grandes compañías discográficas eran tan cerrados e insensibles como yo había insinuado. En 1972, estuve un tiempo en Nueva York con John Hammond y Mitch Miller (antiguos productores de la Columbia) y con Milt Gabler (su equivalente en la Decca) y me desconcertó descubrir que los tres productores de grandes compañías eran apasionados fans de la música, y que su apreciación musical era más amplia y profunda que la mía. En 1933, en su papel de productor para la Columbia, John Hammond había sido el primero en grabar a Billie Holiday con el grupo de Benny Goodman; cuando, en 1939, Brunswick, el sello discográfico de Billie, se negó a distribuir su controvertida canción «Strange Fruit», Milt Gabler la publicó en Commodore, su sello propio. Más tarde Milt se integró en Decca Records como productor responsable de las grabaciones de sus músicos negros, como Louis Jordan & His

Tympany Five, y luego produjo los rompedores discos de rock 'n' roll de Bill Haley and His Comets. Dos horas en compañía de Milt me sirvieron para apreciar muchas cosas que habían permanecido ocultas o incomprendidas. De manera parecida, Mitch Miller me permitió ver las cosas desde su perspectiva, comprender por qué prefirió encontrar un cantante con un potencial a largo plazo para la venta de álbumes —Johnny Mathis— en vez de dedicarse a una serie de cantantes de rock 'n' roll, cuyo público adolescente carecía de recursos para comprar álbumes. Esta edición revisada de *Historia del rock. El sonido de la ciudad* se ha corregido para reconocer de manera especial la aportación destacada de Milt Gabler.

La primera edición de *Historia del rock. El sonido de la ciudad* la escribí antes de tener contactos importantes con la industria musical. Lo basé todo en aquello de lo que disponía, el disco. Y traté a la industria discográfica como si fuera lo mismo que la industria musical, y no como una parte de ella. Evidentemente, la industria discográfica era el sector más grande de la industria musical, aunque las compañías discográficas individuales se veían muy influenciadas por personas y compañías de otros sectores —los editores musicales que proporcionaban las canciones, las agencias artísticas que organizaban giras de intérpretes importantísimas en la promoción de los discos y los mánagers, que manipulaban a menudo las decisiones de las compañías discográficas de maneras inimaginables para mí—. Entre los miles de libros sobre música publicados en los últimos treinta años, *Mansion on the Hill*, de Fred Goodman (Jonathan Cape, 1997), es el que más recomendaría por su conocimiento y perspicacia sobre la tramada relación entre los diversos sectores de la industria. El libro merece ser leído simplemente por sus revelaciones sobre el modo en que Albert Grossman, el mánager de Bob Dylan, orquestó el surgimiento de su pupilo, aunque también está repleto de divertidas observaciones sobre el trasfondo de muchos de los demás astros del rock de los veinte años siguientes, sobre todo la transformación de Buffalo Springfield en Crosby, Stills, Nash & Young, la implacable ascensión del agente de contratación David Geffen como mánager de los Eagles y fundador de Asylum primero, y luego Geffen Records (que presentó Nirvana al mundo) y la implicación maquiavélica del mánager Jon Landau en la carrera de Bruce Springsteen.

La única forma realmente nueva que ha surgido en la música popular occidental en los últimos treinta años ha sido el hip hop, que durante un tiempo se ajustaba a todos los requisitos establecidos en *Historia del rock. El sonido de la ciudad*. Se desarrolló espontáneamente en un ambiente concreto, grabado por sellos pequeños, y durante varios años fue ignorado por la industria normal. A pesar de ser desarrollado por intérpretes negros, el hip hop no se emitía en las emisoras de radio especializadas en música negra, y no sólo porque sus directores de programas recelaran del género, sino también porque los sellos discográficos no podían hacer frente a los obligados «costes promocionales». *Hip Hop America*, de Nelson George (Penguin, 1998), es un excelente informe, de primera mano, de los iniciales (y mejores) años de la música rap.

Hay mucho que contar sobre los últimos treinta años de la música popular occidental, y si alguien lo hiciera, yo lo leería con ganas. Mientras tanto, mi cabeza, mi corazón y, especialmente, mis oídos se han dirigido a otros objetivos, sobre todo a medida que me di cuenta, con retraso, de que la música de Estados Unidos y Gran Bretaña representa sólo una pequeña porción de la música popular mundial. Hubo varias personas que catalizaron ese cambio en mi percepción de las cosas, aunque el más crucial fue probablemente el guitarrista estadounidense Ry Cooder.

No es que el primer álbum en solitario de Ry Cooder, de 1970, con la caravana Airmobile plateada en la portada, me emocionara especialmente, ya que me desanimaron las toscas interpretaciones vocales de Ry en una serie de canciones de blues y rhythm and blues que, en general, yo prefería en sus versiones originales. Sin embargo, cada uno de sus álbumes posteriores me fue atrapando cada vez más; cuando en 1974 publicó *Paradise and Lunch*, gozaba ya de un sonido propio de conjunto, un sonido que se reconocía incluso sin su voz. Cuando incorporó a su formación al acordeonista tex-mex Flaco Jiménez y al guitarrista hawaiano Gabby Pahinui para el álbum *Chicken Skin Music*, de 1976, Ry me descubrió sonidos que no había oído nunca, e hizo que una pelota empezara a rodar por mi cabeza (y todavía no se ha detenido). Durante las entrevistas radiofónicas de esa época, Ry plantó la simiente de lo que aún hoy estoy cosechando.

En el año 1983 presenté un programa en la Capital Radio de Londres titulado *The Alchemists (Los Alquimistas)*, al cual invité a muchas de las estrellas de entonces para hablar sobre el proceso por el cual convertían una idea en canción y ésta en un disco. Entre los que nos entretuvieron con su presencia y sus discos estaban Sting y Andy Summers de Police (en programas distintos), Vince Clarke y Alison Moyet de Yazoo (juntos), Adam Ant, Bonnie Raitt, Joe Jackson y los Beat.

Joe Jackson inicialmente se destacó en 1978 como un inquieto cantante new wave, pero en 1983 hacía discos que revelaban unos gustos más sofisticados. Entre los temas que puso durante una hora había un número de salsa de Tito Puente y una pieza del álbum del director de orquesta nigeriano King Sunny Adé que Island Records acababa de publicar. Para Joe, sus ritmos suponían un cambio estimulante respecto al consabido contratiempo de la música rock y sus armonías seguían unas convenciones diferentes.

Unas semanas después de la visita de Jackson, tenía como invitados a Andy Cox y Dave Steele, el bajista y el guitarrista de los Beat, el grupo de Birmingham que había escalado las listas británicas como parte del movimiento Two Tone, inspirado por los discos de ska y rock steady grabados en Jamaica en los años sesenta. Los discos que trajeron eran casi todos de punk, new wave y reggae, aunque también traían un álbum de música nigeriana grabado en Londres en los cincuenta. Les pregunté si aquello les influenciaba en su propia música. Ellos dijeron que sí, que habían estado escuchando música africana sin parar mientras grababan su último disco. Y, efectivamente, la portada del álbum era una foto del grupo a punto de embarcar en un avión de la Nigerian Airways. Algún tiempo después, los dos músicos abandonaron los Beat y formaron los Fine Young Cannibals con el cantante Roland Gift. Sin querer, me habían puesto en un camino nuevo, y un año después presentaba un programa titulado *A Foreign Affair (Un Asunto Exterior)*, centrado en la música hecha fuera de las fuentes habituales de la música pop occidental.

Sin saber demasiado del asunto, estaba seguro de que los oyentes de la radio me orientarían y me instarían a seguir a intérpretes que ni sabía que existían, perdonarían mi ignorancia y corregirían mis errores. La única tienda londinense especializada en discos africanos era la Stern's African Records, dirigida por tres fans de la música africana y muy cercana a mi emisora de radio. Durante los años siguientes, la Stern's se convirtió en mi academia, y sus vendedores en mis profesores, mientras yo pasaba varias horas a la semana de pie ante los anaqueles y los clientes entraban y solicitaban escuchar sus últimas canciones preferidas. Cuando puse en la radio a la Orchestra Virunga de Kenia, una oyente me escribió para decirme que, hacía un año más o menos, había oído la misma canción en un club de Nairobi, y que no creyó que fuera a oírla de nuevo y, ni mucho menos, a saber de qué se trataba. Ahora podía tener el álbum del grupo publicado por Globestyle, un sello montado como una rama de Ace Records, la compañía británica puntera en grabaciones antiguas.

A finales de 1983, King Sunny Adé y sus African Beats hicieron un concierto en el Lyceum del distrito del Covent Garden londinense y abrieron un mundo nuevo para un público convencido de que ése era el nuevo Bob Marley. Sunny tenía el apoyo del mismo sello discográfico, la Island Records de Chris Blackwell, aunque resultó ser un tipo de intérprete totalmente diferente. Así como Marley se hizo famoso como talismán de los desposeídos, Sunny Adé era un artista de corte más tradicional. En la época en que Police había rebajado la formación de rock al mínimo de tres músicos —guitarra, bajo y batería—, aquello era la tendencia contraria, una acumulación de al menos veinte cantantes y músicos que tocaban guitarras eléctricas e instrumentos de percusión cuyos ritmos tejían un hechizo hipnótico que inducía al trance. Si cuando dos o más guitarristas de rock tocan juntos, tienden a hacerlo en el mismo ritmo que los demás, en el grupo de Adé los músicos no iban coordinados, cada uno dejaba espacio para los demás, sin que jamás dejaran de saber dónde estaba la pulsación principal.

Aunque si King Sunny Adé parecía provenir de sonidos conocidos, que incluían la utilización de la steel guitar hawaiana característica de la música country de Nashville, en África había otros músicos cuyo sonido parecía mucho más alejado de cualquier cosa oída anteriormente. Y así como a Sunny Adé se le conoció a través de una gran compañía discográfica multinacional, la mayoría de músicos africanos grababa para compañías mucho más pequeñas, muchas de ellas dirigidas por hombres de negocios africanos y propietarios de tiendas radicados en París. En 1984, el Greater London Council patrocinó una tanda de ocho conciertos en el Venue de Victoria, a cargo del personal de la tienda de discos Stern's, que presentó en Londres a algunos de los mejores intérpretes africanos del momento. El deslumbrante virtuoso congoleño de la guitarra Suzy Kasseya nos dejó boquiabiertos, todos nos rendimos ante las exquisitas partes cantadas de Nyboma y sus colegas de Les Quatre Étoiles, quedamos paralizados por la desconcertante y caleidoscópica música senegalesa de Youssou N'Dour y su grupo Étoile de Dakar.

Si hubo un concierto del que se pueda decir que «cambió mi vida», sería esa actuación de Youssou y su grupo. Ya había oído su disco *Immigrés*, aunque no sabía qué pensar sobre él, me encontraba indeciso sobre cuál de los ritmos marcaba la pulsación, incapaz de saber cómo debía poner los pies. Pero, rodeado por la música del grupo en el Venue, no podía estarme quieto, y poco a poco mi cuerpo se dispuso a seguir los elaborados ritmos. Era como si toda la música que había oído antes resonara en ese torbellino de sonido: el grito directo al corazón de Bob Marley, el funk sofisticado de los Crusaders, el furioso conjunto de vientos de Charlie Mingus, las jubilosas réplicas agudas de James Brown y los Famous Flames, todo ello volcado por encima de ritmos sincopados que no tenían nada que ver con los oídos anteriormente. Después de este concierto revelador, he visto actuar en directo al grupo de Youssou N'Dour al menos una vez al año durante los veinte años siguientes, y en muchos aspectos ha establecido el nivel por el cual he juzgado otras actuaciones. *Immigrés* ha llegado a ser uno de mis discos más preciados.

Y así fue como me vi implicado en lo que ahora se conoce como World Music, la música que suena como si procediera de un lugar especial. Tras haber empezado con la música de Nigeria, aprendí a reconocer los diferentes estilos característicos de muchos otros países africanos, y cada vez más dirigí mis oídos hacia el resto del mundo. En buena parte de los años noventa, la música interpretada por cantantes de Malí y Senegal parecía contener más emoción e intensidad que la de cualquier otra parte. El año 2000 tuve el placer de conocer a Sam Phillips, en una celebración de la música de Memphis para un programa grabado para Radio 2 de la BBC. Después de rendir homenaje a algunos de los cantantes que Sam fue el primero en grabar en sus estudios Sun de Memphis, como Howlin' Wolf, Elvis Presley y Johnny Cash, le puse una pieza de Issa Bagayogo, el cantante e intérprete de ngoni de Bamako que acababa de grabar un álbum con modernas técnicas de producción de «dance music». Sam escuchó con una atención total, y estalló con emoción: «Esto es auténtico —se entusiasmó—, nadie le ha dicho cómo cantar, él sabe hacerlo y basta. Fan-tás-tico».

In Griot Time, de Banning Eyre (Serpents Tail, 2001), es un relato sobresaliente de la estancia de siete meses del autor estadounidense en Bamako (Malí), como discípulo del guitarrista Djelimady Tounkara. En parte un diario de viaje, y en parte la narración de una odisea musical, el libro está repleto de ojeadas hacia el a menudo impenetrable mundo de la música y de los músicos. No es frecuente que un músico escriba tan bien como lo hace Banning, o que un periodista sea un maestro en la cuestión musical, y él consigue reunir ambos talentos. Entre los sucesos que se narran en el libro figura una invitación que Djelimady recibe para asistir a una sesión de grabación en La Habana (Cuba), donde el productor discográfico británico Nick Gold planeaba realizar un álbum con músicos africanos y cubanos tocando juntos bajo la mirada vigilante del coproductor Ry Cooder. Cuando Djelimady no pudo efectuar el viaje, los productores improvisaron rápidamente un plan alternativo y produjeron el álbum que se publicó bajo el nombre de *Buena Vista Social Club*. Este álbum ha vendido siete millones de copias en todo el mundo para el minúsculo sello británico World Circuit como prueba de que todavía se pueden burlar las estrategias de mercadotecnia de la industria discográfica en conjunto.

Durante los cinco últimos años, me ha encantado con regularidad la música que se hace en países a orillas del Mediterráneo. El que dio la pauta fue Manu Chao, con base primero en París, aunque ahora reside en Barcelona, en la costa mediterránea española. Como cantante solista del grupo new wave francés Mano Negra, Manu pasó más de un año recorriendo toda Latinoamérica a principios de los noventa y, después de la separación del grupo, volvió al continente por su cuenta, con la guitarra y la grabadora para componer canciones y grabar las impresiones de su vida viajera. El álbum resultante, *Clandestino*, publicado en 1998, fue uno de los grandes discos de la pasada década, un tapiz de sonidos de gente en las calles y de locutores de radio que enmarca un tesoro de canciones inolvidables que tienen la energía de los mejores temas de Woody Guthrie y de Bob Marley. El éxito del estilo paneuropeo de Manu Chao ha tenido un papel importante a la hora de inspirar una nueva clase de música rock, sin que esté dominada por los géneros estadounidenses, y ha animado a otros intérpretes de todo el mundo a seguir unas ideas paralelas, lo que ha permitido a las compañías discográficas probar suerte y grabarlos.

Varios intérpretes residentes en Italia han descubierto vías paralelas, simultáneamente y al parecer por casualidad, de representar la diversidad extraordinaria de su entorno. Han introducido acordeones, violines y clarinetes en la formación convencional del rock de guitarras eléctricas y batería, y entre los intérpretes destacados están Ricardo Tesi, Vinicio Capossela y Cristina Dona. Eugenio Bennato de Nápoles canta de manera explícita sobre el tema de la riqueza de la cultura mediterránea en «Che Il Mediterraneo Sia», mientras que la banda siciliana de metal Banda Ionica invitaba a Dani, el cantante barcelonés del grupo Macaco, a intervenir en el álbum del grupo Matri Mia. Además de grabar álbumes con el nombre de Macaco, Dani apoya a un grupo callejero local, Ojos de Brujo, que explora nuevas orientaciones para el flamenco por medio de la introducción del hip hop, la rumba y cualquier otra cosa que pueda encajar. Resulta que su último álbum, *Bari*, es el que más escucho en el preciso momento en que este libro se publica por primera vez en español a cargo de una editorial de Barcelona. Sin que me sorprenda esa sincronía, no deja de ser muy satisfactoria.

Desde la primera edición de *Historia del rock. El sonido de la ciudad*, una de mis mayores satisfacciones ha sido recibir los comentarios de parte de los lectores y ansío con especial interés la reacción desde España.

Charlie Gillett
Londres, febrero de 2003
www.charliegillett.com

Guía de audición

Éstos son los discos que hicieron avanzar uno o dos centímetros al rock and roll. Las razones por las que se incluye un determinado disco varían, pero cada uno forma parte del trasfondo para cualquiera de la industria discográfica desde entonces. Algunos están porque aportaron una idea musical nueva dentro del marco del rock and roll: el boogie de piano, el boogie de guitarra, el boogie de bajo; otros redefinieron la utilización de un instrumento: la guitarra eléctrica, la batería a contratiempo, el bajo eléctrico, el piano eléctrico. Y cada manera nueva de utilizar la voz se representa con la persona que pensó primero en ella, normalmente con su primer éxito.

La lista discrimina a los auténticos gigantes de la época —Elvis Presley, los Beatles, Bob Dylan— cuyos sucesivos discos tendían a ser un acicate para una multitud de imitadores; de ellos, y de los artistas de la Motown, sólo se han incluido algunos discos representativos, que intentan recoger la mayoría de las facetas de su obra. Es más fácil presentar los esfuerzos de la mayoría de artistas que sólo tuvieron una idea básica.

La mayor parte de los discos listados fueron muy vendidos, y se relacionan en el orden cronológico en el que aparecieron primero en una lista de ventas de ámbito nacional en los EE. UU. (de pop, rhythm & blues, o de country and western) o en Gran Bretaña. Además del artista, título y sello discográfico, se consigna el lugar de la grabación y el productor para dar una idea de los movimientos geográficos durante el período, que vio generar discos en muchas regiones de los Estados Unidos y luego, con una importancia creciente en los sesenta, en Gran Bretaña.

Se relacionan algunos discos que no fueron éxito, principalmente para establecer la primera grabación de una canción que llegó a ser parte del repertorio del rock and roll, y a veces para destacar un disco cuyo valor fue reconocido demasiado tarde como para tener la oportunidad de escalar las listas.

El término productor no fue de uso común en la industria de la música hasta, aproximadamente, 1957, así que para grabaciones anteriores se usan los términos arreglista y supervisor. Las letras *p*, *a* y *s* aparecen en las páginas siguientes. En el mejor de los casos, también se proporciona el nombre del estudio y del ingeniero de grabación, pero como una información de ese estilo no se indica habitualmente, tampoco he intentado encontrarla.

A veces las discográficas incluidas incluyen el sello original entre paréntesis antes del nombre del que editó el disco para su distribución nacional y a veces se añade entre paréntesis el nombre de una compañía asociada en la que el disco fue un éxito en un sello subsidiario.

AÑO y número de secuencia	ARTISTA Lugar de grabación	TÍTULO Productor (p) Supervisor (s) Arreglista (a)	SELLO
1945: 1	JOE LIGGINS Los Ángeles	THE HONEYDRIPPER Leon Rene (s)	Exclusive
2	HELEN HUMES Los Ángeles	BE BABA LEBA Eddie Mesner (s)	Philo (Aladdin)
1946: 1	JOHNNY MOORE'S THREE BLAZERS (WITH CHARLES BROWN) Los Ángeles	DRIFTING BLUES Eddie Mesner (s)	Philo (Aladdin)
2	THE DELMORE BROTHERS Cincinnati	FREIGHT TRAIN BLUES Louie Innes (s)	King
3	ROY MILTON Hollywood	R. M. BLUES Art Rupe (s)	Juke Box (Specialty)
4	FREDDIE SLACK AND ELLA MAE MORSE Hollywood	HOUSE OF BLUE LIGHTS Dave Cavanaugh (s)	Capitol
5	LOUIS JORDAN'S TYMPANY FIVE Nueva York	CHOO CHOO CH'BOOGIE Milt Gabler (s)	Decca
1947: 1	T-BONE WALKER Los Ángeles	(THEY CALL IT) STORMY MONDAY Paul Reisner (s)	Black & White
1948: 1	WYNONIE HARRIS Cincinnati	GOOD ROCKIN' TONIGHT Hal «Cornbread» Singer (a)	King
2	SONNY THOMPSON Chicago	LONG GONE, Parts 1 and 2 Sonny Thompson (a)	Miracle (King)
3	ARTHUR SMITH Washington, DC	GUITAR BOOGIE Irwin Field (s)	Super Disc (MGM)
4	THE ORIOLES Nueva York	IT'S TOO SOON TO KNOW Deborah Chessler (s)	Natural (Jubilee)
5	AMOS MILBURN Los Ángeles	CHICKEN SHACK BOOGIE Maxwell Davis (s, a)	Aladdin
1949: 1	JOHN LEE HOOKER Detroit	BOOGIE CHILLEN Bernard Bessman (s)	Modern
2	STICK McGHEE Nueva York	DRINKIN' WINE SPO-DE-O-DEE Herb Abramson y Ahmet Ertegun (s)	Atlantic

AÑO y número de secuencia	ARTISTA Lugar de grabación	TÍTULO Productor (p) Supervisor (s) Arreglista (a)	SELLO
1949: 3	ROY «BALDHEAD» BYRD (PROFESSOR LONG-HAIR) Nueva Orleans	MARDI GRASS IN NEW ORLEANS Herb Abramson y Ahmet Ertegun (s)	Atlantic
1950: 1	FATS DOMINO Nueva Orleans	THE FAT MAN Dave Bartholomew (s, a)	Imperial
2	HANK WILLIAMS Nashville	LONG GONE LONE-SOME BLUES Fred Rose (s)	MGM
3	JOE LIGGINS Los Ángeles	PINK CHAMPAGNE Art Rupe (s)	Specialty
4	ROY BROWN Cincinnati	HARD LUCK BLUES Henry Glover (s)	DeLuxe (King)
5	RUTH BROWN Nueva York	TEARDROPS FROM MY EYES Herb Abramson y Ahmet Ertegun (s) Budd Johnson (a)	Atlantic
6	PERCY MAYFIELD Los Ángeles	PLEASE SEND ME SO-MEONE TO LOVE Art Rupe (s)	Specialty
7	FIVE BLIND BOYS Houston	OUR FATHER (desconocido)	Peacock
1951: 1	JAMES WAYNE Houston	TEND TO YOUR BUSI-NESS Bob Shad (s)	Sittin' In With
2	JACKIE BRENSTON Memphis	ROCKET 88 Ike Turner (s, a)	Chess
3	THE DOMINOES Cincinnati	SIXTY MINUTE MAN Ralph Bass (s) Billy Ward (a)	Federal
4	THE CLOVERS Nueva York	DON'T YOU KNOW I LOVE YOU Herb Abramson y Ahmet Ertegun (s) Frank Slay (a)	Atlantic
5	SONNY BOY WILLIAM-SON Jackson, Mississippi	EYESIGHT TO THE BLIND Lillian McMurray (s)	Trumpet
6	JOHNNIE RAY & THE FOUR LADS Nueva York	CRY Mitch Miller (s)	OKeh/Columia

AÑO y número de secuencia	ARTISTA Lugar de grabación	TÍTULO Productor (p) Supervisor (s) Arreglista (a)	SELLO
1951: 7	B. B. KING Memphis	THREE O'CLOCK BLUES Joe Bihari (s) Ike Turner (a)	RPM
1952: 1	JIMMY FORREST Chicago	NIGHT TRAIN Bill Putnam (s)	United
2	ELMORE JAMES Jackson, Mississippi	DUST MY BROOM Lillian McMurray (s)	Trumpet
3	ROSCO GORDON Memphis	NO MORE DOGGIN' Joe Bihari (s) Ike Turner (a)	RPM
4	LLOYD PRICE Nueva Orleans	LAWDY MISS CLAWDY Dave Bartholomew (a) Art Rupe (s)	Specialty
5	LITTLE WALTER Chicago	JUKE Leonard Chess (s) Willie Dixon (a)	Checker (Chess)
6	WILLIE MABON Chicago	I DON'T KNOW Leonard Chess (s)	Chess
1953: 1	THE FIVE ROYALES Nueva York	BABY DON'T DO IT Lowman Pauling (a) Bess Berman (s)	Apollo
2	HANK WILLIAMS Nashville	YOUR CHEATING HEART/ KAW LIGA Fred Rose (s)	MGM
3	WILLIE MAE THORNTON Houston	HOUND DOG Johnny Otis (s, a)	Peacock
4	LITTLE JUNIOR'S BLUES FLAMES Memphis	MISTERY TRAIN / LOVE MY BABY Sam Phillips (s) Joe Morris (a)	Sun
5	CLYDE McPHATTER & THE DRIFTERS Nueva York	MONEY HONEY Ahmet Ertegun y Jerry Wexler (s) Jesse Stone (a)	Atlantic
6	THE HARPTONES Nueva York	A SUNDAY KIND OF LOVE Raoul Cita (a)	Bruce
1954: 1	GUITAR SLIM Nueva Orleans	THE THINGS I USED TO DO Ray Charles (a) Johnny Vincent (s)	Specialty

AÑO y número de secuencia	ARTISTA Lugar de grabación	TÍTULO Productor (p) Supervisor (s) Arreglista (a)	SELLO
1954: 2	THE CROWS Nueva York	GEE George Goldner (s)	Rama
3	MUDDY WATERS Chicago	HOOCHIE COOCHIE MAN Leonard Chess (s) Willie Dixon (a)	Chess
4	THE MIDNIGHTERS Cincinnati	WORK WITH ME ANNIE Henry Glover (a) Ralph Bass (a)	Federal
5	THE SPANIELS Chicago	GOODNIGHT SWEETHEART GOODNIGHT Calvin Carter (s)	Vee Jay
6	JOE TURNER Nueva York	SHAKE RATTLE AND ROLL Ahmet Ertegun y Jerry Wexler (s) Jesse Stone (a)	Atlantic
7	ELVIS PRESLEY Memphis	THAT'S ALL RIGHT Sam Phillips (s)	Sun
8	CHORDS Nueva York	SH-BOOM Ahmet Ertegun y Jerry Wexler (s) Jesse Stone (a)	Cat (Atlantic)
9	CHUCK WILLIS Nueva York	I FEEL SO BAD Leroy Kirkland (a)	OKeh (CBS)
10	MARVIN & JOHNNY Los Ángeles	TICK TOCK / CHERRY PIE Maxwell Davis (s, a)	Modern
11	LOWELL FULLSON Dallas	RECONSIDER BABY Lowell Fulson (a) Stan Lewis (s)	Checker (Chess)
12	THE MOONGLOWS Chicago	SINCERELY Leonard Chess (s) Harvey Fuqua (a)	Chess
13	THE PENGUINS Los Ángeles	EARTH ANGEL Dootsie Williams (s)	Dootone
1955: 1	LaVERN BAKER Nueva York	TWEEDLE DEE Ahmet Ertegun y Jerry Wexler (s) Jesse Stone (a)	Atlantic
2	JOHNNY ACE Houston	PLEDGING MY LOVE Johnny Otis (s, a)	Duke

AÑO y número de secuencia	ARTISTA Lugar de grabación	TÍTULO Productor (p) Supervisor (s) Arreglista (a)	SELLO
1955: 3	RAY CHARLES Atlanta (Georgia)	I GOT A WOMAN Ray Charles (a) Ahmet Ertegun y Jerry Wexler (s)	Atlantic
4	ETTA JAMES Los Ángeles	THE WALLFLOWER (ROLL WITH ME HENRY) Johnny Otis (s, a)	Modern
5	JIMMY REED Chicago	YOU DON'T HAVE TO GO Al Smith (s)	Vee Jay
6	BO DIDDLEY Chicago	BO DIDDLEY/I'M A MAN Leonard Chess (s) Willie Dixon (a)	Checker (Chess)
7	FATS DOMINO Nueva Orleans	AIN'T THAT A SHAME Dave Bartholomew (s, a)	Imperial
8	BILL HALEY & HIS COMETS Nueva York	ROCK AROUND THE CLOCK Milt Gabler (s)	Decca
9	SMILEY LEWIS Nueva Orleans	I HEAR YOU KNOC-KIN' Dave Bartholomew (s, a)	Imperial
10	ELVIS PRESLEY Memphis	BABY LET'S PLAY HOUSE Sam Phillips (s)	Sun
11	THE PLATTERS Chicago	ONLY YOU Bobby Shad (s) Buck Ram (a)	Mercury
12	CHUCK BERRY Chicago	MAYBELLENE Leonard Chess (s) Willie Dixon (a)	Chess
13	ELVIS PRESLEY Memphis	MISTERY TRAIN / I FORGOT TO REMEMBER TO FORGET Sam Phillips (s)	Sun
14	THE EL-DORADOS Chicago	AT MY FRONT DOOR Calvin Carter (s)	Vee Jay
15	LITTLE RICHARD Nueva Orleans	TUTTI FRUTTI Bumps Blackwell (s)	Specialty
16	THE CADILLACS Nueva York	SPEEDOO Jesse Powell (a)	Josie (Jubilee)
17	THE TURBANS Nueva York	WHEN YOU DANCE Leroy Kirkland (s, a)	Herald

AÑO y número de secuencia	ARTISTA Lugar de grabación	TÍTULO Productor (p) Supervisor (s) Arreglista (a)	SELLO
1956: 1	LONNIE DONEGAN Londres	ROCK ISLAND LINE Dennis Preston (s)	Decca
2	FRANKIE LYMON & THE TEENAGERS Nueva York	WHY DO FOOLS FALL IN LOVE? George Goldner (s) Richard Barrett (a)	Gee (Roulette)
3	CARL PERKINS Memphis	BLUE SUEDE SHOES Sam Phillips (s)	Sun
4	ELVIS PRESLEY Nashville	HEARTBREAK HOTEL Chet Atkins (s)	RCA-Victor
5	HOWLIN' WOLF Chicago	SMOKESTACK LIGHTNIN' Leonard Chess (s) Willie Dixon (a)	Chess
6	JAMES BROWN & THE FAMOUS FLAMES Cincinnati	PLEASE PLEASE PLEASE Ralph Bass (s)	Federal
7	LITTLE WILLIE JOHN Cincinnati	FEVER Henry Glover (s)	King
8	JOHNNY CASH Memphis	I WALK THE LINE Sam Phillips (s)	Sun
9	GENE VINCENT Nashville	BE-BOP-A-LULA/ WOMAN LOVE Ken Nelson (s)	Capitol
10	SHIRLEY AND LEE Nueva Orleans	LET THE GOOD TIMES ROLL Dave Bartholomew (s, a)	Aladdin
11	ELVIS PRESLEY Nueva York	HOUND DOG / DON'T BE CRUEL Steve Sholes y Chet Atkins (s)	RCA-Victor
12	BILL DOGGETT Cincinnati	HONKY TONK, Part II Henry Glover (s)	King
13	THE FIVE SATINS New Haven (Connecticut)	(I'LL REMEMBER) IN THE STILL OF THE NIGHT Fred Parris (a)	(Standord) Herald
14	FATS DOMINO Nueva Orleans	BLUEBERRY HILL Dave Bartholomew (s, a)	Imperial
15	SANFORD CLARK Phoenix (Arizona)	THE FOOL Lee Hazlewood (p)	Dot
16	MICKEY AND SYLVIA Nueva York	LOVE IS STRANGE King Curtis (s)	Groove (RCA)
17	YOUNG JESSIE Los Ángeles	MARY LOU Maxwell Davis (s, a)	Modern
18	RICHARD BERRY Los Ángeles	LOUIE, LOUIE Richard Berry (s)	Flip

AÑO y número de secuencia	ARTISTA Lugar de grabación	TÍTULO Productor (p) Supervisor (s) Arreglista (a)	SELLO
1957: 1	THE DELL VIKINGS Pittsburg (Pensilvania)	COME GO WITH ME Barry Kaye (s)	(Fee Bee) Dot
2	THE DIAMONDS Chicago	LITTLE DARLIN' Clyde Otis (s)	Mercury
3	JUNIOR PARKER Houston	NEXT TIME YOU SEE ME Bill Harvey (s, a)	Duke
4	ELVIS PRESLEY Hollywood	ALL SHOOK UP Elvis Presley (a)	RCA-Victor
5	THE COASTERS Hollywood	SEARCHIN' / YOUNG BLOOD Jerry Leiber y Mike Stoller (p)	Atco (Atlantic)
6	THE EVERLY BROTHERS Nashville	BYE BYE LOVE Archie Bleyer y Wesley Rose (s)	Cadence
7	DALE HAWKINS Shreveport	SUSIE-Q Stan Lewis (s)	Checker (Chess)
8	JERRY LEE LEWIS Memphis	WHOLE LOTTA SHAKIN' GOIN' ON Jack Clement (s)	Sun
9	HUEY SMITH & THE CLOWNS Nueva Orleans	ROCKIN' PNEUMONIA & THE BOOGIE WOOGIE FLU Johnny Vincent (s)	Ace
10	THE CRICKETS Clovis (Nuevo México)	THAT'LL BE THE DAY Norman Petty (s)	Brunswick
11	ELVIS PRESLEY Hollywood	JAILHOUSE ROCK Elvis Presley (a)	RCA-Victor
12	SAM COOKE Hollywood	YOU SEND ME / SUMMERTIME Bumps Blackwell (s) Rene Hall (a)	Keen
13	THURSTON HARRIS & THE SHARPS Hollywood	LITTLE BITTY PRETTY ONE Earl Palmer (s)	Aladdin
14	BUDDY HOLLY Clovis (Nuevo México)	PEGGY SUE Norman Petty (s)	Coral
15	DANNY & THE JUNIORS Filadelfia (Pensilvania)	AT THE HOP Artie Singer (s)	(Singular) ABC- Paramount
16	JOHNNY «GUITAR» WATSON Hollywood	GANGSTER OF LOVE Bumps Blackwell (s, a)	Keen
1958: 1	THE SILHOUETTES Filadelfia (Pensilvania)	GET A JOB Kae Williams (s)	(Junior) Ember

AÑO y número de secuencia	**ARTISTA** Lugar de grabación	**TÍTULO** Productor (p) Supervisor (s) Arreglista (a)	**SELLO**
1958: 2	THE CHANTELS Nueva York	MAYBE Richard Barrett (p)	End
3	CHUCK BERRY Chicago	SWEET LITTLE SIX-TEEN Leonard Chess (p)	Chess
4	DON GIBSON Nashville	OH LONESOME ME / I CAN'T STOP LO-VING YOU Chet Atkins (p)	RCA-Victor
5	CHUCK BERRY Chicago	JOHNNY B. GOODE Leonard Chess (p)	Chess
6	LINK WRAY Norlfolk (Viriginia)	RUMBLE Ray Vernon (p)	Cadence
7	THE CHAMPS Los Ángeles	TEQUILA Dave Burgess (a, p)	Challenge
8	BOBBY FREEMAN San Francisco y Nueva York	DO YOU WANNA DANCE? Morty Palitz (p)	Josie (Jubilee)
9	THE COASTERS Nueva York	YAKETY YAK Jerry Leiber y Mike Sto-ller (p)	Atco (Atlantic)
10	JACK SCOTT Detroit	LEROY / MY TRUE LOVE Jack Scott (p)	Carlton
11	JERRY BUTLER & THE IMPRESSIONS Chicago	FOR YOUR PRECIOUS LOVE Curtis Mayfield (a)	(Falcon) Abner (Vee Jay)
12	DUANE EDDY Phoenix (Arizona)	REBEL ROUSER Lee Hazlewood (p)	Jamie
13	EDDIE COCHRAN Los Ángeles	SUMMERTIME BLUES Jerry Capehart (s)	Liberty
14	CLIFF RICHARD Londres	MOVE IT Norrie Paramor (p)	Columbia
15	CONWAY TWITTY Nashville	IT'S ONLY MAKE BELIEVE Jim Vienneau (p)	MGM
16	THE TEDDY BEARS Hollywood	TO KNOW HIM IS TO LOVE HIM Phil Spector (p)	Dore
17	CLYDE McPHATTER Nueva York	A LOVER'S QUESTION Ahmet Ertegun y Jerry Wexler (p)	Atlantic
18	JAMES BROWN Cincinnati	TRY ME James Brown (p)	Federal
19	JACKIE WILSON Nueva York	LONELY TEARDROPS Dick Jacobs (p, a)	Brunswick

AÑO y número de secuencia		ARTISTA Lugar de grabación	TÍTULO Productor (p) Supervisor (s) Arreglista (a)	SELLO
1958:	20	THE PLATTERS Nueva York (?)	SMOKE GETS IN YOUR EYES Clyde Otis (p)	Mercury
	21	RITCHIE VALENS Los Ángeles	DONNA/LA BAMBA Rene Hall (a)	Del-Fi (Keen)
1959:	1	THE SKYLINERS Pittsburg	SINCE I DON'T HAVE YOU Joe Rock (s)	Calico
	2	WILBERT HARRISON Nueva York	KANSAS CITY Bobby Robinson (p)	Fury
	3	DION & THE BELMONTS Nueva York	A TEENAGER IN LOVE Bob y Gene Schwartz (s)	Laurie
	4	THE DRIFTERS Nueva York	THERE GOES MY BABY Jerry Leiber y Mike Stoller (p) Stan Appelbaum (a)	Atlantic
	5	THE FLAMINGOS Nueva York	I ONLY HAVE EYES FOR YOU Sammy Love (a)	End (Roulette)
	6	RAY CHARLES Nueva York	WHAT'D I SAY? Jerry Wexler y Ahmet Ertegun (s) Ray Charles (a)	Atlantic
	7	JOHNNY & THE HURRICANES Detroit	RED RIVER ROCK Irving Micahnik (s)	Warwick
	8	MARTY ROBBINS Nashville	EL PASO Don Law (s)	Columbia
	9	SANTO AND JOHNNY Nueva York	SLEEP WALK Ed Burton, Joe Csida (p)	Canadian American
	10	BUSTER BROWN Nueva York	FANNIE MAE Bobby Robinson (s)	Fire
	11	BILL BLACK'S COMBO Memphis	SMOKIE, Part 2 Joe Cuoghi (s)	Hi
	12	BRENDA LEE Nashville	SWEET NOTHIN'S Owen Bradley (s)	Decca
1960:	1	JIMMY JONES Nueva York	HANDY MAN Bob Mersey y Leroy Kirkland (s, a)	Cub (MGM)
	2	BARRETT STRONG Detroit	MONEY Berry Gordy (p)	Anna (Gordy)
	3	EDITH PIAF París (Francia)	MILORD Robert Chauvigny (a)	Pathé Marconi

AÑO y número de secuencia		**ARTISTA** Lugar de grabación	**TÍTULO** Productor (p) Supervisor (s) Arreglista (a)	**SELLO**
1960:	4	ROY ORBISON Nashville	ONLY THE LONELY Fred Foster (p)	Monument
	5	JOHNNY KIDD & THE PIRATES Londres	SHAKIN' ALL OVER Wally Ridley (s)	HMV (EMI)
	6	THE EVERLY BROTHERS Nashville	CATHY'S CLOWN Wesley Rose (s)	Warner Brothers
	7	THE SHADOWS Londres	APACHE Norrie Paramor (s)	Columbia (EMI)
	8	IKE & TINA TURNER Nueva York	A FOOL IN LOVE Ike Turner (p)	Sue
	9	THE DRIFTERS Nueva York	SAVE THE LAST DANCE FOR ME Jerry Leiber y Mike Stoller (p)	Atlantic
	10	RAY CHARLES Los Ángeles	GEORGIA ON MY MIND Ray Charles (p)	ABC-Paramount
	11	GARY «U.S.» BONDS Norfolk (Virginia)	NEW ORLEANS Frank Guida (p)	LeGrand
	12	THE SHIRELLES Nueva York	WILL YOU STILL LOVE ME TOMORROW Luther Dixon (p)	Scepter
1961:	1	BEN E. KING Nueva York	SPANISH HARLEM Jerry Leiber y Mike Stoller (p)	Atco (Atlantic)
	2	BOBBY BLAND Houston	I PITY THE FOOL Joe Scott (p, a)	Duke
	3	DEL SHANNON Detroit	RUNAWAY Irving Micahnik (s) Max Crook (a)	Big Top
	4	THE MARCELS Nueva York	BLUE MOON Stu Phillips (p)	Colpix
	5	HELEN SHAPIRO Londres	DON'T TREAT ME LIKE A CHILD Norrie Paramor (s)	Columbia (EMI)
	6	ERNIE K-DOE Nueva Orleans	MOTHER-IN-LAW Allen Toussaint (p, a)	Minit (Imperial)
	7	BILLY FURY Londres	HALFWAY TO PARADISE Ivor Raymonde (a)	Decca (GB)
	8	CHRIS KENNER Nueva Orleans	I LIKE IT LIKE THAT Allen Toussaint (p, a)	Instant (Atlantic)
	9	BOBBY PARKER Filadelfia	WATCH YOUR STEP Bobby Caldwell (s)	V-Tone

AÑO y número de secuencia	ARTISTA Lugar de grabación	TÍTULO Productor (p) Supervisor (s) Arreglista (a)	SELLO
1961: 10	THE MAR-KEYS Memphis	LAST NIGHT Jim Stewart (s)	Satellite (Stax)
11	THE MARVELETTES Detroit	PLEASE MR POSTMAN Berry Gordy (p)	Tamla (Gordy)
12	RAY CHARLES Los Ángeles	HIT THE ROAD JACK Ray Charles (p)	ABC-Paramount
13	DION Nueva York	RUNAROUND SUE Gene Schwartz (s)	Laurie
14	THE SHOWMEN Nueva Orleans	IT WILL STAND / COUNTRY FOOL Allen Toussaint (s)	Minit (Imperial)
15	JAMES RAY Nueva York	IF YOU GOTTA MAKE A FOOL OF SOMEBODY Hutch Davie (a)	Caprice
16	THE MIRACLES Detroit	SHOP AROUND Berry Gordy (p)	Tamla (Gordy)
1962: 1	GENE CHANDLER Chicago	DUKE OF EARL Carl Davis (p)	Vee Jay
2	BRUCE CHANNEL Fort Worth	HEY! BABY Bill Hall (p)	Smash (Mercury)
3	SAM COOKE Nueva York	TWISTING THE NIGHT AWAY Hugo and Luigi (s)	RCA-Victor
4	ARTHUR ALEXANDER Muscle Shoals (Alabama)	YOU BETTER MOVE ON Rick Hall (p)	Dot
5	KETTY LESTER Los Ángeles	LOVE LETTERS Lincoln Mayorga (p, a)	Era
6	WILBERT HARRISON Nueva York	LET'S STICK TOGETHER Bobby Robinson (s)	Fury
7	CHUCK JACKSON Nueva York	ANY DAY NOW Burt Bacharach (s, a)	Wand (Scepter)
8	RAY CHARLES Los Ángeles	I CAN'T STOP LOVING YOU Ray Charles (p)	ABC-Paramount
9	THE ISLEY BROTHERS Nueva York	TWIST AND SHOUT Bert Berns (p)	Wand (Scepter)
10	BARBARA LYNN Houston (Texas)	YOU'LL LOSE A GOOD THING Huey Meaux (p)	Jamie
11	SAM COOKE Nueva York	BRING IT ON HOME TO ME / HAVING A PARTY Hugo and Luigi (s)	RCA-Victor

AÑO y número de secuencia		**ARTISTA** Lugar de grabación	**TÍTULO** Productor (p) Supervisor (s) Arreglista (a)	**SELLO**
1962:	12	LITTLE EVA Nueva York	THE LOCOMOTION Gerry Goffin (p, a)	Dimension
	13	BOOKER T. & THE M.G.s Memphis	GREEN ONIONS Jim Stewart (s)	Stax
	14	THE FOUR SEASONS Filadelfia	SHERRY Bob Crewe y Frank Slay (p)	Vee Jay
	15	THE CRYSTALS Nueva York	HE'S A REBEL Phil Spector (p)	Philles
	16	THE BEATLES Londres	LOVE ME DO George Martin (p)	Parlophone (EMI)
	17	THE MIRACLES Detroit	YOU'VE REALLY GOT A HOLD ON ME Smokey Robinson (p)	Tamla (Gordy)
1963:	1	THE CHIFFONS Nueva York	HE'S SO FINE Gerry Goffin (p)	Laurie
	2	OTIS REDDING Memphis	THESE ARMS OF MINE Jim Stewart (s)	Volt (Atlantic)
	3	THE DRIFTERS Nueva York	ON BROADWAY Jerry Leiber y Mike Stoller (p)	Atlantic
	4	THE CRYSTALS Los Ángeles	DA DOO RON RON Phil Spector (p)	Philles
	5	LESLEY GORE Nueva York	IT'S MY PARTY Quincy Jones (p)	Mercury
	6	LONNIE MACK Cincinnati	MEMPHIS Harry Carlson (s)	Fraternity
	7	INEZ FOXX Nueva York	MOCKINGBIRD Juggy Murray (p)	Symbol (Sue)
	8	GARNET MIMMS Nueva York	CRY BABY Jerry Ragavoy (p)	United Artists
	9	THE RONETTES Los Ángeles	BE MY BABY Phil Spector (p)	Philles
	10	THE BEATLES Londres	SHE LOVES YOU George Martin (s)	Parlophone (EMI)
	11	THE JAYNETTS Nueva York	SALLY GO 'ROUND THE ROSES Abner Spector (p) Artie Butler (a)	Tuff (Chess)
	12	THE IMPRESSIONS Chicago	IT'S ALL RIGHT Curtis Mayfield (p) Johnny Pate (a)	ABC-Paramount
	13	DUSTY SPRINGFIELD Londres	I ONLY WANT TO BE WITH YOU Johnny Franz (p)	Philips

AÑO y número de secuencia	**ARTISTA** Lugar de grabación	**TÍTULO** Productor (p) Supervisor (s) Arreglista (a)	**SELLO**
1963: 14	THE DAVE CLARK FIVE Londres	GLAD ALL OVER Dave Clark (p)	Columbia (EMI)
15	DIONNE WARWICK Nueva York	ANYONE WHO HAD A HEART Burt Bacharach (p, a)	Scepter
16	THE BEATLES Londres	I WANT TO HOLD YOUR HAND George Martin (s)	Parlophone (EMI)
17	RONNIE HAWKINS Nueva York	WHO DO YOU LOVE? Henry Glover	Roulette
1964: 1	THE SEARCHERS Londres	NEEDLES AND PINS Tony Hatch (p)	Pye
2	MILLIE Londres	MY BOY LOLLIPOP Chris Blackwell (p)	Fontana (Philips)
3	THE BEACH BOYS Hollywood	I GET AROUND Brian Wilson (p, a)	Capitol
4	MANFRED MANN Londres	DO WAH DIDDY DIDDY John Burgess (s) Manfred Mann (a)	HMV (EMI)
5	THE DRIFTERS Nueva York	UNDER THE BOARDWALK Bert Berns (p) Mike Leander (a)	Atlantic
6	THE ANIMALS Londres	THE HOUSE OF THE RISING SUN Mickie Most (p) Alan Price (a)	Columbia (EMI)
7	THE SUPREMES Detroit	WHERE DID OUR LOVE GO? Brian Holland y Lamont Dozier (p, a)	Motown (Gordy)
8	THE BEATLES Londres	A HARD DAY'S NIGHT George Martin (s)	Parlophone (EMI)
9	THE KINKS Londres	YOU REALLY GOT ME Shel Talmy (p)	Pye
10	MARTHA & THE VANDELLAS Detroit	DANCING IN THE STREET William «Mickey» Stevenson (p)	Gordy
11	THE SHANGRI-LAS Nueva York	REMEMBER (WALKING IN THE SAND) George «Shadow» Morton (p) Artie Butler (a)	Red Bird

AÑO y número de secuencia	**ARTISTA** Lugar de grabación	**TÍTULO** Productor (p) Supervisor (s) Arreglista (a)	**SELLO**
1964: 12	DON COVAY & THE GOODTIMERS Nueva York	MERCY MERCY Horace Ott (s)	Rosemart (Atlantic)
13	ROY ORBISON Nashville	OH PRETTY WOMAN Fred Foster (p)	Monument
14	LITTLE ANTHONY & THE IMPERIALS Nueva York	GOIN' OUT OF MY HEAD Teddy Randazzo (p)	DCP
15	PETULA CLARK Londres	DOWNTOWN Tony Hatch (p, a)	Pye
16	SANDIE SHAW Londres	(THERE'S) ALWAYS SO-METHING THERE TO REMIND ME Chris Andrews (p)	Pye
17	THE RIGHTEOUS BRO THERS Los Ángeles	YOU'VE LOST THAT LOVIN' FEELIN' Phil Spector (p) Gene Page (a)	Philles
18	GEORGIE FAME Londres	YEH YEH Tony Palmer (p)	Columbia (EMI)
1965: 1	THEM Londres	BABY PLEASE DON'T GO* / GLORIA * Bert Berns (p) / Dick Rowe (p)	Decca
2	SAM COOKE Los Ángeles (?)	SHAKE / A CHANGE IS GONNA COME Rene Hall (a)	RCA-Victor
3	THE TEMPTATIONS Detroit	MY GIRL Smokey Robinson (p)	Gordy
4	OTIS REDDING Memphis	MR PITIFUL Steve Cropper y Otis Redding (p)	Volt (Stax)
5	JOE TEX Muscle Shoals (Alabama)	HOLD WHAT YOU'VE GOT Buddy Killen (s) Rick Hall (a)	Dial
6	JUNIOR WALKER Detroit	SHOTGUN Berry Gordy y Lawrence Horn (p)	Soul (Gordy)
7	WILLIE TEE Nueva Orleans	TEASIN' YOU Wardell Quezerque (p)	Atlantic
8	SOLOMON BURKE Nueva York	GOT TO GET YOU OFF OF MY MIND Jerry Wexler (p)	Atlantic
9	THE YARDBIRDS Londres	FOR YOUR LOVE Paul Samwell-Smith (p)	Columbia (EMI)

AÑO y número de secuencia	ARTISTA Lugar de grabación	TÍTULO Productor (p) Supervisor (s) Arreglista (a)	SELLO
1965: 10	BOB DYLAN Nueva York	THE TIMES THEY ARE A-CHANGIN' Tom Wilson (p)	Columbia
11	SAM THE SHAM & THE PHARAOHS Memphis	WOOLY BULLY Stan Kesler (s)	MGM
12	THE DIXIE CUPS Nueva York	IKO IKO Jeff Barry y Ellie Greenwich (p)	Red Bird
13	THE SIR DOUGLAS QUINTET Houston (Texas)	SHE'S ABOUT A MOVER Huey Meaux (p)	Tribe
14	THE FOUR TOPS Detroit	I CAN'T HELP MYSELF Brian Holland y Lamont Dozier (p)	Motown (Gordy)
15	THE BYRDS Hollywood	MR. TAMBOURINE MAN Terry Melcher (p)	Columbia
16	SONNY AND CHER Hollywood	I GOT YOU BABE Sonny Bono (p) Harold Battiste (a)	Atco (Atlantic)
17	WILSON PICKETT Memphis	IN THE MIDNIGHT HOUR Jerry Wexler (p)	Atlantic
18	JAMES BROWN Cincinnati	PAPA'S GOT A BRAND NEW BAG James Brown (p)	King
19	THE MIRACLES Detroit	THE TRACKS OF MY TEARS Smokey Robinson (p)	Tamla (Gordy)
20	THE ANIMALS Londres	WE GOTTA GET OUT OF THIS PLACE Mickie Most (p)	Columbia (EMI)
21	BOB DYLAN Nueva York	LIKE A ROLLING STONE Tom Wilson (p)	Columbia
22	THE McCOYS Nueva York	HANG ON SLOOPY Bert Berns (p)	Bang
23	BARRY McGUIRE Los Ángeles	EVE OF DESTRUCTION Lou Adler (p)	Dunhill (ABC)
24	THE LOVIN' SPOONFUL Nueva York	DO YOU BELIEVE IN MAGIC? Erik Jacobsen (p)	Kama Sutra

AÑO y número de secuencia	**ARTISTA** Lugar de grabación	**TÍTULO** Productor (p) Supervisor (s) Arreglista (a)	**SELLO**
1965: 25	THE ROLLING STONES Londres	(I CAN'T GET NO) SATISFACTION Mick Jagger y Keith Richard (p)	Decca
26	FONTELLA BASS Chicago	RESCUE ME Oliver Sain (p)	Chess
27	MARVIN GAYE Detroit	AIN'T THAT PECULIAR Smokey Robinson (p)	Tamla (Gordy)
28	THE WHO Londres	MY GENERATION Shel Talmy (p)	Brunswick
29	SIMON & GARFUNKEL Nueva York	THE SOUNDS OF SILENCE Tom Wilson (p)	Columbia
30	THE SPENCER DAVIS GROUP Londres	KEEP ON RUNNING Chris Blackwell (p)	Fontana
31	MITCH RYDER & THE DETROIT WHEELS Detroit	JENNY TAKE A RIDE Bob Crewe (p)	New Voice (Bell)
32	THE BEATLES Londres	WE CAN WORK IT OUT / DAY TRIPPER George Martin (p)	Parlophone (EMI)
33	STEVIE WONDER Detroit	UPTIGHT (EVERYTHING IS ALL RIGHT) Hank Cosby y Mickey Stevenson (p)	Tamla (Gordy)
1966: 1	THE MAMAS AND THE PAPAS Hollywood	CALIFORNIA DREAMIN' Lou Adler (p)	Dunhill
2	NANCY SINATRA Hollywood	THESE BOOTS ARE MADE FOR WALKING Lee Hazlewood (p)	Reprise
3	THE BOBBY FULLER FOUR Hollywood	I FOUGHT THE LAW Bob Keene (s)	Mustang (Keen)
4	THE ISLEY BROTHERS Detroit	THIS OLD HEART OF MINE Brian Holland y Lamont Dozier (p)	Tamla (Gordy)
5	THE YARDBIRDS Londres	SHAPES OF THINGS Paul Samwell-Smith (p)	Columbia

AÑO y número de secuencia	**ARTISTA** Lugar de grabación	**TÍTULO** Productor (p) Supervisor (s) Arreglista (a)	**SELLO**
1966: 6	THE YOUNG RASCALS Nueva York	GOOD LOVIN' Tom Dowd y Arif Mar- din (p)	Atlantic
7	CHER Hollywood	BANG BANG Sonny Bono (p) Harold Battiste (a)	Imperial
8	DUSTY SPRINGFIELD Londres	YOU DON'T HAVE TO SAY YOU LOVE ME Johnny Franz (p)	Philips
9	PERCY SLEDGE Muscle Shoals (Alabama)	WHEN A MAN LOVES A WOMAN Quin Ivy (p)	Atlantic
10	SAM & DAVE Memphis	HOLD ON, I'M COMIN' Isaac Hayes y Dave Por- ter (p)	Stax
11	THE TROGGS Londres	WILD THING Larry Page (p)	Fontana
12	THE TEMPTATIONS Detroit	AIN'T TOO PROUD TO BEG Norman Whitfield (p)	Gordy
13	IKE & TINA TURNER Hollywood	RIVER DEEP, MOUNTAIN HIGH Phil Spector (p)	Philles
14	THE LOVIN' SPOONFUL Nueva York	SUMMER IN THE CITY Erik Jacobsen (p)	Kama Sutra
15	LEE DORSEY Nueva Orleans	WORKING IN A COAL MINE Allen Toussaint (p)	Amy (Bell)
16	THE BEATLES Londres	ELEANOR RIGBY George Martin (p)	Parlophone (EMI)
17	THE SUPREMES Detroit	YOU CAN'T HURRY LOVE Brian Holland y Lamont Dozier (p)	Motown (Gordy)
18	THE WAILERS Kingston (Jamaica)	I'M GONNA PUT IT ON Coxsone Dodd (p)	Studio One
19	THE FOUR TOPS Detroit	REACH OUT (I'LL BE THERE) Brian Holland y Lamont Dozier (p)	Motown (Gordy)
20	? & THE MYSTERIANS Flint (Michigan)	96 TEARS Rudy Martinez (a)	(Pa Go Go) Cameo
21	THE BEACH BOYS Los Ángeles	GOOD VIBRATIONS Brian Wilson (p)	Capitol

AÑO y número de secuencia		ARTISTA Lugar de grabación	TÍTULO Productor (p) Supervisor (s) Arreglista (a)	SELLO
1966:	22	THE SUPREMES Detroit	YOU KEEP ME HANGIN' ON Brian Holland y Lamont Dozier (p)	Motown (Gordy)
	23	AARON NEVILLE Nueva Orleans	TELL IT LIKE IT IS Allen Toussaint (p)	Parlo
	24	THE MONKEES Los Ángeles	I'M A BELIEVER Tommy Boyce y Bobby Hart (p)	Colgems
	25	THE ELECTRIC PRUNES Los Ángeles	I HAD TOO MUCH TO DREAM LAST NIGHT Dave Hassinger (p)	Reprise
	26	CREAM Londres	I FEEL FREE Robert Stigwood (p)	Reaction
1967:	1	THE JIMI HENDRIX EXPERIENCE Londres	HEY JOE Chas Chandler (p)	Polydor
	2	MARVIN GAYE & KIM WESTON Detroit	IT TAKES TWO Mickey Stevenson (p)	Tamla (Gordy)
	3	BUFFALO SPRINGFIELD Los Ángeles	FOR WHAT IT'S WORTH Charles Greene y Brian Stone (p)	Atco(Atlantic)
	4	THE TURTLES Los Ángeles	HAPPY TOGETHER Joe Wissert (p)	White Whale
	5	DYKE & THE BLAZERS Los Ángeles	FUNKY BROADWAY Coleman y Barrett para Desert Sound (p)	Original Sound
	6	PRINCE BUSTER Kingston (Jamaica)	AL CAPONE Prince Buster (p)	Blue Beat
	7	ARETHA FRANKLIN Muscle Shoals (Alabama)	I NEVER LOVED A MAN Jerry Wexler (p)	Atlantic
	8	THE JEFFERSON AIRPLANE San Francisco	SOMEBODY TO LOVE Rick Jarrard (p)	RCA-Victor
	9	THE RASCALS Nueva York	GROOVIN' The Rascals (p)	Atlantic
	10	PAUL REVERE & THE RAIDERS Los Ángeles	HIM OR ME, WHAT'S IT GONNA BE Terry Melcher (p)	Columbia
	11	THE KINKS Londres	WATERLOO SUNSET Ray Davies (p)	Pye

AÑO y número de secuencia	ARTISTA Lugar de grabación	TÍTULO Productor (p) Supervisor (s) Arreglista (a)	SELLO
1967: 12	PROCOL HARUM Londres	A WHITER SHADE OF PALE Denny Cordell (p)	Deram
13	THE DOORS Los Ángeles	LIGHT MY FIRE Paul Rothschild (p)	Elektra
14	STEVIE WONDER Detroit	I WAS MADE TO LOVE HER Hank Cosby (p)	Tamla (Gordy)
15	TRAFFIC Londres	PAPER SUN Jimmy Miller (p)	Island
16	DESMOND DEKKER & THE ACES Kingston (Jamaica)	007 (SHANTY TOWN) Leslie Kong (p)	Pyramid
17	VAN MORRISON Nueva York	BROWN EYED GIRL Bert Berns (p)	Bang
18	BOBBIE GENTRY Los Ángeles	ODE TO BILLIE JOE Kelly Gordon (p) Jimmie Haskell (a)	Capitol
19	PINK FLOYD Londres	SEE EMILY PLAY Norman Smith (p)	Harvest (EMI)
20	THE BOX TOPS Memphis	THE LETTER Dan Penn (p)	Mala (Bell)
21	THE SMALL FACES Londres	ITCHYCOO PARK Ronnie Lane y Steve Marriott (p)	Immediate
22	JACKIE WILSON Chicago	(YOUR LOVE KEEPS LIFTING ME) HIGHER AND HIGHER Carl Davis (p)	Brunswick
23	JAMES CARR Muscle Shoals (Alabama)	DARK END OF THE STREET Dan Penn, Quentin Claunch (p)	Goldwax
24	TOMMY JAMES & THE SHONDELLS Nueva York	I THINK WE'RE ALONE NOW Ritchie Cordell (p)	Roulette
25	GLADYS KNIGHT & THE PIPS Detroit	I HEARD IT THROUGH THE GRAPEVINE Norman Whitfield (p)	Soul (Gordy)
1968: 1	OTIS REDDING Memphis	(SITTIN' ON) THE DOCK OF THE BAY Otis Redding y Steve Cropper (p)	Volt (Stax)

AÑO y número de secuencia	**ARTISTA** Lugar de grabación	**TÍTULO** Productor (p) Supervisor (s) Arreglista (a)	**SELLO**
1968: 2	THE DELFONICS Filadelfia	LA LA MEANS I LOVE YOU Thom Bell (p)	Phylly Groove (Bell)
3	SLY & THE FAMILY STONE San Francisco	DANCE TO THE MUSIC Sylvester Stewart (p)	Epic (CBS)
4	THE SMALL FACES Londres	LAZY SUNDAY Steve Marriott y Ronnie Lane (p)	Immediate
5	MERILEE RUSH & THE TURNABOUTS Memphis	ANGEL OF THE MORNING Tommy Cogbill y Chips Moman (p)	Bell
6	STEPPENWOLF Los Ángeles	BORN TO BE WILD Gabriel Mekler (p)	Dunhill
7	CREAM Nueva York	SUNSHINE OF YOUR LOVE Felix Pappalardi (p)	Atco (Atlantic)
8	THE BAND Woodstock (Nueva York)	THE WEIGHT John Simon (p)	Capitol
9	THE BEATLES Londres	HEY JUDE George Martin (p)	Apple
10	HUGH MASEKELA Nueva York	GRAZING IN THE GRASS Stewart Levine (p)	UNI
11	JOHNNIE TAYLOR Memphis	WHO'S MAKING LOVE Don Davis (p)	Stax
12	TAMMY WYNETTE Nashville	STAND BY YOUR MAN Billy Sherrill (p)	Columbia
13	DIANNA ROSS &THE SUPREMES Detroit	LOVE CHILD The Corporation (p)	Motown (Gordy)
14	MARVIN GAYE Detroit	I HEARD IT THROUGH THE GRAPEVINE Norman Whitfield (p)	Tamla (Gordy)
15	FLEETWOOD MAC Londres	ALBATROSS Mike Vernon (p)	Blue Horizon
16	TYRONE DAVIS Chicago	CAN I CHANGE MY MIND Carl Davis (p)	Dakar (Atlantic)
1969: 1	JOE SOUTH Atlanta (Georgia)	GAMES PEOPLE PLAY Joe South (p, a)	Capitol
2	CREEDENCE CLEARWATER REVIVAL San Francisco	PROUD MARY John Fogerty (p, a)	Fantasy

AÑO y número de secuencia	ARTISTA Lugar de grabación	TÍTULO Productor (p) Supervisor (s) Arreglista (a)	SELLO
1969: 3	VELVET UNDERGROUND Nueva York	PALE BLUE EYES Velvet Underground (p)	Verve (MGM)
4	THE EDWIN HAWKINS SINGERS San Francisco	OH HAPPY DAY Edwin Hawkins (p, a)	Pavilion (Buddah)
5	DESMOND DEKKER Kingston (Jamaica)	THE ISRAELITES Leslie Kong (p)	Pyramid
6	FLEETWOOD MAC Londres	MAN OF THE WORLD Fleetwood Mac (p)	Immediate
7	TONY JOE WHITE Nashville	POLK SALAD ANNIE Billy Swan (p)	Monument
8	THE ROLLING STONES Londres	HONKY TONK WOMEN Jimmy Miller (p)	Decca
9	THE ARCHIES Nueva York	SUGAR SUGAR Jeff Barry (p)	Calendar
10	DAVID BOWIE Londres	SPACE ODDITY Gus Dudgeon (p, a)	Philips
11	CROSBY, STILLS & NASH Los Ángeles	SUITE: JUDY BLUE EYES Crosby, Stills and Nash (p)	Atlantic
12	MERLE HAGGARD Bakersfield (California)	WORKING MAN BLUES Ken Nelson (p)	Capitol
13	THE PIONEERS Kingston (Jamaica)	LONG SHOT KICK THE BUCKET Leslie Kong (p)	Trojan
14	HARRY J ALL STARS Kingston (Jamaica)	THE LIQUIDATOR Harry Johnson (p)	Trojan
15	JIMMY CLIFF Kingston (Jamaica)	WONDERFUL WORLD, BEAUTIFUL PEOPLE Leslie Kong (p)	Trojan
16	THE JACKSON FIVE Detroit	I WANT YOU BACK The Corporation (p)	Motown
1970: 1	SLY & THE FAMILY STONE San Francisco	THANK YOU (FALETTINME BE MICE ELF AGAIN) / EVERYBODY IS A STAR Sly Stone (p)	Epic (Columbia)

AÑO y número de secuencia	ARTISTA Lugar de grabación	TÍTULO Productor (p) Supervisor (s) Arreglista (a)	SELLO
1970: 2	SIMON & GARFUNKEL Nueva York	BRIDGE OVER TROUBLED WATER Phil Ramone y Paul Simon (p)	Columbia
3	THE MAYTALS Kingston (Jamaica)	MONKEY MAN Leslie Kong y Warrick Lynn (p)	Trojan
4	DONNY HATHAWAY Nueva York	THE GHETTO King Curtis (p)	Atco
5	FREE Londres	ALL RIGHT NOW Free (p)	Island
6	PAUL KELLY Nashville	STEALING IN THE NAME OF THE LORD Buddy Killen (p)	Happy Tiger
7	EDWIN STARR Detroit	WAR Norman Whitfield (p)	Gordy
8	JAMES BROWN Cincinnati	GET UP (I FEEL LIKE BEING A) SEX MACHINE James Brown (p)	King
9	JAMES TAYLOR Hollywood	FIRE AND RAIN Peter Asher (p)	Warner Brothers
10	KING FLOYD Jackson (Mississippi)	GROOVE ME Wardell Quezerque (p)	Chimneyville (Atlantic)
11	T. REX Londres	RIDE A WHITE SWAN Tony Visconti (p)	Fly
12	JERRY REED Nashville	AMOS MOSES Chet Atkins (p)	RCA
13	DOLLY PARTON Nashville	JOSHUA Bob Ferguson (p)	RCA
1971: 1	SAMMI SMITH Nashville	HELP ME MAKE IT THROUGH THE NIGHT Jim Malloy (p)	Mega
2	THE STYLISTICS Filadelfia (Pensilvania)	YOU'RE A BIG GIRL NOW Thom Bell (p, a)	Avco-Embassy
3	THE TEMPTATIONS Detroit	JUST MY IMAGINATION Norman Whitfield (p)	Gordy
4	MARVIN GAYE Detroit	WHAT'S GOIN' ON Marvin Gaye (p)	Tamla (Gordy)
5	DEREK & THE DOMINOES Miami (Florida)	LAYLA Tom Dowd (p)	Atco (Atlantic)

AÑO y número de secuencia	ARTISTA Lugar de grabación	TÍTULO Productor (p) Supervisor (s) Arreglista (a)	SELLO
1971: 6	CAROLE KING Los Ángeles	IT'S TOO LATE Lou Adler (p)	Atco (Atlantic)
7	FREDA PAYNE Detroit	BRING THE BOYS HOME Greg Perry (p)	Ode (A&M)
8	AL GREEN Memphis	TIRED OF BEING ALONE Willie Mitchell (p)	Hi
9	DENISE LASALLE Memphis	TRAPPED BY A THING CALLED LOVE Willie Mitchell (p)	Westbound
10	ROD STEWART Londres	MAGGIE MAY Rod Stewart (p)	Mercury
11	ISAAC HAYES Memphis	SHAFT Isaac Hayes (p)	Stax
12	THE CHI-LITES Chicago	HAVE YOU SEEN HER Eugene Record (p)	Brunswick
13	SLADE Londres	COZ I LOVE YOU Chas Chandler (p)	Polydor
14	BETTY WRIGHT Miami (Florida)	CLEAN UP WOMAN Willie Clarke y Clarence Reid (p) «Little Beaver» (a)	Alston (Atlantic)
15	DON McLEAN Nueva York	AMERICAN PIE Ed Freeman (p, a)	United Artists

Discos recopilatorios recomendados

La siguiente selección se ha elaborado con la intención de presentar los discos de la Guía de Audición de este libro en la versión que fue un éxito en la época, en una serie de recopilaciones de varios artistas con un mínimo de temas duplicados en los diversos discos y con una preferencia por las compañías que se han comprometido en mantener los discos en sus catálogos. Aunque los álbumes recopilatorios no siempre gozan de la aprobación de los entendidos, para este oyente han sido la «entrada» a muchos artistas y estilos. El incluir recomendaciones de álbumes de intérpretes individuales habría hecho que la lista fuera difícil de manejar.

Ninguna guía puede ser definitiva jamás, y en las tiendas hay toda clase de trampas para el comprador inexperto: no tan sólo hay tomas alternativas y mezclas de las grabaciones originales de muchos éxitos (incluidas versiones en estéreo y piezas de álbum sin el montaje o el acabado preciso), sino que muchos intérpretes grabaron sus canciones famosas más de una vez a medida que iban de un sello a otro en sus años de declive. La lista siguiente se refiere a compañías cuya política es la de utilizar sólo los originales (aunque la Rhino, frustrada por no poder acceder a la versión original de «The Twist» de Chubby Checker, ha puesto una grabación posterior, en vez de aprovechar la oportunidad para proclamar que en realidad nunca fue la primera). Para más información sobre cada recopilatorio, como la identificación de las piezas en mono o en estéreo y una valoración de la calidad de sonido, véase *Oldies on CD* de Mike Callahan, que figura en la bibliografía. Sus comentarios son, en su mayor parte, acertados, aunque prefiere las versiones en estéreo, incluso cuando no eran las versiones que se difundieron por la radio en la época.

Antiguamente cualquier lista de discos recomendados corría el peligro de ser secuestrada por las inconsecuentes políticas de reedición de muchas compañías, en las que un cambio de personal podían comportar la supresión de lanzamientos recopilados esmeradamente por una dinastía anterior. Pero los tiempos están cambiando, con la Rhino Records, en Estados Unidos, y la Ace Records en Gran Bretaña, a la cabeza. Con el trabajo de un personal técnico que emplea el tiempo necesario para localizar los másters originales de estudio para todos sus lanzamientos la contratación de expertos para seleccionar y anotar los recopilatorios y la presentación en atractivos envoltorios, la Rhino y la Ace han establecido las normas que las demás compañías se han visto obligadas a cumplir.

La MCA, después de añadir la Chess a sus catálogos propios de la Decca, ABC y Duke/Peacock, se embarcó en un rastreo minucioso de sus archivos, aunque los resultados fueron de difícil acceso en Gran Bretaña a causa de una controversia con otra compañía sobre los derechos de los archivos de la Chess. En la sede de Hollywood de la Capitol/EMI se puso en marcha un lanzamiento de «box sets» de los archivos de Capitol, Aladdin, Imperial, Liberty, Roulette y Sue, y la mayoría de las reediciones estuvieron disponibles en Gran Bretaña como ediciones nacionales o de importación. La Sequel, una división de Castle Communications, distribuyó en Gran Bretaña algunos de los recopilatorios de la Rhino, además de los suyos propios, por encargo de los archivos de la EMI. La sede estadounidense de la Polygram inició una serie coherente de reediciones bajo el lema *Chronicles*, mientras la Columbia se puso a la cabeza de las grandes compañías con la calidad de sus reediciones de blues y de música country.

Por lo general, los mejores recopilatorios tienden a ser comercializados casi a precio normal para cubrir los costes de contratar a asesores para la investigación y anotación de los lanzamientos así como el intensivo trabajo de posproducción. Pero hay que destacar los lanzamientos a precio reducido de la británica Music Club International: bien concebidos, atractivamente presentados con notas informativas y bien masterizados.

Una nota de aviso: aunque las recopilaciones en CD proporcionan al oyente sentado en su sillón una manera cómoda de escuchar música de otra época, no todas hacen revivir la experiencia de hacerlo como entonces. Los surcos amplios y profundos de los sencillos de 78 rpm generaban un sonido grande y cálido que desapareció con cada formato sucesivo; los sencillos de 45 rpm, los álbumes de 33 rpm y los CDs masterizados digitalmente tendían sucesivamente a favorecer frecuencias más altas que el formato anterior a costa de la «profundidad». Difundidos por los altavoces enormes de los jukebox, los discos de 78 desprendían un sonido enorme que sólo se puede percibir aproximadamente mediante los CDs en un equipo doméstico de alta fidelidad o en un equipo portátil. Los poseedores de sencillos de Elvis de 78 rpm de la Sun argumentan que ningún otro formato se ha acercado a reproducir su impacto. El resultado mejora cuando se sube el nivel de bajos del amplificador, pero todavía se queda lejos.

Cuando los sencillos de 45 rpm se convirtieron en el formato habitual para la música pop y la atención de los ingenieros de masterización pasó de los jukebox a la radio, llegó a ser una práctica común variar la velocidad de las cintas para aumentar el tempo, añadir compresión para lograr que los discos parecieran más fuertes y aumentar las frecuencias agudas para permitir que llegaran a los radio transistores de baja calidad. A veces los discos que en la radio sonaban maravillosamente podían ser decepcionantes en un buen equipo doméstico, en donde su energía chillona y quebradiza parecía inadecuada. Así que ahora los ingenieros, cuando masterizan las recopilaciones de estos discos antiguos, tienen que acertar con el equilibrio entre el conocimiento de su función original al tiempo que buscan satisfacer las expectativas de un sonido limpio y claro de los CDs por parte de una nueva generación. No hay ninguna norma en absoluto. En general, hay una tendencia en la mayoría de las grabaciones de sonar de manera más «pulida» en CD, y a veces puede ser difícil de comprender por qué algunas piezas se consideran excitantes. Algunos CDs despliegan una presencia y una calidez que no se consiguió nunca en vinilo, pero otros no consiguen captar las indefinibles cualidades sencillas de los discos.

Aunque esta lista se limita generalmente a los lanzamientos británicos, buen número de las recomendaciones son de la Rhino cuyos investigadores se han animado a ignorar las complicaciones acarreadas en piezas sacadas de varios cesores de derechos. El resultado es una gama incomparable de colecciones ingeniosas y variadas que, en su mayor parte, merecen el esfuerzo de pagar los altos precios de importación que pueden costar.

A menos que no se indique expresamente, los recopilatorios son CDs sencillos editados en Gran Bretaña, salvo las ediciones estadounidenses de la Rhino señaladas con el prefijo R2. El servicio por correspondencia de Red Lick Records puede proporcionar cualquier edición británica: PO Box 3, Porthmadog, Gwynedd, Wales LL48 6AQ. Zeus Music Corporation, PO Box 301, Ilford, Essex IG5 OAL, proporciona artículos del catálogo de Rhino en su servicio de venta por correo.

Muchas gracias a Roger Armstrong y Gary Stewart por su ayuda.

Claves del sistema de clasificación:

*** esencial para los principiantes en general;
** sumamente recomendado.
* recomendado.

1. RECOPILATORIOS POR PROCEDENCIA

Chicago

** *The Chess Blues Box* (4 por CD. MCA/Chess CHD4-9340).
La Chess/Checker fue la mayor compañía dedicada al blues de la posguerra y aquí está la prueba: 101 piezas de Muddy, Wolf, Sonny Boy Williamson, J. B. Lenoir, Little Walter y otros.

** *Chess Rhythm and Roll* (4 por CD. MCA/Chess CHD4-9352).
La cara comercial del catálogo de la Chess, desde el rock 'n' roll de Chuck Berry y

Bo Diddley hasta los Moonglows y los Flamingos, pasando por el soul de Fontella Bass & Bobby McClure, Little Milton y Sugar Pie De Santo.

*** *Blues Masters, Vol. 2: Post-War Chicago* (R2 71122).
Selección impecable de lo mejor de la ciudad, de Muddy Waters y Howlin' Wolf hasta Otis Rush y Buddy Guy.

** *The Vee Jay Story* (2 por CD. Charly CDLAB 104).
John Lee Hooker, Jimmy Reed, Betty Everett, Jerry Butler y muchos más, en el único sello importante de propiedad negra anterior a la Motown Records de Berry Gordy en Detroit.

Cincinnati

*** *The King R&B Box Set* (4 por CD. King KBFCD 7002).
Tres de los cuatro CDs incluyen piezas importantes de los músicos de la King que no están en la, por otra parte, casi definitiva rhythm and blues *Box* de la Rhino (véase la Sección 2, **Rhythm and Blues**): Earl Bostic, Roy Brown, Wynonie Harris, Dominoes, Five Royales, Little Willie John y Bill Doggett; el cuarto CD documental incluye una entrevista con el irascible fundador de la compañía, el fallecido Syd Nathan.

Detroit

*** *Hitsville USA: The Motown Singles Collection, 1959-1971* (4 por CD. Motown 530 129-2).
Ningún otro sello tuvo jamás un porcentaje tan alto de éxitos por lanzamiento durante un período tan largo. Esta caja contiene 104 piezas, y cada una de ellas es fabulosa, desde «Money» de Barrett Strong y «Shop Around» de los Miracles, hasta las Supremes y los Temptations, pasando por Marvin Gaye, Junior Walker y los Jackson Five.

** *H-D-H Present the Hits of Hot Wax and Invictus* (HDH HDHCD 501)
Después de que la Motown se trasladara a Los Ángeles, Holland Dozier y Holland permanecieron en Detroit donde grabaron estos éxitos de Freda Payne («Band of Gold» y «Bring the Boys Home»), Laura Lee («Women's Love Rights») y de Chairmen of the Board.

Filadelfia

CAMEO-PARKWAY. Controlada por la ABKCO, que manifiesta no tener planes de ninguna edición de conjunto en el momento de imprimir este libro. Por consiguiente «96 Tears» de ? & the Misterians tan sólo está disponible «extraoficialmente» en varios recopilatorios piratas.

The Jamie-Guyden Story (2 por CD. Alemania: Bear Family BCD 15874-BH).
La mayor parte de la producción de la compañía se encargó a productores independientes de todo el país, sobre todo a Lee Hazlewood, residente en **Phoenix** (**Arizona**) (Duane Eddy, Ray Sharpe, Sanford Clark), y también incluye a Huey Meaux, de Houston (que produjo «You'll Lose a Good Thing» de Barbara Lynn en **Nueva Orleans**).

Georgia

Actualmente no hay nada disponible, aunque alcanzaría para una caja de cuatro CDs, que iría del destacable elenco de cantantes negros naturales del estado (Ray Charles, Chuck Willis, Little Richard, Otis Redding) hasta el pop de los 60 (Ray

Stevens y Joe South) y las bandas de boogie de los setenta (Allman Brothers) y hasta nuestros días con los B-52s y REM.

Houston

** Duke-Peacocks's Greatest Hits (1 por CD. EE. UU. MCA MCAD-10666).
Bobby Bland, Junior Parker y otros, en su mayor parte grabados con las bandas de Joe Scott y Bill Harvey. (Véase también **Texas**, más adelante.)

Kingston (Jamaica)

** *The Trojan Story* (2 por CD. Trojan CDTRD 402).
La mayoría de los éxitos reggae que entraron en las listas británicas durante los años sesenta y los primeros setenta: Desmond Dekker, Pioneers, Jimmy Cliff.

*** *The Harder They Come* (Mango RRCD 11)
La banda sonora de la película que ayudó a establecer el reggae en los Estados Unidos; una hábil colección de la mejor música jamaicana de la época, de Jimmy Cliff, los Maytals y otros.

** *Tougher Than Tough: The Story of Jamaican Music* (4 por CD. Mango 1BXCD 1/5 18 399-2).
Los dos primeros volúmenes que comprenden de los años de 1958 a 1974 demuestran la evolución de la música jamaicana desde el r&b al estilo de Nueva Orleans a los ritmos característicos del reggae: Prince Buster, el primer Bob Marley, los Maytals.

Los Ángeles

** *The Aladdin Records Story* (2 por CD. EMI 7-24383 08822 5).
De «Flying Home» de Illinois Jacquet, de 1945, a «Little Bitty Pretty One» de Thurston Harris, pasando por Helen Humes, Amos Milburn, Shirley & Lee y Gene & Eunice. Sólidamente bueno, a menudo magnífico.

* *Back to Mono, 1958-1969 [The Phil Spector Box Set]* (4 por CD. EE. UU.: ABKCO 7118-2).
Todos los éxitos y muchas piezas desconocidas de las Ronettes, las Crystals y de muchos más, incluida la obra maestra que las emisoras de radio estadounidenses rechazaron difundir: «River Deep, Mountain High» de Ike and Tina Turner.

The Birth of a Dream: Capitol's Early Days (EE. UU.: Capitol CDP 7-98664).
Incluye la versión de 1942 de «Cow Cow Boogie» de Don Raye por Ella Mae Morse y Freddie Slack.

The Del-Fi & Donna Story (Ace CDCHD 313).
Con «La Bamba» de Ritchie Valens como protagonista, al lado de intérpretes en su mayor parte de segunda fila que incluyen otro cantante chicano, Chan Romero, cuyo «Hippy Hippy Shake» fue versionada por algunos grupos de Liverpool.

Dot's Cover-to-Cover... Hit Upon Hit (Ace CDCHD 609).
Musicalmente indigerible. Treinta de las versiones populares blancas de la Dot copiadas de éxitos de rhythm and blues; Pat Boone, Gale Storm, las Fontane Sisters entre los culpables.

IMPERIAL. Sin recopilatorio del sello actualmente disponible (véase **Nueva Orleans**, *Crescent City Soul*, más adelante).

** *The Modern/RPM Story* (4 por CD. Ace ABOXCD 6).
De Hadda Brooks y John Lee Hooker, hasta B. B. King y Johnny «Guitar» Watson, pasando por Marvin & Johnny y Etta James.

Sam Cooke's Star Records Story, 1959-65 (2 por CD. EE. UU.: ABKCO 2231-2).
Mientras su propia carrera se frustró por grabaciones más allá de lo comercial, Sam Cooke se atrevió con un sonido más auténtico cuando produjo a otros artistas, para su sello, como los Valentinos y Johnnie Taylor.

** *The Specialty Story* (5 por CD. Ace/Specialty 5SPCD 4412-2).
Horas de entretenimiento asegurado, con los explosivos másters de Little Richard junto con el blues de combo de Roy Milton, hasta Lloyd Price, Percy Mayfield y Sam Cooke con los Soul Stirrers, pasando por el proto-punk de Don & Dewey.

* *The Surf Set* (3 por CD. Sequel NXTCD 249).
Colección definitiva de setenta y dos piezas, con prácticamente todos los éxitos y muchos fracasos de la época surf y hot rod de los primeros años sesenta: Dick Dale, Jan & Dean, Beach Boys, Surfaris, etc.

Memphis

** *Blue Flames: A Sun Blues Collection* (R2 70962).
Jackie Brenston, Howlin' Wolf y la maravillosa versión original de «Mistery Train» de los Little Junior's Blue Flames.

** *The Hi Records Story* (Demon/Hi CD 101).
Ambientes melosos en su mayor parte, desde el Bill Black's Combo y «Tuff» de Ace Cannon hasta las producciones de Willie Mitchell para Al Green y Ann Peebles.

* *Blues Masters, Vol. 12: Memphis Blues* (R2 71129)
Desde los Beale Street Sheiks de preguerra hasta Bobby «Blue» Bland and the Beale Streeters, vía John Estes y Rosco Gordon.

* *The Complete Stax/Volt Singles, 1959-1968* (9 por CD. Atlantic/Stax 7 82218-2).
El sonido de Memphis a medida que evolucionó de las derivaciones del rock 'n' roll y floreció con las innovaciones del soul; literalmente todos los sencillos editados por la Stax y sus distintas subsidiarias hasta el final de su acuerdo de distribución con Atlantic. Inevitablemente desigual, ya que contiene todos los fracasos además de los éxitos, la mayoría de los cuales también están en la caja *The Atlantic Rhythm & Blues* (véase **Nueva York**, más adelante).

* *The Complete Stax Singles, Volume Two: 1968-71* (9 por CD. Ace/Stax 9SCD-4411-2).
De la época posterior a la separación de la Stax de la Atlantic, cuando la producción de la compañía fue más sólida tanto en cuanto al sonido como al éxito. Muchos momentos emocionantes, en especial a cargo de Johnny Taylor y los Staple Singers.

*** *The Sun Records Story* (4 por CD. Charly CDSUN BOX 6).
Desde las primeras sesiones de Sam Phillips con Howlin' Wolf e Ike Turner, hasta los éxitos de rhythm and blues de la Sun a cargo de Junior Parker y Rufus Thomas, pasando por los éxitos de rock 'n' roll de Johnny Cash, Carl Perkins y Jerry Lee Lewis. Están ausentes de la caja las piezas de Elvis que Phillips vendió a la RCA, y de las cuales la Rhino consiguió comprar los derechos para su edición equivalente, *The Sun Records Collection* (3 por CD R2 71780).

Muscle Shoals (Alabama)

** *The Muscle Shoals Sound* (R2 71517).
Soul profundo desde el Sur: de Arthur Alexander a los Staple Singers, vía Aretha Franklin, Laura Lee y Percy Sledge.

Nashville (Tennessee)

* *Authentic Excello R&B* (Ace/Excello CD CHD 492).

La mayoría de estas piezas se grabaron en Crowley (Luisiana) con los derechos cedidos a la Excello de Nashville. Publicados en Gran Bretaña en el sello Stateside de la EMI en 1963, estos blues pantanosos llegaron a ser una importante influencia en los jóvenes grupos británicos de rhythm and blues, entre los cuales los Rolling Stones, los Kinks y los Yardbirds grabaron versiones de canciones de Slim Harpo, Lazy Lester y Lightnin' Slim.

Hillbilly Fever, Vol. 3: Legends of Nashville (R2 71902).

Country pre-Elvis, a cargo de Red Foley, Kitty Wells, etc.

MONUMENT RECORDS. No hay ningún CD recopilatorio de éxitos del sello de Fred Foster actualmente disponible.

Nueva Orleans

The Best of Ace Records: The rhythm and blues *Hits* (EE. UU.: Scotti Brothers 72392 75406-2).

Huey Smith & the Clowns, Earl King, Bobby Marchan. (Descatalogado en el curso de esta edición, pueden quedar algunos en las tiendas.)

** *Jockomo Jockomo* (Music Club International MCCD 206).

Un sampler a precio económico de tres décadas de los artistas menos famosos de la ciudad, como Johnny Adams, Irma Thomas y Tommy Ridgely, que confirman que el sonido de esta ciudad sobrevive intacto y vibrante.

* *Crescent City Soul: The Sound of New Orleans, 1947-74* (4 por CD. EE. UU.: EMI 7243 8 37350 2 0).

El primer disco proporciona un curso intensivo en veintiocho piezas de historia de los sonidos únicos de la ciudad, y abarca tanto los artistas locales como algunos de los visitantes que llegaron en busca de la atmósfera propicia: de Professor Longhair a Labelle, pasando por Fats Domino, Little Richard y los Meters. Los otros tres CDs cavan hondo en los archivos de la EMI, sobre todo en los sellos Imperial, Aladdin y Minit.

* °*The Minit Records Story* (2 por CD. EMI/Minit 7-24383 08792 1).

Las producciones de Allen Toussaint en los primeros años sesenta para Ernie K-Doe, los Showmen y Aaron Neville.

NB: *The Specialty Story* contiene muchos de los mejores momentos que se grabaron en la ciudad (véase **Los Ángeles,** más arriba).

Nueva York

*** *Atlantic Rhythm & Blues* (7 por CD. Atlantic 82305).

Desde el progreso del sello en 1949 con «Drinkin' Wine Spo-De-O-Dee» de Stick McGhee, pasando por Ruth Brown y Joe Turner, los Clovers y Ray Charles, o las diversas formaciones de los Drifters, hasta la época soul de Otis, Percy y Aretha; con éxitos de varios sellos en distribución, sobre todo Stax. Incluye treinta y cinco piezas de la Guía de Audición. Incomparable.

* *Blues Masters, Vol 13: New York City Blues* (R2 71131).

Colección pulcra de las big bands de jazz que precedieron inmediatamente a los más reducidos combos de rock 'n' roll: éxitos bailables de las.orquestas dirigidas por Lionel Hampton, Duke Ellington, Lucky Millinder y Count Basie.

The Brill Building Sound (4 por CD. EE. UU.: Era 5025-2).

Un concepto emprendedor, que reúne de muchas fuentes las versiones de éxito de las canciones compuestas por Goffin & King, Pomus & Shuman, Mann & Weil, Sedaka & Greenfield y los demás, para los que componer una canción era tan sólo un día más en la oficina. (Callahan señala una calidad de sonido desigual.)

The Cadence Story (1 por CD. Ace CDCHD 550).

Pop grabado limpiamente de los Everly Brothers, Johnny Tillotson, etc.

* *The Fire/Fury Story* (Charly CDLAB 102).

La producción impresionante de los sellos de Bobby Robinson, uno de los pocos propietarios negros de sellos discográficos en los cincuenta: Lee Dorsey, King Curtis, Gladys Knight & the Pips, Elmore James.

JUBILEE. Aunque ha habido un buen número de CDs recopilatorios muy especializados de los intérpretes individuales del sello, como las cajas de la Bear Family que documentaban la producción completa de los Orioles (6 por CD) y los Cadillacs (4 por CD), y una serie en curso a cargo de la Sequel con muchas piezas desconocidas, no hay ninguna recopilación de todos los éxitos del sello.

* *The Look of Love: The Classic Songs of Burt Bacharach* (A&M 535 190-2).

Realizado en su gran parte en Nueva York, aunque el recopilatorio también incluye piezas grabadas en Los Ángeles y Londres, con el objeto de reunir lo mejor de Bacharach cantado por Dionne Warwick, Dusty Springfield y Aretha; algunas están también en *The Scepter Story* (más adelante).

The Red Bird Story (Charly CDLAB 105).

Algunas joyas de Alvin Robinson entre los éxitos populares de las Dixie Cups y las Shangri-Las. (La calidad del sonido es a menudo tenebroso, como si Charly no hubiera utilizado las cintas máster de estudio originales.)

The Scepter Story (3 por CD. EE. UU.: Capricorn 9-42003-2).

Impresionante colección exhaustiva, que incluye a Dionne Warwick, las Shirelles y Chuck Jackson. (Según se dice, de calidad de sonido desigual.)

** *The Sue Records Story* (4 por CD. EMI/Sue 7-24382 80932 6).

Colección global del sello pionero con sede en Nueva York propiedad de Juggy Murray, que incluye los primeros éxitos de Ike & Tina Turner (grabados en **Saint Louis**) y varios del sello AFO de **Nueva Orleans** (incluida «I Know» de Barbara George).

San Francisco

San Franciscan Nights (R2 70536).

La cara más pop de las producciones de la ciudad: Youngbloods, Sly & the Family Stone, Beau Brummels; incluye a los Great Society (con Grace Slick en una primera versión de «Somebody to Love»), aunque no a Jefferson Airplane.

Seattle

A pesar del reconocimiento tardío de la escena musical de la zona, que produjo importantes figuras (de Jimi Hendrix a Nirvana), no hay ningún recopilatorio que revele sus raíces en los grupos de la ciudad de los primeros sesenta como los Wailers y los Frantics.

Texas

* *Blues Masters, Vol 3: Texas Blues* (R2 71123).

De «Call It Stormy Monday» de T-Bone Walker a P. Mayfield y Willie Mae Thornton.

TEXAS MUSIC. Serie de la Rhino que cubre varios campos:

* *Vol 1: Postwar Blues Combos* (R2 71781).

Análogo al *Texas Blues* citado más arriba, sin duplicaciones: Charles Brown, Amos Milburn, Freddie King, Frankie Lee Sims.

* *Vol 2: Western Swing & Honky Tonk* (R2 71782).
  Muchos grandes nombres de los años cuarenta, como Bob Wills («Take Me Back to Tulsa») y Hank Thompson («Wild Side of Life»).
* *Vol 3: Garage Bands and Psychedelia* (R2 71783).
  Material de mediados y finales de los 60 de un semillero de vibrante música estadounidense: Sir Douglas Quintet, Sam the Sham, The Ron-Dels (con Delbert McClinton).

Gran Bretaña
La industria musical británica está tan dominada por Londres que no ha habido ningún esfuerzo global por recopilar los éxitos británicos por ciudades o regiones. Del material crucial de Los Dos Grandes —el de la EMI de los Beatles, y el de la Decca de los Rolling Stones— no se pueden ceder los derechos para lanzamientos en recopilatorios de varios intérpretes (véase Sección 2, **los Sesenta**).

1. RECOPILATORIOS POR GÉNERO

Blues
*** BLUES MASTERS. Serie bien concebida de la Rhino sacada de diferentes fuentes de cesión de derechos:
** *Vol 1: Urban Blues* (R2 711121).
Selección impecable de blues de banda (piano y saxo además de guitarra): Guitar Slim, Chuck Willis («I Feel So Bad»), T-Bone Walker, Junior Parker.
** *Vol 5: Jump Blues Classics* (R2 71125).
Un recopilatorio poco común con piezas cedidas por la King, que incluye «Good Rockin' Tonight» de Wynonie Harris y «Rocking at Midnight» de Roy Brown, al lado de «Shake, Rattle and Roll» de Joe Turner y la versión original de Ann Cole de «Got My Mojo Working».
* *Vol 14: More Jump Blues Classics* (R2 71133).
Éxitos de Louis Jordan, Joe Turner y Faye Adams; fascinantes piezas desconocidas de Professor Longhair («Ball the Wall») y de Little Richard («Little Richard's Boogie», grabada por la Peacock en el 53).
** LEGENDS OF GUITAR:
Electric Blues, Vol 1 (R2 70716).
Maravillosa colección que otorga un reconocimiento tardío a algunos de los músicos cuyas aportaciones no acreditadas han sido largamente admiradas. A Wayne Bennett, anteriormente con Amos Milburn, se le reconoce aquí su papel en el «Stormy Monday Blues» de Bobby Bland, y a Floyd Murphy se le acredita por la abrasadora guitarra eléctrica de «Love My Baby» de Junior Parker, atribuida anteriormente a otro guitarrista de Memphis, Pat Hare.
** *Electric Blues, Vol 2* (R2 70564).
«Boogie Chillen» de John Lee Hooker ocupa el lugar de honor, pero «Reconsider Baby» de Lowell Fulson y «Dust My Blues» de Elmore James son unos exitazos.
** *Soul Shots, Vol 4: Urban Blues* (R2 75758).
Coincide en parte con *Blues Masters, Vol 1* con «Driving Wheel» de Junior Parker y sigue adelante hasta los años sesenta con dos piezas por cabeza de Bobby Bland («Stormy Monday Blues» e «I Pity the Fool»), Little Milton (como su versión de «Feel So Bad») y B. B. King.

Country

From the Vaults: Decca Country Classics, 1934-1973 (3 por CD. MCA MCAD3-11069).
Producida por la Country Music Federation, la colección demuestra como la música country primero se resistió aunque luego asimiló las influencias «negras» de la batería completa y las guitarras eléctricas, y terminó con el limpio sonido blanco del Nashville de los años setenta.

HILLBILLY FEVER. Excelentes antologías con versiones originales de canciones conocidas y una pieza o dos de todos los nombres famosos de la música country, la mayoría de ellos grabados antes de que la música country se adaptase a sí misma para satisfacer los criterios conservadores del Grand Ol' Opry de Nashville:

Vol 1: Legends of Western Swing (R2 71900).
Bandas del Suroeste de los años cuarenta: Bob Wills, su hermano Johnnie Lee, etc.

** *Vol 2: Legends of Honky Tonk* (R2 71901).
«Honky Tonkin'» de Hank Williams suena como rock 'n' roll con siete años de adelanto y «Tennessee Saturday Night» de Red Foley muestra como los músicos de country escuchaban música negra mucho antes que Elvis.

Vol 3: Legends of Nashville (R2 71902).
Dieciocho piezas, que van de la original «Tennessee Waltz» de Pee Wee King a éxitos dirigidos a los adolescentes de Sonny James y Marty Robbins.

* *Vol 4: Legends of the West Coast* (R2 71903).
El «oeste» del country and western; música realizada para las películas de los años cuarenta y primeros cincuenta, intentaba conjurar los amplios espacios abiertos y la vida en la pradera: «High Noon», «Cool Water», «Mule Train»; y un par de piezas hechas en los sesenta por cantantes de country residentes en California, Buck Owens y el gran Merle Haggard.

Gospel

** *The Gospel Sound* (2 por CD. Columbia 475884-2).
Recopilado por Tony Heilbert para ilustrar su libro del mismo título, de Blind Willie Johnson pasando por el Golden Gate Quartet y Marion Williams hasta los Staple Singers.

** *Greatest Gospel Gems* (Specialty CDCHD 344).
Colección de apropiado título del elenco incomparable de la Specialty: los Soul Stirrers (con Sam Cooke), Swan Silverstones, Pilgrim Travellers, Alex Bradford, Five Blind Boys of Alabama.

JUBILATION. Muy buenas colecciones, casi definitivas, de la Rhino:

* *Vol 1: Black Gospel* (R2 70288).
De Mahalia Jackson a los Edwin Hawkins Singers, pasando por los Swan Silvertones y los Dixie Hummingbirds.

** *Vol 2: More Black Gospel* (R2 70289).
Más fuerte que el *Vol 1* para este oyente, con The Caravans, Sensational Nightingales, Five Blind Boys of Mississippi («Our Father») y los Staple Singers en sus primeros tiempos («Uncloudy Day»).

Vol 3: Country Gospel (R2 70290).
En lugar de «country», léase «blanco»: Hank Williams, Martha Carson, Roy Acuff.

** *Twenty Gospel Greats* (Charly CDCD 1074).
Joyas entresacadas de la Vee Jay, que incluyen a los Swan Silverstones, Caravans, Staple Singers y los dos grupos de Five Blind Boys.

Grupos vocales

** *The Doo Wop Box: 101 Vocal Group Gems From the Golden Age of Rock 'n' Roll* (4 por CD. Rhino R2 71463).
De los Orioles a Shep & the Limelites, vía los Cadillacs, los Skyliners y los Marcels. Quizás un poco denso para el no especialista para asimilarlo de un tirón, aunque las joyas están ahí.

Mambo

* *Mambo Mania!* (R2 71881).
Todas las bandas latinas con gran influencia cubana, con base en Nueva York de los años cincuenta a los sesenta: Pérez Prado, Machito, Tito Puente.

Rhythm & Blues

*** *The* rhythm and blues *Box: 30 Years of Rhythm & Blues (1943-72)* (6 por CD Rhino R2 71806).
Si usted quiere un sólo disco como banda sonora para *El sonido de la ciudad*, tiene que ser esta colección de 108 piezas. Casi una cincuentena de las piezas figuran en la Guía de Audición, así como más de treinta piezas alternativas de intérpretes de la relación, y muchas de las demás eran candidatas a entrar en la citada guía. De los primeros tiempos: Helen Humes, Roy Milton, Amos Milburn, Stick McGhee; de la época del rock 'n' roll: Shirley & Lee, Fats Domino, los Cadillacs; de la época soul: Mary Wells, Joe Tex, James Carr y Johnnie Taylor. Restricciones de derechos impidieron la inclusión de Sam Cooke, las producciones de Phil Spector, y de los intérpretes de la King (véase nota incluida en la Sección 1, **Cincinnati**).

* *Rock Before Elvis: The Hoy Hoy Collection* (2 por CD. EE. UU.: Stash CD-STB 2516/17).
Una concepción genial: 43 piezas que *suenan* como rock 'n' roll, incluso aunque todas menos una son anteriores a 1952. El original de «Rock The Joint» de Jimmy Preston, los grandes gritadores Roy Brown, Wynonie Harris y Joe Turner, los pianistas de boogie Cecil Gant, Amos Milburn y Albert Ammons, y los saxos graznantes Big Jay McNeely, Paul Williams y Wild Bill Moore. A veces el sonido es tenebroso, como sacado de discos de 78 rpm.

Rock 'n' Roll

No hay recopilación de varios CDs satisfactoria de rock 'n' roll con una documentación completa, que se pueda poner al nivel de las colecciones *Doo Wop* y rhythm and blues *Box* de la Rhino; así que se trata de cazar entre innumerables colecciones, con cuidado de no acabar con las mismas piezas en muchos discos diferentes. En los EE. UU., Time-Life tiene una serie recopilada inteligentemente, *Rock 'n' Roll Era*, que no se importó a Gran Bretaña en una cantidad suficiente como para justificar el proporcionar la referencia aquí.

** *American Graffiti* (2 por CD. MCA MCAD2-8001).
El álbum de la banda sonora de la película que hizo que todos volvieran atrás en el tiempo, completamente remasterizada para el lanzamiento en CD a partir de las cintas de estudio originales. Algunas piezas presentan a Wolfman Jack hablando encima, y un par más son a cargo de un grupo de revival; pero el álbum funciona como una «experiencia de escucha», con un buen equilibrio entre el rock 'n' roll «de banda» (Bill Haley y Fats Domino), los grupos con guitarras (Chuck Berry, los Crickets) y los grupos vocales (Orioles, Clovers, Platters).

45s on CD, Vol 1. (56-'59) (EE. UU.: Mercury 832 041-2).
La Polygram hace una incursión en sus archivos de rápida expansión con, según se dice, un sonido excelente. «Sea of Love» de Phil Philips, «Handy Man» de Jimmy Jones, «Lonely Blue Boy» de Conway Twitty.

THE GOLDEN AGE OF AMERICAN ROCK 'n' ROLL, 1954-63 (Ace).
El título de la serie posiblemente es irónico, como la mayoría de las piezas de 1958 en adelante, el período justo después de la Época Dorada. Sin demasiados rock 'n' rollers de primera división, pero lleno de joyas a cargo de maravillas con un sólo éxito, unos cuantos grandes éxitos en EE. UU. junto a muchos éxitos menores y temas desconocidos. Notas fascinantes de Rob Finnis, basadas en entrevistas con productores, bajistas que se saltaron las sesiones, ex esposas, etc.:

* *Volume 1* (CDCHD 289).
«Mule Skinner Blues» de los Fenderman, «Eddie My Love» de los Teen Queens.

* *Volume 2* (CDCHD 445).
«Memphis» de Lonnie Mack, «Stay» de Maurice Williams & The Zodiacs, «Get A Job» de los Silhouettes, «Rumble» de Link Wray.

** *Volume 3* (CDCHD 497).
«Endless Sleep» de Jody Reynolds, «Western Movies» de los Olympics, «There Is Something On Your Mind» de Big Jay McNeely, «When You Dance» de los Turbans.

* *Volume 4* (CDCHD 500).
«Drip Drop» de Dion, «Don't Let Go» de Roy Hamilton, «You'll Lose a Good Thing» de Barbara Lynn.

* *Volume 5* (Ace CDCHD 600).
«Just a Little Bit» de Rosco Gordon, «Sleep Walk» de Santo and Johnny.

RADIO GOLD (Ace). Serie paralela a la *Golden Age* de la Ace, con una preferencia por los éxitos más importantes y que encarna la mezcla de placer y dolor que es nuestra propia experiencia como oyentes de la radio pop: el disco que es una pesadilla para una persona es el favorito de todos los tiempos para otra.

* *Radio Gold* (CDCHD 347).
30 piezas, incluidas «One Fine Day» de las Chiffons y «Tell It Like It Is» de Aaron Neville.

Volume Two (CDCHD 446).
Algunas coincidencias con la *Golden Age*, aunque aquí figura «Hey! Baby» de Bruce Channel.

** *Volume Three* (CDCHD 557).
Más grandes éxitos pop, incluidos «Only the Lonely» de Roy Orbison, «Love is Strange» de Mickey & Sylvia y «Banana Boat Song (Day-O)» de Harry Belafonte.

* *Rock Around The Clock: Decca Rock 'n' Roll Collection* (MCA MCAD2-11119).
Éxitos de Bill Haley, Brenda Lee y Buddy Holly, y rarezas rockabilly de Johnny Burnette, Johnny Carroll y Roy Hall.

*** *Max Weinberg Presents: Let There Be Drums, Vol 1: The 50s* (R2 71547).
No tan sólo es un concepto interesante, al prestar atención al papel crucial de los baterías en el rock 'n' roll, sino que también es una selección impecable de 17 piezas, que incluye «The Fat Man» de Fats Domino, «Rock Around the Clock» de Bill Haley, «Long Tall Sally» de Little Richard, «Be-Bop-A-Lula» de Gene Vincent, «Peggy Sue» de Buddy Holly y «What'd I Say?» de Ray Charles.

Los sesenta

*** *Max Weinberg Presents: Let There Be Drums, Vol 2: The 60s* (R2 71548).
Otro recopilatorio excelente, de los que agotan un género. A veces el papel de la batería es evidente, como en «I Want Candy» de los Strangeloves e «In the Midnight Hour» de Wilson Pickett, pero Max también escoge piezas en las que los baterías se mostraban más sutiles: «Running Scared» de Roy Orbison y «When a Man Loves a Woman» de Percy Sledge.

** *The Ultimate Sixties Collection* (2 por CD. Castle Communications CTVCD 305).
Una muestra verdaderamente representativa de los mejores intérpretes británicos de la época, junto a algunas joyas del otro lado del Atlántico. Dusty Springfield, los Searchers, los Animals, Manfred Mann, los Small Faces, los Who, Joe Cocker y David Bowie en compañía de los Beach Boys y los Byrds.

NB: El material de Bob Dylan prácticamente no se ha cedido jamás para su utilización en recopilatorios de diversos intérpretes; la notable excepción es la caja de 7 CDs, *The Rolling Stone Collection: 25 Years of Essential Rock, 1967-1992* (Time-Life R102-34).

Soul/Funk

La mayoría de recopilatorios tiende a reunirse de manera casual, ya que su atractivo cara al mercado se basa más en canciones conocidas y cantantes más que en la elegancia del concepto; lo mejor de la cosecha del soul está en algunas de las recomendaciones en otras categorías: *Hitsville Usa* (véase **Detroit**), *The Complete Stax Singles, 1959-68 & 1969-72* (**Memphis**), *Muscle Shoals Sound* (**Muscle Shoals**), *Atlantic Rhythm & Blues* (**Nueva York**) y *The* rhythm and blues *Box* (**Rhythm & Blues**). También se recomiendan los dos siguientes.

*** *In Yo' Face: The History of Funk, Vol 1* (R2 71431).
Selección casi impecable de una de los más radicales pasos decisivos en la música negra de baile: piezas fundamentales de James Brown («Sex Machine»), Sly Stone («Thank You...»), Parliament, Charles Wright y King Floyd.

*** *Rock Instrumental Classics, Vol 4: Soul* (R2 71604).
Título engañoso para una recopilación maravillosa de clásicos de club de los 60. Cuatro de Booker T. & the M.G.s y tres de Ramsey Lewis Trio y de Young Holt Unlimited de alguna manera encajan con el título de «soul», aunque también figuran éxitos con un fuerte sabor latino o africano, de Mongo Santamaría, Ray Barretto, Hugh Masekela, Manu Dibango y El Chicano.

ULTIMATE SOUL COLLECTION (Warner). Presentación típica de producto anunciado en televisión —sin notas, envoltorio básico— aunque con buenas piezas, especialmente el *Volume Two.*

* *Volume One* (2 por CD. 9548-33340-2).
Fundamentalmente, un sampler de la Atlantic (32 de las 45 piezas son propiedad de la Warner), con unos cuantos extras de James Brown, de la Chess y la Motown. Dieciséis piezas de la Guía de Audición.

** *Volume Two* (2 por CD. 9548-33840-2).
Más de la mitad no proceden de la Warner, como «Please Please Please» y «Papa's Got a Brand New Bag» de James Brown; más dos piezas por cabeza de todos los grandes nombres del elenco soul de la Atlantic, y la versión de álbum de «The Ghetto» de Donny Hathaway.

Bibliografía

De conocerse, los detalles se refieren a las ediciones más recientes en Gran Bretaña, preferentemente en edición de bolsillo.

Atkins, Chet y Bill Neely, *Country Gentleman*, Henry Regnery, Chicago, 1977. Recuerdos evocadores de la lucha en los peldaños más bajos de la escalera del mundillo del country and western de los años cuarenta.

Bacon, Tony, *Rock Hardware*, Blandford, Poole (Dorset), 1981. Un discurso útil sobre cómo afectaron la amplificación eléctrica y el avance tecnológico a la evolución de los instrumentos musicales y, por tanto, influyeron en la música resultante.

Bangs, Lester, *Psychotic Reactions and Carburettor Dung*, Minerva, Londres, 1988. De todos los escritores cuya reacción a la música fue más personal que histórica, musicológica o social, Lester Bangs fue el más sólidamente inspirado, divertido y ameno. Murió muy joven, a la edad de treinta y un años.

Baraka, Amiri, *Blues People: Música negra en la América blanca*, Lumen, Barcelona, 1969. Escritura poderosa del poeta anteriormente conocido como LeRoi Jones, que fue testigo de muchas de las actuaciones en directo de las estrellas del rhythm and blues en su apogeo, en los años cuarenta; publicado originalmente en 1963.

Bayles, Martha, *Hole in Our Soul*, Free Press, Nueva York, 1994. Un provocativo y bien documentado comentario sobre la historia de la música popular de los últimos cincuenta años, con lo que es bueno, lo que es malo y el por qué. Defensora de la música de influencia negra, la autora lamenta la polarización de la música en sectores blancos y negros, y ambos, a menudo, misóginos.

Berry, Chuck, *Chuck Berry: The Autobiography*, Harmony, Nueva York, 1987. Caso único entre los grandes rock 'n' rollers, Chuck escribió su propia historia sin la ayuda de un «negro»; estrafalaria, como era de esperar.

Betrock, Alan, *Girl Groups*, Delilah, Nueva York, 1982. Seguramente el mejor libro de los varios sobre el mismo tema.

Booth, Stanley, *Rhythm Oil*, Jonathan Cape, Londres, 1991. El problema con la realidad, se nos escapa entre los dedos como el mercurio. El escritor Stanley Booth, residente en Memphis, capta instantáneas en palabras, atrapa la vida en la carretera y en la parte trasera de los bares y de los coches, y se acerca más que la mayoría a captar esos momentos de tiempo, cuando la música se desliza en el inconsciente y se pega allí, como una lapa.

Broughton, Viv, *Black Gospel: An Illustrated History of the Gospel Sound*, Blandford, Poole (Dorset), 1985. Amplía el alcance del anterior *Gospel Sound* de Tony Heilbut.

John Broven. *Walking to New Orleans* (Blues Unlimited, Bexhill-on-Sea (Sussex), 1974). Narración paso a paso de la escena de rhythm and blues de la ciudad.

Brown, James y Bruce Tucker, *James Brown*, Fontana, Londres, 1988. Hace justicia a una de las historias más destacables de la música popular moderna.

Callahan, Mike, *Oldies on CD*, Both Sides Now, Virginia, 1994 (2.ª ed.). Perspectiva completa de las reediciones en Compact Disc, que incluye los recopilatorios tanto de intérpretes solos como de varios intérpretes; estos últimos se listan por título del álbum y tienen referencias cruzadas con los intérpretes individuales y las piezas. Informes completos sobre temas especiales y las mezclas utilizadas, con comentarios sobre la calidad del sonido de cada pieza. Exhaustivo e inestimable.

Charles, Ray y David Ritz, *Brother Ray*, Futura, Londres, 1980. Otra historia sorprendente, evocadoramente vertida en la que seguramente es la mejor biografía de un intérprete del periodo cubierto en *El sonido de la ciudad*.

Charters, Sam, *The Country Blues*, Michael Joseph, Londres, 1960. El primero en su género, este libro seminal todavía transmite un contagioso sentido de admiración.

Charters, Sam, *The Bluesmen*, Oak, Nueva York, 1967. Con partes corregidas y aumentadas de *The Country Blues*.

Cohn, Nick, *Ball the Wall*, Picador, Londres, 1991. Errática colección de ensayos y relatos, generalmente con el único propósito de obtener una narración divertida y vivaz del pop, visto desde una perspectiva británica de final de los años sesenta. *Awopbopaloobop: Pop From The Beginning*.

Collier Lincoln, James, *Jazz*, Dell, Nueva York, 1978. Ampliamente reconocido como el mejor compendio del jazz por un escritor que aprecia todos sus aspectos: asequible para los fans del pop.

Cree, Ken, *Stack-O-Wax*, Stack-O-Wax, Filadelfia, 1981. Gigantesco cuaderno de bitácora en cuatro volúmenes con todos los discos editados por cada sello con una proporción importante de lanzamientos de pop y rock 'n' roll.

Cummings, Tony, *The Sound of Philadelphia*, Methuen, Londres, 1975. Compendio bien documentado, que sigue el surgimiento de la ciudad

como una capital del soul en los primeros setenta, y se remonta a treinta años antes.
Dannan, Frederick, *The Hit Men*, Random House, Nueva York, 1991. Investigación sin contemplaciones de la industria de la música, a cargo de un reportero de periódico que no tan sólo expone los vínculos con la mafia que han sido un tema tabú durante muchos años, sino que traza retratos nada halagüeños de muchas de las figuras dirigentes de la industria. Deja un amargo sabor de boca.
Davis, Miles, *Miles Davis: la autobiografía*, Ediciones B, Barcelona, 1995. La confirmación de que esa música sublime puede venir de una fuente con defectos; Davis no intenta mostrarse a sí mismo bajo una luz favorecedora y su historia es de las más convincentes.
Dawson, Jim y Steve Propes, *What Was the First Rock 'n' Roll Record?*, Faber and Faber, Londres, 1992. Idea ingeniosa presentada de manera entretenida: la historia detallada tras cada uno de los cincuenta de los contendientes por el título.
Dellar, Fred, *The NME Guide to Rock Cinema*, Hamlyn, Londres, 1981. Quién cantó cualquier canción, y en qué película.
Dr. John y Jack Rummel, *Under the Hoodoo Moon*, St Martins, Nueva York, 1994. Considerando lo que Mac Rebennack ha puesto de sí mismo, su cerebro y su memoria permanecen sorprendentemente intactos, y el libro es un relato de la vida de un músico de Nueva Orleans tan preciso y evocador como podíamos desear.
Dylan, Bob, *Escritos, canciones y dibujos*, Aguilera/Castilla, Madrid, 1975. Normalmente las letras de canciones necesitan la música para que funcionen, pero los ritmos de las palabras de las mejores canciones de Dylan ayudan a evocar sus melodías.
Epstein, Brian, *A Cellarfull of Noise*, Souvenir Press, Londres, 1964. Convincente narración de la primera parte de la carrera de los Beatles desde el punto de vista de su manager, escrito por el agente de prensa de los Beatles, Derek Taylor, como «negro» antes de que todo el mundo lo supiera todo sobre el tema.
Escott, Colin y Martin Hawkins, *Good Rockin' Tonight: Sun Records and the Birth of Rock 'n' Roll*, Ed. rev. St Martin's, Nueva York, 1991. De cómo un remanso se convirtió en manantial de alguna de la mejor música popular del siglo.
Frame, Pete, *Rock Family Trees*, Ed. rev. Omnibus, Londres, 1995. Acercamiento único e idóneo al embrollado caleidoscopio que yace justo debajo de la superficie del rock. Frame reseña todos los movimientos de cada músico de la mayoría de grupos británicos y estadounidenses de rock blanco de los últimos treinta años: ¿quién tocó con quién?, ¿durante cuánto tiempo? y ¿adónde fueron después?
Fredericks, Vic (ed.), *Who's Who in Rock 'n' Roll*, Fell, Nueva York, 1958. Publicado en plan de aprovechar el momento, con fotos publicitarias y notas biográficas para hojear que comunican el entusiasmo por el surgimiento sin precedentes de cincuenta intérpretes negros bajo el centro de atención pop.

Freedland, Michael, *Al Jolson*, Granada, Londres, 1972. Una etapa antigua de la música negra que proporcionó la inspiración para la triunfante carrera de un cantante blanco, y que proporciona muchas percepciones sobre el funcionamiento de la industria en sus primeros tiempos.

Frith, Simon, *Sociología del rock*, Júcar, Gijón, 1980. Uno de los mejores compendios analíticos del pop, por un académico sorprendente que, al ser un fan él mismo, comprende por qué a la gente le gusta el pop.

Gelatt, Roland, *The Fabulous Phonograph*, Cassell, Londres, 1977 (2.ª ed. rev.). Reedición de la historia clásica de los pioneros de la industria discográfica.

Gentry, Linnel, *Encyclopaedia of Country, Western and Gospel Music*, Tennessee University Press, Murfreesboro, 1964. Seguramente la mejor entre varias obras parecidas.

George, Nelson, *The Death of Rhythm and Blues*, Omnibus, Londres, 1989. Buen equilibrio entre análisis e información a cargo de un escritor que conoce el tema.

Gillett, Charlie, *Making Tracks: The Story of Atlantic Records*, Souvenir Press, Londres, 1986. La primera historia de un sello independiente de posguerra, basada en entrevistas con los protagonistas principales y secundarios.

Gleason, Ralph, *The Jefferson Airplane and the San Francisco Sound*, Ballantine, Nueva York, 1969. Informe entusiástico y del momento a cargo del antes escritor sobre jazz.

Goldberg, Isaac, *Tin Pan Alley*, Ungar, Nueva York, 1961. Relato evocador del negocio musical neoyorquino, mejor por lo que refiere a los años veinte y treinta.

Goldblatt, Burt y Robert Shelton, *The Country Music Story*, Bobbs Merrill, Nueva York, 1966. Libro de fotos con buenos comentarios.

Goldrosen, John y John Beecher, *Remembering Buddy: The Definitive Biography of Buddy Holly*, Omnibus, Londres, 1994 (2.ª ed.). Consistente en cuanto al entorno musical, social y personal del personal y simpático rock 'n' roller.

Gordon, Robert, *It Came Out of Memphis*, Secker & Warburg, Londres, 1995. Un complemento al *Rhythm Oil* de Stanley Booth, escrito también evocadoramente.

Greig, Charlotte, *Will You Still Love Me Tomorrow?*, Virago, Londres, 1994. Las chicas en conjuntos, desde los 50 hasta los 80.

Grissim, John, *Country Music: White Man's Blues*, Paperback Library, Nueva York, 1970. Informe periodístico sobre la escena de Nashville de finales de los sesenta, basado en entrevistas reveladoras con los productores Jerry Kennedy, Billy Sherrill y Shelby Singleton además de con los cantantes independientes Johnny Cash y Waylon Jennings.

Guralnick, Peter, *Feel Like Going Home*, Penguin, Londres, 1995. Publicado por primera vez en 1971: sinceros retratos, basados en entrevistas, de maestros del blues y el rock 'n' roll, como Howlin' Wolf y Charlie Rich.

Guralnick, Peter, *Elvis Presley: último tren a Memphis*, Celeste, Madrid, 1998. Documentación investigada intensivamente de los primeros años de Elvis, que resigue sus pasos no tan sólo en todas las sesiones de grabación y todas las actuaciones, sino también en cuanto a las chicas que besó. El papel de manager del Colonel Parker fue de primer orden.

Hammond, John e Irving Townsend, *Hammond On Record*, Penguin, Londres, 1981. Historia única del hombre que descubrió a Count Basie y Bob Dylan, Billie Holiday y Aretha Franklin, Joe Turner y Bruce Springsteen.

Handy, W. C., *Father of the Blues*, Collier, Nueva York, 1970. Improbable aunque verdadera, una historia triunfal desde los primeros años del siglo, del hombre de Memphis que compuso y arregló varios standards de jazz y blues, incluido «St Louis Blues».

Hardy, Phil y Dave Laing, *The Faber Encyclopaedia of Rock*, Faber, Londres, 1991. Actualizada periódicamente desde su primera edición en 1974, la mejor obra de referencia en un solo volumen.

Heilbut, Tony, *The Gospel Sound*, Simon & Schuster, Londres, 1985. Reedición del compendio completo de la música religiosa negra estadounidense del siglo, editado por primera vez en 1975.

Hershey, Gerri, *Nowhere to Run: The Story of Soul Music*, Da Capo, Nueva York, 1984. Compendio excelente de la música negra de los 60.

Hopkins, Jerry, *Elvis*, Simon and Schuster, Londres, 1971. No sensacionalista y completo, escrito mientras Elvis todavía vivía; desarmantemente insustancial en lo que se refiere a las sesiones de grabación.

Horstman, Dorothy, *Sing Your Heart Out, Country Boy*, Country Music Foundation, Nashville, 1986 (ed. rev.). Una idea sencilla, bien ejecutada: la autora invita a los compositores a que recuerden cómo y por qué escribieron las canciones clásicas del country.

Hoskyns, Barney, *Say It One Time for the Broken Hearted*, Fontana, Londres, 1987. A veces coincide con *Making Tracks*, *Nowhere to Run* y *Sweet Soul Music*, pero el autor británico proporciona una mirada aguda y un oído atento al medio en que se realizó la música soul a cargo de cantantes negros con, en su mayor parte, productores y músicos blancos en Memphis y Muscle Shoals durante los sesenta.

Hoskyns, Barney, *Waiting for the Sun: The Story of the Los Angeles Music Scene*, Viking, Londres, 1996. Todos los héroes y los buscavidas, los juguetes rotos y los que no llegaron de los últimos cincuenta años, amenamente descritos en este relato extenso y atractivamente ilustrado.

Jones, LeRoi . *Véase* Amiri Baraka.

Keil, Charles, *Urban Blues*, Chicago University Press, Chicago, 1966. Extraordinaria e influyente mezcla de observación de primera mano, entrevistas (sobre todo con B.B. King y Bobby Bland) e investigación sociológica.

Knoedelseder, William, *Stiffed: The True Story of MCA, The Music Business and the Mafia*, HarperCollins, Londres, 1994. Sigue la línea de *The Hit Men* de Fred Dannan con más revelaciones sobre las tortuosas imposturas de los altos ejecutivos; aunque nada sobre la realización musical.

Larkin, Colin (ed), *The Guinness Encyclopedia of Popular Music*, Guinness, Londres, 1995. Más de tres millones de palabras en seis volúmenes; extensa, aunque no exenta de errores.

Leadbitter, Mike y Neil Slaven, *Blues Records, 1942-1970, A to K*, Record Information Services, Londres, 1994.

Leadbitter, Mike, Les Fancourt y Paul Pelletier, *Blues Records, 1942-1970, L to Z*, Record Information Services, Londres, 1995. Gran progreso sobre la primera edición en un volumen de 1968, con la ampliación de la gama para incluir la mayoría de intérpretes de rhythm and blues y muchos cantantes negros de rock 'n' roll.

Lomax, Alan, *Mister Jelly Roll*, Pan, Londres, 1959. Excelente biografía del seminal compositor de jazz procedente de Nueva Orleans.

McInnes, Colin, *Sweet Saturday Night: Pop Song, 1840-1920*, MacGibbon & Kee, Londres, 1967. Compendio de intérpretes británicos de music hall, muchos de los cuales cruzaron el Atlántico con anterioridad a la «Invasión Británica» de 1964.

Malone, William C., *Country Music USA*, University of Texas, Austin, 1968. La obra clásica, con especial atención por las fuentes de la moderna música country: el bluegrass, el western swing y el honky tonk.

Malone, Bill y Judith McCulloch, *Stars of Country Music*, Avon, Nueva York, 1976. Manual de bolsillo de referencia.

Marcus, Greil, *Mystery Train*, Penguin, Londres, 1994 (3.ª ed. rev.). Celebración provocativa del panteón del autor de los maestros de la música del siglo XX: The Band, Sly Stone, Robert Johnson, Randy Newman y Elvis Presley.

McDonald, Ian, *The Beatles. Revolución en la Mente*. Celeste, Madrid, 2000. Análisis pieza por pieza de todas las canciones editadas por los Beatles; ameno, revelador e inevitablemente contencioso.

Melly, George, *Revolt into Style*, Penguin, Londres, 1971. Observaciones ingeniosas sobre la erupción de la cultura pop británica de los 60.

Millar, Bill, *The Drifters*, Studio Vista, Londres, 1971. Intento valiente de reseñar los cambios de personal de un grupo cuyos discos reflejaron la evolución de la industria, en la medida en que el rhythm and blues se convirtió primero en rock 'n' roll, y luego en soul.

Miller, Jim (ed), *The Rolling Stone Illustrated History of Rock & Roll*, Random House, Nueva York, 1976. No tanto una historia, como una colección de ensayos sobre todas las grandes figuras y géneros del rock 'n' roll, muchos de ellos sobresalientes.

Murray Shaar, Charles, *Crosstown Traffic*, Faber, Londres, 1991. El mejor libro sobre Jimi Hendrix, que le coloca en su papel fundamental entre el blues y el rock.

Murrells, Joseph, *The Book of Golden Discs*, Barrie & Jenkins, Londres, 1974. Procedente de un entorno anterior al rock 'n' roll, Murrells proporciona una aproximación pintoresca a su tema, y parece haber sido crédulo al aceptar algunas pretensiones de los «vendedores millonarios». Aunque sigue siendo útil.

O'Brien, Lucy, *She Bop*, Penguin, Londres, 1995. Subtitulado «La Historia Definitiva de las Mujeres en el Rock, el Pop y el Soul», el libro en realidad se ensancha para incluir a mujeres del jazz, el blues y la llamada «world-music». Narración basada, en su mayor parte, en entrevistas.

Oliver, Paul, *The Story of The Blues*, Barrie and Rockcliff, Londres, 1969. El relato definitivo, con muchas fotografías maravillosas.

Palmer, Robert, *Deep Blues*, Penguin, Londres, 1982. Una de las mejores investigaciones de las raíces del blues que desembocaron en el rock 'n' roll, por un escritor de blues de la «segunda generación» al que le gusta la música a ambos lados del proceso.

Palmer, Robert, *Dancing in the Street*, BBC Books, Londres, 1996. El autor actuó como consejero de la excelente serie documental de la BBC del mismo título, y este admirable complemento es un triunfo a la hora de hacer dos cosas difíciles muy bien: a la vez que proporciona una narrativa coherente de la historia de la música popular de los últimos cincuenta años, Palmer es un antiguo músico que puede saltar por encima del tiempo y del espacio para mostrar las conexiones que los periodistas no musicales habitualmente no entienden, entre los ritmos utilizados en la música de Cuba y de Nueva Orleans, por ejemplo, o en los trucos y técnicas usados por los guitarristas a lo largo de todo el período. Provocador y absorbente, original y astuto.

Paris, Mike & Chris Comber, *Jimmie The Kid*, Edison, Londres, 1977. La historia de Jimmie Rodgers, el original «muchacho sureño pobre que se convirtió en mundialmente famoso y murió pronto». Hank Williams y Elvis Presley eran la segunda y tercera parte de la misma historia.

Peellaert, Guy, *Rock Dreams*, Pan, Londres, 1973. Nick Cohn añadió títulos, aunque las pinturas del artista belga hablaban por sí solas, y articulaban e ilustraban gráficamente por vez primera las zonas más enfermizas de la vida del rock 'n' roll: la lujuria, a veces pervertida; la adicción a las drogas y al alcohol; la ambición, despiadada e implacable.

Rice, Jonathan, Tim Rice y Paul Gambaccini, *The Guinness Book of British Hit Singles*, Guinnes, Londres, 1995. Cuaderno de bitácora regularmente actualizado de cada disco que alcanza las listas de sencillos de Gran Bretaña.

Ritz, David, *Divided Soul*, Omnibus, Londres, 1991. Biografía del enigmático Marvin Gaye que proporciona percepciones sobre las evasivas tareas del imperio Motown de Berry Gordy.

Ritz, David. *Véase también:* Ray Charles, Jerry Wexler.

Stapleton, Chris y Chris May, *African All-Stars*, Quartet, Londres, 1987. Una buena introducción general a la música del continente, substancialmente basada en entrevistas de primera mano realizadas por los autores a muchas de las grandes figuras.

Storm Roberts, John, *The Latin Tinge: The Impact of Latin American Music on the United States*, Oxford University Press, Oxford, 1979. La influencia constante de los ritmos latinos en el pop estadounidense es ampliamente pasada por alto (de ningún modo en *El sonido de la ciudad*) y este libro es un importante recordatorio de lo fuerte que el impacto ha sido, y de quién lo hizo.

Rogan, Johnny, *Starmakers y Svengalis*, Futura, Londres, 1988. Retratos de los mánagers británicos de primera, desde los años cincuenta hasta la actualidad. Revelador.

Russell, Ross, *Bird: Biografía de Charlie Parker*, Ediciones B, Barcelona, 1989. La historia de Charlie Parker, por el hombre que editó algunos de sus discos (en la Dial). Junto con Miles Davis, Parker fue el músico de jazz más influyente de su generación.

Russell, Tony, *Blacks Whites and Blues*, Studio Vista, Londres, 1972. Uno de los aspectos confusos de la segregación en el Sur fue que no impidió un flujo regular, en dos direcciones, de letras, melodías y ritmos entre la cultura blanca y la negra; el autor revela los sorprendentes orígenes de muchas canciones a las que durante mucho tiempo se les supuso una creación «blanca» o «negra».

Sanjeck, Russell y David Sanjeck, *American Popular Music Business in the 20th Century*, Oxford University Press, Oxford, 1991. El veterano empleado de la BMI Russ Sanjeck ayudó a muchos sellos independientes a fundar compañías editoras, y estaba bien situado para escribir una perspectiva desde dentro; completado por su hijo.

Scaduto, Anthony, *La biografía de Bob Dylan*, Júcar, Gijón, 1983. Scaduto estuvo al frente de la avalancha de libros de dylanología que siguió, y el suyo puede que todavía sea el mejor.

Shaw, Arnold, *The Rockin' Fifties*, Hawthorne, Nueva York, 1974. El autor estuvo activamente involucrado en el negocio discográfico neoyorquino de la época.

Shaw, Arnold, *Honkers and Shouters*, Macmillan, Nueva York, 1978. En una ampliación de su antiguo libro con recuerdos de otros protagonistas, Shaw proporciona un buen sabor de la época.

Smith, Joseph, *The Day the Music Died*, W. H. Allen, Londres, 1981. El título no es el mejor indicativo para el contenido de la única novela de esta lista, que recoge el espíritu de las luchas «a lo David y Goliat» entre los sellos grandes y pequeños. El autor obtuvo éxitos como compositor y cantante con el nombre de Sonny Knight, incluida la extraordinaria «But Officer».

Toop, David, *The Rap Attack: African Jive to New York Hip Hop*, Pluto, Londres, 1984. Agudos comentarios a cargo de uno de los periodistas musicales británicos más destacados, que también ejerce de músico en activo.

Toop, David, *Oceans of Sound*, Faber, Londres, 1996. Interesante acercamiento a la música desde el punto de vista de su «utilización» a cargo de los oyentes.

Tosches, Nick, *Unsung Heroes of Rock 'n' Roll*, Secker & Warburg, Londres, 1991 (ed. rev.). A pesar de su título, la mayoría de los divertidos retratos del libro son de «grandes desconocidos» anteriores al rock 'n' roll: Ella Mae Morse, Wynonie Harris, etc.

Wexler, Jerry y David Ritz, *The Rhythm and the Blues*, Jonathan Cape, Londres, 1994. El más leído y erudito de los personajes del mundo del disco de su época elige un colaborador de primera fila para que le ayude a organizar sus memorias. Uno de los pasajes más emocionantes del libro es el de la humillación semanal de hacer llegar una cantidad en concepto de payola en un sobre de papel marrón a un acólito de Alan Freed; y finaliza con la muerte de la hija de Wexler, la cual se introdujo en la heroína por culpa de uno de los músicos pupilos de su padre.

Whitburn, Joel, *Top Pop Records, 1955-93.*

Whitburn, Joel, *Top Country and Western Records, 1944-93.*

Whitburn, Joel, *Top Rhythm and Blues Records, 1942-95.*

(Record Research, Menomenee Falls (Wisconsin), regularmente actualizado). Todas las entradas de éxitos en las listas nacionales de *Billboard*, con notas útiles y referencias cruzadas. Hasta hace poco, los patrones desiguales en cuanto a la radiodifusión y las ventas en todo el país significaban que las posiciones en las listas de *Billboard* de una semana en concreto no reflejaban la manifestación acumulativa de la carrera entera de muchos discos, especialmente los primeros éxitos de intérpretes sin historia, cuando los programadores de radio y los distribuidores podían mostrarse reticentes a la hora de convencerse del atractivo de un recién llegado; en la época en que finalmente los «mercados importantes» se hacían suyo un éxito regional, las emisoras de reacción más rápida ya las habían quitado de sus guías de audición. Muchos números uno locales nunca entraron en la lista nacional de *Billboard*, mientras otros discos fuertemente promocionados lograron posiciones superiores a pesar de ventas totales inferiores. Estos libros son los únicos cuadernos de bitácora sobre el impacto en el mercado de los sencillos en la época entera, meticulosamente documentados y bien presentados.

White, Charles, *The Life and Times of Little Richard*, Pan, Londres, 1984. Narración adecuadamente ardiente, sobre la más salvaje de las leyendas del rock 'n' roll.

White, Timothy, *Catch A Fire: The Life of Bob Marley*, Omnibus, Londres, 1991 (ed. rev.). Admirable recuento global, con un equilibrio entre el entorno social de Marley, sus nacientes creencias religiosas y los procesos de componer, grabar y promocionar su música.

Williams, Paul, *Outlaw Blues*, Dutton, Nueva York, 1969. Reacciones al instante a cargo del editor de la primera de las nuevas revistas de rock de los sesenta, *Crawdaddy*.

Williams, Richard, *Out of His Head. The Sound of Phil Spector*, Outerbridge & Lazard, Nueva York, 1972. Uno de los mejores escritores-sobre-música británicos toma la medida al genio estadounidense del estudio.

Williams, Roger, *Sing a Sad Song: The Life of Hank Williams*, Bantam, Nueva York, 1973. Descripción sin contemplaciones de la vida desolada del gran compositor y cantante country.

Wolff, Daniel, *You Send Me: The Life and Times of Sam Cooke*, Morrow, Nueva York, 1995. Retrato definitivo, a cargo de un escritor que distingue la música sublime de la mundana.

Gracias a Mike Hart por su ayuda con esta lista. Los libros en circulación pueden solicitarse por pedido postal a: Compendium Books, 234 Camden High St, London NW1 8QS; o a A&R Booksearch, High Close, Winnick Cross, Lanreath Looe, Cornwall PL13 2PF.

Agradecimientos

La idea de intentar investigar el desarrollo del rock and roll me vino en enero de 1966, cuando yo buscaba un tema para una tesis de máster. Agradezco al Teacher's College de la Universidad de Columbia de Nueva York, y en especial al Dr. Herbert Gans por tener la flexibilidad a la hora de acoger un tema que, en la época, resultaba extraño.

Mucho del material en bruto para la tesis provino de las copias en microfilm de *Billboard* almacenadas en la biblioteca del Lincoln Center for the Performing Arts de Nueva York, en donde encontré nombre extraños que no había oído antes: los Five Royales, Sonny Til y los Orioles. En ese momento recibí una ayuda inestimable por parte de Charles Hobson, responsable ahora de «How It Is» en la ABC-TV, pero entonces un disc jockey a tiempo parcial en la WBAI-Radio de Nueva York. Charles se pasó varias horas poniendo para mí la música de su juventud, lo que permitió que mi tesis ganara alguna autoridad.

De vuelta en Gran Bretaña, decidí intentar dar una nueva forma al material de la tesis para que fuera más asequible a un público no académico, y pronto descubrí que había varias personas en Gran Bretaña con asombrosos almacenes de información y enormes colecciones de discos, y que algunas de ellas habían pasado horas completando los vacíos que había dejado abiertos en la tesis. Por su ayuda en varios capítulos y secciones del libro, estoy muy agradecido a las personas siguientes: John Anderson (country rock, rock and roll), Art Ardolino (grupos), Tony Cummings (grupos, soul), Errol Dixon (shouters), Mike Leadbitter (blues tejano), Dave McAleer (soul), Bill Millar (rock and roll), Rod Patton (shouters, rhythm and blues de Nueva Orleans), Gary Richards (shouters, rock and roll). A muchas otras personas que me han informado de errores y me han proporcionado otras piezas útiles en cuanto a información y consejo, debo expresar unas gracias más generales y pedir perdón por no mencionar a todos por su nombre.

Por darme la oportunidad de clarificar mi pensamiento sobre cantantes específicos y teorías al haber escrito sobre ello, agradezco a los siguientes editores: Nelson Aldrich, Jr. de *The Urban Review*, Paul Barker de *New Society*, Tony Cummings de *Soul Music* y *Shout*, Colin Ward de *Anarchy*, Michael Locke de *Education*, y Peter Jones del *Record Mirror*.

Gracias también a mi editor, Harris Dienstfrey. Yo no hubiera sido capaz de finalizar este proyecto sin sus discretos estímulos.

Music, Inc., y «Short Fat Fannie», Larry Williams, Copyright 1957 Venice Music, Inc.; Walden Music Inc. por «Money Honey», Jesse Stone, Copyright 1953 Walden Music Inc.; Recordo Music Publishers, Subsidiaria de Leon Rene Publications, por «Little Bitty Pretty One», Robert Byrd; Central Songs por «Teen-Age Crush», Audrey Allison y Joe Allison, © 1956 Central Songs, una división de Beechwood Music Corporation; Kae Williams Music Inc. por «Get a Job», The Silhouettes, Copyright 1957 Kae Williams Music, Inc.; Paramount Music Publishing Companies por «Respect», Otis Redding, Copyright © 1965 & 1969 East/Memphis Music Corp., Time Music Co., Inc. y Redwal Music Co., Inc.; Mother Bertha Music and Trio Music por «River Deep Mountain High», Phil Spector, Jeff Barry, Ellie Greenwich; Jondora Music Publishing Company por «Part Time Love», Clay Hammond; Mercedes Music Co. por «Don't Answer the Door», Jimmy Johnson; Dakar Productions, Inc. por «Can I Change My Mind», Despenza/Wolfolk, Copyright 1969 Dakar Productions, Inc.; Edwin H. Morris & Company, Inc. por «It's Too Soon To Know», Deborah Chessler, Copyright © 1947 & 1948 Edwin H. Morris & Company Inc.; y Marielle Music Co. por «It's Only Make Believe», Conway Twitty & Jack Nance.

AGRADECIMIENTOS DE LA SEGUNDA EDICIÓN

Desde la publicación de la primera edición de *The sound of the city*, he pasado de estar en los márgenes de la industria musical a estar en el meollo de la misma y no puedo mencionar aquí a toda la gente que, sin querer, ha aclarado mi comprensión de la evolución del proceso del pop. Pero me gustaría agradecer a algunos amigos cuyas decisiones de encargarme cosas han tenido el efecto de ponerme cara a cara con la realidad de la vida del pop.

Cuando todavía estaba en la escuela, una de mis ilusiones era difundir discos por la radio, para someter mis gustos a los oyentes y esperar que pudiera atraer el interés sobre los discos que me gustaban. En 1972, logré mi ambición cuando David Carter, de Radio Londres de la BBC, me dejó soltarme en las ondas con un programa titulado *Honky Tonk*, así llamado por los toscos garitos musicales de los estados del Sur de los Estados Unidos y que tenía el disco de Bill Doggett como tema de sintonía.

Cada domingo durante siete años puse una mezcla arbitraria de viejos discos desconocidos y de temas de éxito de actualidad, principalmente discos, aunque también maquetas, y aproveché cualquier oportunidad para traer al estudio a personas cuya experiencia, gusto y comentarios podían ir más allá de mis limitaciones. En un sentido auténtico, *The sound of the city* tomó vida. Intérpretes de discos que había intentado describir por escrito, ahora se ponían ante el micrófono y hablaban sobre las circunstancias en las cuales los habían grabado. Quiero destacar estas palabras muy claramente para comunicar mi asombro y agradecimiento continuos a tantos intérpretes que estuvieron listos para saltar de la cama a primeras horas de una mañana de domingo, a menudo después de una tardía actuación el sábado por la noche, y venir al estudio para empezar el programa al mediodía.

B. B. King y Muddy Waters, cuyas carreras habían tomado derroteros tan distintos, con uno constantemente de gira mientras el otro asentaba su base en

Chicago, vinieron ambos en ocasiones separadas y hablaron con una serena confianza en sí mismos, aunque también con humildad, sobre su modo de vida. Para ellos, y muchos más, los discos seguramente eran menos importantes en sus carreras que el trabajo cotidiano en directo, y este libro exagera inevitablemente el papel de los discos más vendidos como patrón para medir la importancia de un intérprete, cuando para ellos lo crucial era la multitud que podían arrastrar.

De un modo u otro, cada uno de los invitados ayudó a disipar al menos un malentendido más que yo había mantenido durante la escritura de la primera edición de *The sound of the city*, y en especial erosionaron algunos de los trazos gruesos que yo había colocado entre las categorías de música del mercado. Aunque *Billboard*, en los años cuarenta y cincuenta, situaba a los discos de «rhythm and blues» separados de los de pop, los intérpretes negros a menudo eran más conscientes de ser pop de lo que yo les concedía. ¡Ellos escuchaban el pop, y deseaban tocar en los clubes nocturnos!

Uno de los mayores placeres lo constituyó la visita de Roy Brown, al que presenté casi como inventor del estilo gospel-blues que penetraría directamente en el rhythm and blues de los años cincuenta. El propio Roy, encantador y agradecido por mi valoración, tan sólo insistía que su cantante favorito era Bing Crosby, y su mayor disgusto era que nadie parecía apreciar mucho su propio crooning. Los vivaces recuerdos de Roy de su vida como una estrella del rhythm and blues se sazonaban con relatos tristes del tipo de trampa en la que insistían algunas de las compañías independientes pioneras que se homenajean en este libro, pero el examinar a fondo quién y cómo engañó a quién podría haber duplicado la longitud incluso de esta edición aumentada. Poco tiempo después de su visita a la Gran Bretaña, Roy murió en su casa de Los Ángeles; pero, Roy, no te olvidaremos.

Entre los demás invitados al estudio de *Honky Tonk* había varios músicos de Nueva Orleans que confirmaron mis impresiones de que la música de la ciudad era el origen fundamental de lo que conocemos como rock and roll. Los pianistas Professor Longhair, Art Neville y Dr. John vinieron para hablar, y también Earl Palmer, el batería que ayudó a difundir los incomparables ritmos sincopados de Nueva Orleans en la industria discográfica de Los Ángeles desde mediados de los cincuenta hasta mediados de los sesenta cuando el chico de la zona Hal Blaine acaparó el asiento de batería número uno. Está más allá de mi intención el poner por escrito las complejidades de la interpretación de Earl, pero tan sólo puedo insistir en que es tan fundamental para el rock and roll como la amplificación eléctrica de la guitarra, y recomendarles que escuchen los discos en los que toca, de Fats Domino, Eddie Cochran y muchos más.

Una consecuencia inesperada de presentar *Honky Tonk* provino de aquellos oyentes que trabajaban de manera activa en el negocio discográfico, como músicos, cantantes y compositores, y como promotores, mánagers y fabricantes de decisiones en las compañías discográficas. Para mi sorpresa y placer, descubrí que personas con aficiones y actitudes parecidas a las mías se dedicaban a presentar en pubs de Londres un espectáculo musical que generaba la clase de clima que yo había deseado evocar con *Honky Tonk*. Empecé a recibir maquetas de parte de algunos de estos oyentes activos, y ello me permitió ofrecer la primera exhibición radiofónica de Graham Parker, Elvis Costello y Dire Straits. A la vista de lo que les ha ocurrido después, he podido seguir el proceso de la acción desde primera fila.

La cinta de Graham Parker la envió, en realidad, la persona que la grabó, Dave Robinson, que en la época jugaba como mínimo a tres bandas: como manager de varios grupos, promotor de actuaciones en el sótano de un pub de Islington de nombre Hope and Anchor y como ingeniero-productor en su estudio propio del primer piso. Prácticamente en solitario, Dave creó una escena activa en Londres para grupos con futuro, y posteriormente fundó Stiff Records, que dio al mundo a Elvis Costello, Ian Dury, Lene Lovich y Madness. Gracias, Dave, por traer este pionero espíritu independiente a Londres.

Después de que la primera edición de *The sound of the city* recibiera una favorable reacción crítica, mis editores estadounidenses me invitaron a hacer un libro nuevo con un tema elegido por mí, y mi elección fue la Atlantic Records, cuya historia «de la miseria a la riqueza» a distancia parecía como un cuento de hadas. Alentado por Jerry Wexler, pasé un mes en varias zonas de los Estados Unidos entrevistando a los diversos participantes de la historia y escribí *Making Tracks*, que pretendía ser una especie de complemento «en directo» de *The sound of the city*, al aprovechar al máximo los relatos en primera persona de los acontecimientos, de los que yo había hablado en tercera persona. Concienzudamente inspirado por el ejemplo de Jerry Wexler, regresé a Gran Bretaña con la decisión de fundar mi sello propio, lo que se concretó en Oval Records, en confabulación con mi amigo y socio Gordon Nelki.

Hicimos nuestro aprendizaje en la industria musical como mánagers de Kilburn and the High Roads en los primeros años de la época del «pub rock» londinense, de 1973 a 1974. Dirigidos por Ian Dury, los Kilburns eran el único grupo del circuito que fueron más allá de una sencilla celebración de la música estadounidense de raíces: Ian no sólo escribió alguna de las letras más divertidas e inteligentes que yo había escuchado jamás, sino que el saxo Davey Payne parecía una persona poseída por los demonios, y el pianista Russell Hardy se olvidaba milagrosamente de las modas y las tendencias, al conjurar melodías y ritmos que, en un punto, sugerían un musical de Broadway y al siguiente un bar de Nueva Orleans. Oír tocar a ese grupo noche tras noche seguramente ejerció una influencia más profunda en mi apreciación musical que nada de lo que había oído desde la primera ráfaga de discos de rock and roll en la American Forces Network allá por 1955 o 1956, cuando los discos de Gene Vincent, Fats Domino y Little Richard sonaban como algo venido de otro planeta, en comparación con el suave material del Light Programme de la BBC. Ahora, por fin, los Kilburns me obligaron a librarme de mis prejuicios sobre la innata inferioridad de la música británica y hacer frente al hecho de que no había nada procedente de Estados Unidos tan excitante como esta banda de excéntricos que mezclaron a Alma Cogan y (¡el cielo nos libre!) Freddie Cannon junto con Roland Kirk y Albert Ayler, todo ello basado en ritmos que iban del calipso y el reggae al rock and roll a todo trapo, con intermedios de inclasificable anarquía en los que todos se extraviaban.

Los Kilburn and the High Roads no se acercaron nunca a captar en un estudio la magia de sus mejores actuaciones en directo, y después de un intento en vano por hacer un álbum, nos separamos de ellos; cuatro años más tarde Ian consiguió su destino con un éxito en el número uno británico para la Stiff, «Hit Me With Your Rhythm Stick». Gracias, Ian, por la formación.

Oval ha continuado trabajando con la gente que había venido con sus canciones, guitarras y esperanzas, e intentando establecer contextos eficaces para el talento y la ambición de cada persona. Hacia finales de 1977, reunimos a un grupo llamado los Exiles para tocar y grabar las canciones de dos de nuestros compositores, Bobby Henry y Jimmy O'Neill, y contratamos a la entonces desconocida Lene Lovich para que tocara el saxo e hiciera coros de acompañamiento.

Con Lene aprendimos de primera mano lo que la gente quiere decir cuando usa expresiones como carisma, calidad de estrella y presencia. Nosotros mirábamos con un fascinante placer como Lene podía cambiar hacia una nueva dimensión cuando le llegaba el turno de actuar: una persona con un gran encanto que interpretaba sus canciones con una intensidad eléctrica que parecía imponerse al contexto, tanto si era una sala de ensayo, un club pequeño o un escenario de concierto.

Así como nuestra experiencia con Kilburn and the High Roads había sido una lucha ardua sin una resolución final desde el punto de vista de Oval, los progresos con Lene eran mucho más rápidos. Encontramos canciones que convenían a su extraordinaria y vulnerable voz, y grabamos maquetas que llevamos a Dave Robinson de la Stiff; él le hizo un lugar a Lene en la venidera Segunda Gira Stiff y le encargó un álbum para el que compuso algunas fascinantes canciones nuevas. En menos de un año, tuvimos la recompensa de un éxito en el número tres, «Lucky Number», y Lene era una estrella nacional cuyo estilo estrafalario y vestimenta excéntrica inspiraron a una pléyade de imitadores. Por la fe y la inspiración, gracias, Lene.

Con todo esto en marcha, la escritura había quedado en un segundo plano, y agradezco a los amigos que me animaron a completar lo que había empezado con la primera edición de este libro. Ernest Hecht, mi editor británico, ejerció la diplomacia para conseguir el efecto deseado, y Simon Frith y Tony Russell me hicieron comentarios útiles sobre las primeras versiones. Tim Blackmore me contrató para dos proyectos que no tan sólo me proporcionaron una manera de ganarme la vida mientras duraron, sino que me puso en contacto con personas a las que de otra manera no hubiera conocido: juntos planeamos y escribimos *The Story of Pop* para Radio One de la BBC en 1974 y, más recientemente Tim me contrató para presentar un programa semanal en Capital Radio, en donde ahora pongo más discos nuevos que viejos y busco a gente que intenta lograr algunas combinaciones nuevas de ritmo y emoción. A medida que una oleada de músicos explora los sonidos y los efectos de los teclados y los tambores sintetizados, otra surge de África, y nos recuerda lo satisfactoria que puede ser todavía una melodía interpretada a la guitarra. Hoy estos discos suenan «extranjeros» y «nuevos». Mañana se convertirán en viejos, asumirán connotaciones nostálgicas y querremos saber más sobre ellos: ¿quién compuso y produjo los discos, en dónde, y cómo se llamaba el bajista?

Para todos vosotros adictos de todas partes, que habéis quedado prendidos con la música y no la podéis apartar de vuestras vidas, este libro es para vosotros. Esperaré con ansia vuestros comentarios.

Charlie Gillett
Londres, 1983

Estoy muy agradecido a los lectores de la edición británica de esta nueva edición por el cuidado esmerado con el que han notado errores en hechos y de presentación, en especial a Chris Gillard, Neil Holliday y Laurence Purcell.

C. G., Londres, 1984

Desde los primeros años setenta, Rob Finnis ha venido trabajando en una historia de la música popular, cuyo tema central es el de que nadie sabe realmente lo que está haciendo, todo es un accidente, y muchos de los mejores discos fueron lanzados originalmente como caras B. Por el camino he recogido ideas de Rob que ya forman parte de mis propios pensamientos. Ya he olvidado dónde se iniciaron. Gracias, con retraso, Rob.

C. G., Londres, 1996

Notas

1. Los veintinueve incluían nueve de Artie Shaw, siete de Glenn Miller, cuatro de Jimmy Dorsey y tres de Harry James.
2. Joe Murrells (comp.), *Daily Mail Book of Golden Records*, McWhirter, Londres, 1966.
3. Para un relato completo de los estilos, las canciones y la organización del negocio de la música country and western, véase el entretenido e informativo libro *Country Music Story*, de Robert Shelton y Bert Goldblatt (Bobs-Merrill, Nueva York, 1966).
4. David Riesman, «Listening to Popular Music», en *American Quarterly 2*, 1950, págs. 359-371.
5. La historia de las películas dirigidas hacia el mercado adolescente o que presentaban «adolescentes» en los papeles protagonistas se narra con humor apropiado aunque con todo detalle en Richard Staehling, «The Truth about Teen Movies», en *Rolling Stone*, 16 de enero de 1970.
6. Las declaraciones de Billy Rose se citan en Vic Fredericks (ed.), *Who's Who in Rock 'n' Roll*, Frederick Fell, Nueva York, 1958.
7. *Rock and Roll Personality Parade*, New Musical Express, Londres, 1957, pág. 5.
8. American Forces Network, septiembre de 1962.
9. *New Musical Express*, 21 de septiembre de 1956.
10. *Haley News*, 1966.
11. *Hit Parade* (Gran Bretaña), enero de 1957.

12. Ventas de discos, de 1945 a 1960, en millones (cifras de *Billboard*).

1945	1946	1947	1948	1949	1950	1951	1952
109	218	224	189	173	189	199	214
1953	1954	1955	1956	1957	1958	1959	1960
219	213	277	377	460	511	603	600

13. Clasificación de los éxitos entre los diez primeros de *Billboard*, de 1955 a 1959, por tipo de compañía y estilo musical.

AÑO	1955	1956	1957	1958	1959
Número de discos entre los diez primeros	51	55	70	77	89
Discos grandes compañías	40	36	30	38	30
Rock 'n' roll	3	9	14	11	9
Discos pop	37	27	16	27	21
Discos de independientes	11	19	40	39	59
Rock 'n' roll	5	10	29	28	29
Discos pop	6	9	11	11	30
Todos los discos de rock 'n' roll	8	19	43	39	38
Versiones pop de éxitos de rhythm and blues	7	4	—	3	—

14. En el periodo comparativo de la carrera de los Beatles, de enero de 1964 hasta enero de 1966, el grupo obtuvo el disco más vendido en los Estados Unidos en sólo treinta y una de las ciento cuatro semanas.
15. *Melody Maker*, 19 de julio de 1952.
16. Cantantes de rock 'n' roll con más discos entre los diez primeros, de 1955 a 1959: Elvis Presley (RCA), quince; Fats Domino (Imperial), ocho; Rick Nelson (Imperial —y Verve—), ocho; los Everly Brothers (Cadence), seis, Pat Boone (Dot), cinco; los Coasters (Atco), cinco; Chuck Berry (Chess), cuatro; Jerry Lee Lewis (Sun), tres; Little Richard (Specialty), tres; Lloyd Prince (ABC-Paramount), tres.

17. Número de discos de la Atlantic/Atco entre los diez primeros de rhythm and blues, según la lista de *Billboard*, de 1950 a 1959.

1950	1951	1952	1953	1954	1955	1956	1957	1958	1959
3	8	9	6	15	16	17	10	6	11

18. Para el cántico introductorio entero, véase Richard Goldstein, *The Poetry of Rock*, Bantam Books, Nueva York, 1969.
19. Por ejemplo, Lillian Roxon, *Rock Encyclopedia*, Grosset & Dunlap, Nueva York, 1969.
20. Véase de manera especial Paul Oliver, *The Story of the Blues*, Barrie & Rockcliff, Londres, 1969.
21. Véase Paul Oliver, *The Story of the Blues*, y Charles Keil, «Blues Unlimited», en *Urban Blues*, University of Chicago Press, 1966.
22. Véanse varias obras de LeRoi Jones, como *Blues People Music*, William Morrow & Co., Inc., Nueva York, 1963, y *Música negra*, Júcar, Gijón, 1986.
23. Malcolm X, *Malcolm X: la autobiografía*, Ediciones B, Barcelona, 1992.
24. LeRoi Jones, de las notas para el álbum de Willis Jackson *Thunderbird* (Prestige).
25. Notas del LP *The Incomparable Cecil Gant* (Sound 601).
26. Entrevista con Peter Welding, *Collector's Classics*, 2 (una publicación de *Blues Unlimited*, 1964).
27. «World of Soul», en *Billboard*, 1966.
28. Entrevista con el autor, *Record Mirror*, 7 junio 1969.
29. Entrevista con Welding, *Collector's Classics*, 2, 1964.
30. Véase Constance Rourke, *American Humor*, Doubleday & Company, Anchor Books, Nueva York, 1953.
31. Para una más completa y fascinante argumentación sobre la King, véase Charles Keil, *Urban Blues*.
32. *Record World*, 12 marzo 1966.
33. Los éxitos de grupos femeninos fueron «Eddie My Love» de las Teen Queens (RPM, 1956), «Mr. Lee» de las Bobettes (Atlantic, 1957), «Maybe» de las Chantels (Gone, 1958), y «Down the Aisle of Love» de las Quintones (Hunt, 1958).
34. Entre los sellos de Detroit estaban Fortune, Sensation y JVB. La revista francesa *Rhythm and Blues* (nº 36) dedica un número entero a la historia y la discografía de la música de Detroit.
35. Los éxitos entre los diez primeros de la Motown Corporation, de 1960 a 1969.

1960	1961	1962	1963	1964	1965	1966	1967	1968	1969
1	1	4	6	5	10	12	14	13	13

36. Berns utilizó el nombre «Bert Russell» en sus composiciones, realizó algunos discos de soul como cantante, para la Sue, con el nombre de Russell Byrd e incluso grabó como cantante de country and western.
37. Ragavoy utilizó el nombre «Norman Meade» en sus composiciones.
38. Para un comentario sobre cómo se planeó la carrera y la música de Bobby Bland por parte de su compañía discográfica, véase Charles Keil, *Urban Blues*.

Propietarios de copyright y fuentes de las fotografías

Se han hecho todos los esfuerzos posibles para rastrear a los fotógrafos y a los propietarios para asegurar unos créditos correctos; cualquier error inadvertido se corregirá en ediciones futuras por medio de la adecuada notificación, a cargo del editor. Las fotos se reproducen con el amable permiso de los propietarios del copyright y de los conservadores listados a continuación. Los números hacen referencia a los indicados en los pliegos de fotos.

PROPIETARIOS DE COPYRIGHT

Directors Corporation of America (*Rock Rock Rock*)	1, 5
MCA Records	2, 19, 20, 25, 26, 46
EMI Records	3, 7, 11, 12, 13, 30, 50 (derecha), 62, 72
BMG/RCA Records	4
Atlantic Records	6, 7, 8, 13, 15, 37, 39, 42, 51, 64
Paramount Pictures (*Mr. Rock 'n' Roll*)	9
Cadence Records	10
King Records	14, 23, 31
Ace Records	16, 38, 60, 71
Polygram Records	17, 18, 29, 32, 33, 35, 36, 47, 48, 50 (izquierda), 52, 53, 58, 66

Charly Records	21, 22
UPI (*The Big Beat*)	24
BMI	27
Associated Press	28
Curtom Records	34
Pennebaker Films (*Monterey Pop*)	41, 55, 67
Demon Records	43, 70
20th Century Fox (*The Girl Can't Help It*)	44
BBC (*Off The Record*)	45
ITV (*Thank Your Lucky Stars*)	49
Castle Communications	54
Johnson Publications (*Ebony Magazine*)	56
Kama Sutra Records	57
Island Records	59
British Lion Pictures (*It's All Over Town*)	61
Sony Records	63, 68
Elektra Records	65
Loews Incorporated (*High School Confidential*)	69
Warner Music	73

FUENTES DE LAS FOTOGRAFÍAS

BFI Stills Library, Londres	1, 5, 9, 24, 44, 55, 67, 69
Charlie Gillett Collection	2, 6, 8, 10, 11, 13 (foto), 15, 16, 17, 18, 21, 22, 23, 25, 26, 29, 30, 31, 32, 33, 34, 35, 36, 39, 40, 41, 45, 47, 48, 49, 50, 51, 53, 54, 55, 56, 57, 58, 59, 62, 63, 64, 65, 66, 71, 73
Bill Millar Collection	3, 28, 60, 68
Malcolm Jones Collection, by arrangement with JohnBeecher	4, 42, 37, 38, 52
Bo Sandell Collection	7, 12 (foto y funda), 13 (funda), 13, 14, 15, 46
MCA Records	19, 20
BMI Archives	27
Demon Records	70
EMI Records	72

Índices

Las cifras en **negrita** indican entrada principal.

Índice de nombres

Índice de canciones

Índice de álbumes

Índice de películas

Índice de elencos de los sellos discográficos

Otros títulos de MA NON TROPPO - MÚSICA

Rock & Pop. La historia completa
Director de edición: Michael Heatley

Este libro hace un recorrido a través de cinco décadas de rock y pop. Cada página es una explosión de potentes fotografías en color y datos críticos sobre la historia, los sonidos y las influencias que marcan los ritmos del mundo moderno. Rock & Pop. La historia completa ofrece concisas introducciones a más de 80 estilos de música, transmitiendo el espíritu y la pasión de cada uno de ellos. Es una obra imprescindible para cualquiera que tenga interés en estos géneros musicales.

Guía universal del rock de 1990 hasta hoy
Jordi Bianciotto

El cambio de siglo ha traído consigo una transformación de la música popular y, en particular, de la escena más viva y con mayor incidencia social, la del rock. Nuevas tendencias, fusiones e innovaciones; un nuevo star system y el auge de un universo alternativo que define el camino de la modernidad.
Este libro ofrece una mirada amplia e interpretativa hacia esa galería de iconos con el propósito de ayudar al lector a orientarse en la jungla de tendencias, movimientos y protagonistas que alimentan la convulsa escena musical del nuevo milenio.

Diccionario del rock y la música popular
Roy Shuker

Por primera vez en España se publica una obra amena y rigurosa sobre todos los fenómenos y aspectos relacionados con la música popular. Una obra práctica y completa tanto para el lector interesado en manifestaciones culturales como para profesores y estudiantes de ciencias de la comunicación o periodistas especializados. Contiene numerosas referencias cruzadas e indicaciones bibliográficas y audiovisuales. Un glosario exhaustivo y completamente actualizado de los principales términos y conceptos utilizados en el estudio de la música popular actual.

Historia del rock y las drogas
Harry Shapiro
Una exhaustiva exploración de las relaciones entre la vida y las obras de los músicos y sus experiencias con las drogas. Hoy, pocos dudan de que la historia del jazz, el rock y otras músicas populares pueda entenderse sin conocer la influencia que en ellas tuvieron y tienen las drogas y su consumo. Desde la irrupción paralela del jazz y de la marihuana, ya hacia 1920, cada avance e innovación creativa dentro del extenso panorama del jazz, el rock, el blues y los demás géneros musicales ha venido acompañado de nuevos hábitos respecto al consumo de las drogas

La otra historia del rock
Simon Frith, Will Straw y John Street
Todo lo que hasta ahora no se ha contado acerca de la música popular, desde su origen, producción, evolución y consumo hasta los detalles más sorprendentes sobre su profunda repercusión social. Una obra al alcance de todos los lectores, tanto para el simple aficionado como para el especialista más exigente, que, partiendo de la base de que no existe una historia oficial sólidamente establecida, presenta nuevas y provocativas interpretaciones sobre la evolución y el desarrollo de la música popular.

Rock & Roll Babilonia
Gary Herman
Esta obra va mucho más allá de los sobrecogedores escándalos y asombrosos titulares que han hecho estremecer a los innumerables aficionados a la música popular que prácticamente llegaron a adorar a sus ídolos. Cary Herman desentraña con absoluta objetividad la decadencia, la miseria y la degradación de los más renombrados protagonistas de la música popular. Mucho más que una flagrante revelación de los entresijos del rock.

---

andantino **Libros ilustrados a todo color de MALSINET EDITOR**

El rock y su historia
Andrea Bergamini
Un libro preciosamente diseñado e ilustrado a todo color, para los jóvenes lectores y los melómanos de todas las edades. Pese a ser rechazada en un principio por considerarse sólo ruido, la música rock ha triunfado en todo el mundo. Pero porque el rock es la música del presente, corremos el peligro de perder la perspectiva de su historia. Este volumen indaga en las raíces y la evolución del rock desde su nacimiento en la década de 1950 hasta nuestros días.